Das Reichsministerium für Wiederaufbau 1919 bis 1924

Zivilisationen & Geschichte

Herausgegeben von
Ina Ulrike Paul und Uwe Puschner

Band 46

Zu Qualitätssicherung und Peer Review der vorliegenden Publikation

Die Qualität der in dieser Reihe erscheinenden Arbeiten wird vor der Publikation durch einen Herausgeber der Reihe geprüft.

Notes on the quality assurance and peer review of this publication

Prior to publication, the quality of the work published in this series is reviewed by one of the editors of the series.

Dirk Hainbuch

Das Reichsministerium für Wiederaufbau 1919 bis 1924

Die Abwicklung des Ersten Weltkrieges: Reparationen, Kriegsschäden-Beseitigung, Opferentschädigung und der Wiederaufbau der deutschen Handelsflotte

PETER LANG
EDITION

Bibliografische Information der Deutschen Nationalbibliothek
Die Deutsche Nationalbibliothek verzeichnet diese Publikation in der Deutschen Nationalbibliografie; detaillierte bibliografische Daten sind im Internet über http://dnb.d-nb.de abrufbar.
Zugl: Marburg, Univ., Diss., 2015

Coverabbildung:
„Wohnhaus in der Wilhelmstraße 62"
© bpk / Wilhelm Wicke
Bild-Nr. 40012703

D4
ISSN 1867-092X
ISBN 978-3-631-69847-1 (Print)
E-ISBN 978-3-631-69848-8 (E-Book)
E-ISBN 978-3-631-69849-5 (EPUB)
E-ISBN 978-3-631-69850-1 (MOBI)
DOI 10.3726/978-3-631-69848-8

Peter Lang Edition ist ein Imprint der Peter Lang GmbH.

Peter Lang – Frankfurt am Main · Bern · Bruxelles · New York · Oxford · Warszawa · Wien

Diese Publikation wurde begutachtet.

www.peterlang.com

Abstract

In most circumstances the keywords „German reconstruction“ refer to the timeline after the Second World War. The knowledge of the reconstruction after the First World War almost vanished. After the ceasefire 1918 hundreds of thousands of German refugees migrated from Eastern Europe and displaced people were forced from Alsace-Lorraine, the former colonies and the rest of the world. In the treaty of Versailles the victors forced the Weimar Republic to compensate German migrants for their lost property. Also the peace treaty had Germany to fulfil economical and financial reparations. Almost the entire German merchant fleet had to be handed over and had to be rebuild. Belgium and northern France were devastated by the trench warfare. The destruction was incomparable. In the hope for better reparation terms the German government planned the deployment of hundreds of thousands of workers for reconstruction purposes. After the ceasefire the French government had forced German prisoners of war for reconstruction purposes and was open to replace them with regular German workers. In order to cope with the difficult tasks for economic reparation, the compensations and the reconstruction of the merchant fleet a German Ministry of Reconstruction (Reichsministerium für Wiederaufbau) was formed in 1919.

Résumé

En règle générale, les mots-clés « reconstruction allemande » désignent pour nous la phase suivant la fin de la Seconde Guerre mondiale. La reconstruction succédant à la Première guerre mondiale est quant à elle en grande partie tombée dans l'oubli. Après l'armistice de 1918 également, des centaines de milliers de réfugiés allemands rentrèrent en Allemagne après avoir quitté l'Europe de l'Est ou avoir été expulsés d'Alsace-Lorraine, des anciennes colonies et du reste du monde. Dans le Traité de Versailles, les vainqueurs avaient imposé à la jeune République de Weimar le dédommagement de ces personnes désespérées. Selon le traité de paix, l'Allemagne devait en outre s'acquitter de réparations financières et économiques. La marine marchande allemande dut être cédée dans sa quasi-totalité pour être reconstruite ensuite. Les lignes de front de la guerre de position s'étiraient en Belgique et dans le nord de la France, où elles avaient fait des ravages dont l'importance était jusqu'alors inconnue. Dans l'espoir d'une diminution des charges de la réparation, le gouvernement allemand aspira à envoyer des centaines de milliers de travailleurs allemands sur place afin d'aider la reconstruction. Après l'armistice, le gouvernement français avait forcé des prisonniers de guerre allemands à contribuer à cette même reconstruction et se montra dans un premier temps favorable à leur échange contre des travailleurs allemands. Afin de venir à bout des défis hautement complexes représentés par une indemnisation économique, les dédommagements et la reconstruction de la marine marchande, un « Ministère impérial pour la reconstruction » fut érigé en 1919.

Inhaltsverzeichnis

Abkürzungsverzeichnis

*	geboren
†	gestorben
°°	verheiratet
AA	Auswärtiges Amt
Abs.	Absatz
Abt.	Abteilung
a. D.	außer Dienst
ADAP	Akten zur deutschen auswärtigen Politik 1918–1945
Agru	Abfahrgruppe
Anl.	Anlage
Anm.	Anmerkung
ARWR	Akten der Reichskanzlei Weimarer Republik; bei Biografien als Verweis auf die Online-Ausgabe, siehe dazu den Hinweis im Literatur-Anhang
Ass.	Assessor
Aufl.	Auflage
B.	Blatt
BArch	Bundesarchiv
Baugru	Bautechnische Gruppe
Bayer.	Bayerisch
Bd./Bde.	Band/Bände
BdA	Bund der Auslandsdeutschen
Bearb.	Bearbeiter
Bek.	Bekanntmachung
BergR	Bergrat
Bgm.	Bürgermeister
BR	Baurat
BRD	Bundesrepublik Deutschland
BRT	Bruttoregistertonne
BG	Butin de Guerre
CA	Comptoir d'Achat
ca.	circa

cbm	Kubikmeter (ältere Abkürzung, siehe auch m^3)
CIPA	Commission Interallié Permanente d'Armistice, Service de la Restitution Industrielle
CIRF	Commission Interallié de Réception du Matériel Fixe
CIRM	Commission Interallié de Réception du Matériel Mobile
CPRA	Commission Polonaise de Restitution Agricole
CR	Commission des Réparations
CS	Conseil de Service
CSRCh	Commission Supérieure de Restitution et de Réception du Cheptel
CSSCh	Commission Supérieure Serbe de Restitution du Cheptel
DBE	Deutsche Biographische Enzyklopädie
DDR	Deutsche Demokratische Republik
DKE	Deutsche Kohlenkommission in Essen
Dr.	Doktor
DRA	Deutscher Reichsanzeiger
ebd.	ebenda
ev.	evangelisch
FAST	Friedensvertrag Abrechnungsstelle
fm	Festmeter
Frhr.	Freiherr
FV	Friedensvertrag (hier: Versailler Friedensvertrag)
G	Gesetz
GBergR	Geheimer Bergrat
GBR	Geheimer Baurat
Ger.	Gericht
GerAss	Gerichtsassessor
GerRef	Gerichtsreferendar
GJR	Geheimer Justizrat
GKR	Geheimer Kommerzienrat
GLR	Geheimer Legationsrat
GM	Goldmark
GmbH	Gesellschaft mit beschränkter Haftung
GOFR	Geheimer Oberfinanzrat
GORR	Geheimer Oberregierungsrat
GRR	Geheimer Regierungsrat

HR	Hofrat
Hrsg.	Herausgeber
Ing.	Ingenieur
Jg.	Jahrgang
jüd.	jüdisch
jun.	Junior
K	Kinder
Kab.	Kabinett
KAG	Kommunistische Arbeitsgemeinschaft
Kaiserl.	Kaiserlich
kath.	katholisch
KEA	Kriegsschäden-Ermittlungsabteilung
Königl.	Königlich
KR	Kommerzienrat
KRA	Kriegsrohstoffabteilung beim Preußischen Kriegsministerium
LS	Legationssekretär
M	Mutter
m^3	Kubikmeter (siehe auch cbm)
Magru	Maschinentechnische Gruppe
Mark	(Reichs-)Mark (ab 1924), in einigen zitieren Quellen auch für die Markwährung der Kaiserzeit bis 1918 gebräuchlich
MAS	Maschinenabgabestelle
Mest	Maschinenermittlungsstelle
MGD	Militärgeneraldirektion der Eisenbahnen in Brüssel
MICUM	Mission interalliée de Contrôle des Usines et des Mines
MinAmtmann	Ministerial-Amtmann
MinD	Ministerialdirigent
MinDir	Ministerialdirektor
MinR	Ministerialrat
NDB	Neue Deutsche Biografie
Nr.	Nummer
NSDAP	Nationalsozialistische Deutsche Arbeiterpartei
o.Z.	ohne Zählung (keine durchgehende Nummerierung der Quellenseiten in der Akte)

OB	Oberbürgermeister
OberBR	Oberbaurat
OBergR	Oberbergrat
OCRW	Office de Commission des Réparations Wiesbaden
ORRW	Office de la Commission des Réparations à Wiesbaden (variiert mit OCRW)
ORR	Oberregierungsrat
PA	Politisches Archiv des Auswärtigen Amtes
PM	inflationäre Mark (1914–1923)
Preuß.	Preußisch
Prof.	Professor
RArbM	Reichsarbeitsministerium
RAA	Reichsausgleichsamt
RAG	Reichsausgleichsgesetz
RAI	Reichsamt des Innern
RDI	Reichsverband der Deutschen Industrie
RDM	Reichsdemobilmachungsministerium
REAK	Reichsentschädigungsamt für Kriegsschäden
RechR	Rechnungsrat
Ref.	Referat
Ref	Referendar
REG	Reichskommissar zur Erörterung von Gewalttätigkeiten
Reg.	Regierung
RegAss	Regierungsassessor
RegBauM	Regierungsbaumeister
RegRef	Regierungsreferendar
Reichshandbuch	Reichshandbuch der deutschen Gesellschaft
REK	Reichsentschädigungskommission
RepKo	alliierte Reparationskommission
RfR	Reichskommissar für Reparationslieferungen
RGBl.	Reichsgesetzblatt
RIM	Reichsinnenministerium
RJA	Reichsjustizamt
RJM	Reichsjustizministerium
RKA	Reichskommissar für Auslandsschäden

RKAAG	Reichskommissar zur Ausführung von Aufbauarbeiten in den zerstörten Gebieten
RKLAU	Reichskommissar zur Liquidation ausländischer Unternehmungen
RKolM	Reichskolonialministerium
RKOS	Reichs- und Staatskommissar zur Ermittlung von Aufruhrschäden in Oberschlesien
RMEL	Reichsministerium für Ernährung und Landwirtschaft
RMfW	Reichsministerium für Wiederaufbau
RR	Regierungsrat
RRLK	Reichsrücklieferungskommission
RSchA	Reichsschatzamt
RSchM	Reichsschatzministerium
Rückeis	Kommissar zur Rücklieferung von Eisenbahnmaterial
RVM	Reichsverkehrsministerium
RWA	Reichwirtschaftsamt
RWehrM	Reichswehrministerium
RWG	Reichswirtschaftsgericht
RWHF	Reichsausschuss für den Wiederaufbau der Handelsflotte / Reichsausschuss für Schiffbau und Schiffsablieferung
RWM	Reichswirtschaftsministerium
S	Sohn/Söhne
S.	Seite
SBR	Service Belge de la Restitution
SBRN	Service Belge de Récupération du matériel Agricole (animaux et machine agricole)
SFR	Service Français de la Restitution
SI	Service Industrielle
SIR	Service Italien de la Restitution
SPR	Service Polonais de la Restitution
SRR	Service Roumain de la Restitution
SRRN	Service de Réparation et de Restitution en Nature
SSR	Service Serbe de la Restitution
stellv.	stellvertretender
StS	Staatssekretär

SV	Service des Valeurs
T	Tochter/Töchter
t	Tonne
Treuhänder	Treuhänder für das feindliche Vermögen
u.	und
UASt	Urkundenauslieferungsstelle
UStS	Unterstaatssekretär
V	Vater
VAI	Verband der im Inland geschädigten Auslandsdeutschen
VAK	Abteilung für koloniale Angelegenheiten beim Auswärtigen Amt
Verf.	Verfasser
VfZG	Vierteljahreshefte für Zeitgeschichte
vgl.	vergleiche
VO	Verordnung
VVhO	Vereinigte Verbände heimattreuer Oberschlesier
WaKo	deutsche Waffenstillstandskommission
Wako	Waffenstillstandsunterkommission
Wenzel	Wenzel, Deutscher Wirtschaftsführer
WGORR	Wirklicher Geheimer Oberregierungsrat
WGRR	Wirklicher Geheimer Regierungsrat
WLR	Wirklicher Legationsrat
Wumba	Waffen- und Munitionsbeschaffungsamt
ZAG	Zentralarbeitsgemeinschaft
z. B.	zum Beispiel

I. Einleitung

This introduction offers the reader a short insight in the topic of this study. The question of research, current state of research and the used sources are presented. At the end of this chapter brief introductions in the static warfare and reconstruction policies of France and Great Britain after 1918 are annexed.

> *„Leb' wohl nun Ministerium,*
> *Wir scheiden mit Bedauern,*
> *Manch ‚fleissig' Jahr ging uns herum*
> *In deinen stillen Mauern.“*

Diese Zeilen waren Teil eines Liedes, das am 8. Mai 1924 im Kreis von leitenden Reichsbeamten anlässlich der Auflösung ihrer Behörde gesungen wurde.[1] Das Klagelied spiegelt über sieben Strophen in Auszügen die Geschichte jener Institution wider, die Gegenstand dieser Forschungsarbeit ist: des *Reichsministeriums für Wiederaufbau.*[2]

Diese oberste Reichsbehörde bestand vom 7. November 1919 bis zum 8. Mai 1924.[3] Die ihr übertragenen Aufgaben waren eng mit der Ausführung der finanziellen und wirtschaftlichen Bedingungen des Versailler Vertrages verknüpft.[4] Außenwirtschaftspolitisch zählte dazu die allgemeine

---

1 Der Text wurde vom GORR Schmidt, einem der Spitzenbeamten des RMfW, zur Melodie von „O alte Burschenherrlichkeit“ speziell für dieses Ereignis gedichtet. Vgl. BArch R 3301–1a Blatt 281. Zum vollständigen Text: siehe Anhang.

2 Die vorliegende Studie wurde unter dem Arbeitstitel „Das Reichsministerium für Wiederaufbau 1919–24“ als Dissertation an der Philipps-Universität Marburg eingereicht und vom Fachbereich Geschichte und Kulturwissenschaften mit der Note magna cum laude angenommen. Für die vorliegende Ausgabe wurde die ursprüngliche Dissertation überarbeitet.

3 Die Forschungsarbeit orientiert sich in ihrer Darstellung weitgehend an der chronologischen Abfolge.

4 Der Versailler Vertrag wurde in seiner Entstehung und Wirkung bereits eingehend untersucht. An dieser Stelle sei daher lediglich auf die zentrale Forschungsliteratur verwiesen: Eberhard Kolb/Dirk Schumann, Die Weimarer Republik, 8. Aufl., in: Lothar Gall/Karl Joachim Hölkeskamp/Steffen Patzold (Hrsg.), Oldenbourg Grundriss der Geschichte, Bd. 16, München 2013, S. 23–37; Norman Graebner/Edward Bennett, The Versailles Treaty and its legacy. The failure of

wirtschaftliche Wiedergutmachung von Kriegsschäden, der Wiederaufbau der zerstörten Gebiete in Belgien, Frankreich und Italien sowie die Ausgleichung von Forderungen und Schulden im internationalen Zahlungsverkehr. Innenpolitisch war das RMfW mit dem Wiederaufbau der verlorenen deutschen Handelsflotte und den Entschädigungen von hunderttausenden deutschen Flüchtlingen und Vertriebenen beauftragt. Entsprechend beeinflussten die dort getroffenen Entscheidungen, Erfolge und Fehlleistungen in Zusammenhang mit der Erfüllung der Friedensbedingungen direkt die deutsche Außen-, Innen- und Wirtschaftspolitik.

Der Bearbeitungszeitraum der vorliegenden Untersuchung von 1919 bis 1924 orientiert sich an dem Zeitraum, zu dem das Ministerium während der frühen Krisenjahre der Weimarer Republik bestand. In diese fünf Jahre fielen wichtige Kontroversen um die deutschen Reparationen. Dazu zählen, um nur die wichtigsten zu nennen, das Abkommen von Spa im Jahr 1920, der Londoner Zahlungsplan und das Wiesbadener Abkommen 1921, der Rapallo-Vertrag 1922, die Ruhrkrise 1923 und der Dawes-Plan 1924. Diese Abkommen und Ereignisse übten einen prägenden Einfluss auf die politische Gestaltung Europas aus.[5] Daher ist es umso erstaunlicher, dass eine umfassende Untersuchung des RMfW bisher nicht durchgeführt wurde. Dies hing möglicherweise mit dem ungewöhnlichen Aufbau des

---

the Wilsonian vision, Cambridge 2011, S. 38–66; Eberhard Kolb, Der Frieden von Versailles, 2. Aufl., München 2011; Thomas Lorenz, „Die Weltgeschichte ist das Weltgericht!“ Der Versailler Vertrag in Diskurs und Zeitgeist der Weimarer Republik, Frankfurt am Main 2008; Manfred Boemke/Gerald Feldman (Hrsg.) The treaty of Versailles. A reassessment after 75 years, Cambridge 1998; Peter Krüger, Deutschland und die Reparationen 1918/19. Die Genesis des Reparationsproblems in Deutschland zwischen Waffenstillstand und Versailler Friedensschluss, Schriftenreihe der Vierteljahreshefte für Zeitgeschichte Nr. 25, Stuttgart 1973.

5 Zu den Reparationen vgl. Heike Knortz, Wirtschaftsgeschichte der Weimarer Republik. Eine Einführung in Ökonomie und Gesellschaft der ersten Deutschen Republik, Göttingen 2010, S. 94; Gerd Meyer, Die Reparationspolitik: Ihre außen- und innenpolitischen Rückwirkungen, in: Karl Dietrich Bracher/Manfred Funke (Hrsg.), Die Weimarer Republik 1918–1933. Politik, Wirtschaft, Geschichte, 3. Aufl., Bonn 1998, S. 328 und 332–333; Marc Trachtenberg, Reparation in World Politics. France and European Economic Diplomacy 1916–1923, New York 1980, S. 84 und 209–210; Peter Krüger, Deutschland und die Reparationen 1918/19, Stuttgart 1973.

Ministeriums zusammen. Tatsächlich ist eine Untersuchung des RMfW, zumindest wenn es primärer Forschungsgegenstand sein soll, ohne eine eingehende Erforschung der angeschlossenen Reichsbehörden und Dienststellen nicht praktikabel. Letztere nehmen dadurch den Status von sekundären Forschungsgegenständen ein.

Das Wiederaufbauministerium und die ihm nachgeordneten Stellen waren in einer symbiotisch anmutenden Art miteinander verbunden. Dafür spricht auch die Struktur des Ministeriums. In den einzelnen Abteilungen des RMfW wurde die Tätigkeit jeder nachgeordneten Reichsbehörde oder Dienststelle koordiniert und vereinheitlicht. Die an diesen Schnittstellen eingesetzten höheren Reichsbeamten nahmen direkten Einfluss auf die innere Ausgestaltung der ihnen zur Bearbeitung zugewiesenen Behörden. Wegen der sich ständig ändernden Richtlinien und Vorschriften war es in hohem Maße erforderlich, dass die Experten aus dem Ministerium als vielseitig einsetzbare „Springer" an Brennpunkten der angeschlossenen Verwaltungsstellen verwendet werden konnten.

Diese Vorgehensweise war erforderlich, weil sich die Aufgabengebiete der unterschiedlichen angeschlossenen Dienststellen häufig überschnitten. Entsprechend musste auf die Einhaltung einer einheitlichen Entscheidungspraxis in allen Verwaltungsstellen geachtet werden – immerhin wurden insgesamt über einhundert Außenstellen im ganzen Reichsgebiet und teilweise im Ausland unterhalten. Schon eine nicht erkannte Fehlentscheidung barg die Gefahr eines Präzedenzfalles in sich, die zu umfangreichen juristischen Auseinandersetzungen hätte führen können. Fehlentwicklungen mussten daher schnellstmöglich erkannt und notfalls mit Hilfe der übergeordneten Experten des RMfW beseitigt werden. In der Praxis war dieses System der „springenden" Experten, nachdem an einer unnachgiebigen Behörde ein Exempel statuiert worden war, durchaus erfolgreich.

Die Entwicklung des RMfW sowie der angeschlossenen Reichsbehörden und Dienststellen hing eng mit dem Führungspersonal zusammen. Dieses rekrutierte sich aus zwei unterschiedlichen Gruppierungen: Politikern und Reichsbeamten. Hier kam besonders zum Tragen, dass das RMfW während der turbulenten Anfangsjahre der Weimarer Republik bestand. Charakteristisch für diese Phase waren die sich schnell ablösenden Regierungskabinette und die dadurch notwendigen parteipolitischen Neubesetzungen. Kaum hatte sich ein Minister in seine Reichsbehörde eingelebt, wurde er nach wenigen Monaten durch einen anderen ersetzt. Das RMfW stellte bei dieser Personalrochade eine Besonderheit dar: Während etwa der Hälfte seiner Existenz wurde kein Minister für Wiederaufbau ernannt. Dennoch bestand die vergleichsweise kurze Liste der Amtsträger aus bekannten Persönlichkeiten.

Erster Reichsminister wurde Otto Geßler, der später als Reichswehrminister mit der längsten Dienstzeit zu Bekanntheit gelangte. Nach dem auch für das RMfW turbulenten Kapp-Lüttwitz-Putsch im März 1920 wurde Geßler abberufen, aber kein Nachfolger ernannt. Im Kabinett Fehrenbach wurde erstmalig kein Wiederaufbauminister eingesetzt, und eine erste Vakanz trat ein. Während des ersten Kabinetts Wirth 1921 diente schließlich Walther Rathenau als Amtsträger, auch wenn seine Biografen diese Periode gerne ignorieren. Stärker im Fokus stand dagegen seine Amtszeit als Außenminister im direkt anschließenden zweiten Kabinett Wirth.

Auf Rathenau folgte eine über einjährige Vakanz, bis Heinrich Albert im März 1923 als Reichsminister für Wiederaufbau im Kabinett Cuno vereidigt wurde. Der neue Amtsträger hatte eine Karriere als gescheiterter Spion, Staatsekretär der Reichskanzlei und letzter Reichsschatzminister vorzuweisen. Robert Schmidt, ein erfahrener SPD-Politiker und zu dieser Zeit gleichzeitig Vizekanzler, war schließlich der letzte Reichsminister für Wiederaufbau während der beiden Kabinette Stresemanns. Er schied aber ein halbes Jahr vor der Auflösung der Reichsbehörde aus dem Amt.

Augenscheinlich wird an diesem einleitenden Abriss die häufige, für ein Reichsministerium der Weimarer Republik zudem sehr ungewöhnliche Vakanz an der Spitze des RMfW. Während der gesamten Bestandsdauer des RMfW hatte dagegen eine einzelne Person kontinuierlich die Position des stellvertretenden Reichsministers inne: Staatssekretär Gustav Müller.[6] Blieb die Ministeriumsspitze unbesetzt, übernahm er als amtierender Reichsminister die Amtsgeschäfte. Das bedeutete, dass während der kritischen Phasen der deutschen Reparationspolitik das organisch zuständige Wiederaufbauministerium nicht von einem parlamentarisch verantwortlichen Politiker geführt wurde, sondern ein Staatsdiener die Amtsgeschäfte führte.

6 Vgl. Biografien in VI. Anhang.

Dies ist umso bemerkenswerter, wenn man bedenkt, welche Machtfülle in diesem Reichsministerium schlummerte. In den Händen eines willensstarken Ministers hätte ein Umbau der gesamten deutschen Wirtschaft stattfinden können, sofern es der Ausführung des Versailler Vertrages gedient hätte. Immerhin schloss Rathenau während seiner kurzen Amtszeit als Wiederaufbauminister mit seinem Pendant in Paris, dem französischen Minister Loucheur, binnen weniger Wochen einen bahnbrechenden bilateralen Vertrag ab. Das Abkommen war geeignet, die beiden „Erbfeinde" einander näherzubringen. Der Rücktritt Rathenaus verhinderte womöglich eine weitere Annäherung in den folgenden Jahren.

Die Auflösung des RMfW fiel in eine Phase des Umbruchs, in der als unumstößlich geltende Grundsätze verworfen wurden. Hunderttausende Angestellte und Beamte wurden binnen weniger Monate aus dem öffentlichen Dienst des Reiches und der Länder entlassen. Zu Gunsten der deutschen Haushaltsstabilisierung im Rahmen der Währungssanierung 1923 bis 1924 wurde der Primat der Politik hinter den Einsparungszwang zurückgestellt. Als passender Abschluss dieser kurzen Einleitung in den primären Forschungsgegenstand noch einmal der eingangs zitierte Laiendichter:

„So sah der Wiederaufbau aus,
Dem wir in schweren Zeiten,
Gedient mit Ernst im alten Haus,
Den Aufstieg zu bereiten.
Des Sparens Kommissar erscheint,
Er trennt jetzt die, die treu vereint,
Des Amtes Lasten trugen
Und schwere Schlachten schlugen."

Bedenkt man die Bedeutung des Ministeriums in den ersten Jahren der Weimarer Republik, ist es umso erstaunlicher, dass das RMfW in der Geschichtswissenschaft so lange fast gänzlich unbeachtet geblieben ist. Ein Grund könnte die dezentrale Struktur dieser obersten Reichsbehörde gewesen sein, denn das Ministerium bildete die übergeordnete Dachinstitution für eine Reihe von angeschlossenen mittleren Reichsbehörden. Charakteristisch für die Aufgabenverteilung war, dass die übergeordneten Entscheidungs-, Richtlinien- und Überwachungskompetenzen beim Ministerium lagen. Dazu wurden die erwähnten Fachabteilungen für alle Geschäftsbereiche eingerichtet. Die praktische Ausführung war dann bei den angeschlossenen mittleren Reichsbehörden angesiedelt, die entsprechende Vorgaben des RMfW erhielten.[7] Der folgende Überblick über die Zuständigkeiten, wie sie sich im Hinblick auf den Versailler Vertrag und im Zusammenhang mit der jeweils zuständigen angeschlossenen Verwaltungsstelle ergaben, mag einen hilfreichen Eindruck vermitteln. Die Reihenfolge ergibt sich dabei aus der Behandlung der verschiedenen thematischen Abschnitte im Versailler Vertrag.[8]

Die Regelungen zu Elsass-Lothringen legitimierten Rechtsakte, die bereits bei Friedensschluss am 28. Juni 1919 teilweise abgeschlossen worden waren. Dazu zählte die so genannte „Verdrängung" der nicht autochthonen deutschen Bevölkerung aus dem ehemaligen Reichsland. Diese ethnische Säuberung begann nach der im Waffenstillstand von Compiègne am 11. November 1918 festgesetzten militärischen Räumung von Elsass-Lothringen. Die vertriebenen Menschen durften nur geringe Mengen an Handgepäck mit sich führen. In den Artikeln 53 und 74 FV wurde die Liquidation des gesamten zurückgelassenen Besitzes der – im damaligen deutschen Sprachgebrauch auch als „Elsass-Lothringer" bezeichneten – verdrängten Deutschen durch französische Behörden legitimiert.[9] Zusätzlich schrieb Art. 74 FV die Entschädigungspflicht des deutschen Staates gegenüber seinen Angehörigen, in diesem Fall der Elsass-Lothringer und anderer deutscher Geschädigter, für Schäden fest, die durch die Liquidation und den Übertritt Elsass-Lothringens an Frankreich entstanden.[10]

Eine weitere Gruppe von Verdrängten waren die „Kolonialdeutschen". Hierbei handelte es sich um ethnische Deutsche aus den Kolonien und Schutzgebieten, die auf der Grundlage des deutschen Verzichts auf seine überseeischen Besitzungen gemäß Art. 118 und 119 FV dem deutschen Besitz entzogen wurden. Deutsche Reichsangehörige konnten nach Art. 122

---

7 Vgl. dazu I.1. Forschungsstand.

8 Im Text werden „Versailler Vertrag" und „Friedensvertrag" synonym verwendet, wobei „FV" dementsprechend als Abkürzung für Friedensvertrag gilt. Abweichende Bezüge und Formulierungen sind entsprechend gekennzeichnet.

9 Die Elsass-Lothringer waren wiederum Teil der übergeordneten Gruppe der „Auslandsdeutschen", auf die im weiteren Verlauf noch näher eingegangen wird.

10 Als Textgrundlage des Versailler Vertrages wurde die amtliche Veröffentlichung im Reichsgesetzblatt des Jahrgangs 1919 verwendet. Zu den Art. 53 und 74 FV vgl. RGBl. Jg. 1919, S. 805–807 und 821–823.

FV ausgewiesen werden, wenn die zuständige Regierung dies für erforderlich hielt.[11] Mit Ausnahme des ehemaligen Deutsch-Südwestafrikas kam es zur rigorosen Ausweisung deutscher Reichsangehöriger, nachdem ein Großteil der Militärs und Zivilisten vorher für die Dauer des Krieges in Lagern interniert gewesen war.

Diese Gefangennahme und Festsetzung von Deutschen fand während des Krieges nicht nur in den Kolonien statt, sondern wurde von allen am Krieg beteiligten Mächten in unterschiedlicher Ausprägung praktiziert. Die Betroffenen wurden nach Kriegsende in der Regel, unter Zurücklassung ihres Besitzes, nach Deutschland ausgewiesen. Davon betroffen waren auch Menschen, die nie deutschen Boden betreten und in vielen Fällen seit Generationen im Ausland gelebt hatten. Die Elsass-Lothringer, die Kolonialdeutschen und die aus anderen Regionen der Erde vertriebenen Reichsangehörigen bildeten in Deutschland die Gruppe der „Auslandsdeutschen".[12]

Die Entschädigung dieser Menschen war ein hochkomplexer Prozess, dessen Bewältigung die deutsche Verwaltung vor eine langwierige Aufgabe stellte. In vielerlei Hinsicht mussten ganz neue Rechtsvorschriften für die vielschichtigen Arten von Schädigungen ausgearbeitet werden, die eine Person infolge des Krieges und des Friedensvertrages erlitten hatte. Die Ausarbeitung und Durchführung der Verfahren zog sich über Jahre hin und wurde im Rahmen des RMfW von verschiedenen Behörden bearbeitet.

Bei Kriegsende war es die *Reichsentschädigungskommission*, die mit der Einrichtung des Vorentschädigungsverfahrens betraut und nach der Gründung des RMfW diesem angeschlossen wurde. Später wurden diese Aufgaben dem *Reichskommissar für Auslandsschäden* und schließlich zur Einleitung des Endentschädigungsverfahrens dem *Reichsentschädigungsamt für Kriegsschäden* übergeben. Auch diese Behörden waren dem RMfW angeschlossen.

Unabhängig davon entwickelte sich zunächst die Entschädigung der Gruppe der Oberschlesier. Dies hing auch mit dem besonderen politischen Status Oberschlesiens zwischen 1920 und 1922 zusammen. Der Versailler Vertrag sah für dieses Gebiet eine Volksabstimmung vor, in der über die zukünftige territorial Zugehörigkeit zu Deutschland oder Polen entschieden

11 Vgl. zu Art. 118, 119 und 122 FV RGBl. Jg. 1919, S. 895–897.
12 Vgl. Art. 260 FV RGBl. Jg. 1919, S. 1069.

werden sollte.[13] Bis zur letztendlichen Teilung Oberschlesiens infolge der Stimmenverteilung nach dem Referendum sah sich das Gebiet wiederholt von Unruhen erschüttert. Als deutsche Hilfs- und Propagandamaßnahme wurde ein *Reichs- und Staatskommissar zur Ermittlung von Aufruhrschäden in Oberschlesien* eingesetzt. Die Bezeichnung der Behörde verdeutlicht, dass sowohl das Reich als auch Preußen hier Zuständigkeiten geltend machten. Eine Reihe von Ministerien versuchte auf den RKOS Einfluss zu nehmen, letztendlich wurde die Behörde dann aber dem RMfW unterstellt, das für die übrigen Entschädigungsfragen für Auslandsdeutsche zuständig war.

Angesichts der schleppenden Bearbeitung der gesamten Vorentschädigung, die nicht zuletzt auf die rasch wechselnden Behörden zurückzuführen war, machte sich unter den hunderttausenden Betroffenen eine wachsende Unzufriedenheit breit. Noch im Jahr 1924 vermerkte der eingangs zitierte Dichter:

„Im Vaterland herrscht schwere Not,
Die Auslandsdeutschen klagen:
Nur Steine reicht man uns statt Brot
In diesen Unglückstagen.
Herrn Lothholz' Mühen waren umsunst,
Vergeblich war hier alle Kunst,
Und mit dem besten Willen
Der Jammer nicht zu stillen.“

Nicht nur in Deutschland erregten Entschädigungsfragen die Gemüter der Menschen. Während des Ersten Weltkrieges waren in allen von den Kriegshandlungen heimgesuchten Gebieten zivile Schäden entstanden, deren Wiederherstellung im Versailler Vertrag der Abschnitt zu den Wiedergutmachungen – die Art. 231 bis 244 nebst Anlage – gewidmet war.[14] Besonders von Verwüstungen betroffen waren Belgien, Frankreich, Russland und Serbien. Der Stellungskrieg auf dem westlichen Kriegsschauplatz hatte umfangreiche Verwüstungen nach sich gezogen, ganze Landstriche waren zerstört worden. Auch in Osteuropa und auf dem Balkan gab es großflächige Gebiete, die Opfer der Zerstörungen des Krieges geworden waren. Erste Regelungen für die Entschädigungen für Kriegszerstörungen enthielt schon

13 Vgl. Art. 88 nebst Anlage FV RGBl. Jg. 1919, S. 841–851.
14 Vgl. RGBl. Jg. 1919, S. 985–1051.

der Waffenstillstand von Compiègne. Der Art. 231 FV – der so genannten „Kriegsschuldartikel" – schrieb dann Deutschland aus formaljuristischen Gründen als für den Ausbruch des Ersten Weltkrieges und die resultierenden Schäden allein verantwortlich fest.[15]

Dieser Artikel bildete die Grundlage, auf welcher Art. 232 FV eine vollständige Wiedergutmachung aller zivilen Schäden der alliierten und assoziierten Nationen durch Deutschland festlegte. Dazu zählten auf britischen Druck hin auch die Pensionszahlungen der Kriegsversehrten, Kriegswaisen und Kriegerwitwen. Die daraus resultierenden Forderungen waren nur schwer zu errechnen, weshalb eine vollständige Wiedergutmachungsschuld erst Anfang Mai 1921 genannt werden sollte. Der bis dahin erarbeitete Londoner Zahlungsplan vom 27. April 1921 umfasste Reparationszahlungen im Umfang von 132 Milliarden Goldmark, die in jährlichen Zahlungen von 2 Milliarden Goldmark und 26 Prozent des deutschen Ausfuhrwertes beglichen werden sollten.

Bis dahin verlangte Art. 235 FV von Deutschland die Zahlung von 20 Milliarden Mark „in Gold, Waren, Schiffen, Wertpapieren oder anderswie", die demnach sowohl in Barzahlungen als auch Sachwerten geleistet werden konnte.[16] Deutschland machte mehrheitlich Gebrauch von den Sachlieferungen. Der Wiederaufbau in Belgien und Frankreich wurde vom *Reichskommissar zur Ausführung von Aufbauarbeiten in den zerstörten Gebieten* bearbeitet. Wie der Name der Behörde nahelegt, sollte dies mit deutscher Beteiligung bewerkstelligt werden. Im Rahmen der Wiederherstellung der ehemals von den deutschen Streitkräften besetzen nunmehrigen „régions libérées" forderte Frankreich von Deutschland die Lieferung einer Vielzahl unterschiedlicher Waren. Im Rahmen komplexer Verfahren wurden hunderttausende unterschiedlichster Produkte – z. B. Automobile, Bestecke, Dachpfannen, Grassamen, Hunde, Katzen, Maschinen, Nachttöpfe, Schiffe, Wachhäuschen, Waschbecken, Ziegelsteine und vieles mehr – als Reparationssachlieferungen bei der Reichsregierung bzw. dem RMfW nachgefragt. Die Forschung hat vielfach übersehen, dass die Vorgehensweise, Barzahlungen durch Sachlieferungen zu ersetzen, auch nach dem Londoner Zahlungsplan 1921 fester Bestandteil der deutschen Reparationsleistungen

15 Vgl. RGBl. Jg. 1919, S. 985.
16 Vgl. RGBl. Jg. 1919, S. 989.

blieb. Diese Nichtbeachtung hängt möglicherweise damit zusammen, dass im Rahmen der so genannten „Erfüllungspolitik" die deutsche Regierung unter größeren Schwierigkeiten vergleichsweise geringe Barzahlungen leistete, die sie aber zeitweilig im Aus- und Inland propagandistisch überhöht darstellte.[17]

Ein Teil der ersten Tranche von 20 Milliarden Goldmark umfasste die Ablieferung fast der gesamten deutschen Handelsflotte sowie bedeutender Teile der Binnen- und Fischereischiffe.[18] Im Ersten Weltkrieg war etwa die Hälfte der Handelsschiffe verloren gegangen, weshalb die Reichsleitung im Jahr 1917 einen *Reichsausschuss für den Wiederaufbau der Handelsflotte* einsetzte. Damals hatte noch niemand erwartet, dass der Name einmal Programm werden würde, denn bis Kriegsende ankerten noch hunderte zivile Handelsschiffe in deutschen und neutralen Häfen.[19] Infolge der Waffenstillstände waren diese Schiffe zunächst, wenn auch unter Zwang, an die Alliierten verchartert worden. Gemäß Anlage III FV musste Deutschland schließlich alle zivilen Handelsschiffe ab 1.600 BRT und die Hälfte aller Schiffe mit 1.000 bis 1.600 BRT an die Alliierten übertragen. Zusätzlich war ein Viertel aller deutschen Fischereifahrzeuge abzuliefern.[20] Damit verfügte das Deutsche Reich bei Friedensschluss nur noch über verschwindend geringe Transportkapazitäten für den Seehandel. Dies führte zu Engpässen im Warentransport nach dem Friedensschluss.

Die ungleiche Verteilung von Kohle als primärem Energieträger in Europa war ein Kernstück der europäischen Nachkriegsprobleme. Frankreich hatte aufgrund von Kriegseinwirkungen kurz- und mittelfristig einen Großteil seiner Kohlevorkommen eingebüßt. Gleichzeitig waren mit der Schwerindustrie von Elsass-Lothringen weitere Nachfrager nach Kohle auf dem französischen Markt hinzugekommen. Die entstandene Versorgungslücke sollte mit deutschen Kohlelieferungen gefüllt werden. Entsprechende Vorschriften

---

17 Vgl. Ursula Büttner, Weimar, die überforderte Republik 1918–1933, in: Wolfgang Benz/Ursula Büttner, Der Aufbruch in die Moderne. Das 20. Jahrhundert, Gebhardt Handbuch der deutschen Geschichte, Bd. 18, 10. Aufl., Stuttgart 2010, S. 383.

18 Vgl. Anlage III §§ 1–9 FV, RGBl. Jg. 1919, S. 1019–1027.

19 Vgl. Hans Priester, Der Wiederaufbau der deutschen Handelsschifffahrt. Ein Beitrag zur Wirtschaftsgeschichte der Gegenwart, Berlin 1926, S. 12.

20 Vgl. zu den Bestimmungen RGBl. Jg. 1919, S. 1019–1027.

waren in Anlage V §§ 1–10 FV formuliert.[21] Zentrale Organisations- und Vermittlungsstelle der Kohlelieferungen war die *Deutsche Kohlenkommission in Essen*. In dieser Dienststelle kulminierten die verschiedenen deutschen Interessen aus Politik, Produzenten, Verwaltung und Konsumenten, die mit der Kohle und den aus ihr hergestellten Produkten zusammenhingen. In den Jahren 1919 bis 1923 fanden in festen Intervallen von wenigen Tagen Besprechungen zwischen Deutschland und den Empfängerstaaten über Stand und Entwicklung der deutschen Kohleförderung, -produktion und -transport statt. Diese Koordinationstreffen leitete auf deutscher Seite der Vorsitzenden der DKE. Versorgungsprobleme sollten frühzeitig erkannt und im Dialog beseitigt werden. Dadurch waren die Alliierten bis zum Ruhreinbruch 1923 über die Entwicklung der deutschen Kohlelieferungen genau informiert.

Während des Ersten Weltkrieges errichteten die Alliierten, allen voran Großbritannien, eine Seeblockade gegen die Mittelmächte und schnitten sie weitgehend vom Weltmarkt ab. Dadurch entstanden Versorgungslücken, die durch eine zunehmende Requisitionstätigkeit in den besetzten Gebieten kompensiert werden sollte. Millionen Tonnen von Lebensmitteln, Maschinen, Rohstoffen, Schrott usw. wurden enteignet und ins Reichsgebiet transportiert und verbraucht. Im Waffenstillstand von Compiègne ging Deutschland die Verpflichtung ein, zumindest Maschinen und Material zu restituieren. In den zahlreichen Fällen, in denen die verlangten Objekte nicht mehr verfügbar waren, musste es Substitutionen anbieten. Darunter fiel auch die Rückgabe von Kultur- und Kunstgegenständen sowie anderen Werten. Diese Auflagen wurden im Versailler Vertrag in Art. 238, 239 und 247 bestätigt.[22]

Für die Erfassung der requirierten Sachwerte war während des Krieges die deutsche *Reichsentschädigungskommission* gegründet worden. Die Rückgabe der Sachwerte nach Kriegsende erfolgte dann aber im Rahmen verschiedener Behörden, bis die Kompetenzen in der *Reichsrücklieferungskommission* gebündelt wurden. Aufgrund der vielfältigen Erfahrungen ihres Personals bei Entschädigungsfragen für Requisitionen war die REK prädestiniert, die erwähnte Entschädigung der Auslandsdeutschen zu bearbeiten.

21 Vgl. RGBl. Jg. 1919, S. 1035–1041.
22 Vgl. RGBl. Jg. 1919, S. 991–993 und 1050–1051.

Zum Komplex der Entschädigungen sowie der Aus- bzw. Rücklieferungen ist die Ablieferung des Eisenbahnmaterials zu zählen. Im Waffenstillstand von Compiègne musste sich Deutschland zur Ablieferung von 5.000 Lokomotiven und 150.000 Eisenbahnwaggons verpflichten. Die Ausführung oblag zunächst der Militärgeneraldirektion der Feldbahnen in Brüssel, die später in der Position des *Kommissars für die Rückgabe von Eisenbahnmaterial* aufging. Mithin hatte diese Verwaltungsstelle ihren Ursprung in der Militäradministration und ging damit aus einem Ressort des Preußischen Kriegsministeriums hervor. Auch diese Behörde unterstand, obwohl sie im Grunde keine Reichsbehörde war, dem RMfW.

Der uns nun schon bekannte eingangs zitierte Lieddichter zieht auch mit Blick auf die Wiedergutmachungen eine düstere Bilanz:

„Und was wir schaffen früh und spat,
Es soll für uns nicht lohnen,
Dem Feinde reift die deutsche Saat,
Er scheffelt die Millionen,
Wo irgendwas noch existiert,
Es wird re- und substituiert.
Herr Cuntze muss sich fügen,
Macht's ihm auch kein Vergnügen.“

Der Erste Weltkrieg wird im geschichtswissenschaftlichen Diskurs auch als „Urkatastrophe des 20. Jahrhunderts“ bezeichnet.[23] Der Kriegsausbruch hinterließ eine Zäsur in einem Weltsystem, das ausgeprägte Globalisierungstendenzen entwickelt hatte. Das weltwirtschaftliche Handelsgeflecht wurde binnen kürzester Zeit zerrissen und sollte bis in die 1970er Jahre nicht wieder eine solche Ausprägung erlangen.[24] Der daraus resultierende Ausgleich von Forderungen und Schulden war nach dem Ersten Weltkrieg ein besonderes Hindernis beim Wiederaufbau der internationalen

---

23 Der Begriff „Urkatastrophe“ geht auf George Frost Kennan zurück, der den Ersten Weltkrieg als „the greatest seminal catastrophe of this century“ beschrieb. Vgl.: George F. Kennan, Bismarcks europäisches System in der Auflösung. Die französisch-russische Annäherung 1875–1890, Frankfurt am Main 1981, S. 12.

24 Vgl. Sebastian Conrad, Globalisierung und Nation im Deutschen Kaiserreich, 2. Aufl., München 2010, S. 32–50.

Handelsbeziehungen.[25] Während des Krieges waren die Finanzbeziehungen zwischen den kriegführenden Staaten rasch eingeschränkt und schließlich gänzlich unterbunden worden. Wegen des raschen Kriegsausbruchs konnten viele Finanzbeziehungen nicht mehr rechtzeitig geregelt werden. Gläubiger und Schuldner vermochten selbst bei gutem Willen ihre Verbindlichkeiten nicht auszugleichen. Im feindlichen Ausland entstandene Gebühren, Steuern usw. konnten nicht entrichtet werden, was eine Vielzahl von wirtschaftlichen Existenzen vernichtete. Als Resultat drohte nach dem Friedensschluss eine Prozesslawine, die eine Erholung der Handelsbeziehungen bis zur Klärung der jeweiligen nationalen Rechtslage behindert hätte.

Um dieser Entwicklung vorzubeugen, führte der Versailler Vertrag in Art. 296 nebst Anlage ein Ausgleichsverfahren ein, in dem Forderungen und Schulden gegeneinander aufgerechnet bzw. verrechnet wurden.[26] Dazu richteten alle am Verfahren beteiligten Staaten Ausgleichsämter ein. In Deutschland, dessen Teilnahme obligatorisch war, führte dies zur Gründung des *Reichsausgleichsamt*. Für die Weimarer Republik entwickelte sich das Ausgleichsverfahren indes zu einer großen finanziellen Belastung, so dass im Jahr 1922 erhebliche Konflikte mit den Alliierten auftraten. Auch die deutschen Gläubiger, deren Endentschädigung während der Hyperinflation ausgezahlt wurde, verloren häufig einen Großteil ihrer Forderungen. Der Lieddichter merkte auch hier resignierend an:

„Die Vorkriegsforderungen, o Graus,
Sie schafften neue Sorgen,
Man glich sie stets auf's neue aus,
Vertröstete auf morgen.
Herr Fuchs schrieb sich die Finger wund,
Die Gläubiger kamen auf den Hund,
Erhielten kleinste Quoten
In kümmerlichen Noten."

25 Eine Übersicht über die Handelsbeschränkungen während des Ersten Weltkrieges und der Nachkriegszeit bietet die Reihe: Erwin und William Loewenfeld (Hrsg.), Die Rechtsverfolgung im internationalen Verkehr. Darstellung der Justizorganisation, des Zivilprozessrechts, des Konkursrechts, der Erbschaftsregulierung und der Konsulargerichtsbarkeit in den europäischen und außereuropäischen Staaten, hier: Die Beschlagnahme, Liquidation und Freigabe deutschen Vermögens im Ausland, Nr. 5 und zugehörige Ergänzungsbände, Berlin 1923–1927.

26 Vgl. RGBl. Jg. 1919, S. 1105–1125.

Überhaupt war die Abwicklung des Wirtschaftskrieges eine komplexe Aufgabe. Während des Krieges waren nicht nur kriegswichtige Sachwerte beschlagnahmt oder die Finanzströme unterbrochen worden. Ganze Unternehmen, häufig Außenstellen ausländischer Muttergesellschaften, sahen sich zunächst unter Zwangsverwaltung gestellt. Finanziell und wirtschaftlich durch die Kriegsmaßnahmen von ihren Unternehmenszentralen abgeschnitten, rutschten sie schnell in die Insolvenz. Die Folge davon war die schrittweise Liquidation dieser Firmen. Ähnliche Maßnahmen zur Kontrolle feindlichen Vermögens führte ein Großteil der am Krieg beteiligten Staaten ein und weitete sie im Verlauf des Krieges aus.

In Deutschland waren es zunächst unterschiedliche Behörden in den Bundesstaaten, die die Zwangsverwaltungen anordneten und dezentral durchführten. Erst im Verlauf des Krieges wurden diese Strukturen in einem *Reichskommissariat zur Liquidation ausländischer Unternehmungen* zentral zusammengeführt. Dies hing mit der zunehmenden Anzahl der betroffenen Unternehmen, den uneinheitlichen Verwaltungsabläufen in den Bundesstaaten und den Friedensvorbereitungen der Reichsleitung zusammen. Letztere hoffte, durch die Zentralisierung der Erfassung und Verwaltung feindlicher Vermögenswerte belastbare Daten für Verhandlungen zu erhalten.

Von der Liquidation ganzer Unternehmen zu unterscheiden war die Zwangsverwaltung sonstigen feindlichen Vermögens. Dazu zählten Bareinlagen, Kapitalanlagen, Kulturgüter, Kunstobjekte, Liegenschaften, Patente etc. Auch hier waren zu Beginn des Ersten Weltkrieges die Bundesstaaten aktiv geworden und hatten Zwangsverwaltungsmaßnahmen angeordnet. Ähnlich der Entwicklung des RKLAU kam es im weiteren Kriegsverlauf zur Einrichtung einer zentralen Reichsbehörde, des *Treuhänders für das feindliche Vermögen*, um die bestehenden bundesstaatlichen Strukturen zu vereinheitlichen.

Der Versailler Vertrag veränderte die Aufgaben des RKLAU und des Treuhänders grundlegend. Sämtliche deutschen „außerordentlichen Kriegsmaßnahmen und Übertragungsanordnungen, betreffend die Güter, Rechte und Interessen von Staatsangehörigen der alliierten und assoziieren Mächten", mussten als illegitim aufgehoben werden. Vermögenswerte waren zurückzuerstatten und die Eigentümer für entgangene Gewinne und andere Verluste zu entschädigen. Die in den Staaten der Siegerkoalition getroffenen

Maßnahmen zur Kontrolle und Liquidation feindlichen Vermögens wurden dagegen legitimiert.[27] Für die Entschädigung der deutschen Staatsangehörigen war die Reichsregierung zuständig. Eine Ausnahme zu dieser Regelung bildeten konfiszierte Barvermögen und veräußerte Wertpapiere, die im Zuge des Ausgleichsverfahrens verrechnet wurden.

I.1 Fragestellung

Die Sichtung des Forschungsstandes erbrachte nur wenige Ansatzpunkte für die Formulierung einer Fragestellung, die für die weitere Vorgehensweise leitend sein konnte. Umso mehr wurde der wissenschaftliche Bedarf deutlich, den Forschungsgegenstand anhand der Quellen durch eine erste Darstellung überhaupt greifbar zu machen. Daher waren zunächst die grundlegenden Fragen zu klären, bevor komplexere (Frage-)Systeme angegangen werden konnten. Wie entstand das RMfW? Wann war die Gründung bzw. Auflösung anzusetzen? Wo lag der Sitz der Behörde? Wozu wurde die Behörde benötigt? Wie entwickelte sich die Behörde? Wer waren die herausragenden Persönlichkeiten des Verwaltungspersonals?

Allerdings waren selbst die einfachsten Fragen kaum mit dem bis dato gängigen Instrumentarium zu beantworten. Das RMfW widersprach bereits im administrativen Aufbau der herkömmlichen Organisation der übrigen Reichsverwaltung. Statt einen behördlichen Kern aufzuweisen, in dem ein Großteil der Aufgaben direkt bearbeitet wurde, zeigte es sich, dass die eigentliche Ausführung der Aufgaben in den dem Ministerium angeschlossenen Behörden vorgenommen wurde. Diese dezentrale Lösung machte rasch deutlich, dass eine Darstellung des RMfW nicht ohne die gründliche Erforschung seiner Reichsbehörden möglich sein würde. Dadurch wurde der ursprüngliche Ansatz modifiziert. Statt eines Forschungsgegenstandes waren es nun bis zu dreizehn unterschiedliche Forschungsgegenstände, die unter dem RMfW vereinigt wurden.

Es brächte eine unnötige Redundanz mit sich, zu allen angeschlossenen Behörden des RMfW die oben formulierten Grundfragen in Abwandlungen zu wiederholen. Beschrieben werden sollen im Folgenden vielmehr die

27 Vgl. Art. 297–298 FV nebst Anlage RGBl. Jg. 1919, S. 1125–1149, vorhergehendes Zitat vgl. ebd., S. 1125–1126.

neuen Interpretationsansätze, die sich aus den Ergebnissen herleiten. Die Erforschung der Reichsentschädigungskommission warf gänzlich neue Fragen zur deutschen Besatzungsherrschaft auf. Warum war es schon 1914 als notwendig erachtet worden, die Besatzungsherrschaft zu verrechtlichen? Welche Auswirkungen hatte diese Verrechtlichung auf das Verständnis der deutschen Besatzungsherrschaft und den Charakter des Krieges? Die Zusammenstellung der deutschen Requisitionen und die Dokumentation der Demontagen in den besetzten Gebieten veränderten das Bild der deutschen Besatzungsherrschaft. Warum wurde bereits im Frühjahr 1917 mit der Erstellung von Dokumentationen für zukünftige Friedensverhandlungen begonnen? Was wurde aus den Aufzeichnungen?

Die Geschichte des deutschen Wirtschaftskrieges während des Ersten Weltkrieges ist eng mit der Liquidation ausländischer Unternehmungen und der Treuhänderschaft für ausländische Wertsachen verbunden. In beiden Fällen kam es zu einer bemerkenswerten Verlagerung der Kompetenzen von den Verwaltungsstellen der Bundesstaaten auf das Reich. Ein Aspekt des Wirtschaftskrieges während und nach dem Ersten Weltkrieg war der fast vollständige Verlust der deutschen Handelsflotte. Warum wurde der Wiederaufbau der Handelsflotte lange vor Kriegsende beschlossen? Welche Motive standen hinter dieser Entwicklung? Warum wurden die Reste der deutschen Handelsflotte noch vor Friedensschluss den Siegermächten übergeben? Welche Auswirkungen hatte der Versailler Vertrag auf den Wiederaufbau der Handelsflotte?

Der Waffenstillstand von Compiègne vom 11. November 1918 gilt allgemein als Kriegsende, der danach ausgehandelte Friedensvertrag trat aber erst am 10. Januar 1920 in Kraft. Während dieser Zwischenphase hatte Deutschland bis zur Unterzeichnung des Versailler Vertrages zwei Regierungen. Neben der durch die Revolution und das Chaos der Nachkriegszeit erschütterten deutschen Exekutive und Legislative bestand in Gestalt der Waffenstillstandskommission eine administrative Organisation, die diktatorische Eingriffe in Deutschland durchführte. Infolge der Niederlage und der Waffenstillstandsvereinbarungen war es den Siegermächten möglich, Deutschland weitere Bedingungen für die Verlängerungen des Waffenstillstandes zu diktieren. Deutschland hatte nur die Option zur Beendigung des Waffenstillstandes oder zu dessen Fortsetzung, was bedeutete, dass es sich diesen Bedingungen fügen musste. Die deutsche Legislative bzw.

Exekutive hatte daher allen Vorgaben der Waffenstillstandskommission Folge zu leisten. Welche Bedingungen legten die Waffenstillstandsvereinbarungen Deutschland auf? Welche Strukturen bildete die deutsche Waffenstillstandskommission zur Ausführung der Waffenstillstandsbedingungen aus? In welcher Beziehung stand die WaKo zum RMfW?

Die entscheidende Grundlage zur Entstehung des RMfW war die Vorlage bzw. Unterzeichnung des Versailler Vertrages im Mai/Juni 1919. In den sechs Monaten bis zum Inkrafttreten des Friedensvertrages wurde über die Zukunft Europas entschieden. Im Zentrum stand dabei die zukünftige Ausgestaltung der wirtschaftlichen Ausführung des Versailler Vertrages. Welche Weichenstellungen waren im Hinblick auf das RMfW entscheidend? Welche Themen waren vorherrschend? Welche Akteure waren zu beachten? Ein wichtiges Thema dieser Zwischenphase war der Wiederaufbau der zerstörten Gebiete. Sowohl in Deutschland als auch in Frankreich gab es Bestrebungen, eine große Zahl deutscher Wiederaufbauarbeiter zu entsenden. Welche Hintergründe bewogen Sieger und Besiegte dazu? Wie verlief die Entwicklung? Welche Konsequenzen wurden auf deutscher Seite gezogen? Wie entstanden das Reichskommissariat zur Ausführung von Aufbauarbeiten in den zerstörten Gebieten und das Reichsministerium für Wiederaufbau? Warum wurde der Wiederaufbau nicht von einem bestehenden Reichsministerium übernommen?

Der Umgang mit der Wiederaufbaufrage war die entscheidende Weichenstellung in der frühen Nachkriegszeit. Hätten sich Sieger und Besiegte über die Trümmer die Hand gereicht und gemeinsam die Schäden bereinigt, wäre die Geschichte anders verlaufen. Welche Ursachen verhinderten eine deutsch-französische Kooperation in der Wiederaufbaufrage? Welche Auswirkungen hatte das Scheitern einer deutschen Beteiligung am Wiederaufbau für die Reparationsfrage?

Das neue RMfW war, wie oben angedeutet, eine einzigartige administrative Konstruktion. Nach der Darstellung eines ersten Teils der angeschlossenen Reichsbehörden und der Waffenstillstandsperiode konnte nun eine Analyse des Ministeriums selbst angegangen werden. Neben den grundlegenden Fragen ließ sich nun die Rolle, die das RMfW für die angeschlossenen Reichsbehörden und gegenüber den übrigen Reichsministerien spielte, genauer einordnen. Wie gestaltete sich das Verhältnis zwischen RMfW und den angeschlossenen Reichsbehörden? Warum wurde das RMfW auf den

Fundamenten des aufgelösten Reichskolonialministeriums errichtet? Wie verhielt sich das Ministerium während des Kapp-Lüttwitz-Putsches? Welche Auswirkungen hatten die Vakanzen an der Behördenspitze und die langanhaltende Stellvertretung des Reichsministers durch einen Spitzenbeamten? Warum wurde das RMfW vor der Regelung der Reparationsfrage aufgelöst?

Einige der angeschlossenen Reichsbehörden waren während und auch nach der Existenz des Ministeriums besonders wichtig. Sie lassen sich grob in zwei Kategorien unterteilen: Ausführungsbehörden für den Friedensvertrag und Entschädigungsstellen. Die deutschen Kohlereparationen wurden in der Forschung bisher ausgesprochen negativ beurteilt. Aufgefundene Sitzungsprotokolle der Deutschen Kohlenkommission in Essen deuten dagegen eine gegenteilige Entwicklung an. Wie funktionierte die Zusammenarbeit zwischen deutschen Lieferstellen und Empfängern deutscher Reparationskohlen? Welche Schwierigkeiten waren zu bewältigen?

Die Reichsrücklieferungskommission und der Kommissar zur Lieferung von Eisenbahnmaterial waren zentrale Akteure in der Rückgabe von geraubten Gütern bzw. der Lieferung von Substitutionen. Welchen Einfluss hatten die Arbeitsergebnisse der beiden Behörden? In welchem Umfang wurden Schäden wiedergutgemacht? Gab es Besonderheiten bei den Rückgaben?

Was bedeuteten die massenhaften Internierungen, Ausweisungen und Vertreibungen der Deutschen aus aller Welt für das Selbstverständnis Deutschlands in der Nachkriegszeit? Die Migration von hunderttausenden Menschen im Rahmen der Neuordnung der deutschen Außengrenzen und den antideutschen Ressentiments im feindlichen Ausland erforderte umfangreiche legislative und exekutive Umgestaltungen in Deutschland. Beginnend mit der REK wurden Verwaltungsinstitutionen damit beauftragt, eine Vor- und Endentschädigung durchzuführen. Später übernahmen der Reichskommissar für Auslandsschäden und das Reichsentschädigungsamt für Kriegsschäden diese Aufgaben. Wie entwickelte sich die erste deutsche Kriegsopferentschädigung seit dem Deutsch-Französischen Krieg? Welche Probleme traten während der Hyperinflation auf? Gelang die Integration der entwurzelten Menschen in die Weimarer Republik?

Eine weitere Besonderheit war die Entschädigung für Opfer der gewaltsamen Unruhen in Oberschlesien vor, während und nach der Volksabstimmung über die staatliche Zugehörigkeit des Gebietes. Welche Ziele verfolgte die Reichsregierung mit der gesonderten Entschädigung im Abstimmungsgebiet? Welche Strukturen wurden von privater und staatlicher Seite aufgebaut?

I.2 Forschungsstand

Über das Reichsministerium für Wiederaufbau lag bisher keine vollständige Darstellung vor. Die Forschung hatte das RMfW bisher nur in Auszügen oder in Form kurzer Zusammenfassungen behandelt. Eine intensivere Auseinandersetzung mit dieser Reichsbehörde fand vorwiegend nur in den 1920er Jahren statt. Aufgrund der besonderen Aufgaben des RMfW bot die Behörde eine breite Angriffsfläche für Polemik in den Medien.[28] Im zeitgenössischen Fachmedium „Der Wiederaufbau – Zeitschrift für Weltwirtschaft" wurde das Ministerium hingegen auffällig selten erwähnt.[29] Auch in der Forschungsliteratur der 1920er Jahre spielte das RMfW kaum eine Rolle, selbst wenn die hauseigenen Beamten über die Ausführung der Reparationen schrieben.[30]

---

28 Die überregionale Tagespresse widmete den Meldungen aus den Reichsministerien besondere Aufmerksamkeit und brachte häufig Artikel und Beiträge zu den Vorgängen im RMfW heraus.

29 Herausgeber der in den Jahren 1922 bis 1923 erschienen Zeitschrift war der Mitorganisator des Umsturzes im zaristischen Russland und der russischen Oktoberrevolution, Alexander Parvus. Als stiller Mitherausgeber fungierte der international hoch angesehene Professor Moritz Julius Bonn. Die Zeitschrift veröffentlichte zahlreiche Aufsätze von herausragenden deutschen Entscheidungsträgern. Darunter waren u. a.: Reichssparkommissar Saemisch (Nr. 9 vom 27. Juli 1922), Präsident Guggenheimer (Nr. 30/31 vom 26. Januar 1923), August Müller (Nr. 33 vom 16. März 1923), Reichsfinanzminister Hermes (Nr. 34 vom 30. März 1923), Reichswirtschaftsminister a. D. Robert Schmidt (Nr. 47 vom 23. Juli 1923). Vgl. dazu auch: Moritz Julius Bonn, So macht man Geschichte. Bilanz eines Lebens, München 1953, S. 255–257.

30 Julius Ruppel/Albert Cuntze, Die Reparationssachleistungen. Ein Kommentar zu dem Wiesbadener, dem Cuntze-Bemelmans und dem Ruppel-Gillet Abkommen, Berlin 1922, S. 23–32; Albert Cuntze, Das neue Sachleistungsverfahren nach dem Londoner Protokoll. Eine Erläuterung der am 1. Mai 1925 in Kraft getretenen Verfahrensvorschrift für Sachleistungen unter Ausschluss der darin enthaltenen Sonderbestimmungen über die Lieferung von stickstoffhaltigen Düngemitteln, Kohlen und Farbstoffen, Berlin 1925.

Die Quellen legen nahe, dass in den ersten Jahren der Weimarer Republik seitens des Reichswehrministeriums, des Auswärtigen Amts, des Reichswirtschaftsministeriums und des RMfW eine systematische Vorzensur wissenschaftlicher Veröffentlichungen, die sich auf die deutsche Kriegswirtschaft und die Reparationen bezogen, bestand. Diesen Eindruck vermitteln im Rahmen dieser Forschungsarbeit aufgefundene archivarische Quellen.[31] Die Autoren wurden in die Ministerien geladen, dort unter psychologischen Druck gesetzt und aufgefordert, Passagen zu ändern, Veröffentlichungen ganz zu unterlassen oder hinauszuzögern. Angesichts dieser Praxis ist es nicht unwahrscheinlich, dass Autoren zum Mittel der Selbstzensur griffen, um ihre Forschungsarbeiten überhaupt veröffentlichen zu können.

Diese „Schere im Kopf" der Autoren könnte großen Einfluss auf die Darstellung und den Inhalt der wissenschaftlichen Publizistik gehabt haben. Ein besonderes prägnantes Beispiel dafür war der Sammelband von Friedrich Lenz aus dem Jahr 1924.[32] Klaus Petersen hat die Mechanismen der Zensur im Rahmen der Kulturpolitik der Weimarer Republik untersucht.[33] Daher muss die zeitgenössische Forschungsliteratur mit entsprechender quellenkritischer Vorsicht behandelt werden.

Das frühe Standardwerk über die deutschen Reparationen von Carl Bergmann sparte das RMfW ebenfalls weitgehend aus, obwohl der Autor als führendes Mitglied der deutschen Kriegslastenkommission ein absoluter Kenner der Abläufe war. Sein Schreibstil entbehrt nicht einer gewissen selbstzufriedenen Darstellung eines Akteurs, der es sowieso immer besser

---

31 Vgl. BArch R 3301–2012 o.Z., R 3301–2014 o.Z. und R 3301–2014 o.Z. Abschrift WA.S.10 vom 21. Dezember 1923.

32 Es handelte sich um einen Sammelband zu verschiedenen Themen des Ersten Weltkrieges aus dem Jahr 1924. Das von Friedrich Lenz und Eberhard Schmidt herausgegebene Werk wurde inhaltlich von verschiedenen Reichsministerien intensiv bearbeitet. Die Druckfahnen mit den letzten Korrekturen und einige Quellen mit Informationen zum Entstehungsprozess sind erhalten geblieben. Vgl. BArch R 3301–2014 o.Z. Korrekturbögen zum Lenz-Sammelband und Besprechung im Reichsinnenministerium vom 28. Dezember 1923; vgl. dazu: Friedrich Lenz/Eberhard Schmidt, Die deutschen Vergeltungsmaßnahmen im Wirtschaftskrieg. Nebst einer Gesamtbilanz des Wirtschaftskrieges 1914–1918, Bonn 1924.

33 Vgl. Klaus Petersen, Zensur in der Weimarer Republik, Stuttgart 1995, S. 42–50; vgl. dazu auch: Büttner/Benz, Gebhardt, Weimarer Republik, S. 522–525.

wusste als die anderen. Das RMfW erscheint in seiner Darstellung als eine überflüssige Behörde ohne nennenswerte Erfolge.[34]

Die Dissertation von Matthias Schloemer zum Reichsausgleichsamt aus dem Jahr 1924 stellte die Entwicklung dieser Behörde und die Abläufe der Verwaltung dar.[35] Angesichts des Mangels an archivarischen Quellen zum RAA sind die Forschungsergebnisse von Schloemer für die vorliegende Untersuchung eine wichtige Quelle, in der allerdings das RMfW fast keine Erwähnung findet. Dabei schrieb Schloemer häufig über eigene Erfahrungen aus seiner Mitarbeit in einer Zweigstelle des RAA. Seine Darstellungen erscheinen teilweise recht subjektiv und zeugen von einer ausgeprägten Ablehnung des Ausgleichsverfahrens und der gesamten Nachkriegsordnung. Als Quellenbasis dienten Schloemer in großen Teilen ausländische und deutsche Zeitungsartikel sowie amtliche Veröffentlichungen.

Schon für die 1930er Jahre konnten keine weiteren Erwähnungen des RMfW in der Publizistik identifiziert werden. Nach dem Zusammenbruch des deutschen Staates im Jahr 1945 und der Gründung der beiden deutschen Staaten 1949 stand der neue Wiederaufbau Europas im Fokus. Angesichts der Verwüstungen verblassten die Erinnerungen an den Wiederaufbau nach dem Ersten Weltkrieg in Deutschland. Im Jahr 1959 merkte Friedrich Facius an, dass das RMfW „recht eigentlich das Ministerium für Reparationsangelegenheiten" gewesen sei.[36] Facius schätzte das Ministerium als Reichsbehörde mit Potential ein, die aber nie aus dem Einfluss des AA und RFM habe heraustreten können. Seine Quellenbasis bestand gemäß seiner Darstellung nur aus den öffentlich zugänglichen amtlichen Publikationen Reichsgesetzblatt und Deutscher Reichsanzeiger. Verweise auf Bestände des Bundesarchivs in Koblenz, wo Facius als Archivar tätig war, fehlen, weil in Westdeutschland nur wenige Akten zum RMfW verfügbar waren. Seine bisher ausführlichste Darstellung des RMfW bietet die Einleitung zum Bestand

34 Vgl. Carl Bergmann, Der Weg der Reparationen. Von Versailles über den Dawesplan zum Ziel, Frankfurt am Main 1926, S. 44.

35 Matthias Schloemer, Das Reichsausgleichsamt, Köln 1924.

36 Vgl. Friedrich Facius, Wirtschaft und Staat. Die Entwicklung der staatlichen Wirtschaftsverwaltung in Deutschland vom 17. Jahrhundert bis 1945, Schriften des Bundesarchivs Bd. 6, Boppard am Rhein 1959, S. 107–109.

R 3301 im entsprechenden Findbuch des Bundesarchivs.[37] Die Bedeutung des RMfW in Zusammenhang mit dem Wiederaufbau Nordfrankreichs hat erstmals Hugo Ott in den 1970er Jahren auf der Basis westdeutscher Quellenbestände untersucht.[38]

Statt mit dem RMfW hat sich die Forschung bei Fragen zu den deutschen Sachreparationen primär auf das Auswärtige Amt konzentriert. Als Folge davon entwickelte sich die teilweise dominante Rolle des AA als ein entscheidendes Element des politischen Prozesses der Weimarer Republik heraus. Hier waren in erster Linie die Forschungsarbeiten von Peter Krüger wegweisend.[39] Diese Sicht wurde bis in die Gegenwart fortgesetzt.[40] Angesichts der so genannten „Schülerschen Reform" und der Ausschaltung des Reichswirtschaftsamts bzw. -ministeriums in Fragen der Außenwirtschaftsvertretung Deutschlands nahm die Forschung irrtümlich an, dass das AA zur allein dominierenden Kraft in allen Belangen der deutschen Außenpolitik der frühen Weimarer Republik aufgestiegen sei.[41] Mit dieser Einschätzung befasste sich in der Vergangenheit eine Reihe von Publikationen:

---

37 Vgl. Internetseite des Bundesarchivs vom Stand 8. Dezember 2014: http://www.argus.bstu.bundesarchiv.de/R3301-22573/index.htm?kid=9b711d63-f3b1-4a2d-aac5-08d0b6c39fe6.

38 Hugo Ott, Das Reichsministerium für Wiederaufbau in seiner wirtschaftspolitischen Funktion für den Arbeitsmarkt 1919/20, in: Hermann Kellenbenz (Hrsg.), Wirtschaftspolitik und Arbeitsmarkt. Bericht über die 4. Arbeitstagung der Gesellschaft für Sozial- und Wirtschaftsgeschichte in Wien am 14. und 15. April 1971, München 1974, S. 288–306.

39 Vgl. Peter Krüger, Die Außenpolitik der Republik von Weimar, 2. Auflage, Darmstadt 1993; ders., Deutschland und die Reparationen 1918/19. Die Genesis des Reparationsproblems in Deutschland zwischen Waffenstillstand und Versailler Friedensschluss, Stuttgart 1973.

40 Vgl. Eckart Conze, Das Auswärtige Amt. Vom Kaiserreich bis zur Gegenwart, München 2013, S. 45–53.

41 Vgl. Kurt Doß, Das deutsche Auswärtige Amt im Übergang vom Kaiserreich zur Weimarer Republik. Die Schülersche Reform, Düsseldorf 1977, S. 303–305; Claus von Kameke, Einblicke. Das Auswärtige Amt zwischen 1871 und 2001, Bd. 2, Bonn 2003, S. 46–67. Vgl. zur Geschichte des RWM: Hans Gotthardt Ehlert, Die wirtschaftliche Zentralbehörde des Deutschen Reiches 1914 bis 1919. Das Problem der „Gemeinwirtschaft" in Krieg und Frieden, in: Hermann Kellenbenz/Eberhard Schmitt (Hrsg.), Beiträge zur Wirtschafts- und Sozialgeschichte, Bd. 19, Wiesbaden 1982, S. 201–213.

Leo Haupts erkannte zwar die grundlegenden Forschungsergebnisse Krügers an, erweiterte den Fokus aber deutlich auf weitere Akteure und deren Motivationen.[42] Insbesondere die Interessen der deutschen Export- und Finanzwirtschaft sah Haupts als wichtige Triebfedern einer neuen deutschen Außenpolitik, die sich während des Ersten Weltkrieges formierte.[43] Im Gegensatz dazu konzentrierte sich Peter Grupp wieder sehr auf das AA, dem er in der Frühphase der Weimarer Republik die alleinige Hoheit über die deutsche Außenpolitik zuschrieb.[44] Die Notwendigkeit für Kompromisse des AA mit anderen Reichsministerien bei der Gestaltung der Reparationspolitik betonte dagegen Joachim Wintzer.[45]

Die rechtlichen Aspekte der Sachreparationen wurden jüngst von Alexander Rinke untersucht, allerdings stützt sich diese rechtswissenschaftliche Arbeit nur begrenzt auf Archivmaterial.[46] Der Bestand zum RMfW R 3301 des Bundesarchivs wurde von Rinke überhaupt nicht herangezogen. Dennoch verdeutlicht seine Analyse die Komplexität des Sachlieferungsverfahrens und dessen Bedeutung für das Forschungsgebiet der deutschen Reparationen.

Darstellungen zur Geschichte der Reparationen nach dem Ersten Weltkrieg wurden seit der Vorlage der Friedensbedingungen in kaum überschaubarer Quantität und unterschiedlicher Qualität publiziert. Herrschte in der älteren Literatur eine eher ablehnende Haltung gegenüber Art und Umfang der Reparationen vor, hat in der jüngeren Forschung ein Umdenken

42 Leo Haupts, Deutsche Friedenspolitik 1918–19. Eine Alternative zur Machtpolitik des Ersten Weltkrieges, Düsseldorf 1976.

43 Vgl. Haupts, Friedenspolitik, S. 131–138.

44 Peter Grupp, Deutsche Außenpolitik im Schatten von Versailles 1918–1920. Zur Politik des Auswärtigen Amts vom Ende des Ersten Weltkrieges und der Novemberrevolution bis zum Inkrafttreten des Versailler Vertrages, Paderborn 1988.

45 Vgl. Joachim Wintzer, Deutschland und der Völkerbund 1918–1926, Paderborn 2006, S. 40.

46 Alexander Rinke, Rechtliche Aspekte der Reparationssachlieferungen Deutschlands nach dem Ersten Weltkrieg verdeutlicht an einer Reparationslieferung des Unternehmens Carl Zeiss, Jena 2013.

eingesetzt. Neuere Autoren schätzen die Reparationsforderungen als wirtschaftlich vertretbare Belastung der deutschen Volkswirtschaft ein.[47]

Die deutsche Verwaltungsgeschichte hat das RMfW weitgehend ignoriert. Eine erste übersichtliche Darstellung über die Geschichte des RMfW von Gerhard Lassar stammt aus dem Jahr 1926.[48] In ähnlicher Weise fasste auch Walther Hubatsch das RMfW im Grundriss zur deutschen Verwaltungsgeschichte zusammen.[49] Die hier dokumentierten Angaben waren weitgehend aus dem Reichsgesetzblatt und dem Handbuch für das Deutsche Reich für das Jahr 1922 zusammengetragen worden.[50] Die Reihe zur Deutschen Verwaltungsgeschichte widmete dem RMfW nur eine wenige Zeilen umfassende Kurzbeschreibung.[51]

---

47 Vgl. Peter Krüger, Das Reparationsproblem der Weimarer Republik in fragwürdiger Sicht. Kritische Überlegungen zur neuesten Forschung, in: Vierteljahreshefte für Zeitgeschichte, 29. Jg., 1981, S. 21–47; Stephen A. Schuker, American „Reparations“ to Germany 1919–33: Implications for the Third-World Debt Crisis, Princeton Studies in international Finance, Bd. 61, Princeton 1988; Bruce Kent, The Spoils of War. The Politics, Economics and Diplomacy of Reparations 1918–1932, Oxford 1989; Albrecht Ritschl, Deutschlands Krise und Konjunktur 1924–1934. Binnenkonjunktur, Auslandsverschuldung und Reparationsproblem zwischen Dawes-Plan und Transfersperre, Berlin 2002; Knortz, Wirtschaftsgeschichte der Weimarer Republik, S. 94–101.

48 Gerhard Lassar, Reichseigene Verwaltung unter der Weimarer Verfassung. Zwei Studien, in: Robert Piloty (Hrsg.), Jahrbuch des öffentlichen Rechts der Gegenwart, Jg. 1926, Bd. 14, S. 169–174.

49 Walther Hubatsch (Bearb./Hrsg.), Grundriss zur deutschen Verwaltungsgeschichte 1815–1945, Bd. 22, Bundes- und Reichsbehörden, Marburg/Lahn, 1983, S. 209–212. Abbildung 16 im Anhang dieses Bandes zeigt eine Fotoaufnahme des Hauptsitzes des RMfW am Wilhelmsplatz 8/9. Das Gebäude bezog 1933 das Reichsministerium für Volksaufklärung und Propaganda. 1999 zog in die Räume das Bundesministerium für Arbeit und Soziales ein.

50 Das Handbuch für das Deutsche Reich erschien nach dem Ersten Weltkrieg nur unregelmäßig. Nur im 41. Band für das Jahr 1922 sind das RMfW und dessen angeschlossene Behörden und Dienststellen auf den Seiten 254–259 verzeichnet. Für das Jahr 1923 erschien nur ein Nachtrag mit den Veränderungen gegenüber dem Vorjahr. Auch hier ist das RMfW auf den Seiten 51–53 verzeichnet. Wegen der Auflösung des RMfW im Mai 1924 wurde das Reichsministerium im 42. Band für das Jahr 1924 nicht mehr erwähnt.

51 Kurt Jeserich/Hans Pohl/Georg-Christoph von Unruh (Hrsg.), Deutsche Verwaltungsgeschichte, Bd. 4, Das Reich als Republik und in der Zeit des Nationalsozialismus, Stuttgart 1985, S. 121.

Einen unterschiedlich gewichteten Zugang zum RMfW bieten die Biografien der Reichsminister für Wiederaufbau, die für Otto Geßler, Walther Rathenau und Heinrich Albert vorliegen. Heiner Möllers geht in seiner Biografie zu Otto Geßler nur in wenigen Absätzen auf die Umstände der Berufung Geßlers zum Amt des Reichsministers für Wiederaufbau ein.[52] Über Heinrich Albert liegt eine Forschungsarbeit von Johannes Reiling vor, in der das RMfW und die Rolle Alberts als Reichsminister für Wiederaufbau nur beiläufig Erwähnung fanden.[53]

Die jüngere Rathenau-Forschung schätzt die Bedeutung des RMfW ambivalent ein und verweist in erster Linie auf die Verhandlungen zwischen Loucheur und Rathenau im Vorfeld des „Wiesbadener Abkommens". Lothar Gall beschrieb das RMfW als eine Behörde mit „eng begrenztem Aufgabengebiet, dem Rathenau allerdings sogleich eine größere Dimension zuschrieb und entsprechend handelte".[54] Shulamit Volkov erwähnt das RMfW dagegen nur kurz, ohne weiter darauf einzugehen.[55] Im Gegensatz dazu nehmen die Darstellung des RMfW und das Wirken Rathenaus als Reichsminister für Wiederaufbau bei Christian Schölzel einen breiteren Rahmen ein.[56] Zwar verwechselte Schölzel wahrscheinlich das Reichskommissariat zur Ausführung von Aufbauarbeiten in den zerstörten Gebieten mit dem RMfW, beschreibt aber detailliert die Rolle Rathenaus als Reichsminister in den Verhandlungen mit Frankreich, die schließlich im Wiesbadener Abkommen erfolgreich zu einem Abschluss kamen.[57] In seiner Darstellung ist das RMfW eine Behörde, die über „Leistungsverbände" wachsenden Einfluss

52 Heiner Möllers, Otto Geßler. Eine Studie zu „unpolitischer" Militärpolitik in der Weimarer Republik, Frankfurt am Main 1998, S. 4–5.

53 Johannes Reiling, Deutschland: Safe for Democracy? Deutsch-amerikanische Beziehungen aus dem Tätigkeitsbereich Heinrich F. Alberts, kaiserlicher Geheimrat in Amerika, erster Staatssekretär der Reichskanzlei der Weimarer Republik, Reichsminister, Betreuer der Ford-Gesellschaften im Herrschaftsgebiet des Dritten Reiches 1914 bis 1945, Stuttgart 1997, S. 340.

54 Lothar Gall. Walter Rathenau, Portrait einer Epoche, München 2009, S. 226–232, hier S. 229.

55 Shulamit Volkov, Walther Rathenau. Ein jüdisches Leben in Deutschland 1867–1922, aus dem Englischen von Ulla Höbner, München 2012, S. 210–212.

56 Christian Schölzel, Walther Rathenau. Eine Biographie, Paderborn 2006, S. 306–325.

57 Vgl. Schölzel, Walther Rathenau, S. 313–318.

auf die deutsche Wirtschaft gewann und entsprechende Abwehrreaktionen aus den betroffenen Industriezweigen auslöste. Auch Christiane Scheidemann erkennt an, dass Rathenau in seiner kurzen Zeit als Wiederaufbauminister viel erreicht hatte, aber Erläuterungen zum RMfW fehlen auch hier.[58]

Die ausländische Forschung zum Wiederaufbau nach dem Ersten Weltkrieg ist dagegen ausgeprägter. Insbesondere die französische Geschichtswissenschaft hat diesem Thema in jüngster Vergangenheit zunehmende Aufmerksamkeit geschenkt. Beispielsweise wurde das Schicksal der französischen Kriegsflüchtlinge während und nach dem Ersten Weltkrieg von Philippe Nivet erforscht.[59] Fallstudien widmen sich dem Wiederaufbau in den zerstörten Departements.[60]

Eine umfassende Darstellung des Wiederaufbaus der zerstörten Gebiete wurde von Hugh Clout erstellt.[61] David Stevenson verglich die unterschiedlichen Entwicklungsverläufe der wirtschaftlichen Erholung Europas im Jahrzehnt nach dem Friedensschluss miteinander, wobei er sowohl dem Wiederaufbau der zerstörten Gebiete als auch den Reparationen nur wenig Bedeutung beimisst. Seine Darstellung vermittelt dagegen die Parallelen, beispielsweise in Form kollektiver Erinnerung an die Gefallenen, des europäischen Wiederaufbaus.[62] Im deutschen geschichtswissenschaftlichen Diskurs nimmt der Wiederaufbau der zerstörten Gebiete in Belgien und

---

58 Christiane Scheidemann, „Ein Mann, der sich das Vertrauen der Welt mit guten Mitteln erwirkt, verdient auch das Vertrauen des Landes." Walther Rathenaus außenpolitisches Denken und Handeln, in: Wolfgang Michalka/Christiane Scheidemann, Walther Rathenau, Berlin 2006, S. 105–107.

59 Philippe Nivet, Les Réfugiés français de la Grande Guerre (1914–1920). Les Boches du Nord, Paris 2004.

60 David de Sousa, La Reconstruction et sa Mémoire dans les villages de la Somme (1918–1932), Woignarue 2001; Anne Duménil/Philippe Nivet, Les Reconstruction en Picardie, Amiens 2003; Nicolas Padiou, Dispersi sunt lapides sanctuarii. La reconstruction des églises de Meurthe-et-Moselle après la Première Guerre Mondiale (1918–1933), Paris 2010, S. 79–216.

61 Hugh Clout, After the ruins. Restoring the countryside of northern France after the Great War, Exeter 1996; ders., The great reconstruction of towns and cities in France 1918–1935, in: Planning Perspectives, Jg. 2005, Heft 20, S. 1–33.

62 Vgl. David Stevenson, 1914–1918. Der Erste Weltkrieg. Aus dem Englischen von Harald Ehrhardt und Ursula Vones-Lieberstein, Düsseldorf 2006, S. 627–653.

Frankreich hingegen keinen großen Raum ein. Ausnahmen bilden hier nur wenige Autoren, die das RMfW aber nicht behandeln.[63]

Bis in die 1990er Jahre, möglicherweise infolge der Überwindung der Zweiteilung Europas, wurde der Wiederaufbau eher als ein gesamteuropäisches Wirtschaftsprojekt eingestuft.[64] Dementsprechend wurde die Bedeutung des RMfW vor allem in der Wirtschaftsgeschichte erkannt. Gerald D. Feldman und Irmgard Steinisch untersuchten in ihrer Darstellung der ZAG die Entstehung des RKAAG. In Feldmans Standardwerk zur deutschen Inflation spielen die deutschen Sachreparationen eine zentrale Rolle. Das RMfW erwähnt Feldman aber nur beiläufig, wenn er die Aussagen der verschiedenen Minister zu politischen Entscheidungen anführt, ohne auf die Bedeutung der Behörde näher einzugehen.[65]

Eine Ausnahme bildeten in gewisser Hinsicht die Forschungsergebnisse von Stephanie Wolff-Rohé und Olaf Mertelsmann. Wolff-Rohé untersuchte am Beispiel des Reichsverbands der Deutschen Industrie die wechselseitigen Entwicklungen und Interessen beim Wiederaufbau der zerstörten Gebiete.[66] Mit seiner Fallstudie zur Werft Blohm & Voss widmet sich Mertelsmann in Ansätzen dem Wiederaufbau der deutschen Handelsflotte nach dem Ersten Weltkrieg.[67]

---

63 Michael Geyer, Rückzug und Zerstörung 1917, in: Gerhard Hirschfeld/Gerd Krumeich (Hrsg.), Die Deutschen an der Somme 1914–1918. Krieg, Besatzung, Verbrannte Erde, Essen 2006, S. 163–179; Susanne Brandt, Vom Kriegsschauplatz zum Gedächtnisraum: Die Westfront 1914–1940, Baden-Baden 2000, S. 24–46.

64 Dan P. Silverman, Reconstructing Europe after the Great War, London 1982; Marc Trachtenberg, Reparations in World Politics. France and European Economic Diplomacy 1916–1923, New York 1980.

65 Vgl. Gerald D. Feldman/Irmgard Steinisch, Industrie und Gewerkschaften 1918–1924. Die überforderte Zentralarbeitsgemeinschaft, Schriftenreihe der Vierteljahreshefte für Zeitgeschichte, Nr. 50, Stuttgart 1985, S. 76–77; Gerald D. Feldman, The Great Disorder. Politics, Economics and Society in the German Inflation, 1914–1924, New York 1993.

66 Stephanie Wolff-Rohé, Der Reichsverband der Deutschen Industrie 1919–1924/25, Frankfurt am Main 2001, S. 203–275.

67 Olaf Mertelsmann, Zwischen Krieg, Revolution und Inflation. Die Werft Blohm & Voss 1914–1923, Tatu 2000, S. 144–147 und 166–168.

Der Forschungsstand zum RMfW zeigt, dass noch erhebliche Defizite bei der Erforschung des deutschen Wiederaufbaus nach dem Ersten Weltkrieg bestehen. Zwar zeichnet sich hier in Teilaspekten eine Trendwende in der jüngeren Forschungsliteratur ab, aber eine eingehende Untersuchung wurde bisher nicht vorgelegt.

I.3 Quellensituation

Die Einführung in den Forschungsstand hat verdeutlicht, wie schnell das RMfW in Vergessenheit geraten war. Die Gründe dafür können auch in der schwierigen Verfügbarkeit der Quellen nach 1945 vermutet werden. Sehr umfangreiche Aktenbestände gingen bei der Zerstörung des Reichsarchivs in Potsdam am Ende des Zweiten Weltkrieges verloren. Die einzige Übersicht über die Kriegsverluste fertigte 1956 Gerhard Schmid an.[68] Folgende thematisch besonders relevante Bestände waren von Zerstörungen betroffen (in Klammern die Verluste in Relation zum Gesamtbestand): Deutsche Kriegslastenkommission (100 %); Restverwaltung für Reichsaufgaben (10 %); Reichskommissariat für Reparationslieferungen (100 %); Reichskolonialamt/-ministerium (32–37 %); Schutzgebiete Ostafrika, Kamerun, Togo und Neuguinea (100 %); Inspektion der Landespolizei Südwestafrika (100 %); Reichskommissar für Eisen- und Metallverarbeitung (100 %); Reichsentschädigungskommission (100 %); Reichskommissar für die Liquidation ausländischer Unternehmungen (100 %); Reichsausschuss für Schiffsbau und Schiffsablieferung (100 %); Deutsch-französische Möbelausfuhrkommission Kehl (100 %); Reichsrücklieferungskommission (100 %); Deutsche Kohlenkommission in Essen (100 %); Reichsausgleichsamt (100 %); Reichsentschädigungsamt (100 %); Staatskommissar für die Wiederherstellung der Universitätsbibliothek Löwen (100 %); Rechnungshof des Deutschen Reiches (ca. 100 %); Generalgouvernement Belgien (100 %); Generalgouvernement Warschau (100 %).[69]

---

68 Vgl. Gerhard Schmid, Die Verluste in den Beständen des ehemaligen Reichsarchivs im zweiten Weltkrieg, in: Staatliche Archivverwaltung (Hrsg.), Archivar und Historiker. Studien zur Archiv- und Geschichtswissenschaft, Ost-Berlin 1956, S. 176–207.

69 Vgl. Schmid, Verluste, S. 186–198.

Diese Zahlen verdeutlichen die großen Schwierigkeiten bei der Rekonstruktion der nachgeordneten Behörden und Dienststellen des RMfW. Die Lücken in der Quellensubstanz konnten teilweise nur bedingt geschlossen werden. Zumindest die Bestände des RMfW sind im Bundesarchiv weitgehend erhalten geblieben.[70] Eine wesentliche Rolle kam dabei der deutschen Teilung zu, in deren Folge fast der gesamte noch erhaltene Bestand des RMfW im Zentralstaatsarchiv der DDR in Potsdam eingelagert wurde. Der Zugang zu den Beständen war somit besonders für westdeutsche Wissenschaftler bis 1989/90 erheblich eingeschränkt.[71] Ein kleinerer Teil der Akten gelangte in das westdeutsche Bundesarchiv in Koblenz. Nach der Zusammenlegung des Bundesarchivs mit dem Zentralstaatsarchiv der DDR im Verlauf der Wiedervereinigung 1990 wurden die Bestände zum RMfW unter der Signatur „R 3301" verschmolzen. Nach Auskunft der zuständigen Archivarin wurden die Bestände anschließend in einem Findbuch zwar neu erfasst, die Inhalte der Akten aber nur in Stichproben abgeglichen. Dadurch kam es zur Übernahme vieler Fehler, die eine systematische Recherche sehr erschweren, weil Inhaltsangaben der Akten und ihr tatsächlicher Inhalt divergieren.

Aus dem Bundesarchiv wurden die Bestände des RFM (BArch R 2), des AA (BArch R 901), der WaKo (BArch R 904), des RSchM (BArch R 2201), des RWM (BArch R 3101), des RMfW (BArch R 3301), des RArbM (BArch R 3901) und der Restverwaltung für Reichsaufgaben (BArch R 2103) herangezogen. Wichtige Erkenntnisse konnten zudem aus den Beständen des Politischen Archivs des AA (PA AA R) gewonnen werden. Zusätzlich wurden Quelleneditionen wie z. B. die „Akten zur deutschen auswärtigen Politik 1918–1945" und die „Akten der Reichskanzlei Weimarer Republik"

70 Die Bestandssignatur im Bundesarchiv für das RMfW ist „R 3301". Die Zitierung entspricht dem vom Bundesarchiv vorgegebenen Standard: „BArch R 3301-(Aktensignatur)" (Angabe des Blattes/der Blätter oder bei nicht nummerierten Bänden: o.Z. (ohne Zählung)) und Bezeichnung des Schriftstückes durch Zitierung des Titels oder des Absenders und Empfängers mit Angabe des Datums.

71 Vgl. Staatliche Archivverwaltung des Ministeriums des Innern der DDR (Hrsg.), Lexikon Archivwesen der DDR, 2. Aufl., Ost-Berlin 1977, S. 78–85.

ausgewertet.[72] Amtliche Veröffentlichungen im Deutschen Reichsanzeiger, im Reichsgesetzblatt, in den Reichstagsprotokollen und -drucksachen sowie im Handbuch für das Deutsche Reich erwiesen sich als unerlässlich für die Rekonstruktion der juristischen Grundlagen der untersuchten Verwaltungsstellen.[73] Zur weiteren Ergänzung und zum Vergleich wurde die Forschungsliteratur herangezogen.

I.4 Der Stellungskrieg auf dem westlichen Kriegsschauplatz

Als Präsident Woodrow Wilson am 8. Januar 1918 sein aus 14 Punkten bestehendes „program of the world's peace" dem US-Kongress vorstellte, erwähnte er auch die Wiederherstellung Frankreichs unter Punkt VIII: „All French territory should be freed and the invaded portions restored ...".[74] Zum Zeitpunkt dieser Rede steckte Europa im vierten Jahr eines Krieges, der eigentlich Weihnachten 1914 hätte beendet sein sollen.

Die deutschen Armeen waren auf dem belgisch-französischen Kriegsschauplatz im Spätsommer und Herbst 1914 im offensiven Bewegungskrieg bis an die Marne vorgerückt. Belgien war fast vollständig erobert und der Nordosten Frankreichs von deutschen Streitkräften überrannt worden. Doch ein entscheidender Sieg war den deutschen Strategen verwehrt geblieben. Die deutschen Truppen besetzten die bedeutenden Industriegebiete Belgiens und Frankreichs, und Millionen von Menschen flohen vor den

---

72 Vgl. Historische Kommission der Bayerischen Akademie der Wissenschaften/Karl Dietrich Erdmann (Hrsg.), Akten der Reichskanzlei, Weimarer Republik, Boppard am Rhein 1970–(2012); John Fox/Peter Grupp/Walter Bußmann (Hrsg.), Akten zur deutschen auswärtigen Politik, 1918–1945, Göttingen 1950–1995. Zu den übrigen Quelleneditionen vgl. VII. Bibliographie.

73 Reichsinnenministerium (Hrsg.), Handbuch für das Deutsche Reich, Jg. 1922, Berlin 1922; dass., Handbuch für das Deutsche Reich, Ergänzungsheft 1923, Berlin 1923.

74 Zum gesamten Wortlaut vgl. Edmund Marhefka (Hrsg.), Der Waffenstillstand 1918–1919. Das Dokumenten-Material der Waffenstillstands-Verhandlungen von Compiègne, Spa, Trier und Brüssel. Notenwechsel, Verhandlungsprotokolle, Vertrage, Gesamttätigkeitsbericht, Berlin 1928, Bd. 1, S. 3–6. Vgl. dazu auch Herfried Münkler, Der Große Krieg. Die Welt 1914 bis 1918, München 2013, S. 653–661.

deutschen Armeen in unbesetzte Gebiete.[75] Dadurch sank die Produktivität der unter deutscher Kontrolle stehenden Gebiete Belgiens und Nordfrankreichs erheblich.

Seit dem Winter 1914 waren die Kämpfe auf dem westlichen Kriegsschauplatz im Stellungskrieg erstarrt.[76] Die Frontlinien begannen an der Kanalküste und zogen sich variierend zwischen 700 bis 750 km durch Flandern und an einer Linie über Armentières–Givenchy–Lens–Lassigny–Reims bis Verdun. Von dort liefen die Stellungssysteme entlang der Argonnen und Vogesen nahe der deutschen Reichsgrenze bis zur Schweizer Grenze.[77] Mit der Dauer des Krieges bauten die beiden Kriegsparteien ihre Stellungen von provisorisch ausgehobenen vereinzelten Schützengräben zu einem zusammenhängenden Verteidigungssystem aus. Beide Kriegsparteien errichteten auf dem westlichen Kriegsschauplatz bis Kriegsende etwa 35.200 km Gräben.[78]

Besonders die deutschen Stellungen wurden während des Krieges räumlich möglichst tief ausgebaut und mit Bunkern befestigt. Das deutsche Grabensystem der gestaffelten Verteidigung wurde ab 1916 in drei Abschnitten errichtet. Die Frontlinie bildete der erste Graben mit einem Abstand von 100 bis 1.000 Metern zum feindlichen ersten Grabensystem. Davor standen ein bis zwei als Drahtverhaue bezeichnete Gürtel aus Stacheldraht. Zwei

---

75 Zum französischen Flüchtlingswesen während des Ersten Weltkrieges vgl. Philippe Nivet, Les réfugiés français de la grande guerre (1914–1920), S. 473–535.

76 Eine Einführung in den östlichen Kriegsschauplatz erfolgt an dieser Stelle nicht, weil Russland nicht dem Versailler Vertrag beitrat. Nachfolgestaaten des Zarenreiches wie z. B. Polen hatten daher keinen grundsätzlichen Anspruch auf deutsche Reparationen. Vgl. dazu Hew Strachan, Die Ostfront. Geopolitik, Geographie und Operationen, in: Gerhard Paul Groß (Hrsg.), Die vergessene Front, der Osten 1914/15. Ereignis, Wirkung, Nachwirkung, Paderborn 2006, S. 11–26 und Gerhard Groß, Im Schatten des Westens. Die deutsche Kriegsführung an der Ostfront bis Ende 1915, in: ders. S. 49–85.

77 Vgl. Tony Ashworth, Trench Warfare 1914–1918. The Live and Let Live System, Hong Kong 1980, S. 3; Gerhard Hirschfeld (Hrsg.), Enzyklopädie Erster Weltkrieg, Paderborn 2009, S. 821.

78 Die Länge der deutschen Gräben erreichte bis 1916 über 10.000 Meilen, während das britisch-französische Grabensystem bis dahin ca. 12.000 Meilen umfasste. Vgl. Alan Kramer, Dynamic of Destruction. Culture and mass killing in the First World War, New York 2007, S. 213.

bis drei Kilometer hinter dem ersten Graben lag die zweite Verteidigungslinie. Dort wurde ein zweites Stellungssystem mit Reserven in Bereitschaft gehalten, die auch als Ruhezonen dienten. Den Abschluss bildete, etwa zwei Kilometer hinter dem zweiten Graben, schließlich der Reservegraben als dritte Verteidigungslinie.

Die Gräben wurden bis zu neun Meter tief ausgehoben und teilweise mit bis zu vier Meter dicken Deckenkonstruktionen gegen Artilleriebeschuss gesichert. Etwa 800 Meter hinter dem ersten Graben befanden sich alle 600 Meter in regelmäßigem Abstand voneinander betonierte Maschinengewehrnester.[79] Dazu kamen noch die Kommunikations- und Versorgungsgräben zwischen den einzelnen Abschnitten. Hinter den Grabensystemen erstreckte sich schließlich das gewaltige Versorgungsnetzwerk aus Depots, Feldeisenbahnen, Lazaretten, Unterkünften, Verwaltungsstäben und sonstigen Einrichtungen, die ein Millionenheer benötigte.[80]

Zur Errichtung dieser gewaltigen Verteidigungsanlagen wurden entsprechend dimensionierte Mengen Baumaterial benötigt, die aber weder vorrätig noch unter Kriegsbedingungen in ausreichender Menge im Deutschen Reich herzustellen waren. Letztendlich blieb nur der Rückgriff auf lokal verfügbare Ressourcen durch Requisition oder Plünderung. Zu Beginn des Ausbaus der Stellungssysteme waren die deutschen, bis zu einem gewissen Grad aber auch die alliierten Streitkräfte darin geübt, notwendige Güter legal oder illegal aus der Umgebung zu entwenden. Während des Vormarsches nach Belgien und Nordfrankreich mussten die deutschen Armeen zunehmend auf Requirierungen aus den besetzten Gebieten zurückgreifen, weil die Logistik mit der wachsenden Distanz zu den eigenen Versorgungsdepots nicht Schritt halten konnte.

Statt legaler Requirierung durch Offiziere gegen einen offiziellen Beleg oder gegen Urkunden überwogen die Diebstähle der Mannschaften.[81] Auch

---

79 Zu diesen Angaben vgl. Kramer, Dynamic, S. 213.

80 Vgl. Horst Rohde (Hrsg.), Das deutsche Feldeisenbahnwesen. Die Eisenbahnen von Oktober 1914 bis zum Kriegsende, mit 6 Karten und 73 Fotos, Bd. 2, Hamburg 2010, S. 29–36. Im Original: Reichsarchiv (Bearb.), Der Weltkrieg 1914–1918. Die militärischen Operationen zu Lande. Das deutsche Feldeisenbahnwesen, Bd. 2, Berlin 1928.

81 Vgl. Reinhold Zilch/Jürgen Koppatz, Okkupation und Währung im Ersten Weltkrieg. Die deutsche Besatzungspolitik in Belgien und Russisch-Polen 1914–1918, Goldbach 1994, S. 200–211.

nach dem Übergang in den Stellungskrieg nahm die Oberste Heeresleitung diese Praxis weiterhin stillschweigend hin. Erst später versuchten Generalität und zivile Verwaltung diese Form der „Beschaffung" zu legalisieren, indem sie den Betroffenen Beschlagnahme- und Entschädigungsurkunden gewährten.[82] Die Requisitionen des Heeres nahmen schon zu Kriegsbeginn einen solchen Umfang an, dass die Reichsleitung es als notwendig erachtete, eine *Reichsentschädigungskommission* zu bilden, die deutsche Beschlagnahmen dokumentieren sollte. Nach dem Krieg sollten die so entstandenen Dokumentationen der deutschen Position in den Friedensverhandlungen Unterstützung bieten.

Wie der Ausbau der Stellungs- und Versorgungssysteme vollzog sich auch die Ausplünderung der Landschaft in Schritten. Um Baumaterial zur Sicherung der Gräben zu gewinnen, wurden zunächst in Frontnähe die Wälder abgeholzt. Der Ausbau verstärkter Bunkeranlagen, Depots etc. erforderte dann die schrittweise Abtragung von Dörfern und kleinen Städten. Im weiteren Kriegsverlauf wurden diese Plünderungen in offizielle Demontagen ganzer Fabrikkomplexe ausgeweitet und der gesamte Waldbestand Belgiens und Frankreichs für die Nutzung durch deutsche Militär- und Okkupationsbehörden freigegeben. Neben der Verwertung für die deutschen Verteidigungsanlagen diente die spätere Ausplünderung der besetzten Gebiete auch der Versorgung der deutschen Wirtschaft mit Rohstoffen, Fertigteilen und ganzen Maschinenanlagen.[83] Insbesondere nach dem Beginn des Hindenburg-Programms stieg die Nachfrage nach Rohstoffen und Produktionsanlagen enorm an. Noch 1916 ließ der Generalquartiermeister eine Aufstellung der industriellen Anlagen im besetzten Frankreich anfertigen, die durchaus als Katalog für Interessenten dienen konnte.[84]

Ein weiterer Aspekt waren gezielte Eingriffe der deutschen Streitkräfte in die Gebäudesubstanz. Einzelne Gebäude und ganze Ortschaften wurden aus taktischen Gründen, etwa zur Beseitigung von Deckungsmöglichkeiten

---

82 Vgl. Reichsentschädigungskommission, Nachweisung der Güter, welche in den Jahren 1914 bis 1918 namens des Deutschen Reiches in Frankreich und Belgien beschlagnahmt worden sind (mit Ausschluss von Maschinen und Bestandteilen abgebauter Betriebe), Berlin 1920, S. 3–8.

83 Vgl. Kramer, Dynamic, S. 41–50.

84 Vgl. Generalquartiermeister, Die Industrie im besetzten Frankreich, München 1916.

in den Kampfzonen, zerstört und weitgehend abgetragen. Neben diese unter militärischen Gesichtspunkten zumindest nachvollziehbaren Verwüstungen traten aber auch immer wieder Akte deutscher Kriegsverbrechen. In Belgien war es zu zahlreichen Übergriffen der vorrückenden deutschen Streitkräfte gegen die Zivilbevölkerung gekommen.[85]

Besonders in Erinnerung blieb die Zerstörung der Stadt Louvain (Löwen) in Belgien.[86] Eine Ursache war die allgemeine Furcht der deutschen Militärs vor echten und vermeintlichen „francs-tireurs". Ab dem 25. August 1914 hatten deutsche Militärs damit begonnen, die Stadt abzubrennen und die Einwohner als Geiseln zu nehmen oder zu ermorden. Auch die berühmte Universitätsbibliothek wurde noch am Abend des 25. August angezündet und 23.000 Bände sowie mittelalterliche Manuskripte verbrannten.[87] Auch das Massaker von Dinant am 23. August 1914, dem 674 Menschen und fast die gesamte Gebäudesubstanz der Stadt zum Opfer fielen, erfolgte aus der weit verbreiteten deutschen Furcht vor „francs-tireurs".[88] Von alliierter Seite wurden diese Massaker und Zerstörungen als Beleg für die deutsche „barbarie savante" propagandistisch genutzt,[89] und auch der Friedensvertrag von Versailles hielt diese Ereignisse fest.[90]

---

85 Darstellungen zur deutschen Invasion in Belgien und zu den Morden an der Zivilbevölkerung sind zu finden in: Jeff Lipkes, Rehearsals. The German Army in Belgium, August 1914, Leuven 2007.

86 Eine Darstellung der Ereignisse in Louvain bieten John Horne/Alan Kramer, German Atrocities, 1914. A history of denial, New Haven 2001, S. 38–42; Jeff Lipkes, Rehearsals, S. 401–469. Zum Themenfeld der „francs-tireurs" in Belgien vgl. ebd., S. 42–53.

87 Vgl. Wolfgang Schivelbusch, Eine Ruine im Krieg der Geister. Die Bibliothek von Löwen August 1914 bis Mai 1940, Frankfurt am Main 1993, S. 13–19; L'Université de Louvain, 1425–1975, Louvain-La-Neuve 1976, S. 239–243.

88 Vgl. John Horne/Alan Kramer, German Atrocities, S. 42–53; Lipkes, Rehearsals, S. 257–271.

89 Vgl. Marius Vachon, Les villes martyres de France et de Belgique, Paris, 1915, S. 14.

90 Vgl. Versailler Vertrag Teil VII. Art. 228–230 (Auslieferung von Kriegsverbrechern) und Art. 247 (Wiederherstellung der Bestände der Universitätsbibliothek in Louvain).

Den weitaus größten Anteil an den Zerstörungen hatten aber die Kampfhandlungen selbst.[91] Zu Beginn des Krieges war die Plünderung staatlicher und ziviler Sachwerte durch die deutschen Streitkräfte entgegen den Regelungen des Völkerrechts weit verbreitet.[92] Während des Vormarsches Richtung Paris waren die deutschen Armeen mit zunehmender Entfernung zu den eigenen sicheren Eisenbahnlinien und Versorgungsdepots auf lokale Bezugsquellen für Nachschub angewiesen. Belgische und französische Militärs sprengten systematisch wichtige Infrastrukturobjekte, um den deutschen Vormarsch zu behindern. Nach der deutschen Niederlage in der ersten Marne-Schlacht wandten die zurückweichenden deutschen Streitkräfte nun ebenfalls die Taktik der verbrannten Erde an. Diese Zerstörungen hatten aber häufig ihren Ursprung in lokal begrenzten Operationen. Häufig genügten Sprengladungen, um eine Brücke unbrauchbar zu machen, oder eine Fackel, um ein Verwaltungsgebäude in Brand zu setzen.

Diese „normalen" Begleiterscheinungen des Krieges wurden aber von zwei deutschen Operationen in den Schatten gestellt. Im Zuge der Operation „Alberich", des vorbereiteten Rückzugs des deutschen Heeres in die so genannte „Siegfriedstellung" im März 1917, kam es zur planmäßigen Verwüstung des zu räumenden Gebiets.[93] Spezialeinsatzkommandos deutscher

91 Eine anschauliche Übersicht erstellte die REK mit Hilfe einer großflächigen Karte des gesamten westlichen Kriegsschauplatzes. In ihr fand sich eine deutsche Einschätzung der Kriegsschäden nach Kampfzonen. Die Schäden wurden nach geschätzten Werten in Prozent eingetragen: 100 %, 80 %, 60 %, 40 %, 20 %, 10 %, 5 %, < 5 %. Beispielsweise wurden die Abschnitte der Siegfriedstellung wie folgt eingeschätzt (1. Wert Kampfzone, 2. Wert rückwärtiger Raum): Hunding (50 %/30 %), Brunhild (30 %/10–20 %), Krimhild (30–60 %/20 %). Vgl. BArch R 3301–31, die Karte liegt in der Akte gefaltet bei.

92 Jeff Lipkes hat in seiner Darstellung der deutschen Invasion in Belgien zahlreiche Berichte über Diebstähle und Plünderungen deutscher Streitkräfte zusammengetragen. Bereits kurz hinter der belgischen Grenze im Raum um die Stadt Verviers begannen die Übergriffe ab dem 4. August 1914. Vgl. Lipkes, Rehearsals, S. 41–46.

93 Allein für den Bau der Siegfriedstellung wurden von Oktober 1916 bis März 1917 „510.000t Kies und Schotter, 110.000t Zement, 20.000t Rundeisen, 8.200t T-Träger, Bretter, Bohlen, Kantholz, Rundholz, Schurholz, Schwarzblech, Wellblech, Drahtgeflecht, Zementröhren, Entlüftungsrohre und anderes mehr verarbeitet. Hindernismaterial wie etwa 3 Millionen eiserne und 1,5 Millionen hölzerne Pfähle, 12.500t Stacheldraht, glatter Draht, Spanische Reiter,

Pioniere und andere Armeeabteilungen hatten den Auftrag, dem Gegner „ein völlig ausgesogenes Land“, praktisch eine Wüste, zu überlassen.[94] „Sämtliche Ortschaften müssen abgebrannt, Mauerreste umgeworfen, alle schusssicheren Unterstände, Keller, Katakomben, alle Brunnen und Wasserleitungen, Straßen und Eisenbahnen, alle für den Feind günstigen Beobachtungsstellen wie Kirchtürme, Schornsteine, hohe Gebäude, Windmühlen müssen zerstört, größere Baumreihen und Parkanlagen gefällt werden.“[95] Praktisch alle Dörfer im betroffenen Gebiet – etwa 200 Ortschaften – wurden vernichtet und teilweise vollständig abgetragen. Zusätzlich verwandelten Stauungen weite Gebiete in einen Sumpf. Etwa 100.000 bis 150.000 Zivilisten wurden hinter die neuen Frontlinien in das von Deutschland besetzte Nordfrankreich deportiert. Nach Kriegsende entwickelten sich insbesondere diese Wüstungen zu Orten nationalen Gedenkens in Frankreich und dienten als ein Symbol deutscher Barbarei und Grausamkeit.[96]

Das Jahr 1918 markiert für die Westfront erneut den Übergang vom Stellungs- in den Bewegungskrieg und verursachte ebenfalls großflächige Verwüstungen. Die deutschen Frühjahrsoffensiven (Operation Michael) ab dem 21. März 1918 führten zu einer enormen Ausweitung des Kriegsgebietes. Die deutschen Heere drangen erneut bis zur Marne vor. Entscheidender für die Zerstörungen in Nordfrankreich war aber der folgende Rückzug der deutschen Armeen vom 26. September bis zum Waffenstillstand am 11. November 1918. Gemäß den seit der Operation Alberich eingeübten Verwüstungsmaßregeln vernichteten die deutschen Armeen so weit wie möglich alles, was dem Gegner nützen konnte. Da der Rückzug rasch erfolgen musste, blieb dieses Zerstörungswerk häufig nur oberflächlich.

Fußangeln und Drahtkrampen fanden Verwendung.“ Aus: Michael Geyer, Rückzug und Zerstörung 1917, in: Hirschfeld/Krumeich, Die Deutschen an der Somme 1914–1918, S. 167.

94 Vgl. Chef des Generalstabes des Heeres Ia Nr. 281 geh. op. BayHStA/Abt. IV Hgr Rupprecht, 107. Vgl. ebd., S. 173.

95 Vgl. Gruppe N/Ia/Bod. Genstoffz. Nr. 723 geh., 1. März 1917; HSTA Stuttgart, M 200, Büschel 43. Aus: Hirschfeld/ Krumeich, Die Deutschen an der Somme, S. 175.

96 Vgl. Frédérick Hadley, Museen und Gedenkstätten des Ersten Weltkrieges an der Somme, in: Hirschfeld/Krumeich, Die Deutschen an der Somme, S. 263–271; Jörn Leonhard, Die Büchse der Pandora. Geschichte des Ersten Weltkriegs, München 2014, S. 617.

Allerdings konnten in einem hochindustrialisierten Gebiet wie Belgien und Nordfrankreich schon kleine Beschädigungen erhebliche Konsequenzen nach sich ziehen. Das betraf in erster Linie den Bergbau. Durch Sabotageakte an den Pumpenanlagen wurden die größten Kohlebergwerke bei Lens fast komplett von Grundwasser geflutet.[97] Nach Kriegsende sollte diese Entwicklung fatale Folgen für die französische Kohleversorgung haben und zu den umfangreichen Forderungen nach deutscher Reparationskohle beitragen.

Zu diesen gezielten Zerstörungen, die weitgehend die deutsche Seite zu verantworten hatte, traten die eigentlichen Kampfhandlungen. Die entlang der Frontlinien, besonders im besetzten Nordfrankreich von Verdun bis Flandern, entstandenen Kriegszerstörungen waren das Werk beider Konfliktparteien. Die Weiterentwicklung der Kampfmittel, insbesondere der Artillerie, ermöglichte eine noch nie dagewesene Massierung der Feuerkraft auf ein vergleichsweise kleines Gebiet. Seit der Winterschlacht in der Champagne formte sich jener Schlachtentypus heraus, der eine möglichst effiziente Verbindung von Artilleriefeuer und nachfolgendem Infanterieangriff vorsah. War zu Beginn des Stellungskrieges bei Offensiven noch tagelanges Trommelfeuer die Regel, wandelte sich diese Taktik im späteren Verlauf des Krieges zu einem kurzen Artilleriebombardement zur Betäubung des Gegners mit anschließender Feuerunterstützung des vorrückenden Heeres. Da es bei der Erstürmung feindlicher Gräben durch die Infanterie, in der Regel bis zum massiven Einsatz von Panzern, zu hohen Verlusten kam, wurde im Kriegsverlauf dem Einsatz der Artillerie der Vorzug gegeben.[98]

97 Die Kohlebergwerke der Departements Nord und Pas-de-Calais wurden im Oktober 1918 von deutschen Armeeangehörigen geplündert und die Schachtanlagen teilweise gesprengt, so dass Grundwasser in die Schächte drang. Eine ausführliche Darstellung der Ereignisse in den verschiedenen Schachtanlagen aus deutscher Sicht ist zu finden in: Mitteilungen aus dem Geschäftskreis des RMfW, betreffend den Aufbau der zerstörten Gebiete Belgiens und Nordfrankreichs, Nr. 139 vom 16. April 1920, S. 1–13. Dort aufgeführt wurden Berichte zu Anzin, Aniche, Thivenvelles, Crespin, Douchy, Azincourt, Bicoigne und Escarvelle.

98 Vgl. Hew Strachan, Der Erste Weltkrieg. Eine illustrierte Geschichte, 2. Aufl., München 2006, S. 207 und 212–215; zum Thema Artillerie vgl. Enzyklopädie Erster Weltkrieg, S. 344–349.

Das indirekte Artilleriefeuer ermöglichte es, auch Soldaten in gut ausgebauten Grabenstellungen zu treffen, und mit der schweren Artillerie konnten auch die feindlichen Stellungen im Hinterland unter Beschuss genommen werden. Das Resultat waren jene Bilder von braunen Trichterlandschaften, dem so genannten „Niemandsland“, das in den Kampfzonen der Frontlinien zwischen den jeweiligen Grabensystemen lag und jeglichen Lebens zu entbehren schien.[99] Ortschaften in den Kampfzonen wurden häufig in erster Linie durch Artilleriebeschuss eingeebnet. Auch andere Dörfer und Städte in Reichweite der Geschütze wurden ständig von beiden Kriegsparteien beschossen. Entsprechend groß waren nach dem Waffenstillstand die Schäden. Ein direktes Resultat des massiven Einsatzes der Artillerie war die Belastung der Böden mit Munitionsresten. Bis zu einem Drittel der Granaten waren Blindgänger, die bis ins Jahr 2015, mehr als 100 Jahre nach Kriegsbeginn, viele Zonen zu Sperrgebieten machten.[100]

Bei Kriegsende wurden die zehn nördlichen Departements, die von den Kampfhandlungen und der deutschen Besatzung besonders betroffen waren, unter der Bezeichnung „régions dévastées“ zusammengefasst.[101] Die Schätzungen über die entstandenen Schäden variieren sehr. Von 4.726 Siedlungen in den „régions dévastées“ wurden während des Ersten Weltkrieges 620 zerstört, 1.334 büßten mehr als die Hälfte ihrer Gebäudesubstanz ein und 2.349 erlitten zumindest Schäden unterhalb von 50 Prozent ihrer Substanz; nur 423 Siedlungen blieben unbeschädigt.[102] „Some 900.000 buildings, 9.000 factories, 200 coal mines and 2.400 kilometers (1.490 miles) of rail lines were destroyed. Alfred Sauvy estimated the total loss at 15 months

---

99 Vgl. Rainer Rother (Hrsg.), Die letzten Tage der Menschheit. Bilder des Ersten Weltkrieges, Berlin 1994, S. 182 und 193; Clout, After the ruins, S. 19–58; Strachan, Der Erste Weltkrieg, S. 231.

100 Vgl. Strachan, Der Erste Weltkrieg, S. 212.

101 Das von der deutschen Besatzung befreite französische Staatsgebiet bildete die „befreiten Gebiete“. Im Gegensatz dazu standen diejenigen Gebiete, die besonders schwere Zerstörungen durch Kampfhandlungen und andere Verwüstungen davongetragen hatten; diese Areale bezeichnete man als „zerstörte Gebiete“.

102 Vgl. Clout, After the ruins, S. 48; ders., The great reconstruction of towns and cities, S. 3.

of national income."[103] Orte wie Bailleul, Liévin und Chauny wurden mit Zerstörungsgraden von 98, 92 und 90 Prozent beinahe ausgelöscht. Die frontnahe Großstadt Reims erlitt Schäden von bis zu 79 Prozent der Bausubstanz.[104]

Unter den zerstörten oder beschädigten Gebäuden befanden sich in der Regel die besonderen Wahrzeichen vieler Städte. In Amiens, Arras, Cambrai, Laon, Noyon, Reims und Soissons waren das auch die Kathedralen, deren Zerstörung als besonderer Ausdruck deutscher Barbarei propagandistisch ausgenutzt wurde. Wie auch nach den Zerstörungen im Zweiten Weltkrieg waren die noch bestehenden Gebäudereste kaum bewohnbar. Kleinere Ortschaften in den Hauptkampfzonen wurden aufgegeben, wozu auch die extreme Belastung der Böden mit Kampfmitteln beitrug. Dennoch begannen in den schwer zerstörten Städten nach der Rückeroberung durch alliierte Streitkräfte 1918 die Wiederaufbauarbeiten.

I.5 Internationale Gegensätze in der Frage des Wiederaufbaus

Den Wiederaufbau nach dem Ersten Weltkrieg führten die am Krieg beteiligten Staaten in sehr unterschiedlicher Weise durch.[105] Wie später nach dem Zweiten Weltkrieg musste in den Kriegsgebieten die Gebäudesubstanz

---

103 Vgl. Charles Sowerwine, France since 1870. Culture, Society and the Making of the Republic, 2. Aufl., Basingstoke 2009, S. 112. Kolb bezifferte die Schäden auf zwei Millionen Hektar zerstörten Kulturlandes, 200.000 zerstörte und 120.000 beschädigte Gebäude. 60.000 km Straßen und 5.600 km Eisenbahnen mussten wiederhergestellt werden. Vgl. Kolb, Der Frieden von Versailles, S. 56.

104 Weitere Beispiele für schwer zerstörte Städte waren (Zerstörungsgrad in %) Bailleul (98 %), Liévin (92 %), Chauny (90 %), Armentières (88 %), Soissons (83 %), Reims (79 %), Saint Quentin (67 %), Le Cateau (63 %), Arras (63 %), Verdun (60 %), Carvin (60 %), Caudry (58 %), Hénin-Liétard (58 %), Pont-à-Mousson (57 %), Cambrai (44 %) und Loos (42 %). Diese Kommunen umfassten nach dem Zensus von 1911 450.880 Einwohner und 85.100 Gebäude. Vgl. Clout, The great reconstruction of towns and cities, S. 6.

105 Eine Übersicht über die europäische Entwicklung bietet Walther Bernecker, Europa zwischen den Weltkriegen 1914–1945, Handbuch der Geschichte Europas, Bd. 9, Stuttgart 2002.

und Infrastruktur erneuert oder instandgesetzt werden. Kriegsversehrte Veteranen hatten häufig Anspruch auf Pensionen oder waren in den Wirtschaftsprozess zu integrieren. Überhaupt galt es, einen Übergang von der Kriegs- zur Friedensgesellschaft zu gestalten und gleichzeitig die unterbrochenen Wirtschaftsbeziehungen zu reaktivieren. An den Beispielen der beiden Hauptmächte Frankreich und Großbritannien können die Unterschiede im Wiederaufbau nach dem Ersten Weltkrieg verdeutlicht werden.

Das Beispiel Frankreich

Kurz nach dem Beginn des kontinuierlichen deutschen Rückzuges im Spätsommer 1918 kehrten zahlreiche französische Zivilisten in ihre ursprünglichen Wohnorte zurück. Hatten sie ihr Reiseziel erreicht, standen sie vielfach vor dem buchstäblichen Nichts ihrer Existenz. „Zwei Millionen Hektar Ackerland, Wald und bewohnte Flächen waren vernichtet; mehr als 300.000 Häuser entweder vollständig zerstört oder schwer beschädigt; 60.000 Kilometer Straßen und mehr als 5.000 Kilometer Eisenbahnlinien mussten wiederhergestellt werden. Zudem war Frankreich bei seinen Verbündeten mit insgesamt sieben Milliarden Dollar verschuldet; 1913 lag der gesamte französische Staatshaushalt bei etwas über 800 Millionen Francs.“[106] Für den Wiederaufbau waren gewaltige finanzielle und wirtschaftliche Anstrengungen notwendig: „134 Milliarden Francs (Gold-Francs) für den reinen Wiederaufbau, 75 Mrd. für Renten [...].“[107] Dem standen weitere 145 Milliarden Gold-Francs an Kriegskosten gegenüber, die über Reparationszahlungen von vorneherein nicht in Rechnung gestellt werden konnten.[108]

Nur Reste von Fundamenten boten in vielen Fällen noch vage Hinweise auf die früheren Standorte von Gebäuden und Infrastruktur. Den Winter 1918/19 erlebten viele der in die zerstörten Gebiete heimgekehrten französischen Zivilisten und demobilisierten Soldaten in notdürftigen Behausungen wie Bunkern, Granattrichtern und Schützengräben. Viele zurückgekehrte Bewohner lebten sogar die ersten Jahre zwischen Leichenteilen, Schrapnell-Splittern

106 Vgl. Hirschfeld/Krumeich, Deutschland im Ersten Weltkrieg, S. 282.
107 Vgl. Wolfgang Schmale, Geschichte Frankreichs, Stuttgart 2000, S. 256.
108 Vgl. ebd.

und Blindgängern. Letztere kosteten vielen Menschen nach Kriegsende ihre Gesundheit oder sogar das Leben.

Der Sieg der Alliierten war für die französische Politik schlicht zu schnell gekommen. Es gab keine abgeschlossenen Planungen für den Wiederaufbau, und die notdürftige Improvisation einer rudimentären Versorgung der zurückgekehrten Bewohner blieb lange Zeit unzureichend. Frankreich war bei Kriegsende finanziell und wirtschaftlich ähnlich erschöpft wie das geschlagene Deutsche Reich. Als eine der ersten Sofortmaßnahmen wurden die arbeitsfähigen deutschen Kriegsgefangenen – etwa 300.000 befanden sich bei Kriegsende in französischem Gewahrsam – zu ersten Aufräumungsarbeiten gezwungen.[109] Jede Tätigkeit auf den mit Blindgängern übersäten Schlachtfeldern war sehr gefährlich, und es ereigneten sich viele Unfälle unter den Kriegsgefangenen. In der aufgebrachten französischen Öffentlichkeit sorgte dieser Schritt für eine gewisse Genugtuung, weshalb auch an einem weiteren Einsatz deutscher Arbeitskräfte unter französischer Überwachung Interesse bestand. Die mit der Zwangsarbeit verbundene Demütigung Deutschlands diente hervorragend als Symbol des Sieges über die verhassten „Boches“. Frankreich verweigerte auch aus diesem Grund bis zum Inkrafttreten des Friedensvertrags am 10. Januar 1920 die Herausgabe der deutschen Kriegsgefangenen, die bis dahin als politisches Faustpfand nach außen und innen dienten.

In seiner Antwortrede im Hotel Trianon-Palace am 7. Mai 1919 sprach Außenminister Ulrich Graf von Brockdorff-Rantzau als Teil seiner Argumentation auch dieses Thema an.[110] Die ungelöste Frage der deutschen Gefangenen blieb bis zum 10. Januar 1920 eine ständige Belastung der Beziehungen und wurde von den Gefangenen und der deutschen Bevölkerung mit besonderer Verbitterung wahrgenommen. Die übrigen Alliierten hatten dagegen ihre Kriegsgefangenen nach Friedensschluss zügig entlassen. Besonders die harten Strafen der französischen Militärgerichte, die

---

109 Vgl. Bernard Delpal, Zwischen Vergeltung und Humanisierung der Lebensverhältnisse. Kriegsgefangene in Frankreich 1914–1920, in: Jochen Oltmer (Hrsg.), Kriegsgefangene im Europa des Ersten Weltkriegs, Paderborn 2006, S. 158–164.

110 Vgl. Klaus Schwabe (Hrsg.), Quellen zum Friedensschluss von Versailles, Darmstadt 1997, Dok. Nr. 93, S. 245–246.

für Fluchtversuche bis zu 20 Jahre Zwangsarbeit festsetzten, sorgten in Deutschland für Aufsehen und in Frankreich für Genugtuung. Ein solches Vorgehen verstärkte den unter den Deutschen herrschenden Eindruck der französischen bzw. alliierten „Siegerjustiz“, und diese Entwicklung dürfte Einfluss auf die deutsche Haltung zur Auslieferung von Kriegsverbrechern genommen haben.

Im April 1919 verabschiedeten die beiden französischen Kammern ein Entschädigungsgesetz, das im Wesentlichen darauf hinauslief, dass Deutschland die Kosten tragen würde.[111] Damit machte die französische Politik ihre Glaubwürdigkeit von den deutschen Reparationsleistungen abhängig. Im Umkehrschluss wurde die französische Regierung durch die deutsche Verschleppung der Reparationen erpressbar. Angesichts der niedrigen deutschen Leistungen blieben die befreiten Gebiete eine ständige Belastung des französischen Staatshaushalts.

Das französische Gesetz vom April 1919 zielte auf eine Wiederansiedlung der Geschädigten und verlangte für eine volle Entschädigung den Wiederaufbau der Existenz in einem Umkreis von maximal 50 km Entfernung vom letzten registrierten Wohnort bei Kriegsbeginn. In diesem Fall wurde zusätzlich eine Entschädigung für entgangene finanzielle oder materielle Einnahmen seit 1914 gewährt. Allerdings zogen es viele Geschädigte vor, die „régions dévastées“ dauerhaft zu verlassen, besonders wenn sie während des Krieges in einer anderen Region eine neue Existenz aufgebaut hatten. Um dieser Verlagerung der Bevölkerung entgegenzuwirken, wurden für den Fall, dass keine Wiederansiedlung innerhalb eines Radius von 50 km um den früheren Wohnsitz stattfand, nur die tatsächlichen materiellen Verluste entschädigt, aber eine Kompensation entgangener Einnahmen verweigert.[112]

Die gesetzlichen Regelungen sahen ferner die Schaffung einer umfangreichen Bürokratie für die Ermittlung der Schäden und den anschließenden Wiederaufbau in den „régions dévastées“ vor. Die Bearbeitung der Entschädigungen erfolgte schleppend und führte zu erheblichen Protesten von Seiten der Geschädigten. Die Ursachen der Unzufriedenheit lagen in der Komplexität einer Bewertung und Nachweisbarkeit von Verlusten. Eine zerstörte Hütte konnte in der Erinnerung der ehemaligen Besitzer leicht zu

---

111 Vgl. Clout, The great reconstruction of towns and cities, S. 7.
112 Vgl. Clout, The great reconstruction of towns and cities, S. 7.

einem feudalen Anwesen mutieren. Schließlich galt der allgemeine Grundsatz, dass Deutschland die Kosten des Wiederaufbaus tragen müsse. Der Betrug am geschlagenen Kriegsgegner konnte unter diesem Blickwinkel sogar als patriotisches Kavaliersdelikt ausgelegt werden.

Doch ohne eine gesicherte finanzielle Rückzahlung durch Deutschland hielt sich die französische Verwaltung bei der Bewilligung von Entschädigungen zurück. Später unterzogen wiederum die zuständigen Stellen beim Reichsministerium für Wiederaufbau die französischen Forderungen möglichst detaillierten und langwierigen Recherchen. Der Grundsatz, dass Deutschland für die Schäden aufzukommen habe, bewahrheitete sich daher kaum. Vor diesem Hintergrund wurde die Beweislast weiterhin den entschädigungsberechtigten Bewohnern aufgeladen, die sich einem komplizierten Antragssystem unterworfen sahen. Lokale und regionale Tribunale und Kommissionen bewerteten die Anträge. Viele Stadtbewohner mussten so jahrelang in notdürftigen Behausungen leben, und zogen sie aus einem Radius von 50 km um ihre ehemalige Wohnstätte weg, verloren sie den erwähnten Anspruch auf zusätzliche Entschädigungszahlungen.

Es fehlte in Frankreich an den nötigen Experten für Städteplanung. Zahlreich vorhandene deutsche Experten wollte niemand beschäftigen.[113] Die Furcht vor deutscher Überfremdung war so kurz nach Kriegsende in den befreiten Gebieten allgegenwärtig.[114] In den kleineren französischen

113 Im Kaiserreich waren vielfältige Organisationen und Vereine entstanden, um den Ausbau und die Modernisierung der städtischen Infrastruktur voranzubringen. Herausragendes Beispiel dafür war der Deutsche Verein für Armenpflege und Wohltätigkeit. Literarische Beispiele sind u. a. in der Schriftenreihe des Vereins für Armenpflege und Wohltätigkeit der Jahrgänge 1886–1918 zu finden. Vgl. dazu: Jan Salm, Ostpreußische Städte im Ersten Weltkrieg, Wiederaufbau und Neuerfindung, München 2012, S. 222–225.

114 In den französischen Printmedien wurde der Einsatz deutscher Arbeiter für den Wiederaufbau seit Kriegsende leidenschaftlich diskutiert. Am 15. Dezember 1919 dokumentierte die Pressestelle des RKAAG folgende Pressemeldungen zum Wiederaufbau in Frankreich: „Le Petit Parisien“: Deutsche Arbeiter könnten sich dauerhaft in Frankreich niederlassen und lokale Industrien dominieren. „La Victoire“: Deutsche Arbeitermassen könnten versuchen, die wenigen verbliebenen Franzosen in den zerstörten Gebieten zu beeinflussen. Die Berliner Arbeiterräte würden verdächtig häufig von deutsch-französischer Annäherung schwärmen. „Action Française“ befürchtete deutsche Kolonien

Kommunen und Gehöften ging der Prozess des Wiederaufbaus schneller voran als in den Städten ab 5.000 Einwohnern. Das französische Stadtplanungsgesetz vom 14. März 1919 verlangte, vor dem Beginn jeglicher öffentlich geförderter Wiederaufbautätigkeit einen Strukturplan für die Errichtung moderner städtischer Anlagen in Kommunen mit mehr als 5.000 Einwohnern zu erstellen. Allerdings waren die städtischen Behörden genauso von den Zerstörungen betroffen gewesen. Bis die lokalen Behörden in der Lage waren, die Grundbedürfnisse ihrer Bürger zu erfüllen, vergingen häufig Monate.

Die schwierigen Lebensverhältnisse entwickelten sich schnell zu einem Politikum. „Delegates of the Confédération Générale du Travail, visiting the northern départements two years after the Armistice, reported deplorable living conditions, inadequate sanitary provision, muddy tracks and piles of rubbish as widespread features of temporary accommodation." Selbst drei Jahre nach dem Waffenstillstand waren die Zustände weiterhin kaum verändert: „The most serious and regrettable failures of reconstruction are to be found, not in the smaller villages, but in the still unrelieved ruins of Albert, Arras, Lens, Béthune, Reims, Verdun, and many other larger towns. For desolation which still prevails in these centers, the dilatory methods of the [evaluation] commissions, the necessity of relocating street and property lines before building permits can be issued, and the maze of formalities elaborated in the Ministère des Régions Libérées appear to be primarily responsible."[115]

Die französische Regierung versuchte 1920 den Wiederaufbau durch neue Gesetze und Richtlinien zu beschleunigen, weil die rudimentär vor Ort wieder eingerichtete Verwaltung vollkommen überfordert war. Die Komplexität der Organisation, die auf deutscher Seite für die Reparationslieferungen zuständig war, verschärfte diese Situation. Erst das Wiesbadener Abkommen und dessen Folgeabkommen ermöglichten ab dem Sommer

---

in Frankreich. „Temps" gab der allgemeinen Furcht vor einer „Infektion" mit dem Bolschewismus durch sozialistische deutsche Arbeiter Ausdruck. Vgl. BArch R 3301–63 o.Z. Internationale Pressemeldungen vom 15. Dezember 1919.

115 Vgl. zu den Zitaten und der Darstellung zur Wiederansiedlung Clout, The great reconstruction of towns and cities, S. 7–8.

1922 eine in bilateralen Absprachen geregelte Bearbeitung der Sachlieferungen.

Viele der geschädigten Kriegsopfer, im damaligen Sprachgebrauch auch als „sinistrés" beschrieben, waren nach dem Listensystem des Versailler Vertrages nicht in der Lage, ihre Entschädigungsansprüche bei den Behörden überhaupt anzumelden. Der Schriftverkehr mit den zuständigen französischen Behörden erstreckte sich über Monate, besonders wenn die Geschädigten abseits der Städte lebten. Hatte der Antragsteller schließlich gegenüber der Behörde für Sachlieferungen seines Departements den Verlust durch Nachweise glaubhaft gemacht, wurde ein Liefervertrag zwischen der französischen Regierung und dem Antragsteller geschlossen. Darin verpflichtete sich der Antragsteller, alle in Frankreich anfallenden Transportkosten zu übernehmen, die ihm auf seine zusätzliche Gesamtentschädigung angerechnet wurden. Hintergrund dieser finanziell nicht unerheblichen Festlegung war, dass Deutschland nur für den Transport der Reparationssachlieferungen bis zur deutschen Außengrenze zu bezahlen hatte. Danach gingen alle Güter in den Besitz des ursprünglichen französischen Antragstellers über.

Die Präfektur des Departements unterrichtete nach Vertragsschluss die Reparationskommission in Paris über die Bestellung. Von dort wurden nun die französischen Ministerien für Finanzen und der befreiten Gebiete sowie die Außenstelle des RKAAG in Paris über die Bestellung in Kenntnis gesetzt. Das Ministerium für die befreiten Gebiete unterrichtete dann das zuständige Departement, das wiederum den Antragsteller über die Ergebnisse des Schriftverkehrs mit den deutschen Verwaltungsstellen informierte. Dem Antragsteller wurden sodann 14 Tage Widerspruchsfrist gegen die Vereinbarungen eingeräumt. Die deutsche Verwaltung schrieb nun die Herstellung der Reparationsgüter öffentlich aus und erteilte nach eingehender Prüfung die Zuschläge. Das ausführende deutsche Unternehmen produzierte die Reparationsgüter und wurde im Anschluss vom Reich wie vereinbart bezahlt. Die Reichsregierung meldete die Lieferung und deren Wert an die Reparationskommission, die den Betrag auf das Reparationskonto gutschrieb. Erst danach wurde die Lieferung an den Antragsteller durchgeführt.

Die deutschen Sachlieferungen wurden an speziellen Standorten nahe der Außengrenze von alliierten Gutachtern begutachtet. Waren die Sachverständigen mit der Qualität und Quantität einverstanden, wurden die

Objekte mit der französischen Eisenbahn zu einem günstigeren Sondertarif weiterbefördert. Im Fall deutlicher Mängel konnte die gesamte Lieferung zurückgewiesen werden. Bei umfangreichen Lieferungen, beispielsweise bei der Bestellung von Möbeln, waren dafür entsprechende Bescheinigungen erforderlich. Diese erhielt der Geschädigte von der Behörde für Sachlieferungen seines Departements. Die Unterlagen hatte der Antragsteller noch vor der Versendung an die deutsche Lieferfirma bei dieser französischen Behörde einzureichen. Die deutsche Firma konnte die Lieferung erst absenden, nachdem das Schriftstück bei ihr eingegangen war, damit es mit der Lieferung zurück nach Frankreich reiste, um dort mit den Zollpapieren abgeglichen zu werden.

Sobald das zuständige Departement alle aus diesen Vorgängen entstandenen Belege und Quittungen erhalten hatte, informierte es den Empfänger und gab den Weitertransport von der Grenze frei. Lebte der Empfänger abseits der Eisenbahnlinien, verzögerte dieser Umstand die Lieferung zusätzlich. Selbst bei optimalen Bedingungen dauerten diese Vorgänge acht bis zehn Monate.[116] Angesichts der Einstellung der deutschen Reparationslieferungen an Belgien und Frankreich während des Ruhrkampfes 1923 kamen nur wenige Antragsteller in den Genuss zügiger Lieferung.

Das Verfahren war vor dem Wiesbadener Abkommen für die Geschädigten kaum zu bewältigen. Als Gegenmaßnahme versuchte die französische Regierung im Jahr 1920 eine Novellierung der Gesetze. Am 15. August und 9. Oktober passierten daher zwei neue Gesetze die beiden französischen Kammern. Sie ermöglichten es den Betroffenen, Interessengruppen zu organisieren, professionelle Schadensermittler zu beschäftigen und die Forderungen durch Anwälte bei den Behörden vertreten zu lassen. Die französische Regierung legalisierte damit eine Praxis, die ohnehin von einer steigenden Zahl der „sinistrés“ angewandt wurde. Diese frühen Interessengruppen konnten nun ihre Legalisierung beantragen, wenn sie bereit waren, innerhalb der Grenzen des Gesetzes zu arbeiten. Bis Oktober 1922 entstanden dadurch 2.160 Interessengruppen, die 2.602 Gemeinden mit 152.800

116 Vgl. Unbekannter Verfasser, Wiederaufbauarbeit, in: Parvus (Hrsg.), Der Wiederaufbau, Zeitschrift für Weltwirtschaft, Nr. 30/31 vom 26. Januar 1923, S. 458–460.

„sinistrés" repräsentierten.[117] Damit sollte private Initiative die überforderte Verwaltung entlasten und den Wiederaufbau deutlich beschleunigen. Allerdings zeigte sich, dass die Interessengruppen die Situation verschlimmerten, weil die beauftragten Anwälte häufig auf ihren wirtschaftlichen Vorteil bedacht waren und die Verfahren in die Länge zogen.

Zwar konnte der private Aufbau durch die Verständigung mit der deutschen Seite im Wiesbadener Abkommen verbessert werden, doch die Finanzierung des sonstigen Wiederaufbaus blieb problematisch. Die zehn besetzten bzw. heftig umkämpften französischen Departements konnten bis Kriegsende mit der Solidarität der übrigen Landesteile rechnen. Da große Gebiete von den Deutschen besetzt waren und die Zerstörungen in Frontnähe während der Kampfhandlungen nicht wiederherzustellen waren, kosteten die patriotischen Versprechen für den zukünftigen Wiederaufbau nicht viel. Allerdings war dann nach Kriegsende der Nachholbedarf im Rest des Mutterlandes und den Kolonien nach vier Jahren Krieg ebenfalls hoch. Die übrigen 86 Departements waren nicht bereit, einen Großteil der finanziellen und materiellen Unterstützung auf Dauer in die „régions dévastées" fließen zu lassen. Besonders die Departements, die vom Zuzug von Flüchtlingen aus den besetzten Gebieten und dem gleichzeitigen Aufbau der Rüstungsindustrie profitiert hatten, vertraten den Standpunkt, dass sie die Unterstützung nun dringender nötig hatten. Einige französische Politiker und Presseorgane äußerten noch im Laufe der ersten Jahre die Ansicht, dass die „régions dévastées" nach dem Wiederaufbau eher landwirtschaftlich geprägt sein sollten, denn die Rekultivierung der Böden ging wesentlich schneller voran als der Wiederaufbau der Industrie.[118]

Zudem wurde im Jahr 1922 deutlich, dass „Allemagne paiera" nicht zutraf. Die deutschen Reparationen, insbesondere die Sachlieferungen außerhalb des Wiesbadener Abkommens, entwickelten sich aus französischer Sicht unzureichend. Besonders der Mangel an Baumaterial machte sich beim Wiederaufbau bemerkbar. Die Lieferung von Massengütern wie Steinen, Zement und Ziegeln war verhältnismäßig unkompliziert und wurde von deutscher Seite weitgehend erfüllt. Hausrat und ähnliche Produkte trafen immerhin mit Verzögerungen ein. Hingegen blieben die Holzlieferungen

117 Vgl. Clout, The great reconstruction of towns and cities, S. 9.
118 Vgl. BArch R 3301–26 Blatt 57.

weit hinter den Anforderungen zurück. Doch gerade Bauholz war in den „régions dévastées" knapp, denn die Wälder der betroffenen Departements waren von beiden Kriegsparteien intensiv abgeholzt, gesprengt oder verbrannt worden.

Das Beispiel Großbritannien

Die Kriegszerstörungen in Großbritannien und seinen Kolonien waren nach Kriegsende vergleichsweise gering.[119] Die britischen Inseln waren wiederholt Ziel deutscher Luftangriffe mit begrenzter Wirkung gewesen. In Ruinen lag dagegen die vor 1900 noch unangefochtene Stellung als global führende Großmacht. Ebenso wie für Deutschland stand für Großbritannien nach Kriegsende die (Rück-)Eroberung von Absatzmärkten im Vordergrund. Die britische Wirtschaft war von der Kriegsproduktion weitgehend ausgelastet gewesen, dadurch hatten andere Nationen, insbesondere die USA, britische Absatzmärkte übernommen. Gleichzeitig drohte mit Deutschland der alte wirtschaftliche Rivale wieder sein ökonomisches Potential zu entfalten. Dieser Entwicklung kamen die Alliierten unter dem Druck der britischen Regierung zuvor. Noch vor der Unterzeichnung des Versailler Vertrages wurde Deutschland zur Herausgabe seiner verbliebenen Handelsflotte gezwungen, die im Versailler Vertrag unter den Siegermächten aufgeteilt wurde.[120] Flankiert wurde die wirtschaftliche Isolierung Deutschlands durch zahlreiche Handelshemmnisse im Versailler Vertrag.[121]

Die Rückkehr der britischen Soldaten auf den heimischen Arbeitsmarkt hatte den damaligen Premierminister Lloyd George zu der vollmundigen Aussage verleitet, Großbritannien sei „fit for heroes" und könne problemlos alle Soldaten in die Wirtschaft einbinden.[122] Nach Kriegsende führte die kurzfristig sehr hohe Nachfrage nach im Krieg kaum verfügbaren Produkten zu einem Nachkriegsboom in der britischen Wirtschaft, die dadurch tatsächlich viele Veteranen aufnehmen konnte. Allerdings folgte dieser Phase der Hochkonjunktur eine Weltwirtschaftskrise ab dem Jahr 1921, die auch

---

119 Vgl. Brüggemeier, Franz-Josef, Großbritannien im 20. Jahrhundert, Europäische Geschichte im 20. Jahrhundert, München 2010, S. 127–131.

120 Vgl. II.4. RWHF.

121 Vgl. Art. 264–275 FV, RGBl. Jg. 1919, S. 1073–1085.

122 Vgl. Leonhard, Büchse der Pandora, S. 987.

in Großbritannien einen dramatischen Wirtschaftseinbruch auslöste. Die britischen Arbeitslosenzahlen stiegen binnen kurzer Zeit auf etwa 25 Prozent der versicherten Arbeitnehmer. Teil dieser depressiven ökonomischen Entwicklung war auch die Geldpolitik der Bank of England. Im Augenblick der abflauenden Nachkriegskonjunktur im April 1920 hob die Bank die Zinsen auf 7 Prozent an, weil die rasant wachsende kurzfristige private Verschuldung die inflationäre Tendenz verstärkt hatte.[123] Während des Krieges waren die britischen Löhne, parallel zu den anderen Kriegsökonomien, insbesondere in industriellen Schlüsselindustrien deutlich gestiegen. Hier sollte die veränderte Geldpolitik eine Trendumkehr bewirken, die aber nicht eintrat. Stattdessen wurden die Investitionen massiv reduziert.[124]

Die deflationäre Zinspolitik erfolgte im Rahmen der Bestrebungen zur Wiederherstellung des britischen Goldstandards im Vorkriegsverhältnis zum US-Dollar im Verhältnis 1 £ zu 4,86 $. Dieses Ziel konnte erst 1925 erreicht werden, hatte bis dahin aber negative Auswirkungen auf die britische Wettbewerbsfähigkeit auf dem Weltmarkt.[125] Die Stabilisierung des Pfundes ab 1925 erleichterte bestenfalls innerhalb der „Sterling area" mittelfristig den Warenaustausch.

Die britische Wirtschaft hatte während des Krieges erhebliche Überkapazitäten aufgebaut, die nach Kriegsende unter dem Druck des Weltmarktes litten. Dazu gehörte insbesondere der Schiffbau. Zwar hatte Großbritannien erhebliche Verluste im Seekrieg erlitten, war aber in der Lage, die verlorene Tonnage durch eigene und US-amerikanische Neubauten zu kompensieren. Bei Kriegsende wurde zudem mit der deutschen Handelsflotte eine große Menge Schiffsraum dem Weltmarkt hinzugefügt, die durch deutsche Neubauten ersetzt wurde.[126] Insgesamt brachen die britischen Exporte zwischen 1919 und 1929 um bis zu 20 Prozent gegenüber den Exportziffern von 1913 ein.[127] Auch protektionistische Maßnahmen konnten diesen Trend nicht aufhalten.

---

123 Vgl. Martin Daunton, Wealth and Welfare. An Economic and Social History of Britain 1851–1951, Oxford 2007, S. 286.
124 Vgl. Daunton, Wealth and Welfare, S. 176–178.
125 Vgl. Rex Pope, The British Economy since 1914, A Study in Decline?, London 1998, S. 34–35 und Daunton, Wealth and Welfare, S. 178–179.
126 Vgl. Pope, British Economy, S. 29.
127 Vgl. Daunton, Wealth and Welfare, S. 231.

Die frühen Zwanzigerjahre waren dementsprechend eine wirtschaftliche Depressionsphase für Großbritannien und führten zu tiefgreifenden politischen und sozialen Umwälzungen. Diese Periode ging als der „Great Unrest" in die britische Geschichte ein und wird eng mit dem Untergang der britischen Liberal Party verknüpft.[128] Als Ausweg aus diesem wirtschaftlichen Dilemma verfolgte die britische Regierung unter anderem eine Politik der langsamen Annäherung an Russland. Am 10. Februar 1920 erklärte Lloyd George im britischen Unterhaus: „The way to help Russia and Europe and Britain is by trade ..."[129] Diesem Ansatz folgend unterzeichneten Frankreich und Großbritannien am 16. März 1921 ein Handelsabkommen mit der Russischen Sowjetrepublik. Das Abkommen anerkannte faktisch die neuen Machtverhältnisse in Russland.

Angesichts der schwierigen Wirtschaftslage in Großbritannien vollzog die britische Regierung ab Herbst 1921 eine bemerkenswerte Wende hin zu einer Wirtschaftspolitik, die eine mittel- und langfristige Stimulierung der gesamten europäischen Wirtschaft zum Ziel hatte. Als Vehikel dieser Stimulierung sollte der russische Markt, dem damals sagenhafte Möglichkeiten nachgesagt wurden, von der restlichen Welt gemeinsam erschlossen werden. Auf der internationalen Konferenz in Genua sollte diese gemeinsame Strategie, unter der Anleitung von Lloyd George, ausgearbeitet werden. Doch dazu hatte die britische Regierung zahlreiche Hindernisse zu überwinden.

In Frankreich und Großbritannien fürchteten die Banken die endgültige Abschreibung ihrer russischen Einlagen und insbesondere der zaristischen Kriegskredite. Die schwierige Wirtschaftslage in Großbritannien und die Unabhängigkeit Irlands belasteten die Regierungskoalition. Von diesen Sorgen ließ sich Lloyd George, die nahende Unterhauswahl und die schlechte Stimmung seiner Wähler vor Augen, nicht beirren und verknüpfte sein Schicksal und das seiner Partei mit einem Erfolg auf der Genueser Wirtschaftskonferenz, die am 10. April 1922 begann. Der Rapallo-Vertrag zerstörte diese politische Strategie, weil die explizite deutsche Anerkennung der Russischen Sowjetrepublik die einheitliche Front gegenüber Russland

---

128 Vgl. Andrew Williams, Lloyd George and the Politics of Recognition, in: Carole Fink/Axel Frohn (Bearb.), Genoa, Rapallo, and European Reconstruction in 1922, Cambridge 2007, S. 29–47, hier S. 30.

129 Vgl. Williams, Lloyd George, S. 33.

aufbrach. Der Misserfolg in Genua besiegelte Lloyd Georges politisches Schicksal, und am 19. Oktober 1922 schied der bislang letzte liberale Premierminister Großbritanniens aus dem Amt.

Schlussfolgerungen

Die unterschiedlichen Ausgangssituationen Frankreichs und Großbritanniens nach Kriegsende waren ein zentraler Faktor bei der Neuausrichtung der europäischen Friedensordnung. Frankreich, das zusätzlich zu den hohen Kriegskosten den Wiederaufbau der befreiten Gebiete tragen musste, war in hohem Maße an regelmäßigen deutschen Reparationsleistungen interessiert. Als diese ausblieben, verstärkte sich der innenpolitische Druck, der wiederum außenpolitisch im Reparationskonflikt mit Deutschland katalysiert wurde. Die ausbleibende Sicherheitsgarantie der USA im Falle einer deutschen Aggression verstärkte diese Tendenzen.

Großbritannien dagegen war weit geringer auf deutsche Reparationen angewiesen und strebte mittelfristig die Wiederherstellung seiner alten Stellung als führende Großmacht an. Dazu war eine Erholung der britischen Finanz- und Wirtschaftskraft vordringlich. Damit einher ging der Wiederaufbau der alten europäischen Handelsströme, was es erforderlich machte, eine Re-Integration der deutschen Industriekapazitäten und der russischen Ressourcen in den Weltmarkt zu betreiben. Diese Ziele waren nur bedingt über Konfrontation zu erreichen.

Die deutsche Außenpolitik erkannte diesen Interessengegensatz Frankreichs und Großbritanniens, maß der Möglichkeit eines politischen Bruches der beiden Verbündeten aber ein zu großes Gewicht zu. Das galt auch für die ehrgeizigen Ziele der Wiederherstellung des deutschen Großmachtstatus. Angesichts der deutschen Besatzungsherrschaft im Ersten Weltkrieg waren die Ressentiments in den ehemaligen Feindstaaten noch zu frisch, als dass sich hier größere Erfolge hätten erzielen lassen.

II. Zwischen Entschädigung, Wirtschaftskrieg und Wiederaufbau: Ursprünge während des Ersten Weltkrieges

The Reichsministerium für Wiederaufbau was created in 1919, but its roots stretch back to the early stages of the First World War in 1914. During the war, several administrative institutions were created, which were used for occupation purposes or in the organisation of the German economic war.

Obwohl das RMfW erst im Herbst 1919 gegründet wurde, reichten die institutionellen Grundlagen bedeutend weiter zurück. Während des Ersten Weltkrieges entstanden Behörden der Bundesstaaten und des Reiches, die dann später nach der Gründung des RMfW diesem angeschlossen wurden und als Dienststellen unterstanden. Ebenfalls in diesen Bereich fallen einige der Waffenstillstandsorganisationen, die seit November 1918 sukzessive entstanden waren und im Verlauf des Jahres 1919 aus Provisorien in die Reichsverwaltung übernommen wurden. Der Bereich der Restitutionen sollte später in der Reichsrücklieferungskommission und dem Kommissar zur Rückführung von Eisenbahnmaterial aufgehen, die im Januar 1920 dem RMfW angeschlossen wurden.

II.1 Die Reichsentschädigungskommission

Quellendiskussion

Zum Entwicklungsverlauf der Reichsentschädigungskommission bis Kriegsende existieren zwei unterschiedliche Quellengrundlagen:

Die offizielle Version wurde von der REK nach Kriegsende im Auftrag des AA erstellt. Es handelte sich um Zusammenstellungen in Form von Denkschriften zu verschiedenen Themen, die in erster Linie der Rechtfertigung der deutschen Plünderungen und Verwüstungen während des Ersten Weltkrieges dienten.[130] Inwiefern in diesen Quellen Zensur geübt,

130 Vgl. BArch R 3301–2014 o. Z., Nachweisung der Güter, welche in den Jahren 1914 bis 1918 namens des Deutschen Reiches in Frankreich und Belgien beschlagnahmt worden sind (mit Ausschluss von Maschinen und Bestandteilen

Sachverhalte manipuliert oder Auslassungen vorgenommen wurden, kann nicht vollständig rekonstruiert werden. Quellen zum Entstehungsverlauf der Rechtfertigungsschriften ließen sich, im Gegensatz zu anderer manipulierter „Forschungsliteratur“ dieser Zeit, im Rechercheverlauf nicht auffinden. Es ist jedoch davon auszugehen, dass die Darstellungen zur inneren Struktur und Arbeitsweise der REK verwertbare Informationen bieten. Insbesondere die Phase zwischen Kriegsende und Friedensschluss konnte so analysiert und rekonstruiert werden.

Weit authentischer ist dagegen die interne Aufstellung der deutschen Requisitionen während des Ersten Weltkrieges, die im Auftrag des RAI von der REK für den Generalquartiermeister erstellt wurde.[131] Die Entstehung dieser umfangreichen Aufstellung kann bis zu einer Besprechung vom 7. Juli 1917 zurückverfolgt werden. Dort wurde eine genaue Aufstellung „über Menge und Wert der in den besetzten Gebieten beschlagnahmten Güter“ bei der REK angefordert.[132] Innerhalb der REK fiel einer neuen Zentralstelle unter Amtsrichter Krehl die Aufgabe zu, den Gesamtwert und -umfang „der in den besetzten Gebieten beschlagnahmten, nach Deutschland zurückgeführten Güter“ festzustellen. Das vorläufige Ergebnis der Ermittlungen wurde am 26. Februar 1918 in einem umfassenden Bericht eingereicht.[133]

Beide Quellen bieten Nach- und Vorteile. Die Version des AA greift Entwicklungen bis zum Jahr 1919 auf, die der RAI-Bericht entsprechend

abgebauter Betriebe). Aufgestellt von der Reichsentschädigungskommission, Reichsdruckerei, Berlin 1920; Geschäftsstelle für Friedensverhandlungen, Denkschrift der Reichsentschädigungskommission über die Kriegsschäden und Gegenwerte im Generalgouvernement Warschau, aufgestellt von der Reichsentschädigungskommission, Reichsdruckerei, Berlin 1919; Geschäftsstelle für Friedensverhandlungen, Denkschrift der Reichsentschädigungskommission über die vom Deutschen Reich zu vertretenden Kriegsschäden, Berlin 1919.

131 Vgl. BArch R 2–24824 o. Z. REK an RAI vom 26. Februar 1918, Tagebuch-Nr. Gen. 520/C 401. Die Quelle ist handschriftlich mit Seitenzahlen nummeriert worden. Zur leichteren Verweisführung wird im Folgenden diese Paginierung beibehalten. Es werden daher bei der Quelle mit der Tagebuch-Nr. Gen. 520/C 401 vom 26. Februar 1918 Verweise mit Seitenzahlen anstatt der Blattzählung des Bundesarchivs vorgenommen.

132 Vgl. ebd., Seite 1.

133 Vgl. BArch R 2–24824 o. Z. REK an RAI vom 26. Februar 1918, Tagebuch-Nr. Gen. 520/C 401.

der früheren Fertigstellung nicht mehr enthält. Die Qualität des Inhalts ist dagegen bei der Version des RAI höher und authentischer. Weder der oder die Verfasser des Berichts noch die REK hatten Anfang 1918 ein Interesse daran, einer übergeordneten Reichsbehörde falsche oder unvollständige Informationen zu übermitteln. Im Gegensatz dazu war dem AA nach Kriegsende sehr wohl daran gelegen, das deutsche Ansehen im Ausland durch gezielte Desinformation zu verbessern. Die kombinierte Auswertung und der kritische Vergleich beider Quellen erlaubt es, ihnen belastbare Informationen zu entnehmen.

Völkerrecht und Requisitionen

In Art. 231 FV hatten die Siegermächte die Wiedergutmachungspflicht Deutschlands und seiner Verbündeten, die sie zu Urhebern des Krieges erklärten, festgelegt. Dabei bezogen sich die Alliierten auf den Bruch des Völkerrechts, den ganz besonders das geschlagene Deutsche Reich im Krieg begangen hatte. Die deutsche Seite stritt Brüche des Völkerrechts nicht ab, machte aber besondere und mildernde Umstände geltend.

Während der Phase des Bewegungskrieges 1914 war die Reichsleitung von einem schnellen und siegreichen Krieg im Westen ausgegangen.[134] Die Dokumentation der zahlreichen Übergriffe auf das Privateigentum wurde daher zunächst vernachlässigt und auf die kommenden Friedensverhandlungen verschoben. Die mangelnde Versorgung der deutschen Armeen während der Offensivphase 1914, die ein Beweggrund für die steigende Zahl von Requisitionen war, ließ eine geordnete Dokumentation ebenso wenig zu wie die wankende Moral der massenhaft plündernden Soldaten.[135] Die allgemeine deutsche Furcht vor den „francs-tireurs“ und die zahlreichen Übergriffe auf die Zivilbevölkerung bedingten sich gegenseitig.

Die Dimensionen des Abnutzungs- und Stellungskrieges nach der ersten Marne-Schlacht stellten die Reichsleitung vor gänzlich neue und unerwartete Probleme. Der Aufbau des deutschen Stellungssystems und des dazugehörenden Versorgungs- und Verwaltungsapparates im Hinterland erforderte beispielsweise riesige Mengen an Baumaterial. Genauso wie der

134 Vgl. Hirschfeld, Enzyklopädie, S. 385–386.
135 Vgl. Hirschfeld/Krumeich, Deutschland im Ersten Weltkrieg, S. 71–72.

Bau von Schützengräben eher eine spontane Reaktion der Kommandeure vor Ort war, begann damit auch der Raubbau der deutschen Armeen in der Nähe der Frontlinien. Wälder wurden für Bauholz gerodet, Ortschaften zur Beseitigung von Hindernissen oder zur Gewinnung von Baustoffen geschleift, Gewässer gestaut und umgeleitet, Feldbahnen nach Bedarf in die Landschaft gebaut. Die zahlreichen Eingriffe der deutschen Armeen in das Privateigentum feindlicher Staatsangehöriger als Folge von Beschlagnahme, Diebstahl und direkter oder indirekter Kampfeinwirkung stellten besagten Bruch des Völkerrechts dar.[136]

Wollte das Deutsche Reich die besetzten Gebiete nicht im Chaos versinken lassen, mussten Strukturen geschaffen werden, die zumindest eine Basisversorgung der Bevölkerung sicherstellten. Die Ausbeutung erforderte nun eine administrativ-juristische Legitimation. Aus diesem Ansatz entwickelten sich zwei konkurrierende Verwaltungssysteme. Im besetzten Hinterland entstanden in der frühen Kriegsphase große zivile Verwaltungseinheiten in Form der Generalgouvernements Brüssel und Warschau. Alle weiteren besetzten Gebiete standen dagegen unter der Kontrolle deutscher Militärverwaltungsstellen. Daraus entwickelte sich ein Dualismus aus professioneller Zivilverwaltung, die im Laufe des Krieges zunehmend personell ausblutete, und unerfahrener Militärverwaltung, die erst im Laufe des Krieges Professionalität erlangte. Aufgrund der leichteren Verfügbarkeit an Personalressourcen – zivile Beamte wurden zunehmend zum Kriegsdienst verpflichtet – waren die Militärs der Zivilverwaltung mittelfristig überlegen.

Für die Ausgestaltung des deutschen Requisitionswesens hatte diese Entwicklung wichtige Konsequenzen. Die Zivilbehörden achteten auf die Einhaltung einheitlicher, juristisch möglichst einwandfreier Verfahren. Ein Resultat davon war die Einrichtung der *Reichsentschädigungskommission*. Im Gegensatz dazu waren die Militärverwaltungsstellen in erster Linie daran interessiert, eine provisorische Kontrolle des besetzten Gebietes und die Versorgung der Truppenteile sicherzustellen. Bei Vergehen von Heeresangehörigen an feindlichem Eigentum, bei denen teilweise auch ein gewisser aus Kameradschaft erwachsender Gruppenzwang unter den Soldaten eine Rolle gespielt haben dürfte, wurde daher häufig Nachsicht geübt.

---

136 Einige Fälle von deutschen Beschlagnahmungen neutraler Sachwerte sind überliefert in: BArch R 901–85664 o. Z.

Dementsprechend mangelte es an der Wahrung einheitlicher Verfahren bei Requisitionen, die erst während des Krieges ansatzweise Einzug in die militärischen Amtsstuben hielt. Weit wichtiger war hier die Improvisation unter den Bedingungen des industrialisierten Krieges, der ganz neue Herausforderungen schuf. Trotz dieser Gegensätze arbeiteten beide Verwaltungssysteme möglichst eng zusammen, um Lösungen für die zahlreichen Probleme zu finden.

Angesichts der alliierten Seeblockade und ganz im Sinne der offiziellen Darstellung eines deutschen Verteidigungskrieges berief sich die Reichsleitung, um die deutschen Requisitionen und sonstigen Eingriffe in den Privatbesitz zu rechtfertigen, auf die Artikel 23g, 52 und 53 der Haager Landkriegsordnung vom 18. Oktober 1907:[137]

> Artikel 23g:
> *„Abgesehen von den durch Sonderverträge aufgestellten Verboten, ist namentlich untersagt: die Zerstörung und Wegnahme feindlichen Eigentums außer in den Fällen, wo die Zerstörung oder Wegnahme durch die Notwendigkeiten des Krieges dringend erheischt wird."*

> Artikel 52:
> *„Naturalleistungen und Dienstleistungen können von Gemeinden oder Einwohnern nur für die Bedürfnisse des Besatzungsheeres gefordert werden. Sie müssen im Verhältnisse zu den Hilfsquellen des Landes stehen und solcher Art sein, dass sie nicht für die Bevölkerung die Verpflichtung enthalten, an Kriegsunternehmungen gegen ihr Vaterland teilzunehmen. Derartige Natural- und Dienstleistungen können nur mit Ermächtigung des Befehlshabers der besetzten Örtlichkeit gefordert werden.*
> *Die Naturalleistungen sind so viel wie möglich bar zu bezahlen. Andernfalls sind dafür Empfangsbestätigungen auszustellen; die Zahlung der geschuldeten Summen soll möglichst bald bewirkt werden."*

> Artikel 53:
> *„Das ein Gebiet besetzende Heer kann nur mit Beschlag belegen: das bare Geld und die Wertbestände des Staates sowie die dem Staate zustehenden eintreibbaren Forderungen, die Waffenniederlagen, Beförderungsmittel, Vorratshäuser und*

137 Die alliierte Seeblockade verstieß gegen die Pariser Seerechtsdeklaration von 1856. Vgl.: Nicolas Wolz, „Und wir verrosten im Hafen". Deutschland, Großbritannien und der Krieg zur See 1914–1918, München 2013, S. 170; Strachan, Der Erste Weltkrieg, S. 245–281; Hirschfeld, Enzyklopädie, S. 829; Alan Kramer, Atrocities, Massacres, and War Crimes, in: John Horne (Bearb.), A companion to World War I, Chichester 2010, S. 195–196.

Lebensmittelvorräte sowie überhaupt alles bewegliche Eigentum des Staates, das geeignet ist, den Kriegsunternehmungen zu dienen.
Alle Mittel, die zu Lande, zu Wasser und in der Luft zur Weitergabe von Nachrichten und zur Beförderung von Personen oder Sachen dienen, mit Ausnahme der durch das Seerecht geregelten Fälle, sowie die Waffenniederlagen und überhaupt jede Art von Kriegsvorräten können, selbst wenn sie Privatpersonen gehören, mit Beschlag belegt werden. Sie müssen aber zurückgegeben werden; die Entschädigungen sind beim Friedensschluss zu regeln."

Für die Dauer des Krieges und den damit verbundenen rapiden Schwund an verfügbaren Rohstoffen für die Kriegswirtschaft gewannen diese Artikel der Haager Landkriegsordnung aus Sicht der Reichsleitung bzw. -regierung eine ständig steigende Bedeutung.[138] Artikel 23g diente insbesondere als Rechtfertigung für die Beschlagnahme von Privateigentum jeglicher Art in den besetzten Gebieten unter dem Vorwand, dass die alliierte Seeblockade das Deutsche Reich vom Weltmarkt abschnitt:

„*Die gesamte deutsche Wirtschaft wurde für diesen Zweck umgestellt; das Wohl des Einzelnen wurde dem Wohle des Ganzen geopfert. In diesem Notstande konnte die deutsche Regierung mit den Maßnahmen, denen sie die eigene Bevölkerung unterwerfen musste, nicht Halt machen vor den feindlichen Grenzen. Sie war gezwungen, die in den besetzten feindlichen Ländern vorhandenen Vorräte zu erfassen und, soweit sie nicht zu erträglichen Bedingungen käuflich waren, in Anwendung des Artikel 23g der Haager Landkriegsordnung durch Beschlagnahme zu erwerben und der heimischen Wirtschaft zuzuführen.*"[139]

Die Artikel 52 und 53 der Haager Landkriegsordnung fanden dagegen Anwendung in Frontnähe und bei den dortigen Bedürfnissen des Stellungskrieges. Angesichts der Dimensionen eines der Totalität zustrebenden Krieges wurden die Definitionen von Dienst- und Naturalleistungen mit der Dauer des Krieges zunehmend ausgeweitet. Ein grundsätzliches völkerrechtliches Problem wurde darin nicht erkannt, weil die Bestimmungen der Haager

---

138 Vgl. zu den Haager Friedenskonferenzen: Jost Dülffer, Regeln im Krieg? Kriegsverbrechen und die Haager Friedenskonferenzen, in: Wolfram Wette/Gerd Ueberschär, Kriegsverbrechen im 20. Jahrhundert, Darmstadt 2001, S. 35–49.

139 Vgl. BArch R 3301–2014 o. Z., Nachweisung der Güter, welche in den Jahren 1914 bis 1918 namens des Deutschen Reiches in Frankreich und Belgien beschlagnahmt worden sind (mit Ausschluss von Maschinen und Bestandteilen abgebauter Betriebe). Aufgestellt von der Reichsentschädigungskommission, Reichsdruckerei, Berlin 1920.

Landkriegsordnung dehnbar und vielfältig auslegbar waren. Beispielsweise war der Einsatz von Giftgas zwar untersagt worden, aber auch nur, „weil die entsprechenden Kampfmittel noch als ineffektiv galten“.[140]

Die Einschätzungen der Großmächte im Haag von 1899 und 1907 waren auf die Situation des Ersten Weltkrieges nur noch bedingt anwendbar. Von deutscher Seite hatte Reichskanzler Bülow im Jahr 1907 die Einhaltung der Neutralität Belgiens, Luxemburgs und der Schweiz im Kriegsfall nur zum Schein anerkannt. Immerhin sah der Schlieffen-Plan den Durchmarsch durch Belgien und Luxemburg vor. „Es kommt dazu, dass alle internationalen Verpflichtungen für den Ernstfall eines großen Krieges doch nur bis zu einem gewissen Grad binden, dann heißt es ‚Noth bricht Eisen‘ und ‚Salus publica unica lex‘“.[141]

Dass die Haager Landkriegsordnung überhaupt auf den Krieg anwendbar war, verneint im Juni 1915 Prof. Dr. Beer in einem Gutachten im Auftrag der REK. Nach seinem Dafürhalten mussten gemäß den Schlussbestimmungen alle am Weltkrieg beteiligten Staaten die Haager Landkriegsordnung ratifiziert haben, was auf Italien, Montenegro, das Osmanische Reich und Serbien nicht zutraf.[142] Dadurch war das Abkommen für die am Weltkrieg beteiligten Staaten nicht bindend. Die deutschen Zivilgerichte urteilten ebenfalls zu Gunsten des Deutschen Reiches. Die Reichsleitung sah damit die Rechtssicherheit hinsichtlich der Requisitionen in ausreichendem Maße hergestellt.

Die offizielle Darstellung der militärischen Beschlagnahme während des Ersten Weltkrieges

Die offizielle Darstellung der deutschen Requisitionen in den besetzten Gebieten aus dem Jahr 1919 legte großen Wert darauf, das Bild einer wohlgeordneten deutschen Feststellung der Kriegsschäden zu vermitteln.

140 Vgl. Jost Dülffer, Regeln gegen den Krieg? Die Haager Friedenskonferenzen von 1899 und 1907 in der internationalen Politik, Frankfurt am Main 1981, S. 333.

141 Vgl. Dülffer, Regeln gegen den Krieg?, S. 302–303.

142 Vgl. BArch R 2–24818 o.Z. Tagebuch Nr. 587/15 vom 11. Juni 1915.

Gleichzeitig sollte auf diesem Wege die besondere Situation Deutschlands herausgehoben und dem Völkerrechtsbruch Legitimation verliehen werden.[143]

Kurz nach dem Einmarsch deutscher Truppen in feindliches Gebiet begann die Requisition von Gütern, die mit wachsendem Abstand von den deutschen Depots aus verstreuten Einzelfällen zu einer wichtigen Grundlage der deutschen Heeresversorgung avancierte. Angesichts der negativen Auswirkungen der Plünderungen und sonstigen kriminellen Verstöße gegen die Zivilbevölkerung auf die Moral der Mannschaften wurden so genannte „Wirtschaftsausschüsse" bei den Armee-Oberkommandos und Etappenkommandanturen eingerichtet.[144] Diese militärisch verwalteten Wirtschaftsausschüsse wählten die Sachwerte für die Entnahme durch deutsche Streitkräfte aus, organisierten den Abtransport und stellten den Eigentümern so genannte „Beitreibungsscheine" (bon de réquisition) zur späteren Entschädigung aus. Im Generalgouvernement Belgien wurde für Entschädigungen eine „Vorschusskasse beim Generalgouverneur in Belgien (Sitz Brüssel)" eingerichtet.[145]

Die beschlagnahmten Sachwerte wurden entweder direkt vor Ort verbraucht oder den Versorgungsbetrieben des deutschen Heeres zugeführt. Die Etappe diente entweder als Konsument der beschlagnahmten Sachwerte oder „veredelte" diese als nun deutsch deklarierte Produkte, die durch Veräußerung ins Reichsgebiet weitergereicht wurden. Dadurch kauften mehr oder weniger nichtsahnende deutsche Verbraucher beschlagnahmte Güter.[146]

Ausgleichszahlungen wurden, wenn überhaupt eine Schädigung ordnungsgemäß dokumentiert worden war, in bescheidenem Umfang auf der Basis des Zustandswertes zum Friedenspreis gewährt. Ohne Umwege wurden

143 Für die Darstellung des Entwicklungsverlaufs wurde eine chronologische Abfolge gewählt.

144 Vgl. BArch R 3301–2014 o. Z., Nachweisung der Güter, welche in den Jahren 1914 bis 1918 namens des Deutschen Reiches in Frankreich und Belgien beschlagnahmt worden sind, S. 1.

145 Die Vorschusskasse wurde am 21. Oktober 1915 als „Entschädigungsamt beim Generalgouverneur in Belgien" in die Reichsentschädigungskommission integriert. Vgl. Zilch/Koppatz, Okkupation, S. 206–208.

146 Angesichts der in den Waffenstillständen vereinbarten Restitution und Substitution beschlagnahmten Materials führte diese Praxis bei zahlreichen Betroffenen zu unangenehmen Überraschungen, wenn Maschinen zur Restitution wieder beschlagnahmt wurden.

dagegen die „Heimatrequisitionen“ direkt aus den besetzten Gebieten einem deutschen Käufer zugeleitet. Hierbei war der bürokratische Aufwand höher. Der zu beschlagnahmende Sachwert war in einem „Aufnahmebogen“ oder „Empfangsschein“ mit „genauen Angaben über Ursprung, Art, Menge und Beschaffenheit“ in vierfacher Ausfertigung zu dokumentieren.[147] Die ins Reichsgebiet gebrachten Sachwerte wurden im optimalen Fall in Sammellagern untergebracht und bewertet.[148] Anschließend wurden die Güter zum Verbrauch der deutschen Wirtschaft zugeleitet.

Allerdings stieß auch das System der Wirtschaftsausschüsse schnell an praktische Grenzen, weil in vielen Fällen die militärische Notwendigkeit das bürokratische Verfahren der Wirtschaftsausschüsse einschränkte. Vor allem die Requisitionen auf den unteren Organisationseinheiten des Besatzungsheeres unterschieden sich weiterhin kaum von Diebstählen. Im besetzten Belgien drohte infolge der massenhaften Übergriffe auf Privateigentum zudem eine tiefgreifende Störung der Kriegswirtschaft. Angesichts dieser Zustände in den besetzten Gebieten ermächtigte der Bundesrat den Reichskanzler, eine Reichsentschädigungskommission einzurichten.[149] In der entsprechenden Anordnung zum Verfahren vor der Reichsentschädigungskommission, veröffentlicht im Reichsanzeiger vom April 1915, heißt es dazu:

---

147 Der erste Durchschlag verblieb bei der beschlagnahmenden Behörde, der zweite erhielt der Geschädigte, der dritte ging an die mit der weiteren Verwendung betrauten Heimatbehörde und der letzte Durchschlag verblieb bei dem beschlagnahmten Sachwert für den Transport. Vgl. BArch R 3301–2014 o. Z., Nachweisung der Güter, welche in den Jahren 1914 bis 1918 namens des Deutschen Reiches in Frankreich und Belgien beschlagnahmt worden sind, S. 1.

148 Die Reichsentschädigungskommission erhielt aus den Bewertungen so genannte „Abschätzungsurkunden“. Vgl. ebd., S. 2.

149 Die eigentliche Gründung der Reichsentschädigungskommission erfolgte mit der Ernennung des Präsidenten der REK am 18. Januar 1915 durch den Reichskanzler. Die REK unterstand am Anfang direkt dem Reichskanzleramt. Vgl. BArch R 3301–2032 Blatt 1. Amtlich wurde sie mit der Veröffentlichung der Anordnung zum Verfahren vor der Reichsentschädigungskommission im Deutschen Reichsanzeiger. Vgl. DRA Nr. 96 vom 26. April 1915. Der erste Zusammentritt der REK erfolgte am 5. Mai 1915. Vgl. BArch R 3301–2032 Blatt 1. Zu den Besonderheiten der deutschen Besatzung in Belgien vgl. Zilch/Koppatz, Okkupation, S. 206–208.

§1.
Die Reichsentschädigungskommission erhält die Aufgabe, die Eigentümer der während des gegenwärtigen Krieges im feindlichen Ausland im Namen des Reichs beschlagnahmten Güter festzustellen, über die Entschädigungsansprüche der Eigentümer und anderer Berechtigter zu entscheiden und die Zahlung der Entschädigung zu veranlassen. Sie darf mit Zustimmung der Beschlagnahmebehörde statt der Entschädigung die Rückgabe des Gutes anordnen. Sie entscheidet ferner, inwieweit der Auszahlung der Entschädigungen gesetzliche Zahlungsverbote entgegenstehen. [...]

§2.
Die Kommission besteht aus fünf Mitgliedern, von denen drei rechtskundig und zwei Kaufleute sein müssen. Rechtskundig im Sinne dieser Verordnung sind diejenigen Personen, welche die Befähigung zum Richteramt oder zum höheren Verwaltungsdienst im Reiche oder in einem Bundeslande haben oder Lehrer des Rechts an einer deutschen Hochschule sind. Im Bedarfsfall kann die Kommission durch Ernennung weiterer rechts- oder handelskundiger Mitglieder verstärkt werden. [...][150]

Aus dieser fünfköpfigen Kommission entwickelte sich über die Jahre ein Eckpfeiler des deutschen Requisitionswesens.

Der Bericht der REK über die Requisitionen für den Generalquartiermeister aus dem Jahr 1918 versuchte eine Aufstellung „über Menge und Wert der in den besetzten Gebieten beschlagnahmten Güter“ und der „nach Deutschland zurückgeführten Güter“ zusammenzufassen.[151] Die hier zu Tage tretende Unterscheidung zwischen nach Deutschland überführten Gütern und der Gesamtmenge der beschlagnahmten Güter weist auf ein Kernproblem der Ermittlungen hin: Es war praktisch unmöglich, alle von Angehörigen des Besatzungsheeres auf legale oder illegale Weise entwendeten Güter festzustellen. Ziel war es daher, dass „zur Vorbereitung von Verhandlungen mit dem Feind in großzügiger Weise ein Überblick über die in den einzelnen Gebieten gezogenen Mengen und Werte geschaffen werden soll“.[152] Einzig über die nach Deutschland überführten Güter existierten in der Mehrzahl relativ genaue Belege. Die REK unterschied bei den in den besetzten Gebieten beschlagnahmten Gütern zwei Kategorien:

---

150 Vgl. DRA, Nr. 96 vom 26. April 1915.

151 Vgl. BArch R 2–24824 o. Z. REK an RAI vom 26. Februar 1918, Tagebuch-Nr. Gen. 520/C 401, S. 1.

152 Vgl. ebd., S. 4.

„A) Die Feldrequisitionen, welche sämtliche für den Heeresbedarf und die zum Gebrauch und Verbrauch in den besetzten Gebieten beschlagnahmten Güter umfassen und B) Heimatrequisitionen, d. h. die in den besetzten Gebieten beschlagnahmten und nach Deutschland für die heimische Kriegswirtschaft überführten Güter, so genannte Heimatgüter."[153]

Tatsächlich war die Einteilung in Feld- oder Heimatrequisitionen häufig fließend. Eine fast unüberschaubare Anzahl von Gütern, beispielsweise Rohstoffe oder Halbfabrikate, wurden im besetzten Gebiet beschlagnahmt, in lokalen Heeresbetrieben veredelt und dann ins Reichsgebiet transportiert. In vielen Fällen wurden Heimatgüter Opfer von Kriegszerstörungen oder noch vor dem Abtransport nach Deutschland zur Beute feindlicher Streitkräfte. Schließlich kam es immer wieder vor, dass Feldrequisitionen als vor Ort unverwertbar oder in der deutschen Kriegswirtschaft als unverzichtbar eingestuft und daher als Heimatrequisitionen abtransportiert wurden. Die Trennung war von Fall zu Fall unterschiedlich und nur mit einigem Aufwand nachzuweisen.

Das Deutsche Reich glaubte sich grundsätzlich berechtigt, Beitreibungen durch Offiziere oder Verwaltungsstellen in den besetzten Gebieten durchzuführen. Bei Kriegsbeginn waren für die vorrückenden deutschen Streitkräfte zwei gesetzliche Regelungen bindend. Das preußische Gesetz über den Belagerungszustand vom 4. Juni 1851 galt zwar als ein dringend zu novellierendes Relikt einer veralteten Kriegsführung, war aber für die Masse des weitgehend von Preußen gestellten Reichsheeres dennoch von entscheidender Bedeutung. Das Reichsgesetz über Kriegsleistungen vom 13. Juni 1873 basierte dagegen auf den Erfahrungen des kurzen Deutsch-Französischen Krieges von 1870/71. Die massenhaften Plünderungen durch Heeresangehörige erklärte sich die REK als Reichsbehörde, die mit der Aufgabe der Festsetzung der Entschädigungen betraut war, damit, dass die Streitkräfte während der Frühphase des Krieges die Richtlinien aus den genannten Gesetzen falsch interpretierten:

153 Vgl. ebd. S. 2.

„Dieser Grundsatz ist in der ersten Zeit allgemein und auch späterhin immer wieder vereinzelt von den Truppen so aufgefasst worden, als ob überhaupt jeder militärische Vorgesetzte das unbeschränkte Recht der Beschlagnahme besitze.“[154]

Ein weiteres Problem der Datenerhebung war die Verfügbarkeit von Aufzeichnungen und anderen Belegen. Während des chaotischen Bewegungskrieges aus ständigen Angriffen und Rückzügen kam es zu weitgehend formlosen Beschlagnahmungen, die zwar von den Opfern bei der REK angezeigt werden konnten, die aber im Tathergang kaum zu rekonstruieren waren. Erfolgten während des Bewegungskrieges schriftliche Beschlagnahmungen waren diese kaum zu gebrauchen, weil die Listen häufig von nicht dafür ausgebildeten Heeresangehörigen erstellt wurden oder im späteren Kriegsverlauf ganz bzw. teilweise verloren gingen. Eigene Dokumentationen der Betroffenen oder von feindlichen Verwaltungsstellen erkannte die REK nur nach eingehender Prüfung an.

Erst während und nach dem Übergang in den Stellungskrieg wurden Strukturen geschaffen, um die Requisitionen in geordnete Bahnen zu lenken. Dabei spielten die Ortskommandanturen, Etappenabschnitte, Zivilverwaltungen sowie die Generalgouvernements und die Militärverwaltungsstellen eine wichtige Rolle, weil sie sofort begannen, die in den besetzten Gebieten vorhandenen Ressourcen für die deutsche Kriegswirtschaft zu sichern.[155] Der erste Schritt in diese Richtung war die Verordnung Nr. 367 XII./V. des Generalintendanten des Feldheeres vom 10. Dezember 1914. Darin wurde die planmäßige Erfassung der Vorräte in den besetzten Gebieten angeordnet. Wie in der Quelle vermerkt, dauerte es bis April 1915, dass die Verordnung vom 10. Dezember „allgemeine Beachtung fand“.[156] Diese Zeitangabe dürfte mehr aus Prestigegründen gewählt worden sein, als dass sie den Tatsachen entsprach. Schließlich war die REK erst am 25. April 1915 offiziell gegründet und die Requisition damit offiziell in ein geordnetes Verfahren übergeleitet worden. Bis alle Gliederungen der Streitkräfte das neue System anwandten, dauerte es längere Zeit. Erst am 19. Juni 1915 wurde der Militärverwaltung die Existenz einer

154 Vgl. ebd., S. 5.
155 Vgl. ebd., S. 6.
156 Vgl. ebd., S. 7.

Reichsentschädigungskommission mitgeteilt und die Zusammenarbeit mit der neuen Behörde vorgeschrieben.[157]

Bis dahin wurden Requisitionen von Gütern für die deutsche Kriegswirtschaft, also die erwähnten Heimatgüter, ohne geordnetes Verfahren eingezogen. Urkunden wurden nur sehr vereinzelt ausgestellt. Den deutschen Heeresstellen boten sich dabei im rechtsfreien Raum der frühen Besatzungsherrschaft vielfältige Gelegenheiten zur Requisition:

> *„In Lagern der Eisenbahn, der Zollverwaltung, der Spediteure, den Grenzorten, auf den Eisenbahnstationen, auf verlassenen Güterwagen, in zerstörten Ortschaften, auf Schiffen, auf Holzablagen, längs der Bahn, auf Kanälen, Flüssen, in den Häfen.“*[158]
> *„Allein aus Antwerpen wurden bis August 1915 insgesamt 35.883 Wagen = rund 900 ausgelastete Güterzüge zu je 80 Achsen, in der Hauptsache nach Deutschland und zum kleineren Teil nach Sammellagern der Heeresverwaltung im besetzten Gebiet, abtransportiert.“*[159]

Aus den Departements Nord und Aisne wurden bis Mitte 1917 ca. 460.000 Tonnen requirierter Wollwaren abtransportiert. Diese „wirtschaftliche Kriegsbeute“, die aus den besetzten östlichen Gebieten nach Deutschland verschickt wurde, summierte sich nach offizieller Darstellung bis Ende September 1917 auf 1,59 Millionen Tonnen.[160] Nicht darin enthalten war Kriegsbeute, die in den besetzten Gebieten vor Ort, beispielsweise von Heeresteilen oder Versorgungseinrichtungen der Zivilbevölkerung, aufgebraucht wurde.

Die Güter wurden in der Regel notdürftig verpackt und in gemischten Transporten mit ungefährem Ziel „Deutschland“ auf die Reise geschickt. Diese Vorgehensweise führte zu chaotischen Zuständen bei der überlasteten Eisenbahnverbindung ins Reich, weshalb viele Transporte bei Bedarf unterwegs wieder ausgeladen wurden. In anderen Fällen wurden tausende von

157 Vgl. Preußen (Hrsg.), Armee-Verordnungsblatt, 49. Jg., Nr. 27 vom 19. Juni 1915, S. 281.
158 Vgl. BArch R 2–24824 o. Z. REK an RAI vom 26. Februar 1918, Tagebuch-Nr. Gen. 520/C 401, S. 7.
159 Vgl. Rohde, Feldeisenbahnwesen, Bd. 2, S. 342.
160 Vgl. zu den Mengenangaben ebd., S. 343.

beladenen Waggons einfach in den Bahnhöfen abgestellt.[161] „In Hamburg mussten einmal binnen 24 Stunden über 900 Wagen entladen werden."[162] Zudem vermischte sich auf den Transporten Beutegut mit offiziellen deutschen Transporten, ein Umstand, der eine spätere Ausdifferenzierung zusätzlich erschwerte. Eine frühe Maßnahme war es, diese Transporte in so genannte „Kriegsbeutesammelstellen" zu dirigieren, die für die Westfront in Darmstadt, Münster, Ulm und für die Ostfront in Frankfurt an der Oder und Stettin eingerichtet wurden.

Um die Requisitionen aufschlüsseln und deren Wert bemessen zu können, wurden weitere Unterkategorien festgelegt. Zunächst kam es zur Differenzierung zwischen Heeres-, Staats- und Privatgut. Staatsbesitz wurde nicht erfasst, da es sich hier um Schäden handelte, welche die Haager Landkriegsordnung im Falle kriegsnotwendiger Zerstörung von einer Rückerstattung ausschloss. Ebenso blieb Heeresgut ausgenommen, das auch explizit als „Beutegut" bezeichnet wurde. Die REK entschied, den erwähnten Diebstählen kleineren Umfangs durch einzelne Heeresangehörige eine fließende Eigenschaft von Beute- und Heeresgut zuzuschreiben. Entschädigungen kamen daher im Grunde nur für Privatgüter in Frage. Eine Ausnahme bildeten herrenlose Güter. Dies waren die „auf den Bahnen und in verlassenen oder zerstörten Ortschaften vorgefundenen, missverständlich als ‚Beutegut' bezeichneten Güter."[163]

Doch auch hier waren die Übergänge infolge der unterschiedlichen Rechtsauffassungen der verschiedenen militärischen und zivilen Verwaltungsstellen fließend. Als Beispiel nannte der REK-Bericht russische „Donationsgüter", die von den Zaren an verdiente Beamte und Generäle verliehen worden waren. Von diesen Flächen erwirtschaftete Güter – genannt wird ein umfangreicher Holzeinschlag – wurden lange Zeit als legale Kriegsbeute aus Staatsbesitz deklariert, obwohl es offensichtlich Privatgüter waren. Diese Unterscheidung gelang den Militärbehörden unerachtet der Richtlinien des Preußischen Kriegsministeriums zur Trennung von Heeres- und Privatgut vom September 1914 nur langsam. Der Bericht schließt daraus resignierend,

161 Vgl. BArch R 2–24824 o.Z. REK an RAI vom 26. Februar 1918, Tagebuch-Nr. Gen. 520/C 401, S. 8.
162 Vgl. ebd., S. 10.
163 Vgl. ebd., S. 3.

dass „Unkenntnis, Ungewissheit, falsche Auslegung, Nichtachtung der Vorschriften und ihre vielfache Änderung, Unterlassung, Verlust, ungenaue Herstellung von Aufzeichnungen" eine mehr als nur annähernde Erfassung der Feldrequisitionen kaum möglich machten.[164] Wegen der Komplexität der Materie und der wenigen zur Verfügung stehenden Arbeitskräfte bat die REK bei der Fertigstellung des überlieferten Zwischenberichts an das RAI darum, von der Erhebung der Feldrequisitionen entbunden zu werden.[165]

Der Requisitionsvorgang wurde in die Aneignungs- und die Gebrauchsbeschlagnahme unterteilt. Während durch die Aneignung das Gut in den Besitz des Deutschen Reiches überging, wurden Gebrauchsbeschlagnahmen dem Eigentümer nur temporär entzogen. Explizit als Gebrauchsbeschlagnahmen eingestuft wurden Industriebetriebe, Bergbauanlagen aller Art, landwirtschaftlich genutzte Flächen und forstwirtschaftliche Areale.

Eine weitere entscheidende Kategorie war der Ort der Beschlagnahme, weil der Wert des Gutes nicht mit einheitlichen Sätzen bemessen, sondern von den lokalen Umständen abhängig gemacht wurde. Dazu wurden die besetzten Gebiete in Wirtschaftszonen eingeteilt: Belgien, Frankreich, Italien, Montenegro, Rumänien, Serbien und Russland. Letzteres teilte sich auf in: Polen, Militärkreisamt Suwalki, Militärverwaltung Kurland, Gouvernement Riga, Militärverwaltung Ösel, Militärverwaltung Litauen (unterteilt in Wilna und Grodno-Bialystok) und das vergleichsweise riesige Gebiet Ober-Ost. Allgemein waren Güter aus Belgien und Frankreich wertvoller als die aus anderen Besatzungsgebieten. Dabei wurden die letzten Friedenspreise angesetzt und damit das Gesetz von Angebot und Nachfrage für die Dauer des Krieges aufgehoben.

Angesichts der chaotischen Zustände in den ersten Monaten des Krieges, die sich in den Formationen des Feldheeres auch auf die Moral der Soldaten negativ auswirkte, versuchte sowohl die Heeres- als auch die Zivilverwaltung gegenzusteuern. Neben den erwähnten Kriegsbeutesammelstellen wurden Waggons, die mit requirierten Gütern beladen waren, zu zentralen Verteilungsstellen gefahren. Dort wurde die Ladung gesichtet und die requirierten Güter von der offiziellen Fracht getrennt. Das so

164 Vgl. ebd., S. 7.
165 Die Zentralstelle bestand im Kern nur aus Krehl, sieben Statistikern und einigen Hilfskräften.

herausgefilterte Beutegut wurde unabhängig von seinem Ursprung mengenmäßig zusammengefasst und an deutsche Empfänger weitertransportiert, die Anträge auf Belieferung mit diesen Gütern gestellt hatten. Nicht augenblicklich verwendbare Güter kamen zur Zwischenlagerung in Depots. Später wurden zusätzliche Aufnahmestellen eingerichtet, die einheitlich mit einem Gut beladene Wagenladungen entgegennahmen und direkt an Nachfrager weiterleiteten. Eine Zentralstelle für Kriegsbeute beim Preußischen Kriegsministerium erstellte gedruckte Zuteilungslisten, mit deren Hilfe die Heeresverwaltungsstellen requirierte Güter direkt an Empfänger versenden konnten. Auf diese Weise wurde das Requisitionswesen schrittweise bis Ende April 1915 in geordnete Bahnen gelenkt.

Theoretisch sollten ab April 1915 für alle Heimatrequisitionen von sämtlichen Armeegliederungen Beschlagnahme-Urkunden ausgestellt und die so requirierten Güter mit einem Zielort und einer entsprechenden Dokumentation ins Reichsgebiet versandt werden. Allerdings krankte dieses System an der Unkenntnis der ausführenden Heeresangehörigen, die vielfach aufgrund von Faulheit, Unkenntnis, mangelnder Vorbildung oder kriminellen Absichten die Dokumente unzureichend ausfüllten.

Als klassisches Problem galt die Falschdeklaration von „Baumwolle" als „Wolle". Auch die Dokumentationen der Maße und Gewichte waren zunächst sehr allgemein gehalten, z. B.: „fünf Sack, zehn Ballen Baumwolle, dreißig Stück Stoff, ein Waggon Metalle".[166] Unterschiedliche Verwendungen von Maßen und Gewichten in den besetzten Gebieten, insbesondere im besetzten Russland, wo vielerorts nicht das metrische System in Gebrauch war, führten zu entsprechenden Missverständnissen. Einige Truppenteile und Militärverwaltungsstellen verweigerten die Ausführung der angeordneten Dokumentation, indem sie diese nicht beachteten oder bewusst täuschten. Der Bericht der REK nennt hier die Militärverwaltungen Ober-Ost und den General der Fußartillerie in Brüssel. Letzterer konnte im weiteren Verlauf des Krieges zur Einhaltung der Regularien veranlasst werden, während Ober-Ost auch weiterhin eine Sonderstellung einnahm.[167]

---

166 Vgl. BArch R 2–24824 o. Z. REK an RAI vom 26. Februar 1918, Tagebuch-Nr. Gen. 520/C 401, S. 26.

167 Vgl. ebd., S. 11. „Ober-Ost" bezeichnete das direkt dem Oberbefehlshaber Ost unterstehende Militärverwaltungsgebiet in den besetzten Gebieten Russlands.

Generell herrschte stets, was die Ausführung all dieser Anordnungen betraf, eine Diskrepanz zwischen den anweisenden Zivilverwaltungsstellen, dem Preußischen Kriegsministerium, den Reichsämtern oder anderen Reichsbehörden wie der REK und den Militärverwaltungsstellen. Probleme traten immer dann auf, wenn die Anforderungen der deutschen Kriegswirtschaft die Beschlagnahme neuer Güter notwendig machte. Diese Aufgabe wurde stets von den militärischen Stellen wahrgenommen. Viele dieser Stellen bevorzugten eine direkte Zusammenarbeit mit gewissen Empfängern und erhielten dafür im Gegenzug möglicherweise besondere Gefälligkeiten. Korruption war demnach eine wichtige Triebkraft bei den Requisitionen.

Bis die Zivilverwaltung entsprechende Anweisungen über das neue Verfahren erlassen und diese bei den Militärverwaltungsstellen durchgesetzt hatte, verging häufig viel Zeit. Dabei spielten auch die geographischen Räume eine große Rolle. Während an der Westfront die besetzten Gebiete mit einem engmaschigen Verkehrsnetz und von militärischen sowie zivilen Verwaltungsstellen durchdrungen waren, dominierten im Osten ganz andere Räume und Kommunikationswege. Exemplarisch dafür waren die Requisitionen der Holzbestände im besetzten Russland. Für deren Erfassung musste die REK eine Expedition organisieren, deren anschaulicher Reisebericht in den Akten des Bundesarchivs erhalten ist.[168]

Die in den ersten Kriegsjahren versäumten Aufzeichnungen über die Requisitionen in den besetzten Gebieten wurden spätestens dann zu einem Problem, als die Unterlagen für zu erwartende Friedensverhandlungen gebraucht wurden. Aufgrund der Verlagerung der Zuständigkeiten für die Erfassung von feindlichem Eigentum von den Bundesstaaten auf die Reichsebene war dieser Zeitpunkt im Sommer 1917 gekommen. Die erwähnte Besprechung vom 7. Juli 1917 reihte auch die Sachkompetenzen der REK in

Sämtliche zivilen Beamten in Ober-Ost wurden dem Militärgesetz untergeordnet. Ziel der Militärverwaltung war eine möglichst intensive Ausbeutung dieses Gebietes, unabhängig von Einsprüchen der deutschen Zivilverwaltungsorgane im Reich oder in den übrigen besetzten Gebieten. Vgl. Vejas Gabriel Liulevicius, Kriegsland im Osten. Eroberung, Kolonialisierung und Militärherrschaft im Ersten Weltkrieg, dt. Übersetzung von Jürgen Bauer, Edith Nerke und Fee Engemann, Hamburg 2002, S. 33–34 und 72–115.

168 Vgl. BArch R 2-24824 o. Z. REK an RAI vom 26. Februar 1918, Tagebuch-Nr. Gen. 520/C 401, S. 15.

die Friedensvorbereitungen im Vorfeld des Versailler Vertrages ein. Die nun erforderliche Zusammenstellung litt aber unter den erwähnten Mängeln, dass viele Güter und Dokumente „durch Beschädigung, Schwund, Leckage, Verlust, Diebstahl, Zerstörung, Schiffsuntergang und Fehlleitung" gar nicht erst ordnungsgemäß erfasst worden waren.

Um die Feld- und Heimatrequisitionen rückwirkend zu erheben, bemühte sich die REK zunächst darum, alles verfügbare Dokumentationsmaterial bei deutschen Militär- und sonstigen Verwaltungsbehörden zu erfassen. Doch eine vollständige Dokumentation lag für keine der angefragten Stellen vor. Nur der deutsche Generalkommissar für die belgischen Banken hatte eine Übersichtsdarstellung für seinen Aufgabenbereich angefertigt. In allen anderen Bereichen der Besatzungsverwaltungen und der im Reich befindlichen Organisationen standen keine in dieser Art gesammelten Aufstellungen zur Verfügung. Die Kriegsrohstoffabteilung im Preußischen Kriegsministerium verfügte über eine große Anzahl von Datensätzen über die ins Reich verbrachten Heimatgüter. Diese Informationen basierten auf Angaben der Kriegsgesellschaften, die aber selten vollständig waren. Im Idealfall meldeten die Kriegsgesellschaften über so genannte „braune Bögen" angelieferte Heimatgüter mit „Beschlagnahmeland, Güterart, Menge und Wert".[169] Diese Angaben waren in der Regel aber auf dem Transport in vielen Fällen unabsichtlich verfälscht worden, weil mit der Organisation des Requisitions- und Transportwesens Zwischenstationen entstanden waren. Auf dem Transport verloren gegangene Dokumentationen wurden in den Zwischenstationen durch neue provisorische Angaben ersetzt.

Häufig blieben nur rudimentäre Informationen übrig, die keinen Aufschluss über den genauen Ursprung mehr zuließen. Lieferungen aus dem Gebiet Ober-Ost waren praktisch gar nicht zurückzuverfolgen, weil die Militärverwaltung den Ursprung verschleierte. Auch der angegebene Wert der Heimatgüter war für die Nachforschungen der REK unerheblich, weil die Berechnungen nach den aktuellen Marktpreisen angestellt worden waren. Diese verzerrten Preise aber waren gegenüber dem Friedenswert, der für Entschädigungen durch die REK maßgeblich war, unerheblich.

---

169 Vgl. ebd., S. 15.

Die von der REK gesammelten Daten waren somit alles andere als vollständig. Bis zum ersten Quartal 1918 hatte die REK rund 35.000 Beschlagnahme-Urkunden in der Abteilung „Urkundenstelle" gesammelt – das entsprach nach damaliger Schätzung etwa 12,5 Prozent dessen, was bis dahin vermutlich ausgestellt worden waren.[170] Nach Schätzungen der REK lagen allein der Kriegsrohstoffabteilung im Preußischen Kriegsministerium 200.000 dieser Urkunden vor.[171] Ein bedeutender Teil dieser Nachweise war aber während des Rückzuges 1918 verloren gegangen.

Zur Erfassung der Feldrequisitionen wurden drei Quellen identifiziert, die eine größere Menge an verwertbaren Informationen versprachen: die Kriegsleistungsanerkenntnisse in den Listen der Intendanturen, die Unterlagen der Ortskommandanturen und die Holzaufnahmelisten der Militärforstämter.

Die Erfassung über die Intendanturen wurde bis 1917 in den besetzten Gebieten uneinheitlich geregelt. Im Zuständigkeitsbereich des Oberbefehlshabers Ost wurden zahlreiche unterschiedliche Anweisungen erteilt. Die Folge war ein Willkürsystem bei der Dokumentation von Feldrequisitionen. Erst mit der „Anweisung betreffend die Aneignungsbeschlagnahme und die Behandlung von Requisitionsscheinen und Aufnahmebögen" vom 1. Juli 1917 wurden diese Vorschriften vereinheitlicht.[172] In öffentlichen Bekanntmachungen forderten Kreishauptmänner der besetzten Gebiete Geschädigte auf, ihnen ausgestellte Requisitionsscheine und andere Anerkenntnisse bei den deutschen Behörden zur Prüfung einzureichen. Nach einer Vorprüfung bei der aufnehmenden Stelle führte die zuständige Etappenintendantur eine abschließende Prüfung durch und legte den auszuzahlenden Entschädigungsbetrag fest.

Nach diesem Muster war im Generalgouvernement Warschau zum 19. November 1915 die „Anweisung betreffend die Einlösung von Requisitionsforderungen" veröffentlicht worden.[173] Die Sammlung und Vorprüfung der Anmeldungen erfolgte hier in den Kreisämtern und die Schlussprüfung

170 Vgl. ebd., S. 25.
171 Vgl. ebd., S. 26.
172 Vgl. ebd., S. 18. Die Anweisung trug die Bezeichnung „XI. IVa Nr. 3001".
173 Vgl. ebd., S. 18. Die Anweisung trug die Bezeichnung „Armee-Intendantur Abteilung IV Nr. 2903".

in den Armeeintendanturen. Im Generalgouvernement Belgien waren zum 5. Juli 1915 einheitliche Standards durch eine Verordnung festgelegt worden.[174] Die Anmeldungen fanden hier in den Kommunen statt und wurden von dort an die Kreisämter weitergeleitet. Sachverständige Prüfer des Militärs werteten die Anmeldungen aus. Den Geschädigten wurden bei anerkannten Schädigungen Kriegsleistungsanerkenntnisse ausgestellt. Ähnlich wurde in Besatzungsgebieten der vierten bzw. der sechsten Armee verfahren. Entsprechende Anweisungen erließ die Etappeninspektion der vierten Armee am 8. Dezember 1915.[175] Für die sechste Armee wurde ein Verfahren eingeführt, das die Anmeldung bei den Ortkommandanturen vorsah, die auch die Prüfungen durchführten, Entscheidungen traf aber letztendlich die Armeeintendantur.

Der Holzeinschlag und der Verbrauch von erbeutetem Schnittholz in Form von Requisitionen begannen in den besetzten Gebieten in einem sehr frühen Stadium des Weltkrieges. Der Stellungsbau und die Errichtung von Unterkünften für die Massenheere erforderte gewaltige Mengen an Bauholz. Auch der Bedarf an Brennmaterial war hoch. Ein sehr großer Teil des Holzverbrauchs blieb ohne Dokumentation. Die Militärverwaltung Litauen fertigte später in den Militärforstämtern Zusammenstellungen an. Erst mit einem Befehl vom 1. April 1917 legte der Oberbefehlshaber Ost für seinen Zuständigkeitsbereich eine einheitliche Dokumentation der Holzbeschlagnahmen fest. Für die westlichen Besatzungsgebiete gab es dagegen bis 1918 keine Versuche, eine Erfassung der Holzrequisitionen durchzuführen. Das Problem einer ansatzweise gerechten Beurteilung der Wertverhältnisse dieser Requisitionen war noch schwieriger zu lösen.

Bewertungsverfahren für beschlagnahmte Güter

Angesichts der enormen Schwierigkeiten rückwirkend die requirierten Güter in Mengen, Gewicht und Ursprung überhaupt festzustellen, wurde eine auch nur annähernde Bezifferung des Wertes fast unmöglich. Die REK konnte hier keine eigenen Richtlinien durchsetzen. Für die Feldrequisitionen

174 Vgl. ebd., S. 18. Die Anweisung trug die Bezeichnung „IVa Nr. 284–7.I.“.
175 Vgl. ebd., S. 19.

wurden praktisch keine Maßstäbe festgelegt. Die Wertermittlungen der Militärverwaltungsstellen wurden ohne kritische Überprüfung akzeptiert.

Anders war die Situation bei den Heimatgütern. Die Kriegsrohstoffabteilung und die Zentralstelle für Kriegsbeute hatten für die angeschlossenen Kriegsgesellschaften Sachverständigenkommissionen eingerichtet. Dieses Verfahren wurde von der Wumba übernommen. Die Ergebnisse der Sachverständigen wurden den Kriegsgesellschaften in Form von Abrechnungsurkunden übermittelt. Die darin enthaltenen Wertangaben wurden von den Kriegsgesellschaften in Abschätzungsurkunden, darin deklariert als Einstandspreise, an die REK weitergeleitet. Dort wurde die Wertermittlung mit den Entschädigungsanträgen der Betroffenen und den eigenen Preiserhebungen der Handelswissenschaftlichen Abteilung der REK verglichen. Bei größeren Abweichungen in der Wertermittlung wurden „im Benehmen mit der bewirtschaftenden Stelle" die Ergebnisse korrigiert.[176] Zum Schluss wurde dann der Entschädigungsbetrag ermittelt, der je nach Besatzungsgebiet unterschiedlich nach den ortsüblichen Friedenspreisen bemessen wurde.

Hinsichtlich der Entschädigungen wurden zwei Gruppen unterschieden: Zur ersten Gruppe zählten alle deutschen, neutralen sowie verbündeten Antragssteller und zur zweiten Gruppe alle feindlichen Antragsteller. Entsprechend unterschiedlich wurde im Entschädigungsfall verfahren. Deutsche, Neutrale und Verbündete hatten Anspruch auf eine Entschädigung zum Friedenspreis des beschlagnahmten Sachwerts am Ort der Beschlagnahme. Ein niedrigerer Friedenspreis, als Stichtag galt der 25. Juli 1914, im Reichsgebiet war unerheblich. Bei nicht in Deutschland hergestellten Importgütern galten die Weltmarktpreise für den gleichen Stichtag. Für Verbündete und Neutrale wurden häufig deren jeweilige Friedenswerte zugrundegelegt. Als Zuschläge für entgangene Gewinne wurden jedes Jahr seit der Beschlagnahme des Sachwertes 5% Zinsen und weitere 5% für Unkosten sowie entgangene Gewinne gewährt. Eine Entschädigung erfolgte zudem in diesen Fällen grundsätzlich in bar.[177]

---

176 Vgl. BArch R 2–24824 o. Z. REK an RAI vom 26. Februar 1918, Tagebuch-Nr. Gen. 520/C 401, S. 38.

177 Vgl. BArch R 2–24822 o. Z. Kriegsministerium Nr. 72.2.17.Z.K.IIIc vom 13. Februar 1917.

Das Verfahren kann an zwei Beispielen verdeutlicht werden, die einen Einblick in die Berechnungen bieten. Überliefert wurden u.a. die Verfahren von zwei geschädigten Unternehmen: 1) Aktenzeichen GB.I.2781 Meuthen & Schmidt und 2) Aktenzeichen GB.I.1854 Hengstenberg Schulz & Co:[178]

Zu 1) Beschlagnahmt wurden 1,294t T-Eisen, 0,418t Rundeisen und 2,356t Vierkanteisen. Von der geschädigten Partei wurde eine Schadenssumme von 657,25 Mark bei der REK angezeigt. Diese Summe wurde errechnet aus: 388,10 Mark Kaufpreis, 93,25 Mark Unkostenerstattung, 69,80 Mark Zinsen für 29 Monate auf addierten Schäden von 481,35 Mark, 99,90 Mark Lagerkosten und 6,20 Mark Porti. Die REK gewährte auf diese Forderung eine Entschädigung von 426,90 Mark: 388,10 Mark Friedenswert der Güter, 3,5% Zinsen auf den Friedenswert von 13,58 Mark, 2,5% für allgemeine Verwaltungskosten und entgangene Gewinne von 9,70 Mark und 4% für nachgewiesene Spesen von 15,52 Mark.

Zu 2) Beschlagnahmt wurden 37,31t Flacheisen. Von der geschädigten Partei wurde eine Schadenssumme von 5129,01 Mark bei der REK angezeigt. Diese Summe wurde errechnet aus: 3785,70 Mark Kaufpreis, 1050,46 Mark für Lagerung und Versicherung, 6% Entschädigung für den Zeitraum der Entziehung vom 1. März 1915 bis 30. Juni 1916 von 302,85 Mark. Die REK gewährte auf diese Forderung eine Entschädigung von 4258,95 Mark: 3785,70 Mark Friedenswert, 5% Zinsen für sechs Monate von 94,65 Mark, 2,5% für allgemeine Verwaltungskosten und entgangene Gewinne von 94,65 Mark, 7,5% für entstandene Unkosten von 283,95 Mark.

Anders wurden dagegen feindliche Antragsteller behandelt, wobei nach Besatzungsgebieten unterschiedliche Regelungen vorgesehen waren. Einheitlich war nur die Bestimmung, dass Antragsteller während des Krieges grundsätzlich keinen Rechtsanspruch auf Entschädigung hatten. Das galt für alle feindlichen Angehörigen, die aus den besetzten Gebieten geflohen oder aus anderen Gründen nicht dort ansässig waren. Für die verbliebene Bevölkerung, sog. „gebietszugehörige" Personen, wurden freiwillige Entschädigungen gewährt. In Belgien wurden für beschlagnahmte Güter bis zu 1.000 Papiermark des Friedenswertes am Ort der Beschlagnahme in bar gewährt. Zuschläge waren nicht vorgesehen. Bei Summen über 1.000 Papiermark wurde „in der Form eines gesperrten, unverzinslichen Kontos bei einer deutschen Staatsbank" eine Entschädigung ermöglicht. Die dort

178 Vgl. BArch R 2–2822 o.Z. Tagebuch-Nr. Gen.222/C.924 vom 15. Mai 1917.

hinterlegten Gelder konnten „bis zu 90% durch die Société Générale de Belgique zinsfrei lombardiert werden“.[179]

Russische Staatsbürger wurden weit schlechter entschädigt. Während belgische Staatsangehörige den vollen Friedenswert erhielten, wurde für die Russen nur ein Abschlag von 10% des Friedenswertes gewährt. Bar ausgezahlt wurden nur Beträge bis 500 Papiermark. Bei Beträgen über dieser Summe wurden 75% des Betrages in Papiermark und 25% in Rubel ausgezahlt. In Ober-Ost erfolgte eine Entschädigung in Form von Darlehnskassenscheinen.

Nach der Gründung des Königreichs Polen in der Proklamation vom 5. November 1916 verlangten polnische Antragsteller eine Gleichbehandlung als verbündeter oder zumindest neutraler Staat. Eine erste Eingabe bei der REK hatte eine Gruppe von Textilindustriellen aus Lodz am 22. November 1916 eingereicht, die zumindest eine Gewährung des russischen Friedenswertes für das polnische Staatsgebiet einforderten.[180] Diese Forderungen wurden von deutscher Seite zurückgewiesen. Als Gründe für diese Diskriminierung wurden außen- und finanzpolitische Erwägungen angeführt. Es war nicht klar ob Polen zukünftig als verbündeter, neutraler oder sogar feindlicher Staat agieren würde. Die REK befürchtete zudem, dass bei einer Gleichbehandlung Polens als Neutraler oder Verbündeter rückwirkend sehr hohe Entschädigungszahlungen zu erwarten wären.

Bis Februar 1917 waren bei der REK Entschädigungsanträge in Höhe von 130 Millionen Papiermark aus dem polnischen Teil Russlands eingegangen. Den tatsächlichen Wert der deutschen Beschlagnahmungen allein im polnischen Gebiet schätzte die REK dagegen auf ca. eine Milliarde Papiermark ein. Durch Ausgleichszahlungen und Zuschläge hätte diese veranschlagte Entschädigungssumme noch um eine weitere Milliarde ansteigen können. Von diesen zusammen zwei Milliarden Papiermark waren mindestens 400–500 Millionen Papiermark nicht durch Erlöse aus veräußerten Requisitionsgütern gedeckt. Auch viele Friedenswerte waren auf polnischem Gebiet deutlich höher als die deutschen Friedenspreise und übertrafen teilweise

179 Vgl. BArch R 2–24822 o. Z. Kriegsministerium Nr. 72.2.17.Z.K.IIIc vom 13. Februar 1917.

180 Vgl. BArch R 2–24822 o. Z. Kriegsministerium Nr. 72.2.17.Z.K.IIIc vom 13. Februar 1917.

sogar die offiziellen deutschen Höchstpreise unter Kriegsbedingungen. Verantwortlich dafür war aus Sicht der REK das russische Zollsystem, das die Friedenspreise auf durchschnittlich 40–60% über den deutschen Friedenswert angehoben hatte.[181]

Verwaltungsabläufe und -strukturen der Reichsentschädigungskommission während des Krieges

In den untersuchten Quellen konnte für die REK nur ein Geschäftsverteilungsplan aus der Zeit des Ersten Weltkrieges identifiziert werden. Die Quelle datiert vom 1. Mai 1917 und entstand vor der Beauftragung der REK mit der Erfassung und Bemessung der Kriegsschäden.[182]

Die REK war zu diesem Zeitpunkt untergliedert in eine Präsidial-Abteilung, sechs Senate, eine Wissenschaftliche Abteilung, Kaufmännische Rechenstelle, Abschätzungs- und Vermittlungsstelle, Kartenstelle, Geschäftsregistratur, Urkundenstelle, Kasse, Auskunftsstelle, drei Entschädigungsämtern und zehn Kommissariaten in den besetzten Gebieten.

Geleitet wurde die REK von GJR Hiekmann und seinem Stellvertreter Landgerichtsdirektor Dr. Ritter.[183] Der erfahrene Jurist Hiekmann hatte eine Karriere im preußischen Justizdienst absolviert und war zu Kriegsbeginn Direktor des dritten Landgerichts von Berlin. Am 19. Dezember 1914 wurde Hiekmann mit den vorbereitenden Arbeiten für die Bildung der REK betraut, die sich über fünf Monate bis zum 26. April 1915 in die Länge zog. Seine offizielle Ernennung erfolgte zum 19. Februar 1915.[184] Hiekmann und Ritter standen der Präsidial-Abteilung für allgemeine Verwaltungsaufgaben und den Militär- und Personalangelegenheiten vor.

Jeder Senat hatte ein abgegrenztes Aufgabengebiet, das nach festgelegten Güterkategorien von den anderen abgegrenzt war. Gemeinsam war den Senaten die Verhandlung und Entscheidung über Entschädigungsanträge. Dies

---

181 Vgl. BArch R 2–24822 o.Z. Kriegsministerium Nr. 72.2.17.Z.K.IIIc vom 13. Februar 1917.

182 Vgl. BArch R 2–24822 o.Z. Geschäftsverteilung der Reichsentschädigungskommission, vom 1. Mai 1917. Die folgenden Angaben zur Geschäftsverteilung stammen aus dieser Quelle.

183 Vgl. Biografie in VI. Anhang.

184 Vgl. BArch R 2–24818 o.Z. Abschrift IV A 3085.

beinhaltete die Begutachtung der Schadenshöhe durch Beweisaufnahme, die Durchführung des Entschädigungsverfahrens, abschließender Bemessung der Entschädigung und deren Auszahlungsanweisung.

Den Kern der REK bildeten die in Berlin ansässigen Senate I bis V, die Verfahren nach dem Muster aus den o. g. Beispielen entschieden. Der sechste Senat unter der Leitung des Präsidenten war dagegen zu diesem Zeitpunkt als „Reise-Senat" ausgewiesen. Aufgabe des Sechsten Senats war die Durchführung der Betriebsbeschlagnahmen von Industrieanlagen, deren Durchführung im Mai 1917 noch in den Anfängen lag. Die übrigen Senate waren in vier Bereiche unterteilt:

Die Senate I und II bearbeiteten Entschädigungsverfahren für Rohstoffe der Textilverarbeitung. Vom ersten Senat unter der Leitung von Landgerichtsdirektor Dr. Ritter wurden bearbeitet: „Garne, Gewebe und Abfälle aus Pflanzenfasern (Baumwolle, Flachs, Hanf, Sisalhanf, Jute, Kokos, Kapek)". Der Zweite Senat unter der Leitung von Oberlandesgerichtsrat Prof. Dr. Justus Wilhelm Hedemann (1878–1963) bearbeitete: „Garne, Gewebe und Abfälle aus Wolle, Seide und Mischungen mit diesen".[185]

Der dritte Senat unter der Leitung von Kammergerichtsrat Dr. Königsberger war mit allgemeinen Rohstoffen befasst: „Erze, Mineralien, Metalle, Häute, Leder, Därme, Knochen, Tierhaare außer Wolle, Gerbstoffe".

Der vierte Senat unter der Leitung von Amtsgerichtsdirektor Rupprecht bearbeitete Fertigprodukte: „Lebens-, Genuss-, Futtermittel, Spiritus, Sämereien, Waffen, Munition, Maschinen, Beförderungsmittel".

Der Fünfte Senat unter der Leitung von Justizrat Aster bearbeitete Holz- und Kohleprodukte, sowie chemische Industrie: „Kohle, Kohlenprodukte, Öle, Holz, Harz, Gummi, Chemikalien, Düngemittel, Farbstoffe, sonstiges".

Der erwähnte Sechste Senat unter der Leitung von Präsident Hiekmann bearbeitete Betriebsbeschlagnahmen: „Beschlagnahme von Berg- u. Hüttenwerken, Fabriken, Brauereien, Brennereien, Schlachthäusern, Waffenbetrieben, Lagerhäuser, Mühlen, Sägemühlen, forst- u. landwirtschaftlichen Gütern".

185 Vgl. BArch R 2–24822 o. Z. Geschäftseinteilung der Reichsentschädigungskommission vom 1. Mai 1917. Vgl. dazu auch folgende Zitate zu den übrigen Bereichen der Geschäftsverteilung der REK.

Die Wissenschaftliche Abteilung unter der Leitung von GRR Prof. Dr. Ludwig Beer war unterteilt in eine Handelswissenschaftliche und Rechtswissenschaftliche Abteilung. Die Bezeichnung der Abteilung hatte den Hintergrund, dass die Verfahrensgrundsätze des Entschädigungsverfahrens gänzlich neu zu entwickeln und anzupassen waren. Dafür spricht die Aufgabenbeschreibung: „Sammlung u. Bearbeitung der für die Entschädigung u. das Entschädigungsverfahren maßgebenden Grundsätze, Ermittlung der für die Entscheidungen der Kommission wichtigen wirtschaftlichen Verhältnisse, insbes. derjenigen Verhältnisse, welche die Erzeugung u. den Vertrieb von wirtschaftlichen Gütern betreffen."

Die Kaufmännische Rechenstelle unter der Leitung von Kaufmann Friedrich Karl Trosset war dagegen eher eine erweiterte Buchhaltung zur Überwachung und Kontrolle: „Nachprüfung der Entschädigungsberechnungen, Prüfung der Übereinstimmung bei den in den Beschlagnahme-Urkunden, Abschätzungsurkunden u. Rechnungen aufgeführten Waren, Feststellung ihrer Bezahlung und der Gestehungskosten, Umrechnung fremder Münzen u. Masse, Übersetzungen aus Fremdsprachen."

Die Abschätzungs- und Vermittlungsstelle unter der Leitung von Verbandsdirektor Dr. Ruhnau hatte zwei Aufgaben. Zum einen sollten in Fällen unklarer Entschädigungsansprüche, beispielsweise wegen fehlender oder mangelhafter Beschlagnahme-Urkunden, sachverständige Schätzungen aufgestellt und zum anderen mit dem Preußischen Kriegsministerium und der Kriegsrohstoffabteilung eine Übereinkunft über die Schäden erzielt werden: „Verkehr mit Kriegsministerium, Kriegsrohstoff-Abteilung, in allen mit den Abschätzungen zusammenhängen Fragen (Nachprüfung). Berichtigung von Abschätzungsurkunden, Vereinbarung der Reihenfolge für Abschätzungen. Beschaffung von Aufklärung zu Abschätzungen, Bearbeitung der Rahmenurkunden."

Die Forderungsanmeldestelle unter der Leitung von Landgerichtsdirektor Dr. Seligmann bot Gläubigern, die keine Angehörigen feindlicher Nationen waren, Unterstützung bei der Verfolgung ihrer Rechtsansprüche in den besetzten Gebieten: „Wahrnehmung der Interessen deutscher, verbündeter u. neutraler Gläubiger bei Gewährung von Entschädigungen u. Auszahlung von Kaufgeldern im Bereiche der besetzten feindlichen Gebiete."

Die Kartenstelle unter der Leitung von Herrn Wolff führte die Kartei und Statistik über die Entschädigungsverfahren der REK: „Kartenregistratur über die bei der Kommission anhängigen u. anhängig gewesenen Entschädigungssachen mit Einschluss der bei ihr angemeldeten Forderungen, Bearbeitung der statistischen Übersichten über die Geschäfte der Behörde."

Leiter der Geschäftsregistratur war Gerichtssekretär Stanke. Der Geschäftsbereich war wie folgt begrenzt: „Ordnung, Aufbewahrung und Zuleitung des gesamten Schriftverkehrs der Senate, Ausführung der Verfügungen."

Die Urkundenstelle wurde von Eisenbahnlandmesser Bongers geleitet. Der Geschäftsbereich war wie folgt begrenzt: „Aufbewahrung der Beschlagnahmeurkunden, Vermerk der ergangenen Entscheidungen u. der erfolgten Zahlungen auf den Beschlagnahmeurkunden, Führung der Kartensammlung über alle bei der Kommission zur Vorlage gekommenen und der gesperrten Beschlagnahmeurkunden, Statistik über die ergangenen Entscheidungen."

Leiter der Kasse war Bankdirektor L.[186] Neben der bargeldlosen Auszahlung der Entschädigungen verwaltete die Kasse auch die hinterlegten Entschädigungen für feindliche Staatsangehörige, die nur zum Teil Barentschädigungen erhielten. Deren Restentschädigungen blieben bis Kriegsende unter Verwahrung des Deutschen Reiches: „Verwaltung der Bankguthaben und der hinterlegten Entschädigungen und der Geschäftskosten im bargeldlosen Zahlungsverkehr, Abrechnung mit den Dienststellen der Heeres-Verwaltung."

Die Auskunftstelle unter der Leitung von Referendar a. D. Dr. Neumann erteilte ausschließlich „mündliche Auskunft in Entschädigungssachen".

Die Kommissariate der REK in den besetzten Gebieten wurden unter der Leitung von drei Entschädigungsämtern getrennt für das westliche Besatzungsgebiet (Entschädigungsamt in Brüssel) sowie östlichen (Entschädigungsamt in Lodz) besetzten Gebiete eingerichtet. Das dritte Entschädigungsamt wurde bei der Militärverwaltung in Bukarest für die von Deutschland besetzten Gebiete in Rumänien eingerichtet. Die Entschädigungsämter und Kommissariate sollten es Geschädigten ermöglichen, leichter in Kontakt mit der REK zu kommen. Die Kommissariate dienten dementsprechend zur Vorbereitung der Verfahren. Die Entschädigungsämter

186 Die Quelle BArch R 2–24822 o. Z. Geschäftseinteilung der Reichsentschädigungskommission vom 1. Mai 1917 ist hier wegen der Bindung der Akte unleserlich und der Name nicht klar zu erkennen.

konnten weitgehend eigenständig agieren. Sie waren ermächtigt Teil-Entschädigungen bis zu 1.000 Mark zu gewähren.

Die Zuständigkeitsbereiche waren unterschiedlich geregelt. Die Kommissariate in Antwerpen und Brüssel waren dem Entschädigungsamt in Brüssel angeschlossen und bearbeiteten zusammen mit dem Kommissariat in Gent Entschädigungen des Generalgouvernements Belgien. Für Nord-Frankreich wurde nur ein Kommissariat in Roubaix bei der Etappeninspektion Nr. 6 der deutschen Feldpoststelle 412 eingerichtet.

Das Generalgouvernement Warschau wurde von den Kommissariaten in Lodz, ebenfalls dort dem Entschädigungsamt angegliedert, und Warschau abgedeckt. Die Kommissariate für Litauen in Wilna und Kurland in Libau waren der Deutschen Feldpoststelle 166 bzw. 161 angeschlossen. Neben diesen gebietszugehörigen Kommissariaten bestanden noch zwei weitere für andere besetzte Gebiete im Osten. Ein Kommissariat wurde bei der Deutschen Feldpoststelle 75 in Bialystok unterhalten und eine weitere in Pinsk.

Für Rumänien ist kein Kommissariat überliefert. Es ist anzunehmen, dass das Entschädigungsamt beide Funktionen für die besetzten Gebiete Rumäniens wahrnahm.[187]

Aufgabenstrukturen der Reichsentschädigungskommission

Die Zuständigkeiten der REK wurden im Kriegsverlauf immer weiter ausgedehnt. Am Anfang war nur an eine Erfassung und Entschädigung neutraler Güter im besetzten Belgien gedacht worden. Danach folgte eine Ausdehnung auf andere Kriegsgebiete. Zunächst galt es die bereits erfolgten Beschlagnahmen und Requisitionen aufzuarbeiten und neu zu prüfen. Anstoß der Aufarbeitungen waren neutrale Massengüter, die bei der Einnahme von Antwerpen beschlagnahmt worden waren. Insbesondere der außenpolitische Druck der USA fiel hier ins Gewicht, die eine Freigabe oder Bezahlung der Güter zum aktuellen Marktpreis forderten.[188]

Die Zivilverwaltung in Belgien hatte bis dahin herrenlose Güter ohne Aufklärung der Eigentumsverhältnisse beschlagnahmt und verwertet.[189] Dazu

187 Vgl. BArch R 2–24822 o. Z. Geschäftseinteilung der Reichsentschädigungskommission vom 1. Mai 1917.

188 Vgl. BArch R 2–24818 o. Z. IV A. 2785 15 vom 2. Februar 1915.

189 Vgl. BArch R 2–24818 o. Z. Anlage zu No I 859 vom 28. Dezember 1914.

mussten umfangreiche Nachforschungen und ein ausgedehnter Schriftverkehr mit den vorher zuständigen Besatzungs- und Militärbehörden organisiert werden. Eine der ersten Maßnahmen der REK war es, für beschlagnahmte neutrale Güter Sonderaufschläge auf den Friedenswert vom 25. Juli 1914 in Höhe von 10–20% zu gewähren.[190] Die dadurch entstandenen zusätzlichen Kosten sollten aus den Gewinnen genommen werden, die beim Verkauf zu aktuellen Marktpreisen erwirtschaftet wurden. Auch hier bestand die Furcht, dass neutrale Staaten ihre Rechte gegenüber Deutschland einforderten.

Der nächste Entwicklungsschritt der REK war die Ausdehnung auf die von deutschen Streitkräften besetzten russischen Gebiete und generell die Übertragung der Entschädigung deutscher Staatsbürger für Beschlagnahme-Schäden in den besetzten Gebieten. Diese Schritte wurden im Juni 1915 mit einer Ermächtigung des Reichskanzlers an die REK begonnen.[191]

Der Mitarbeiterstab der REK blieb bis 1917 eher gering und die Tätigkeit in den besetzten Gebieten blieb daher weitgehend eingeschränkt. Ab Mai 1915 wurden für alle Kriegsschauplätze sog. „Kriegsschäden Ermittlungsabteilungen“ (KEA) und eine gesonderte „Abteilung für Beschlagnahme-Statistik“ (ABSt) gebildet.

Die KEA wurden nur in der Darstellung der „Nachweisung der Güter, welche in den Jahren 1914 bis 1918 namens des Deutschen Reiches in Frankreich und Belgien beschlagnahmt worden sind“ beschrieben und konnten in keiner anderen Quelle verifiziert werden. Es ist anzunehmen, dass es sich bei den KEA um Erfindungen zur deutschen Nachkriegspropaganda handelte. Schon die Bezeichnung „Kriegsschäden Ermittlung“ deutet eine polizeiliche Aufklärungstätigkeit an. Sehr wahrscheinlich wurden die Senate nach Kriegsende zur Kriegsschäden-Ermittlung umbenannt. Diese Umfunktionierung wurde kurzerhand bis Mai 1915 zurück datiert.

Eine andere Einordnungsmöglichkeit des Ursprungs der KEA bietet die Zentralstelle für Schadensermittlung unter der Leitung von Amtsrichter Krehl. Die dort geleisteten Nachforschungen nahmen nach Kriegsende eine ungleich höhere Bedeutung ein und wurden nach dem Waffenstillstand wahrscheinlich in ihrem Organisationsumfang ausgebaut.

---

190 Vgl. BArch R 2–24818 o. Z. Nr. Z. 109/3.15.KRA, Berlin den 4. März 1915.
191 Vgl. ebd. IV. A. 13068. Berlin den 3. Juni 1915.

Diesen Organisationsstrukturen oblag in erster Linie die bereits erfolgte und zukünftige Dokumentation der, in den besetzten Gebieten im Namen des Reiches beschlagnahmten, Sachwerte. Die KEA wurden auf Schwerpunkte spezialisiert: KEA I bearbeitete die besetzten Gebiete Belgiens, Frankreichs und Italiens; KEA II war spezialisiert auf die Bearbeitung aller Geschäfte für Bergwerks- und Industrieanlagen; KEA III war für die Gebiete des ehemaligen russischen Zarenreiches zuständig; KEA IV bearbeitete die Besatzungsgebiete Albanien, Montenegro, Rumänien und Serbien.[192]

Durch die Ausweitung der Zuständigkeiten der REK entwickelte sich die Behörde zu einer Anlaufstelle der zahlreichen Klagen, insbesondere aus Deutschland, über die Ausplünderung der besetzten Gebiete und die daraus resultierenden Verluste deutsche Anteilseigner oder Eigentümer. Beispielsweise richteten im Februar 1917 die Handelskammern von Bromberg, Berlin, Magdeburg, Thorn, sowie die Vorsteherämter der Kaufmannschaften von Danzig, Königsberg, Memel und Tilsit, sowie der Allgemeine Handelskammerausschuss für die Eigentumsfeststellung russischer Hölzer in Berlin sich in Form zahlreicher an Gutachten an die REK. Letztere hatte im Jahr 1916 eine langwierige Erfassung der Bestände an Hölzern in den besetzten russischen Gebieten durchgeführt und diese dabei beschlagnahmt. Dagegen erhoben die genannten Organisationen Einspruch mit der Begründung, dass der russische Holzhandel vor dem Krieg weitgehend von Deutschland finanziert wurde und damit nicht die russischen Holzunternehmen sondern die deutschen Holzhandelsgesellschaften die zu entschädigenden Eigentümer waren.[193]

Zwar versuchte die REK die Interessen und Rechte der Zivilbevölkerung in den besetzten Gebieten zumindest minimal zu wahren, dennoch hatte im Zweifel die Befriedigung deutscher Interessen immer Vorrang. Überlegungen einer Besserstellung feindlicher Interessen, beispielsweise im Rahmen einer wertangepassten Entschädigung belgischer Anteilseigner dortiger Banken, wurde verworfen. Im Fall der belgischen Banken sogar um den Preis

192 Vgl. BArch R 3301–2032 Blatt 1.

193 Vgl. BArch R 2–24822 o.Z. Ew. Exzellenz! Die nachstehend angeführten amtlichen Handelsstellen und zwar... Der Reisebericht des Arbeitsausschusses III, der die Ufer des Njemen und der Newjasha bereiste, ist in der gleichen Akte überliefert. Siehe: Abschrift aus Gen.26/C.132.

schlechterer Entschädigungen für deutsche Gläubiger.[194] Entsprechende Überlegungen waren aufgekommen, nachdem im Vorfeld der Friedensverhandlungen mit Russland die Entschädigungen im östlichen Besatzungsgebiet, aus politischen und wirtschaftlichen Gründen, leicht erhöht worden waren.

Die Tätigkeiten in den Bereichen der Schadensermittlung, -prüfung und Entschädigung ausländischer Geschädigter durch die KEA erfolgte bis zum 19. Dezember 1918. Danach wurden bis zur Unterzeichnung des Versailler Vertrages nur noch deutsche Staatsbürger entschädigt. Die in den KEA erfassten Daten wurden in der ABSt zentral erfasst, um für die Friedensverhandlungen ein möglichst vollständiges Verzeichnis vorweisen zu können. Allerdings verblieb ein Großteil der Akten der KEA und ABSt während des schnellen Rückzugs nach dem Waffenstillstand 1918 in den geräumten Gebieten.[195]

Nordfrankreich wurde als militärisches Sperrgebiet dem Arbeitsbereich der REK zunächst weitgehend entzogen und eine Zusammenarbeit mit den Militärbehörden gestaltete sich aufgrund der Beanspruchung der Heeresverwaltungsstellen schwierig. Die Aufgaben der Heeresversorgung genossen Vorrang gegenüber zivilen Nachfragen. Angesichts des Frontverlaufs bis 1917 blieb die Arbeit der REK auf das Generalgouvernement Belgien (Entschädigungsamt in Brüssel), Rumänien (ab 1916) und das Generalgouvernement Warschau (Entschädigungsämter in Lodz und Warschau) beschränkt.

Die Einschätzung der Tätigkeiten der REK in den aufgeführten besetzen Gebieten war unterschiedlich. Während Belgien zu Kriegsbeginn binnen kürzester Zeit fast vollständig erobert worden war, zogen sich die weitläufigen Kämpfe im Generalgouvernement Warschau bis 1915/16 hin. Auch Rumänien war in einem schnellen Feldzug fast vollständig besetzt worden. In Belgien und Rumänien führte die rasche Besetzung des Landes zu vergleichsweise geringen Zerstörungen, während die weiträumigen Schlachten im Generalgouvernement in größeren Verwüstungen resultierten. Zudem unterschied sich die ökonomische Entwicklung Belgiens, des Generalgouvernements Warschau und Rumäniens, erheblich.

Belgien war eine hochentwickelte Industrienation, während in den östlichen Besatzungsgebieten eine eher agrarische Ökonomie vorherrschte. Entsprechend hatte die REK in Belgien mit zahlreichen Entschädigungsfällen

194 Vgl. BArch R 2–24824 o. Z. Abschrift I A O 7674 vom 23. Dezember 1917.
195 Vgl. BArch R 3301–2032 Blatt 4.

für Industrieanlagen, Infrastruktur und Schäden an qualitativ höherwertiger Bausubstanz zu tun, während auf den anderen Schauplätzen Entschädigungsforderungen für Naturalleistungen die überwiegende Zahl der Verfahren ausmachten.[196]

Entscheidend für die Forderung nach einer Entschädigung war die Beweisführung des Antragstellers, der mit offiziellen Dokumenten einer hochentwickelten Verwaltung wie beispielsweise in Belgien eine höhere Erfolgschance hatte. Im Gegensatz dazu verfügten die besetzten Gebiete in Osteuropa nur über eine unterentwickelte Bürokratie, was für viele Antragsteller einen großen Nachteil bedeutete.

Einen Wendepunkt für die Arbeit der REK bildeten das sog. „Hindenburg-Programm" vom Spätsommer 1916 und die damit einhergehende, nicht zu Letzt als Folge der andauernden alliierten Seeblockade, Überbeanspruchung der deutschen Produktions- und Ressourcenbasis für die Kriegsproduktion.[197] Das besetzte französische Staatsgebiet wies eine umfangreiche Industrialisierung auf. Dieses Produktionspotential konnte durch den Mangel an französischen Arbeitern nicht ausgeschöpft werden, weil Hunderttausende von Arbeitskräften 1914 vor den deutschen Streitkräften ins Landesinnere geflohen waren. Im Jahr 1916 hatte der deutsche Generalquartiermeister eine detaillierte Aufstellung des in Nordfrankreich vorhandenen Industriepotentials erstellen und veröffentlichen zu lassen.[198] Die Darstellungen gaben deutschen Kaufinteressenten auf 461 Seiten einen detaillierten Einblick in die zur Verfügung stehenden Produktionsstätten.

Angesichts des Mangels an Produktionsmitteln und Metallressourcen im Reichsgebiet begann spätestens nach der Forcierung der Kriegsproduktion mit dem Hindenburg-Programm Ende 1916 die Demontage der nordfranzösischen Industriebetriebe. Die Entscheidung dazu wurde in erster

196 Vgl. Zilch, S. 200–203; Lisa Mayerhofer, Zwischen Freund und Feind – Deutsche Besatzung in Rumänien 1916–1918, München 2010, S. 157–183.

197 Zum Hindenburg-Programm vgl. Hirschfeld, Enzyklopädie, S. 557–558 und Gerald D. Feldman, Armee, Industrie und Arbeiterschaft in Deutschland 1914 bis 1918, Bonn 1985, S. 133–206.

198 Vgl. Generalquartiermeister (Hrsg.), Die Industrie im besetzten Frankreich, München 1916.

Linie beim Generalquartiermeister und im Preußischen Kriegsministerium getroffen.[199]

In einer ersten Demontagewelle wurden 1.900 Betriebe im besetzten Frankreich zur Verwertung freigegeben.[200] Die Anlagen wurden demontiert und verschrottet. Noch verwendbare Maschinen verkauften die Wirtschaftsausschüsse als Heimatrequisitionen direkt an deutsche Käufer.[201] Der Metallschrott wurde den entsprechenden Kriegsgesellschaften, beispielsweise der Eisenzentrale GmbH, zugeführt.[202] „Durch fortgesetzte energische Tätigkeit im besetzten Gebiet gelang es, von dort Schrott in größerer Menge zur Einfuhr zu bringen."[203] Die eigentlichen Demontagen begannen erst nach der Überwindung der deutschen Transportschwierigkeiten im Winter

---

199 Nicht nur Industrieanlagen wurden nun vermehrt zur Verwertung herangezogen, auch über die Verwertung sonstiger Werte wurde beraten. In den Kriegsgebieten werden „durch die deutschen Truppen viele Sachen und Geldbeträge gefunden, deren Eigentümer sich nicht ermitteln lassen. [...] die Funde [...] werden [...] von allen Kontingenten mit Ausnahme des königlich Bayerischen an die General-Kriegskasse in Berlin und die bayerischen Funde nach München abgeführt." Vgl. BArch R 2–85440 o. Z. Preußisches Kriegsministerium an Reichskanzler vom 7. Oktober 1916.

200 Die 1.900 Betriebe waren gegliedert in: 500 Anlagen der Eisenindustrie; 210 Anlagen der Chemieindustrie; 164 Zuckerfabriken; 955 Brauereien und Mälzereien; 35 Papierfabriken; 4 Stärkefabriken; diverse andere Industriebetriebe. Vgl. dazu: Geschäftsstelle für Friedensverhandlungen (Auswärtiges Amt), Denkschrift der Reichsentschädigungskommission über das Verfahren zur Bewertung der in Nordfrankreich und Belgien planmäßig niedergelegten industriellen Anlagen und über das Ergebnis der Ermittlungen, Berlin 1919, S. 5. Zur Denkschrift der Geschäftsstelle für Friedensverhandlungen ist anzumerken, dass es sich auch hier sehr wahrscheinlich um eine Zusammenstellung für propagandistische Zwecke handelte.

201 Die Verlagerung der Maschinenparks reichte von Maschinenteilen bis hin zu geschlossenen Betriebsabteilungen, vgl. Geschäftsstelle für Friedensverhandlungen (Auswärtiges Amt), Denkschrift der Reichsentschädigungskommission, S. 7.

202 Zu den deutschen Kriegsgesellschaften und ihrer Einbindung in die Versorgung der deutschen Eisen- und Stahlindustrie während des Krieges vgl.: Stefanie van de Kerkhof, Von der Friedens- zur Kriegswirtschaft. Unternehmensstrategien der deutschen Eisen- und Stahlindustrie bis zum Ende des Ersten Weltkrieges, Bochumer Schriften zur Unternehmens- und Industriegeschichte, Bd. 15, Essen 2006, S. 207–236.

203 Vgl. van de Kerkhof, Von der Friedens- zur Kriegswirtschaft, S. 309.

1916/17. Als erste größere Industrieanlagen wurde das Hüttenwerk „Nord et Est" (Département Valenciennes) und zwei weitere bei Anzin und Denain ab Februar 1917 niedergelegt. Im gleichen Monat wurde die Ausbeutung der belgischen Industrieanlagen durch Demontagen freigegeben.[204]

Entschädigungsfragen für die Besitzer der demontierten Anlagen waren anscheinend weder vom Generalquartiermeister noch vom Preußischen Kriegsministerium erwogen worden. Die lokalen Militärbehörden reagierten dann auch planlos auf die Beschwerden der Eigentümer. Die REK war in den Entscheidungsprozess für die Demontage der französischen Industrie nicht involviert gewesen und erfuhr zufällig im April 1917 über die Vorgänge. Die Rohstoff- und Maschinenverwertungsstelle (Rohma) des Generalgouvernements Metz wandte sich hinsichtlich der schwebenden Entschädigungsfrage ratsuchend u.a. an die REK.[205]

Die Anfrage löste einen ausgedehnten Schriftwechsel zwischen den Institutionen aus, welche die REK über die Dimensionen der Demontagen in groben Zügen ins Bild setzten. Angesichts der Tragweite der Demontagen, die aus Sicht der REK eindeutig gegen das Völkerrecht verstießen, intervenierte der Präsident der REK Hiekmann beim Reichsamt des Innern. In einer Besprechung im Reichsamt des Innern vom 19. Mai 1917 wurde die REK vom Unterstaatssekretär des Innern mit der Dokumentation aller Demontagen beauftragt. Dadurch sollten für die zukünftigen Friedensverhandlungen belastbare Dokumentationen als Beweissicherung zur Abschätzung der gegen Deutschland zu erwartenden Entschädigungsforderungen verfügbar sein. Erste Besichtigungen in den Bezirken Lille, Maubeuge und Valenciennes offenbarten den Kommissionsmitgliedern die Dimensionen ihrer Aufgabe:

> *„Die niedergelegten Werke waren dem Erdboden fast völlig gleichgemacht; nur hier und da stand noch ein Mauerrest, der den trostlosen Eindruck des oft weit ausgedehnten Abbruchgeländes noch verstärkte. Ein Abbau nach einem bestimmten*

---

204 Vgl. Kramer, Dynamic, S. 43.

205 Eine Anfrage der Rohstoff- und Maschinenverwertungsstelle des Gouvernements Metz konfrontierte die REK erstmalig mit den bis dahin bereits weit fortgeschrittenen Demontagen. Vgl. Denkschrift der Reichsentschädigungskommission über das Verfahren zur Bewertung, S. 5. Vgl. dazu auch BArch R 2–24822 o.Z. Der Staatssekretär des Innern. An den Herrn Staatsekretär des Auswärtigen Amts....

festumrissenen Plan war bei den im Abbruch befindlichen Werken nicht überall zu erkennen."[206]

Die Notwendigkeit Rohstoffe zu beschaffen war den deutschen Demontagen in vielen Fällen sogar hinderlich. Spezielle „Beutesammelkompanien" hatten viele Industrieanlagen durchsucht und mit brachialer Gewalt dringend benötigte Legierungen und Metalle aus den Maschinenanlagen entfernt. Eine Verwendung dieser Anlagen für die Produktion in Deutschland war danach kaum noch möglich. Daher wurden für Belgien und Nordfrankreich eigene Demontageverzeichnisse zur Koordination angelegt. Oberste Dienststelle der Demontage-Organisation für Nordfrankreich war der Generalquartiermeister des westlichen Etappen- und Operationsgebiets.

Für die Einteilung der zu demontierenden Anlagen wurde ein Beauftragter des Generalquartiermeisters West ernannt, dem wiederum fünf Beauftragte des Preußischen Kriegsministeriums in Valenciennes, Sedan, Gent, Longwy und Maubeuge als ausführende Stellen unterstanden. Diese Beauftragten überwachten die möglichst effiziente Demontage der Anlagen und die Wiederverwendung für die deutsche Kriegsproduktion. In Belgien war dagegen die Abteilung für Handel und Gewerbe beim Generalgouvernement Belgien für die Erfassung zuständig. Dabei hatten die Heeresbetriebe an der Front ein Vorrecht bei der Zuteilung. Der Rest wurde dem Waffen- und Munitionsbeschaffungsamt (Wumba) beim Preußischen Kriegsministerium zur Verteilung auf die deutsche Industrie oder der Verschrottung überwiesen.

Deutsche Interessenten meldeten an das Wumba einen Bedarf nach Maschinen oder Material. Von dort aus wurde eine entsprechende Anfrage an das Generalgouvernement Belgien übermittelt und an dieser Stelle eine Aufstellung in Frage kommender Objekte durchgeführt. Anschließend wurde deren Entnahme geprüft. Sollte eine Maschine für die Rüstungsproduktion vor Ort nicht notwendig sein, wurde die „Maschinenabgabestelle" beim

206 Vgl. Denkschrift der Reichsentschädigungskommission über das Verfahren zur Bewertung, S. 6. Die Demontagen waren sehr wahrscheinlich auch deswegen so umfangreich, weil während der Vorbereitung und Durchführung des „Unternehmens Alberich" die deutschen Pioniere gelernt hatten, wie Industrieanlagen am effektivsten zu beseitigen waren. Vgl. Michael Geyer, Rückzug und Zerstörung 1917, in: Gerhard Hirschfeld/Gerd Krumeich, Die Deutschen an der Somme 1914–1918. Krieg, Besatzung, verbrannte Erde, Essen 2006, S. 172–179.

Generalgouvernement mit der Beschlagnahme, Demontage und dem Abtransport zum deutschen Interessenten beauftragt.[207] Bis zur Einbeziehung der REK waren diese Vorgänge ohne ausreichende Dokumentation verlaufen. Bis dahin eingegangene Anfragen der REK beim Generalquartiermeister und dem Generalgouvernement zur Verbesserung der Dokumentationen wurden, mit Verweis auf den allgemeinen Mangel an Personalkapazitäten, von allen beteiligten Stellen zurückgewiesen. Gleichzeitig wurde von eben diesen Stellen der REK anheimgestellt, die gewünschten Informationen selbst zu beschaffen.[208]

Organisation und Durchführung der Demontagen

Im Sommer 1917 fand eine umfassende Umstrukturierung innerhalb der REK statt. Im Rückgriff auf die Beauftragung durch den Unterstaatssekretär des Innern definierte die REK ihre Aufgaben aus eigener Initiative neu. Der Präsident der REK Hiekmann entschied angesichts der planmäßigen und völkerrechtswidrigen Vernichtung des belgischen und nordfranzösischen Industriepotentials die Umstrukturierung seiner Behörde. Statt passiv auf Entschädigungsanträge durch die betroffenen Besitzer der demontierten Anlagen zu warten, begann die REK präventiv Informationen zu sammeln. Zu diesem Zweck wurde eine größere Zahl an sachverständigen Ingenieuren und Technikern gewonnen. Allerdings blieb die Personaldecke der REK wegen des allgemeinen Mangels an Fachkräften in Anbetracht der riesigen Gebiete Belgiens und Nordfrankreichs unzureichend.

> *„Von der Erwägung geleitet, dass die REK in Frankreich unter allen Umständen für genauere Arbeit zu spät kam, vor allem aber, dass es besser sei, für einen Bezirk ganze und dann auch vergleichsweise verwendbare Arbeit zu leisten, als für zwei Bezirke halbe Arbeit, und dass es, schon um Zeitverlust zu vermeiden, zweckmäßiger sei, alle zur Verfügung stehenden Kräfte auf ein verhältnismäßig kleines Arbeitsgebiet anzusetzen, entschloss sich der Präsident der REK im Verfolg der durch den Unterstaatssekretär im Reichsamt des Inneren s. Z.* [seiner Zeit] *erteilten Ermächtigung, zunächst für Belgien diese Organisation ohne weitere Rückfrage sofort zu schaffen.“*[209]

---

207 Vgl. Der Waffenstillstand, Bd. 3, S. 314.

208 Vgl. Generalquartiermeister, Industrie Nordfrankreich und Belgien, S. 10.

209 Die Hintergründe dieser Entwicklung konnte anhand von Aktenbeständen nicht nachvollzogen werden. Einzig die „Denkschrift der Reichsentschädigungskommission über das Verfahren zur Bewertung der in Belgien und

Parallel zu den KEA begann die REK mit der Errichtung einer Unterkommission, der sog. „Niederlegungskommission“, in Brüssel im Sommer 1917. Im Gegensatz zu den KEA, deren Personal sich entsprechend den Richtlinien aus Juristen und Kaufleuten zusammensetzte, bestand die Niederlegungskommission weitgehend aus Spezialisten. Verpflichtet wurden insbesondere Ingenieure, Techniker und Professoren technischer Hochschulen.[210] Die überwiegende Mehrzahl der Mitarbeiter waren Sachverständige aus der Forschung oder Privatwirtschaft, die wiederum nach Industriezweigen bzw. entsprechenden Kenntnissen in Gruppen eingeteilt wurden (Anzahl der Sachverständigen in Klammern): Brauereigewerbe (3), Brennereien (1), Chemie (11), Druckereien (1), Eisenverarbeitung (18), Elektrotechnik (1), Holz (1), Leder (3), Mühlen (1), Papier (2), Textilgewerbe (4) und Zuckerverarbeitung (2).[211]

Institutionelle Besonderheiten der Niederlegungskommissionen waren, dass nur deutsche Eigentümer bzw. Anteilseigener entschädigt wurden. Ausländische Eigentümer wurden auf den Friedensschluss verwiesen. Weiterhin baute die Niederlegungskommission eine eigene Dokumentationszentrale auf, die unabhängig von der ABSt Daten sammelte.

Diese Vorgehensweise hatte, den Sachverständigen durchaus bewusste, Vor- und Nachteile. Die Experten fertigten eine umfassende Dokumentation der Demontagen an und konnten auch bereits niedergelegte Anlagen anhand von Überresten und Zeichnungen im Wert abschätzen. Allerdings konnte wegen der fehlenden kaufmännischen Sachverständigen keine

---

Frankreich planmäßig niedergelegten industriellen Anlagen und über das Ergebnis der Ermittlungen“ ergab die zitierten Hinweise auf Seite 10. Allerdings ist die Denkschrift wegen vermuteter Zensur und einer wertenden, die deutsche Seite positiv darstellenden, Sichtweise mit Vorsicht zu behandeln.

210 Zu den Listen der Sachverständigen vgl. Geschäftsstelle für Friedensverhandlungen (Auswärtiges Amt) (Hrsg.), Denkschrift der Reichsentschädigungskommission über das Verfahren zur Bewertung der in Belgien und Frankreich planmäßig niedergelegten industriellen Anlagen und über das Ergebnis der Ermittlungen, Berlin 1920, S. 29–30. Einer der Sachverständigen für die Eisen-Industrie war der spätere Reichskommissar Hilbenz.

211 Vgl. Adalbert Karpinski, Denkschrift über das Verfahren der Reichsentschädigungskommission zur Bewertung der in Frankreich und Belgien planmäßig niedergelegten industriellen Anlagen und über das Ergebnis der Ermittlungen, Berlin 1919, S. 26–28.

Aussage über den entgangenen Einnahmeverlust durch die ausgefallene Produktion getroffen werden. Der Zustandswert einer Industrieanlage zur Zeit der Niederlegung wurde durch den Wirtschaftswert gemindert. Die Sachverständigen untersuchten dazu die Wirtschaftlichkeit der Anlagen und achteten dabei insbesondere auf Mängel in der Konstruktion, das Alter des Maschinenparks und die Verkehrsanbindung. Ein weiteres Problem, das während und nach dem Krieg alle mit Entschädigungen befassten Stellen betraf, waren die den Berechnungen zu Grunde gelegten Preise. Die REK wählte als Stichtag auch hier die Friedenspreise vom 25. Juli 1914, die mit den Preisen von 1917 kaum mehr im Einklang waren.

Trotz der Beschränkung der Niederlegungskommission auf das Generalgouvernement Belgien blieben die Begutachtungen der Sachverständigen stets weit hinter den Demontagen zurück. Erst der Winter 1917/18 und die erneuten Transportschwierigkeiten der Reichsbahn boten der Niederlegungskommission ein Zeitfenster, um einen Teil der offenen Industrieobjekte zu begutachten. Während dieser Phase ruhten die Demontagen weitgehend bzw. wurden im Tempo deutlich gedrosselt, um das Transportproblem nicht weiter zu verschärfen. Die Vorbereitung der letzten deutschen Großoffensive im Frühjahr 1918 führte zu einer weitgehenden Überforderung der Kapazitäten der Niederlegungskommission.

Ein bedeutender Teil der Sachverständigen wurde Anfang 1918 für militärische Aufgaben abgezogen. Gleichzeitig wurden die verbliebenen Arbeitskräfte mit der Erstellung einer Gesamtdokumentation für den Generalquartiermeister West beauftragt. Dies beinhaltete eine Zusammenstellung aller seit 1917 demontierten Anlagen im besetzten Frankreich. Einen ersten Zugang erhielt die Niederlegungskommission über die Dokumentation der etwa 4.000 Industrieanlagen die für die erwähnte Veröffentlichung über die Industrie im besetzten Frankreich beim Quartiermeister im Jahr 1916 angelegt worden war. Ein Großteil der dort verzeichneten Betriebe war im Frühjahr 1918 abgerissen worden. Zwar bot diese Dokumentation keinen Einblick über die Art der Niederlegung durch Demontage oder Kriegszerstörung.

Letztere waren aber teilweise durch die Ortskommandanturen verzeichnet worden, die der REK begrenzt Aufschluss geben konnten. Das Wumba lieferte unterstützende Statistiken über demontierte Betriebe der französischen Eisen- und Stahlindustrie. Fehlende Informationen wurden notdürftig aus Archiven und Bibliotheksbeständen gewonnen. Diese Datensammlung blieb bis zum Waffenstillstand aber noch unvollendet und ein Großteil der Akten musste beim Rückzug ins Reichsgebiet ab dem 11. November 1918 zurückgelassen werden. Allerdings konnten auf Basis der verbliebenen Informationen von der REK zwei Drucksachen ausgearbeitet werden.

Die dort festgehaltenen Ergebnisse hatten Einfluss auf die Einschätzungen der deutschen Regierungspolitik und höheren Reichsverwaltung auf die zu erwartenden Reparationen für den Wiederaufbau der zerstörten Gebiete. Es handelte sich hierbei um die zitierten Schriften: „Nachweisung der Güter, welche in den Jahren 1914–1918 namens des Deutschen Reiches in Frankreich und Belgien beschlagnahmt worden sind“; „Denkschrift über das Verfahren zur Bewertung der in Frankreich und Belgien planmäßig niedergelegten industriellen Anlagen und über das Ergebnis der Ermittlungen“.[212]

Die weitere Entwicklung bis zur Auflösung der Reichsentschädigungskommission

Nach dem Abschluss des Waffenstillstandes am 11. November 1918 begann, unter dem Druck einer fünfzehn tägigen Frist, der rasche und häufig überstürzte Rückzug aus Belgien, Frankreich und Luxemburg. Ähnliche Szenen spielten sich auch auf den anderen Kriegsschauplätzen im Osten ab, wovon insbesondere die deutsche Besatzung von Rumänien und dem ehemaligen russischen Zarenreich betroffen war.[213]

Dabei blieben weite Teile der deutschen Militär- und Verwaltungsakten in den geräumten Gebieten zurück und fielen den deutschen Gegnern in die Hände. Für die deutsche Seite bedeutete diese Entwicklung eine doppelte Belastung. Erstens boten die Unterlagen dem Kriegsgegner für die eigenen

212 Vgl. Drucksache N der Geschäftsstelle des Auswärtigen Amtes für die Friedensverhandlungen; Drucksache Nr. 1 der Geschäftsstelle des Auswärtigen Amtes für die Friedensverhandlungen.

213 Die 15 tägige Frist war eine Konzession der Alliierten, weil in der ursprünglichen Fassung eine 14 tägige Frist gesetzt worden war. Vgl. dazu: Deutsche Waffenstillstandskommission (Hrsg.), Der Waffenstillstand 1918–1919. Das Dokumenten-Material der Waffenstillstands-Verhandlungen von Compiègne, Spa, Trier und Brüssel, Berlin 1928, S. 22–23; Für die ehemalige deutsche Ostfront galten allerdings Sonderregelungen hinsichtlich der Stationierung deutscher Streitkräfte nach dem Waffenstillstand. Vgl. ebd. S. 37–38.

Berechnungen der Kosten für den Wiederaufbau eine Unterstützung gegen die deutsche Position. Zweitens wurden die deutschen Fähigkeiten zur Einschätzung der Kriegsschäden durch Verlust der Aktenbestände behindert, weil Untersuchungen durch deutsche Experten in den ehemals besetzten Gebieten bis weit nach dem Friedensschluss vehement abgelehnt wurden.

Nach dem Waffenstillstand wurde es für die REK vordringlich diejenigen Informationen zusammenzutragen, die auf dem Rückzug verloren gegangen waren.[214] Die Initiative ging dabei von der REK aus, die sich vehement dafür einsetzte noch vor der vollständigen Demobilmachung die verbliebenen Akten der deutschen Heeresstellen zu sichern und die zuständigen Heeresmitglieder zu befragen. Diese Planungen wurden zunächst vom RAI verhindert und erst nach hartnäckigem Drängen als berechtigt anerkannt. Das RSchA wandte ein, dass die Aktenbestände von einer Friedensbehörde übernommen würden und das zuständige Heerespersonal auch nach der Demobilmachung erreichbar wäre.[215] Dem trat der Chef des Generalstabes des Heeres entgegen. Dieser merkte dazu an, dass das Heerespersonal, durch den Übertritt in das Zivilleben, von der gesetzlichen Auskunftspflicht den Behörden gegenüber entbunden wurde. Danach wäre es nur möglich freiwillige Auskünfte einzuholen.[216]

Im Rahmen der Recherchen wurde die REK Teil der Vorbereitungen des AA auf die Friedensverhandlungen mit den Siegermächten bzw. den Revisionsbestrebungen nach dem Friedensschluss. Durch den weitgehenden Verlust der deutschen Militär- und Verwaltungsakten in den ehemals besetzten Gebieten mussten das AA und die deutsche Politik auf andere Quellen zur Beschaffung von Informationsmaterial zurückgreifen. Dazu wurde die REK in die Geschäftsstelle für Friedensverhandlungen beim AA integriert.

---

214 In den Waffenstillstandsbedingungen vom 11. November 1918 verpflichtete sich das Deutsche Reich zur Ablieferung einer nicht näher quantifizierten Menge an Dokumenten: „Sofortige Zurückerstattung des Kassenbestandes der Banque Nationale de Belgique und im allgemeinen sofortige Zurückerstattung sämtlicher Dokumente, Bargeld und Wertpapiere (valeurs mobilières et fiduciaires avec le matériel d'émmission), die öffentlichen und private Interessen in den besetzten Gebieten berühren." Vgl. Finanzielle Bestimmungen Artikel XIX, in: Der Waffenstillstand, Bd. 1, S. 43.

215 Vgl. BArch R 2-24826 o.Z. RSchA an RAI vom 27. Januar 1919.

216 Vgl. BArch R 2-24826 o.Z. Gr. H. Qu. den 26. Januar 1919.

Referatsleiter WGLR Schmitt legte für die Erarbeitung von Material für die erwarteten Friedensgespräche einen Arbeitsauftrag für die REK fest:

Bei der Berechnung der von Deutschland angerichteten Schäden sollten bei „den feindlichen Ländern verbliebenen Vorräten einschließlich der bei der Räumung zurückgelassenen Vorräte“ abgezogen und „eindrucksvolles und zuverlässiges Material“ über deutsche Gegenforderungen zusammengestellt werden.“[217] Grundlage des Arbeitsauftrags der REK waren die vierzehn Punkte, die von deutscher Seite als Bedingung zur Annahme des Waffenstillstandes gemacht worden waren:

> [...] *„allgemeinen Kenntnis der Verhältnisse in den ehemals besetzt gewesenen Gebieten wurde die Reichsentschädigungskommission nach Abschluss des Waffenstillstandes von der Reichsleitung damit betraut, eine überschlägliche Berechnung der Kriegsschäden der feindlichen Staaten auf der Grundlage der sogenannten Wilson‘schen Punkte vorzunehmen.“*[218]

Die Fixierung auf die „Wilson’schen Punkte“ war eine Besonderheit in der deutschen Gesellschaft und Politik zwischen dem Waffenstillstand und der Vorlage der Friedensbedingungen am 7. Mai 1919.[219]

Die Ergebnisse der REK flossen in die Ausgestaltung der deutschen Politik ein und die laufenden Arbeiten zur Berechnung der Kriegsschäden hatten großen Einfluss auf die deutsche Vorbereitung auf die Friedensverhandlungen.[220] Die deutschen Versuche zur Minimierung der Reparationsforderungen

---

217 Vgl. Krüger, Reparationen, S. 107. Das Zitat fiel in einer Besprechung im AA am 17. Februar 1919.

218 Vgl. BArch R 3301–2032 Blatt 2.

219 Vgl. zu den 14-Punkten: Gottfried Niedhardt, Die Außenpolitik der Weimarer Republik, Enzyklopädie Deutscher Geschichte, Bd. 53, München 2013, S. 3–4; Ursula Büttner, Weimar. Die überforderte Republik 1918–1933, Bonn 2008, S. 121–122; Klaus Schwabe, „Gerechtigkeit für die Großmacht Deutschland“ – Die deutsche Friedensstrategie in Versailles, in: Gerd Krumeich/Silke Fehlemann, Versailles 1919, Ziele – Wirkung – Wahrnehmung, Essen 2001, S. 75–80; Schwabe, Quellen zum Friedensschluss von Versailles, Dok. Nr. 3, S. 47–49; Krüger, Außenpolitik, S. 47–49; derselbe, Reparationen, S. 28–41, 167–168 und 210–211.

220 Neben der REK arbeitete auch das Reichsschatzamt an Materialien für die Friedensverhandlungen. Vgl. Krüger, Reparationen, S. 82–91. Die abschließende Zusammenstellung und Bewertung des gesammelten Materials lag aber bei der REK und dem AA. Vgl. ebd., S. 107.

scheiterten nicht zu Letzt wegen der unzureichenden Datenbasis bei der Arbeit der REK. Der Versuch, ohne Einsicht in alle Akten und Zugang zu den zerstörten Gebieten, eine Gesamtzusammenstellung zu erstellen musste scheitern, denn sogar die Siegermächte waren bis zur Vorlage des Versailler Friedensvertrages nicht in der Lage eine Summe zu nennen. Stattdessen legten die Alliierten eine vorläufige Summe fest und verschoben die Bekanntgabe der Endsumme auf das Jahr 1921.

Eine kritische Betrachtung der Ergebnisse der REK erfolgte zunächst nicht, denn die Arbeitsergebnisse wurden nach der Unterzeichnung des Versailler Vertrages veröffentlicht. Erst im Januar 1920, die REK war zum 1. Dezember 1919 dem RMfW angegliedert worden, musste der Reichsminister für Wiederaufbau Otto Geßler rückblickend konstatieren,

> [...] *„dass die von der Reichsentschädigungskommission getroffenen Ermittlungen über die Höhe der verursachten Schäden* [...] *praktisch nicht verwertet werden können, zumal diese Arbeiten zum überwiegenden Teil auf Schätzungen beruhen, die unter ganz anderen Voraussetzungen, nämlich eines glücklichen Kriegsausgangs, vorgenommen sind.*"[221]

Damit hatte Geßler den Kern des Problems angesprochen. Die REK hatte ihre Arbeit nach Kriegsende unter dem Eindruck geführt, für Deutschland eine möglichst günstige Position für Friedensverhandlungen zu schaffen. Berechnungen wurden entsprechend geschönt und deutsche Infrastrukturmaßnahmen, die weitgehend im Rahmen der Heeresversorgung in der Etappe entstanden waren, großzügig als Landentwicklung gegen die Kriegsschäden verrechnet. Dadurch wurden die Berechnungen nach dem Waffenstillstand verfälscht und der deutschen Politik eine Situation präsentiert, die mit der Realität nur wenig Ähnlichkeit hatten. Das bedeutete aber nicht, dass die Berechnungen wertlos waren.

Darstellungen der deutschen, als Landentwicklungsmaßnahmen getarnten, umfangreichen Investitionen waren dennoch nützlich. Besonders im unterentwickelten Osteuropa musste während des Krieges mit großem Aufwand die notwendige Infrastruktur für die Massenheere geschaffen werden. Die im Verlauf des Jahres 1919 veröffentlichten Ergebnisse der REK benutzte die deutsche Politik als Propaganda für eine Revision des

---

221 Vgl. BArch R 3301–2032 Blatt 25.

Friedensvertrages.[222] Es ist möglich, dass dadurch die deutsche Ausplünderung der besetzten Gebiete in Deutschland und im Ausland teilweise verschleiert wurde.

Ein weiterer Grund für die Nutzung der Unterlagen war, dass noch über Monate nach dem Friedensschluss die Reichsverwaltung vom Zugang zu den zerstörten Gebieten und den Unterlagen auf dem Gebiet der ehemaligen Feindstaaten abgeschnitten blieb. Belgien und Frankreich verhinderten längerfristige Bereisungen der zerstörten Gebiete und die Übergabe von Akten und Material gestaltete sich, auch vor dem Hintergrund der laufenden Schadensermittlung durch die Alliierten, schleppend. Der isolierten deutschen Reichsregierung blieben nur die Nachforschungen der REK, um damit die ersten Monate zu überbrücken und die eigene Außenpolitik zu formulieren. Dazu gehörten die laufenden Verhandlungen mit der alliierten Reparationskommission und die damit verbundenen Beratungen über die Ausgestaltung der Zusammenarbeit zwischen Siegern und Besiegtem über die Erfüllung des Friedensvertrages.[223] Diese Verhandlungen wurden federführend von der deutschen Kriegslastenkommission, unter Zusammenarbeit bzw. Delegation auf andere Reichsbehörden, geführt.

Ein zentraler Bestandteil der Koordinierung zwischen der Reichsverwaltung und der alliierten Wiedergutmachungskommission lag zunächst auf der „Übermittlung von Beweisen, Abschätzungen und Gründen und innerhalb einer Frist von 4 Monaten nach Unterzeichnung des Friedensvertrages von Vorschlägen und Angeboten zur Vereinfachung der Schadensfeststellung, zur Ausschaltung einzelner Fragen für die Einzelfeststellungen, zur Förderung der Ausführungen der Feststellungsarbeiten und zur Beschleunigung der Festsetzung des endgültigen Schadensbetrags."[224]

222 Vgl. BArch R 3301–2032 Blatt 3.

223 Der Versailler Vertrag führte im Artikel 233 den Wiedergutmachungsausschuss als zentrale Instanz zur Feststellung der endgültigen deutschen Reparationsschuld bis zum 1. Mai 1921 ein. Nach diesem Datum sollte der Wiedergutmachungsausschuss die deutsche Leistungsfähigkeit „von Zeit zu Zeit" (Artikel 234) überprüfen und Zahlungsaufschübe zu gewähren. Vgl. RGBl. Jg. 1919, S. 978–989. In den hier verwendeten Aktenbeständen des Bundesarchivs und verschiedenen Literaturquellen wird der Wiedergutmachungsausschuss auch als Reparationskommission (RepKo) bezeichnet.

224 Vgl. BArch R 3301–2032 Blatt 3.

Die Übermittlung von Beweisen, Abschätzungen und Gründen konnte weitgehend nur auf der Basis der deutschen Position geschehen und diese Basis waren die unzureichenden Ermittlungen der REK. Für die Gespräche mit der Reparationskommission im August 1919, deren Ergebnisse wegweisend waren für die zukünftige Ausgestaltung der deutschen Beziehungen zu den Siegermächten, waren die schöngerechneten deutschen Aufstellungen wahrscheinlich ein Ballast.[225] Das galt auch für die ersten Kontakte mit der polnischen Regierung über die weitere Ausgestaltung des bilateralen Verhältnisses, bei denen ebenfalls die Ergebnisse der Denkschrift über die Schäden im Generalgouvernement Warschau von der deutschen Seite als Grundlage genutzt wurden.[226]

Kurz nach dem Waffenstillstand fügte die Reichsleitung der REK weitere Entschädigungsbereiche hinzu. Diese Umstrukturierungen markierten den Beginn der deutschen Reparationsverwaltung. Schon die Bedingungen der Waffenstillstandsvereinbarungen von Compiègne und Trier verlangten von Deutschland zahlreiche Revisionen von Maßnahmen des Wirtschaftskrieges und u.a. die Rückgabe von Maschinen, Material und Urkunden an die Siegermächte. Eine zunächst bei der deutschen Waffenstillstandskommission gebildete Unterkommission, dem Referat VII für Finanzangelegenheiten, wurde in die „Urkundenauslieferungsstelle" (UASt) der REK eingegliedert, die zuvor nur zur Einziehung von Unterlagen für offene Entschädigungssachen der ehemaligen Besatzungsbehörden zuständig war.[227] Noch zu bearbeiten waren bei Friedenschluss etwa 40.000 Urkunden aus Beschlagnahmen die vor und während des deutschen Rückzuges 1918 erfolgt waren und den daraus anhängigen Entschädigungszahlungen des Deutschen Reiches.

---

225 Im August 1919 wies Freiherr von Lersner, als Vorsitzender der deutschen Friedensdelegation, den französischen Ministerpräsidenten Clemenceau noch immer explizit auf die Ergebnisse der REK hin. Lersner schränkte deren Verwertbarkeit ein, um die französische Seite zu Zugeständnissen bei der Bereisung der zerstörten Gebiete und zur Herausgabe von Aktenmaterial zu bitten. Vgl. ADAP, Serie A, Bd. 2, Dok. Nr. 124, S. 215–217.

226 Vgl. BArch R 3301–2032 Blatt 4; Vgl. Drucksache Nr. 51 der Geschäftsstelle für die Friedensverhandlungen (Auswärtiges Amt), Denkschrift der Reichsentschädigungskommission über die Kriegsschäden und Gegenwerte im Generalgouvernement Warschau, Berlin 1919.

227 Das Referat wurde zum 1. September 1919 in das Kommissariat zur Rückgabe von Werten beim AA umgewandelt. Vgl. Der Waffenstillstand, Bd. 3, S. 413.

Die noch offenen Entschädigungen wurden über die Reparationskommission an die ehemals feindlichen Geschädigten ausgezahlt, sobald die UASt die Urkunden eingehend geprüft hatte. Für die Betroffenen in den ehemals feindlichen Staaten bedeutete die deutsche Prüfung eine lange Wartezeit, denn noch Mitte November 1919 waren die Urkunden weitgehend nicht abschließend bearbeitet worden.

Getrennt davon lief die Bearbeitung der Altfälle für Entschädigungen bei Beschlagnahmungen im Ausland während des Krieges weiter. Neu hinzu kamen Entschädigungsansprüche für Beschlagnahmungen aus taktischen Zwecken, für die Deutsche und Neutrale seit dem 2. Juli 1919 entschädigungsberechtigt waren. Ebenfalls kamen die bei der Abwicklung der ehemaligen deutschen Feldintendanturen entstandenen Entschädigungsansprüche für Requisitionen, Einquartierung und anderer Kriegsschäden zur Bearbeitung bei der REK.

Auch die „Maschinenerhebungsstelle" (Mest), ehemals Referat XII bei der deutschen WaKo, wurde der REK angeschlossen. Die Mest sammelte Informationen über den Verbleib belgischer und französischer Maschinen die durch Beschlagnahme und Weiterverkauf ins Reich gekommen waren. Durch die Mitarbeit der REK bei der Dokumentation dieser Objekte war die Angliederung der Mest nur folgerichtig. Zur Vereinfachung des Geschäftsganges wurde mit Belgien und Frankreich vereinbart, dass die Maschinen für die einzelnen Werksanlagen getrennt restituiert wurden. Dazu legte die Mest „Werkskonten" der einzelnen Maschinen an.[228] Bis Februar 1920 gingen bei der Mest etwa 45.000 Meldungen privater und öffentlicher Besitzer von Beutemaschinen ein.[229]

Hinsichtlich der erwarteten Gutschrift auf das Reparationskonto ging die Mest von den Berechnungen aus, die das Reichsverwertungsamt während des Krieges für die Maschinen ermittelt hatte.[230] Die Mest wurde später in die Maschinenabgabestelle überführt.

---

228 Vgl. BArch R 3301–2032 Blatt 5.

229 Vgl. BArch R 3301–2033 Blatt 125.

230 An dieser Stelle wird auf Unterkommission zur Rückgabe von Maschinen und Material aus dem ersten Kapitel verwiesen. Das Reichsverwertungsamt war dem RSchM bis zu dessen erster Auflösung angegliedert und diente zur Verwertung der umfangreichen Restbestände an Versorgungsgütern der deutschen Streitkräfte.

Gemäß den Artikeln 297 und 298 sowie des zugehörigen § 13 der Anlage zum Versailler Vertrag waren noch schwebende Verfahren von Liquidationen und Zwangsverwaltungen insbesondere belgischer Unternehmen rückgängig zu machen.[231] Nach § 13 der Anlage war das Reich zur Herausgabe aller „einschlägigen Abrechnungen oder Rechnungsbelege, Archive, Urkunden und Auskünfte jeglicher Art" verpflichtet.[232] Zudem hatte Deutschland für die Richtigkeit und Vollständigkeit der deutschen Liquidations- und Zwangsverwalter zu bürgen. Entsprechend wurde die Abwicklung der Zwangsverwaltungen und Liquidationen im Generalgouvernement Belgien am 1. September 1919 der REK überwiesen.[233] Ursache dieser Entwicklung war auch hier die Befassung der REK mit Entschädigungen aus Beschlagnahmen während des Krieges und der daraus resultierenden Expertise für die Abwicklungsarbeiten.

Aus ähnlichen Gründen wurde die REK am 1. Oktober 1919 mit der Abwicklung des Reichskommissars zur Erörterung von Gewalttätigkeiten in Feindesland betraut. Die Tätigkeiten der REK umfassten die Vorbereitungen zur Überleitung der vorhandenen Entschädigungsanmeldungen in das eigentliche Endentschädigungsverfahren. Zugleich wurde das vorhandene Material nach verwertbaren Fällen zur „weiteren Auseinandersetzung mit dem Feinde" durchsucht.[234]

Spätestens seit dem Waffenstillstand von Compiègne war für die Reichsregierung die Unterstützung Tausender deutscher Flüchtlinge und Vertriebener akut geworden. Aus dem an Frankreich gefallenen Erlass-Lothringen wurden ca. 112.000–150.000 ethnische Deutsche ab November 1918 vertrieben.[235]

---

231 Vgl. Gesetz über den Friedensschluss zwischen Deutschland und den alliierten und assoziierten Mächten, vom 16. Juli 1919 (RGBl. S. 687), S. 1125–1135 und 1147–1149.

232 Vgl. RGBl. Jg. 1919, S. 1147.

233 Vormals: Abwicklungsstelle des Generalkommissars für die Banken beim Generalgouverneur in Belgien und der Abteilung für Handel und Gewerbe – Abteilung Zwangsverwaltung. Vgl. BArch R 3301–2032 Blatt 2.

234 Vgl. ebd. Blatt 6. Auch hier schimmert die alte wilhelminische Taktik in der Außenpolitik durch, alle Möglichkeiten auszuschöpfen, um dem politischen Gegner durch Winkelzüge zu schaden. Vgl. Krüger, Reparationen, S. 84.

235 Vgl. Kristina Kaiserová/Dmytro Myeshkov/Krzystof Ruchniewicz (Hrsg.), Lexikon der Vertreibungen. Deportation, Zwangsaussiedlung und ethnische Säuberung im Europa des 20. Jahrhunderts, Wien 2009, S. 142 und 198.

Aus Osteuropa, insbesondere den an Polen gefallenen Gebieten, strömten seit dem Beginn der Kämpfe in Posen und Westpreußen Hunderttausende ethnische Deutsche in das Reichsgebiet. Bis 1922 sollte der Zustrom aus Osteuropa, auch wegen dem russischen Bürgerkrieg, auf ca. eine Million Flüchtlinge anwachsen. Zudem begann kurz nach der Unterzeichnung des Friedensvertrages, teilweise auch schon nach dem Waffenstillstand, der Rücktransport der im Ausland interniert gewesenen Auslands- und Kolonialdeutschen. Während die Zahl der Kolonialdeutschen mit 16.000 beziffert wird, existieren zu den übrigen interniert gewesenen Auslandsdeutschen keine genauen Angaben.[236] Angesichts der zahlreichen Internierungslager war die Zahl aber bedeutend höher.[237] Die Flüchtlinge wurden nicht von der REK versorgt, sondern zunächst provisorisch vom RAI bzw. RIM. Nach dem Friedensschluss mussten die Auslands- und Kolonialdeutschen entschädigt werden. Die Bearbeitung der Kolonialdeutschen fiel zunächst noch unter das in Auflösung begriffene Reichskolonialministerium. Die Vorentschädigung der Auslandsdeutschen ressortierte dagegen bei der REK. Als Vertreter der Auslandsdeutschen traten verschiedene Interessenverbände auf, mit denen die REK zusammenarbeitete.[238] Aufgrund der unsicheren

236 Vgl. Kaiserová/Myeshkov/Ruchniewicz (Hrsg.), Lexikon der Vertreibungen, S. 198–199.

237 In Großbritannien wurden z.B. von ca. 57.500 ethnischen deutschen Zivilisten etwa 10.500 in zwei Sammellagern auf den britischen Inseln interniert. Vgl. Panikos Panayi, Normalität hinter Stacheldraht. Kriegsgefangene in Großbritannien 1914–1919, in: Oltmer, Kriegsgefangene, S. 130–133. Diese Angaben umfassen nicht diejenigen Zivilinternierten die in den britischen Dominions und Kolonien gefangen gehalten wurden. Ein großer Teil der in Großbritannien befindlichen Auslandsdeutschen wurde nach dem Friedensschluss ausgewiesen. Zur Praxis der Internierung und Deportation ethnischer Deutscher in den USA vgl.: Jörg Nadler, Nationale Minoritäten im Krieg. „Feindliche Ausländer" und die amerikanische Heimatfront während des Ersten Weltkriegs, Hamburg 2000, S. 536–547 und 549–669.

238 Die Interessenvertretungen entstanden zunächst spontan und dienten zur Überbrückung der ersten Not unter den Betroffenen. Als erste Flüchtlings- bzw. Vertriebenengruppe bildeten die aus Elsass-Lothringen ausgewiesenen Deutschen den „Hilfsbund für die vertriebenen Elsass-Lothringer im Reich" als eine Interessen- und Unterstützungsvereinigung. Weitere Interessenvertretungen waren der Bund der Auslandsdeutschen, Bund der im Inland geschädigten Auslandsdeutschen oder der Ostbund.

Gesetzeslage konnte nur provisorische Hilfe geleistet und die Schadensersatzforderungen entgegengenommen werden.[239] Der Präsident der REK führte den Vorsitz in den Spruchkommissionen, die für eine möglichst gerechte Verteilung der vom Reichshaushalt zur Verfügung stehenden Geldmittel sorgen sollten.

Die REK wurde erstmalig im Gesetz, über die Vergütung von Leistungen für die feindlichen Heere im besetzten Reichsgebiet und über die vereinfachte Abschätzung von Kriegsleistungen für das deutsche Heer, vom 2. März 1919 mit dem Entschädigungsverfahren betraut.[240] In der „Bekanntmachung, über das Verfahren zur Feststellung der Vergütung von Requisitionen und Kriegsleistungen im besetzten und geräumten Reichsgebiete“ vom 22. April 1919 wurden die Verfahrensbestimmungen veröffentlicht. Mit der Unterzeichnung des Friedensvertrages und dem dazugehörigen Rheinlandabkommen wurden die Aufgaben der REK, entsprechend Artikel sechs des Rheinlandabkommens, angepasst.[241]

Gemäß der Bekanntmachung vom 2. März 1919 wurden von den Reichsländern Feststellungsbehörden zur Schadensermittlung eingerichtet. Die REK bildete ihrerseits in Berlin nach Bedarf Senate mit je drei Mitgliedern, deren Aufgabe darin bestand, diejenigen Fälle zu bearbeiten, für die sich keine andere Feststellungsbehörde für zuständig erklärte. Bei Einwänden gegen die Beschlüsse der Feststellungsbehörden konnte ein Antragsteller Beschwerde bei der Feststellungsbehörde oder direkt bei der REK einlegen. Die Beschwerdesenate der REK konnten, im Rahmen der angefochtenen Sachverhalte, die Bescheide der Feststellungsbehörden revidieren oder ganz aufheben.

Hinsichtlich der Entschädigung der Auslandsdeutschen oblag der REK zunächst nur die Wahrung des Reichsinteresses in der zentralen Spruchkommission durch einen Vertreter des Präsidenten der REK. Diese Regelung sah in erster Linie die Überwachung einer einheitlichen Entwicklung der Verfahrensgrundsätze im Rahmen der Tätigkeit der Interessenvertretungen im Antragsverfahren vor. Mit einer Bekanntmachung vom 15. November

239 Ein Reichsentschädigungsgesetz wurde am 30. Juli 1921 verabschiedet.
240 Vgl. RGBl. Jg. 1919, S. 261.
241 Vgl. BArch R 3301–2032 Blatt 6.

1919 wurde schließlich das Spruchkommissions-Verfahren implementiert, das zunächst bei der REK angesiedelt wurde.[242]

Mit Hilfe der Spruchkommissionen versuchte die Reichsregierung den unbürokratischen Ansatz der Interessenvertretungen mit den Erfordernissen des Verwaltungsganges zu vereinbaren. Dazu wurden die Interessenvertretungen zum einen als Vorprüfungsinstanz eingesetzt, die Schadensmeldungen entgegen nahmen, bearbeiteten und an die zuständige Spruchkommission weiterleiteten. Zum anderen berieten jeweils zwei Interessenvertreter in den jeweiligen Spruchkommissionen den Beauftragten des Präsidenten der REK, der als Vorsitzender fungierte.[243] Letzterer entschied, unter Mitwirkung der Beisitzer, über die Vorentschädigungen in Form von Vorschüssen auf die zu erwartende Vorentschädigung. Damit sollten die Betroffenen in die Lage versetzt werden ihre wirtschaftliche Existenz zu sichern.[244] Die beiden Beisitzer variierten je nach Schädigungsfall und wurden durch Handschlag auf das Reichsinteresse eingeschworen.

Das Vorentschädigungsverfahren war wie folgt geregelt: Anträge auf Vorentschädigung waren schriftlich, mit Darlegung des Schadensfalles und sonstiger beweisdienlicher Unterlagen, bei der zuständigen Interessenvertretung einzureichen. Dort wurde das Material vorgeprüft und an die zuständige Spruchkommission weitergeleitet. In der Regel wurden die Verhandlungen schriftlich geführt, konnten aber durch Vernehmung des Antragsstellers oder seines schriftlich ermächtigten Beauftragten mündlich erfolgen.

---

242 Vgl. dazu im Folgenden die „Bekanntmachung der Reichsregierung betreffend das Verfahren für die Zuwendung von Reichsmitteln an Deutsche für Schäden im Ausland“, vom 15. November 1919 (RGBl. S. 1891).

243 Für die Spruchkommissionen und Vorentschädigungsverfahren wurden nur Interessenvertretungen zugelassen, die vorher von den Reichsministern für Finanzen bzw. Wiederaufbau übereinstimmend zugelassen wurden. Vgl. §3 der Bekanntmachung vom 15. November 1919. Der jeweilige Beauftragte wurde auf Vorschlag des Präsidenten der REK, nach Zustimmung durch den Reichsminister für Wiederaufbau und Reichsfinanzminister, ernannt. Vgl. ebd. §4.

244 Die Vorschüsse wurden nur bei Liquidations- und Sachschäden gewährt. Eine Ausnahme bildeten „Unterstützungen für den Fall erheblicher wirtschaftlicher Bedrängnis“. Vorschüsse konnten 50%, bei der Verwendung der Mittel für die Wiederaufnahme einer wirtschaftlichen Existenz im Ausland, 75% des Wertes der Vorentschädigung erreichen. Vgl. BArch R 2–1039 Blatt 55.

Beschlüsse wurden mit Stimmenmehrheit des Beauftragten der REK sowie der Beisitzer gefällt. Gegen die Entscheidung der Spruchkommission konnte sowohl vom Antragsteller als auch vom Präsidenten der REK Einspruch erhoben werden. Das Verfahren wurde dann an eine andere Spruchkommission übergeben.

Anspruch auf Entschädigung hatten nur deutsche Staatsbürger, mit der Ausnahme von Personen die zum Zeitpunkt der Schädigung deutsche Staatsbürger gewesen waren. Lebten diese ehemaligen deutschen Staatsbürger im Ausland hatte zunächst dort eine Entschädigung, oder im Fall eines ehemals feindlichen Staates, eine Rückgabe zu erfolgen. Gegen die Entscheidung der zweiten Spruchkommission konnte der Präsident der REK wegen Verletzung des Reichsinteresses Widerspruch einlegen. Das Verfahren wurde dann an das Reichswirtschaftsgericht überwiesen. Nach Abschluss des Verfahrens konnten die Vorentschädigungen in Form von Beihilfen, Unterstützungen und Vorschüssen ausgezahlt werden. Stichtag war der 1. Januar 1920.

Vorentschädigungen waren mit 5% zu verzinsen. Die Kosten des Verfahrens trugen das Reich sowohl für die Spruchkommissionen und die Interessenvertretungen. Letztere waren ermächtigt 1% der ausgezahlten Vorschüsse und weitere 0,5% für einen Wohlfahrtsfonds für Härtefälle einzuziehen. In der Praxis zeigten sich aber schon sehr bald die Probleme dieser Herangehensweise.

Die Umsetzung der Bekanntmachung traf auf erhebliche Schwierigkeiten durch die schiere Flut an Anträgen der Geschädigten. Tausende bestürmten zunächst die Opferverbände, die unter erheblichen Problemen die Fälle bearbeiteten. Es zeigte sich nun, dass die Angestellten der Interessenvertretungen unzureichend auf das Zuarbeiten für die REK vorbereitet worden waren, was eine Verkettung von Ereignissen auslöste.[245] Aufgrund der mangelhaften Kommunikation bereitete keine der Interessenvertretungen die gemächlich aufgebauten Spruchkommissionen auf den Antragsansturm vor.[246] Auch bearbeiteten die Interessenvertretungen die Anträge ihrer „Kunden“, wie von der Reichsregierung befürchtet, zu großzügig in deren Interesse,

245 Vgl. BArch R 3301–2032 Blatt 192.

246 Nach der ersten Welle an Vorentschädigungsanträgen wurden alle Interessenvertretungen angewiesen rechtzeitig vor einer größeren Übergabe von Akten zu warnen. Vgl. ebd. Blatt 252.

wodurch die Spruchkommissionen viele zur Überarbeitung zurückwiesen. Gleichzeitig versäumte das, mit der eigenen Organisation beschäftigte, RMfW eine zügige Implementierung der Spruchkommissionen, die erst am 17. Januar 1920 geschaffen wurden.[247]

Insgesamt wurden zunächst an 18 Standorten Spruchkommissionen eingerichtet.[248] Von diesen waren nur die Spruchkommissionen in Berlin, Köln, München, Nürnberg, Leipzig, Stuttgart, Karlsruhe und Hamburg personell so ausgestattet, dass sie Vorentschädigungsanträge des Bundes der Auslandsdeutschen und des Verbandes der im Inland geschädigten Auslandsdeutschen bearbeiten konnten. Alle übrigen konnten nur Anträge vom VAI bearbeiten.[249]

Für die Tätigkeit der Spruchkommissionen waren diese Entwicklungen fatal. Die Antragsflut brach Anfang Februar 1920 über die nun schnell überforderten Spruchkommissionen herein.[250] Auch der Präsident der REK konnte seiner Aufsichtspflicht nicht genügen. Erst Ende März 1920 gingen die ersten Vorentschädigungen, unter erheblicher öffentlicher Entrüstung, bei den Geschädigten ein.[251]

---

247 Vgl.: Bekanntmachung des Reichsministers für Wiederaufbau betreffend Sitz und Geschäftsbereich der Spruchkommission, vom 17. Januar 1920 (DRA Nr. 18 vom 22. Januar 1920).

248 Reihenfolge der Standorte der Spruchkommissionen mit Nummer: Berlin (1), Köln (2), München (3), Nürnberg (4), Leipzig (5), Stuttgart (6), Karlsruhe (7), Hamburg (8), Königsberg (9), Breslau (10), Hannover (11), Barmen (12), Frankfurt/Main (13), Ludwigshafen (14), Mannheim (15), Weimar (16), Lübeck (17), Bremen (18). Vgl. BArch R 3301–2032 Blatt 178.

249 Die größte lokale Anzahl an Spruchkommissionen befand sich in Düsseldorf und dient daher als Beispiel. Die Spruchkommissionen wurden von insgesamt 12 hauptamtlichen Vorsitzenden geleitet. Die Büroleitung wurde zunächst nebenamtlich von einem der Vorsitzenden bearbeitet, ab Januar dann von einem Beamten im Hauptamt. Die Registratur wurde von zwei hauptamtlichen Angestellten betreut, während die Kanzlei durch zwei Kanzleiangestellte vom OLG Düsseldorf im Akkord geführt wurde. Der Amtsdiener wurde ebenfalls nebenamtlich beschäftigt. Vgl. BArch R 3301–2032 Blatt 219.

250 Die Zahl der Spruchkommissionen wurde, unter Rückgriff auf nebenamtlich beschäftigte beamtete Richter, zwar bedeutend erhöht, die anfänglichen Verzögerungen konnten dadurch aber nur langsam abgebaut werden. Ihre Zahl stieg auf bis zu 70, von denen 27 beim RKA in Berlin-Zehlendorf untergebracht waren. Vgl. BArch R 3301–2032 Blatt 252 und R 2–1039 Blatt 55.

251 Vielfach waren die Antragsteller selbst schuldig an den Verspätungen. Beschwerden wurden nach Eingang beim RKA erst bearbeitet, wenn sämtliche

Noch unter dem Eindruck des Kapp Putsches und der aufgeheizten politischen Situation entschied die Reichsregierung die Spruchkommissionen aus der REK zu lösen und einem neuen Reichskommissar für Auslandsschäden (RKA) zu unterstellen.[252] Gleichzeitig markierte diese Umformung den ersten bedeutenden Eingriff in das RMfW unter der Leitung von StS Müller.

Mit der „Verordnung der Reichsregierung zur Änderung der Bekanntmachung vom 15. November 1919 (RGBl. S. 1891) betreffend Verfahren für die Zuwendung von Reichsmitteln an Deutsche für Schäden im Auslande vom 20. April 1920 (RGBl. S. 621) wurde die Stelle eines Reichskommissars für Auslandsschäden geschaffen".[253] Auf den RKA gingen alle Befugnisse des Vorentschädigungsverfahrens im Rahmen der Bekanntmachung vom 15. November 1919 über.

Entgegen der öffentlichen Darstellung von Aktionismus änderte sich in der Verwaltung nur wenig. Der RKA wurde im gleichen Gebäude wie die REK untergebracht und übernahm auch weitgehend dessen Personal, das im Bedarfsfall zwischen beiden Dienststellen ausgetauscht wurde.[254]

Im Rahmen der Besetzung des linken Rheinufers erfolgte Requisitionen des alliierten Besatzungsheeres bei Privatpersonen wurden vom Reich entschädigt. Grundlage hierfür war das „Gesetz über die Vergütung von Leistungen für die feindlichen Heere im besetzen Reichsgebiet und über die vereinfachte Abschätzung von Kriegsleistungen für das deutsche Heer".[255] Die REK diente den Geschädigten als Beschwerdeinstanz. Allerdings dauerte es bis Ende des Jahres 1919 bis die Beschwerdesenate tatsächlich ihre

Unterlagen und Meinungen des Vorsitzenden der zuständigen Spruchkommission eingeholt worden waren. Vgl. BArch R 3301–2032 Blatt 188.

252 Vgl. Verordnung der Reichsregierung zur Änderung der Bekanntmachung vom 15. November 1919 (RGBl. S. 1891) betreffend Verfahren für die Zuwendung von Reichsmitteln an Deutsche für Schäden im Auslande, vom 20. April 1920 (RGBl. S. 621). In § 1 wurde verordnet, dass an die Stelle des Präsidenten der REK der Reichskommissar für Auslandsschäden trat.

253 Vgl. BArch R 3301–2032 Blatt 177 und ARWR, Kabinett Müller I, Bd. 1, Dok. Nr. 42, S. 105.

254 Vgl. BArch R 3301–2032 Blatt 177–178.

255 Vom 2. März 1919 (RGBl. S. 261); Vgl. zum Verfahren: Bekanntmachung vom 22. April 1919 (RGBl. S. 405).

Arbeit aufnehmen konnten.[256] Der Geschäftskreis der REK bestand am 5. August 1920 noch aus folgenden Aufgabenreichen:

„*1. Feststellung und Bewertung der Kriegsschäden, für welche das Deutsche Reich nach dem Friedensvertrage seinen Feinden haftet.*
2. Feststellung und Bewertung des deutschen Rücklasses in Feindesland und in den geräumten Gebieten.
3. Regelung der Entschädigung für namens des Deutschen Reiches in den ehemals besetzten Gebieten beschlagnahmte Güter, sowie für die durch die Türkei erfolgten Beschlagnahmen.
4. Zuwendung von Reichsmitteln an Deutsche und Neutrale für Schäden und Einquartierung deutscher Truppen im Ausland.[257]
5. Bearbeitung der unausgeführten Entschädigungsbeschlüsse des Entschädigungsamtes in Rumänien.
6. Herausgabe der Beschlagnahmeurkunden, welche die Beschlagnahmestellen den Berechtigten in Feindesland nicht ausgehändigt hatten oder die die Reichsentschädigungskommission in nicht abgeschlossenen Entschädigungsverfahren von den Berechtigten entgegengenommen hatte.
7. Abwicklungsstelle aus den Zwangsverwaltungen im ehemaligen Generalgouvernement Belgien, des Generalkommissars für die Banken in Belgien, der Abteilung für Handel und Gewerbe beim Generalgouvernement in Belgien und des Beauftragten des Generalquartiermeisters West in Frankreich. In der Hauptsache handelt es sich um Abwicklungsarbeiten, die in absehbarer Zeit beendet sein werden.“[258]

Trotz dieser umfangreichen Restaufgaben und Expertise der Mitarbeiter wurde aus politischen Gründen entschieden die Behörde aufzulösen. Auf Beschluss des Kabinetts wurde die REK nicht mit der weiteren Regelung des schleppend

256 Es wurden zunächst zwei Senate eingerichtet, die analog zu den Spruchkommissionen aus einem Vorsitzenden und zwei Beisitzern bestanden. Die Mitglieder der Senate wurden vom Reichsminister des Innern im Einvernehmen mit dem Reichsminister für Wiederaufbau ernannt. Vgl. BArch R 3301–2032 Blatt 59. Die Geschäftsordnung der Beschwerdesenate ist zu finden ebd. Blatt 73–74. Zur Rheinlandbesetzung und den dazu entstanden Reichsbehörden siehe: Christoph Steegmans, Die finanziellen Folgen der Rheinland- und Ruhrbesetzung 1918–1930, Beiträge zur Wirtschafts- und Sozialgeschichte, Bd. 89, Stuttgart 1999, S. 15–37 und 43–64.

257 Vgl. zu den Einquartierungen: Martin Süß, Rheinhessen unter französischer Besatzung. Vom Waffenstillstand im November 1918 bis zum Ende der Separatistenunruhen im Februar 1924, in: Alois Gerlach (Hrsg.), Geschichtliche Landeskunde, Bd. 31, Stuttgart 1988, S. 25–28; BArch R 3301–298 Blatt 146–147, R 3301–299 Blatt 13 und R 3301–2134 Blatt 8, 21, 23–29 und 69.

258 Vgl. BArch R 3301–1a Blatt 100.

verlaufenden Vor- und Endentschädigungsverfahrens betraut.[259] Die REK wurde danach schrittweise abgebaut und die Geschäfte auf den RKA übertragen.

Im Haushaltsplan 1920/21 wurde daher kein Präsident der REK vorgesehen.[260] Zur Beschleunigung der Auflösung der REK wurde am 30. September 1920 vom RMfW eine Frist für die Einreichung von Entschädigungsanträgen bei der REK bis zum 15. März 1921 gesetzt.[261] Die REK wurde bis zur Auflösung nur noch nebenamtlich von einem MinR geführt und bestand noch aus zwei Spruchsenaten, einer Zwangsverwaltungsabteilung, einer Kartenstelle, zwei KEAs, einer Kassen- und Verwaltungsabteilung.[262] Die Auflösung der REK erfolgte zum 31. März 1922. Etwaige noch bestehende Aufgaben wurden der Restverwaltung beim RFM übergeben.

II.2 Der Reichskommissar für die Liquidation ausländischer Unternehmungen

Der RKLAU wurde mit einer Bekanntmachung vom 24. September 1916 geschaffen.[263] Zum 1. Dezember 1919 wurde die Reichsbehörde vom RWM in das RMfW ausgegliedert. Während des ersten Weltkrieges diente die Reichsstelle der Liquidation ausländischer Unternehmungen. Nach Unterzeichnung des Versailler Vertrages oblag dem RKLAU die Abwicklung der Liquidationen nach Artikel 297 und 298 FV nebst Anlage. Die Auflösung erfolgte durch Erlass von StS Müller vom 19. März 1923 zum 31. März des gleichen Jahres.[264] Die restlichen Geschäfte wurden zur Abwicklung an das Preußische Handelsministerium abgegeben.

Die Liquidation ausländischer Unternehmungen zählte zu den Maßnahmen, die im Rahmen des Wirtschaftskrieges zwischen den alliierten und assoziierten Staaten und den Mittelmächten angewendet wurde. Am 27. Januar 1916 schuf Großbritannien die rechtliche Grundlage zur Liquidation feindlicher Wirtschaftsunternehmungen auf britischem Territorium. Der deutsche Auslandsbesitz wurde im britischen Rechtsraum in der Folge unter

---

259 Vgl. zum Entschädigungswesen Kapitel IV, Abschnitte IV.6. bis IV.8.
260 Vgl. BArch R 2–1166 Blatt 3.
261 Vgl. DRA Nr. 281 vom 10. Dezember 1920.
262 Vgl. BArch R 3301–1a Blatt 100–101.
263 Vgl. DRA Nr. 229 vom 28. September 1916.
264 Vgl. BArch R 3301–1727 o.Z. G 872/23 9538.

Zwangsverwaltung gestellt und schrittweise liquidiert. Explizit als Vergeltungsmaßnahme wurde in der BVO vom 31. Juli 1916 die Zwangsverwaltung und Liquidation britischer Unternehmungen im deutschen Machtbereich ermöglicht.[265] In § 12 dieser Bekanntmachung wurden britische Staatsbürger wie folgt definiert: „Als britisches Gebiet im Sinne dieser Verordnung gelten Großbritannien und Irland, sowie, mit Ausnahme Kanadas und der Südafrikanischen Union, die britischen Kolonien und auswärtigen Besitzungen; als britische Staatsangehörige gelten die Angehörigen dieser Länder sowie die nach britischem Rechte begründeten juristischen Personen." Die britischen Dominions Kanada und die Südafrikanische Union hatten keine rechtlichen Schritte unternommen feindliche Unternehmungen aufzulösen, weshalb die Reichsleitung zunächst auf eine Eskalation verzichtete.

Die Ausgestaltung der Liquidationen wurde dem Reichskanzler überlassen, der einen großen Gestaltungsspielraum hinsichtlich Art und Umfang hatte.[266] Zur Durchführung wurde von der Reichsleitung ein Reichskommissar eingesetzt, der mit den Landeszentralbehörden in der Liquidation zusammenarbeitete. Dazu zählten auch die zivilen Besatzungsbehörden der Generalgouvernements Belgien und Warschau.[267]

Der Reichskommissar zur Liquidation ausländischer Unternehmungen wurde beim Preußischen Ministerium für Handel und Gewerbe untergebracht, ressortierte aber zu Beginn beim RAI.[268] Der Reichskommissar war

---

265 Vgl. Bekanntmachung, betreffend Liquidation britischer Unternehmungen, vom 31. Juli 1916 (RGBl. S. 871).

266 Liquidierbar waren nach § 1 der BVO vom 31. Juli 1916: „Unternehmungen, Niederlassungen eines Unternehmens, Nachlassmassen und Grundstücke". Vgl. Eberhard Schmidt, Die als Vergeltung auf dem Gebiete des Wirtschaftskrieges von der deutschen Reichsregierung ergriffenen gesetzlichen Maßnahmen, in: Lenz, Wirtschaftskrieg, S. 142. Entscheidungen des Reichskanzlers über die Liquidation einer Unternehmung konnten vor Gericht reichsrechtlich nicht angefochten werden. Vgl. ebd. S. 143.

267 Im Beisein von Reichskommissar zur Liquidation ausländischer Unternehmungen GORR Neuhaus und GRR Hans von Flotow vom Preußischen Handelsministerium wurde über die Liquidation ausländischer Unternehmen im besetzten Belgien gesprochen. Vgl. BArch R 2–85440 o. Z. Bericht vom Verwaltungschef des Generalgouvernements Belgien vom 1. November 1916.

268 Vgl. DRA Nr. 229 vom 28. September 1916 Bekanntmachung betreffend Ernennung eines Reichskommissars für Liquidation britischer Unternehmungen.

hierbei in erster Linie als ausführendes Organ des Reichskanzlers eine Koordinierungsstelle zwischen der Reichsleitung und den Landeszentralbehörden. Die Liquidation wurde an die Bundesstaaten und deren Behörden delegiert, die auch die Liquidatoren bestellten und überwachten.

Die Reichsbehörde verfügte zumindest ab 1920 nur über einen überschaubaren Personalbestand. Neben dem Reichskommissar wurde ein Stellvertreter ernannt. Das weitere Personal bestand aus einem Bürovorsteher, einem Registrator und einer Bürogehilfin.[269] Erster Reichskommissar wurde 1916 GORR Albert Neuhaus, dem GORR Hans von Flotow und schließlich im Jahr 1922 GRR Hermann Fellinger nachfolgten.[270] Alle drei Reichskommissare waren in der zweiten Abteilung beim Preußischen Handelsministerium beschäftigt, wobei Fellinger 1918 noch als Hilfsarbeiter geführt wurde. Neuhaus wurde später Reichswirtschaftsminister im ersten Kabinett Luther.[271]

Es ist anzunehmen, dass dem RKLAU sowohl institutionelle als auch personelle Ressourcen des Preußischen Handelsministeriums bei Bedarf zur Verfügung standen bzw. diese später von der Abteilung B des RMfW bereit gestellt wurden.[272] Durch die Zusammenarbeit mit den Landeszentralbehörden wurde deren behördliche Infrastruktur indirekt ebenfalls herangezogen.

Die Liquidation ausländischer Unternehmungen wurde in Folge der BVO vom 31. Juli 1916 schrittweise auf alle Feindstaaten übertragen und die Zuständigkeiten des RKLAU entsprechend erweitert. Eine Reihe von Rechtsakten zur Überwachung und Zwangsverwaltung wurden vor der Errichtung des RKLAU erlassen.

---

269 Soweit Geschäftsverteilungspläne für den RKLAU vorlagen, änderte sich der Personalbestand nur wenig. Im Jahr 1920 war GORR Hans von Flotow Reichskommissar und sein Stellvertreter war GRR Hermann Fellinger. Das übrige Personal bestand aus einem Rechnungsrat als Bürovorsteher, einem weiteren Rechnungsrat als Registrator und einer Bürogehilfin. Vgl. BArch R 3301–2022 Blatt 126.

270 Zumindest ab 1920 war das Geschäftsaufkommen des RKLAU stark rückläufig, weshalb der Reichskommissar und sein Stellvertreter ihre Aufgaben nur im Nebenamt wahrnahmen. Vgl. BArch R 3301–1727 o. Z. Haushaltsentwurf des Reichskommissars für die Liquidation ausländischer Unternehmungen für das Rechnungsjahr 1921, und BArch R 3301–2022 Blatt 126.

271 Vgl. Biografien in VI. Anhang.

272 Vgl. BArch R 3301–1727 o. Z. Haushaltsentwurf des Reichskommissars für die Liquidation ausländischer Unternehmungen für das Rechnungsjahr 1921.

Die zugrundeliegenden Gesetze, Verordnungen und Bekanntmachungen dienten der Überwachung[273], Zwangsverwaltung[274] und Liquidation[275] ausländischer Unternehmungen und Beteiligungen.

---

273 Vgl. Bekanntmachung, betreffend die Überwachung ausländischer Unternehmungen, vom 4. September 1914 (RGBl. S. 397); Bekanntmachung, betreffend die Überwachung ausländischer Unternehmungen, vom 22. Oktober 1914 (RGBl. S. 487).

274 Vgl. Bekanntmachung, betreffend zwangsweise Verwaltung französischer Unternehmungen vom 26. November 1914 (RGBl. S. 487); Bekanntmachung, betreffend zwangsweise Verwaltung britischer Unternehmungen, vom 22. Dezember 1914 (RGBl. S. 556); Bekanntmachung, betreffend zwangsweise Verwaltung russischer Unternehmungen, vom 4. März 1915 (RGBl. S. 133); Bekanntmachung, betreffend Ergänzung der Verordnungen über die Überwachung und zwangsweise Verwaltung ausländischer Unternehmungen, vom 24. Juni 1915 (RGBl. S. 351); Bekanntmachung, betreffend Ergänzung der Vorschriften über die zwangsweise Verwaltung ausländischer Unternehmungen, vom 10. Februar 1916 (RGBl. S. 89); Verordnung, betreffend zwangsweise Verwaltung rumänischer Unternehmungen, vom 28. September 1916 (RGBl. S. 1099); Bekanntmachung, betreffend zwangsweise Verwaltung amerikanischer Unternehmungen, vom 13. Dezember 1917 (RGBl. S. 1105); Bekanntmachung, betreffend Änderungen hinsichtlich der Kapitalbeteiligung an einem Unternehmen, vom 5. Januar 1915 (RGBl. S. 13); Bekanntmachung, betreffend die Erfüllung von Ansprüchen im Falle zwangsweiser Verwaltung von Grundstücken, vom 26. März 1915 (RGBl. S. 185); Bekanntmachung, betreffend die Überwachung und zwangsweise Verwaltung ausländischer Unternehmungen, vom 24. August 1916 (RGBl. S. 961); Bekanntmachung, betreffend wirtschaftliche Vergeltungsmaßnahmen gegen Portugal, vom 14. Mai 1916 (RGBl. S. 375); Bekanntmachung, betreffend wirtschaftliche Vergeltungsmaßnahmen gegen Italien, vom 24. November 1916 (RGBl. S. 1289); Bekanntmachung, betreffend wirtschaftliche Vergeltungsmaßnahmen gegen Siam, Liberia und China, vom 12. September 1917 (RGBl. S. 831); Bekanntmachung, betreffend wirtschaftliche Vergeltungsmaßnahmen gegen die Vereinigten Staaten von Amerika, vom 10. November 1917 (RGBl. S. 1050); Bekanntmachung, betreffend wirtschaftliche Vergeltungsmaßnahmen gegen Brasilien, vom 10. Januar 1918 (RGBl. S. 38).

275 Vgl. Bekanntmachung, betreffend Liquidation britischer Unternehmungen, vom 31. Juli 1916 (RGBl. S. 871); Bekanntmachung zur Ergänzung der Bekanntmachung vom 31. Juli 1916, betreffend Liquidation britischer Unternehmungen, vom 18. Januar 1917 (RGBl. S. 65); Bekanntmachung, betreffend Liquidation französischer Unternehmungen, vom 14. März 1917 (RGBl. S. 227); Bekanntmachung zur Ergänzung der Verordnung, betreffend Liquidation britischer Unternehmungen vom 16. Juli 1916, vom 12. Juli 1917 (RGBl. S. 603);

Das deutsche Liquidationsrecht wurde während des Ersten Weltkrieges bedeutend erweitert. Der Versailler Vertrag hob sowohl die Rechtsprechung deutscher Gerichte aus der Kriegsphase als auch die deutschen rechtlichen Regelungen weitgehend wieder auf. Durch Artikel 297 und 298 sowie der dazugehörigen Anlage des Versailler Friedensvertrages wurde ein erstes internationales Rechtsverständnis hinsichtlich der Liquidation geschaffen:

> „*Liquidation im Sinne des VV* [Versailler Vertrages] *ist jede durch Gesetz oder sonstigen Akt eines Staatsorgans erfolgte Maßnahme, durch die ein privates Vermögensrecht ohne Willen des Berechtigen ihm*
> 1. *entweder mittels Aneignung seitens des verfügenden Staates,*
> 2. *oder mittels Veräußerung oder Belastung zugunsten eines Dritten,*
> 3. *oder mittels Ausübung des Rechts selbst mit der Wirkung der Flüssigmachung des in ihm steckenden Vermögenswertes dauernd entzogen oder beschränkt wird, sofern die Maßnahme*
>
> a) *entweder auf eine Sonderbehandlung feindlichen oder ehemals feindlichen Vermögens als solchen gerichtet ist,*
> b) *oder wenigstens tatsächlich das Vermögen eines feindlichen oder ehemals feindlichen Staatsangehörigen betrifft, außerhalb der allgemeinen Gesetzgebung ergeht und endlich den Zwecken der Kriegsführung oder der Regelung der Nachkriegslage, wie sie durch den Krieg oder die Friedensverträge gestaltet worden ist, zu dienen bestimmt ist.*“[276]

Gemäß Artikel 298 FV mussten alle „Güter, Rechte und Interessen, die gemäß Artikel 297 Absatz a) oder f) den Staatsangehörigen der alliierten und assoziierten Mächte, einschließlich der Gesellschaften und Vereinigungen, an denen solche Staatsangehörige beteiligt waren, zurückerstattet werden [...]“.[277] Nach vier Jahren Krieg war dies in vielen Fällen nicht mehr

---

Bekanntmachung, betreffend Liquidation russischer Unternehmungen, vom 22. September 1917 (RGBl. S. 876); Bekanntmachung über die Kraftloserklärung von Aktien bei der Liquidation feindlichen Vermögens, vom 15. November 1917 (RGBl. S. 1051); Bekanntmachung, betreffend Liquidation amerikanischer Unternehmungen, vom 4. März 1918 (RGBl. S. 111). Vgl. dazu: BArch R 3301–2125 Blatt 230–232.

276 Vgl. Richard Fuchs, Die Beschlagnahme, Liquidation und Freigabe deutschen Vermögens im Auslande unter Benutzung amtlichen Materials, Berlin 1927, S. 28–29. Fuchs war zu dieser Zeit leitender Beamter im RFM. Seine Darlegungen können als offizielle Haltung des RFM interpretiert werden.

277 Vgl. Gesetz über den Friedensschluss vom 16. Juli 1919 (RGBl. S. 687, hier: S. 1135).

möglich, weil der Besitz durch Liquidation zerstört worden war. Das betraf insbesondere Konsumgüter wie Rohstoffe, Baumaterial und Genussmittel. Nicht wiederherstellbare Besitztitel wurden in entsprechende Geldwerte umgewandelt und im Rahmen des Ausgleichsverfahrens dem RAA zur Bearbeitung überwiesen.[278]

Nach dem Friedensschluss versuchte der RKLAU Schädigungen ehemals feindlicher Eigentümer wieder zu kompensieren, indem aufgrund des Gesetzes zur Ausführung des Friedensvertrages Besitztitel vom Reich eingezogen oder käuflich erworben wurden. Dabei entstandene Kosten für Entschädigungen oder Kaufverträge mussten beim RFM vorab genehmigt werden.[279]

Der Großteil der Aufgaben des RKLAU wurde bis Ende 1920 erledigt. Die restlichen Geschäfte wurden ab einem unbestimmten Zeitpunkt des Jahres 1920 vom Reichskommissar nur im Nebenamt bearbeitet, bis die Reichsbehörde zum 19. März 1923 schließlich aufgelöst wurde.

Die ehemaligen Reichskommissare Fellinger und von Flotow setzten ihre berufliche Laufbahn in diversen Wirtschaftsunternehmen gemeinsam fort. Während der RKLAU eine Behörde zur Verwertung feindlicher Wirtschaftsunternehmen gewesen war, oblag die Erfassung und Kontrolle des übrigen feindlichen Vermögens einem Treuhänder.

II.3 Der Treuhänder für das feindliche Vermögen

Der Treuhänder für das feindliche Vermogen wurde mit einer Bekanntmachung vom 19. April 1917 geschaffen und am 29. September 1923

278 In Elsass-Lothringen wurden von den französischen Behörden deutsche Staatsangehörige, die als Liquidatoren und Zwangsvollstrecker ehemals feindliche Besitztitel verwaltet hatten, auch nach dem Friedensschluss festgehalten. Das betraf auch deren Familienangehörige. Die Hintergründe dieser Maßnahme waren vielfältig. Die deutschen Internierten sollten bei der Aufarbeitung ihrer Tätigkeit gerade im nun französischen ehemaligen Reichsland Elsass-Lothringen mitwirken. Ein weiterer Beweggrund war wahrscheinlich auch ein Racheakt, denn die Versorgung der Internierten war mangelhaft. Die Reichsregierung drängte auf die Überstellung ihrer Staatsangehörigen nach Deutschland. Vgl. PA AA R 22668 o. Z. Lersner an Clemenceau vom 22. August 1919.

279 Vgl. BArch R 3301–1793 o. Z. RFM an RMfW vom 2. Mai 1921.

aufgelöst.[280] Nur in vergleichsweise wenigen Aktenbänden konnten verwertbare Spuren der Behörde gefunden werden.[281] Wichtige Informationen lieferte auch hier der Sammelband von Friedrich Lenz und Eberhard Schmidt.[282] Die dort gemachten Aussagen sind aber nicht voll zuverlässig. Die Autoren nehmen durchgehend eine deutschfreundliche Position ein.

Die bis 1914 bereits weitgehend globalisierte Weltwirtschaft erforderte nach Ausbruch des Ersten Weltkrieges bis dato beispiellose Eingriffe in das Privateigentum feindlicher Staatsangehöriger. Teil des Wirtschaftskrieges war die Kontrolle der Vermögenswerte der Kriegsparteien in ihren jeweiligen Einflussbereichen. Das globale Finanzzentrum war bei Ausbruch des Krieges London und die Haltung der britischen Regierung war ausschlaggebend für die zukünftige Behandlung des feindlichen Privateigentums während des Krieges. In diesem Sinn plädierte der Direktor der Deutschen Bank Karl Helfferich:

> *„Angesichts der nach Milliarden Mark sich beziffernden Wertpapiere, die als Privateigentum des deutschen Publikums in London* [...] *deponiert sind, ist es wichtig, dass auch von deutscher Seite zu einer Konfiskation des Privateigentums nicht geschritten wird, um den Engländern keine Veranlassung zu geben, die sehr viel bedeutenderen deutschen Werte, die in London liegen, ihrerseits zu konfiszieren."*[283]

Diese Befürchtung war nicht unbegründet. Großbritannien hatte mit dem „Trading with the enemy amendment act" vom 27. November 1914 die feindlichen Vermögenswerte auf den britischen Inseln einer Anzeigepflicht bei einem „Custodian of enemy property" unterworfen.[284] Die Vermögenswerte wurden von lokalen Treuhändern verwaltet und von diesen bei einem

280 Vgl. RGBl. Jg. 1917, S. 363 und die Verordnung über die Auflösung des Treuhänders für das feindliche Vermögen, vom 29. September 1923 (RGBl. S. 1158).

281 Vgl. BArch R 3301–1a, R 3301–1l, R 3301–2022, R 3301–2037, R 3301–2125, R 901–85455.

282 Friedrich Lenz/Eberhard Schmidt (Hrsg.), Die deutschen Vergeltungsmaßnahmen im Wirtschaftskrieg. Nebst einer Gesamtbilanz des Wirtschaftskrieges 1914–1918, Bonn 1924.

283 Vgl. Zilch, S. 112.

284 Es wurden zunächst für die britischen Teilstaaten England, Irland, Schottland und Wales jeweils ein Custodian of enemy property ernannt. Grundlage des Amendment Act vom 27. November 1914 war der „Trading with the Enemy Act" vom 18. September 1914.

überregionalen Custodian gemeldet.[285] Allen Körperschaften auf den britischen Inseln wurde eine vollständige Offenlegung aller feindlichen Beteiligungen, Einlagen oder sonstigen Vermögenswerte auferlegt. Gleichzeitig wurde über die Treuhänderschaft eine weitgehende Kapitalsperre gegenüber den Mittelmächten durchgesetzt. Diese Maßnahmen wurden in der Folgezeit weiter ausgebaut.[286]

Auch Frankreich war mittels einer ministeriellen Zirkularverfügung vom 13. Oktober 1914 eine Erfassung aller feindlichen Vermögenswerte angeordnet worden, um diese bei zukünftigen Friedensverhandlungen als Pfand zu nutzen. Die russische Verwaltung war kurz nach Kriegsausbruch dazu übergegangen, feindliches Eigentum willkürlich der Beschlagnahme oder zumindest einer weitgehenden Kontrolle zu unterwerfen. Ein vereinheitlichendes Gesetz für die verschiedenen Verfahren zu Anmeldung feindlichen Vermögens konnte die Regierung des Zaren erst am 13. Mai 1916 verkünden.[287]

Auf deutscher Seite wurde versucht, eine ähnliche Kontrolle des feindlichen Vermögens zu etablieren und im Rahmen des Wirtschaftskrieges Vergeltung zu üben.[288] Das Resultat war die „Bekanntmachung über die Anmeldung des im Inland befindlichen feindlichen Vermögens von Angehörigen feindlicher Staaten“ vom 7. Oktober 1915 (RGBl. S. 633). Die Erfassung des feindlichen Vermögens im Deutschen Reich oblag den Landeszentralbehörden, während die Richtlinien vom Reichskanzler erlassen wurden.[289] Der Vergeltungscharakter wurde in §4 der Bekanntmachung

285 Die Treuhänder und Zwangsverwalter wurden bereits mit dem „Trading with the Enemy Act“ eingeführt.

286 Vgl. zu diesem Thema: Eberhard Schmidt, Vergeltung, in: Lenz, Wirtschaftskrieg, S. 78–85 und 126–128.

287 Vgl. ebd. S. 128. Eine Gesamtaufstellung des RFM aus dem Jahr 1926 ist zu finden in: BArch R 2–1040 Blatt 197–220.

288 Vgl. Schmidt, Vergeltung, in: Lenz, Wirtschaftskrieg, S. 128–131.

289 Ausführungsbestimmungen wurden vom Reichskanzler am 10. Oktober 1915 (RGBl. S. 653) bekanntgegeben. Darin wurden die Anmeldungen für feindliche Vermögenswerte wie folgt gegliedert: „A. Vermögen von feindlichen Staatsangehörigen, die im Inland ihren Aufenthalt haben. B. Vermögen von feindlichen Staatsangehörigen oder im feindlichen Ausland ansässigen Unternehmungen, das im Inland von Personen mit inländischem Wohnsitz verwahrt oder verwaltet wird. C. Auf Geld lautende Forderungen im (neutralen

vom 7. Oktober 1915 deutlich: „Als feindliche Staaten im Sinne dieser Verordnung gelten Großbritannien und Irland, Frankreich, Russland und Finnland sowie die Kolonien und auswärtigen Besitzungen dieser Staaten.“ Nicht erwähnt wurden Italien und Japan, obwohl mit beiden Nationen Kriegszustand herrschte. Ursache dieser Aussparung war, dass nicht alle feindlichen Staaten bis zur Verabschiedung der Bekanntmachung entsprechende Maßnahmen gegen deutsches Eigentum eingeleitet hatten.[290]

Allerdings löste die dezentrale Erfassung des feindlichen Vermögens durch die Landeszentralbehörden ein Verwaltungschaos aus. Die einzelnen Bundesstaaten beauftragten sehr verschiedene Behörden und Institutionen mit der Ausführung. Die jeweils zuständigen Handelskammern wurden betraut von: Anhalt, Baden, Hessen, Preußen, Reuß ältere und jüngere Linie, Sachsen, Sachsen-Altenburg, Sachsen-Coburg und Gotha, Sachsen-Meiningen, Sachsen-Weimar, Schwarzburg-Rudolfstadt sowie Schwarzburg-Sondershausen.

In Bayern wurden die Rentämter und in Württemberg die „Zentralstelle für Handel und Gewerbe“ in Stuttgart mit der Bearbeitung beauftragt. In Mecklenburg-Strelitz kümmerten sich die Ministerialbehörden darum. In Braunschweig, Bremen und Mecklenburg-Schwerin wurden dagegen die

---

oder feindlichen) Ausland befindlicher feindlicher Staatsangehöriger oder im feindlichen Ausland ansässiger Unternehmungen gegen im Inlande ansässige Schuldner (Personen oder Unternehmungen). D. Beteiligungen feindlicher Staatsangehöriger oder Unternehmungen an im Inlande befindlichen Unternehmungen.“ Vgl. Hermann Nieders, Die Tätigkeit des Treuhänders für das feindliche Vermögen, in: Lenz, Wirtschaftskrieg, S. 203. Die Anmeldungen feindlichen Vermögens hatten demnach im Zeitraum vom 12. Oktober bis 15. Dezember 1915 zu erfolgen.

290 Die Erfassung des feindlichen Vermögens wurde als Vergeltungsmaßnahme bei Bedarf auf andere feindliche Staaten ausgeweitet: Portugal durch Bekanntmachung vom 14. Mai 1916 (RGBl. S. 375) und 30. Januar 1918 (RGBl. S. 67); Rumänien durch Bekanntmachung vom 28. August 1916 (RGBl. S. 971); Italien durch Bekanntmachung vom 24. November 1916 (RGBl. S. 1289) und 30. Januar 1918 (RGBl. S. 67); China, Liberia und Siam durch Bekanntmachung vom 12. September 1917 (RGBl. S. 831) und 30. Januar 1918 (RGBl. S. 67); USA durch Bekanntmachung vom 10. November 1917 (RGBl. S. 1050) und 30. Januar 1918 (RGBl. S. 67); Brasilien durch Bekanntmachung vom 10. Januar 1918 (RGBl. S. 38) und 30. Januar 1918 (RGBl. S. 67); Japan, Kuba, Panama durch Bekanntmachung vom 30. Januar 1918 (RGBl. S. 67).

Statistischen Ämter herangezogen. In Elsass-Lothringen zerfiel die Erfassung auf die Kreisdirektoren bzw. die Bürgermeister der Städte Colmar, Metz, Mühlhausen und Straßburg. In Oldenburg erfasste das Gesamtministerium das feindliche Vermögen, während in Waldeck die Kreisämter und in Schaumburg-Lippe die Landratsämter zuständig waren. Die Regierung von Lippe-Detmold beauftragte extern die Finanzbehörden der Stadt Lübeck.

Die Überforderung aller deutschen Verwaltungsebenen während des Krieges erlaubte weitgehend nur eine Erfassung des feindlichen Eigentums und eine damit verbundene Kapitalsperre in das feindliche Ausland.[291] Mit der Dauer des Krieges wurden die Erfassungen und Kontrollen feindlichen Vermögens ausgeweitet.[292]

Die Bekanntmachung vom 23. Februar 1917 (RGBl. S. 183) führte mit der Anmeldung deutscher Forderungen an Schuldner im feindlichen Ausland beim „Reichskommissar zur Erörterung von Gewalttätigkeiten gegen deutsche Zivilpersonen im Feindesland" erstmals zu einer zentralen Erfassung und Kontrolle von Vermögen.[293] Dieser Schritt erfolgte möglicherweise im Hinblick auf zukünftige Friedensverhandlungen.

Die Einrichtung einer zentralen Reichsbehörde zur Vermögensverwaltung

Der Treuhänder für das feindliche Vermögen wurde mit der Bekanntmachung vom 19. April 1917 beim RAI geschaffen.[294] Der zentrale Arbeitsauftrag des Treuhänders wurde in dieser Bekanntmachung wie folgt formuliert:

> *„Der Treuhänder ist befugt, im Inland befindliche Vermögensgegenstände von Feinden unter Verwaltung zu nehmen, Unternehmungen, Niederlassungen und Grundstücke jedoch nur mit Zustimmung der Landeszentralbehörde. Die*

291 Vgl. Schmidt, Vergeltung, in: Lenz, Wirtschaftskrieg, S. 131–135.

292 Vgl. dazu die Bekanntmachungen vom 16. Dezember 1916 (RGBl. S. 1400), 23. Februar 1917 (RGBl. S. 183) und 24. Januar 1918 (RGBl. S. 62).

293 Kontrolliertes Vermögen wurde nur beschränkt für in Deutschland lebende feindliche Ausländer freigegeben. Die Beträge orientierten sich weitgehend nach den Erfordernissen des täglichen Lebens während des Krieges und der Bereitwilligkeit der Behörden entsprechende Summen auch auszuzahlen. Vgl. dazu: Nieders, Treuhänder, in: Lenz, Wirtschaftskrieg, S. 204.

294 Mit der Errichtung des RWA ging der Treuhänder auf diese Reichsbehörde über. Ein genaues Datum konnte nicht festgestellt werden.

Entscheidung des Treuhänders, dass die Voraussetzungen für die Übernahme der Verwaltung durch ihn vorliegt, kann nur im Aufsichtsweg angefochten werden."[295]

Als erster Treuhänder wurde der damalige ORR Heinrich Albert ausgewählt. Dieser war zuvor als Diplomat und Amateur-Spion in den USA aktiv gewesen und nach Kriegsausbruch in das Deutsche Reich zurückgekehrt. Nach Kriegsende stieg er zum StS der Reichskanzlei und 1923 Reichsminister für Wiederaufbau auf. Am 8. November 1917 folgte Albert als Leiter des Treuhänders dessen bisheriger Stellvertreter GRR Hermann Nieders nach, der bis zur endgültigen Abwicklung des Treuhänders im Jahr 1924 die Amtsgeschäfte führte. Seine Stellvertreter waren zunächst der preußische Landgerichtsrat Bittner und nach dessen Ausscheiden ab April 1921 der ORR Dr. Claus. Besonders Albert hatte mit der komplizierten Aufbauarbeit der Treuhänderverwaltung unter Kriegsbedingungen große Schwierigkeiten zu überwinden gehabt.

Die erwähnte Zersplitterung der Anmelde- und Kontrollbehörden bzw. der sonstigen beauftragten Institutionen der einzelnen Landeszentralbehörden waren nur ein Teil des Problems:

„*Der Treuhänder hatte zur Erfüllung seiner Aufgaben ständig zusammen zu wirken mit der Anmeldestelle für Auslandsforderungen, mit dem Reichskommissar zur Erörterung von Gewalttätigkeiten gegen deutsche Zivilpersonen in Feindesland, mit dem Reichskommissar für Ein- und Ausfuhrbewilligung, auf Grund der Bekanntmachung über die Beschlagnahme ausländischer Wertpapiere vom 26. März 1919 (RGBl. S. 333) auch mit dem Reichsfinanzministerium.*"[296]

Diese komplizierten Zuständigkeiten erforderten eine umfangreichen Schriftwechsel und führten zu zahlreichen Schwachstellen in der Tätigkeit des Treuhänders, so dass bis Kriegsende 1918 nur ein Teil der vom Reich angestoßenen Maßnahmen zur Kontrolle des feindlichen Vermögens auch umgesetzt wurden.

Die Geschäftsverteilung des Treuhänders spiegelte die problematische Erfassung von Vermögenswerten wieder. Neben einem Generalreferat für die allgemeine Verwaltung und juristische Unterstützung bestanden noch

---

295 Vgl. §2 der Bekanntmachung über den Treuhänder für das feindliche Vermögen, vom 19. April 1917 (RGBl. S. 363).

296 Vgl. Nieders, Treuhänder, in: Lenz, Wirtschaftskrieg, S. 200.

jeweils eine Zwangsverwaltungsabteilung, Bankabteilung, Korrespondenzabteilung, Buchhaltung und die Innere Verwaltung.[297]

Wie zahlreiche andere provisorische Behörden war auch der Treuhänder personell in erster Linie mit Angestellten ausgestattet. Nur neun Beamten – mehrheitlich in Leitungsfunktionen – standen über 400 Angestellte gegenüber. Ausschlaggebend für diese Zusammensetzung war der erwähnte allgemeine Mangel an entsprechend ausgebildeten Beamten und die Komplexität der Aufgaben, für die nur wenige Beamte in Frage kamen. Durch die kriegsbedingten Einschränkungen im Finanzsektor waren zahlreiche spezialisierte Arbeitskräfte entlassen worden und für den Treuhänder verfügbar. Diese Fachkräfte waren umso notwendiger, weil der Vermögensbegriff weiter ausgedehnt wurde.[298]

Bis zur Gründung des Treuhänders wurden von den Bundesstaaten primär Eigentumswerte wie Grundstücke, Gewerbeimmobilien, oder Wertpapiere in feindlichem Besitz erfasst und kontrolliert. Später wurden „auch alle Forderungen und sonstigen geldwerten Rechte und Ansprüche feindlicher Gläubiger gegen deutsche Schuldner als inländisches Vermögen“ angesehen.[299] Diese Vermögenswerte waren in der Regel bei Banken als Einlagen deponiert. Zur Vermeidung einer weiteren Störung des kriegswirtschaftlich sehr eingeschränkten deutschen Bankensektors wurden diese Gelder auf den jeweiligen Konten belassen. Nur eine Anmeldepflicht der Banken wurde durch die Bekanntmachung vom 19. April 1917 festgelegt.

Nach der Errichtung des Treuhänders begann die Übertragung und Einordnung aller gesammelten Informationen der bisher beauftragten Landeszentralbehörden. Die überwiegende Arbeit hatten zuvor die regionalen Handwerkskammern geleistet, die auch für die weitere Anmeldung und Kontrolle eingesetzt wurden.

297 Vgl. BArch R 3301–2022 Blatt 148. Nach dem Friedensvertrag und dem Beginn des Ausgleichsverfahrens wurde beim Treuhänder eine „Ausgleichsabteilung“ gebildet.

298 Vgl. BArch R 901–85455 o. Z. Treuhänder an Reichsschatzministerium vom 12. November 1919.

299 Vgl. Nieders, Treuhänder, in: Lenz, Wirtschaftskrieg, S. 201.

Verfahren bei der Erfassung und Kontrolle feindlichen Vermögens

Die Tätigkeit des Treuhänders basierte wie beschrieben auf den Vorarbeiten der Bundesstaaten und diente zur zentralen Erfassung und Kontrolle von feindlichen Vermögenswerten.[300] Die dort erstellten Informationen wurden nach der Bildung des Treuhänders von den Bundesregierungen laufend dorthin übermittelt. Zentrale Erfassungen beim Treuhänder erfolgten in nennenswerter Zahl erst nach der Bekanntmachung vom 30. Januar 1918.[301] Die Erfassung und Kontrolle feindlichen Vermögens wurde darin auf das feindliche Eigentum von Rechtspersonen aus Brasilien, China, Italien, Japan, Kuba, Liberia, Panama, Portugal, Siam und den USA ausgeweitet.[302] Im Gegensatz zur vorherigen Entwicklung, die eine Ausweitung des Wirtschaftskrieges schrittweise vollzogen hatte, wurde mit der Bekanntmachung vom 30. Januar 1918 eine große Zahl unterschiedlicher Staaten und Rechtszustände hinzugezogen. Bis Kriegsende konnte zumindest der Großteil dieser feindlichen Vermögenswerte statistisch erfasst werden.[303]

Eine über die reine Kontrolle hinausgehende Verwertung des feindlichen Vermögens konnte nur zum Teil realisiert werden. Edelmetallbestände für Handelszwecke sowie Verbrauchsgüter wie Rohstoffe, Textilien, Genuss- und Nahrungsmittel wurden weitgehend den Besitzern entzogen und den Reichsverwertungsstellen zugeführt. Weitere Übergriffe traten vereinzelt auf. Angesichts der schlechten Versorgungslage der deutschen Wirtschaft in den Jahren 1917 und 1918 war eine weitergehende Verwertung nicht ausgeschlossen. Nieders argumentierte, dass es niemals Ziel der Treuhänderverwaltung gewesen wäre, die feindlichen Eigentümer komplett zu enteignen,

300 Vgl. Bekanntmachung vom 7. Oktober 1915 (RGBl. S. 633), §2, Absatz 1.

301 Vgl. RGBl. Jg. 1918, S. 67.

302 Vgl. Nieders, Treuhänder, in: Lenz, Wirtschaftskrieg, S. 202.

303 Die statistische Erfassung ermöglichte zumindest die Einziehung der Zinsen auf feindliche Guthaben bei deutschen Banken auf sog. „Coupon-Sonderkonten" I und II. Das Sonderkonto I war für Eingänge vor der Errichtung des Treuhänders eingerichtet worden. Zinszahlungen ab dem Stichtag 31. März 1917 mussten auf Sonderkonto II abgeführt werden. Von einem Teil dieser Zinsen wurde die Tätigkeit des Treuhänders bezahlt. Vgl. ebd. S. 204–206.

und dass der Schutz des Eigentums trotz der tiefgreifenden Eingriffe auf Seiten der Alliierten ein wichtiges Ziel war.[304]

Gegen diese Sichtweise sprach zum einen die Mobilisierung aller Ressourcen für den Krieg nach Beginn des sog. Hindenburg-Programms, die außerhalb der Reichsgrenzen durch Beschlagnahme und Requisition von Privateigentum nur wenige Limitierungen kannte. Zudem gingen die deutsche Politik und Verwaltung von einem siegreichen Kriegsausgang aus. Dementsprechend war von einer, für Deutschland vorteilhaften, Regelung der Entschädigungen auszugehen. Nieders war als ehemaliger Präsident der Treuhänderverwaltung ein kompetenter Autor, aber seine späteren Erläuterungen im Hinblick auf die diplomatischen Reaktionen im ehemals feindlichen Ausland waren von entsprechenden Phrasen behaftet.

Die erwähnte Einflussnahme des AA, RIM und RWehrM auf den Publikationstext war wahrscheinlich zutreffend. Eine vorauseilende Selbstzensur der Autoren ist ebenso möglich. Im Gegensatz dazu ist allerdings davon auszugehen, dass dem Treuhänder schlicht das Personal fehlte, um hunderttausende von Konten und Objekten zu überwachen bzw. eine geordnete Verwertung zu Gunsten des Deutschen Reiches zu gewährleisten.[305]

Nach Kriegsende hatte der Treuhänder die Aufgabe die Vermögenswerte wieder zurückzugeben. Die Geschäftsverteilung änderte sich nicht grundlegend. Neben einem Generalreferat, das auch die Rechtsabteilung beinhaltete, bestanden noch eine Zwangsverwaltungsabteilung, Bankabteilung, Korrespondenz-Abteilung, Ausgleichsabteilung, Buchhaltung und eine Abteilung für innere Verwaltung. Hervorzuheben ist die Zwangsverwaltungs- bzw. Ausgleichsabteilung. Erstere bearbeitete die Zwangsverwaltungen und Zwangsliquidationen feindlichen Vermögens bzw. Unternehmungen im Inland in Zusammenarbeit mit dem RKLAU. Die Ausgleichsabteilung bearbeitete die den Treuhänder betreffenden Geschäfte des Ausgleichsverfahrens in Kooperation mit dem RAA.[306]

---

304 Dieser Argumentation folgte Nieders in seiner gesamten Darstellung zum Treuhänder für das feindliche Vermögen. Vgl. Nieders, Treuhänder, in: Lenz, Wirtschaftskrieg, S. 198–227.

305 In BArch R 3301–2037 Blatt 2 vom 12. Dezember 1919 wurde die Zahl der damals noch abzuwickelnden Konten mit 100.000 und die wöchentlichen Aus- und Eingänge mit 1.000 beziffert.

306 Vgl. BArch R 3301–1a Blatt 119–120.

Bis Kriegsende wurden 65.000 Anmeldungen für Warenforderungen von 15.700 Gläubigern aus Großbritannien registriert. Dazu kamen 60.000 Anmeldungen von 24.500 französischen Gläubigern. Die britischen Forderungen beliefen sich bis 11. November 1918 auf 342.417.564 Goldmark und die französischen auf 145.423.214 Goldmark. Diese beiden Positionen machten den überwiegenden Teil der während des Ersten Weltkrieges entstanden Gläubigerpositionen aus, weil die Handelsbeziehungen zu beiden Staaten bei Kriegsausbruch besonders intensiv waren. Von Russland bestanden dagegen Forderungen von nur 31.955.088 Goldmark, eine vergleichsweise geringe Zahl wenn man das Außenhandelsdefizit Deutschlands gegenüber Russland bedenkt, das im Jahr 1913 545 Millionen Goldmark betrug.[307] Bei Kriegsausbruch mit den USA bestanden noch Forderungen von US-Gläubigern in Höhe von 50.682.326 Goldmark. Bis zum Waffenstillstand aufgelaufene Forderungen anderer Staaten wurden in Höhe von 242.523.326 Goldmark zur Anmeldung gebracht. Zusammen wurden beim Treuhänder Forderungen in Höhe von 813.001.483 Goldmark angemeldet.[308]

Ein großer Teil dieser Summe ging direkt in den Besitz des Reiches über, weil das RAI deutschen Schuldnern die Möglichkeit eingeräumt hatte, ihre Außenstände durch eine entsprechende Einzahlung auf den Treuhänder zu übertragen.[309] Aus der Liquidation ausländischer Unternehmungen flossen dem Treuhänder bis zum Waffenstillstand zudem Bareinlagen in Höhe von 455 Millionen Goldmark zu. Dazu wurden Wertpapiere im Umfang von 222 Millionen Goldmark abgeliefert.[310]

---

307 Vgl. Carsten Burhop, Wirtschaftsgeschichte des Kaiserreichs 1871–1918, Göttingen 2011, S. 102–105.

308 Zur Höhe der Forderungen vgl. Nieders, Treuhänder, in: Lenz, Wirtschaftskrieg S. 211.

309 Vgl. Ermächtigung des Reichsamts des Innern vom 29. Juli 1917 III a. V. 4377, in: ebd. S. 210.

310 Vgl. Nieders, Treuhänder, in: Lenz, Wirtschaftskrieg, S. 213.

II.4 Der Reichsausschuss für den Wiederaufbau der Handelsflotte

Der Reichsausschuss für den Wiederaufbau der Handelsflotte wurde mit dem Gesetz über die Wiederherstellung der deutschen Handelsflotte vom 7. November 1917 geschaffen.[311] Zum 1. März 1922 wurde der RWHF in „Reichsauschuss für Schiffbau und Schiffablieferung" umbenannt.[312] Die Auflösung dieses Reichsausschusses und dessen Integration in den Reichskommissar für Reparationslieferungen erfolgte durch eine Verordnung vom 25. August 1923.[313]

Bis zur „Verordnung betreffend die Erklärung des Kriegszustandes" am 31. Juli 1914 lief der deutsche Überseehandel ohne größere Behinderungen weiter.[314] Die sich zuspitzende politische Lage auf dem europäischen Kontinent veranlasste die deutschen Reedereien erst ab diesem Zeitpunkt ihre Handelsschiffe in deutsche oder neutrale Häfen zu beordern, bevor sie von feindlichen Schiffen als Prisen aufgebracht werden konnten.[315] Bis zum 4. August 1914 befand sich das deutsche Kaiserreich im Kriegszustand mit Australien, Belgien, Frankreich, Großbritannien, Kanada, Luxemburg, Nepal, Neufundland, Neuseeland, dem Russischen Zarenreich und Serbien. Die Zahl neutraler Häfen war erheblich geschrumpft und zahlreiche Schiffe wurden auf See erbeutet, oder in nun feindlichen Häfen liegend beschlagnahmt.[316] Von einer Gesamttonnage von ca. 5,599 Millionen Bruttoregistertonnen gingen etwa 1,9 Millionen BRT bei Kriegsbeginn verloren.[317]

---

311 Vgl. RGBl. Jg. 1917, S. 1025.

312 Vgl. Bekanntmachung vom 1. März 1922 (RGBl. S. 217). Die Abkürzung RWHF wurde auch für die Phase nach der Umbenennung verwendet.

313 Vgl. RGBl. Jg. 1923, Teil II, S. 351.

314 Vgl. Verordnung, betreffend die Erklärung des Kriegszustandes, vom 31. Juli 1914 (RGBl. S. 263).

315 Vgl. Priester, Handelsschifffahrt, S. 8–9. Auch Deutschland brachte während des Krieges feindliche Schiffe als Prisen auf. Die entsprechende Prisenordnung vom 30. September 1909 wurde am 3. August 1914 (RGBl. S. 275) novelliert.

316 Besonders der Kriegseintritt Großbritanniens mit seinen Dominions und Kolonien am 4. August 1914 führte zu großen Verlusten, weil viele deutsche Schiffe in der Hoffnung auf eine britische Neutralität in dessen Häfen eingelaufen waren.

317 Ungefähr 400 Dampfschiffe und 131 Segelschiffe mit zusammen 1,372 Millionen BRT lagen, durch die Seeblockade von Deutschland abgeschnitten, in

Durch den Kriegseintritt weiterer Staaten zogen die deutschen Reedereien 103 Handelsschiffe in Häfen der Vereinigten Staaten von Amerika zusammen. Angesichts der dezidierten Haltung der USA, in den europäischen Krieg nicht eingreifen zu wollen – der wiedergewählte Präsident Woodrow Wilson hatte diesen Standpunkt im Wahlkampf klar vertreten – schienen die USA ein sicherer Hafen zu sein. Entsprechend groß waren dann auch die Verluste an Handelsschiffen nach dem Kriegseintritt der USA am 6. April 1917. Die US-Behörden beschlagnahmten am 8. Mai 1917 alle Schiffe im Umfang von 648.894 BRT. Die deutschen Häfen waren ebenfalls kein sicherer Ankerplatz. Zahlreiche Schiffe wurden für den Kriegsdienst zwangsverpflichtet und gingen teilweise durch Feindeinwirkung verloren. Bei Kriegsende verblieben noch insgesamt ca. 2,833 Millionen BRT in deutschem Besitz.[318] Die deutschen Reedereien, ohnehin durch die britische Seeblockade in ihrer Tätigkeit stark eingeschränkt, wurden durch die genannten Verluste in ihrer Existenz bedroht. Während die Einnahmen wegen des Kriegsausbruchs abrupt wegbrachen, mussten Tausende Besatzungsmitglieder in Übersee versorgt und ihre Schiffe durch Reparaturen in betriebsfähigem Zustand gehalten werden.[319]

Auch für die deutsche Ex- und Importwirtschaft bedeutete der Verlust an Handelstonnage enorme Probleme. Zwischen 1872 und 1913 war das deutsche Exportvolumen von ca. 2,3 Milliarden Goldmark auf ca. 10,1 Milliarden Goldmark angewachsen.[320] Die Importe legten im gleichen Zeitraum sogar noch stärker zu und führten zu einer langanhaltend negativen Handelsbilanz des Deutschen Reiches. Allerdings konnte eine aktive

neutralen Häfen vor Anker. 0,533 Millionen BRT fielen zu Kriegsbeginn als Prisen an die Alliierten. Vgl. Priester, Handelsschifffahrt, S. 4–11.

318 Vgl. Priester, Handelsschifffahrt, S. 10–11.

319 Die deutschen Reedereien mussten ihre in deutsche Häfen geretteten Schiffe der deutschen Kriegsmarine verchartern. Die Erlöse aus der Vercharterung waren vergleichsweise gering. Einziges Betätigungsfeld der Reedereien war der Handel mit Skandinavien über die Ostsee. Hinzu kamen kreative Geschäftsideen wie die Gründung des Mitteleuropäischen Reisebüros durch die Hapag und den Norddeutschen Lloyd im Jahr 1916. Vgl. Priester, Handelsschifffahrt, S. 31–32.

320 Vgl. Cornelius Torp, Die Herausforderung der Globalisierung. Wirtschaft und Politik in Deutschland 1860–1914, Kritische Studien zur Geschichtswissenschaft, Bd. 168, Göttingen 2005, S. 60–61.

Dienstleistungsbilanz, insbesondere Erlöse aus deutschen Auslandsinvestitionen und der Handelsflotte, die negative Leistungsbilanz in einen deutlichen Überschuss drehen. Angesichts der Verluste an Schiffsraum während des Krieges wuchsen in Deutschland die Befürchtungen über große Transportengpässe nach Kriegsende.[321] Die deutsche Reichsleitung entschied daher im Jahr 1915, dass der verbliebene Handelsschiffsraum dringend erhalten werden musste. Basierend auf dem Ermächtigungsgesetz des Bundesrats zu wirtschaftlichen Mobilisierung zu Kriegsbeginn wurde, mittels einer Bekanntmachung vom 21. Oktober 1915, dem drohenden Ausverkauf der deutschen Handelsflotte ein Riegel vorgeschoben.[322] Den deutschen Reedereien waren Verkäufe ins neutrale Ausland praktisch unmöglich gemacht worden. Allerdings entzog man den Unternehmen damit die Möglichkeit an Betriebskapital zur Deckung der laufenden Kosten zu gelangen.

Im Reichstag wurden ab dem Sommer 1916 Debatten über eine Unterstützung der Reedereien geführt.[323] Die Hilfsleistungen sollten nicht den

321 Wegen des Kriegseintritts und Beschlagnahme anderer Staaten ging weiterer deutscher Schiffsraum verloren (Datum der Maßnahme bzw. Kriegseintritts in Klammern): Italien (17. Juni 1915) 36 Schiffe mit 153.866 BRT; Portugal (23. Februar 1916, noch vor Kriegsausbruch am 9. März 1916) 72 Schiffe mit 241.798 BRT; Griechenland (24. November 1916/29. Juni 1917) 9 Schiffe mit 19.567 BRT; Brasilien (7. Juni 1917, noch vor Kriegsausbruch am 26. Oktober 1917) 54 kleinere Schiffe mit 15.000 BRT; China (20. März 1917, noch vor Kriegsausbruch am 14. August 1917) 11 Schiffe mit 21.794 BRT; Kuba (7. April 1917) 5 Schiffe mit 15.901 BRT; Siam (22. Juli 1917) 9 Schiffe mit 19.245 BRT; Peru (9. Oktober 1917, ohne Kriegsbeitritt) 10 Schiffe mit 42.866 BRT; Uruguay (9. November 1917, ohne Kriegsbeitritt) 8 Schiffe mit 44.658 BRT. Vgl. Priester, Handelsschifffahrt, S. 10–11. Insgesamt ging etwa die Hälfte aller deutschen Handelsschiffe bis zum Waffenstillstand am 11. November 1918 verloren. Vgl. Graf von Roedern, Der Wiederaufbau der deutschen Schifffahrt, in: Zehn Jahre Deutsche Geschichte 1918–1928, 2. Aufl., Berlin 1928, S. 287.

322 Zu den weiteren Eingriffen der Reichsleitung in die deutsche Handelsschifffahrt vgl. Priester, Handelsschifffahrt, S. 32–36. Siehe auch: Gesetz über die Ermächtigung des Bundesrats zu wirtschaftlichen Maßnahmen, vom 4. August 1914 (RGBl. S. 327) und die Bekanntmachung betreffend Veräußerung von Kauffahrteischiffen an Nichtreichsangehörige, vom 21. Oktober 1915 (RGBl. S. 685).

323 Die Debatte war Teil der Entscheidungsfindung hinsichtlich von Entschädigungen aus Anlass des Krieges. Dabei wurde, mit Verweis auf die

Charakter einer vollständigen Kompensation annehmen. Aufgrund eines Entschädigungsgesetzes vom 14. Juni 1871 wurde die Notwendigkeit einer abschließenden Abfindung der Reedereien zwar im Reichstag betont. Dennoch wurde die Durchführung dieser komplexen Materie auf die Zeit nach dem Ersten Weltkrieg verschoben.[324] Am 11. Mai 1916 forderten die Fraktionen der Freisinnigen, Nationalliberalen, dem Zentrum und der Konservativen Parteien in einer gemeinsamen Resolution:

> *„Die verbündeten Regierungen zu ersuchen, unverzüglich [...] alle zur Erhaltung und Vermehrung des Bestandes an deutschen Handelsschiffen zum Binnen-, Küsten- und Überseeverkehr geeigneten Maßnahmen zu ergreifen, insbesondere den deutschen Reedereien den Neubau von Handelsschiffen durch Bereitstellung ausreichender Geldmittel zu erleichtern."*[325]

Die Reichstagsberatungen zogen sich bis zum Herbst 1917 hin. Während dieses Zeitraums blieben die Reedereien nicht untätig. Mittels Lobbyarbeit waren die Unternehmen bemüht, ihren Einfluss auf die Reichstagsabgeordneten und Reichsleitung zur Geltung zu bringen.[326] Immerhin bildeten Reedereien, Werften und Zulieferer regional wichtige Arbeitgeber mit entsprechendem Einfluss in den Wahlkreisen. Am 10. Juli 1917 wurde schließlich ein Gesetzentwurf für Beihilfen zur Wiederherstellung der deutschen Handelsflotte in den Reichstag eingebracht. Eines der zentralen Probleme

---

Entschädigungsgesetze nach dem Deutsch-Französischen Krieg 1870/71, die Notwendigkeit einer entsprechenden gesetzlichen Neuregelung betont. Auch 1871 hatte es ein Gesetz zur Entschädigung der Reedereien für Kriegsverluste gegeben. Vgl. Rede des Direktors im Reichsamt des Innern von Jonquières während der 44. Reichstagssitzung vom 9. Mai 1916, Reichstagsprotokolle Bd. 307, S. 986.

324 Vgl. Gesetz, betreffend die Entschädigung der deutschen Reederei, vom 14. Juni 1871 (RGBl. S. 249).

325 Vgl. Priester, Handelsschifffahrt, S. 36.

326 Die deutschen Reedereien übergaben beispielsweise dem Reichstagsausschuss für Handel und Gewerbe eine Denkschrift über die Verluste an Handelstonnage. Vgl. Redebeitrag des Abgeordneten Schumann in der 119. Reichstagssitzung vom 3. Oktober 1917, Reichstagsprotokolle Bd. 310, S. 3642–3644. Erste Gesetzesentwürfe im Februar 1917 für eine Unterstützung der Reedereien wurden von diesen als viel zu niedrig zurückgewiesen und der Entwurf auch stillschweigend zurückgezogen. Vgl. Priester, Handelsschifffahrt, S. 37–38.

in den folgenden parlamentarischen Beratungen war die Abschätzung der zu erwarteten Entschädigungshöhe.

Angesichts der zum damaligen Zeitpunkt überhöhten Materialpreise, die hohe Nachfrage nach Rüstungsgütern verzerrte die Preise extrem, war eine realistische Einschätzung der Herstellungskosten neuer Handelsschiffe kaum möglich. Ohnehin war der Bau von Handelsschiffen während des Krieges von sehr niedriger Priorität. Diese Unwägbarkeiten wurden durch einen Antrag der Zentrumsfraktion gelöst, der die Bemessung der Entschädigungen auf einen Zeitpunkt nach Kriegsende verschob. Unter markttechnischen Friedensbedingungen sollte dann der Wiederaufbau der Kriegsverluste beginnen. Bis dahin bot ein Beihilfegesetz, das gegen die Stimmen der Fraktionen von SPD und USPD bewilligt wurde, der Reichsleitung die Möglichkeit den Reedereien Unterstützungszahlungen zu gewähren:

> *„1. Für die Ersatzbeschaffung von Schiff und Inventar, wenn das Schiff nach dem 31. Juli 1914 durch Maßnahmen ausländischer Regierungen oder durch kriegerische Ereignisse verlorengegangen oder erheblich beschädigt worden ist.*
> *2. Zur Deckung der Aufwendungen für Instandhaltung des Schiffes, für Hafengelder sowie für Heuer und Unterhaltung der Schiffsbesatzung, die dadurch notwendig geworden sind, dass das Schiff infolge des Krieges in deutschen Schutzgebieten oder in außerdeutschen Ländern festgehalten oder an der Fortsetzung seiner Reise gehindert worden ist.“*[327]

Zur Begutachtung der Beihilfeanträge, für deren Bewilligung kein Rechtsanspruch eingeräumt wurde, war eine Einzelfallprüfung notwendig. Dazu wurde der Reichsauschuss für den Wiederaufbau der Handelsflotte im Rahmen einer Besprechung am 30. Oktober 1917 gegründet.[328] Das Gesetz sah eine Förderung und Überwachung des deutschen Schiffsbaus für zehn Jahre nach dem Friedensschluss vor.

Im Beihilfegesetz wurde den Reedereien eine zusätzliche Unterstützung von Schiffsneubauten in Form von Zuschlägen von bis zu 20–70% des Friedenswertes gewährt.[329] In der Bundesratssitzung vom 19. Januar 1918 wurden gemäß §8 des Wiederherstellungsgesetzes die Mitglieder des

327 Vgl. Priester, Handelsschifffahrt, S. 40–41. Vgl. Gesetz über die Wiederherstellung der deutschen Handelsflotte, vom 7. November 1917 (RGBl. S. 1025).

328 Vgl. BArch R 2–42953 Blatt 6 und 24–25.

329 Zu den Grundsätzen der Beihilfen und den Tarifen für Beihilfen bei verlorenem Eigentum von Seeleuten vgl. BArch R 2–42953 Blatt 68–71.

Reichsausschusses für den Wiederaufbau der Handelsflotte ernannt.[330] Als Vorsitzender wurde der WGRR Wilhelm von Jonquières und als dessen Stellvertreter der WGORR Georg Kautz bestimmt.[331]

Seit dem 1. Januar 1918 liefen die Vorbereitungen für den Aufbau des RWHF unter der Leitung von Kautz an. Die Diensträume wurden in der Charlottenstraße 46, dem Carlton Hotel, in Berlin bezogen. Eine parlamentarische Anfrage des Reichstagsabgeordneten Alpers (Deutsch-Hannoversche Partei) zur Verlegung des Dienstsitzes in eine Hansestadt wurde zurückgewiesen.[332] Die erste konstituierende Sitzung fand am 12. Februar 1918 in Berlin statt. Auf dieser und der darauffolgenden Sitzung am 1. März 1918 wurden für die zukünftige Tätigkeit des Ausschusses wegweisende Entscheidungen getroffen. Zunächst wurde eine Geschäftsordnung verabschiedet und mit der Beratung zentraler Fragen, wie der Berechnung

330 Am 18. Januar 1918 wurden vom Bundesrat als erste Mitglieder des RWHF ernannt: WGRR Wilhelm von Jonquières (als Vorsitzender, vorübergehend vom RWA), GRR Müller (Reichsschatzamt), Admiralitätsrat Dr. Warns-Pichlmaier (Reichs-Marineamt), Alfred Jarke (ehemaliger Direktor der Hamburg-Südamerikanischen Schifffahrtsgesellschaft), Prof. Pagel (Germanischer Lloyd), Redakteur Paul Müller (Vertreter der Schiffsmannschaften; seemännischer Beirat des Vorstandes der Seeberufsgenossenschaft) und Bezirksamtmann Bittinger. Ebenfalls benannt wurden die Stellvertreter: Versicherungsmakler Carl Wuppesahl jun., WGORR Kautz (stellv. Vorsitzender, RWA), OberBR Krell (Reichs-Marineamt), GKR Gribel, Ober-Ing. Teucher und Direktor Schauseil (Hamburgische Seeberufsgenossenschaft). Jeweils ein Vertreter des Senats der Stadt Bremen als Repräsentant der Seeoffiziere und ein Vertreter vom Reichsjustizamt wurden erst später besetzt. Vgl. BArch R 2–42953 Blatt 6 und 24–25. Vom Reichsjustizamt wurde im November 1917 GJR Wilke vom Landgericht I Berlin in den RWHF entsandt. Vgl. ebd. Blatt 16. Zusätzlich ernannt wurde als Stellvertreter der Regierungsamtmann Carl Oscar von Haebler. Vgl. ebd. Blatt 24. Nachfolger von Jonquiéres wurde zum 1. August 1918 Kautz. Vgl. BArch R 2–50318 Blatt 5.

331 Vgl. Biografien in VI. Anhang.

332 Vgl. Anfrage Nr. 355 vom 20. Februar 1918 (Nr. 1297 der Drucksachen). Antwort des Vorsitzenden auf Anfrage vom 26. Februar 1918 (134. RT Sitzung, S. 4150). Bittinger konnte aber krankheitsbedingt seine Tätigkeit nicht aufnehmen. Daher wurde am 2. Mai 1918 der Verwaltungsgerichtsrat von Baumer als sein Nachfolger von der Königlich Bayerischen Regierung bestimmt. Vgl. ebd. BArch R 2–50318 Blatt 127.

des Friedenswertes von Sachwerten und dem verlorenen Besitz von Seeleuten, begonnen.[333]

Im Verfolg der ersten Sitzung wurden Musterformulare für die Beantragung von Beihilfen für Schiffsinstandsetzungen und Entschädigungen von Seeleuten erstellt, die Mitte März 1918 an die Reedereien zur Antragstellung verschickt wurden.[334] Dem vorausgegangen waren intensive Beratungen zwischen den Reedereien, dem RWHF und verschiedenen Reichsämtern.[335] Ein zentraler Streitpunkt war die Bemessung und Definition des Friedenswertes, dessen Auslegung variierte. Nach der Definition des Reiches war der Friedenswert der Geschäftswert eines Gegenstandes zum Stichtag 25. Juli 1914 abzüglich von späteren Abschreibungen.[336] Die Reedereien wollten dagegen den Wert des Schiffes nach einem Durchschnittswert der Wertsteigerungen bis zum Verlust des Schiffes, demzufolge also auch nach Kriegsausbruch, in die Wertermittlung aufnehmen.

Dieser Ansatz bot den Reedereien die Möglichkeit die Preissteigerungen ersetzt zu bekommen. Sollte die Inflation nach Kriegsende zurückgehen, konnten möglicherweise dadurch Gewinne entstehen. Diese Aussicht stieß bei den Beamten auf entschiedenen Widerstand.[337] In einer Sitzung vom 27. März 1918 wurden diese Fragen im RWHF erneut besprochen, ohne eine abschließende Regelung festzuhalten.[338] Die Beratungen über den Friedenswert konnten erst nach Kriegsende abgeschlossen werden und waren Gegenstand langwieriger Diskussionen zwischen den Vertretern der Reichsverwaltung und den Interessenvertretern der Reedereien.[339]

---

333 Zur Geschäftsordnung des RWHF vgl. BArch R 2–42954 Blatt 8–10.

334 Die Blanko Formulare sind noch erhalten in: BArch R 2–42953 Blatt 52–57. Vgl. dazu auch Anlagen I-II zu den Grundsätzen und Tarifen der Beihilfen. Vgl. ebd. Blatt 68–71.

335 Vgl. ebd. Blatt 136–141.

336 Vgl. dazu eine Stellungnahme des Staatssekretärs des Reichsmarineamtes vom 23. Januar 1918 in: BArch R 2–14954 Blatt 7.

337 Exemplarisch für den Streit um den Friedenswert ist hier nur die Sitzung vom 1. März 1918 angeführt. Vgl. BArch R 2–42954 Blatt 139–150.

338 Vgl. ebd. Blatt 83.

339 Eine abschließende Regelung des Friedenswertes wurde in der Sitzung vom 18. Juni 1919 beschlossen. Vgl. BArch R 2–50321 Blatt 254–280, zu den Grundsätzen des Friedenswertes Blatt 270–280.

Nach Schätzungen vom 16. März 1918 rechnete der RWHF mit einem Antragsvolumen von: ca. 1.000 Beihilfeanträge für Schiffsneubauten; ca. 1.600 Anträge für die Erstattung von Unkosten bei auf Reede liegenden Schiffen; ca. 15–20.000 Anträgen von Seeleuten für Beihilfen für verlorenen persönlichen Besitz.[340]

In den weiteren Sitzungen des RWHF wurden die eingegangenen Anträge für Beihilfen bearbeitet. Zu jedem Antrag äußerten sich jeweils ein Berichterstatter und ein Mit-Berichterstatter, z. B. waren für den Antrag der Reederei Norddeutscher Lloyd für das Schiff „Borneo" Dr. von Haebler als Berichterstatter und Carl Wuppesahl als Mit-Berichterstatter verzeichnet, die während der gleichen Sitzung weitere 55 Anträge vorstellten.[341] Bei der Beratung der Anträge wurde schnell deutlich, dass das Verwaltungspersonal mit der Flut an Belegen zu den Anträgen vollkommen überfordert war. Zum einen fehlten personelle Kapazitäten die beispielsweise ca. 5.000 bis 10.000 Belege für ein mittelgroßes Schiff einzeln zu prüfen, zum anderen verfügte der RWHF nicht über die nötigen gesicherten Lagerräume für dermaßen umfangreiche Anträge.[342] Gelöst wurde das Problem der Antragsüberprüfung durch die Abstellung von zwei Revisoren vom Reichsrechnungshof, um die Belege vor Ort bei den Reedern zu prüfen. Eine Lagerung durch den RWHF entfiel dadurch weitgehend.

Das Kriegsende erforderte vom RWHF besondere Berücksichtigung der Schiffsbesatzungen, die im Ausland festsaßen. Gestärkt durch die Matrosenräte machten die Besatzungen in Eingaben Druck auf den Rat der Volksbeauftragten und damit den RWHF. Zur Beruhigung der Situation wurden weitgehend ungeprüfte größere Geldbeträge an die Schiffsbesatzungen ausgezahlt.[343] Die erfolgreichen Eingaben konzentrieren sich auf den Dezember 1918. Unter dem Eindruck des schwindenden Einflusses der Arbeiter- und Soldatenräte verloren auch die Matrosenräte ihren Einfluss und wurden Schritt für Schritt entmachtet. Damit schwand auch die Notwendigkeit auf ihre Forderungen einzugehen.

---

340 Vgl. BArch R 2–42953 Blatt 157. Die Musterformulare sind enthalten in: Ebd. Blatt 52–72.

341 Vgl. BArch R 2–42953 Blatt 92–94.

342 Vgl. BArch R 2–42953 Blatt 132.

343 Vgl. BArch R 2–42955 Blatt 247, 251, 258, 267 und 284–292.

Ansonsten hatte die Revolution in Berlin vom 9. November 1918 zunächst keine besonderen Auswirkungen auf die Arbeit des RWHF, der seine Sitzungen am 18. November 1918 regulär weiterführte. Die Überleitung von Krieg zu Frieden schien, trotz Staatsumsturz, Demobilmachung und allgemein ungewisser Zukunftsaussichten in Deutschland, zumindest im Reichsausschuss reibungslos organisierbar. Der GRR Dr. Müller vom RSchA deutete gegenüber dem RWHF sogar während dieser Sitzung an, dass für das Haushaltsjahr 1919 300 Millionen Mark für den Wiederaufbau der Handelsflotte eingeplant wären. Diese Summe entspricht dem Betrag der schon für das Rechnungsjahr 1917 vorgesehen war.[344] Daraus kann man ableiten, dass für Müller größere Umschichtungen im Reichshaushalt in Folge der Revolution nicht zu erwarten waren.

Die deutsche Demobilmachung ermöglichte den Beginn des Schiffsbauprogramms.[345] Vonseiten der Politik und des Demobilmachungsamtes wurde zunächst eher sekundär an den Wiederaufbau der Handelsflotte gedacht, sondern primär an die kurz- und mittelfristige Beschäftigung tausender Kriegsheimkehrer in den deutschen Werften. Damit sollte das Unruhepotential an den Werftstandorten gemindert werden.

In einer Selbstverpflichtung gingen die drei größten deutschen Reedereien vor dem Ende des Krieges noch von einem begrenzten Neubauprogramm aus. An Neubauten wurden bis Kriegsende bei deutschen Werften vorbestellt: Norddeutsche Lloyd: 360.000 BRT; Hamburg-Amerika Linie: 320.000 BRT; Hamburg-Südamerika: 240.000 BRT. Angesichts des noch vorhandenen deutschen Schiffsraums schienen diese Mengen für die zu erwartenden Schiffstransporte ausreichend zu sein. Problematisch gestaltete sich unerwartet die kritische Situation der deutschen Werften und deren Zulieferern. Die abrupte Umstellung von der Kriegs- zur Friedensproduktion, die auf den deutschen Werften wegen der Produktion von U-Booten besonders genau überwacht wurde, führte zu Stockungen. Schnell wurde deutlich, dass ein geregelter Wiederaufbau der Handelsflotte nicht nur die Reedereien einschloss.

344 Vgl. §12 des Beihilfegesetzes vom 7. November 1917.

345 Der RWHF förderte auch die Standardisierung des Schiffsbaus durch Normierung und Typisierung. Vgl. BArch R 2–42954 Blatt 339–340.

Vielmehr mussten auch die Werften und deren Zulieferer-Industrien staatlich subventioniert werden. Zur Koordination von Reedereien, Werften und Zulieferern wurde der RWHF herangezogen. Drängendstes Problem war zunächst die Überbrückung der finanziellen Risiken bei der Umstellung auf die Friedensproduktion, bis die Neubauten soweit fortgeschritten waren, dass erste Abschlagszahlungen von den Reedereien an die Werften und von dort an die Zulieferer geleistet werden konnten. Im Januar 1919 begannen daher intensive Gespräche zwischen dem RWHF und den Kriegsausschüssen der Reedereien bzw. der Werften.[346] Inhalt der Gespräche war die Ausgestaltung der Zusammenarbeit zwischen RWHF und Schiffsbauindustrie.

Von der Waffenstillstandsphase bis zur Vorlage des Versailler Friedensvertrages

In den Verhandlungen für die Waffenstillstandsabkommen hatten die deutschen Delegationen unter der Leitung von Matthias Erzberger einer schrittweisen Auslieferung der unter deutscher Kontrolle stehenden Handelsflotte zugestimmt.[347] Im Waffenstillstand von Compiègne vom 11. November 1918 waren zunächst nur Handelsschiffe von der Abgabe betroffen, die während des Krieges in deutschen Besitz, beispielsweise durch Kaperung auf See oder während der Besetzung eines Hafens, gelangt waren.[348] Die Diskussion über die Verwendung der Handelsflotte begann erst danach. Angestoßen wurde das Thema auf deutscher Seite vom Kriegsausschuss der deutschen Reedereien. In einem Schreiben an den damaligen Waffenstillstandskommissar Erzberger vom 21. November 1918 forderten sie den sofortigen Einsatz der deutschen Handelsflotte für Lebensmitteltransporte nach Deutschland. Für diesen Zweck waren sie bereit, die Handelsflotte temporär in ein „internationales Schifffahrtskontor" zu übertragen. Zur

346 Vgl. BArch R 2–50318 Blatt 220–227.

347 Vgl. Christopher Dowe, Matthias Erzberger. Ein Leben für die Demokratie, Stuttgart 2011, S. 112–117.

348 Vgl. Artikel 28 (Ablieferung belgischer Handelsschiffe und Marinematerial), 29 (Ablieferung aller beschlagnahmten Handels- und Kriegsschiffe im Schwarzen Meer) und 30 (Abgabe aller übrigen Handelsschiffe der alliierten und assoziierten Mächte). Nach Artikel 32 war die Zerstörung von Schiffsraum untersagt. In Artikel 33 wurde zudem der Verkauf von deutschem Schiffsraum an neutrale Staaten verboten. Vgl. dazu: Der Waffenstillstand, Bd. 1, S. 51.

rechtlichen Absicherung sollte ein Zeitfrachtvertrag zwischen Deutschland und den Alliierten geschlossen werden.[349]

Übergeben wurde die deutsche Handelsflotte im Rahmen der Ausführung des Waffenstillstandes von Trier. Unter Ausnutzung des bedrohlichen deutschen Engpasses in der Nahrungsmittelversorgung, für das kurz vorher gebildete Kabinett Scheidemann ein äußerst brisantes politisches Thema, wurde Deutschland zur Abgabe geradezu genötigt. Die Alliierten begründeten ihre Forderung nach der deutschen Handelsflotte mit dem Ziel, Nahrungsmittel aus Übersee nach Europa zu transportieren. Sollte Deutschland ebenfalls versorgt werden müssen, stünde für diesen Zweck angeblich zu wenig Schiffsraum zur Verfügung. Dazu hieß es in Artikel VIII des Waffenstillstandes von Trier:

> „*Um die Lebensmittelversorgung Deutschlands und des übrigen Europas sicherzustellen, wird die deutsche Regierung alle nötigen Maßnahmen treffen, um während der Dauer des Waffenstillstandes die ganze deutsche Handelsflotte der Kontrolle und der Flagge der alliierten Mächte und der Vereinigten Staaten, denen ein deutscher Delegierter beigegeben ist, zu unterstellen. Diese Vereinbarung greift in keiner Weise der endgültigen Verfügung über die Schiffe vor. Die Alliierten und die Vereinigten Staaten können, falls sie dies für nötig erachten, die Bemannung teilweise oder ganz ablösen. Die auf diese Weise zurückgeschickten Offiziere und Schiffsmannschaften sollen nach Deutschland zurückbefördert werden.*“[350]

In den Hansestädten waren die öffentlichen Reaktionen über die Ablieferung sehr erregt. Besonders betroffen waren die deutschen Seeleute und Hafenarbeiter, die nun befürchten mussten ihre Lebensgrundlage zu verlieren. Als Folge davon war es zunächst sehr schwierig für die Übergabe der Schiffe an die Alliierten deutsche Besatzungen zu finden. Erst nach erheblichen Zugeständnissen konnten die Schiffe bemannt und in alliierten Häfen übergeben werden.[351]

Bei den betroffenen Reedereien waren die Befürchtungen ebenfalls sehr groß, dass ihre Schiffe zukünftig gänzlich verloren wären. Zwar hatte man im November 1918 eine ähnliche Lösung selbst vorgeschlagen, doch die Formulierungen gaben wenig Hoffnung die Schiffe wiederzubekommen. Entsprechend schwierig gestalteten sich die Verhandlungen zwischen

349 Vgl. BArch R 904–357 Blatt 7.

350 Vgl. Der Waffenstillstand, Bd. 1, S. 188.

351 Vgl. BArch R 904–812 o. Z. Bericht von Paul Müller vom 23. Januar 1919.

Reichsregierung und Reedereien über die „freiwillige" Übergabe an die Alliierten. Den entscheidenden Höhepunkt bildete eine Sitzung im RSchM vom 27. Februar 1919.[352]

An diesem Tag wurde, nach schwierigen Verhandlungen zwischen dem RSchM, RWM, dem RWHF, den Kriegsausschüssen der Reedereien und Werften sowie dem Reichsdemobilmachungsministerium, ein Kompromiss in Form eines „Überteuerungsabkommens" geschlossen.[353] Die Reedereien mussten sich darin für die nächste Zukunft verpflichten durch Neubauaufträge die deutschen „Werften ausreichend zu beschäftigen".[354] Im Gegenzug sagte die Reichsregierung zu, Kredite mit fünf- bis zehnjähriger Laufzeit zu gewähren, um Überteuerungen gegenüber den ursprünglichen Kalkulationen auszugleichen. Das Programm umfasste alle Handelsschiffe deren Bau ab dem 28. November 1918 begonnen hatte bzw. die bis zum 1. Oktober 1919 bestellt wurden.

Das Überteuerungsabkommen hatte eine Laufzeit bis zum 1. Februar 1924, dem spätesten Fertigstellungstermin für alle Schiffe des Bauprogramms.[355] Eine Kommission aus Vertretern des RWM (später vom RMfW[356]), RDM und den Kriegsausschüssen der Reedereien und Werften erarbeitete und überwachte das Bauprogramm, um eine gleichmäßige Auslastung der Werftkapazitäten zu gewährleisten.[357]

---

352 Vgl. BArch R 904–812 o.Z. Niederschrift über die Sitzung im Reichsschatzamt am 27. Februar 1919 und BArch R 2–42954 Blatt 220–230.

353 Der Kriegsausschuss wurde am 2. Mai 1916 in Hamburg als Zentralstelle „für alle durch den Krieg hervorgerufenen Fragen, insbesondere soweit sie sich auf die Wiederaufnahme des Seeverkehrs nach Friedensschluss beziehen." Erster Vorsitzender des Ausschusses war Dr. Greve. Der Kriegsausschuss der deutschen Werften fusionierte später mit dem der Reedereien zu einem gemeinsamen Ausschuss. Vgl. Priester, Handelsschifffahrt, S. 35.

354 Vgl. Priester, Handelsschifffahrt, S. 42. Vgl. zur Geschichte des Wiederaufbaus der Handelsflotte auch BArch R 3301–2144 Blatt 3–15.

355 Zu den Verhandlungen im Vorfeld des Überteuerungsabkommens und den Musterverträgen für die Reedereien und Werften vgl.: BArch R 3301–1838 Blatt 52–69, 85–92 und 93–102.

356 Vgl. Verfügung vom RWM zur Überleitung der Geschäfte für den Wiederaufbau der Handelsflotte, Reederei und Schiffsschäden an das RMfW vom 28. November 1919. Vgl. BArch R 3301–1a Blatt 27.

357 Der RWHF hatte in der Kommission für die Einhaltung der Bauverträge und die Wirtschaftlichkeitsprüfungen zu sorgen. Vgl. BArch R 2–42954 Blatt 252.

Die durch das Bauprogramm entstandenen Mehrkosten wurden zunächst vollständig vom Reich getragen. Es wurde befürchtet, dass analog zur Kriegswirtschaft die künstliche Nachfrage von Schiffsbaumaterial erhöhte Arbeitslöhne und Materialpreise verursachen würde. Nach vier Jahren sollten die Reedereien 50% der vom Reich verausgabten Summe mit Zinsen an das Reich zurückzahlen. Weitere 30% waren ohne Zinsen zehn Jahre nach Inbetriebnahme der einzelnen Schiffe in fünf Jahreszahlungen abzutragen. Die übrigen 20% fielen zu Lasten des Reiches. Nicht erstattet wurden Kriegsverluste bei verlorenen oder beschädigten Schiffsladungen und daraus resultierende Versicherungskosten.[358] Als Schnittstelle zwischen Reichsverwaltung und Privatwirtschaft fungierte zunächst die allein für diesen Zweck gegründete Reederei-Treuhand-Gesellschaft, die 1921 in der Schiffbau-Treuhand-Bank aufging.[359]

Das Überteuerungsabkommen wurde am 15. März 1919 und 22. Mai 1920 inhaltlich ergänzt und angepasst.[360] Ein Inflationsausgleich war nicht vorgesehen, weil die Zuschüsse an die Empfänger vom Reich im Voraus bezahlt wurden.[361] Mit der wachsenden Inflation verloren die Zuschüsse ständig an Wert, weil diese bis zu ihrer Abrufung als Bankguthaben deponiert wurden. Mit dem fortschreitenden deutschen Währungsverfall geriet das Wiederaufbauprogramm, trotz der Beibehaltung des Überteuerungsabkommens nach der Unterzeichnung des Versailler Vertrages, ab Herbst 1920 in große finanzielle Schwierigkeiten.

---

358 Vgl. BArch R 3301–1838 Blatt 38–51. Zu den Verhandlungsprotokollen zwischen dem RWHF und dem Kriegsausschuss der deutschen Reedereien und Werften vgl. ebd. Blatt 52–69.

359 Erster Geschäftsführer der Reederei-Treuhand Gesellschaft war RR Carl Oscar von Haebler. Die Schiffbau-Treuhand-Bank wurde im Jahr 1924 liquidiert, nachdem 2,16 Millionen BRT (entsprach ca. 2,5 Millionen Tragfähigkeitstonnen) neuer Schiffsraum im Rahmen des Wiederaufbaus fertiggestellt worden waren. Vgl. Graf von Roedern, Der Wiederaufbau der deutschen Schifffahrt, in: James W. Angell, Der Wiederaufbau Deutschlands. Von Versailles zum Young-Plan, München 1930, S. 294.

360 Vgl. Priester, Handelsschifffahrt, S. 43.

361 Musterverträge des Bauprogramms sind in die Akten des Bundesarchivs enthalten in: BArch R 3301–1838 Blatt 85–92 und R 2–50318 Blatt 206–213.

Der Verlust der deutschen Handelsflotte im Versailler Friedensvertrag

Die Bestimmungen des Versailler Vertrages hinsichtlich der deutschen Handelsflotte waren sowohl Ausdruck des fortgesetzten Wirtschaftskrieges gegen das Deutsche Reich, als auch die Folge der britischen Kriegsrhetorik. Angesichts des deutschen U-Bootkrieges und der steigenden Versenkungsziffern an britischen Handelsschiffen wurde die Forderung aufgestellt, dass Deutschland nach dem Sieg jede Tonne Schiffsraum für alle Schiffsklassen zu ersetzen hatte.[362] Die Ausschaltung der deutschen Handelsflotte als Wirtschaftsfaktor war dabei von herausragender Bedeutung, um eine mittelfristige Schwächung der deutschen Wirtschaft zu erreichen und eine Rückkehr auf den Weltmarkt zu verzögern.[363]

Gemäß Artikel 236 nebst Anlage III FV musste das Deutsche Reich fast seine gesamte Handelsflotte den alliierten und assoziierten Mächten ausliefern. Dazu heißt es in Anlage III §1 FV:

> *„Die deutsche Regierung überträgt in ihrem Namen und mit verbindlicher Wirkung für und gegen alle anderen Beteiligten den alliierten und assoziierten Regierungen das Eigentum an allen den Reichsangehörigen gehörenden Handelsschiffen von 1.600 Bruttotonnen und darüber, ferner die Hälfte des Tonnengehalts der Schiffe, deren Bruttotonnengehalt zwischen 1.000 und 1.600 Tonnen beträgt, und je ein Viertel des Tonnengehalts sowohl der Fischdampfer wie der anderen Fischereifahrzeuge.“*[364]

Alle maritimen Fahrzeuge aus Anlage III §1waren gemäß §2 spätestens zwei Monate nach Inkrafttreten des Versailler Vertrages zu übergeben. Der Deutschland bei Kriegsende verbliebene Bestand an Handelsschiffen war nicht ausreichend, um alle Kriegsverluste der alliierten und assoziierten

362 Vgl. Graf von Roedern, Wiederaufbau, in: Zehn Jahre deutsche Geschichte, S. 288.

363 Vgl. Carole Fink, The peace settlement, 1919–1939, in: Horne, A companion to World War I, S. 545. Allerdings war der Entzug der deutschen Handelsflotte unnötig, weil die Weltschiffsraumkapazität im August 1919 bereits den Vorkriegsstand wieder erreicht hatte. Vgl. Niall Ferguson, Paper and Iron, Hamburg business and German politics in the era of inflation, 1897–1927, Cambridge, 1995, S. 229.

364 Vgl. dazu und im Folgenden Anlage III des Friedensvertrages (RGBl. Jg. 1919, S. 1019–1027).

Mächte abzudecken. Daher wurde in §5 ein, auf drei Jahre nach dem April 1920 befristetes, Neubauprogramm von bis zu 200.000 Bruttotonnen pro Jahr auf Reparationskonto festgesetzt. Allerdings wurden der deutschen Regierung auch hier weder genaue Pläne für den Bedarf an Schiffstypen noch irgendwelche Preise mitgeteilt. Gemäß §6 musste Deutschland alle nach dem 1. August 1914 angeeigneten Binnenschiffe abgeben. Als Kompensation für Kriegsverluste auf Seiten der alliierten und assoziierten Regierungen mussten bis zu 20% aller Binnenschiffe, nach dem deutschen Bestand vom 11. November 1918, abgeliefert werden.

Gleichzeitig hatte Deutschland auf alle Rechte an den abzuliefernden Schiffen, den Prisen und zukünftig zu bergenden Wracks zu verzichten. Waren Reedereien und Reichsregierung im Überteuerungsabkommen noch von einem begrenzten Bauprogramm ausgegangen, musste nun ein beinahe vollständiger Verlust überwunden werden.

Nach der Selbstversenkung der deutschen Hochseekriegsflotte in Scapa Flow am 21. Juni 1919 musste Deutschland zusätzlich 400.000t Hafenmaterial abliefern, worunter auch alle verbliebenen deutschen Segelschiffe fielen.[365] Diese besondere Strafmaßnahme wurde als Kompensation für die versenkten Kriegsschiffe verhängt, die eigentlich unter den Siegermächten aufgeteilt werden sollten. Überwacht wurde die Ablieferung des Hafenmaterials von einem Reichskommissar für die Ablieferung der Schwimmdocks, Kräne, Bagger usw. „Insgesamt verloren die deutschen Reedereien 1.316 Schiffe mit 4,78 Millionen BRT“ in Folge von Kriegseinwirkungen und Bestimmungen im Versailler Vertrag.[366]

---

365 Die Menge wurde 1920 auf 275.000 t Hafenmaterial (davon 83.000 t Dockneubauten) reduziert, nachdem die deutsche Regierung glaubhaft nachweisen konnte, dass nur Material im Umfang von 559.000 t, davon 229.000 der Kriegsmarine, zur Verfügung stand. Eine vollständige Ablieferung hätte den deutschen Überseehandel zum Erliegen gebracht. Vgl. Priester, Handelsschifffahrt, S. 29 und Mertelsmann, S. 166. Zum Notenwechsel zur Selbstversenkung der deutschen Hochseeflotte und den Strafmaßnahmen der Alliierten vgl.: BArch R 3301–2144 Blatt 39–63. Zur Selbstversenkung vgl. Wolz, S. 263–283.

366 Der Wert der Handelsschiffe wurde von allen Beteiligten höchst unterschiedlich eingeschätzt. Die deutschen Reedereien errechneten einen Verlust von bis zu 4,1 Milliarden Goldmark. Die Alliierten schrieben Deutschland dagegen

Die deutschen Bemühungen zum Wiederaufbau der deutschen Handelsflotte waren dadurch wirkungsvoll zunichte gemacht worden, weil das Inkrafttreten des Versailler Vertrages erst zum 10. Januar 1920 eintrat. Die Kiellegung von deutschen Neubauten musste bis dahin abgewartet werden, damit die Alliierten nicht die Ablieferung der neu im Bau befindlichen Schiffe anordnen konnten. Dadurch wurden zunächst nur die Schiffe weitergebaut, die ohnehin an die Alliierten abgegeben werden mussten.

Anlässlich von Verhandlungen über die Schiffsablieferungen im März 1920 konnte eine Ermäßigung der Ablieferung unfertiger Neubauten ausgehandelt werden. Die Ablieferung deutscher Fischereifahrzeuge wurde beendet, um die deutsche Nahrungsmittelversorgung nicht zusätzlich zu behindern. Allerdings musste das Deutsche Reich sich im Gegenzug verpflichten, als Kompensation 40 neue Hochseefischdampfer zu bauen und abzuliefern.[367]

Hinsichtlich der unfertigen Neubauten konnten Zugeständnisse erreicht werden. Von 47 Schiffen (325.342 BRT), die im März 1920 auf deutschen Werften für die Alliierten im Bau befindlich waren, wurden 19 (95.000 BRT) den deutschen Reedereien überlassen. Damit erhielten die Siegermächte immer noch mehr als 230.000t neuen Schiffsraums. Das entsprach noch immer einer zusätzlichen Jahresreparationsrate.[368]

Im Februar 1920 wurde vom RMfW ein Reichskommissar für Schiffsablieferung mit Dienstsitz in Hamburg eingerichtet. Dieser war zuständig für die Enteignung und anschließende Überführung von fertig gebauten Schiffen. Erster Reichskommissar war Wilhelm Decker. Nach der Umsetzung des Versailler Vertrages war der deutsche Anteil am Weltschiffsraum von ca. 11,31% im Juni 1914 auf 0,7% im Juni 1920 gesunken.[369]

---

nur 749,45 Millionen Goldmark auf Reparationskonto gut. Vgl. zu den Angaben: Mertelsmann, S. 167.

367 Zur Überwachung der Neubauten von Hochseefischdampfern wurde vom RMfW ein Beauftragter eingesetzt. Vgl. BArch R 3301–1a Blatt 149.

368 Vgl. Priester, Handelsschifffahrt, S. 30.

369 Vgl. Priester, Handelsschifffahrt, S. 30.

Weitere Entwicklung des Reichsauschusses nach Waffenstillstand und Friedensschluss

Das Kriegsende und der Beginn des Bauprogramms für Handelsschiffe markierten den Beginn der eigentlichen behördlichen Ausgestaltung des RWHF. Für die zahlreichen neuen Aufgaben waren mehr Sachbearbeiter und sonstiges Personal notwendig. Nach dem Inkrafttreten des Versailler Vertrages am 10. Januar 1920 und dem Abschluss der Verhandlungen um eine Reduzierung der Ablieferungsmengen im März 1920 unterteilten sich die Hauptaufgaben des RWHF in die Bereiche Entschädigung für verlorenes Eigentum der Reedereien und Seeleute sowie Neubauten.[370] Beihilfen wurden als Entschädigung auf Vorschlag des RWHF an die Eigentümer von kriegsbedingt verlorenen gegangenen Schiffen ausgezahlt.[371] Gemäß des Versailler Vertrages waren die deutschen Handelsschiffe bis zur Übergabe an die Siegermächte in gutem Zustand zu halten. Dabei entstandene Kosten für Instandhaltungen wurden durch besondere Beihilfen abgedeckt.[372]

Aufgrund der Friedensbedingungen bearbeitete der RWHF das Reparationsprogramm gemäß §5 der Anlage III FV im Umfang von 200.000t im Jahr. Dementsprechend wurde der Ersatzbau der erwähnten 40 Hochseefischdampfer vom Reichsausschuss bearbeitet. Für die Zwecke der Bauprogramme versuchte der RWHF für die „Heranziehung der gesamten binnenländischen Industrie zur Beteiligung am Wiederaufbau der Handelsflotte“ zu sorgen.[373]

---

370 Eine Übersicht über die Aufgaben des RWHF ist zu finden in: BArch R 3301–1a Blatt 148–149.

371 Die Beihilfen mussten vor einer Auszahlung vom RMfW und dem RFM genehmigt werden.

372 Die deutschen Seeleute wurden sukzessive von Besatzungen der Siegermächte ersetzt. Ihr Eigentum verblieb dabei weitgehend auf den Schiffen, die bis zum Friedensvertrag Eigentum der deutschen Besitzer blieben.

373 Die Inanspruchnahme der deutschen Wirtschaft für den Wiederaufbau der Handelsflotte war ein wichtiger Teil des wirtschaftlichen Wiederaufbaus in Deutschland und konterkarierte letztlich die alliierten Bemühungen, über die Wegnahme der Handelsflotte der deutschen Wirtschaft mittel- und langfristig zu schaden. Vgl. Elisabeth Glaser, The Making of Economic Peace, in: Boemeke /Feldman (Hrsg.), The Treaty of Versailles, S. 383–384.

Im RWHF wurden Referenten für die einzelnen Reedereien abgestellt, die am Überteuerungsabkommen teilnahmen. Wann diese Verfahrensweise eingeführt wurde konnte nicht festgestellt werden. Ein Geschäftsverteilungsplan vom September 1920 weist folgende von Referenten bearbeitete Reedereien auf: A. Hansen, Continentale Reederei AG, Dampfschiffsgesellschaft „Kosmos", Dampfschiffsgesellschaft „Neptun", Dampfschiffs-Reederei „Union", Deutsche Ost-Afrika-Linie, Flensburger Dampferkompagnie Schmidt, Flensburger Gesellschaft von 1869, Flensburg-Stettiner Gesellschaft, Gebrüder Petersen, Hamburg-Amerika-Linie, Hamburg-Südamerikanische Dampfschiffsgesellschaft, Holz&Holzen, H. P. Vith, Norddeutscher Lloyd, Kohlenhandelsgesellschaft, Ocean Dampfschiffs AG H. Schuldt, Reederei AG von 1896, Roland-Linie AG, R. W. Christophersen, Salling, Vöge&Däcker, Woermann-Linie AG.[374]

Die Praxis, jeden Einzelfall von jeweils einem Berichterstatter und Mit-Berichterstatter in den Ausschusssitzungen vortragen zu lassen, wurde beibehalten. Beihilfeanträge wurden dadurch nur nach Abwägung der Fakten entschieden.[375] Ein geheimer Spezialauftrag des RMfW an den RWHF war die Überwachung der alliierten Schifffahrtskommissionen in Deutschland.[376]

Geschäftsverteilung des Reichsausschusses Mitte 1920

Aufgrund der Anforderungen an den Reichsausschuss wurde der Aufbau der Abteilungen den technischen Anforderungen unterworfen. Der Wiederaufbau der Handelsflotte erforderte ein hohes Maß an Koordination zwischen den involvierten Behörden, Reedereien und den Zulieferern. Vier Hauptabteilungen, jeweils zwei für Verwaltung und Technische Angelegenheiten, wurden beim RWHF eingerichtet. Jede Hauptabteilung gliederte sich in mehrere Unterabteilungen. Im Folgenden wird die innere Struktur des RWHF dargestellt. Ein genaues Entstehungsdatum konnte nicht festgestellt werden. Angaben in der Quelle lassen eine Einordnung auf einen Zeitraum von Ende 1920 bis Anfang 1921 zu.

374 Vgl. BArch R 3301–2022 Blatt 168.

375 Die Berichte und Diskussionen sind teilweise als Protokolle erhalten in: BArch R 2–50318 bis 50323.

376 Vgl. BArch R 2–50318 Blatt 408–409.

Die Verwaltungsabteilung I unter der Leitung von GRR Rudolf Canitz wurde wie folgt gegliedert: Unterabteilung I bearbeitete die Durchführung der Beihilfegesetze und regelte die Angelegenheiten der Schiffsbesatzungen. In erster Linie handelte es sich dabei um Ersatzleistungen für verlorenes Privateigentum der Seeleute auf den, im Rahmen des Krieges, Waffenstillstandes oder Versailler Vertrages verlorenen, Schiffen. Unterabteilung II überwachte den Vollzug des Überteuerungsabkommens und beriet die Bauabteilung in juristischen Fragen.

Verwaltungsabteilung II unter der Leitung von RR Erich von der Heyden wurde geteilt in: Die Koordination des Wiederaufbaus der deutschen Binnenschifffahrt und die Heranziehung der deutschen Industrie für den Wiederaufbau der Handelsflotte wurde in Unterabteilung I bearbeitet.[377] Im Rahmen der Statistik wurde eine Dokumentationsstelle unterhalten, die für die Verzeichnung des gesamten Wiederaufbaus zuständig war.

In Unterabteilung II wurden allgemeine Fragen des Friedensvertrages in Bezug auf den Fortgang des Wiederaufbaus der Handelsflotte, der Seefahrtstechnik die Reedereien und Werften bearbeitet.

Leiter der Technischen Abteilung III war RR Ernst Ilgenstein. Unterabteilung I oblag zum einen die Organisation des inneren Dienstbetriebes und des Personalwesens. Zum anderen wurden hier der Bau und die anschließende Ablieferung von im Handelsschiffen überwacht, worunter auch die Neubauten im Rahmen der Annuität von 200.000t und sonstige Reparationen fielen. Eine Ausnahme davon war das Hafenmaterial. Die Einhaltung der Normalisierungs- und Typisierungsstandards für den Bau von Seeschiffen durch die Werften wurde ebenfalls hier überprüft.

Unterabteilung II war zuständig für technische Fragen für die maschinenbaulichen Anlagen und Bauprogramme aller Werften. Diese Regelung galt auch für Schiffsbauten im Rahmen des Überteuerungsabkommens. Die Bauaufsicht der Ostseegruppe wurde von hier durchgeführt.[378] Unterabteilung

377 Zusätzlich wurde eine Ausgleichsstelle der Reichsländer eingerichtet, um eine möglichst gleichmäßige Verteilung aller Aufträge auf das gesamt Reichsgebiet zu gewährleisten.

378 Die Produktion von Schiffen und Hafenmaterial wurde geographisch getrennt nach Werften an der Nordsee (Hamburger Gruppe), Ostsee (Ostseegruppe) und im Binnenland (Weser-Ems-Gruppe).

III bildete die Finanzabteilung, in der die endgültigen Friedensbaupreise festgelegt wurden. Insbesondere hinsichtlich der Neubauten aus dem Überteuerungsabkommen waren hier schwierige Nachverhandlungen mit den Reedereien und Werften notwendig. Da der Export von Schiffsraum staatlich reguliert war, oblag der Unterabteilung III deren Überwachung. Die Bauaufsicht der Hamburger Gruppe wurde von hier durchgeführt und die Materiallieferungen organisiert.

Die Technische Abteilung IV wurde von Hermann Grosske geleitet. Die Unterabteilung I war zuständig für die Bauprogramme der Werften für Binnenschiffe, Fischdampfer und Logger. Die übrigen Fragen der Finanzverwaltung und Statistik der Werften wurden hier ebenso bearbeitet, wie die Überwachung des Umbaus von Kriegsschiffen und die Bauaufsicht der Weser-Ems-Gruppe.[379] Die Ablieferung von sonstigen Neubauten und Hafenmaterial, der Binnenschifffahrt, Schiffsvermessungswesen sowie der Normalisierung und Typisierung von Binnenschiffen lag im Zuständigkeitsbereich der Unterabteilung II.[380]

Der Reedereitreuhandvertrag und der weitere Entwicklungsverlauf

Mit dem beschleunigten inflationären Verfall der Papiermark ab Herbst 1920 geriet der Wiederaufbau der deutschen Handelsflotte wie erwähnt in erhebliche Schwierigkeiten. Präsident Kautz prognostizierte den Zusammenruch der deutschen Werften in kürzester Zeit, falls keine einvernehmliche Lösung getroffen werden konnte. Gemäß seinem Szenario müsste das Bauprogramm in ein bis zwei Jahren auslaufen und in Folge davon Tausende Werftarbeiter entlassen werden. Die Folgen für den Arbeitsmarkt

379 Die Unterabteilungsleiter sind vom Stand 16. November 1920 eingetragen. Vgl. BArch R 3301–2022 Blatt 168–178. Der Wiederaufbau der Fischereiflotte war eine zentrale Reichsaufgabe zur Verringerung der Lebensmitteleinfuhren. Allerdings waren nur wenige Fischfanggesellschaften, trotz eines eigenen Überteuerungsabkommens für Fischereifahrzeuge, bis 1921 bereit, neue Fischereischiffe in Auftrag zu geben. Vgl. BArch R 2–50335 Blatt 7–10 sowie R 2–50337 Blatt 34 und 47–50.

380 Eine Momentaufnahme der leitenden Beamten im RWHF ist zu finden in: BArch R 3301–1889 o.Z. Personalnachweisung des Reichsausschusses für den Wiederaufbau der Handelsflotte vom 31. März 1921.

und den sozialen Zusammenhalt der Gesellschaft an den Werftstandorten bewertete Kautz als bedrohlich.[381]

Tatsächlich begannen daraufhin Gespräche zwischen Vertretern des Reiches und den beteiligten Reedereien. Ein gewichtiges Argument der Reedereien war die friedensvertragliche Verpflichtung des Reiches eine abschließende Entschädigung auszuzahlen. Beide Seiten befürworteten schließlich eine zusätzliche Abfindung, um zumindest etwa ein Drittel der Handelsflotte wiederherzustellen.

Allerdings gestaltete sich der finanzielle Spielraum des Reichshaushalts zunehmend schwieriger. Hinsichtlich der erwarteten Festsetzung der Gesamtsumme der deutschen Reparationsleistungen, die für das erste Halbjahr 1921 erwartet wurde, bestand wachsende Verunsicherung. Bis dahin hatten beide Seiten Zeit, ein Abkommen zu schließen. Das Resultat musste sowohl den Interessen der Reeder entgegenkommen und gleichzeitig den Reichshaushalt nicht zu sehr belasten, damit das Abkommen im Fall einer zu erwartenden Haushaltskontrolle durch die Alliierten nicht aufgekündigt werden musste.

Nach intensiven Verhandlungen wurde, das RMfW hatte im Sommer 1920 einen ersten Gesetzentwurf zur Reedereiabfindung lanciert, am 27. Februar 1921 der Reedereitreuhandvertrag geschlossen.[382] Darin wurden den Reedereien Endentschädigungen im Umfang von zwölf Milliarden Papiermark zugesprochen. Allerdings wurden bereits gezahlte Beihilfen, Entschädigungen und Zuschüsse davon in Abzug gebracht. Die zusätzlichen Entschädigungen hatten einen Gesamtumfang von 4,7 Milliarden Papiermark. Ein Einspruchsrecht der Alliierten gegen diese Vereinbarung war kaum möglich, weil die Endentschädigung Teil der deutschen Auflagen des Versailler Vertrages war.

Die vom Reich zusätzlich gewährten Geldmittel sollten ursprünglich der Reederei-Treuhand Gesellschaft überwiesen werden, die bisher für die Verteilung der Gelder an die wiederaufbauenden Reedereien verantwortlich war. Allerdings wollte die Reederei-Treuhand Gesellschaft diese Funktion nicht zusätzlich wahrnehmen. Stattdessen wurde am 19. April

381 Vgl. Mertelsmann, S. 186.
382 Vgl. Mertelsmann, S. 188. Zum Vertragstext siehe Priester, Handelsschifffahrt, S. 46–48.

1921 die Schiffsbautreuhandbank GmbH gegründet, an der das Reich, der Kriegsausschuss der Reedereien und die Werften paritätisch beteiligt waren. Hintergrund dieser Regelung war die gestaffelte Auszahlung der Endentschädigungsmittel in Jahresraten bis 1925 unter gleichzeitiger Verwaltung von Einlagen in Höhe von insgesamt 7,96 Milliarden Papiermark.[383] Die Reedereien mussten sich im Gegenzug verpflichten, innerhalb von zehn Jahren 2,5 Millionen Tragfähigkeitstonnen, davon 90% an Neubauten auf deutschen Werften, fertigzustellen. Weitere Einzelheiten regelte ein Ausführungsvertrag vom 22. April 1921.

Vom Jahr 1919 bis Ende 1920 hatte das Reich an die Werften umgerechnet 658,4 Millionen Goldmark für Wiederaufbaumaßnahmen ausgeschüttet, die aber weitgehend ungenutzt als Papiermark auf Bankkonten lagen.[384] Die Gelder wurden erst dann abgerufen, sobald die entsprechenden Bauabschnitte dies erforderten. Bis dahin unterlagen die Gelder einer schleichenden Geldentwertung. Aufgrund der fortschreitenden Inflation schmolz der Wert der Endentschädigungszahlungen entsprechend rapide. Wurden 1921 noch pro Quartal Entschädigungen von durchschnittlich 826 Millionen Papiermark im Gegenwert von 44,8 Millionen Goldmark ausgezahlt, sanken die Auszahlungen für das Jahr 1922 auf 1,17 Milliarden Papiermark bzw. 11 Millionen Goldmark pro Quartal. Damit wurden alle Planungen der Reedereien zunichte gemacht und der Abbruch zahlreicher Neubauten wurde angeordnet.

Ein weiteres Zusatzentschädigungsabkommen, das den Reedereien eine gesonderte Ausschüttung von Entschädigungen in Höhe von 18 Milliarden Papiermark zusprach, wurde am 23. September 1922 geschlossen. Allerdings erfolgten auch hier die Auszahlungen gestaffelt bis zum 1. April 1923. Aufgrund der Inflation wurde in diesem Abkommen das Prinzip „Mark gleich Mark“ aufgebhoben und monatliche Zahlungen in Goldmark vereinbart. Das Zusatzentschädigungsabkommen wurde vom RWHF den Reedereien als letzte Zugabe präsentiert, weil das Reich „früher oder später“ seinen Zahlungsverpflichtungen nicht mehr würde nachkommen können.[385]

383 Vgl. Priester, Handelsschifffahrt, S. 50.

384 Vgl. BArch R 3301–1838 o. Z. undatierte Auflistung.

385 Vgl. BArch R 3301–2144 Blatt 235, Stellungnahme des Referenten von B-2 zum Entschädigungsverfahren.

Insgesamt schüttete das Reich bis Ende 1922 Entschädigungen, inklusive der Zusatzentschädigung vom September 1922, im Umfang von ca. 45,1 Milliarden Papiermark an die Reedereien aus. Diese Summe entsprach umgerechnet einem Gegenwert von 917,8 Millionen Goldmark. In den letzten drei Monaten der vereinbarten Dauer des Reedereitreuhandvertrages wurden bis März 1923 noch einmal ca. 69 Milliarden Papiermark von der Schiffsbautreuhandbank ausgezahlt. Der umgerechnete Gegenwert dieser Summe entsprach aufgrund der Hyperinflation nur 14,1 Millionen Goldmark.[386]

Im Zuge der abschließenden Endentschädigung im Reedereitreuhandvertrag wurde die Auflösung des Reichsausschusses eingeleitet. Als Beginn dieses Prozesses kann eine Dienstbesprechung zwischen Beamten des RWHF und RKAAG am 20. Oktober 1921 belegt werden.[387] Ziel der Besprechung war eine verbesserte Koordination der beiden Dienststellen in Wiederaufbaufragen und der Option einer Fusion in der Zukunft.[388] Auch vor dem Hintergrund des Wiesbadener Abkommens wurde der Verschmelzung der beiden Behörden der Vorzug gegeben, um der französischen Organisation eine geeinte deutsche Behörde für Reparationslieferungen gegenüberzustellen. Dadurch sollte die deutsche Verhandlungsposition gestärkt werden.

Die in der Dienstbesprechung am 20. Oktober 1921 zutage getretenen Kompetenzkonflikte veranlassten StS Müller im November 1921 eine vorläufige Neuregelung der Geschäftsordnung und -verteilung zwischen RKAAG und RWHF festzulegen.[389] Demnach war das RKAAG zuständig für alle Beziehungen zur deutschen Wirtschaft und zum Ausland, während der RWHF die technische Überwachung leitete. Der Geschäftsgang für Wiederaufbauaufträge wurde wie folgt geregelt:

---

386 Zu einer vollständigen Auflistung vgl. Mertelsmann, S. 188.

387 Anlässlich von Verhandlungen zwischen Präsident Kautz vom RWHF und KR Guggenheimer von der RRLK mit dem SRRN und OCRW am 15. April 1921 in Paris wurde ein Abkommen zur Restitution von See- und Binnenschiffen vereinbart. Die Bearbeitung des Abkommens wurde dabei auf den RWHF (Außenstelle in Duisburg) und die RRLK (Frankfurter Büro) übertragen. Die RRLK ging 1923 im RKAAG auf. Vgl. BArch R 3301–437 o.Z. Bericht vom 15. April 1921.

388 Vgl. BArch R 3301–2031 Blatt 12.

389 Vgl. BArch R 3301–2031 Blatt 22.

Das RKAAG nahm Anforderungen für Wiederaufbauarbeiten der Reedereien und Werften entgegen, überprüfte diese auf Rechtmäßigkeit und gab sie nach der Prüfung an den RWHF weiter. Dort wurden die technischen Fragen bearbeitet und Angebote interessierter deutscher Unternehmen eingeholt, die dann an den RKAAG weitergeleitet wurden. Beide Dienststellen erteilten dann gemeinsam die Aufträge auf Rechnung des RKAAG, während die Bauüberwachung und Abnahme vom RWHF ausgeführt wurden, der auch Baumaterial beim RKAAG anfordern konnte. Über den Fortgang der Arbeiten war durch den RWHF dem RKAAG Bericht zu erstatten. Rechnungs- und Zahlungswesen waren dann wieder Aufgabe des RKAAG. Dieses komplizierte System war sehr störanfällig und führte zu neuen Kompetenzkonflikten.[390]

Zusätzlich verschlechtert wurde die Position des RWHF im Kompetenzgeflecht mit dem RKAAG durch interne organisatorische Probleme von Präsident Kautz. Nach der Besprechung der Zuständigkeiten vom 20. Oktober 1921 merkte der Präsident des RWHF Kautz am folgenden Tag gegenüber dem RMfW an, dass der RWHF seine Aufgaben hinsichtlich des Neubaus von Hochseeschiffen nun weitgehend beendet hätte und sich jetzt auf den Wiederaufbau der Binnenschifffahrt konzentrierte. Dazu regte Kautz die Umbenennung des RWHF in „Reichsschifffahrtsausschuss" an.

Tatsächlich wurde eine Umbenennung in „Reichsauschuss für Schiffbau und Schiffablieferung" zum 1. März 1922 vorgenommen.[391] Allerdings hatte man Kautz dazu nicht konsultiert, der über die neue Bezeichnung wenig erbaut war. Insbesondere die Bezeichnung „Reichsausschuss" empfand Kautz als unpassend, weil es den Leser negativ an die Kriegsorganisationen erinnern könnte. Die Umbenennung blieb letztendlich in dieser Form bestehen, weil die öffentliche Bekanntmachung nicht rückgängig gemacht werden konnte. Die Einwände von Kautz waren vom RMfW als nicht stichhaltig zurückgewiesen worden.[392] Die Bezeichnungsänderung führte zu häufigeren Verwechslungen des RWHF mit dem Reichskommissar für Schiffsablieferung, der seit 1920 bestand und die Übergabe aus dem Bauprogramm des Überteuerungsabkommens bearbeitete.

---

390 Vgl. BArch R 3301–2031 Blatt 57.
391 Vgl. Bekanntmachung vom 1. März 1922 (RGBl. S. 217).
392 Vgl. BArch R 3301–2031 Blatt 48.

Im Jahr 1923 brach der Konflikt zwischen dem Reichsausschuss und dem RKAAG offen zu Tage. Am 28. März 1923 erklärte das RKAAG gegenüber dem Reichsminister für Wiederaufbau die bisherige Zusammenarbeit zwischen RKAAG und RWHF für gescheitert. Aufgrund der zurückgehenden Bedeutung des RWHF schlug Reichskommissar Lob vor, den RWHF als ein Referat in das RKAAG zu integrieren. Der RWHF äußerte sich in einem Schreiben an das RMfW vom 10. April 1923 zu dem Vorstoß des RKAAG.[393] Darin plädierte der Berichterstatter RR/BR Otto, im Auftrag von Präsident Kautz, für eine Übertragung aller Zuständigkeiten für den Wiederaufbau der Handelsflotte vom RKAAG auf den RWHF, um den Kompetenzkonflikten beim Wiederaufbau der Handelsflotte entgegen zu wirken. Otto untermauerte seine Darlegungen mit Argumenten zu der jahrelang gewachsenen Vertrauensbasis zwischen RWHF, den Reedereien und Werften.

Am 26. April 1923 mischte sich das RWM in die Vorgänge ein und plädierte für die Eigenständigkeit des RWHF. Der Vorstoß hatte keinen Erfolg und wurde vom RMfW abgewiesen, das von einer Neuorganisation nur chaotische Zustände erwartete und eine Verschlechterung der deutschen Verhandlungsposition gegenüber den Alliierten befürchtete.[394]

Möglicherweise war dieser Vorstoß des Reichsauschusses der Grund dafür, dass sich das RMfW nun doch Gedanken über die Zukunft des RWHF machte. Im Juni 1923 wurde im Auftrag des RMfW ein umfassendes Dossier des Reichsausschusses erarbeitet. Darin wurden die Fortschritte beim Wiederaufbau der Handelsflotte aufgeführt und die zukünftige Entwicklung skizziert.[395] Schließlich regte Reichskommissar Lob in einem Schreiben an StS Müller am 24. Juni 1923 erneut die Auflösung des RWHF und die Überführung der Restaufgaben auf seine Behörde an.[396] Lob setzte in dieser Zeit darauf, zur Erhaltung seiner Behörde andere Reichsbehörden für Reparationen in seine Organisationsstrukturen zu integrieren.

Präsident Kautz wehrte sich gegen die Auflösung des RWHF. Die Überlegungen für eine Zusammenlegung der beiden Organisationen befürwortete

393 Vgl. BArch R 3301–2031 Blatt 58.
394 Vgl. BArch R 3301–2031 Blatt 60.
395 Vgl. ebd. Blatt 62–91.
396 Vgl. ebd. Blatt 92.

er zwar, verlangte aber gleichzeitig, dass der RKAAG seinem Reichsausschuss angeschlossen würde, weil Lob nur ein „Kaufmann" sei, der vom Schiffbau keine Ahnung habe. Am Schluss einer Entgegnungsschrift verwies Kautz unvermittelt auf seine angeschlagene Gesundheit und angegriffenen Nerven. Kautz gab an, dass er dringend urlaubsbedürftig war.[397]

Es sind danach keine weiteren Versuche von Kautz überliefert, die Auflösung des Reichsausschusses zu verhindern oder auch nur zu verzögern. Möglicherweise war dieses Eingeständnis von eigener Schwäche ausschlaggebend für die folgenden Entwicklungen, weil der Einwand vom RMfW mit Verweis auf die berufliche Erfahrung von Lob zurückgewiesen und die Fusion in die Wege geleitet wurde. Die Auflösung des Reichsausschusses sollte nach Ansicht des RMfW bis Ende 1923 hinausgezögert werden. Dadurch sollte den 237 Angestellten Gelegenheit gegeben werden, während der Hyperinflation eine neue Arbeitsstelle zu finden.[398]

Allerdings stießen diese Planungen auf den Widerstand von Reichssparkommissar Saemisch, der eine unverzügliche Auflösung des Reichsausschusses forderte. Durch die beschlossene Auflösung der RRLK zum 30. Juni 1923 wären in Berlin genug Arbeitsräume für die verbliebenen Beamten des abzuwickelnden Reichsausschusses vorhanden. Die Angestellten hätten aufgrund der katastrophalen Finanzlage des Reiches das Nachsehen und dürften aus der Sicht von Saemisch nicht geschont werden.[399] Diese Position wurde vom RMfW unterstützt und der Reichsausschuss durch eine Verordnung vom 25. August 1923 aufgelöst.[400] Die Restaufgaben wurden dem Reichskommissar für Reparationslieferungen, dem RKAAG war durch die Vereinigung mit dem Reichsausschuss diese neue Bezeichnung gegeben worden, zum 1. Oktober 1923 übergeben.[401]

397 Vgl. BArch R 3301–2031 Blatt 93–95.
398 Vgl. BArch R 3301–2031 Blatt 103–105.
399 Vgl. ebd. Blatt 120–122.
400 Vgl. VO über die Auflösung des Reichsausschusses für Schiffsbau und Schiffablieferung (RGBl. Teil II S. 351).
401 Vgl. BArch R 3301–2031 Blatt 127.

II.5 Die Waffenstillstandsverwaltungsstellen 1918 bis 1919/20

Thematisch zentrale Bestimmungen des Waffenstillstandes von Compiègne

Der Waffenstillstand von Compiègne vom 11. November 1918 wird in der Forschung häufig als Kriegsende verstanden.[402] Tatsächlich war die Einstellung der Kampfhandlungen für den heutigen Betrachter ein wichtiger Schnitt. Jahre der intensiven Kriegsführung aus Artillerieduellen, Luftkämpfen, Seegefechten und dem Kampf Mann gegen Mann endeten abrupt. Über die Schlachtfelder legte sich eine ungewohnte Decke der Stille.

Allerdings war der Waffenstillstand von Compiègne kein Friedensvertrag. Durch die darin enthaltenen Zugeständnisse Deutschlands, beispielsweise die weitgehende Aufgabe des eigenen Kampfpotentials, spricht die Forschung heute vom Kriegsende.[403] Für die Zeitgenossen, besonders die Militärs beider Kriegsparteien, war der Waffenstillstand nur eine Feuerpause: „Frankreich lebt mit Deutschland nicht im Frieden."[404]

Noch während des Waffenstillstandes planten die Alliierten den Vormarsch nach Berlin, sollten die Kampfhandlungen wieder ausbrechen.[405] Ebenso blieben die Armeen der Alliierten weitgehend im kampffähigen Zustand, während die deutschen Streitkräfte demobilisierten oder in paramilitärische Verbände zersplitterten.

Übersehen wurde in der Forschung häufig, dass dem Waffenstillstand von Compiègne am 11. November 1918 noch weitere Abkommen folgten. Der Waffenstillstand von Trier vom 13. Dezember verlängerte den ersten

---

402 Zu den Waffenstillstandsverhandlungen vgl.: Bruno Cabanes, 11. Novembre 1918 „Ce jour à jamais mémorable", in: Bruno Cabanes/Anne Duménil, Larousse de la Grande Guerre, Larousse 2007, S. 375–380; Klaus Epstein, Matthias Erzberger und das Dilemma der deutschen Demokratie, Frankfurt am Main 1962, S. 307–323; Edmund Marhefka (Hrsg.), Der Waffenstillstand 1918–1919, Bd. 1–3, Berlin 1928.

403 Vgl. Kolb, Der Frieden von Versailles, S. 34–39.

404 Vgl. Erwiderung von Foch an Erzberger am 15. Januar 1919, in: Der Waffenstillstand, Bd. 1, S. 162. Vgl. dazu auch: Frederick Taylor, Inflation. Der Untergang des Geldes in der Weimarer Republik und die Geburt eines deutschen Traumas, München 2013, S. 80.

405 Vgl. Strachan, Weltkrieg, S. 395–396.

Waffenstillstand von Compiègne bis zum 17. Januar 1919.[406] Im dritten Waffenstillstand vom 16. Januar 1919 wurde eine Verlängerung bis zum 17. Februar 1919 gewährt.[407] Schließlich wurde am 16. Februar 1919 ein vierter Waffenstillstand geschlossen, der auf unbestimmte Zeit gültig war und von den Alliierten mit einer Kündigungsfrist von drei Tagen kündbar war.[408] In den Abkommen wurden von Seiten der Alliierten teilweise erhebliche neue Forderungen erzwungen, wodurch nicht bloß eine Verlängerung des Waffenstillstandes vom 11. November 1918 gewährt wurde. Stattdessen waren die Abkommen vom 13. Dezember 1918, 16. Januar 1919 und 16. Februar 1919 eigenständige Waffenstillstandsvereinbarungen deren Bestandteil die Verlängerung des ersten Waffenstillstandsabkommens war. Auch beinhalteten die Verlängerungen einige Bestimmungen zu militärischen Operationen, was keineswegs von einem Ende der Feindseligkeiten zeugte. Die Verhandlungen des ersten Waffenstillstandes von Compiègne zeigten den militärischen Charakter am Deutlichsten.

Die Alliierten versuchten mit der Auslieferung von 2.500 schweren Artilleriegeschützen, 2.500 Feldgeschützen, 25.000 Maschinengewehren, 3.000 Minenwerfern und praktisch der gesamten Luft- und Seestreitkräfte die deutsche Fähigkeit zur Kriegsführung zu negieren. Die Bildung von Brückenköpfen auf deutschem Territorium und die Räumung des linksrheinischen Staatsgebiets dienten der Vorbereitung einer Militäroffensive im Fall der Wiederaufnahme des Krieges. Entsprechend war auch die deutsche Militärführung an der Erhaltung der eigenen militärischen Leistungsfähigkeit interessiert. Die am 10. November 1918 von der Obersten Heeresleitung an die deutsche Waffenstillstandskommission (WaKo) gefunkten Verhandlungsziele zeugten von zweierlei Absichten.[409] Oberflächlich betrachtet zielten die Forderungen auf die Erhaltung der deutschen Transportfähigkeiten zur raschen Rückführung des deutschen Heeres. Die andere Seite dieser Ziele war die Erhaltung der deutschen Fähigkeit zur Verlegung großer Truppenteile und Versorgungsgüter für eine gegebenenfalls notwendige

406 Vgl. Vertragstext in: Der Waffenstillstand, Bd. 1, S. 130–131.
407 Vgl. ebd. S. 182–188.
408 Vgl. ebd. S. 260–261.
409 Vgl. Der Waffenstillstand, Bd. 1, S. 59.

Wiederaufnahme des Krieges zu einem späteren Zeitpunkt.[410] Die deutschen Forderungen waren in den Verhandlungen nur bedingt umsetzbar.[411]

Die ersten beiden Waffenstillstandsabkommen standen ganz unter dem Eindruck der vom Krieg aufgebrachten Öffentlichkeit der alliierten Kriegsparteien. Die deutsche (Nicht-) Erfüllung der Waffenstillstandsbedingungen war daher von zentraler Bedeutung für die zukünftige Entwicklung der deutschen Außenpolitik. Ein zentraler Bestandteil dieser zukünftigen Politik war die Wiedergutmachung von Kriegsschäden, die in den Waffenstillständen implementiert und im Friedensvertrag von Versailles explizit bestätigt wurde. Die Waffenstillstandsbedingungen waren für ihre Erfüllung durch Deutschland in der Regel an kurz bemessene Fristen geknüpft. Während und nach den Verhandlungen mit den Alliierten mussten Organisationsstrukturen, zur möglichst termingerechten Erledigung der Bestimmungen, innerhalb der deutschen Waffenstillstandskommission gebildet werden. Bemerkenswert an diesen frühen Organisationen war deren ad hoc Charakter. Aus einer Keimzelle weniger Personen, deren Rekrutierung häufig auf ihrer physischen Verfügbarkeit vor Ort und vagen Sachkenntnissen basierte, wurden neue Verwaltungsorganisationen geformt, die dann teilweise in Reichsbehörden übergingen.

In der Forschung wurden die Reparationsbestimmungen im Waffenstillstand von Compiègne und dessen Verlängerungen in ihrer Auswirkungen

410 Die Erhaltung der Mobilität und Integrität des deutschen Heeres wollte die OHL in ihren Verhandlungszielen vom 10. November 1918 in den Punkten 1, 5, 6 und 9 erreichen. Punkt 1 verlangte eine Räumungsfrist von zwei Monaten, was eine weitgehend geordnete Rückführung des deutschen Heeres und eines großen Teils des in den besetzten Gebieten gelagerten Versorgungsmaterials erlaubt hätte. Zur Erleichterung dieses Ziels sollte möglichst wenig des deutschen Bestandes an Eisenbahnmaterial und Lastkraftwagen abgeliefert werden (Punkte 5 und 6). Die Aufhebung der Blockade (Punkt 9) hätte es der OHL ermöglicht, Deutschland zumindest kurzzeitig mit Lebensmitteln zu versorgen, um die Stimmung der Bevölkerung für den Fall einer Wiedereröffnung der Kampfhandlungen zu heben oder Versorgungsgüter für das deutsche Heer zu beschaffen.

411 Vgl. Protokoll der Verhandlungen zwischen Waffenstillstandskommissar Matthias Erzberger und Marschall Foch in Compiègne, in: Der Waffenstillstand, Bd. 1, S. 61–73.

auf die deutsche Politik und Wirtschaft bearbeitet.[412] An dieser Stelle sollen diese daher nur kurz angesprochen und dann hinsichtlich der deutschen Verwaltungsorganisation beleuchtet werden.[413]

Zeit spielte im ersten Waffenstillstand und dessen folgenden Verlängerungen eine zentrale Rolle als Druckmittel. Entsprechend Artikel II waren Belgien, Frankreich, Luxemburg und Elsass-Lothringen binnen 15 Tagen von deutschem Militär zu räumen. In Artikel wurde die Auslieferung von „5.000 gebrauchsfertigen Lokomotiven und 150.000 Eisenbahnwagen in gutem Zustand sowie mit allen Ersatzteilen und dem nötigen Gebrauchsgerät“ festgelegt. „Desgleichen sind innerhalb von 36 Tagen auszuliefern 5.000 Lastkraftwagen in gutem Zustand.“[414] Zudem mussten die elsass-lothringischen Eisenbahnen ausgeliefert werden. Die Frist zur vollständigen Ablieferung des Eisenbahnmaterials wurde auf 31 Tage festgelegt.

Die Besatzungstruppen der Alliierten auf deutschem Territorium, Elsass-Lothringen wurde explizit nicht als solches verstanden, waren zu allen Requisitionen auf Kosten des Deutschen Reiches berechtigt (Artikel IX).

Die finanziellen Bestimmungen wurden in Artikel XIX gebündelt. Während der Dauer des Waffenstillstandes war es dem Deutschen Reich untersagt Werte jeglicher Art, die einer späteren Heranziehung als Kriegsentschädigung dienlich waren, zu beseitigen. Zu dieser Bestimmung zählte auch das Verbot, deutsche Handelsschiffe an das neutrale Ausland zu veräußern (Artikel XXXIII). Von Deutschland beschlagnahmtes russisches und rumänisches Gold musste den Alliierten ausgeliefert werden. Die Kassenbestände

---

412 Peter Krüger hat mit seinen Forschungen noch immer wichtige Ergebnisse erzielt. Vgl. Krüger, Außenpolitik, S. 44–47. Zur politischen Vorgeschichte, vgl. ders., Reparationen, S. 28–41. Im Gegensatz zu Krüger fasste Bruce Kent nicht nur den Waffenstillstand vom 11. November 1918 in den Blick, sondern auch dessen Verlängerungen, die ebenfalls Reparationsleistungen, bspw. die Abgabe der deutschen Handelsflotte, enthielten. Vgl. Bruce Kent, The Spoils of War. The Politics, Economics, and Diplomacy of Reparations 1918–1932, New York 1989, S. 57–66.

413 Zu den Verhandlungen der deutschen WaKo mit den Alliierten vgl. Der Waffenstillstand, Bd. 1.

414 Vgl. Der Waffenstillstand, Bd. 1, S. 31–33. Ausgenommen von diesen Ablieferungen war der Eisenbahnbestand des linksrheinischen Besatzungsgebiets, wodurch die Gesamtmenge vom Rest des Reichsgebietes, mit Ausnahme von Elsass-Lothringen, zu beschaffen war.

der Banque Nationale de Belgique und alle „Dokumente, Bargeld und Wertpapiere, die öffentliche und private Interessen in den besetzten Gebieten berühren“, waren zurückzuerstatten.[415] Die alliierte Hochseeblockade wurde aufrechterhalten und nur eine vage Versorgung Deutschlands mit Nahrungsmitteln in Aussicht gestellt (Artikel XXVI). Die Gültigkeit des Waffenstillstandes wurde auf 36 Tage beschränkt (Artikel XXXIV).

Die Verhandlungen über eine Verlängerung des Waffenstillstandes vom 11. November 1918 verliefen am 12. und 13. Dezember 1918 in Trier mit einer Aufstellung der deutschen Verfehlungen bei der Ausführung der Bestimmungen.[416] Insbesondere die mangelhafte Ablieferung von Eisenbahnmaterial nach Artikel VII wurde kritisiert. Von 5.000 angeforderten Lokomotiven waren von deutscher Seite 810 geliefert worden, deren Zustand aber nur in 206 Fällen den Vorstellungen der Alliierten entsprach. Die mangelhaften Lokomotiven wurden zurückgewiesen. Ähnlich war die Situation bei den Waggons. Von 150.000 angeforderten Fahrzeugen waren 15.720 geliefert und davon 9.098 akzeptiert worden. Die Diskrepanz erklärte Waffenstillstandskommissar Erzberger aus der Notwendigkeit erst das Heer nach Deutschland und von dort aus der neutralen Zone zu befördern. Diese Sichtweise wurde von Marschall Foch zugestanden und eine Stundung der deutschen Lieferungen an Eisenbahnmaterial für die Dauer der Verlängerung zugestanden.

Wegweisend waren die ersten Gespräche der alliierten Vertreter über eine Übergabe der deutschen Handelsflotte in einen internationalen Pool von Transportschiffen. Mit dem dort versammelten Schiffsraum sollten das übrige Europa und gegebenenfalls Deutschland mit Lebensmitteln versorgt werden.[417] Unter dem Druck einer befürchteten Hungersnot stimmte Erzberger zu, die Handelsflotte notfalls dem Pool zur Verfügung zu stellen. Angesichts der weiter aufrechterhaltenen alliierten Seeblockade blieb der Reichsregierung für einen Import von Nahrungsmitteln kaum eine andere Wahl. Bis zum Ende der Verhandlungen über die erste Verlängerung wurde noch kein Ergebnis hinsichtlich der deutschen Handelsflotte erzielt. Den Ausschlag zu dieser Entscheidung brachte die Zusicherung von Marschall

415 Vgl. Der Waffenstillstand, Bd. 1, S. 43.
416 Vgl. Der Waffenstillstand, Bd. 1, S. 97–129.
417 Vgl. Der Waffenstillstand, Bd. 1, S. 180.

Foch und Admiral Wemyß, dass die deutschen Handelsschiffe nicht in den Besitz der Alliierten übergingen.[418] Das am 13. Dezember inkrafttretende Waffenstillstandsabkommen war tatsächlich nur eine Verlängerung bis zum 17. Januar 1919, weil keine weitergehenden Forderungen von Seiten der Alliierten gestellt wurden.

Die zweite Verlängerung und die Entstehung der Unterkommission für die Rückgabe von Maschinen und Material an Belgien und Frankreich

Das am 16. Januar 1919 von Deutschland und den Siegermächten ausgehandelte Waffenstillstandsabkommen beinhaltete umfangreiche Bestimmungen zur Rückgabe von Geräten und Maschinen aus deutschem Besitz. Es handelte sich um einen neuen Waffenstillstand mit verschärften Auflagen, die von dem geschlagenen Gegner bedeutende Konzessionen verlangte. Dazu zählte auch die Rückgabe von Maschinen und Material. In Artikel VI Abschnitt 2 wurde folgende Formulierung festgelegt:

> „*Es sollen zur Verfügung der Alliierten gestellt werden* [...] *die Maschinen, Maschinenteile, industriellen und landwirtschaftlichen Betriebsgeräte, die verschiedenen Zubehörteile jeder Art und im Allgemeinen jeder industrielle oder landwirtschaftliche Gebrauchsgegenstand, der aus den Gebieten* [...] *von deutschen militärischen oder deutschen Zivilbehörden oder von einzelnen deutschen Privatpersonen fortgenommen worden ist.*“[419]

Von dieser Bestimmung war eine damals nicht genau zu beziffernde, aber sehr hoch geschätzte, Anzahl an Objekten betroffen. Wie im Kapitel über die REK beschrieben, verliefen die Überführungen von Maschinen aus Belgien und Frankreich nach Deutschland häufig ungeordnet. Erschwerend hinzu kamen die vielfältigen Informationsverluste bei Liquidationen von feindlichen Unternehmungen und andere Aktivitäten von Privatpersonen, die geeignet waren wichtige Verbleibdaten aufzufinden.

Nach Deutschland verbrachte Geräte und Maschinen waren der deutschen Wirtschaft zugeführt worden und ersetzten häufig kritische Lücken in Produktionsketten. Generatoren wurden in Kraftwerken eingebaut, die ganze Landstriche mit Elektrizität versorgten. Viele der in Frage kommenden

418 Vgl. Der Waffenstillstand, Bd. 1, S. 125.
419 Vgl. Der Waffenstillstand, Bd. 1, S. 186.

Objekte waren während des Krieges nach jahrelangem Gebrauch in der Kriegswirtschaft verschlissen und teilweise verschrottet worden. Ein anderes Problem waren die Weiterverkäufe von Objekten vom ursprünglichen Empfänger an neue Eigentümer. Die Forderungen der Alliierten nach Rückgabe der Geräte und Maschinen machten die Recherche umfangreicher Datenmengen über den Verbleib der Objekte und deren überstürzte Implementierung in ein Notverfahren erforderlich.

Während der Verhandlungen zum Abkommen vom 16. Januar 1919 bestand Waffenstillstandskommissar Erzberger auf dem Grundsatz, dass das Reich für alle entnommenen Geräte und Maschinen zu belangen wäre und nicht die individuellen Käufer der Objekte.[420] Diese Sichtweise wurde anerkannt und bedeutete, dass die Reichsregierung für die Rücklieferung zuständig war. Zur Durchführung der Rücklieferung wurde innerhalb der deutschen WaKo die „Unterkommission für die Rückgabe von Maschinen und Material an Belgien und Frankreich" gebildet. Diese trat mit dem Ziel eines tragfähigen Organisationskonzeptes der Rücklieferungen in Verhandlungen mit den Alliierten ein. Das Ergebnis war ein Protokoll vom 1. Februar 1919, das grundlegende Weichenstellungen für die Phase des Waffenstillstandes und darüber hinaus entfaltete.

Auf Wunsch der Alliierten wurde im Frühjahr 1919 eine Trennung der Identifikation und Entschädigung (Substitution) von der Rückgabe (Restitution) von Beutemaschinen bzw. -material vorgenommen.[421] Daraufhin wurde eine Unterkommission für Substitutionen mit Sitz in Frankfurt am Main, die so genannte „Wako-Frankfurt", eingerichtet. Dadurch wurde das deutsche Restitutionswesen aufgeteilt.

Die Rückgabe der Maschinen und die Feststellung der Höhe der Entschädigung der deutschen Eigentümer erfolgten durch die Maschinenabteilung, die beim Reichsverwertungsamt angesiedelt wurde, das wiederum dem

420 Vgl. Der Waffenstillstand, Bd. 1, S. 161–162.

421 Vgl. BArch R 3301–83 Blatt 69. Im Rahmen der Restitution waren festzustellen: „Ursprung, Name des feindlichen Besitzers, Standort der Maschinen, Vermittlungsstelle Fz. oder B.d.K.M. Nummer, genaue Beschreibung zwecks Identifizierung, sowie sonstige Angaben von Bedeutung". Diese Daten wurden an die sog. „Marestitu" (Abteilung F) in Frankfurt am Main und die Mest (Abteilung D) in Berlin übermittelt. Vgl. BArch R 3301–2022 Blatt 163.

RSchM unterstand.[422] Als Nachfolgeorganisation des Wumba verfügte das Reichsverwertungsamt über eine große Zahl von Unterlagen über Beutegut.

Der Bereich für Identifikation und Entschädigung der „Wako-Frankfurt“ wurde der REK angeschlossen und im März 1919 in die „Maschinenabgabestelle“ umgewandelt. Trotz dieser Aufteilung blieb Guggenheimer aber für beide Rückgabeorganisationen verantwortlich. Eine entsprechende Regelung hatte Guggenheimer mit dem damaligen Waffenstillstandskommissar Erzberger vor Übernahme seiner Tätigkeit ausgehandelt.[423] Auch drängte Guggenheimer erfolgreich darauf, dass die Bemessung der Entschädigung möglichst entgegenkommend für den deutschen Eigentümer ausfallen sollte, um Störungen des Betriebsablaufs möglichst zu vermeiden.

In Wiesbaden wurde schließlich dauerhaft die „Commission Interalliée Permanente d'Armistice, Service de la Restitution Industrielle“ (CIPA) eingerichtet. Aufgaben der CIPA waren zum einen die Koordination mit den deutschen Behörden, sowie zum anderen die Suche und Identifikation von Beutemaschinen bzw. -material.

Zur Erleichterung der Zusammenarbeit wurde von deutscher Seite ein behördliches Gegenstück geschaffen und die Unterkommission aus einem Provisorium in eine Reichsbehörde überführt. Die Aufteilung auf zwei Standorte wurde beibehalten. In Berlin wurde der eigentliche Sitz der Reichsbehörde für Rückgabe von Maschinen und Material an Belgien und Frankreich, als Referat XII der Wako-Berlin unter der Leitung von Emil Guggenheimer, eingerichtet.[424] Zum ständigen Kontakt mit der CIPA wurde die Wako-Frankfurt als eine Außenstelle unter der Leitung des sachverständigen Ingenieurs Ernst Bernheim permanent beibehalten.[425]

Die Delegierten der CIPA hatten uneingeschränkten Zugang zu allen deutschen Industrieanlagen und waren berechtigt, die umgehende

---

422 Die Maschinenabteilung beim RSchM erhielt, wegen ihres behördenähnlichen Charakters bald nach ihrer Einrichtung die Bezeichnung „Maschinenabgabestelle“ (MAS). Siehe unten.

423 Vgl. BArch R 3301–2022 Blatt 70.

424 Vgl. Biografien in VI. Anhang.

425 Vgl. Verhandlungen zwischen Lefèvre (Leiter der CIPA) und Erzberger in: Der Waffenstillstand, Bd. 2, S. 295. Zum Protokoll zur Ausführung des Waffenstillstandes hinsichtlich der Rückgabe von Maschinen und Material vgl. ebd. S. 304–309.

Demontage, Verpackung, sowie den Abtransport von Maschinen und Material anzuordnen. Von deutscher Seite wurden dafür spezielle Montage- und Transportkolonnen bereitgehalten. Zur Zwischenlagerung der demontierten Objekte mussten von deutscher Seite wetterfeste Lager an speziellen Bahnhöfen errichtet werden. Von diesen Sammelpunkten wurden Transporte bis zur deutschen Außengrenze bzw. der Grenze zu den besetzten Gebieten in Bewegung gesetzt. Die Installation der Maschinen vor Ort durch deutsche Montagekolonnen, von belgischer und französischer Seite waren diese Arbeiten erwartet worden, wurde während der Verhandlungen abgelehnt. Die nicht unbegründete Sorge um die körperliche Unversehrtheit der deutschen Monteure im ehemals von Deutschland besetzten Gebiet war ein, von den Alliierten nicht zu widerlegendes, Argument.

Guggenheimer führte von Beginn an „die gesamten Verhandlungen über Zurückführung von Maschinen und Material selbstständig mit der von den alliierten und assoziierten Regierungen für diesen Restitutionsdienst in Wiesbaden begründeten Commission Interallié Pemanente d'Armistrice, Service de la Restitution Industrielle".[426] Die Zusammenarbeit zwischen deutschen und französischen Stellen verlief in guter Kooperation. Diese Entwicklung trug maßgeblich dazu bei, dass Guggenheimer in den Kreis der führenden deutschen Sachverständigen und Vermittler aufstieg.

Die enge Zusammenarbeit erlaubte es Guggenheimer beispielsweise, in den Verhandlungen über die Entsendung deutscher Monteure eine Einigung dahingehend zu erzielen, dass diese letztendlich nicht angefordert wurden. Ein deutsches Argument war, dass die deutschen Arbeitskräfte der französischen Regierung „wegen ihrer politischen Richtung vielfach auch nicht angenehm sein" würden.[427]

Dieser Argumentation verschloss sich die französische Seite nicht. Es wurde vereinbart, dass die Montagen vor Ort von den Arbeitskräften aus den jeweiligen Empfängerstaaten übernommen wurden. Allerdings musste die deutsche Regierung die Transporte nicht nur bis zur Grenze garantieren, sondern auch bis zur Wiederinbetriebnahme. Zu diesem Zweck wurde die Entsendung deutscher Delegierter vereinbart, die mit den Transporten die Grenze überquerten und die ordnungsgemäße Behandlung der Objekte

426 Vgl. BArch R 3301–1703 Blatt 27.
427 Vgl. Der Waffenstillstand, Bd. 2, S. 293.

überwachen sollten. Die zu diesem Zeitpunkt noch immer provisorische Rückgabe-Unterkommission war zur Bewältigung dieser Aufgaben keinesfalls in der Lage. Wegen ihrer Sachkenntnis wurde zunächst die REK mit der Überwachung beauftragt.

Als Grundlage der Rückführungen wurden eine Verordnung vom 1. Februar 1919 und ein Abänderungsgesetz vom 19. Februar 1919 verabschiedet.[428] Die Verordnung verlangte die Anmeldung von Maschinen jeglicher Art aus den ehemals besetzten Gebieten Belgiens und Frankreichs bei der REK. Für die Anmeldung wurde eine sehr knappe Frist bis zum 20. Februar 1919 gesetzt, die letztlich dem Termindruck der Waffenstillstandsbedingungen geschuldet war. Der Rücklauf an Anmeldungen war mangelhaft, weil eine große Zahl an unrechtmäßigen Eigentümern aus vielerlei Gründen nicht bei den Behörden ihre Beutemaschinen anmeldeten. Daran waren die Alliierten nicht unschuldig, weil deutsche Besitzer von Maschinen in den besetzten rheinischen Gebieten von den Alliierten verhaftet worden waren. Die daraus resultierende Berichterstattung in der deutschen Presse verfehlte ihre Wirkung auf den betroffenen Personenkreis nicht. Entsprechend erhöhten die Alliierten den Druck auf die Reichsregierung energischer einzuschreiten und die Anmeldepflicht auf das gesamte aus Belgien und Frankreich entwendete Material auszudehnen.

Dieser Forderung kam die Reichsregierung mit einer Verordnung vom 28. März 1919 nach und beschlagnahmte kurzerhand das gesamte angemeldete und unangemeldete Material.[429] Die Strafen auf fahrlässige Unterlassung der Anmeldung wurden auf obligatorische Gefängnisstrafen angehoben. Vorher war nur eine mögliche Gefängnisstrafe bis zu einem Jahr angedroht worden. Die Frist bis zur definitiven Anmeldung wurde auf den 20. April 1919 festgelegt, aber schon kurz darauf auf den 31. Mai 1919 verlängert.

Während die Anmeldungen von Maschinen und Material bei der REK anliefen, musste die Unterkommission binnen kürzester Zeit eine funktionierende

428 Vgl. Verordnung über die Rückgabe der in Belgien und Frankreich weggenommenen Betriebseinrichtungen, vom 1. Februar 1919 (RGBl. S. 143); Gesetz zur Abänderung der Verordnung über die Rückgabe der in Belgien und Frankreich weggenommenen Betriebseinrichtungen vom 1. Februar 1919, vom 19. Februar 1919 (RGBl. S. 199).

429 Vgl. RGBl. Jg. 1919, S. 349.

Verwaltungsorganisation am Hauptsitz in Berlin und in Frankfurt am Main als technischer Ausführungszentrale – der erwähnten „Wako-Frankfurt“ – aufbauen. Besonders wichtig war die fristgerechte Inbetriebnahme der technischen Zentrale bis zum 15. Februar 1919, wie es mit den Alliierten vereinbart worden war. Angesichts der schleppenden Anmeldungen sollte eine zügige Bearbeitung durch die Wako-Frankfurt den Alliierten die Bereitwilligkeit der deutschen Seite zur Zusammenarbeit demonstrieren. Tatsächlich gelang es bis zum Eingehen der ersten Rückgabegesuche der Alliierten am 23. Februar 1919 eine funktionierende Bürokratie einzurichten.

Die Aufgaben der technischen Zentrale in Frankfurt am Main bestanden aus vier Bereichen: 1. Der Standortermittlung von Maschinen und Material; 2. Der Identifizierung von Maschinen und Material; 3. Dem Versand von Maschinen und Material; 4. Der Übermittlung der Unterlagen für den Rückkauf an das Reichsverwertungsamt.

Das Verfahren zur Substitution wurde wie folgt festgelegt: Ein geschädigter ursprünglicher Eigentümer aus Belgien und Frankreich wandte sich zur Rückgabe seines Eigentums an die CIPA, von wo aus die Anfrage bei der Wako-Frankfurt einging. Die von dort auszuführende Ermittlung des Standortes und Zustandes der Maschine wurde über Anfragen bei deutschen Behörden, insbesondere der REK und dem Wumba bzw. dem Reichsverwertungsamt als dessen Rechtsnachfolgerin, durchgeführt.

Die während des Rückzuges verlorenen Akten wirkten sich negativ auf die Standortermittlung aus. In vielen Fällen blieb nur die Hoffnung, dass Maschinen oder Material rechtzeitig angemeldet wurden. Angesichts der niedrigen Anmeldungen stieß das System der REK schnell an seine Grenzen und ein neues System musste parallel implementiert werden. Die Wako-Frankfurt wurde beauftragt eigenständig nach Maschinen und Material zu fahnden. Über direkte Anfragen bei deutschen Unternehmen, die wegen ihrer Produktionsart als Empfänger der gesuchten Maschinen in Frage kamen, konnten zahlreiche Rückgaben eingeleitet werden. Angesichts der schwierigen und unübersichtlichen Suche nach dem Beutegut wurde zu Beginn der Wako-Frankfurt eine Kartei aus fünf Kartotheken eingerichtet.

Bei erfolgreicher Standortermittlung wurde der CIPA Meldung erstattet, die wiederum mit dem ursprünglichen Eigentümer Kontakt aufnahm. Diese Eigentümer oder deren Vertreter bereisten mit deutschen Mitgliedern der Wako-Frankfurt die ermittelten Standorte, um Maschinen und Material zu identifizieren sowie deren Zustand festzustellen. Diese umständliche Methode wurde im weiteren Verlauf aber nur noch in wenigen Fällen genutzt, nachdem sich eine gegenseitige vertrauensvolle Zusammenarbeit zwischen alliierten und deutschen Stellen entwickelt hatte. In der Regel akzeptierte die CIPA später die deutschen Angaben über Standort und Zustand. Die CIPA informierte bei erfolgreicher Identifikation die ursprünglichen Eigentümer, die wiederum die CIPA anwiesen einen Antrag auf Rücklieferung (ordre d'expédition) bei den deutschen Behörden zu stellen.

Nach Eingang dieses Antrages bei der Wako-Frankfurt wurde dem deutschen Eigentümer mitgeteilt, dass die Objekte von diesem sachgemäß abgebaut, verpackt und an einen vorbezeichneten Sammelbahnhof der CIPA zu transportieren waren. Von dort wurde der Transport zu den Übergabe-Bahnhöfen in Köln-Nippes und Bischofsheim gebracht und von Vertretern der CIPA in Empfang genommen, überprüft und quittiert. Dem Reichsverwertungsamt wurde nach Abschluss der Lieferung das damit verbundene Aktenmaterial zur Verfügung übersandt. Von dieser Verwaltungsstelle wurde abschließend die Entschädigung des ehemaligen deutschen Eigentümers eingeleitet.

Die Verhandlungen mit den deutschen Eigentümern liefen an, sobald die Maschine identifiziert war. Angesichts der schwierigen wirtschaftlichen Situation, das Beutegut war nicht ohne Grund aus den besetzten Gebieten „beschafft" worden, gestalteten sich die Entschädigungsverhandlungen häufig schwierig. Produktionsabläufe brachen durch den Verlust von Maschinen zusammen. Durch den Abbau von Hallen oder wichtiger Bauelemente wie Stahlträgern mussten viele Eigentümer die Produktion ganz einstellen.

Vom Reichsverwertungsamt wurden erhebliche Anstrengungen unternommen, durch Sachverständige den Wert der Maschinen fair einzuschätzen und den Betroffenen die weitere wirtschaftliche Existenz zu sichern. Während der Demobilmachung hatte die Beschäftigung von Arbeitnehmern hohe Priorität. In Notfällen wurden die betroffenen Eigentümer auch mit Monteuren beim Ab- und Ausbau von Maschinen und Material unterstützt. Zur Erledigung dieser Tätigkeiten stand der Wako-Frankfurt ein eigener Verwaltungsapparat zur Verfügung.

Die innere Organisation der Wako-Frankfurt war unterteilt in eine Kaufmännische und eine Technische Abteilung, die wiederum in Abteilungen und Büros untergliedert waren.[430] Die Kaufmännische Abteilung bestand aus: 1. Versandbüro, 2. Reisebüro, 3. Übersetzungsbüro, 4. Registratur, 5. Buchhaltung, 6. Hausverwaltung, 7. Juristische Abteilung, 8. Organisations- und Personalabteilung. Demgegenüber bestand die Technische Abteilung aus: 1. Kartei, 2. Ingenieurbüro, 3. Delegiertenbüro, 4. Büro für Reparatur- und Ersatzfragen, 5. Verwaltung der Lager.

Die Kaufmännische Abteilung war für die Koordination der internen Hausverwaltung konzipiert worden, während die Technische Abteilung mit der eigentlichen Ausführung der Rücklieferung beauftragt war. In diesem Zusammenhang stand auch das Büro für Reparatur- und Ersatzfragen, das während der Waffenstillstandsphase kaum in Erscheinung trat und erst nach dem Friedenschluss an Bedeutung gewann. Von deutscher Seite war es kaum möglich, während des Waffenstillstandes Ersatzlieferungen in einer Zeitspanne zu organisieren, in der eine abgerufene Maschine abgebaut und abtransportiert worden wäre. Auch Reparaturen an beschädigten Maschinen waren kaum möglich. Die engen Fristen von wenigen Wochen oder Monaten machten das nur in seltenen Fällen realisierbar.

Nach dem Friedensschluss musste diese Praxis aber geändert werden, weil gemäß Artikel 297 FV Deutschland nicht nur alle entnommenen Maschinen zu restituieren, sondern auch für Wertminderungen und nicht mehr vorhandene Maschinen Substitution zu leisten hatte. Die Reparatur beschädigter Maschinen war für den Reichshaushalt häufig billiger, als die Lieferung einer neu konstruierten Anlage. Die Unterkommission wurde im Vollzug der Auflösung der deutschen WaKo am 1. September 1919 in ein Reichskommissariat umgewandelt und zum 3. Januar 1920 dem RMfW angegliedert.[431]

Zusätzlich zur Rückführung von Maschinen und Material wurde bei der Unterkommission ein Reichskommissar zur Lieferung von landwirtschaftlichen Maschinen an die Alliierten untergebracht. In den Verhandlungen zum Waffenstillstand vom 16. Januar 1919 hatten die Alliierten die nicht vollständige Lieferung des Eisenbahnmaterials von 5.000 Lokomotiven und

430 Ein Organigramm der Wako-Frankfurt ist zu finden in: Der Waffenstillstand, Bd. 3, S. 313.

431 Vgl. Verordnung, betreffend die Errichtung der Reichsrücklieferungskommission, vom 3. Januar 1920 (RGBl. S. 15).

150.000 Waggons bemängelt und als Konventionalstrafe eine zusätzliche Lieferung von 500 Lokomotiven und 19.000 Waggons verlangt, diese Forderung aber in eine umfangreiche Lieferung landwirtschaftlicher Geräte und Maschinen umgewandelt.

Nach Artikel III des Waffenstillstands vom 16. Januar 1919 hatte Deutschland zu liefern: 400 Dampfpfluggruppen, 6.500 Sämaschinen, 6.500 Düngerstreumaschinen, 6.500 Pflüge, 6.500 Brabantpflüge, 12.500 Eggen, 6.500 Messereggen, 2.500 Stahlwalzen, 2.500 Croskillwalzen, 2.500 Grasmähmaschinen, 2.500 Heuwender und 3.000 Bindemäher.[432] Diese Straflieferungen wurden innerhalb der Reichsverwaltung als „Poena-Lieferungen" bezeichnet.[433] Ihre Bearbeitung erfolgte durch einen dafür ernannten „Reichskommissar für die Lieferung landwirtschaftlicher Maschinen und Geräte an die Entente", der seine Tätigkeit in Belgien ausführte und mit der RRLK eng zusammen arbeitete.[434] Einen großen Einfluss auf die deutsche Agrarproduktion hatten die Lieferungen nicht, weil entgegen den deutschen Befürchtungen die Mechanisierung der Landwirtschaft während des Krieges sehr zurückgegangen war.[435]

Ein weiteres Beispiel für die Zersplitterung der deutschen Reparationsverwaltungsbehörden war die Maschinenabgabestelle (MAS). Rechtliche Grundlage für die Einrichtung dieser Behörde war eine Verordnung vom 28. März 1919.[436] In §2 dieser Verordnung wurde die Maschinenabteilung der REK als diejenige Behörde bezeichnet, bei denen deutsche Eigentümer von belgischen oder französischen Restitutionsmaschinen diese anzumelden hatten. Dem RSchM wurde in §7 die Ermächtigung erteilt „sämtliche Maschinen, Maschinenteile, industrielle oder landwirtschaftliche Betriebsgeräte, Zubehörteile jeder Art sowie allgemein industrielle oder

---

432 Vgl. Der Waffenstillstand, Bd. 1., S. 183.

433 Vgl. BArch R 2–50046 o. Z. Aufgaben und Organisation der RRKL.

434 Der Reichskommissar für die Lieferung von landwirtschaftlichen Maschinen und Geräten an die Entente wurde zunächst am 27. November 1919 der RRLK unterstellt, aber zum 3. Januar 1920 mit der RRLK (RGBl. S. 15) verschmolzen. Vgl. BArch R 3301–84 Blatt 167 und BArch R 3301–1703 Blatt 23. Siehe IV.1.

435 Vgl. Kent, S. 62–63.

436 Vgl. RGBl. Jg. 1919, S. 349.

landwirtschaftliche Geräte jeder Art“ zu enteignen.[437] Die so in Reichsbesitz übergegangen Geräte und Maschinen waren vom vorherigen Eigentümer an eine vom RSchM näher bezeichnete Stelle zu transportieren.

Anstatt eine vorhandene Stelle der Reichsverwaltung, beispielsweise die REK oder die Wako-Frankfurt, mit der Entgegennahme zu betrauen, schuf das RSchM mit der Maschinenabteilung beim Reichsverwertungsamt eine neue Organisation. Dadurch konnte das RSchM die Aufsichtskontrolle uneingeschränkt wahrnehmen und musste nicht auf anderen Ministerien Rücksicht nehmen. Allerdings bedeutete diese Praxis den Beginn umfangreicher Kompetenzstreitigkeiten. Zur Abgrenzung der Arbeitsbereiche, die Wako-Frankfurt deckte praktisch den gesamten Maschinenpark aus Belgien und Frankreich ab, wurde versucht die MAS auf spezielle Betätigungsfelder auszurichten. Dazu wurden zunächst vier Referate eingerichtet:

Referat 1 war für die Rückführung von elektrischen Maschinen, einschließlich Kraftaggregaten und elektrischem Gerät zuständig. In Referat 2 wurde die Rückführung von Werkzeugmaschinen, Kraft- und Arbeitsmaschinen, Hüttenwerksanlagen, Hallen, Kranen und einschließlich aller vom ehemaligen Waffen- und Munitionsbeschaffungsamt R II abgebauten Maschinen bearbeitet. Alle übrigen zurückzuführenden Gegenstände, wie Textilmaschinen, Papiermaschinen usw. wurden in Referat 3 bearbeitet. In Referat 4 wurde die Enteignung von Maschinen und Material durchgeführt.[438]

Die Restitution von Maschinen nahm einen eher kleinen Teil der Tätigkeit der Referate in Anspruch.[439] Die Maschinenabteilung wurde speziell auf das Feld der Substitution ausgerichtet, die nach dem Versailler Friedensvertrag erheblich an Bedeutung gewann. Zahlreiche Maschinen aus Belgien und Frankreich waren verschrottet worden. Nach Artikel 238 hatte das Deutsche Reich hier Entschädigung zu leisten, die in der Regel durch Lieferung neu produzierter Substitutionsmaschinen befriedigt wurde. Die Maschinenabteilung beim Reichsverwertungsamt wurde im Juli 1919 in die

437 Vgl. RGBl. Jg. 1919, S. 349 und 351.

438 Vgl. BArch R 3301–24 Blatt 140.

439 An Bedeutung gewann in erster Linie die Restitution von Eisenbahngerät, vgl. BArch R 3301–24 Blatt 140–141.

Maschinenabgabestelle umbenannt.[440] Erst mit der Einrichtung des Reichsministeriums für Wiederaufbau wurden MAS und RRLK verschmolzen, wobei die MAS eine Abteilung der RRLK wurde. Die Kompetenzkonflikte endeten aber auch nach dieser Reorganisation nicht.[441]

Die MAS wurde nach ihrer Umbenennung weiter ausgebaut. Die Geschäftsleitung ruhte auf den Hauptabteilungen E, M und R, die jeweils in Fachabteilungen untergliedert waren. Hauptabteilung E war für alle Fragen der Identifikation von elektrischen Maschinen und deren Begutachtung zur Wertermittlung zuständig. Sachverständige der Abteilung E waren in Zweigbüros in Düsseldorf, München und Stuttgart untergebracht. Hinsichtlich der Unterstützung der von Beutemaschinen betroffenen Unternehmen bearbeitete Abteilung E die Stellung von Ersatzmaschinen und -darlehn.

Die Restitution von Beutemaschinen erforderte eine umfassende Lagerorganisation mit Reparatur- und Transportkapazitäten. Zuständig für die Logistik war Hauptabteilung M. Ebenfalls dort untergebracht war die Rechtsabteilung unter der Leitung von Rechtsanwalt Stintzing. Rückgabelager befanden sich in Düsseldorf-Lohhausen, Frankfurt am Main, Leipzig-Plagwitz, Dortmund, Essen und Rheydt.

Die Identifikation von Eisenkonstruktionen, Hüttenwerkseinrichtungen, Werkzeug- und Spezialmaschinen oblag Hauptabteilung R unter der Leitung des Direktors der MAS Klees. Parallel zur Hauptabteilung E wurden auch hier betroffenen Unternehmen finanzielle und materielle Unterstützungen nach Einzelfallprüfung gewährt.

Zur Bearbeitung der übrigen Aufgaben standen der MAS Abteilungen für Kostenprüfung, Personal, Sekretariat und Statistik zur Verfügung.[442]

---

440 Vgl. BArch R 3301–87 o.Z. Bericht über die Entschädigung von Beutemaschinen. Berlin, den 7. Januar 1923.

441 Siehe IV.1. RRLK.

442 Vgl. BArch R 3301–2022 Blatt 159.

III. Die Ausgestaltung der deutschen Wiederaufbauverwaltung

The peace terms in the treaty of Versailles shocked the unprepared German population, who expected the mild terms of a "Wilson-peace". Despite the popular uproar, the higher administration of the Reich developed procedures to comply with the terms. This process led to the creation of several administrative institutions and the Reichsministerium für Wiederaufbau as its administrative head.

III.1 Der Koenemann-Entwurf zur Organisation der Reparationssachlieferungen

Die Hoffnungen auf einen milden „Wilson-Frieden" hatten weitergehende Vorbereitungen von behördlichen Organisationsstrukturen für die Ausführung von Wiedergutmachungsleistungen für Kriegsschäden bis Mai 1919 verhindert. Entsprechende Neuorganisationen wären den Alliierten kaum verborgen geblieben und hätten als vorauseilendes Schuldeingeständnis gewertet werden können. Vorhanden waren bei der Vorlage der Friedensbedingungen nur jene Strukturen, die während des Krieges und der Periode des Waffenstillstandes entstanden waren.

Als zentraler Vermittler zwischen der deutschen Regierung und den ehemals feindlichen Staaten fungierte während der Waffenstillstandsphase die WaKo mit ihren Unterkommissionen, die von der Friedenskommission beim AA unterstützt wurde. Zu ursprünglich anderen Zwecken waren der RWHF, RKLAU, Treuhänder und die REK geschaffen worden. Diese Behörden waren aber nur am Rande mit Planungen für den Wiederaufbau in den Feindstaaten beschäftigt. Im Fall der REK bildete die Abschätzung der Kriegsschäden insofern einen Bezug zum Wiederaufbau, als dass die Ergebnisse einen Eindruck über die Dimensionen bieten sollten.

Bis zur Vorlage der Friedensbedingungen blieb es demnach nur bei der Erhaltung der Verwaltungsorganisationen, um die Vorgaben aus dem Waffenstillstand zu erfüllen. Warnende Hinweise in der ausländischen Presse oder von Seiten der deutschen WaKo wurden beiseitegelassen. Umso dringender wurde nach der Bekanntgabe der Friedensbedingungen die Notwendigkeit entsprechende Strukturen aufzubauen.

Während die deutsche Öffentlichkeit und Politik ihre Empörung über die Friedensbedingungen kundtaten, begann in der Reichsverwaltung die nüchterne Analyse des Vertragswerks. Ohne entsprechende Vorbereitungen wurden erste Planungen in den diversen Reichsministerien in Auftrag gegeben.[443] Die Überlegungen im RWM für die Schaffung eines „Reichsministeriums für Wiederaufbau" datieren zurück bis zum 17. Mai 1919.[444] Der Reichskommissar für Eisen- und Metallverarbeitung Ernst Koenemann wog die verschiedenen Optionen unter dem Gesichtspunkt der industriellen Wiedergutmachung ab.[445] Seine Schlüsse gab er in Form eines schriftlichen Referats an das RWM weiter. Anstoß für seine Darlegungen war ein Vorstoß der Waffenstillstandskommission in dessen Zeitschrift „Mitteilungen".[446]

In dieser Meldung forderte die WaKo die Bildung eines „Wiederaufbau-Ministeriums". Bis zur politischen Ausgestaltung dieses Ministeriums sollten die Vorbereitungen für den Wiederaufbau in „einem eigenen Referate der einem Minister ohne Portefeuille unterstellten Waffenstillstandskommission übertragen" werden.[447] Der Wiederaufbau der zerstörten Gebiete sollte dann im zu schaffenden Reichsministerium für Wiederaufbau organisiert werden. Die Entschädigungen wären dagegen von der „deutschen Geschäftsstelle des Auswärtigen Amtes für die Friedensverhandlungen",

443 Die REK analysierte im Auftrag des AA die Friedensbedingungen, aber mit einem Vergleich zu den 14-Punkten Wilsons. Vgl. BArch R 3301–23 Blatt 148–156. In der Folgezeit sammelte auch die REK Material gegen den Versailler Vertrag. Vgl. BArch R 3301–31 Blatt 11–19.

444 Vgl. BArch R 3301–52 o.Z. Koenemann an Reichswirtschaftsministerium vom 17. Mai 1919.

445 Vgl. Biografien in VI. Anhang.

446 Die Mitteilungen der Waffenstillstandskommission erschienen vom 7. April bis 31. Juli 1919 mit 90 Ausgaben und beinhalteten Berichte zu zahlreichen Aspekten des Waffenstillstandes und den zu erwartenden Auswirkungen auf Deutschland. Vgl. Deutsche Waffenstillstandskommission, Mitteilungen der Waffenstillstandskommission, Berlin 1918–1919.

447 Vgl. BArch R 3301–52 o.Z. Koenemann an Reichswirtschaftsministerium vom 17. Mai 1919. Sämtliche folgenden Zitate dieses Kapitels entstammen dieser Quelle. Wegen der nicht vorhandenen Paginierung werden Verweise und Zitate daher nicht gesondert genannt.

gemeint war die deutsche Friedenskommission, durchgeführt worden.[448] Die Notwendigkeit der Schaffung einer eigenen Behörde mit einem leitenden Minister begründete die WaKo damit, dass „auch die Gegenseite Minister mit der gleichen Aufgabe betraut habe. Die Möglichkeit, den Wiederaufbau einem bestehenden Fachministerium zu übertragen oder anzugliedern, wird verneint, weil der ganze tatsächliche Wiederaufbau eigentlich ein rein wirtschaftliches, kaufmännisches Unternehmen sei. Das Wiederaufbauministerium müsse daher kaufmännisch aufgezogen werden."[449]

Die Forderung eine Verwaltungsorganisation für den Wiederaufbau der zerstörten Gebiete aufzubauen, die nach marktwirtschaftlichen Gesichtspunkten arbeitet, wurde in den folgenden Jahren sowohl von alliierter als auch deutscher Seite immer wieder vorgetragen. Die grundsätzlichen Gegensätze zwischen öffentlich-rechtlicher Verwaltungs- und marktorientierter Wirtschaftsorganisation vermochte dennoch niemand zu überbrücken.

Koenemann versuchte nach dieser Einführung in den Stand der Planungen der WaKo eine Annäherung an den Umfang und die Kosten der Wiederaufbau-Arbeiten. Eine Summe vermochte er nicht zu nennen, weil ihm die Grundlagen zur Wertermittlung fehlten. Im Rahmen einer späteren Durchsicht notierte ein unbekannter Bearbeiter des Referats eigene Zahlen in den Entwurf. Unter dem Text notierte dieser Bearbeiter handschriftlich zum Thema industrielle Schäden: „1) Belgien 280.000.000 M Sachschäden, 900.000.000 Wiederaufbaukosten; 2) Frankreich 690.000.000 M Sachschäden, 2.230.000.000 M Wiederaufbaukosten." Die Quelle dieser Angaben wurde nicht vermerkt.

Auch über die Ausgestaltung der Entschädigungslieferungen theoretisierte Koenemann und vermutete entweder die Lieferung vollständiger Industrieanlagen oder die Lieferung von Einzelteilen bzw. Maschinen. Erst im dritten Teil des Referats widmete sich Koenemann den behördlichen

448 Vgl. BArch R 3301–52 ebd. In der Quelle wurde handschriftlich ergänzt, dass das RSchM bei der Vergebung der Aufträge als „Zentral-Beschaffungsstelle" fungieren sollte.

449 Die Planungen der WaKo waren möglicherweise der Versuch die eigene Institution, die nach einem Friedensschluss obsolet wurde, permanent in eine oberste Reichsbehörde zu überführen.

Strukturen für den Wiederaufbau. Er formulierte dazu drei Kernforderungen mit anschließender Begründung:

> *„1.) Organische Eingliederung der Organisationen in das Zusammenarbeiten der Fachministerien.*
> *2.) eine gewisse Anpassung an die bestehenden Sonderwünsche der Waffenstillstandskommission und [von einem Bearbeiter gestrichen] der Friedenskommission* [„und des Schatzministeriums" von einem Bearbeiter handschriftlich ergänzt], *soweit sie bereits feste Gestalt angenommen haben.*
> *3.) Alle Detailarbeit muss vom Erwerbsleben* [der deutschen Wirtschaft, Anm. des Verfassers] *geleistet werden (möglichst in Selbstverwaltung). Die behördlichen Organisationen haben nur regelnd einzugreifen."*

Koenemann schloss aus der ersten Forderung, dass ein Wiederaufbau-Ministerium nicht in Frage kommt, weil seine Sonderaufgaben nicht organisch in die Behördenstrukturen der bestehenden Fachministerien einzugliedern sei. Seiner Meinung nach sollte statt eines Wiederaufbau-Ministeriums, eine Geschäftsstelle als Vermittler zwischen den beteiligten Fachministerien gebildet werden. Als zentrales Problem erkannte Koenemann die vielfältigen Zuständigkeiten der verschiedenen Reichsministerien, die einer zügigen Abwicklung der Reparationen im Wege standen. Die Geschäftsstelle sollte demnach anlassgebunden, z. B. nach dem Eintreffen umfangreicher Reparationsforderungen, Einschätzungen der einzelnen Ressorts einholen. Basierend auf diesem Meinungsbild sollten Konzepte zur Umsetzung erarbeitet werden. Die beteiligten Reichsministerien hätten „dann die für ihre Erfüllung erforderlichen Maßnahmen treffen" müssen. Kleinere Aufträge sollten die Fachministerien selbstständig vergeben, während „größere Vergebungen einer Spruchsitzung der Geschäftsstelle vorgelegt werden, in welcher die beteiligten Ressorts ihre Stimme abgeben."

Die Geschäftsstelle sollte eine Reihe von Außenstellen in den ehemals feindlichen Staaten unterhalten, um direkt mit den Kommissionen über den Wiederaufbau zu verhandeln und die Berechtigungen der Forderungen zu überprüfen.

Koenemann verglich dieses Arrangement mit einem Industrieunternehmen indem „die Außenstelle das Akquisitionsbüro [und] die Geschäftsstelle das Bestellbüro" sein sollten. In diese Planungen schloss Koenemann seine zweite Forderung hinsichtlich der Einbindung der WaKo ein. Reichsfinanzminister Erzberger könnte demnach allen Außenstellen vorstehen und dadurch weiterhin die Verhandlungen mit der Gegenseite führen. Die Außenstelle für Belgien und Frankreich sollte dagegen von KR Guggenheimer geführt werden. Das RSchM wäre über die Geschäftsstelle eingebunden und könnte bei der Vergabe der Aufträge seine „Vorräte aus Heeresbeständen [„und die Beteiligung der Heereswerkstätten an der Fertigung“; (handschriftliche Anmerkung eines späteren Bearbeiters des Textes, der Verf.)]“ beisteuern.

Die Verwertung der Restbestände eines Millionenheeres und der, während der Umstellung auf Friedensproduktion hergestellten, neuen Heeresgüter sollte die Kosten des Reiches senken und gleichzeitig eine sinnvolle Verwertung dieser immensen Sachwerte gewährleisten.[450] Dazu zählte auch die Auslastung der Reichswerke. Diese umfangreichen Produktionsanlagen waren während des Krieges zur Rüstungsproduktion errichtet worden. Im Verlauf der deutschen Entwaffnung wurde von den Alliierten die Auflösung der Reichswerke gefordert. Die Reichsregierung versuchte dagegen, die weitere Existenz der Reichswerke in ziviler Produktion zu gewährleisten.[451]

Mit dem Verweis auf die Lieferungen leitete Koenemann auf seine dritte Kernforderung über. Die größte Schwierigkeit erkannte er in einer Forderung der Siegermächte nach der Lieferung von „ganzen Anlagen oder ganzen Ortschaften.“ Hier erwartete er einen immensen Aufwand in der Verwaltung. „Lieferungen nach bestimmten Gattungen“ würde Koenemann dagegen den Vorzug geben. Auf jeden Fall müsste eine genaue Überwachung sicher gestellt sein, deren Umsetzung nach Möglichkeit auf die Industrie abgewälzt werden sollte.

Koenemann regte an, die deutsche Wirtschaft in Selbstverwaltungskörpern zu organisieren. Nach Maßgabe der Verwaltung sollten diese Spartenorganisationen die Aufträge eigenständig an ihre Mitglieder verteilen. Die Preise waren allerdings nach Vorgaben der Reichsverwaltung zu gestalten.

450 Zur Umstellung der Kriegswirtschaft vgl. Friedrich-Carl Wachs, Das Verordnungswerk des Reichsdemobilmachungsamtes, stabilisierender Faktor zu Beginn der Weimarer Republik, Frankfurt am Main 1991.

451 Erst am 28. September 1922 entschied die Alliierte Botschafterkonferenz zu Gunsten einer weiteren friedlichen Nutzung der Reichswerke. Vgl. Jürgen Heideking, Areopag der Diplomaten. Die Pariser Botschafterkonferenz der alliierten Hauptmächte und die Probleme der europäischen Politik 1920–1931, Husum 1979, S. 227–228.

In den Bereichen der deutschen Wirtschaft, in denen noch keine Selbstverwaltungskörper bestanden, hätte das Reich Notstandsaufträge nach dem bisherigen Vergabesystem verteilt. Dadurch sollten größere Industrieunternehmen bevorzugt werden, aber die Vergabe von Aufträgen an Subunternehmen von den Behörden kontrolliert werden. Zuschläge für Aufträge unterlagen der Genehmigung durch eine Spruchsitzung bei der Geschäftsstelle. Die Beratung und Kontrolle der vergebenden Organisationen sollten die beteiligten Fachministerien über ihre Referate oder besondere „Executivstellen" ausüben.

Was Reichswirtschaftsminister Rudolf Wissell als Adressat des Referats aus dem Inhalt für seine Politik ableitete, ist nicht überliefert. Die Ereignisse in den Reichsministerien überschlugen sich in diesen Wochen.

III.2 Perspektiven zur Ausführung der wirtschaftlichen Bestimmungen des Versailler Vertrages in anderen obersten Reichsbehörden

Das RWM geriet kurz nach der Unterzeichnung des Versailler Vertrages in erhebliche Turbulenzen. Von seiner Aufgabenstruktur aus betrachtet, war das RWM im Sommer 1919 organisch für die Ausführung der wirtschaftlichen Bestimmungen des Versailler Vertrages prädestiniert. Das Ministerium verfügte über eine Reihe von Dienststellen, die mit den Erfordernissen der Reparations- und Wiederaufbaumaßnahmen eng verwandt waren: die Schifffahrtsabteilung mit dem RWHF; Reichskohlenkommissar; Reichskommissar für Ein- und Ausfuhrkontrolle; Reichskommissar für Übergangswirtschaft; Reichskommissar für Eisen- und Stahlerzeugung; Reichskommissar für Eisen- und Metallverarbeitung; Treuhänder; RKLAU; die zwischenzeitlich vom AA übernommene REK. Zahlreiche leitende Beamte des RWM waren vom Ziel eines „Wiederaufbaus einer einheitlichen Weltwirtschaft" überzeugt.[452]

Im Rahmen der Auflösung des Reichsdemobilmachungsministeriums zum 1. Mai 1919 übernahm das RWM weitgehend dessen Belegschaft und

452 Vgl. Tim Müller, Demokratie und Wirtschaftspolitik in der Weimarer Republik, in: Vierteljahreshefte für Zeitgeschichte. Das zentrale Forum für Zeitgeschichtsforschung, Bd. 62, Heft 4, Jg. 2014, S. 585.

wirtschaftsorganisatorischen Abteilungen. Das RWM verfügte zudem über enge Kontakte zur deutschen Wirtschaft aus der kriegswirtschaftlichen Zusammenarbeit.[453] Daher fiel es dem RWM leicht eine „Baustoff-Kommission" einzurichten, deren Sachverständige im August 1919 die zerstörten Gebiete in Belgien und Frankreich bereisten und erste Gutachten erstellten.[454] Auf dieser Grundlage sollte diese Kommission die Beschaffung großer Mengen an Baumaterial koordinieren.

Das Personal des RWM war seit 1917 in die Tätigkeiten eingearbeitet und im Nachtragshaushalt für 1919 wurden nach dem Friedensschluss umfangreiche Mittel zur Vermehrung des Beamtenpersonals eingeplant.[455] Allerdings war das RWM an leitender Stelle bis zum Juli des Jahres 1919 mit einem anderen Projekt beschäftigt: Der „Gemeinwirtschaft".[456]

Dieses Wirtschaftsprinzip wurde maßgeblich von Wichard von Moellendorff entwickelt, der vom damaligen Staatssekretär im Reichswirtschaftsamt August Müller am 20. November 1918 an leitender Stelle eingesetzt wurde.[457] Moellendorff begann noch Ende November 1918 mit

---

453 Zum 1. Mai 1919 übernahm das RWM u. a. die Zuständigkeit für eine Reihe von Kriegsgesellschaften vom aufgelösten Reichdemobilmachungsministerium. Vgl. Ehlert, S. 259; Wachs, S. 211–212.

454 Vgl. BArch R 3301–92 o. Z. Baustoff Kommission, Bericht vom 19. August 1919.

455 Zur Frühphase des RWM vgl. Walther Hubatsch, Entstehung und Entwicklung des Reichswirtschaftsministeriums 1880–1933. Ein Beitrag zur Verwaltungsgeschichte der Reichsministerien. Darstellung und Dokumentation, Berlin 1978, S. 18–21. Zur Vermehrung des Personals hinsichtlich der Erfüllung des Friedensvertrages vgl. R 3301–2008 Blatt 25 und Nachtragshaushalt 1919 Kap. 11 Tit. 1–5.

456 Unter „Gemeinwirtschaft" verstand Moellendorff die Einbindung der deutschen Wirtschaft, sowohl Arbeitgeber als auch Arbeitnehmer und Arbeitslose bzw. Arme, in einem Reichswirtschaftsrat. Auch auf Landes- und Kommunalebene sollten solche Wirtschaftsräte aufgebaut werden. Die Räte sollten am Gesetzgebungsprozess beteiligt werden. Grundlage der Räte sollten Selbstverwaltungsorganisationen in allen Wirtschaftsbereichen sein. Die dort organisierten Unternehmen hätten ihre unternehmerische Freiheit allerdings weitgehend zu Gunsten einer zentralen Wirtschaftsplanung aufgeben müssen. Vgl. Ehlert, S. 98–99, 257 und 269.

457 Auch Walther Rathenau hatte eigene Gemeinwirtschaftspläne entworfen und mit Moellendorff gemeinsam ausgearbeitet. Wegen zahlreicher Vorbehalte im Rat der Volksbeauftragten wurde Moellendorff erst am 11. Dezember 1918

der tiefgreifenden Umstrukturierung des RWA, die zunächst nur auf eine Reorganisation des Amtes abzielten.[458]

Im Verlauf einer reichsweiten Streikwelle im Februar und März 1919, die am 4. März 1919 im Großraum Berlin in einem staatsgefährdenden Generalstreik mündeten, wurden die Forderungen der streikender Arbeiterschaft nach Sozialisierungen und Verbesserung der Lebensbedingungen nicht mehr kontrollierbar. Unter dem Druck der Ereignisse versprachen Regierungsvertreter in Verhandlungen mit den Rädelsführern die Verabschiedung eines Sozialisierungsgesetzes, das am 13. März 1919 den Reichstag in dritter Lesung passierte und am 23. März 1919 in Kraft trat.[459] Am 7. Mai 1919 legte das RWM die Gemeinwirtschaftspläne Moellendorffs dem Kabinett zur Entscheidung vor.[460] Die am gleichen Tag bekannt gewordenen Friedensbedingungen machten dessen weitreichenden gesellschaftlichen und wirtschaftlichen Umstrukturierungskonzepte aber obsolet.[461]

Der Widerstand gegen die Gemeinwirtschaftspläne formierte sich innerhalb der Regierungskoalition insbesondere in der Zentrumsfraktion um Matthias Erzberger, die einer liberalen Marktwirtschaft mit staatlichen Ordnungsfunktionen zugeneigt war.[462] Am 8. Juli 1919 wurden die Gemeinwirtschaftspläne im Kabinett endgültig verworfen.[463] Sowohl der damalige Reichswirtschaftsminister Rudolf Wissell, der die Gemeinwirtschaftspläne vorbehaltlos unterstützt hatte, als auch Unterstaatssekretär Moellendorff traten von ihren Ämtern zurück.

---

zum Unterstaatssekretär ernannt. Als besonderer Nachteil bei Moellendorff wurden seine theoretische Konzeption eines gemeinwirtschaftlichen Umbaus der deutschen Volkswirtschaft und sein Mangel an praktischer Erfahrung vorgebracht. Moellendorff hatte ein Maschinenbaustudium absolviert und war dann in der Wirtschaft, u. a. nach einem Gespräch mit Walter Rathenau, bei der AEG, tätig gewesen. Daher verfügte er nicht über eine Karriere als Ministerialbeamter und war zum Zeitpunkt seiner Ernennung Hochschullehrer an der TH Hannover. Vgl. Ehlert, S. 91–100.

458 Vgl. Geschäftsverteilungsplan vom 5. Dezember 1918 in: ebd. S. 109.

459 Vgl.ebd. S. 267.

460 Vgl. ARWR, Kab. Scheidemann, Bd. 1, Nr. 62 bis 63b, S. 268–289.

461 Zum Inhalt der Denkschrift vgl. Ehlert, S. 326–331 und 352–354.

462 Vgl. Dowe, S. 123–124.

463 Vgl. ARWR, Kab. Bauer, Bd. 1, Dok. Nr. 20, S. 92.

Unter dem neuen Reichswirtschaftsminister Robert Schmidt (SPD) und dessen Unterstaatssekretär Julius Hirsch wurde das RWM neu organisiert und am 15. September mit der Eingliederung des Reichsernährungsministeriums stark erweitert. Der Kompetenzumfang des RWM innerhalb der Reichsverwaltung war im Herbst 1919 so groß, dass eine Übertragung der Wiederaufbaukompetenzen „im Rahmen des großen Reichswirtschaftsministeriums unmöglich erschien."[464]

Auch andere Reichsministerien hatten ihre Ambitionen hinsichtlich der Wiederaufbaufrage zumindest deutlich gemacht. Schärfster Konkurrent des RWM in allen Fragen der Außenwirtschaftspolitik, zu denen die Ausführung des Friedensvertrages eindeutig zählte, war das Auswärtige Amt.[465]

Das AA begann nach der Unterzeichnung des Versailler Vertrages sein, im Krieg weitgehend für Deutschland zerstörtes, diplomatisches Netzwerk neu zu knüpfen und dadurch aus der außenpolitischen Isolation zu manövrieren. Am 14. Juli 1919 hatte das AA, mit Verweis auf dessen Friedensabteilung, die Federführung in allen Fragen des Friedensvertrages beansprucht. Die Friedensabteilung sollte dabei als zentrale Koordinierungsstelle dienen, weil

> *„bei ihrer Organisation* [...] *der größte Wert darauf gelegt [wurde], von vornherein ein reibungsloses Zusammenarbeiten aller beteiligten Stellen zu sichern und eine möglichst rasche geschäftliche Erledigung aller Anfragen und Wünsche zu bewirken."*[466]

Allerdings war das AA zeitgleich mit einer tiefgreifenden Neustrukturierung im Rahmen der „Schülerschen Reform" beschäftigt.

Während des militärischen und politischen Zusammenbruches des Kaiserreiches waren die Forderungen nach einer Reform des AA nicht mehr abzuweisen. Zu einseitig wurde das AA vom Adel dominiert. Ab 1917 hatten erste Versuche von Edmund Schüler eingesetzt, das AA organisatorisch, insbesondere hinsichtlich einer Stärkung der außenhandelspolitischen

464 Vgl. BArch R 3301–1703 Blatt 3.

465 Das RWM wird noch bis Ende 2015 von der „Unabhängigen Geschichtskommission zur Aufarbeitung der Geschichte des Bundeswirtschaftsministeriums" unter der Leitung von Albrecht Ritschl erforscht.

466 Vgl. ADAP, Serie A, Bd. 1, Dok. Nr. 96, S. 166–168.

Kompetenzen, zu reformieren.[467] Auslöser dieser Entwicklung war das im Herbst 1917 geschaffene Reichswirtschaftsamt und die dortigen Bestrebungen zur Aneignung von Kompetenzen der deutschen Außenhandels- und Außenwirtschaftspolitik. Diese „Amtskonkurrenz“ wurde beim AA nicht ignoriert.[468] Bis Kriegsende und weit darüber hinaus war das AA bestrebt, das RWA möglichst von der Außenpolitik fern zu halten. Erstes „Schlachtfeld“ der beiden Reichsämter war der Abschluss des Friedens von Brest-Litowsk, in dessen Folgezeit das AA bestrebt war, das RWA bei der wirtschaftlichen Ausbeutung der eroberten Gebiete in Osteuropa möglichst auszuschließen.[469]

Genauso sollte auch die Parteipolitik aus den internen Entscheidungen im AA möglichst herausgehalten werden. Versuche einer externen Kontrolle durch Parteivertreter, beispielsweise einem parlamentarischen Staatssekretär, während der Revolutionsphase 1918/19 und danach blieben weitgehend ohne Ergebnis.[470] Erfolgreicher war dagegen die innere Reorganisation des AA im Rahmen der „Schülerschen Reform“, die offiziell mit einer Verfügung von Reichsaußenminister Brockdorff-Rantzau am 22. Januar 1919 begann und am 1. Juli 1919 bedeutend intensiviert wurde. Im Verlauf der

467 Nach Edmund Schüler wurden die Veränderungen innerhalb des AA 1917–1920 auch die „Schülersche Reform“ genannt. Vgl. Kurt Doß, Das deutsche Auswärtige Amt im Übergang vom Kaiserreich zur Weimarer Republik. Die Schülersche Reform, Düsseldorf 1977, S. 147–297; Deutsche Verwaltungsgeschichte, Bd. IV, S. 152–153; Eckart Conze, Das Auswärtige Amt. Vom Kaiserreich bis zur Gegenwart, München 2013, S. 48–58.

468 Vgl. Doß, Das deutsche Auswärtige Amt, S. 169; Kurt Doß, Vom Kaiserreich zur Weimarer Republik. Das deutsche diplomatische Korps in einer Epoche des Umbruchs, in: Klaus Schwabe (Hrsg.), Das Diplomatische Korps 1871–1945, Deutsche Führungsschichten in der Neuzeit, Bd. 16, Boppard am Rhein 1982, S. 93.

469 Vgl. Schwabe, Das Diplomatische Korps, S. 172; PA AA II WK Ukr. 991. AA I B Rep IV, Nr. 87, Bd. 1., Notiz vom 13.6.1918 (neue Signatur: PA AA R 139878 IB Rep IV Pers. gen 87).

470 Vom 14. Oktober 1918 bis 14. Februar 1919 war Eduard David der erste und einzige parlamentarische Unterstaatssekretär beim AA des Kaiserreiches und der späteren Weimarer Republik. Auch der, zu Beginn der Revolution dem AA beigeordnete, Abgeordnete Kautsky (USPD) konnte keinen Einfluss ausüben. Vgl. Doß, Das deutsche Auswärtige Amt, S. 189–193.

Reformanstrengungen wurde die Abteilungsstruktur tiefgreifend neu ausgerichtet und insbesondere das „Regionalprinzip“ eingerichtet.[471]

Die Umstrukturierungen waren im ersten Quartal 1920 weitgehend abgeschlossen. In diesen Zeitraum fiel mit dem Inkrafttreten des Versailler Friedensvertrages am 10. Januar 1920, die Reparationslieferungen setzten drei Monate später ein, eine gewaltige Herausforderung an die Reichsverwaltung. Eine Einbindung der erforderlichen Verwaltungsstellen hätte allerdings die Reformen und Umstrukturierungen des AA gestört.

Die Beharrungskräfte innerhalb des AA, dessen Beamtenschaft überwiegend der untergegangen Monarchie anhing, an der alten Ordnung des Amtes waren in der Phase zwischen der Revolution und der Umsetzung der Schülerschen Reformen zu sehr ausgeprägt.[472] Mehr als eine schleichende Reform war dem AA nicht zuzumuten gewesen. Eine Konzentration der technischen und wirtschaftlichen Ausführung des Friedensvertrages beim AA hätte die Öffnung des AA für eine Vielzahl von entsprechend ausgebildeten Spezialisten, wie es beim späteren RMfW der Fall war, bedeutet. Daher blieb dem AA vorerst nur der Versuch, so viel Einfluss und Kontrolle über die weiteren Entwicklungen zu gewinnen, um die Gefahr einer zukünftigen Amtskonkurrenz möglichst zu minimieren. Während das RWM als Konkurrent in der Außenpolitik feststand, war die zukünftige Entwicklung bei anderen Reichsministerien im Sommer 1919 noch unklar.[473]

Das Reichsfinanzministerium war ein neues Schwergewicht der obersten Reichsbehörden und wurde durch Erlass des Reichspräsidenten am 21. März 1919 geschaffen.[474] Dazu wurde das ehemalige Reichsschatzministerium zum Reichsfinanzministerium umfunktioniert. Hauptaufgabe des neuen Reichsministeriums war zunächst die Vereinheitlichung der Länderfinanzverwaltung in eine Reichsfinanzverwaltung. Die aus dem Versailler Friedenvertrag resultierenden finanzpolitischen Notwendigkeiten zur Finanzierung der Reparationen und des inneren Wiederaufbaus machten allerdings

471 Dazu wurden sechs Ländergruppen gebildet: Westeuropa, Südosteuropa, Nordosteuropa, England und seine Dominions, Amerika und Ostasien. Vgl. Doß, Das deutsche Auswärtige Amt, S. 223.

472 Vgl. Grupp, S. 15–16.

473 Das RWM wurde am 10. April 1920 durch einen Kabinettsbeschluss aus der Außenpolitik weitgehend verdrängt. Vgl. Kameke, Bd. 2, S. 50.

474 Vgl. RGBl. Jg. 1919, S. 327.

ab Juli 1919 erhebliche Umstrukturierungen notwendig. Besonders hervorzuheben war die Finanzreform durch Reichsminister Erzberger, die eine bedeutende Erhöhung der Steuern und deren Verfügungsgewalt von den Reichsländern auf das Reich erbrachte.[475] Die Reichsfinanzreform trat zum 1. Oktober 1919 in Kraft. Das RFM war in den Anfangsjahren seines Bestehens weitgehend damit beschäftigt, die Reichsfinanzverwaltung auf die veränderten Umstände auszurichten und die Reichsfinanzen zumindest nicht gänzlich unkontrolliert expandieren zu lassen.

Aufgrund der Beharrungskräfte innerhalb der Beamtenschaft und den Erfordernissen der inneren Befriedung des Reiches war es nicht einfach, Einsparungen bei der Reichsverwaltung durchzusetzen. Ein frühes Beispiel dafür war das Reichsschatzministerium.

Wie beschrieben war das RSchM am 21. März 1919 aufgelöst und gleichzeitig neu geschaffen worden. Diese Entwicklung war vor dem Hintergrund einer möglichst raschen Neugestaltung einer Reichsfinanzverwaltung nachvollziehbar. Das neu geschaffene RSchM war eine Behörde mit absehbarer Bestandsdauer von wenigen Jahren und diente in erster Linie zur Abwicklung der umfangreichen Restbestände der deutschen Streitkräfte aus dem Ersten Weltkrieg:

> *„Das Reichsschatzministerium ist die oberste Verwaltungsbehörde für das Reichsvermögen und die oberste Reichsbauverwaltung, soweit nicht das Reichsverkehrs- und das Reichspostministerium in Frage kommen, die oberste Verwaltungsbehörde für die Erfassung, Wiedererfassung, Verwaltung und Verwertung des entbehrlich gewordenen beweglichen Militärgutes, für die Abgeltung von Kriegs- und Wehrmachtsverträgen, für die kaufmännischen und industriellen Betriebe des Reichs und die Beteiligung des Reiches an solchen Unternehmungen.“*[476]

---

475 Eine nachhaltige Neuerung war die Einführung einer Einkommenssteuer. Zur Reichsfinanzreform und der Rolle von Matthias Erzberger vgl. Grundriss zur deutschen Verwaltungsgeschichte 1815–1945, Bd. 22, S. 144; Deutsche Verwaltungsgeschichte, Bd. 4, S. 178–185; Vgl. zur Finanzreform auch: Dowe, S. 108–109, 125–132 und 135–137.

476 Zum Reichsschatzministerium existieren nur wenige gesicherte Forschungsergebnisse. Für die „Deutsche Verwaltungsgeschichte“ existiert das RSchM, in der Darstellung der Reichsfinanzverwaltung der Weimarer Republik in Bd. IV S. 179, nach dessen Auflösung praktisch nicht mehr. Der „Grundriss der deutschen Verwaltungsgeschichte“ gibt nur die, hier zitierten, Beschreibungen des RSchM im Handbuch für das Deutsche Reich Jg. 1922 auf den Seiten

Die hier erwähnten Reichsbetriebe und -beteiligungen waren die Kriegsgesellschaften und die Reichswerke. Letztere waren hauptsächlich Heereswerkstätten zur Waffenproduktion und -reparatur, die unter besonderer Beobachtung durch die alliierten Abrüstungskommissionen standen. Die gezielte Errichtung der Reichswerke zur Produktion kriegswichtiger Produkte wie Waffen und Munition machte deren weitere Existenz, im Zuge der allgemeinen Entwaffnung des Deutschen Reiches, fraglich. Die Reichsregierung und das RSchM hatten erhebliche Probleme bei der Umstellung der Reichswerke auf die Friedensproduktion. Besonders erschwert wurde die Situation durch die Demontagen und Rücklieferungen von Spezialmaschinen zur Waffenproduktion, die den Reichsbetrieben eine Aufrechterhaltung der Produktion erheblich erschwerten.[477] Die Produktion von Reparationsgütern für die Wiedergutmachung von Schäden hätte Verhandlungsmöglichkeiten mit den Alliierten geboten, sowie den Reichswerken und den tausenden Beschäftigten eine langfristige Perspektive eröffnet.

Die zur Vermögensverwaltung notwendigen Strukturen musste das neue RSchM teilweise noch aufbauen oder aus angeschlossenen Reichsbehörden, wie beispielsweise dem Reichsverwertungsamt, einbeziehen. Dazu zählte beispielsweise das Referat für Friedensfragen (Referat Pax) beim Reichsverwertungsamt, das für die maschinelle Entwaffnung der Reichswerke zuständig war.[478] Die Bearbeitung der Reparationen beim RSchM wurde von einigen Ressorts als wünschenswert eingestuft und die ersten Planungen auch in dieser Richtung unternommen. Warum das RSchM letztendlich doch nicht zum Zuge kam, konnte nicht ermittelt werden. Allerdings deuten Schwierigkeiten bei der Behandlung der Reichswerke und organisatorische

242–243 wieder. Die im Haupttext zitierten Angaben sind daher hinsichtlich der Situation des RSchM im Jahr 1919 mit Vorsicht zu behandeln.

477 Vgl. zu den Abrüstungsbestimmungen Art. 169 und 192 im Friedensvertrag. Zu den Reichswerken und den Verhandlungen zwischen deutschen und alliierten Vertretern siehe: Heideking, S. 226–228.

478 Am 23. Mai 1919 legte das Reichsverwertungsamt eine vergleichende Analyse zum Wiederaufbau der zerstörten Gebiete mit Wilsons 14-Punkten vor. Vgl. BArch R 3301–52 o. Z. RSchM vom 32. Mai 1919. Die Aufgaben des Referats Pax gingen zum 1. Dezember 1919 auf das RMfW über. Vgl. dazu R 2201–3512 o. Z. Referat für Friedensfragen (Referat Pax).

Probleme beim Neuanfang des RSchM auf grundlegende Schwächen hin.[479] Der Anstoß für eine andere Herangehensweise an die Ausführung des Versailler Vertrages wurde nicht innerhalb der Reichsverwaltung entwickelt, sondern stammte von außen.

III.3 Das Reichskommissariat zur Ausführung von Aufbauarbeiten in den zerstörten Gebieten

Das Reichskommissariat zur Ausführung von Aufbauarbeiten in den zerstörten Gebieten wurde am 22. November 1919 durch eine Verordnung formal eingerichtet.[480] Die Aufgaben der neuen Behörde waren die „Ausführung der Reparationslieferungen gemäß Anlage IV zu Teil VIII des Friedensvertrages sowie Artikel 8 des Zahlungsplans und etwaiger Aufbauarbeiten in den zerstörten Gebieten."[481] Das RKAAG wurde am 1. Oktober 1923 in das „Reichskommissariat für Reparationslieferungen" umbenannt und zum 10. Oktober 1924 dem RFM angegliedert.[482] Bis 1928 wurden die verbliebenen Aufgaben im Wesentlichen abgeschlossen und das RfR zum 31. März 1928 aufgelöst bzw. der Restverwaltung übertragen.[483]

Der Wiederaufbau in Europa wurde nach Kriegsende abrupt ein vordringliches Thema. Genauso wie der Krieg die Welt erfasst hatte, beschäftigte nun die Überwindung seiner Folgen die Nachkriegszeit. Die folgenden Entwicklungen gingen, wie die einleitenden Beispiele Frankreich und Großbritannien zeigen, weit auseinander. In Deutschland, als letzten solventen Besiegten der Mittelmächte, waren die Sorgen um den Wiederaufbau besonders ausgeprägt. Allerdings hatte die breite Öffentlichkeit den eigenen

479 Vgl. R 3301–24 Blatt 139.

480 Verordnung, betreffend Errichtung eines Reichskommissars zur Ausführung von Aufbauarbeiten in den zerstörten Gebieten, RGBl. S. 1895 und Ausführungsbestimmungen vom 22. November 1919. Im Folgenden als RKAAG abgekürzt.

481 Vgl. Handbuch für das Deutsche Reich, 41. Jg. 1922, S. 255.

482 Vgl. RGBl. Jg. 1923, Teil II, S. 351; VO über das Reichskommissariat für Reparationslieferungen vom 10. Oktober 1924, in: RGBl. Teil II vom 17. Oktober 1924, S. 385.

483 Vgl. Verordnung über die Auflösung des Reichskommissariats für Reparationslieferungen, vom 31. März 1928 (RGBl. S. 138).

Wiederaufbau im Sinn, während die Schlachtfelder Europas in den Hintergrund traten.

Vor und nach dem Waffenstillstand ging es vielen Deutschen um die Sicherung der eigenen Existenz, die in vielen Fällen von Entbehrung und Hunger gekennzeichnet war. Der Diskurs über den Wiederaufbau äußerte sich u. a. in den zahlreichen Demonstrationen in den ersten Monaten nach der Revolution. Die Forderung nach „Arbeit und Brot", also zur Rückkehr zu erträglichen Lebensbedingungen, war ein Aspekt des Wiederaufbaus in Deutschland.[484]

Der Umfang der Zerstörungen in Belgien und Nordfrankreich war dagegen schwer abschätzbar und ohne persönliche Inaugenscheinnahme für den überwiegenden Teil der deutschen Gesellschaft abstrakt.[485] Die wenigen Bilder aus den deutschen Printmedien und Wochenschauen konnten weder bei den Politikern, noch der breiten Öffentlichkeit ein Verständnis der Dimensionen der Verwüstungen erzeugen. Provisorische Schätzungen der REK, die der Öffentlichkeit vor dem Friedensschluss verheimlicht wurden, konnten diese Lücken auch auf der Ebene der Entscheidungsträger nur unzureichend füllen. Die allgemeine Unkenntnis führte zu Fehleinschätzungen, die für die weitere Entwicklung der Reparationen entscheidend waren.[486]

Grundsätzlich war der Wiederaufbau mit Hoffnungen verknüpft, versprach doch schon der Begriff eine positive Wendung der eigenen und nationalen Situation. Beispielsweise bot der Wiederaufbau in Belgien und Frankreich für eine gewisse Zahl von deutschen Veteranen die Fortsetzung ihres bisherigen Lebensalltags. Statt die Stellungssysteme auszuheben, müsste man sie nun einfach wieder zuschutten.[487] So ähnlich sah es beispielsweise

484 Die Lebensmittelkrise zwischen Waffenstillstand und Friedensvertrag bestand insofern, als dass die Rationierung auf sehr niedrigem Niveau beibehalten werden musste. Entsprechend konnte dem allgemeinen Hungergefühl, ausgelöst durch die jahrelange Mangelernährung, nicht abgeholfen werden. Vgl. zur Lebensmittelkrise: Haupts, Deutsche Friedenspolitik, S. 238–246.

485 Vgl. Hirschfeld/Krumeich, Deutschland im Ersten Weltkrieg, S. 283–284.

486 Die Bedeutung der Reparationen war in Deutschland lange unterschätzt worden und eigentlich erst durch die Friedensbedingungen richtig deutlich geworden.

487 Vgl. BArch R 3301–1673 bis 1675 o. Z.

der ehemalige Kriegsgefangene Ernst R. in einem Schreiben vom 10. Dezember 1919, in dem er um Verwendung beim Wiederaufbau bat.[488]

Am 23. Dezember 1919 wandte sich Fritz H. aus Nürnberg in einem Brief an den damaligen Reichsminister Otto Geßler. Im Jahr 1918 war H. nach eigenen Angaben von der Schulbank eingezogen worden und hatte noch bis Kriegsende an der Front gekämpft. Sein Vater war 1915 in Kriegsgefangenschaft geraten und wurde in Frankreich für die Aufräumarbeiten zurückgehalten. H. bot sich dem Minister im Austausch als Geisel für seinen Vater an. Zur Lösung der Gefangenenfrage regte er an, dass die Reichsregierung einen Aufruf an die oberen Schulklassen ausgeben sollte, um für Freiwillige zu werben. Diese sollten im Austausch für die Kriegsgefangenen in Frankreich Wiederaufbauarbeiten durchführen. Zur Erleichterung sollten für diesen Zweck die Notprüfungen aus der Kriegszeit wieder zugelassen werden.[489]

Die grassierende Arbeitslosigkeit und Perspektivlosigkeit nach Kriegsende förderte diese Vorstellungen unter den ehemaligen Soldaten und den Zivilisten. Auch die Furcht vor einem Ausscheiden aus dem Militärdienst und die unsichere weitere Zukunftsplanung waren ein Motiv. Aus diesem Blickwinkel bat eine Frau W. aus Dortmund, in Unkenntnis der aktuellen Verfassungssituation, den Ministerpräsidenten des Deutschen Reiches um die Verwendung ihres Mannes beim Wiederaufbau. Dieser würde in Kürze aus der Reichswehr ausscheiden und sein Verdienst würde schon heute kaum zum Überleben des Ehepaars und ihrer fünf Kinder ausreichen, nachdem die Ersparnisse der Familie wegen der Erkrankung der Mutter aufgebraucht waren.[490] Johannes M. aus Freudenstadt bat um seine Verwendung beim Wiederaufbau in Frankreich, um nach viereinhalb Jahren seine Frau wiedersehen zu können. Während er in dieser Zeit Zivilinternierter in Großbritannien war, hatte seine französische Frau auf ihr gemeinsames Haus in Paris aufgepasst. Sollte sie nach Deutschland ziehen, befürchtete er den Verlust des Eigenheims.[491]

---

488 Vgl. BArch R 3301–1673 o.Z. Ernst R. an RMfW vom 10. Dezember 1919.
489 Vgl. BArch R 3301–1673 o.Z. Fritz H. an RMfW vom 23. Dezember 1919.
490 Vgl. BArch R 3301–1673 o.Z. Frau W. an den Ministerpräsidenten des Deutschen Reiches vom 1. Dezember 1919.
491 Vgl. ebd. Johannes M. an RKAAG vom 15. Dezember 1919.

Auch die deutsche Wirtschaft entdeckte den Wiederaufbau für sich. Besonders die Wirtschaftszweige die im Weltkrieg unter Auftragsmangel gelitten hatten, hofften auf eine Beteiligung am Wiederaufbau. Das betraf besonders die deutsche Bauindustrie, die noch unter dem Zusammenbruch des deutschen Wohnungsbaus während des Krieges litt. Einzelne Unternehmen führten ihre Expertise bei der Durchführung des Wiederaufbaus in Ostpreußen an.[492] Aus der übrigen Industrie regte sich wachsendes Interesse angesichts der auslaufenden Heeresproduktion und einer Umstellung auf Friedensproduktion ohne Zugang zum Weltmarkt.[493] Der Wiederaufbau der zerstörten Gebiete schien ein Absatzgebiet für Jahrzehnte zu bieten.[494]

Noch im Dezember 1918 baten Privatpersonen und Wirtschaftsvertreter bei Landes- und Reichsbehörden mit Eingaben um die Verwendung ihrer Person oder Unternehmens beim Wiederaufbau in Frankreich zu berücksichtigen. Angesichts der weiterhin ungelösten wirtschaftlichen Probleme und der Furcht beim Wiederaufbau zu kurz zu kommen, entstand eine Lawine von Bittgesuchen, Eingaben und Forderungen, die in die Amtsstuben der Beamten und Arbeitszimmer der Politiker eindrang. Von dort kamen wenig mehr als vertröstende Worte, denn es gab keine Informationen.[495] Die Reichsregierung musste auf die erhofften Friedensverhandlungen mit den Siegern Rücksicht nehmen und eine öffentliche Vorfestlegung vermeiden.[496] Dadurch blieben die Landes- und Reichsbehörden ebenfalls ohne klare Anweisungen.

---

492 Die während der Kämpfe in Ostpreußen 1914/15 zerstörten Ortschaften wurden weitgehend noch während des Kriegs wiederaufgebaut. Dadurch verfügten zahlreiche Unternehmen und preußische Landesbehörden über einschlägige Erfahrungen beim Wiederaufbau. Zur Organisation des Wiederaufbaus in Ostpreußen vgl.: Salm, S. 68–76.

493 Die alliierte Seeblockade blieb bis zur Unterzeichnung des Friedensvertrages bestehen.

494 Vgl. Krüger, Reparationen, S. 172–174.

495 Spätestens im Jahr 1920 wurden Formblätter für Standardantworten gedruckt. Überliefert wurde beispielsweise eine Antwort, die an solche Unternehmen versandt wurde, die an Angeboten bzw. Aufträgen für Wiederaufbau-Sachlieferungen interessiert waren. Vgl. BArch R 3301–1676 o. Z. RMfW an Herold vom 7. Juni 1920.

496 Im AA wurden durchaus größere Anstrengungen für den Wiederaufbau der zerstörten Gebiete angedacht. Entsprechende Überlegungen waren, vor dem

Der Versailler Vertrag beendete diese Periode der amtlichen Ratlosigkeit. Das Deutsche Reich wurde in den Artikeln 231–244 und den Anlagen I bis VII zum Wiederaufbau durch Wiedergutmachungen verpflichtet.[497] Deutschland hatte zunächst bis Ende April 1921 Sachlieferungen oder Geldzahlungen im Umfang von 20 Milliarden Goldmark zu leisten. Dazu kamen weitere Forderungen die von einem Wiedergutmachungsausschuss noch zu erarbeiten waren.

Eine Sonderrolle nahm die deutsche Wirtschaft in den folgenden Debatten über die Erfüllung des Versailler Vertrages ein. In der revolutionären Übergangsphase und dem Beginn der Weimarer Republik war die Zentralarbeitsgemeinschaft von besonderer Bedeutung. Die Forschungsarbeiten von Peter Krüger, Gerald D. Feldman und Irmgard Steinisch haben einzelne Aspekte dieser Entwicklungen deutlich gemacht.[498]

Erste Ansätze für Planungen von deutschen Wiederaufbauleistungen in den zerstörten Gebieten gingen zurück auf das Referat XIII der WaKo-Berlin.[499] Hintergrund dieser Entwicklung war, dass die WaKo als einzige Reichsstelle während der Dauer des Waffenstillstandes in der Lage war, direkte Kontakte zu alliierten Vertretern aufzunehmen.[500] Zudem bearbeitete die WaKo ähnliche Themen wie die Rückgabe von Maschinen und Material. Leiter des Referats XIII war der Assessor Dr. Carl Pfuelf.

Zur Überwindung der allgemeinen Unkenntnis über die Dimensionen der Zerstörungen versandte das Referat XIII Fragebögen an

> *„die Adressen sämtlicher Herren* [...], *die von Kriegsbeginn bis Ende in den besetzten Gebieten in einer Stellung tätig waren...* [, um] *...nunmehr als Sachverständige in*

Hintergrund der immer aggressiveren Berichterstattung in den ausländischen Medien über die deutsche Reparationsschuld, auch als dringend notwendig eingestuft worden. Allerdings konnte bis zur Vorlage der Friedensbedingungen kein Konsens erreicht werden. Vgl. Krüger, Außenpolitik, S. 71–72.

497 Vgl. insbesondere Anlage IV RGBl. Jg. 1919, S. 1027.

498 Vgl. Krüger, Reparationen; Feldman/Steinisch, Industrie und Gewerkschaften, S. 27–57.

499 Das Referat XIII wurde am 15. März 1919 auf Veranlassung von Reichskommissar Erzberger eingerichtet. Zur Vorgeschichte der deutschen Wiederaufbauplanungen vgl. Krüger, Reparationen, S. 94–96.

500 Die amtliche Korrespondenz lief bis zur Normalisierung der Beziehungen nur über den Austausch diplomatischer Noten. Dadurch waren Verhandlungen sehr erschwert.

der von ihnen damals ausgeübten Tätigkeit [...] *beim Berechnen der Wiederherstellungskosten* [...] *tätig zu sein.*"[501]

Die Reichsministerien waren im Referat XIII durch Fachreferenten vertreten, die für ihre jeweiligen Ressorts Stellungnahmen erarbeiten sollten. Wegen erheblichen Kompetenzstreitigkeiten zwischen den Fachreferenten wurden die Stellungnahmen nie erstellt. Unter Vermittlung des Referats XIII wurden informelle Gespräche zwischen deutschen und alliierten Vertretern organisiert. Dazu zählten Verhandlungen zwischen Guggenheimer, dem führenden deutschen Gewerkschaftsvertreter Hermann Silberschmidt und dem Franzosen Fougerolles über die Schäden an den französischen Kohlebergwerken. Dadurch gelangen zumindest erste konkrete Vorstellungen über die Dimensionen einer deutschen Wiederaufbautätigkeit.[502] Das Referat XIII wurde zum 1. September 1919 aufgelöst und teilweise in das RKAAG übergeleitet.

Der Ursprung des Reichskommissars zur Ausführung von Aufbauarbeiten in den zerstörten Gebieten, in den Quellen häufig als Reichskommissar für Wiederaufbau abgekürzt, beruhte auf einer Initiative der ZAG. Die dort vertretenen Gewerkschaften hatten bereits im Frühjahr 1919 eine Kampagne gestartet, die den Wiederaufbau der zerstörten Gebiete mit deutschen Arbeitskräften und Rohstoffen propagierte. Grundlage dieser Strategie war die Vision einer „nichtkapitalistischen Diplomatie" in der Reparationsfrage.[503] Auf internationalen Gewerkschafts- und Sozialistenkongressen warben die deutschen Gewerkschaftsdelegierten zwischen 1919 und 1921 für ihre Vorschläge. Demnach sollten die Arbeitnehmerrechte der deutschen Wiederaufbauarbeiter international verhandelt und entsprechend den deutschen Sozialgesetzen festgelegt werden. Überhöhte Unternehmensgewinne wie in der Weltkriegszeit sollten gekappt und dennoch ein hoher deutscher Beschäftigungsgrad erzielt werden.

Gewerkschaften, Reichsregierung und Wirtschaft knüpften in der zweiten Jahreshälfte 1919 auf unterschiedliche Weise Kontakte nach Belgien und Frankreich, um für ihre Ziele zu werben. Die deutsche Verhandlungsposition war aber von Beginn an schwach, weil eine Verpflichtung zum

501 Vgl. Der Waffenstillstand, Bd. 3, S. 391.
502 Vgl. zum Referat XIII, Der Waffenstillstand, Bd. 3, S. 388–391.
503 Vgl. Feldman/Steinisch, S. 75–76.

Wiederaufbau mit „unmittelbarer Beteiligung nach dem Friedensvertrag“ nicht bestand.[504]

Die deutschen Gewerkschaften förderten mit ihren Avancen an die französischen Arbeiter die Furcht vor einer Ausbreitung des Bolschewismus.[505] Erste Kontakte reichten zurück bis in den Dezember 1918, als der Deutsche Bauarbeiterverband mit niederländischer Vermittlung Kontakte nach Frankreich knüpfte. Die Propagierung der vergleichsweise modernen neuen deutschen Arbeitsrechtsregelungen wirkte insbesondere auf die französischen Konservativen äußerst verstörend.[506] Die Reichsregierung hoffte, durch eine bereitwillige Gestellung deutscher Arbeitskräfte und Baumaterialien, auf günstigere Berechnungen des Wiedergutmachungsausschusses hinsichtlich der Gesamthöhe der Reparationen in Barzahlungen.[507] Auch eine beschleunigte Heimkehr der deutschen Kriegsgefangenen aus französischer Internierung sollte ermöglicht werden. Die deutsche Wirtschaft hoffte auf langfristige Lieferverträge, die Erschließung neuer Märkte und möglichst hohe Gewinne. Damit war innerhalb der ZAG die einzige Schnittmenge zwischen Gewerkschaften und Unternehmen eine direkte deutsche

504 Vgl. BArch R 3301–2035 Blatt 196.

505 Vgl. BArch R 3301–63 o. Z. Die deutsche „sozialistische Revolution“ hatte im Ausland zu erheblichen Dissonanzen geführt. Die Befürchtungen, dass die Weltrevolution der Bolschewiki auch Deutschland bereits überrollt hatte, wurden insbesondere von der französischen Presse aufgegriffen. Hier spielten auch stereotype Feindbilder, die Assoziation alles Deutschen als abgrundtief Bösem, eine Rolle. Vgl. BArch R 3301–63 o. Z.: Ein Artikel in der Ausgabe der „Temps“ vom 15. Dezember 1919 hält deutsche Arbeiter für grundsätzlich bolschewistisch veranlagt. Im gleichen Pressemedium erschien am 14. Februar 1920 ein Artikel mit folgender Aussage: „Die sozialistische deutsche Regierung müsse haftbar gemacht werden für den Irrsinn des Achtstundentages, der in dieser Zeit und insbesondere in Deutschland geradezu ein Verbrechen ist.“ Der Artikel geißelte in diesem Zusammenhang die Faulheit der deutschen Arbeiter, die den Friedensvertrag auf diese Weise sabotierten. Ein Artikel in „La Victoire” vom 15. Dezember 1919 hielt die Annäherung von deutschen Arbeiterräten an französische Arbeiter für höchst bedenklich.

506 Eine Darstellung der Bemühungen der deutschen Gewerkschaften für den Wiederaufbau der zerstörten Gebiete ist für die Vorbereitung der Konferenz von Genua erhalten in: BArch R 2–42954 Blatt 425–439.

507 In Bezug auf die Gesamtreparationsschuld zum 1. Mai 1921, die in bar zu zahlen war. Vgl. ARWR Kabinett Bauer, Bd. 1, Dok. Nr. 43, S. 179–180.

Beteiligung am Wiederaufbau. In der Propagierung dieser Ziele divergierten die Strategien allerdings grundlegend.

Die Reichsregierung war vor Friedensschluss weitgehend auf den Austausch von diplomatischen Noten angewiesen. Direkte Gesprächssituationen, die in dieser Übergangsphase nur selten möglich waren, zwischen hochrangigen Vertretern beider Seiten wurden von den Alliierten mit großen Hoffnungen verknüpft. Die Erwartungen, teilweise als Folge übertriebener Vorstellungen an die deutsche Bereitschaft zur völligen Unterwerfung, wurden nicht selten von der deutschen Delegation enttäuscht.[508] Besonders in der Wiederaufbaufrage hielt sich die deutsche Seite zurück, obwohl gerade dieses Thema moralisch und wirtschaftlich besonders in Frankreich von hoher Bedeutung war.

Die Sondierungen der deutschen Wirtschaft steigerten auf französischer Seite die Befürchtungen vor einem Einsickern deutscher Produkte auf dem Markt für Wiederaufbau. Angesichts der allgemeinen Ablehnung alles Deutschen nach vier Jahren Krieg, Besatzung und Zerstörung war dies nicht nur ein Gedanke, der patriotische französische Industrielle verstörte, sondern gerade bei den Kriegsopfern Empörung auslöste. Insgesamt betrachtet, förderten die deutschen Bemühungen vor dem Versailler Vertrag eher den Ausschluss Deutschlands vom Wiederaufbau, als dass eine Annäherung erreicht wurde.

Das gewaltige Ausmaß der Verwüstungen und der politische Druck in Frankreich schufen nach der Unterzeichnung des Versailler Vertrages eine besondere Situation. Die französische Öffentlichkeit und Politik schwankte zwischen dem Siegestaumel und der Furcht Deutschland durch den Friedensvertrag nicht genug bestraft zu haben.

Die frühen diplomatischen Annäherungsschritte nach Friedensschluss gaben dennoch Anlass zur Hoffnung für eine einvernehmliche Lösung, die ein erster Schritt zur Annäherung der ehemaligen Feinde hätte sein können. In ersten Kontakten auf Arbeitsebene der Ministerien im Juli 1919 wurde von französischer Seite angeregt, deutsche Arbeiterkolonnen unter der Leitung französischer Ingenieure für den Wiederaufbau einzusetzen.[509] Dieser Vorschlag wurde von der deutschen Seite als unannehmbar abgelehnt.

---

508 Vgl. ADAP, Serie A, Bd. 1, Dok. 105, S. 168–183.

509 Vgl. ADAP, Serie A, Bd. 2, Dok. Nr. 97, S. 168.

Die Reichsregierung strebte dagegen in einem Abkommen mit den Siegermächten die Einsetzung Deutschlands als Generalunternehmer an.[510] Dadurch wäre die Reichsregierung alleiniger Vertragspartner der Siegermächte geworden und hätte in Eigenregie Reparationsaufträge an deutsche Unternehmen vergeben können. Die Möglichkeit, Sonderverträge zwischen ausländischen Regierungen oder Unternehmen mit deutschen Anbietern für den Wiederaufbau zu schließen, sollte unterbunden werden. Im Ergebnis wäre der gesamte Wirtschaftsaustausch im Rahmen des Wiederaufbaus in den Dienst der deutschen Reparationszahlungen getreten.[511] Für die Reichsregierung bot der Status als Generalunternehmer eine Verbesserung ihrer Verhandlungsposition.[512]

Entsprechende Voraussetzungen wurden im Ausführungsgesetz zum Friedensvertrag vom 31. August 1919 in den §§ 4–14 festgehalten. Die Länderregierungen waren bereits in einem Rundschreiben des RWM vom 19. August 1919 darauf hingewiesen worden, „direkte Kontakte zwischen deutschen und französischen Firmen zu unterbinden".[513]

---

510 Vgl. Klaus Kapellmann, Schlüsselfertiges Bauen. Rechtsbeziehungen, Auftraggeber, Generalunternehmer, Nachunternehmer, München 2004, S. 11–27.

511 Zwar anerkannten die Siegermächte zunächst das Bestreben der Reichsregierung als Generalunternehmer aufzutreten. In weiteren Verhandlungen wurde deutlich, dass besonders die französische Regierung dieses Ziel ablehnte, weil es die deutsche Verhandlungsposition zu sehr gestärkt hätte. Konkrete Zusagen konnten von den Franzosen erst im August 1919 erreicht werden. Eine endgültige Bereitschaft Deutschland als Generalunternehmer anzuerkennen erfolgte im Oktober 1919. Vgl. BArch R 3301–2035 Blatt 196 und BArch R 3301–2008 Blatt 67. Federführend war das RWM, das am 19. August 1919 in einem Rundschreiben alle deutschen Landesregierungen aufgefordert hatte, auf ihre jeweiligen Gewerbe- und Handelskammern einzuwirken. Die dort angeschlossenen Unternehmen sollten unter Druck gesetzt werden, das RWM als Generalunternehmer anzuerkennen. Zahlreiche deutsche Unternehmen hatten bereits begonnen Material für den Wiederaufbau zu liefern. Vgl. BArch R 3301–38 Blatt 5–7.

512 Die deutsche Industrie war mit den Generalunternehmer-Plänen der Reichsregierung nicht sehr zufrieden. Bereits Ende 1919 wurde die deutsche Strategie von einer schnell wachsenden Zahl an Unternehmern unterlaufen, die dennoch Verträge mit Frankreich abschlossen. Vgl. BArch R 3301–40 Blatt 24.

513 Vgl. Wolff-Rohé, S. 207.

Die deutsche Wirtschaft wurde dazu angeregt sich, nach dem Muster der Gemeinwirtschaftspläne des ehemaligen UStS Moellendorff, in Leistungsverbänden zu organisieren, um dadurch leichter an Reichsaufträge für Reparationslieferungen zu gelangen.[514] In der Folgezeit wurden diese reichsweiten Zusammenschlüsse gebildet, die sich in der Regel in regionale Unterverbände aufgliederten. Für einige Bereiche der deutschen Wirtschaft war die Organisation von Leistungsverbänden nicht sonderlich schwierig. Eine Reihe von bestehenden Industrieverbänden erklärte sich selbst kurzerhand zu Leistungsverbänden für ihre Mitglieder. Dadurch erhöhten die bestehenden Zusammenschlüsse sogar den Beitrittsdruck auf bisher außenstehende Unternehmen. Beispiele für diese Vorgehensweise waren der „Zentralverband der Deutschen Elektrotechnischen Industrie, der Verein deutscher Waggonbaufabriken, der Eisen- und Stahlwarenbund Elberfeld und der Verband landwirtschaftlicher Maschinen".[515]

In anderen Wirtschaftszweigen, beispielswiese im Bereich der Architekten, mussten Zusammenschlüsse ganz neu geschaffen werden. Gegen diese Zwangsvereinigungsmaßnahmen der Reichsregierung hatte der RDI aber erheblich Vorbehalte und gründete eine eigene „Vermittlungsstelle für Industrieaufträge zum Wiederaufbau der zerstörten Gebiete des Westens GmbH", die als Plattform zwischen französischen Kunden und deutschen Unternehmen dienen sollte. Der Erfolg dieser Organisation blieb aber gering.[516]

Die Gespräche zwischen Deutschland und Frankreich zum Thema des Wiederaufbaus erreichten im August 1919 ihren Höhepunkt. Am 26. Juli 1919 war die deutsche Friedensdelegation aus Paris nach Berlin gekommen, um der Reichsregierung persönlich Bericht zu erstatten. Für die Anfang August 1919 geplanten Gespräche mit dem französischen Wiederaufbauminister Loucheur riet die Delegation dringend einen Reichskommissar für Wiederaufbau einzusetzen. Dieser sollte durch international anerkannte Arbeitgeber- und Arbeitnehmervertreter unterstützt werden.[517]

514 Vgl. Ausführungsgesetz vom 31. August 1919 (RGBl. S. 1531–1534).
515 Vgl. Wolff-Rohé, S. 212.
516 Vgl. Wolff-Rohé, S. 209 und 213.
517 Vgl. ADAP, Serie A, Bd. 2, Dok. Nr. 116, S. 202. Die deutsche Delegation bestand aus: Schmitt, Le Suire, Lersner, Silberschmidt, Kube, Becker, Berger, Riepert, Meyer und Pfuelf. Vgl. ebd. Dok. Nr. 128, S. 223.

Es gelang der Reichsregierung nur eine Delegation zusammenzustellen. Ein neuer Reichskommissar für Wiederaufbau war nicht in kurzer Zeit verfügbar zu machen. Die deutsche Verhandlungsposition war dadurch erheblich geschwächt. Auf französischer Seite war der Wiederaufbauminister zuständig, weshalb die Gespräche nicht annähernd auf Augenhöhe geführt werden konnten.[518] Dennoch gingen die deutschen Vertreter nicht ohne Hoffnungen in die Gespräche, denn die französische Regierung war in der Frage des Wiederaufbaus der befreiten Gebiete erheblich in Kritik geraten.

Rund zehn Monate nach Kriegsende war, neben der Zwangsarbeit von 300.000 deutschen Kriegsgefangenen, für die zurückgekehrten französischen Flüchtlinge wenig getan worden. Die Verbitterung der Betroffenen wuchs aus Sicht der Reichsregierung an und die französische Regierung war durch öffentlichkeitswirksame Besuche der zerstörten Gebiete intensiv um Schadensbegrenzung bemüht.[519] In der Person des französischen Wiederaufbauministers Loucheur meinten führende deutsche Vertreter einen Ansprechpartner zu haben, der den eigenen Vorschlägen offener gegenüberstand.[520] In konstruktiven Verhandlungen sollte der Weg für eine deutsche Beteiligung am Wiederaufbau geebnet werden.

Auf deutscher Seite führte der Vorsitzende der Friedensdelegation Frhr. von Lersner die Verhandlungen, die am 4. August 1919 mit Loucheur begannen. Dieser schlug vor, dass deutsche Arbeiter die Gebiete um Bailleul und Lens wiederaufbauen könnten. Zudem bat er konkret um Abstellung deutscher Hilfskräfte für die französischen Landwirte in den zerstörten Gebieten, weil diese gut mit den deutschen Kriegsgefangenen hätten arbeiten können.[521] In diesem Zusammenhang wurden der deutschen Seite klare Bedingungen für eine Beteiligung am Wiederaufbau diktiert. Erstens würden nur saisonale Hilfskräfte angefordert, die auf munitionsverseuchten Feldern Landwirtschaft betreiben sollten. Damit die Kooperation zwischen deutschem Hilfsarbeiter und dem französischen Bauern funktionieren sollte,

518 Vgl. ARWR Kabinett Bauer, Bd. 1, Dok. Nr. 43, S. 179–180.

519 Vgl. BArch R 3301–52 o.Z. Sociale Probleme der deutschen Mitarbeit in Nordfrankreich (ohne Datum, anhand der Daten, Darstellung und Fundort in der Akte ca. August/September 1919).

520 Vgl. ADAP, Serie A, Bd. 2, Dok. Nr. 116, S. 201.

521 Vgl. PA AA R 22688 o.Z. Versailles 4. August 1919 Lersner an AA.

musste der deutsche Arbeiter den rechtlosen und weisungsabhängigen Status eines Kriegsgefangen einnehmen. Diese Festlegung entsprach der französischen öffentlichen Meinung nach Kriegsende.

Der französische Vorstoß kam einer Demütigung Deutschlands gleich. Rathenau mahnte nach den Gesprächen Erzberger in einem Schreiben, dass die Reichsregierung unbedingt verhindern müsste, dass deutsche „Sklavenhorden“ im Wiederaufbau eingesetzt würden. Ansonsten sollte die Reichsregierung den Franzosen weit entgegen kommen.[522]

Trotz der harten französischen Forderungen wurde noch in den Gesprächen vereinbart, elf Unterkommission zu verschiedenen Themen des Wiederaufbaus zu bilden: 1.) Regelung der Lebensmittelversorgung, Bekleidungs- und Lebensverhältnisse deutscher Arbeiter im Wiederaufbaugebiet; 2.) Sozialversicherung dt. Arbeiter; 3.) Rechtssituation hinsichtlich Passwesen, Zensur, Gewerkschaften, Versammlungsrecht etc.; 4.) Wiederaufräumungsarbeiten; 5.) Wiederaufforstung; 6.) Wiederherstellung der Minen und Minenarbeiterwohnungen; 7.) Brücken- und Eisenbahnbau; 8.) Lieferung von deutschem Baumaterial; 9.) Diskussion zukünftiger Themen des Wiederaufbaus; 10.) Transportfragen zwischen den am Wiederaufbau beteiligten Staaten Belgien, Deutschland und Frankreich; 11.) kurzfristige Beschaffung von 40.000 bis 50.000 Familienbaracken für wohnungslose Zivilisten. Besonderen Wert legte die französische Seite auf Ergebnisse der Kommissionen 1.), 4.), 10.) und 11.).[523]

Es zeichnete sich aber schnell ab, dass insbesondere der Status deutscher Arbeiter in den zerstörten Gebieten einen erheblichen Streitpunkt darstellte. Entsprechend pessimistisch äußerten sich Lersner und WLR Schmitt in einem Schreiben an das AA am 5. August 1919.[524]Einen Tag später kabelte Lersner die Bedingungen der deutschen Gewerkschaftsvertreter nach Berlin:

1.) Deutsche und französische Arbeiter waren in allen Belangen gleichberechtigt zu behandeln. Die französischen Gewerkschaften müssten im Vorfeld öffentlich erklären, dass von ihrer Seite keinen Einfluss auf die deutschen Arbeitszeiten und Arbeitsentgelte genommen werde. 2.) Die

---

522 Vgl. ADAP, Serie A, Bd. 2, Dok. Nr. 102, S. 178–180.

523 Vgl. PA AA R 22688 o. Z. Versailles 4. August 1919 Lersner an AA.

524 Vgl. PA AA R 22688 o. Z. Versailles 4. August 1919 Lersner an AA und ADAP, Serie A, Bd. 2, Dok. Nr. 128, S. 223.

deutschen Arbeiter würden auch in Frankreich unter dem Schutz deutschen Rechts, insbesondere Sozialrechts, stehen. Allgemeine Versammlungsfreiheit müsste garantiert und jegliche Art von Pressezensur unterlassen werden. Dazu waren entsprechende Räumlichkeiten für Freizeit und Versammlungen zu errichten. Die Arbeiter hatten Anspruch auf gute Unterkünfte und Verpflegung. 3.) In die Kommunikation der deutschen Arbeiter mit ihren Familien und Gewerkschaften durfte nicht durch Zensur eingegriffen werden.

Diese Grundsatzforderungen der deutschen Arbeitnehmervertreter basierten auf den Ergebnissen der sozialistischen Revolution, sowie dem daraus resultierenden Erwartungsdruck der Gewerkschaftsmitglieder und linken Öffentlichkeit. Außenpolitisch mussten solche Positionen knapp einen Monat nach Unterzeichnung des Friedensvertrages überheblich wirken. Die deutschen Wirtschaftsvertreter signalisierten dagegen weitgehende Kompromissbereitschaft beim Wiederaufbau, denn ihre Unkostenrechnungen würden vom Reich mit Steuergeldern bezahlt. Der Schutz der ausführenden deutschen Arbeitskräfte vor Ort war zudem Sache der Reichsregierung. Angesichts dieser deutschen Positionen verhielt sich Loucheur bei der konkreten Festlegung auf deutsche Wiederaufbaugebiete nun sehr reserviert und vertagte die Entscheidung vorerst.[525]

Auf deutscher Seite lösten die Vorfestlegungen der Gewerkschaften konkrete Planungen für die Unterbringung und Verpflegung hunderttausender deutscher Arbeiter aus. Der Wiederaufbau der zerstörten Gebiete basierte auf deren Bedürfnisbefriedigung, in der Form wie sie von den Gewerkschaften gefordert wurden. Diese Annahme wird durch die Rolle der ZAG als Mittler zwischen Arbeitgebern und Arbeitnehmern unterstützt. Im Sommer 1919 war die ZAG politisch noch in einer guten Verhandlungsposition, wenn auch intern das Verhältnis zwischen Unternehmern und Gewerkschaften allmählich zerrüttete.[526] Dennoch musste dieser Zweckehe von der Reichsregierung politisches Entgegenkommen signalisiert werden, was nicht zu Letzt in der besonderen Berücksichtigung der Arbeitnehmerinteressen bei den Wiederaufbauplänen seinen Niederschlag fand. Die Initiative lag daher

525 Vgl. ADAP, Serie A, Bd. 2, Dok. Nr. 128, S. 224.

526 Vgl. Feldman/Steinisch, Industrie und Gewerkschaften, S. 27, 37–39 und 45–55.

ab August 1919 bei der ZAG als treibende Kraft und der Reichsverwaltung als ausführend-gestaltendem Akteur.

Die Gewährung von allgemeinen Rechten für die deutschen Wiederaufbauarbeiter war nicht nur der Entwurf eines Gegenmodells zum Einsatz der deutschen Kriegsgefangenen im Wiederaufbaugebiet. Überraschend ist der Mangel an Widerspruch gegen diese, den deutschen Gewerkschaftsinteressen extrem weit entgegenkommenden, Positionen aus den obersten Reichsbehörden. Gründe dafür können in der Verhandlungstaktik des AA in den frühen Jahren der Weimarer Republik gefunden werden.

Das deutsche Verhandlungsangebot vom August 1919 war einer der Versuche die gegnerische Seite zu spalten und zwischen französischen Gewerkschaften, Wirtschaftsvertretern und der Regierung Zwietracht zu säen. Gleichzeitig sollte das deutsche Angebot der amerikanischen und britischen Regierung als ein Gegenmodell zum französischen Zwangsarbeitssystem der Kriegsgefangenen dienen. Diese Art von verdecktem, im administrativen System eingebauten, Widerstand war ein Überrest des Kaiserreiches. Peter Krüger umschrieb diese Vorgehensweise als eine Eigenart der deutschen Außenpolitik, die immer bedacht war dem Gegner auch in der Niederlage noch Schaden zuzufügen.[527] Schnelle Ergebnisse, wie sie von französischer Seite angestrebt wurden, konnten mit dieser Außenpolitik nicht erreicht werden. Immerhin erkannte man auf deutscher Seite, dass die eigene Verhandlungsposition gestärkt werden musste.

Die Verhandlungen mit dem französischen Minister für Wiederaufbau Loucheur hatten deutlich gemacht, dass auf deutscher Seite ein einzelner Ansprechpartner benötigt wurde. Dazu wurde die Idee eines Reichskommissars für Wiederaufbau aus den Ausführungen der deutschen Friedensdelegation vom 26. Juli 1919 von den Arbeitergebern in der ZAG aufgegriffen. Am 30. Juli 1919 hatten führende Mitglieder des RDI mit Vertretern deutscher Banken und dem Baugewerbe hinsichtlich der Vermittlungsstelle erste Gespräche geführt. Auf diesen Ergebnissen wollten die Arbeitgeber nun aufbauen. Die Kür eines geeigneten Kandidaten gestaltete sich schwierig, weil viele unterschiedliche Interessen und Animositäten hinsichtlich der in Frage kommenden Persönlichkeiten zu überwinden waren. Während die

527 Vgl. Krüger, Reparationen S. 55.

Verhandlungen über die Ausgestaltung des Versailler Vertrages zwischen Deutschland und den Siegermächten stattfanden, war die ZAG tief zerstritten. Der RDI beschloss erst zum 12. September 1919 die Einrichtung eines Ausschusses zur Benennung eines Reichskommissars für Wiederaufbau.[528]

Zu diesem Zeitpunkt hatte das RWM die ZAG als entscheidendes Gremium über die personelle Besetzung eines Reichskommissars für Wiederaufbau gegenüber den anderen Ressorts durchgesetzt.[529] Schließlich einigten sich Arbeitergeber und Gewerkschaften, nachdem der RDI Ausschuss ebenfalls sein Placet gegeben hatte, auf den Manager aus der Stahlindustrie Hans Hilbenz. Diese Personalentscheidung war zu spät erreicht worden, weil die Reichsregierung Ende September 1919 aus koalitionspolitischen Gründen ihre Pläne änderte.[530] Statt eines von der ZAG dominierten Reichskommissariats wurde nun ein neues „Reichsministerium für Wiederaufbau" angestrebt.

Weder die ZAG noch der designierte Reichskommissar Hilbenz erwarteten von dieser unerwarteten Entwicklung Störungen ihrer Pläne. Die ZAG hatte, nach schwierigen internen Verhandlungen zwischen Arbeitgebern und -nehmern, ihre Wahl getroffen und damit eine Strategie festgelegt. Eine Neuausrichtung oder ein Konflikt mit der Reichsregierung hätte noch mehr Zeit gekostet. Während in Berlin eine neue Regierungskoalition geschmiedet wurde, reiste Hilbenz als designierter Reichskommissar am 28. September 1919 mit einer deutschen Delegation zu Verhandlungen mit Loucheur nach Paris. Die deutschen Vertreter blieben bis zum 10. Oktober 1919

528 Vgl. zum Entscheidungsprozess: Wolff-Rohé, S. 205–207.

529 Vgl. Feldman/Steinisch, Industrie und Gewerkschaften, S. 76.

530 Als Reichskommissar waren auch Walter Rathenau und Otto Wiedfeld vom AA ins Gespräch gebracht worden. Hierbei wurde Rathenau nicht in Betracht gezogen, weil er aus Sicht der Friedensdelegation durch seine Rolle in der Kriegswirtschaft in Frankreich angeblich als verhasst galt. Auswahlkriterien für den zukünftigen Reichskommissar waren aus Sicht der deutschen Friedensdelegation, dass dieser möglichst harmonisch mit Loucheur zusammenarbeiten könnte. Nach Ansicht der Friedensdelegation war der zukünftige Reichskommissar daher: jung, tatkräftig, praktisch veranlagt und organisationsbegabt. Vgl. PA AA R 22688 o.Z. Lersner an AA vom 5. August 1919 und ebd. Lersner an AA vom 24. August 1919.

zu Gesprächen dort.[531] Schon dieser Vorgang mutet befremdlich an. Die deutsche Seite drängte in den Besprechungen, für offizielle Verhandlungen hatte der Privatmann Hilbenz noch kein hoheitliches Mandat, auf die Zuweisung von konkreten Gebieten für den Wiederaufbau durch deutsche Arbeitskräfte.

Hilbenz fand bei Loucheur überraschend eine veränderte Verhandlungsstrategie vor, die in ihren Zielen sehr von denen der Sommermonate abwich. Die Zuweisung von Gebieten für eigenständige deutsche Wiederaufbauarbeiten hatte für die französische Seite sehr an Reiz verloren und wurde nur sehr reserviert behandelt.

Zentrale französische Themen waren nun eine möglichst lückenlose Überführung der Wiederaufbauarbeiten der deutschen Kriegsgefangenen auf reguläre deutsche Arbeiter und die weitgehende Ausschaltung der deutschen Wirtschaft beim Wiederaufbau. Mit der absehbaren Inkraftsetzung des Versailler Vertrages würden die deutschen Kriegsgefangenen schließlich doch repatriiert werden müssen. Ihren Platz mussten neue Arbeitskräfte einnehmen. Die Darstellungen in den Quellen erwecken den Anschein, als ob die deutschen Arbeiter unter den gleichen Bedingungen arbeiten und leben sollten wie die Kriegsgefangenen.[532] In seinem Bericht verwies Hilbenz bei der Diskussion um die Unterbringung der deutsche Arbeiter darauf, „dass die Unterkunft der bisherigen Kriegsgefangenen für deutsche Arbeiter nur im geringen Umfange benutzt werden kann…“.[533] Die Franzosen hatten genau diese Vorstellungen gehabt, die auch in anderer Hinsicht stark von der deutschen Sicht zum Einsatz deutscher Arbeiter abwichen.

Die Verhandlungen wurden, so legte es Hilbenz in seinem Bericht nahe, in teilweise erregter Diskussion geführt. An einem Punkt gerieten der Gewerkschaftsvertreter Silberschmidt und Loucheur in einen heftigen Konflikt über die Arbeitszeiten deutscher Arbeitnehmer: „[…] er [Loucheur] würde z. B.

---

531 Vgl. BArch R 3301–138 o. Z. Bericht über die Dienstreise nach Versailles an das RWM vom 14. Oktober 1919.

532 In Deutschland wurde gegen die Verwendung der deutschen Kriegsgefangenen agitiert. Die „Vereinigung für nationale und soziale Solidarität“ verwandte sich z. B. in einem Flugblatt „Gegen die weiße Sklaverei“ gegen den Einsatz der deutschen Kriegsgefangen zum Wiederaufbau. Vgl. BArch R 904–357 Blatt 27.

533 Vgl. BArch R 3301–138 o. Z. Bericht über die Dienstreise nach Versailles an das RWM vom 14. Oktober 1919.

niemals dulden, dass der deutsche Arbeiter weniger arbeite als acht Stunden oder dass er einen höheren Lohn erhalte als der französische Arbeiter."[534]

Die Einführung des Achtstundentages war in Teilen der französischen Öffentlichkeit auf erhebliche Kritik gestoßen. Das deutsche Beharren auf dem Achtstundentag als einer zentralen Errungenschaft der Revolution hielt Loucheur, der selbst auf eine Karriere als Unternehmer zurückblickte, für genauso absurd wie die Möglichkeit, dass ein Franzose beim Wiederaufbau Nordfrankreichs weniger Lohn erhielt als ein Deutscher. Diese Situation konnte eintreten, weil die deutschen Arbeitnehmervertreter auf Koalitionsfreiheit und Streikrecht für deutsche Wiederaufbauarbeiter beharrten. Durch reguläre Arbeitskämpfe und Tarifverträge hätten die deutschen Löhne über die französischen steigen können, was zu einem Entlohnungswettlauf mit den französischen Arbeitern im Wiederaufbaugebiet hätte führen können. Zur Diskussion um die Beteiligung deutscher Unternehmen stellte Hilbenz fest: „In der Besprechung mit der französischen Kommission warf Loucheur zunächst die Unternehmerfrage auf und machte nochmals den Versuch, wenigstens für einen Teil der Arbeiten den deutschen Unternehmer auszuschalten...".[535] Eine Einigung konnte nicht erzielt werden und die Gespräche scheiterten.

Ob Hilbenz bei seiner Niederschrift diese eindeutig formulierte Darstellung bewusst wählte, ist nicht mehr nachvollziehbar, aber durchaus wahrscheinlich. Schließlich kam er in der Wiederaufbaufrage nicht nur mit leeren Händen zurück, sondern sehr wahrscheinlich mit einem vollkommenen Scheitern der deutschen Hoffnungen an einer Beteiligung am Wiederaufbau. Mit einem Anflug von Resignation stellte Hilbenz fest: „Aufgrund dieser Verhandlungen wird deutscherseits vorgeschlagen werden müssen, welche Gebiete zunächst zur Aufräumung zu übernehmen sind."[536] Ohne systematische Begutachtung der Schäden vor Ort hatte die Reichsregierung aber keine Möglichkeit für ein konkretes Angebot. Von französischer Seite wurden offizielle deutsche Begutachtungen nicht zugelassen. Private

534 Vgl. ebd.

535 Vgl. BArch R 3301–138 o. Z. Bericht über die Dienstreise nach Versailles an das RWM vom 14. Oktober 1919.

536 Vgl. ebd.

Bereisungen, deren Eindrücke nach Friedensschluss vermehrt veröffentlicht wurden, hatten keine offizielle Beweiskraft.

Das Reichskommissariat zur Ausführung von Aufbauarbeiten in den zerstörten Gebieten wurde am 8. November 1919, einen Tag nach der Errichtung des Reichsministeriums für Wiederaufbau, errichtet.[537] Das neue Reichskommissariat wurde mit Duldung der Reichsregierung möglichst nach den Vorgaben der ZAG gestaltet. Das RKAAG wurde von einem Reichskommissar und einem Direktorium geleitet, letzteres bestand aus: Dem „Reichskommissar, je ein Beamter des Reichsministeriums für Wiederaufbau, des Reichswirtschaftsministeriums, des Reichsarbeitsministeriums und des Reichsfinanzministeriums, zwei Vertreter der Arbeitgeber und je ein Vertreter der Arbeitnehmer und der Angestellten."[538] Die Vertreter der Arbeitgeber, -nehmer und Angestellten wurden vom Reichsminister für Wiederaufbau auf Vorschlag der ZAG ernannt.[539] Den Vorsitz hatte der Reichskommissar inne, dessen Stimme bei Stimmengleichheit in Abstimmungen des Direktoriums den Ausschlag gab. Damit hatte die ZAG im Grunde die Kontrolle über einen eigenen Reichskommissar, denn vier Stimmen der Reichsverwaltung standen vier Stimmen der ZAG plus dem Reichskommissar gegenüber. Das RKAAG wurde damit zum Werkzeug einer eigenen Außenwirtschaftspolitik der ZAG im Namen des Deutschen Reiches. Auch der designierte Reichskommissar Hilbenz äußerte sich in ähnlicher Weise.

Anlässlich eines Vortrages vor Vertretern des Reichsrats und RWM merkte Hilbenz am 20. Oktober 1919 an,

> *„dass das Reichskommissariat für Wiederaufbau nur eine Stätte der Arbeit sein wird […] nicht eine Stätte der Politik. Seitens der Industrie, des Reichsverbandes, wurde mir, als die Herren an mich herantraten, der Wunsch geäußert, und es wurde sogar als Bedingung hingestellt, dass ich mich zur Übernahme des Ministeriums bereit erklären sollte, mit anderen Worten, dass ich eine Kabinettsstellung übernehmen müsste. Ich habe das abgelehnt."*[540]

537 Vgl. VO vom 7. November 1919 (RGBl. S. 1895). Die Ausführungsbestimmungen des RKAAG wurden am 22. November 1919 erstmalig erlassen.

538 Vgl. VO vom 7. November 1919 (RGBl. S. 1895), §3.

539 Vgl. VO vom 7. November 1919 (RGBl. S. 1895), §5.

540 Vgl. ARWR, Kabinett Bauer, Bd. 1, Dok. Nr. 84, S. 316.

Stattdessen plante Hilbenz eine enge Zusammenarbeit mit der ZAG, die ihn ins Amt gehoben hatte, und den Fachgruppen der Wirtschaft. Hier zeichneten sich deutliche Konflikte ab, denn der Wiederaufbau der zerstörten Gebiete war ein sehr außen- und innenpolitisch aufgeladenes Betätigungsfeld. Hilbenz gedachte unabhängig von Einmischungen der Politik wie in einem Wirtschaftsunternehmen zu verfahren. Ein Sitz im Kabinett, etwa als ein Reichsminister für Wiederaufbau, erschien ihm nur hinderlich. Im Regierungskabinett hätte Hilbenz den anderen Ressorts gegenüber Verantwortung übernehmen und Kompromisse schließen müssen.

Auch kann hier die Frage aufgeworfen werden, wie viel Einfluss die genannten „Herren der Industrie" vom Reichsverband der deutschen Industrie, auf die Festlegung seiner Planungen hatten. Angesichts des offensichtlichen Aufbaus eines RMfW, das Hilbenz ausschlug, musste es schon bald zu Reibungen zwischen dem politischen Reichsminister und seinem Reichskommissar kommen. Allerdings zeigten sich schnell weitere Mängel in der Konstruktion des Reichskommissariats. Besonders problematisch war die Tatsache, dass die ZAG bis Anfang Februar 1920 nicht in der Lage war, dem RMfW ihre Kandidaten für die Besetzung des Direktoriums zu nennen.[541] Die Vertreter der Reichsministerien wurden dagegen noch im November 1919 benannt. Ohne funktionsfähiges Direktorium war das RKAAG aber nicht vollständig arbeitsfähig, obwohl gerade in diesen kritischen Wochen die Weichen der Reparationspolitik für die nächsten Jahre gestellt wurden. Die Reichsverwaltung konnte hier ihre Stärken der kleinen Dienstwege voll zur Geltung bringen.

Am 24. Oktober 1919 wurden in einer Besprechung im RFM die Eckpunkte der deutschen Reparationspolitik zwischen Vertretern des AA, RFM und RWM festgelegt.[542] An der Besprechung nahmen nur Beamte und keine Politiker teil. Anwesend waren vom RFM die Unterstaatssekretäre Schroeder sowie Bergmann, vom AA die Ministerialdirektoren von Simson sowie von Stockhammern und das RWM wurde von Ministerialdirektor

541 Das genaue Datum der Vorschläge für das Direktorium konnte nicht ermittelt werden. Die Angaben stammen aus dem dritten Tätigkeitsbericht. Vgl. BArch R 3301–78 o.Z. Tätigkeitsbericht vom 15. Februar 1920.

542 Vgl. BArch R 3301–156 o.Z. Aufzeichnung über eine Besprechung im Reichsfinanzministerium am 24. Oktober 1919, nachmittags 5 Uhr.

Dr. Müller, GRR von Le Suire und Landrat Cuntze vertreten.[543] Von diesen Personen sollten kurz darauf UStS Bergmann der Vorsitzende der wichtigen Kriegslastenkommission werden, Müller als UStS in das RMfW wechseln und Landrat Cuntze eine bemerkenswerte Karriere bis zum Reichskommissar für Reparationslieferungen verfolgen.

Bergmann referierte zum Eingang der Besprechung über die Einschätzungen des RFM zur Reparationsentwicklung. Demnach würde die gesamte Reparationsschuld mit 60 Milliarden Goldmark zu bemessen sein, deren erste Rate von 20 Milliarden Goldmark bis zum 1. Mai 1921 zu zahlen wäre.[544] Diese Summe war über jede mögliche Leistung zu erbringen. Die zweite Tranche von 40 Milliarden GM war 1921 bis 1926 mit 2,5%, danach mit 5% zu verzinsen und in Geldleistungen zu erbringen.[545] Bergmann nahm an, dass alle übrigen Zahlungen Makulatur sein würden, wenn es Deutschland gelänge überhaupt die 60 Milliarden GM zu bedienen.

Für die deutsche Reparationspolitik bedeutete dieser Ansatz, dass Sachleistungen für den Wiederaufbau nur bis zum 1. Mai 1921 die deutsche Reparationsschuld linderten. Darüber hinaus gehende Sachleistungen würden Deutschland nicht auf die nächste Tranche von 40 Milliarden angerechnet, sondern auf die zu erwartende größere Wiedergutmachungsschuld über die 60 Milliarden GM hinaus. Da Bergmann diese größere Schuld als wahrscheinlich gar nicht erst zu erbringende Reparation ansah, müsste die inoffizielle deutsche Haltung in der Wiederaufbaufrage darauf bedacht

543 Ebenfalls anwesend waren: für das RFM GRR Dr. Süss und GORR Fischer; vom AA WLR Schmitt und LR Forster; vom RWM Landrat Cuntze. Vgl. BArch R 3301–156 o. Z. Aufzeichnung über eine Besprechung im Reichsfinanzministerium vom 24. Oktober 1919. WLR Schmitt wurden wegen seiner offenen Polemik gegen den Friedensvertrag beinahe aus dem Reichsdienst entlassen. Am Rande von deutsch-französischen Verhandlungen hatte Schmitt gegenüber führenden deutschen Industriellen, anwesend war auch RK Hilbenz, in seiner offiziellen Funktion als Beamter gesprochen. Vgl. ARWR, Kabinett Bauer Bd. 1, Dok. Nr. 99, S. 365.

544 Vgl. Art. 235, Art. 244 und Anlage II §12 c1 FV. Laut einer Aussage von Loucheur stellten die 20 Milliarden Goldmark den Gegenwert dar für: 1. den Goldvorrat; 2. abgegebene Handelsmarine; 3. Überseekabel; 4. Auslandsguthaben aller Art; 5. sonstige Werte im Ausland; 6. Viehlieferungen. Vgl. BArch R 3301–156 RMfW vom 7. Januar 1920.

545 Vgl. Art. 244 und Anlage II §12 c2 FV.

sein, möglichst nur Verträge über Sachlieferungen bis zum 1. Mai 1921 abzuschließen. Dieser Standpunkt wurde von den übrigen Ressorts geteilt und auf die besondere Geheimhaltung dieser Übereinkunft hingewiesen. Über das Datum vom 1. Mai 1921 hinausgehende Verträge sollten nur aus moralischen oder wirtschaftlichen Gründen abgeschlossen werden.[546]

Entsprechende Anweisungen sollte der Reichskommissar für Wiederaufbau erhalten. Die Normalisierung der Wirtschaftsbeziehungen zu den Siegermächten sollte möglichst gefördert werden, sofern deutsche Privatverträge in bar ausbezahlt und nicht nachträglich auf die deutsche Reparationsschuld angerechnet würden. Entsprechend sollten deutsche Sachreparationen nur noch in Form von Privatverträgen erfolgen und diese Praxis vom Reichskommissar für Wiederaufbau überwacht werden.

Ebenso diskutiert wurde über das Dauerproblem der zu erwartenden Vergütung deutscher Lieferungen. Bei vielen Reparationsgütern gab es einen deutlichen Preisunterschied zwischen dem deutschen Inlandspreis und den ausländischen Preisen in den potentiellen Empfängerstaaten deutscher Reparationen. Nach Ansicht des RFM waren deutsche Produkte im Inland, häufig wegen der in weiten Teilen noch vorgeschriebenen Zwangsbewirtschaftung und Subventionierung der Lebensmittelindustrie, billiger. Das Reich konnte also viele Güter billig einkaufen und abliefern. Allerdings bestand dann die Gefahr, dass die Empfänger Deutschland auch nur diese niedrigen Preise gutschrieben. Dadurch wäre die geforderte erste Tranche von 20 Milliarden GM schwieriger zu erbringen. Auf der anderen Seite könnte das Reich versuchen den häufig höheren Gestehungspreis im Empfängerland zu fordern und dem deutschen Lieferanten auszuzahlen. Die Gutschrift auf die Reparationsschuld wäre dann entsprechend höher.

Das RFM mahnte aber zur Vorsicht hinsichtlich einer drohenden Inflation bei Reparationsgütern, „dass insbesondere die Gefahr bestehe, dass ähnlich wie früher beim Hindenburg-Programm hierdurch das gesamte

546 Explizit wurde auf das wirtschaftliche Interesse an einem Wiederaufbau der französischen Kohlebergwerke hingewiesen, von deren Instandsetzung eine Minderung der deutschen Kohlelieferungen erwartet wurde. Vgl. BArch R 3301–156 o. Z. Aufzeichnung über eine Besprechung im Reichsfinanzministerium vom 24. Oktober 1919.

Preisniveau bedeutend erhöht werde."[547] Die Beamten einigten sich darauf, dass das Reich möglichst billig einkaufen und versuchen sollte, einen möglichst hohen Betrag als Reparationsleistung gutgeschrieben zu bekommen.

Die Teilnehmer der Besprechung koordinierten abschließend ihre gemeinsame Vorgehensweise gegenüber der deutschen Wirtschaft. Die Kooperation der verarbeitenden Industrie, die bei dieser Vorgehensweise benachteiligt wurde, sollte durch angedrohte Zwangsmaßnahmen oder eine Benachteiligung bei der Zuteilung von Rohstoffen und Kohle gesichert werden. Das galt insbesondere wenn das Ausland versuchen sollte, direkt in Deutschland Sachlieferungen für den Wiederaufbau zu ordern, die eigentlich über das Reichskommissariat laufen müssten. In Wirtschaftszweigen die durch solche Zwangsmaßnahmen nicht zu belangen waren, beispielsweise wegen ihrer Bedeutung für die Gesamtwirtschaft, sollte dagegen mit staatlichem Entgegenkommen eine Einigung erzielt werden. Nicht nur durch Absprachen zwischen den Reichsministerien wurden Leitlinien für die zukünftige Entwicklung abgesteckt, sondern auch anhand konkreter Planungen des deutschen Wiederaufbaus vor Ort.

Im RWM wurden die Vorbereitungen für den Aufbau einer deutschen Lagerverwaltung voran getrieben.[548] Als erste Vorausabteilung wurde von einer Entsendung von 100.000 „deutschen Arbeitertruppen" ausgegangen.[549] Die Arbeitskräfte sollten „als mehr oder weniger geschlossenes Heer in das Wiederaufbaugebiet in Frankreich ausreisen."[550] Die Arbeitskräfte

547 Vgl. BArch R 3301–156 o.Z. Aufzeichnung über eine Besprechung im Reichsfinanzministerium vom 24. Oktober 1919.

548 Vgl. BArch R 3301–142 o.Z. Vorschläge zur Organisation der Lagerverwaltung im aufzubauenden Gebiet. Der Bericht ist undatiert, aber aufgrund der chronologischen Ordnung der Akte ist eine zeitliche Einordnung auf die Monate September bis Oktober 1919 möglich.

549 Die Planungen, auch die darin gewählten Beispiele und Begrifflichkeiten, erinnern sehr an militärische Planungen. Die Änderungen im Sprachgebrauch während des Ersten Weltkrieges kamen hier noch deutlich zum Ausdruck. Dazu zählte das hier zitierte Beispiel von „deutschen Arbeitertruppen". Vgl. BArch R 3301–24 Blatt 139. Auch die folgenden Darstellungen der Unterbringung der deutschen Arbeitskräfte zeigen den militärischen Einschlag bei den Planungen.

550 Vgl. BArch R 3301–142 o.Z. Berlin, den 15. Oktober 1919. Ew. Exzellenz, sehr verehrter Herr Payer!

wurden gemäß den Plänen in Baracken zu jeweils 60 Personen untergebracht.[551] Zehn Baracken bildeten einen Barackenblock für 600 Personen, der als grundlegende Wirtschaftseinheit galt.

Vier Wirtschaftseinheiten bildeten eine Barackengruppe zu 2.400 Personen. Auf dieser Ebene wurde die Lagerverwaltung eingerichtet, um die Versorgung der angeschlossenen Wirtschaftseinheiten zu gewährleisten. Dazu zählten Depots, Bäckereien, Schlächtereien, Speiseräume und Kultureinrichtungen. Zehn Barackengruppen bildeten eine Lagergruppe für 24.000 Personen. Hier sollte sich das Hauptdepot, die Bekleidungsstelle, Wäscherei und Reparaturwerkstatt befinden.[552] Die Vorräte einer Lagergruppe musste die Versorgung der angeschlossenen Barackengruppen für 30 Tage sicherstellen. Die Zentralverwaltung der gesamten Organisation sollte in Deutschland errichtet werden. Dazu zählten Versorgungsdepots mit Vorräten für 100.000 Personen auf 300 Tage, falls es zu Lieferengpässen in Frankreich kommen sollte. Diese Verwaltungsorganisation sollte von 1.598 Angestellten und Beamten betreut werden.

Auf der Ebene der Wirtschaftseinheiten wurden die grundlegenden körperlichen Bedürfnisse – Nahrung, Erholung, Körperhygiene – befriedigt. Unter „Nahrung“ ist hier die Ausgabe von Lebensmitteln in natura zu verstehen. Jeder Arbeiter hätte demnach monatlich, in Klammern die Anzahl der

551 Schon am 16. Juli 1919 lagen detaillierte Zahlen über vorhandene Baracken vor. Grundvoraussetzung war die Demontierbarkeit der Konstruktionen, um sie flexibel einsetzen zu können. In Frage kamen folgende Typenbezeichnungen: KM (Preuß. Kriegsministerium)-Baracken, Wellblech Baracken, Höckersche Baracken und Center-Baracken. Die Aufstellung ergab ca. 1.400 verfügbare Baracken für 80–100.000 Personen, die über das ganze Reichsgebiet verstreut waren. Vgl. für das Gesamtverzeichnis: BArch R 3301–1891 o.Z. Nachweisung der zur Unterbringung deutscher Arbeiter für einen etwaigen Wiederaufbau der in Belgien und Nordfrankreich zerstörten Gebiete in Betracht kommenden Baracken der Heeresverwaltung. Bauzeichnungen der Baracken und der geplanten Inneneinrichtung sind erhalten in: BArch R 3301–1892 o.Z.

552 Die Arbeiter im Wiederaufbaugebiet sollten bei der Zuteilung von Bekleidung bevorzugt werden. Vgl. BArch R 3301–140 o.Z. Meldung des RWM vom 21. November 1919. Die Reichsbekleidungsstelle hatte für die Beschaffung der notwendigen Kleidungsstücke zu sorgen, die im Voraus bewirtschaftet werden sollte. Vgl. BArch R 3301–140 o.Z. RWM an Reichsbekleidungsstelle vom 27. August 1919.

Ausgabetage pro Monat, erhalten: Mehl für 750g Brot (30); frisches Fleisch (24); geräuchertes Fleisch, Speck oder Dauerwurst (4); Fleischkonserven (2); Kartoffeln (30); Reis, Graupen, Gries oder Grütze (4); Hülsenfrüchte (4); Dörrgemüse (2); Gemüsekonserven (2); Nudeln (2); Büchsengemüse (8); Sauerkohl (4); Backobst (4); Margarine (10); Schmalz (10); Butter (10); Salz (30); ungebrannter Kaffee (20); Tee (10); Zucker (30); Gewürz (30). Als Krankenkost wurde nach Bedarf ausgegeben: Fleischextrakt, Kekse, Kakaomasse, eingedickte Milch, Zitronensäure, Wein und Rum.[553]

Dieser Aufstellung lag die Berechnung des Kalorienbedarfs eines Arbeiters im Wiederaufbaugebiet zugrunde. Wöchentlich hätten für einen Arbeiter demnach aus Deutschland geliefert werden sollen: Brot 4.550 g (80% Mehlanteil), Kartoffeln: 5 kg, Nährmittel, Reis, Hülsenfrüchte, Kochmehl 1 kg, Gemüse 3,5 kg, Zucker 200 g, Zuckerhaltige Aufstriche (Marmelade etc.) 500 g, Fleisch (Rind oder Schwein, ggf. auch Fisch) 1 kg, Speck 250 g, Butter und andere Fette 400 g, Käse 250 g, Kaffee 105 g, Eier 2 Stück.[554] Diese Mengenangaben entsprachen ca. 4.000 Kalorien pro Tag und wurden für die unterernährten deutschen Arbeitskräfte als notwendig angesehen.[555] Ein durchschnittlicher Arbeitnehmer in Deutschland konnte von diesen Kalorienmengen häufig nur träumen. Deshalb sollte darauf geachtet werden, dass alle ausgegebenen Lebensmittel im Wiederaufbaugebiet von den deutschen Normen der Zusammensetzung nicht abwichen. Brot durfte deshalb nicht mehr 80% Weizenmehl- bzw. 82% Roggenmehlanteil beinhalten und der Zuckeranteil der Marmelade nicht höher als 50% sein. Zusätzlich wurden Genussmittel ausgegeben. Jeder Arbeiter hatte Anspruch auf wöchentliche Zuteilung von wahlweise 14 Zigaretten, oder 210 g Rauchtabak, oder 175 g Kautabak, oder 35 g Schnupftabak.[556]

Auch über die ärztliche Versorgung und soziale Fürsorge wurde intensiv nachgedacht.[557] Nach einer Unterredung im RWM, „zu der eine große

553 Vgl. BArch R 3301–142 o. Z. Vorschläge zur Organisation der Lagerverwaltung im aufzubauenden Gebiet, V. Verpflegungsbedarf.

554 Vgl. BArch R 3301–139 o. Z. RWM an AA vom 18. September 1919.

555 Vgl. ebd. Reichsgesundheitsamt an RWM vom 9. Oktober 1919.

556 Vgl. BArch R 3301–139 o. Z. RWM an AA vom 28. Oktober 1919.

557 Eine umfassende Analyse der deutschen und französischen Sozialsysteme im Umfang von 136 Seiten vom Stand 1919 wurde überliefert in: BArch R 3301–141 o. Z.

Anzahl Berliner Ärzte, Vertreter des Arbeitersamariterbundes der Kriegsbeschädigten etc. geladen waren“, wurde eine siebenköpfige Kommission unter der Leitung von Prof. Alfred Blaschko zur weiteren Beratung gebildet.[558] Zur Überbrückung der Strecken zwischen den Barackengruppen wurde die Anschaffung eines Lazarettzuges ins Auge gefasst und entsprechende Verhandlungen mit dem Preußischen Eisenbahnministerium und dem Deutschen Roten Kreuz geführt. Die erhalten gebliebenen Entwürfe eines „Gruppenkrankenhauses“, eines „Hauptkrankenhauses“ und den sonstigen notwendigen Gebäuden für 96.000 Personen zeugen von den Dimensionen der deutschen Planungen der Gesundheitsversorgung.[559]

Die Planungen für die Lagerverwaltung und das Sanitätswesen wurden im Dezember 1919 abgeschlossen, nachdem mit der Barackensiedlung „Lautawerk“ ein real existierendes und praktisch umsetzbares Vergleichsbeispiel gefunden worden war.[560] Im ersten Tätigkeitsbericht von Reichskommissar Hilbenz an das RMfW wurden die Planungen für eine Unterbringung und Verpflegung von 100.000 deutschen Arbeitern übernommen.[561] Von deutscher Seite wurden demnach umfangreiche Anstrengungen unternommen, die geeignet waren eine Völkerverständigung zwischen den verfeindeten Staaten in Gang zu setzen.

Noch während der Monate von November 1919 bis Januar 1920 bestand sowohl in der deutschen Öffentlichkeit als auch bei der Reichsregierung die Hoffnung auf eine Entsendung hunderttausender deutscher Arbeitskräfte in das Wiederaufbaugebiet. Dementsprechend wurden die Vorbereitungen für den Aufbau einer deutschen Lagerverwaltung voran getrieben. Von französischer Seite mehrten sich dagegen die Anzeichen, dass einer Entsendung wachsende Ressentiments entgegenstanden. Zum einen hatte der, dann

558 Vgl. BArch R 3301–142 o.Z. Schiler an von Payer vom 15. Oktober 1919.
559 Vgl. BArch R 3301–143 o.Z. (Pläne beiliegend).
560 Vgl. BArch R 3301–143 o.Z. Die Aluminiumhütte Lauta-Werk entstand 1917 bis 1918 in der Nähe des Dorfes Lauta in Brandenburg im Rahmen des Hindenburg-Programms. Innerhalb eines Jahres wurden das Werk und die Unterkünfte für 13.000 Arbeitskräfte errichtet. Vgl. Eberhard Kahle (Hrsg.), Stadt Lauta Werk. Vom Heidedorf zur Industriestadt, ein Rückblick, Bautzen 1997, S. 16–32.
561 Vgl. BArch R 3301–78 o.Z. Tätigkeitsbericht Nr. 1 (umfassend das vierte Kalender-Vierteljahr 1919).

doch überraschend plötzliche, Sieg über die Mittelmächte in Frankreich einen Siegestaumel ausgelöst. Gleichzeitig war aber das Entsetzen, über den Umfang der Zerstörungen und die damit einhergehende Einschätzung der Schadenshöhe in den befreiten Gebieten, groß. Das Bedürfnis nach Rache wurde in Frankreich dadurch angefacht und das Verlangen nach einer Bestrafung der Deutschen wuchs.[562] Allerdings bot der Waffenstillstand nur begrenzte Möglichkeiten die Deutschen symbolisch zu bestrafen.

Belangen konnte man in Frankreich nur die deutschen Kriegsgefangenen, die nach einem Beschluss des französischen Ministerrats vom 14. Januar 1919 zu Aufräumungs- und Aufbauarbeiten in den zerstörten Gebieten herangezogen wurden. Bis April 1919 wurden zunächst 200.000 Kriegsgefangene in die befreiten Gebiete verlegt, deren Zahl bis August auf ca. 270.000 anstieg und schließlich zum Januar 1920 sogar rund 310.000 erreichte.[563] Die Kriegsgefangenen unterstanden einer besonderen Wiederaufbauverwaltung in den befreiten Gebieten.[564] Am 18. März 1919 wurde die Stelle des „général commandant les formations de prisonniers de guerre en régions libérées“ mit Sitz in La Croix de St. Quen geschaffen. Dieser Militärbehörde unterstanden neun „dépôts départementaux“ mit Standorten in Amiens, Arras, Bar le Duc, Châlons, Compiègne, Laon, Lille, Mézières und Nancy. Den dépôts départementaux unterstanden „groupements“, die wiederum fünf bis fünfzehn „compagnies de prisonniers de guerre en régions libérées“ vorstanden. Eine compagnie bestand aus 425 bis 500 deutschen Kriegsgefangenen und 40 Mann Wachpersonal unter dem Befehl eines ranghohen Unteroffiziers oder Leutnants.[565]

---

562 Vgl. Bernard Delpal, Kriegsgefangene in Frankreich, in: Oltmer, Kriegsgefangene, S. 161.

563 Vgl. Delpal, Kriegsgefangene in Frankreich, in: Oltmer, Kriegsgefangene, S. 160.

564 In Frankreich wurde zwischen den „régions dévastées“ während des Krieges und den „régions libérées“ ab dem Rückzug der deutschen Armeen im Spätsommer 1918 unterschieden. Diese Unterscheidung führte auch zur Gründung von getrennten französischen Wiederaufbauministerien jeweils für die Belange der Kriegszerstörungen und der befreiten Gebiete. Auf deutscher Seite sorgte diese Unterscheidung häufig zu Missverständnissen.

565 Vgl. Clemens Paßmann, Zur Lage der Kriegsgefangenen in den zerstörten Gebieten Nordfrankreichs, in: Hans Weiland/Leopold Kern, In Feindeshand.

Bis zum Inkrafttreten des Friedensvertrages am 10. Januar 1920 verrichteten die deutschen Kriegsgefangenen unter Zwang lebensgefährliche Arbeiten auf den mit Blindgängern übersäten Schlachtfeldern. Für die französische Öffentlichkeit waren die deutschen Zwangsarbeiter ein Weg ihrem Bedürfnis nach Rache und Vergeltung Ausdruck zu verleihen. Für die französische Regierung bot diese Praxis die Möglichkeit überhaupt Aufräumungs- und Aufbauarbeiten zu leisten, denn die französischen Planungen steckten bei Kriegsende noch in den Anfängen.[566] Der Frieden war einfach zu schnell eingetreten, um wirksame Vorsorge zu treffen.

Genauso wie in Frankreich waren die eigenen Kriegsgefangenen in den Händen der Sieger nach dem Waffenstillstand unter umgekehrten Vorzeichen schnell zu einem Objekt öffentlicher Erregung in Deutschland geworden.[567] Während in Frankreich der Rachegedanke in der öffentlichen Meinung vorherrschte, war es in der deutschen Debatte Empörung und Mitleid. Nur vereinzelt wurden die Aufräumarbeiten der deutschen Kriegsgefangenen als versöhnendes Symbol beider Völker gedeutet.[568]

In beiden Staaten waren die Kriegsgefangenen damit Teil der politischen Auseinandersetzung und eine Trophäe im Wettstreit der beiden verfeindeten Nationen. Eine Repatriierung stand für die französische Öffentlichkeit nur im Austausch für erhebliche deutsche Zugeständnisse zur Diskussion. Durch die Stellung von freiwilligen deutschen Wiederaufbauarbeitern hoffte die Reichsregierung die eigene aufgebrachte öffentliche Meinung zu besänftigen und gleichzeitig der französischen Seite Entgegenkommen zu

---

Die Gefangenschaft im Weltkriege in Einzeldarstellungen, Bd. 1, Wien 1931, S. 411.

566 Vgl. BArch R 3301–23 Blatt 23–24. Die deutschen Planungen für die Unterbringung und Tätigkeit von Arbeitskräften in den zerstörten Gebieten waren diesem System nicht unähnlich, weil beide Organisationsformen militärischen Planungsgrundsätzen unterstanden.

567 Die „Berliner tägliche Rundschau“ schrieb dazu in ihrer Ausgabe vom 15. Januar 1919: „800.000 Arbeitssklaven in Frankreich“. Aus: Delpal, Kriegsgefangene in Frankreich, in: Oltmer, Kriegsgefangene, S. 162. Wie sich erst später herausstellte, basierte die Zahl der Kriegsgefangenen in Frankreich auf Schätzungen, die sich im Verlauf des Jahres 1919 als weit überhöht herausstellten. Vgl. PA AA R 22604 o. Z.

568 Vgl. PA AA R 22602 o. Z. Bericht von Major Draudt vom 16. September 1919.

signalisieren. Die Kriegsgefangenen wurden als politischer Spielball hin und her gerissen zwischen Hoffnung auf Heimkehr und einer endlosen Gefangenschaft ohne Ausweg.

Als Großbritannien und die USA ihre deutschen Kriegsgefangenen ab Oktober 1919 schließlich nach Hause entließen, wurde die bedrückende Lage der Kriegsgefangenen in Frankreich vollends in den Fokus der Öffentlichkeit gerückt.[569] Vor Ort in den trostlosen Trichterfeldern führte die Situation im zweiten Winter nach Kriegsende zu einer Verzweiflung der Kriegsgefangenen, die in mit Waffengewalt unterdrückten Aufständen, Fluchtversuchen und zahlreichen Selbstmorden eskalierte.[570] Die drakonischen Urteile der französischen Militärgerichte, die auch kleinste Vergehen mit jahrelangen Haftstrafen ahndeten, vermittelten den Kriegsgefangenen den Eindruck, dass sie noch jahrelang in Gefangenschaft bleiben würden.

In Deutschland verschärfte diese Situation die öffentliche Diskussion und die Reichsregierung versuchte umso nachdringlicher mit Frankreich zu einem Abkommen über die Entsendung deutscher Arbeitskräfte zu kommen.

Demgegenüber stand die Strategie der französischen Regierung, ein Wiedererstarken des geschlagenen Deutschland möglichst lange hinauszuzögern. Eine Beteiligung am Wiederaufbau vor Ort, der vielleicht eine Milderung der deutschen Reparationen ermöglicht hätte, konnte daher nicht im französischen Interesse sein. Allerdings bot das Thema die Möglichkeit

---

569 Bezeichnenderweise wurden die letzten konkreten Verhandlungen zwischen deutschen und französischen Vertretern am 2. Oktober 1919 ergebnislos abgebrochen. Vgl. BArch R 3301–63 o.Z. Referat des Geheimen Regierungsrats Cuntze Anlage IV. und BArch R 3301–2035 Blatt 196. Eine Verbindung von Wiederaufbau und Kriegsgefangenschaft wurde auch in der deutschen Öffentlichkeit erkannt. Die betroffenen Familien bedrängten alle Verwaltungsebenen mit Bittgesuchen und Vorschlägen für eine Beschleunigung der Rückkehr. Beispielsweise bat Wally Herrnberger am 18. November 1919 den OB von München um eine beschleunigte Entsendung von 400.000 deutschen Freiwilligen nach Frankreich. Ihr Sohn war 1916 bei Verdun in Kriegsgefangenschaft geraten. Vgl. BArch R 3301–1673 o.Z. Wally Herrnberger an OB München vom 18. November 1919.

570 Durchschnittlich ereigneten sich in den Kriegsgefangenenlagern in Frankreich nach dem Waffenstillstand monatlich durchschnittlich 1.500 bis 2.000 Zwischenfälle, wobei die Zahlen ab Oktober 1919 deutlich anstiegen. Vgl. Delpal, Kriegsgefangene in Frankreich, in: Oltmer, Kriegsgefangene, S. 161.

die deutsche Regierung durch gezielte Desinformation in eine diplomatische Falle zu locken.

Getrieben vom Leiden der Zwangsarbeiter musste die Reichsregierung ein großzügiges Programm entwickeln, das im Kontrast stand zu den katastrophalen Zuständen bei den deutschen Zwangsarbeitern in Frankreich. Auf der einen Seite durfte das Angebot nicht zu gering ausfallen, damit in Frankreich an der Aufrichtigkeit des deutschen Angebots nicht gezweifelt werden konnte. Auf der anderen Seite musste, mit Rücksicht auf die deutsche Innenpolitik, ein Angebot unterbreitet werden, das den sozialen Errungenschaften der Revolution im Ausland Geltung verschaffte. Zusätzlich konnte die Reichsregierung mit Hilfe eines menschenfreundlichen Organisationssystems einen deutlichen zivilisatorischen Kontrast zur französischen Praxis der Zwangsarbeit setzen.

Allerdings ging das deutsche Angebot zu weit. Die sozialpolitischen Errungenschaften wurden als Vorboten des Bolschewismus dargestellt. Die deutschen Arbeiterlager mutierten zu Wehrdörfern von denen eine deutsche Überfremdung schleichend ganz Nordfrankreich überrollen würde. Die Furcht vor einer schleichenden Invasion wurde in der französischen Presse geschürt.[571] Die großzügigen Planungen für eine menschenfreundliche Unterbringung wurden in das Gegenteil verkehrt. Der französische Minister Loucheur äußerte sich 1921 rückblickend dazu:

> *„Ausser den normalen Bedingungen der Hygiene hätten die deutschen Syndikate* [Gewerkschaften, der Verf.] *die unzulässige Forderung gestellt, man solle den deutschen Arbeitern das Streikrecht gewähren und ihnen ausserdem, während die Landbevölkerung in Frankreich in Ruinen hause, nicht nur Schlafzimmer und Badezimmer, sondern auch Konversations- und Gesellschaftszimmer zusichern.*

571 Zur Furcht vor einer erneuten deutschen Invasion bzw. dem einsickernden deutschen Bolschewismus vgl. ein Referat von GRR Cuntze in: BArch R 3301–2035 o. Z. Anlage IV; Die deutschen Pläne zur Errichtung deutscher Arbeitersiedlungen wurden z. B. am 15. Dezember 1919 in der französischen Presse angesprochen. Die wichtige Tageszeitung „Petit Parisien“ warnte vor deutschen Arbeitern die sich dauerhaft in Frankreich niederlassen und ganze Industriezweige dominieren könnten. Die Zeitschrift „La Victoire“ warnte in einer Ausgabe vom gleichen Tag vor der Gefahr einer zweiten deutschen Invasion durch Wiederaufbauarbeiter. Ähnlich äußerte sich „Action Française“ und warnte vor deutschen Kolonien in Frankreich.

Der Generaldirektor der [französischen] *Baugenossenschaften habe diese Bedingungen 1919 zurückgewiesen.*“[572]

Anfang des Jahres 1920 war eine deutsche Beteiligung beim Wiederaufbau der zerstörten Gebiete in weite Ferne gerückt. Mit der herannahenden Inkraftsetzung des Versailler Vertrages zum 10. Januar 1920 zeichnete sich eine baldige Repatriierung der letzten deutschen Kriegsgefangenen, mit Ausnahme derjenigen die zu Haftstrafen verurteilt worden waren, ab. Gefängnisinsassen verblieben teilweise noch jahrelang, z. B. wegen Nahrungsmitteldiebstahls oder einem Fluchtversuch, in französischen Gewahrsam. Aus deutscher Sicht waren diese Personen politische Geiseln, die der französischen Willkür unterworfen waren.

Seit Mitte 1920 wurde vom RMfW eindringlich vor jeglicher Entsendung deutscher Arbeiter in die zerstörten Gebiete gewarnt:

> „*Wo wir bisher in Ausführung des Friedensvertrages tätig sind und mit Franzosen verhandeln, wird versucht, uns Illoyalität vorzuwerfen. Auf französischem Boden gar, ist die Möglichkeit einer Fülle von Streitigkeiten gegeben. Loucheur hat bereits erklärt: Wenn der deutsche Arbeiter in Frankreich streikt, wird er ausgewiesen, somit steht zu befürchten, dass bei der jetzigen Stimmung der französischen Regierung die deutsche Arbeit in Frankreich nicht zu einer Völkerversöhnung führen, sondern nur eine neue Reibungsfläche schaffen würde.*“[573]

Die Entsendung deutscher Arbeitskräfte für den Wiederaufbau war mittlerweile ohnehin anderweitig gelöst worden. Frankreich hatte auf deutsche Kosten 100.000 polnische Arbeitskräfte angeworben und mit deutschen Sonderzügen durch Süddeutschland nach Frankreich transportieren lassen.[574] Die deutschen Materialien für Ausrüstung und Unterbringung von

572 Vgl. BArch R 3301–69 o. Z. Meldung des Wolffschen Telegraphen Büros vom 31. März 1921. Die Gewerkschaften verfolgten eine direkte Beteiligung der deutschen Arbeiter am Wiederaufbau noch jahrelang weiter. Ihre Vorschläge wurden in dieser Zeit, auch durch engere Kontakte mit anderen ausländischen Gewerkschaften, detaillierter. Ein Ergebnis der beständigen Weiterentwicklung waren die Vorschläge des Jahres 1921. Vgl. BArch R 3301–63 o. Z. Vorschläge der deutschen Gewerkschaften für den Wiederaufbau Nordfrankreichs.

573 Vgl. BArch R 3301–63 o. Z. Referat des Geheimen Regierungsrats Cuntze Anlage IV bzw. BArch R 3301–2035 Blatt 197.

574 Vgl. BArch R 3301–738 Blatt 78.

100.000 Arbeitskräften, darunter Kleidungsstücke für 10.000 Arbeiter sowie 20.000 Stiefelpaare, wurden dem Reichsverwertungsamt übergeben.[575]

Mit der richtigen Vorgehensweise hätte eine Beteiligung deutscher Arbeitskräfte am Wiederaufbau, in Kooperation mit französischen Arbeitskräften, zu einer Völkerverständigung führen können.[576] Die Ursachen für das Scheitern der deutschen Strategie für den Wiederaufbau wurde nur bedingt auf deutscher Seite vermutet:

> „... *Die Schuld am schleppenden Gang der Verhandlungen liege bei den Franzosen, an ihrer mangelnden Organisationsfähigkeit und den dort vorhandenen inneren politischen Schwierigkeiten.*"[577]

Errichtung und Struktur des Reichskommissariats in der Frühphase

Das RKAAG war hinsichtlich der frühen Geschäftsverteilung vollständig auf die Anforderungen des Wiederaufbaus zugeschnitten. Bis Anfang 1920 wurden folgende Abteilungen eingerichtet (offizielle Aufnahme der Geschäftstätigkeit in Klammern vermerkt):

1.) Verwaltung (zum 15. November 1919); 2.) Hoch- und Tiefbau (zum 15. November 1919); 3.) Maschinen- und Hüttenwesen (zum 1. November 1919); 4.) Bergbau (zum 1. November 1919); 5.) Transportwesen (zum 12. November 1919); 6.) Finanzen (zum 1. Dezember 1919); 7.) Kaufmännisches (zum 1. Januar 1920); 8.) Recht (zum 4. November 1919); 9.) Außenstelle der Aufbauvertretung bei der deutschen Friedensdelegation in Paris (zum 26. November 1919).[578]

---

575 Vgl. BArch R 3301–69 Tätigkeitsbericht Nr. 7 vom 30. April 1920.

576 Die „Völkerversöhnung" spielte durchaus eine Rolle in den Überlegungen des RMfW und des RKAAG. Vgl. BArch R 3301–63 o. Z. Referat des Geheimen Regierungsrats Cuntze Anlage IV bzw. BArch R 3301–2035 Blatt 197.

577 Vgl. BArch R 3301–24 Blatt 16.

578 Vgl. BArch R 3301–78 o. Z. Tätigkeitsbericht Nr. 2 vom 31. Januar 1920. Das RKAAG war verpflichtet dem RMfW in monatlichen Tätigkeitsberichten Auskunft über die Fortschritte in der Wiederaufbaufrage zu erstatten. Die Darstellungen geben einen Einblick in die Entwicklungen. Ein vorläufiger Geschäftsverteilungsplan des RKAAG datiert vom 10. Dezember 1919. Vgl. BArch R 3301–59 o. Z. Vorläufige Geschäftsverteilung vom 10. Dezember 1919.

Die Unterbringung des RKAAG in Berlin gestaltete sich kompliziert. Erst am 15. November 1919, acht Tage nach der offiziellen Errichtung, konnten in der Königgrätzerstraße 29/30 ausreichende Räumlichkeiten für die Verwaltungsstellen gemietet werden. Zusätzlich mussten in den folgenden Monaten weitere Räume in der Potsdamerstraße 122a und Budapesterstraße 5, letzteres für ein von der WaKo-Berlin übernommenes Pressereferat, gemietet werden.

Zur Vorbereitung deutscher Sachlieferungen war die Festlegung der Bearbeitungswege zwischen Verwaltung und Wirtschaft vordringlich. Das RKAAG diente, nach den Vorstellungen von Hilbenz, primär als Prüfungs- und Vermittlungsstelle zwischen den französischen Anforderungsbehörden und den Fachgruppen der deutschen Wirtschaft. Demnach „sollten in etwa zwanzig bis dreißig Dachverbänden – ähnlich den tatsächlichen Monopolen – alle großen Produktionsgruppen der Wirtschaft durch horizontale und vertikale Zusammenschlüsse aneinander binden und sich in örtliche und fachliche Teilverbände untergliedern“.[579] Während der Amtszeit Moellendorffs wurde dieser Umbau der Wirtschaftsstrukturen angestoßen und durch das RKAAG, das maßgeblich im RWM entstanden war, fortgesetzt. Im Gegensatz zum Ansatz Moellendorffs, der mit den Zweckverbänden das gesamte deutsche Wirtschaftsmodell ändern wollte, dienten die Fachgruppen nun der Erfüllung der wirtschaftlichen Bestimmungen des Friedensvertrages.[580]

Das RKAAG nahm die alliierten Anforderungslisten entgegen und reichte diese an die jeweils zuständigen Fachgruppen weiter. Dort wurden die Mitgliedsunternehmen um Angebote ersucht und das Ergebnis dem RKAAG vorgelegt. Von dort wurde dann den Unternehmen der Auftrag zur Herstellung erteilt, wobei das Reich wie beschrieben möglichst günstig einkaufte. Allerdings führte diese Vergabepraxis zur einseitigen Bevorzugung von

579 Vgl. Ehlert, S. 172.

580 Neben der Einrichtung der Fachgruppen wurde auch die gesonderte Beteiligung zentraler Wirtschaftsbereiche für den Wiederaufbau ins Auge gefasst. Das RKAAG berief beispielsweise eine „Kommission für die Beschaffung von Baustoffen für den Wiederaufbau Nordfrankreichs“, die am 3. Januar 1920 zu ihrer ersten Sitzung zusammentrat. Vgl. BArch R 3301–93 o.Z. Bericht über die Sitzung der Kommission für die Beschaffung von Baustoffen für den Wiederaufbau Nordfrankreichs am 3. Januar 1920.

Industrieunternehmen, die Produkte in großer Stückzahl billig produzieren konnten. Dadurch entstand ein regionales Gefälle, das besonders preußische Unternehmen, z. B. im Ruhrgebiet oder im Großraum Berlin, bevorzugte.

Von den Reichsländern wurde gegen dieses Vergabesystem Einspruch erhoben. Als Kompromiss wurde eine Ländervertretung eingerichtet, die eine Unterteilung der Aufträge vornahm, damit auch andere Regionen und besonders das Handwerk zum Zuge kamen.[581] Ein großer Nachteil dieser Praxis war, dass insbesondere Massengüter wie z. B. Hausrat auf diese Weise in unterschiedlicher Qualität geliefert wurden. Bei der Abnahme der Lieferung durch die Sachverständigen der Siegermächte konnte es dadurch häufiger zu Qualitätsunterschieden kommen, die zur Zurückweisung von Lieferungen führen konnten. Beispielsweise konnte ein in Preußen industriell gefertigter Holzstuhl qualitativ minderwertiger sein als das Produkt eines bayerischen Tischlereibetriebes. Mit Verweis auf die unterschiedlichen Qualitätsstandards hätten die preußischen Stühle oder die gesamte Lieferung zurückgewiesen werden können. Das Reich hatte bei Zurückweisungen das Problem mit einer Lieferung in Rückstand zu geraten und zudem Sachwerte im Besitz, mit denen das Reich nichts anfangen konnte und deren Verwertung erhebliche administrative Ressourcen erforderte.

Mit einigem Aufwand wurde der Wiederaufbau für Nordfrankreich in den Abteilungen des RKAAG vorbereitet. Das Ende 1919 noch immer hohe Interesse an diesem Thema schlug sich in der Verwaltungsabteilung auch physisch nieder. Am 15. Januar 1920 beklagte sich das RKAAG über 8.000 unbeantwortete Bewerbungen als Arbeitnehmer beim Wiederaufbau, die in der Verwaltungsabteilung für erhebliche Belastungen sorgten. Alle Versuche durch die Presse der Bevölkerung zu vermitteln, dass mangels deutscher Beteiligung am Wiederaufbau keine Bewerbungen notwendig wären, scheiterten.[582]

Überhaupt waren die Abteilungen des RKAAG hinsichtlich des Wiederaufbaus auf der Basis vager Annahmen ausgestaltet. Die Abteilung für

---

581 Vgl. BArch R 3301–24 Blatt 23–24 und 31.

582 Vgl. BArch R 3301–78 o. Z. Tätigkeitsbericht Nr. 1 vom 15. Januar 1920. Die hohe Zahl der Bewerbungen war möglicherweise auch das Resultat der witterungsbedingten Arbeitslosigkeit während der Wintermonate.

Hoch- und Tiefbau hielt Personalstäbe vor für folgende vorgesehene Wiederaufbauarbeiten:

a) Hochbau: Baracken- und Wohlfahrtsanlagen, städtischer Hochbau, ländliche Bauten, Fabrikanlagen, Eisenbahnhochbauten und kleine maschinelle Anlagen; b) Tiefbau: Säuberung des Erdreichs (Aufräumung), Wasserbauten, Meliorationen und Wegebau, Brückenbau, Eisenbahnbau, allgemeiner Tiefbau und Beseitigung von Blindgängern.[583]

Naturgemäß waren im Januar 1920 die Arbeiten nicht über erste deutsche Planungen hinaus gekommen. Konkreter gestaltete sich die Tätigkeit in der Abteilung für Maschinen- und Hüttenbau. Von französischer Seite waren Anforderungslisten für Maschinenanlagen übermittelt worden. Die Anfragen umfassten:

> „*Elektrische Zentralen, Lokomotiven, Eisenbahnwaggons, Dampfkesselanlagen, Werkzeugmaschinen,* [...] *landwirtschaftliche Maschinen und Geräten, Walzeisen, Moniereisen, Wellblech,* [...] *Pumpen aller Art, Bleirohre und Zinkbleche.* [...] *Telephonapparate, Motoren, Dynamos, Dampfmaschinen, Geldschränke, Näh- und Schreibmaschinen, vielartiges Handwerkszeug, Kippwagen, Treibriemen, Transmissionen, Plandecken usw.*“[584]

Diese verkürzte Auflistung verdeutlicht nur unzureichend die Komplexität der französischen Anfragen, denn in sehr vielen Fällen wurde nach französischen Standards und Typen verlangt. Diese auf deutsche Fabrikate und Produkte umzusetzen, erwies sich in der Praxis als äußerst aufwendig und sehr zeitraubend. Allerdings hatten die Franzosen, angesichts der Zustände in den befreiten Gebieten, wenig Geduld für deutsche Verzögerungen.

Hinsichtlich des Wiederaufbaus der französischen Kohlezechen lagen die Dinge dagegen etwas anders. Die Abteilung für Bergbau hatte intensive Kontakte zu deutschen und französischen Unternehmen bzw. Verwaltungsstellen in dieser Hinsicht gepflegt. Ein konkretes Angebot eines deutschen Schachtbau-Konsortiums zur Wiederherstellung der Zechen wurde von französischer Seite in den Verhandlungen verschleppt. Dieses Geschäft wollten zu gegebener Zeit französische Firmen machen, allerdings unter Lieferung deutschen Baumaterials. Besonders nachgefragt wurde von französischer Seite die Lieferung von Tübbings der deutschen Firma Haniel &

583 Vgl. BArch R 3301–78 o. Z. Tätigkeitsbericht Nr. 1 vom 15. Januar 1920.
584 Vgl. BArch R 3301–78 o. Z. Tätigkeitsbericht Nr. 1 vom 15. Januar 1920.

Lueg aus Düsseldorf, dem zu dieser Zeit weltweit technisch führenden Lieferanten für Schachtbauelemente.[585]

Die Transportabteilung war für die Lieferung deutschen Materials für den Wiederaufbau geschaffen worden. Bis Anfang 1920 waren die Verhandlungen über die Transportfragen mit der ZAG weitgehend abgeschlossen worden. Die Versorgung der deutschen Arbeiter beim Wiederaufbau nahm auch hier einen bedeutenden Teil der Tätigkeit ein. Ausgehend von einer ersten Vorhut von 100.000 Personen wurden entsprechende Schritte zur Versorgung für 100 Tage unternommen. Dabei sollte Hamburg als logistisches Drehkreuz eine wichtige Rolle spielen, wofür großflächige Lagerräume vor Ort reserviert worden waren bzw. Firmen bereitstanden, um diese zur Verfügung zu stellen.[586]

Die Finanzabteilung diente einzig der Vorbereitung des deutschen Wiederaufbaus vor Ort. Dort sollte mit Beginn der Arbeiten eine Hauptkasse, Zentralbuchhaltung, Kontrollstelle und ein Referat für Etatbearbeitung geschaffen werden.

Als Schnittstelle zwischen Verwaltung und Wirtschaft fungierte die Kaufmännische Abteilung. Ihr fiel es zu „bei allen Beschaffungen und Preisfestsetzungen sämtlicher Abteilungen des Reichskommissariats mitzuwirken."[587]

Die als „Justitiariat" bezeichnete Rechtsabteilung wirkte beim Abschluss von Verträgen und in der juristischen Beratung aller übrigen Abteilungen mit.

Ein wichtiges Element des RKAAG war die Wiederaufbauvertretung in Paris. In Zusammenarbeit mit der deutschen Friedensdelegation verhandelten die Vertreter des RKAAG mit der Reparationskommission und nahmen die französischen Anforderungslisten entgegen. Diese wurden vor Ort einer ersten Überprüfung unterzogen und dann nach Berlin weitergeleitet.[588] Hilbenz plante wahrscheinlich über die Wiederaufbauvertretung direkt als Emissär der deutschen Wirtschaft, unter Umgehung der deutschen Politik

585 Vgl. Carl Hellmut Fritzsche/Fritz Heise, Lehrbuch der Bergbaukunde mit besonderer Berücksichtigung des Steinkohlenbergbaus, Bd. 2, Berlin 1962, S. 164–169.

586 Vgl. BArch R 3301–78 o. Z. Tätigkeitsbericht Nr. 1 vom 15. Januar 1920.

587 Vgl. BArch R 3301–78 o. Z. Tätigkeitsbericht Nr. 1 vom 15. Januar 1920.

588 Vgl. ebd.

und Verwaltung, mit der Reparationskommission bzw. den Siegermächten zu verhandeln. Allerdings kam die Wiederaufbauvertretung lange Zeit nicht über einen Personalstamm von zwei Angestellten hinaus und war daher nach kurzer Zeit vollkommen überlastet.

Das RKAAG erstattete dem Reichsminister für Wiederaufbau in vierzehntägigen Intervallen Bericht über die Entwicklungen des Wiederaufbaus der zerstörten Gebiete. Dieses „Tätigkeitsberichte“ begannen mit dem ersten Bericht vom 15. Januar 1920 und führten detailliert die einzelnen Neuerungen, Fortschritte und Rückschläge auf. Die Zusammenfassungen wurden kontinuierlich, bis zum Rücktritt von Reichskommissar Hilbenz, angefertigt. Danach wurde die Berichterstattung ab dem sechsten Tätigkeitsbericht massiv eingeschränkt und nur die wichtigsten Neuigkeiten kurz beschrieben. Ab dem neunten Tätigkeitsbericht vom 31. Mai 1920 wurden schließlich kaum noch erklärende Begleittexte übermittelt, sondern tabellarische Darstellungen über Umfang und Wert von Sachlieferungen erstellt.[589]

Die Berichte von Hilbenz zeugten von seinen begrenzten Bemühungen, um eine deutsche Beteiligung am Wiederaufbau zu erreichen. Abgesehen von einer Reise nach Paris, während der er mit der deutschen Friedensdelegation und Minister Loucheur persönlich zusammenkam, Anfang Oktober 1919 unternahm Hilbenz wenig, um direkt mit französischen Stellen in Verbindung zu treten.[590] Die meiste Energie verwendete Hilbenz dagegen auf die Einbindung der deutschen Wirtschaft in die Fachgruppen für die fortschreitenden Planungen für den Wiederaufbau der zerstörten Gebiete.

Selbst die geringen Hoffnungen auf eine Beteiligung am Wiederaufbau der französischen Kohlebergwerke wurden wie erwähnt enttäuscht.[591] Die

---

589 Die Tätigkeitsberichte sind enthalten in: BArch R 3301–78 o. Z. Wegen des Kapp-Putsches wurde im März kein Bericht beim RMfW eingereicht.

590 Vgl. BArch R 3301–78 o. Z. Tätigkeitsbericht Nr. 1 vom 15. Januar 1920.

591 Im dritten Tätigkeitsbericht vom 15. Februar 1920 merkte Hilbenz an, dass die Verhandlungen zwischen dem zuständigen französischen Groupement und den deutschen Schachtbaufirmen auch deswegen scheiterten, weil die Gefahr der Auslieferung von deutschen Kriegsverbrechern die Schachtbauvertreter abschreckte. Anscheinend befürchteten einige Personen strafrechtliche Verfolgungen für ihre Handlungen während der deutschen Besatzungszeit. (Vgl. BArch R 3301–78 o. Z. Tätigkeitsbericht Nr. 3 vom 15. Februar 1920.) Die Verhandlungen scheiterten dann auch kurz darauf. Es wurde von Deutschland nur die Lieferung von sechs Schachtbaugarnituren und 10.000t Zement vom

französischen Bergwerksbesitzer waren durchaus an deutschen Maschinen interessiert, aber die deutschen Firmen verlangten Preise die weit über dem damaligen Weltmarktpreis lagen. Im Gegensatz dazu musste Hilbenz einräumen, dass Aufträge für Bergwerksmaschinen in großer Zahl an Firmen in der Schweiz vergeben wurden. Probleme bereiteten insbesondere die Stilfragen deutscher Sachlieferungen. Die französischen Geschädigten verlangten die Lieferung von Produkten die zumindest nicht sofort erkennen ließen, dass sie von der ehemaligen Besatzungsmacht stammten. Das betraf besonders Baumaterial und Einrichtungsgegenstände. Für diese und weitere Produkte mussten von deutscher Seite Musterentwürfe an den Wiedergutmachungsausschuss gesandt und dort geprüft werden. Erst nach der Festlegung der Entwürfe konnten in Deutschland bei den jeweiligen Produzenten der gefälligen Muster konkrete Angebote eingezogen werden.[592]

Im Januar 1920 hatte der RKAAG eine Organisationsstruktur aufgebaut, die allerdings bei näherer Betrachtung erhebliche Mängel aufwies. Besonders problematisch waren die Personalfragen, bei denen das RFM eine Reihe von personellen Besetzungen mit Hinweis auf die angespannte Haushaltslage des Reiches verwarf.

Der wachsende Druck in der Wiederaufbaufrage und die Spannungen mit dem RMfW kulminierten schon nach wenigen Wochen in einer Konfrontation zwischen RMfW und RKAAG. Reichskommissar Hilbenz war über die Entwicklungen äußerst verärgert und versuchte vehement seine Vorstellungen gegenüber dem Reichsminister für Wiederaufbau zu verwirklichen. Überhaupt erschien für Hilbenz das RMfW überflüssig zu sein und durch den Aufbau von Doppelstrukturen Personalplanstellen zu belegen, die eigentlich seinem Reichskommissariat zustünden.

Der administrative Leitungsstil von Hilbenz im RKAAG entsprach seiner privatwirtschaftlichen Erfahrung. Der Reichskommissar hatte keinerlei Verständnis für die Geschäftsordnung und -verteilung einer Reichsbehörde und

---

französischen Groupement verlangt. Der Zement war für die Schächte in Lens und Liévin bestimmt. (Vgl. BArch R 3301–78 o.Z. Tätigkeitsbericht Nr. 4 vom 4. März 1920 und BArch R 3301–78 o.Z. Tätigkeitsbericht Nr. 5 vom 1. April 1920.) Geliefert wurden schließlich nur zwei Schachtbaugarnituren und 2.000t Zement. Vgl. BArch R 3301–78 o.Z. Tätigkeitsbericht Nr. 6 vom 15. April 1920.

592 Vgl. BArch R 3301–78 o.Z. Tätigkeitsbericht Nr. 5 vom 1. April 1920.

brachte seinen persönlichen Mitarbeiterstab aus der Maxhütte im Reichskommissariat unter. Umgeben von getreuen Mitarbeitern gedachte Hilbenz über sein Reichskommissariat zu verfügen. Gegen diese Sichtweise sträubten sich die höheren Beamten des RKAAG und begannen gegen diesen Fremdkörper im Behördenorganismus zu opponieren.

Die parallele Berufung eines parlamentarisch verantwortlichen Reichsministers für Wiederaufbau und eines, aus der Gnade der ZAG geschaffenen, Reichskommissars für Wiederaufbau führte schon nach kurzer Zeit zu erheblichen Kompetenzkonflikten. Beide Behörden waren, unter abweichenden Prämissen, mit dem Ziel geschaffen worden, den Wiederaufbau der zerstörten Gebiete in Frankreich für Deutschland möglichst vorteilhaft zu gestalten. Dazu waren beide Behörden mit umfassenden Kompetenzen ausgestattet worden. Allerdings war das RKAAG letztendlich dem RMfW unterstellt worden und damit vom Reichsminister für Wiederaufbau weisungsabhängig.

Das RMfW als Behörde zur technischen und wirtschaftlichen Erfüllung des Friedensvertrages baute die entsprechenden Organisationsstrukturen auf. Deren Tätigkeit geriet schon bald in Konkurrenz zu ähnlichen Bereichen beim RKAAG. Die dabei entstandenen Konflikte hätten über den Dienstweg beseitigt werden müssen. Allerdings stand dieser Lösung Reichskommissar Hilbenz im Weg, der sein Amtsverständnis als eine Art kaiserlicher Staatssekretär von der Gnade der Industrievertreter bei der ZAG deutete. Die an ihn herangetragene Position als Reichsminister, ein Amt das er wegen der Notwendigkeit zu politischen Kompromissen im Regierungskabinett abgelehnt hatte, hinterließ Spuren in seinem Amtsverständnis.

Als Wirtschaftsfachmann versuchte Hilbenz eine oft beschworene Verbindung zwischen Wirtschaftspraxis und Verwaltungsorganisation zu schaffen, wie sie immer wieder als vermeintlich effiziente Organisation der Reparationslieferungen von verschiedenen Seiten gefordert worden war.[593] Doch dafür fehlte ihm nun die notwendige Gestaltungsfreiheit, was zu einer erheblichen Frustration bei Hilbenz führte, die sukzessive paranoide Züge hinsichtlich einer Sabotage seiner Agenda annahm.

593 Vgl. PA AA R 22688 o. Z. Lersner an AA vom 6. August 1919 und Lersner an AA vom 24. August 1919; vgl. auch: BArch R 3301–109 Blatt 189–198.

Der Konflikt zwischen Reichsminister Geßler und Reichskommissar Hilbenz schwelte zwischen November 1919 und Februar 1920 unter der Oberfläche, bis Reichsminister Geßler in einer Verfügung vom 18. Februar 1920 das Verhältnis zwischen den Behörden festlegte. Demnach

> *„sollen künftig alle allgemeinen Fragen, die mit der Ausführung von Wiederaufbauarbeiten oder von Lieferungen zusammenhängen, ausschließlich dem Reichsministerium für Wiederaufbau vorbehalten bleiben.* [...] *Die Mitwirkung des Reichskommissariats* [soll] *nur in Frage kommen, sofern es im Einzelfalle als technische Beratungs- und Ausführungsstelle besonders herangezogen wird. Da sich die allgemeinen Fragen bei der Erledigung der einzelnen Lieferungen und Leistungen ergeben, soll desweiteren die einzelne Anforderung anstatt beim Reichskommissariat bis zu dem Punkt beim Ministerium bearbeitet werden, mit dem die eigentliche praktische Ausführung beginnt. Alle hiernach beim Reichskommissariat nicht mehr erforderlichen Arbeiten sollen eingestellt werden.*“[594]

Damit wurde die Position des RMfW durch die klare Abgrenzung der Kompetenzen gestärkt, während das RKAAG zu einer reinen Ausführungsbehörde herabsank. Angesichts der nicht mehr wahrscheinlichen Beteiligung Deutschlands am Wiederaufbau war die Neuausrichtung des RKAAG ein logischer Schritt. Hilbenz hatte eine direkte Aussprache mit Reichsminister Geßler vermieden, um die Probleme zwischen den Behörden zu lösen. Stattdessen wandte sich Hilbenz mit einer, im aggressiven Tonfall gehaltenen, Ansprache an die Teilnehmer der Sitzung der Deutschen Kriegslastenkommission am 1. März 1920.[595]

Dort warf er sowohl dem RMfW als auch Geßler vor, sich in den Bereich „seines“ Reichskommissariats einzumischen und erklärte seine Absicht, weitere Einmischungen in Zukunft zu unterbinden. Anwesend war auch der GRR Cuntze, der eine Niederschrift der Sitzung anfertigte und an Reichsminister Geßler sandte. Dabei versäumte es Cuntze nicht, die Belustigung und Irritation der anwesenden Mitglieder der Kriegslastenkommission zu erwähnen.[596] Den Beamten war bewusst, dass Hilbenz die Hierarchien

---

594 Vgl. BArch R 3301–2030 Blatt 38.

595 Vgl. BArch R 3301–60 o. Z., Niederschrift von Cuntze an Reichsminister für Wiederaufbau vom 2. März 1920.

596 Die Erregung, über die Bemerkungen von Hilbenz hinsichtlich des Verhältnisses zwischen RMfW und RKAAG, unter den Anwesenden hielt noch einige Zeit an. Der Vorsitzende der Kriegslastenkommission Bergmann äußerte sich noch am 21. Mai 1920 negativ über Hilbenz und dessen Amtsführung. Dieser

zwischen Reichsministerium und angeschlossenem Reichskommissariat nicht verstanden hatte. Hilbenz erkannte wahrscheinlich erst nach seiner Rede, dass er zu weit gegangen war.

Doch er bemühte sich im Anschluss nicht um Schadensbegrenzung, sondern griff Reichsminister Geßler und die Arbeit des RMfW, ausdrücklich erwähnte er hierbei nun auch den GRR Cuntze, in einem Schreiben an Geßler vom 3. März 1920 direkt an.[597] Zur Unterstützung seiner Vorwürfe führte er in einer umfassenden Auflistung alle Versäumnisse auf, die das RMfW, Reichsminister Geßler und GRR Cuntze gegen ihn und sein Reichskommissariat begangen hätten. Argumentierte Hilbenz zu Beginn dieses Schreibens noch möglichst sachlich, indem er aus seiner Sicht ungerechtfertigte Eingriffe und Verstöße gegen den Geschäftsablauf des RKAAG anführte, änderte er im weiteren Verlauf seine Wortwahl.[598]

Basis seiner Argumentation waren zunächst Verstöße gegen das RKAAG und den Geschäftsablauf durch Beamte des RMfW, beispielsweise durch die Nichteinbindung des Reichskommissars in wichtige Entscheidungen und Eingriffe in die Ausgestaltung von Saatgutlieferungen an Belgien und Frankreich. Im weiteren Verlauf seines Schreibens leitete Hilbenz auf den Kern des Problems über, denn es ging ihm letztendlich um seine Person und sein Amtsverständnis:

> *„Auch vom Standpunkt der Selbstachtung aus muss ich die geplante Regelung ablehnen, da sie auf eine Herabminderung der von mir vertretenen Behörde, meiner Mitarbeiter und auch endlich meiner Person selbst hinauslaufen würde."*[599]

---

leiste in seiner Funktion als Reichskommissar zu wenig und müsse ausgetauscht werden. Vgl. BArch R 3301–60 o. Z. Besprechung der Kriegslastenkommission in Paris am 21. Mai 1920. Am 10. Juni 1920 gestand Bergmann in einem Schreiben an UStS Müller ein, dass alles nur ein Missverständnis gewesen wäre. Vgl. ebd. Bergmann an UStS Müller vom 10. Juni 1920.

597 Zu diesem Schreiben vgl. BArch R 3301–2030 Blatt 38–57.

598 Die Quelle (BArch R 3301–2030 Blatt 38–57) besteht aus zwei Teilen: Die sachliche, auf Verfahrensfragen basierende Darstellung, erstreckt sich über die Blätter 38–46. Auf den folgenden Blättern bis Blatt 57 folgt der zweite Teil, in dem Hilbenz zu seiner Verteidigung besonders die Bedürfnisse der deutschen Industrie betonte.

599 Vgl. BArch R 3301–2030 Blatt 46.

Aus seiner Sicht hatte er das Recht auf freie Gestaltung des Reichskommissariats und befürchtete,

> „*dass die geistige Arbeit in meiner Behörde so gut wie vollkommen ausgeschaltet und dass sich in ihr eine rein mechanische Arbeit vollziehen würde, wie sie sonst nur bei Lokalbehörden stattfindet. Demgegenüber ist es bei der Schaffung des Reichskommissariats der einmütige Wunsch des Reichskabinetts, der Nationalversammlung und der deutschen Industrie gewesen, dass meine Behörde möglichst frei, unabhängig und selbstständig nach kaufmännischen Gesichtspunkten arbeite.*“[600]

An dieser Stelle offenbarte Hilbenz seine wahren Motive, denn er wollte keine rein ausführende Behörde mit geregelten Verfahrensabläufen leiten, sondern eine autonome Wirkungsstätte in Form eines Wirtschaftsunternehmens. Dafür sah sich Hilbenz, neben der Exekutive und Legislative, besonders durch die deutsche Industrie ermächtigt. In seiner weiteren Argumentation betonte Hilbenz dann auch die dringenden Wünsche der deutschen Industrie, die nur er und sein Reichskommissariat regeln könnten. Als Kronzeugen seiner Argumentation führte er das Protokoll einer Sitzung von UStS Müller mit Vertretern der Reichsländer vom 20. Oktober 1919 an, indem Müller hervorhob,

> „*dass das Reichskommissariat für die Durchführung der praktischen Arbeit auch durch das Ministerium* [gemeint war das zukünftige RMfW] *nicht behindert werden darf* [...], *denn sonst kommen wir in eben zu einem Durcheinander, zu einem Tohuwabohu, wie* [...] *in der Kriegswirtschaft.* [...] *...jedes Ministerium für sich und schließlich auch das gesamte Kabinett* [muss] *dahin streben, nun nicht wieder in dieselben Fehler zu verfallen, die wir während des ganzes Krieges leider begangen haben.*“[601]

Aus diesen Ausführungen zog Hilbenz für sich und seine Behörde den Auftrag „dem vaterländischen Interesse in dem Maße zu dienen, wie es die Öffentlichkeit von mir erwartet.“[602]

Doch Hilbenz hatte sich mit den Ausführungen von UStS selbst in seiner Argumentation geschadet, denn Müller betonte gerade die „praktische Arbeit“, bei der das RMfW nicht eingreifen sollte. Doch ein solcher Eingriff war von der Verfügung vom 18. Februar 1920 nicht beabsichtigt worden.

---

600 Vgl. BArch R 3301–2030 Blatt 46–47.
601 Vgl. BArch R 3301–2030 Blatt 53.
602 Vgl. ebd.

Der Verweis auf das Vaterland und die öffentliche Meinung mutete eher wie die Rolle eines gewählten Abgeordneten an. Am Ende seiner Ausführungen griff Hilbenz schließlich die Abteilungsleiter im RMfW Cuntze und Ruppel namentlich an, die er für die Ursachen einiger Missstände in seiner Reichsbehörde verantwortlich machte.

Für Reichsminister Geßler war Hilbenz in Folge der jüngsten Eskalation untragbar geworden. In einem Schreiben vom 11. März 1920, zwei Tage vor Beginn des Kapp-Lüttwitz Putsches am 13. März, lehnte Geßler jegliche Änderungen an seiner Verfügung vom 18. Februar ab.[603] Stattdessen zeigte er Hilbenz klar dessen Grenzen auf:

> *„Die Ausführung des Berichtes vom 3. März beruhen auf einer irrtümlichen Auffassung des Verhältnisses zwischen dem Ministerium und den nachgeordneten Stellen. Ich trage als Reichsminister die politische und parlamentarische Verantwortung für die Erledigung der dem Ministerium zugewiesenen Aufgaben und habe deshalb allein darüber zu entscheiden, welche Art von Organisation und der Geschäftsverteilung die Erfüllung dieser Aufgaben am besten gewährleistet.“*[604]

Schritt für Schritt entkräftete Geßler im Anschluss die Argumentation seines Reichskommissars. Besonders betonte er in einer Randnotiz des Entwurfs der Antwort an Hilbenz, dass dieser als Reichskommissar nicht der Öffentlichkeit verpflichtet wäre, sondern seinem Reichsminister zu folgen habe.[605] Hilbenz war bis zum Erhalt der Antwort des Reichsministers seiner Sache anscheinend sehr sicher. Noch in einem Schreiben vom 11. März, dem Tag an dem die Antwort von Geßler fertig formuliert vorlag, verwies Hilbenz explizit auf seinen „Bericht vom 3. d[es] Mts. [Monats] an den Herrn Minister“, als ob er eine Antwort bei seinem Minister anmahnen wollte.[606]

Die Wirren des Kapp-Putsches retteten wahrscheinlich Hilbenz seinen Arbeitsplatz, aber sein Elan war gebrochen. Das RKAAG versank daraufhin in weitgehender Inaktivität. Otto Geßler wechselte am 27. März 1920 als Minister ins Reichswehrministerium und ein Reichsminister für

603 Vgl. BArch R 3301–2030 Blatt 58–60.
604 Vgl. BArch R 3301–2030 Blatt 58.
605 Vgl. ebd. Blatt 59.
606 Vgl. BArch R 3301–78 o. Z. RKAAG an RMfW vom 11. März 1920 Tätigkeitsbericht Nummer 5 vom 1. April 1920.

Wiederaufbau wurde nicht mehr ernannt.[607] Stellvertretend führte StS Müller das RMfW. Im Wahlkampf für die Reichstagswahlen am 6. Juni 1920 war eine Neubesetzung des Reichskommissars politisch zu heikel. Das neue Kabinett Fehrenbach verkomplizierte die Situation erheblich, denn die Vakanz an der Spitze des RMfW wurde nicht beseitigt.

Noch vor den Wahlen war allerdings das Maß des Erträglichen überschritten und der UStS beim RFM Carl Bergmann intervenierte bei StS Müller am 21. Mai 1920. In einem Schreiben beklagte er die Inaktivität von Hilbenz in dieser für Deutschland kritischen Zeit und verlangte eine personelle Neubesetzung des Reichskommissars.[608] Diese Attacke aus einem anderen Reichsministerium in die inneren Angelegenheiten des RMfW löste erhebliche Differenzen aus, woraufhin Bergmann am 10. Juni 1920 seine Ansichten über Hilbenz ausdrücklich relativierte.[609]

StS Müller fühlte sich zunächst als reiner Verwalter des RMfW bis die Politik einen neuen Minister einsetzen würde. Dessen Personalentscheidungen wollte er nicht vorgreifen. Doch nach Monaten der Vakanz an der Spitze des RMfW, zunehmender Kritik an der Unfähigkeit von Hilbenz und der ungelösten Beteiligung Deutschlands am Wiederaufbau der zerstörten Gebiete war im Spätsommer eine Entscheidung geboten. Im September 1920 nahm Hilbenz seinen Abschied aus dem RKAAG, das zu diesem Zeitpunkt nur noch eine ausführende Behörde zu Organisation der Lieferungen für Reparationen geworden war.

In den rund elf Monaten zwischen Oktober 1919 und September 1920 hatte sich die Situation in der Wiederaufbaufrage für Nordfrankreich vollständig gewandelt. Das ursprüngliche Konzept einer umfassenden deutschen Beteiligung am Wiederaufbau der zerstörten Gebiete war in weite Ferne gerückt. Alle Hoffnungen auf diese Weise den französischen Markt für deutsche Produkte zu öffnen waren gescheitert. Die Politik der ZAG stand vor einem Scherbenhaufen. Angesichts dieser Entwicklungen sollte

607 Kurzzeitig war noch die Ernennung von Hermann Silberschmidt als Reichsminister für Wiederaufbau im Gespräch und auch so veröffentlicht worden. Vgl. Ergebnis der Koalitionsverhandlungen vom 26. März 1920, ARWR, Kabinett Bauer, Bd. 1, Nr. 216, S. 764.

608 Vgl. BArch R 3301–60 o.Z. Bergmann an Müller vom 21. Mai 1920.

609 Vgl. ebd. Bergmann an Müller vom 10. Juni 1920.

nach dem Abgang von Hilbenz ein Neuanfang unter der alleinigen Federführung der Reichsregierung bzw. -verwaltung unternommen werden.

Das RMfW bewertete im Mai 1920 die bisherige Entwicklung der deutschen Beteiligung am Wiederaufbau der zerstörten Gebiete von Grund auf neu. Angesichts des Schweigens aus Paris und der deutschen Perspektivlosigkeit entwickelte der Leiter des Referats A im RMfW GRR Cuntze einen neuen Ansatz. Demnach deuteten das französische Schweigen und die offene Feindschaft der französischen Öffentlichkeit gegen eine direkte Beteiligung deutscher Arbeitskräfte hin. Angesichts dieser schwierigen Situation hielt Cuntze

> *„die Teilnahme deutscher Arbeiter an den Aufbauarbeiten sogar zur Zeit für ein gefährliches Experiment* [...]. *Wir müssen die gewaltigen Kosten der Arbeiten aufbringen und wissen nicht, ob wir damit tatsächlich eine Herabmilderung unserer Kriegsschuld erreichen, solange diese in ihrer Höhe noch nicht feststeht. Es besteht somit die Gefahr, daß wir umsonst arbeiten würden.“*[610]

Auch eine politische Annäherung an Frankreich durch einseitig geleistete Wiederaufbautätigkeit gab Cuntze eine Absage:

> *„Ich bezweifle auch, ob es zur Zeit politisch richtig sein würde, deutsche Arbeiter auf französischem Boden arbeiten zu lassen. Wo wir bisher in Ausführung des Friedensvertrages tätig sind und mit Franzosen verhandeln, wird versucht, uns Illoyalität vorzuwerfen. Auf französischem Boden gar, ist die Möglichkeit einer Fülle von Streitigkeiten gegeben, Loucheur hat bereits erklärt: Wenn der deutsche Arbeiter in Frankreich streikt, wird er ausgewiesen. Somit steht zu befürchten, daß bei der jetzigen Stimmung der französischen Regierung die deutsche Arbeit in Frankreich nicht zu einer Völkerversöhnung führen, sondern nur neue Reibungsfläche schaffen würde.* [...] *Zur Zeit ist* [...] *die Grundlage für ein Zusammenarbeiten mit Frankreich nicht gegeben.“*[611]

Diese Überlegungen entstanden wahrscheinlich im Zuge der Vorbereitungen für die Konferenz von Spa, die am 5. Juli 1920 begann. Die Einladung hatte die deutsche Regierung am 26. April 1920 erhalten und fieberhafte Vorbereitungen ausgelöst. Das Deutsche Reich wollte die Konferenz nutzen, um ihre Sicht des Reparationsproblems darzulegen.

Auf der Konferenz von Spa erzeugte das deutsche Anliegen für den Wiederaufbau der zerstörten Gebiete dennoch keine nennenswerte Resonanz.

---

610 Vgl. BArch R 3301–2035 Blatt 197 (undatiert).

611 Vgl. BArch R 3301–2035 Blatt 197 (undatiert).

Ein Vorschlag von Außenminister Dr. Simons über die Durchführung des Wiederaufbaus unter der Leitung eines internationalen Siedlungswerkes ging in der aufgeheizten Stimmung unter. Danach spielte eine Beteiligung am Wiederaufbau nur noch eine propagandistische Rolle in den Forderungen einzelner politischer Parteien in Deutschland und Frankreich.

Nach dem Wegfall der ursprünglich erwarteten direkten Wiederaufbauarbeiten verblieben nur die Sachleistungen als Hauptaufgabe des RKAAG. Bis April 1920 wurden die Listen mit den Wiederaufbaugütern von der Reparationskommission an die deutsche Regierung übergeben. Die erwähnten Schwierigkeiten bei der Übersetzung und Beschaffenheit der Reparationsgüter zögerten die Bearbeitung erheblich hinaus. Auch die deutsche Wirtschaft konnte nur wenig Unterstützung bieten.

Die eingegangenen Listen für Reparationslieferungen wurden gemäß den üblichen Verfahren der deutschen Reichsverwaltung bearbeitet. Erst am 22. April 1920 legten die beteiligten Ressorts in einer gemeinsamen Besprechung eine geordnete Bearbeitung der Listen für die Anlage IV zu Teil VIII des Versailler Vertrages fest. Die Ergebnisse der Besprechung wurden in einem eigenen Memorandum festgehalten und wie im Folgenden zitiert an die beteiligten Dienststellen des RMfW und RWM zur Umsetzung und Kenntnisnahme übermittelt:

> *„1.) Die Aufbauvertretung in Paris sendet eine Abschrift aller Anforderungen – je in deutscher und französischer Sprache – an das Reichsministerium für Wiederaufbau und das Reichskommissariat für Aufbauarbeiten.*[612] *Das Ministerium*

612 Die Verwendung der Sprachen in der Korrespondenz mit den Alliierten war ein immer wiederkehrendes Problem. Vgl. BArch R 3301–2105 Blatt 93. Die Übersetzung der Anforderungslisten erforderte einen immensen Aufwand, den die deutschen Vertreter gegenüber der Gegenseite immer wieder bemängelte. Andererseits war die Nutzung der eigenen Landessprache im schriftlichen diplomatischen Verkehr, wie das AA dem RMfW mitteilte, die Regel. Vgl. BArch R 3301–2001 Blatt 2. Angesichts der Sprachbarrieren wurde beim RMfW auch eine andere Vorgehensweise zugelassen. Die RRLK verzichtete wenn möglich auf Dolmetscher und führte die mündlichen Verhandlungen möglichst in der Landessprache der Gegenseite. Insbesondere bei französischen Gesprächspartnern sorgte diese Vorgehensweise für ein angenehmeres Gesprächsklima. Die Korrespondenz wurde zwar auch in Deutsch geführt, aber dem deutschen Schriftstück eine Kopie in Landessprache beigefügt. Dadurch konnten abweichenden Interpretationen des Textes im Vorfeld begegnet

bezeichnet dem Reichskommissariat diejenigen Anforderungen, deren Bearbeitung es übernehmen soll. Diese Anforderungen werden vom Reichskommissariat zunächst statistisch zusammengestellt, d.h. Gegenstände gleicher oder ähnlicher Art werden aus den Listen der Feindbund-Staaten herausgezogen und zusammengestellt. Industrielle Erzeugnisse sind dabei entsprechend den Fachverbänden der Industrie gruppenweise zusammenzufassen. Abschrift der Zusammenstellungen erhalten – je nach dem Eingang der Anforderungslisten der einzelnen Länder – das Reichsministerium für Wiederaufbau und das Reichswirtschaftsministerium.

2.) Bei der Durcharbeitung der Anforderungslisten hat das Reichskommissariat, soweit es erforderlich erscheint, durch Rückfrage bei der Reichsentschädigungskommission und der Reichsrücklieferungskommission zu prüfen, ob und in welchem Umfange die Anforderungen etwa aufgrund der gezahlten Entschädigungen und der Restitutionen oder anhand der Unterlagen über die angerichteten Schäden als über den Rahmen der Wiedergutmachungspflicht hinausgehend zu beanstanden sind. Desweiteren hat das Reichskommissariat zu ermitteln, ob und in welchem Umfange die angeforderten Gegenstände den Beständen der Reichsschatzverwaltung oder des Handels entnommen werden können. Soweit dies nicht in Frage kommt, hat das Reichskommissariat für die einzelnen Gegenstände bzw. Gruppen von solchen überschläglich den Bedarf an Rohstoffen, Betriebsmaterialien usw. und den Inlandspreis zu ermitteln.

Gleichzeitig wird durch Fühlungnahme mit dem zuständigen Fachverband der Industrie und nötigenfalls auch durch Fühlungnahme mit der zuständigen Fach-Sektion des Reichswirtschaftsministeriums und der zuständigen Außenhandelsstelle ermittelt, welche Leistungsfähigkeit die in Frage kommenden Werke bei der Zuweisung der erforderlichen Rohstoffe und Betriebsmaterialien besitzen und welcher Prozentsatz hiervon nach Deckung des notwendigen Inlandsbedarfs und nach Abzug der zur Devisenbeschaffung erforderlichen Ausfuhr für die Zwecke der Wiedergutmachungsleistungen etwa verfügbar ist. Aufgrund seiner Erhebungen hat das Reichskommissariat sodann zu überschlagen, in welchem Umfange, in welcher Frist und unter welchen Voraussetzungen (Rohstoff- und Material-Lieferungen) die Anforderung erfüllt werden kann.

3.) Das Ergebnis seiner Untersuchungen hat das Reichskommissariat nach Eingang beim Wiedergutmachungsausschuss gemäß §3 der Anlage IV zu Teil VIII des Friedensvertrages eingelaufenen Anforderungen baldmöglichst für jeden Industriezweig in einem Bericht an das Reichsministerium für Wiederaufbau niederzulegen, von dem Abschrift das Reichswirtschaftsministerium und der Reichskommissar für Ein- und Ausfuhrbewilligung erhält.

4.) Unter den beteiligten Ressorts findet sodann, nötigenfalls unter Zuziehung der beteiligten Fachverbände der Industrie, eine Erörterung darüber statt, welche Stellung zu den Anforderungen beim Wiedergutmachungsausschuss gegenüber

---

werden. Die FAST führte die Korrespondenz ausschließlich in der jeweiligen Landessprache. Vgl. BArch R 3301–2001 Blatt 6 und 10.

eingenommen werden soll. Dem Beschluss gemäß wird die Kriegslastenkommission in Paris vom Reichsministerium für Wiederaufbau mit Weisungen versehen. Angesichts der Tatsache, dass die gesamten Anforderungen der Feindbundmächte auf fast allen Fachgebieten die Leistungsfähigkeit Deutschlands sehr erheblich übersteigen werden und daher starke Abstriche vom Wiedergutmachungsausschuss gefordert werden müssen, haben die Arbeiten des Reichskommissariats für Aufbauarbeiten in einfachster Form zu erfolgen. Jede Beunruhigung der Industrie und des Handels ist zu vermeiden."[613]

Angesichts dieser komplexen Bearbeitung der Anforderungslisten verwundert es nicht, dass sich die Verfahren über mehrere Wochen und Monate hinzogen. Das Endergebnis war trotz aller Konsultationen nicht mehr als eine geschätzte Übersicht über die Lieferungen und die Leistungsfähigkeit der deutschen Industrie. Von diesen Ergebnissen wurde der, nach vier Jahren Blockade und einer möglichst vollständigen Mobilisierung der Wirtschaft, immense deutsche Bedarf noch abgezogen. Im Endergebnis konnte daher nur wenig übrigbleiben. Erst im September 1920 erfolgten erste konkrete Angebote für Lieferungen auf Reparationskonto bei den Siegermächten. Angesichts der daraus resultierenden außenpolitischen Belastungen war dem RMfW bei der Besetzung der Stelle des Reichskommissars für Wiederaufbau an einer kompetenten Besetzung gelegen. Der Kandidat sollte sowohl wirtschaftlichen Sachverstand, als auch verwaltungsorganisatorisches Verständnis vereinen.

Nach einer monatelangen Stellvertretung durch den GRR Rose wurde am 4. Juni 1921 Emil Guggenheimer kommissarischer Reichskommissar. Das Amt übte er, bis zur Ernennung von Adolf Tortilowicz von Batocki-Friebe zum Reichskommissar am 25. August 1921, aus.[614] Krankheitsbedingt waren seine Gestaltungsmöglichkeiten im RKAAG aber begrenzt. Guggenheimer hatte deshalb vor seinem Amtsantritt klargestellt, dass er nur kommissarisch tätig sein würde und das Amt so schnell als möglich übergeben wollte.

---

613 Vgl. BArch R 3301–109 Blatt 33–36. An der Besprechung nahmen Teil: UStS Müller (RMfW), RR und BR Lederer (RMfW), GerAss Dr. Klinghardt (RMfW), GRR Seyboth (Reichskommissariat für Ein- und Ausfuhrbewilligung), GRR Dr. Rose (RKAAG), der Vertreter des RWM blieb der Besprechung fern.

614 Vgl. ARWR, Kabinett Wirth I/II, Bd. 1, Dok. 79, S. 223.

Sein Nachfolger Adolf von Batocki-Friebe schien für das Amt des Reichskommissars für Wiederaufbau prädestiniert zu sein. Er war kurz nach Beginn des Ersten Weltkrieges am 1. Oktober 1914 Oberpräsident der, teilweise von russischen Streitkräften zerstörten, Provinz Ostpreußen geworden. Nach dem Rückzug der russischen Armeen setzte sich Batocki intensiv für den Wiederaufbau der zerstörten Gebiete ein. Bis Kriegsende konnten, auch wegen des großen Spendenaufkommens aus anderen Reichsteilen, über die Hälfte der Gebäude wieder aufgebaut werden.

Nicht zu Letzt wegen seiner Erfolge in Ostpreußen wechselte Batocki im Mai 1916 an die Spitze des Kriegsernährungsamtes, wodurch der Verdienst des organisierten Wiederaufbaues nicht allein seiner Person zuzuschreiben war. Bereits im August 1917 musste von Batocki seine Stellung im Kriegsernährungsamt wieder räumen. Angesichts der sich zuspitzenden Ernährungslage im Reichsgebiet war er nicht länger zu halten. Im Frühjahr 1918 wurde er wieder Oberpräsident von Ostpreußen und organisierte den Übergang der Provinz durch die Revolutionszeit.

Um die polnische Expansion auf Kosten Deutschlands zu unterbinden, erwog Batocki zeitweilig die Gründung eines separaten „Oststaates" und berief das sog. „Ostparlament" aus Vertretern, aus Posen, Schlesien, Ost- und Westpreußen ein. Angesichts der militärischen Realitäten wurde ein gewaltsamer Widerstand gegen die polnischen Ambitionen allerdings als aussichtslos eingestuft. Der Plan der Separatisten wurde nicht realisiert und Batocki trat Anfang 1919 von seinem Amt als Oberpräsident zurück. Danach war er als Landwirt und Politiker auf seinen Gütern tätig.

Nach dem Ausscheiden von Hilbenz wurde Batocki als neuer Reichskommissar vorgeschlagen, trat das Amt wegen politischer Vorbehalte aber erst mit Verzögerung an. Die Reichsregierung erhoffte sich von Batocki, dem zu diesem Zeitpunkt ein Nimbus eines Wiederbauers Ostpreußens anhaftete, positive Effekte auf das Reichskommissariat und die praktische Durchführung des Wiederaufbaus.

Schon am 27. Oktober 1921 trat Batocki als Reichskommissar zurück.[615] Zur Ausführung seines Amtes hatte er die Bildung einer Mehrheitsregierung verlangt, die aber in der kurzen Zeit seiner Amtsführung nicht verwirklicht

---

615 Vgl. ARWR, Kabinett Wirth I/II, Bd. 1, Dok. Nr. 79, S. 223.

wurde. Die überlieferte Darstellung diente wahrscheinlich eher als vorgeschobene Entschuldigung für den raschen Rücktritt. Wahrscheinlich war er schlicht den Anforderungen dieser besonderen Stellung nicht gewachsen. Batocki war zu sehr politischer Beamter und den Anforderungen einer bürokratischen Einkaufsgesellschaft für Reparationsgüter nicht gewachsen.

Auffallend ist die Lücke zwischen dem Rücktritt von Hilbenz im September 1920 und der Ernennung eines neuen Reichskommissars im Juni 1921. In diesen Zeitraum fiel zunächst auf internationaler Ebene die Konferenz von Brüssel vom 24. September bis 8. Oktober 1920. Allerdings waren Themen zu den deutschen Reparationen von der französischen Regierung von der Tagesordnung verbannt worden. Zugleich waren Deutschland und Frankreich dennoch in bilaterale Beratungen über die Reparationen eingetreten.

Am 9. August hatte Seydoux dem deutschen Vertreter der Reparationskommission Göppert eine Note zukommen lassen. Darin regte Seydoux eine bilaterale Einigung der französischen Reparationsforderungen, unter Ausschluss der übrigen Alliierten, mit der deutschen Regierung an. Die starre Haltung Frankreichs in der Behandlung der Reparationsfrage auf der Konferenz von Brüssel war in diesem Licht nur ein Ablenkungsmanöver. Während die Weltöffentlichkeit über den Sinn einer Wirtschaftskonferenz ohne Behandlung der Reparationen stritt, gab die deutsche Regierung Paris ihre Zustimmung für bilaterale Verhandlungen. „Am 30. September 1920 übergaben sie [die deutsche Regierung] Charles Laurent, dem französischen Botschafter in Berlin, eine Note in der sie ein Expertentreffen für die Ausarbeitung eines Reparationsplanes für Sachleistungen vorschlugen.“[616]

In Paris wurde diese Note als Anbahnung exklusiver Gespräche und Verabredungen mit der deutschen Seite interpretiert. In Berlin reagierte die Reichsregierung erheblich vorsichtiger und besprach sich mit den Regierungen in Brüssel und London. Dennoch schien es aus Sicht der Reichsregierung, dass Bewegung in die Reparationsverhandlungen kam. Allerdings war die Tragweite der französischen Ziele noch unbekannt.

Für die Personalie des Reichskommissars hatte diese Entwicklung Folgen. Nach der Enttäuschung durch Hilbenz musste ein passenderer Kandidat

616 Vgl. Georges Soutou, Die deutschen Reparationen und das Seydoux-Projekt 1920/21, in: VfZG, 23. Jg., 1975, Heft 3, S. 241–242.

gefunden werden. Bevor die Beratungen zwischen Berlin und Paris bzw. Berlin-Brüssel-London nicht beendet waren, sollten wahrscheinlich alle Optionen der Berufung an die Spitze des RKAAG offen bleiben. Die Verhandlungen zielten schließlich auf die Einberufung einer Konferenz nach Genf im Februar 1921. Angesichts des Regierungswechsels in Frankreich verliefen die Planungen aber bald im Sand.[617] Das Kabinett von Aristide Briand war weniger entgegenkommend. Parallel zu diesen Entwicklungen entwarf Seydoux einen Plan für ein Abkommen mit Deutschland zur Regelung der Sachlieferungen.[618] Zunächst wurde nur im Rahmen des französischen Kabinetts über den „Seydoux-Plan" beraten und bis Mitte Dezember 1920 im Wesentlichen eine Einigung erzielt.

Mit Hilfe seines Vorschlages wollte Seydoux die deutsche Wirtschaft für Jahrzehnte in den Dienst des französischen Wiederaufbaus stellen. Gegen Barzahlung sollte Deutschland Rohstoffe und Halbfertigwaren liefern, die direkt von den französischen Geschädigten bei der deutschen Industrie bestellt wurden. Dadurch sollte die deutsche Wirtschaft in Schwung kommen und die Reichsregierung die nötigen Mittel für Geldreparationen erhalten. Die deutsche Seite sollte durch die Gewährung von Reparationszahlungen in Papiermark und den Einsatz deutscher Arbeitskräfte beim Wiederaufbau für seinen Plan gewonnen werden.

Das RMfW lehnte den Seydoux Vorschlag mit der Begründung ab, dass die Reichsregierung vollkommen die Kontrolle über die Lieferung von Sachreparationen verlieren würde. Umgekehrt könnte die französische Regierung direkten Einfluss auf die deutsche Wirtschaft, durch Steuerung der Aufträge französischer Geschädigter auf bestimmte Gebiete wie dem Rheinland, gewinnen. Allerdings war die Position des RMfW ohne amtierenden Reichsminister und Reichskommissar für Wiederaufbau sehr schwach. Das Reichskabinett ging daher auf die französischen Vorschläge in einer Sitzung am 12. November 1920 ein. Auf einer Expertentagung in Brüssel vom 16. bis 22. Dezember 1920 sollten die Details ausgearbeitet werden. Allerdings kam es zu keiner abschließenden Einigung. Daher wurde eine zweite

617 Das Kabinett von Georges Leygues amtierte vom 24. September 1920 bis 16. Januar 1921.

618 Vgl. Georges Soutou, in: VfZG 23. Jg. 1975, Heft 3, S. 246–247.

Konferenz zur Klärung der Sachlieferungen nach Frankreich Anfang Januar 1921 nach Paris vereinbart.

Die französische Seite nährte sich den deutschen Vertretern auf der Arbeitsgrundlage des „Seydoux-Plan“ an. Demnach sollte ein Abkommen geschlossen werden, das die Lieferung von Sachwerten aus den Händen der Bürokratie weg zur Ebene der privaten Initiative leiten sollte. Französische Geschädigte sollten aus einem Katalog Waren in Deutschland über einen Kaufvertrag bestellen. Die anbietenden Unternehmen wären über eine gemeinsame Abrechnungsstelle der Alliierten und Deutschland ausbezahlt worden. Die deutschen Zahlungen würden von den Alliierten abgerechnet und auf das Reparationskonto gutgeschrieben. Gleichzeitig sollte die gesamte deutsche Ausfuhr mit einer Abgabe auf Reparationskonto belegt werden. Im Gegenzug sollten die Handelsbeschränkungen für Deutschland gelockert werden. Am Wiederaufbau der zerstörten Gebiete hätte Deutschland direkt partizipieren können. Dieses weitreichende Entgegenkommen der französischen Regierung war mit dem Sturz des französischen Leygues Kabinetts hinfällig geworden. Die Pariser Konferenz war damit gescheitert.[619]

Das Londoner Ultimatum vom 5. Mai 1921 und die Annahme desselben durch den Reichstag am 10. Mai 1921 leiteten schließlich die sog. „Erfüllungspolitik“ des Kabinetts Wirth ein. Die, auch in Folge der dafür notwendig gewordenen massenhaften Ankäufe von Devisen, beschleunigte Inflation durchkreuzte die Bemühungen des RKAAG für eine zuverlässigere Lieferung von Reparationsgütern. Die bei der Industrie bestellten Güter waren mit den verabredeten Preisen nicht mehr zu bezahlen. Langwierige Nachverhandlungen wurden notwendig. Batocki war dieser Aufgabe kaum gewachsen, er war ein tatkräftiger Organisator und Verwalter.

Doch nicht nur diese Entwicklung führte zu seinem Rücktritt. Gravierender war die Außenwirtschaftspolitik des neuen Reichsministers für Wiederaufbau Rathenau. Der Minister hatte mit Loucheur das „Wiesbadener Abkommen“ vom 6. und 7. Oktober 1921 ausgehandelt. Frankreich erhielt mit dem Abkommen jährliche Lieferungen an Sachleistungen in einer Größenordnung von über einer Milliarde Goldmark. Deutschland bekam nur bis zu einer Höhe von einer Milliarde Goldmark Gutschriften

619 Vgl. Büttner, Weimar, S. 154 und Bergmann, S. 120–121.

auf Reparationskonto, der Rest sollte Frankreich bis 31. Dezember 1937 als Darlehn gewährt und mit 5% verzinst werden.[620]

Für die Annäherung an Frankreich war das Abkommen zwar nützlich, aber für den Reichskommissar nur ein weiterer Eingriff in die Befugnisse des RKAAG. Hinzu kam eine sehr kontroverse Diskussion in den deutschen Zeitungen und zwischen den Parteien. Der Rücktritt des konservativen Batocki wäre aus diesem Blickwinkel ein Zeichen des Protests über seine Ausschließung aus den Verhandlungen gewesen. Der Verlust des Industriegebietes Oberschlesien an Polen, durch die Entscheidung des Völkerbundes am 20. Oktober 1921, mochte dabei ebenfalls eine Rolle gespielt haben.

Der Rücktritt kam zu einem sehr ungünstigen Zeitpunkt. Die Inflation hatte in der zweiten Jahreshälfte 1921 erneut erheblich zugenommen und einen Großteil der Lieferverträge mit der deutschen Industrie mussten die Unternehmen nachverhandeln. Die vereinbarten Preise wurden von den Produktionskosten bei weitem überschritten.

Der angekündigte Verlust der Industriekapazitäten und Kohlegruben in Oberschlesien zum 15. Juni 1922 erschütterte die deutsche Wirtschaft schon im Winter 1921/22. Dadurch kam die gesamte, den Alliierten vertraglich zugesicherte, Lieferung von Sachwerten in Verzug. Während bei Produktionsgütern durch den Abschluss weiterer Lieferverträge und Mehrarbeit bei den Vertragspartnern der zeitliche Verzug gemindert wurde, war das im Fall der Holzlieferungen nicht möglich. Im Herbst 1921 war das Fällen und Einlagern des, für Reparationsleistungen vorgesehenen, Holzes aus Kostengründen eingestellt worden. Im Winter konnte nicht gearbeitet werden und der Einschlag im Frühjahr 1922 erfolgte zu spät.

Nach dem Rücktritt von Reichskommissar Batocki wurde das RKAAG erneut übergangsweise für wenige Wochen von Reichskommissar Guggenheimer bis zum 23. Dezember 1921 geleitet. Aufgrund seines sich verschlechternden Gesundheitszustandes wurde eine Weiterführung der Amtsgeschäfte aber unmöglich. Angesichts der sich dramatisch zuspitzenden Lage in den Sachlieferungen versuchte das RMfW erneut einen Fachmann zu gewinnen.

Für einige Wochen war erneut GRR Rose interimistischer Reichskommissar. Im Februar 1922 wurde Fritz Lob als neuer Reichskommissar für

620 Vgl. Bergmann, S. 122–123.

Wiederaufbau berufen. Ein genaues Eintrittsdatum konnte nicht festgestellt werden, doch zeichnete Lob mit seiner Unterschrift am 23. Februar 1922 den Tätigkeitsbericht für Januar 1922 ab.[621] Wie Hilbenz hatte Lob eine Karriere in der Privatwirtschaft durchlaufen.[622] Bis 1918 war er Mitbegründer und Vorsitzender des Zinkhütten Verbandes und während des Ersten Weltkrieges mit der Bewirtschaftung der Zinkversorgung der deutschen Wirtschaft betraut gewesen.

Im Verlauf seiner fast zweijährigen Leitung des RKAAG durchlief die Behörde bemerkenswerte Veränderungen. Unter der Leitung von Reichskommissar Lob wurde das Bemelmans-Cuntze Abkommen vom 28. Februar bzw. 2. Juni 1922 geschlossen. Dieses Abkommen wurde durch das Gillet-Ruppel Abkommen vom 15. März bzw. 6./9. Juni 1922 ergänzt. Beide Verträge weiteten die Bestimmungen des Wiesbadener Abkommens auf die übrigen Empfängerstaaten deutscher Reparationssachlieferungen aus. Bemerkenswert ist hierbei, dass beide Abkommen nicht unter Federführung des Reichskommissars standen, sondern Abteilungsleiter des RMfW die Verhandlungen führten und die Abkommen in deutschem Namen unterzeichneten. Bis dahin waren Verhandlungen Sache des Reichsminister bzw. Reichskommissars für Wiederaufbau persönlich.

Im Gegensatz zu Hilbenz war Lob „seinen" Beamten gegenüber nicht misstrauisch und gewährte erhebliche Freiheiten in der Dienstauffassung. Dadurch entspannte sich die Situation innerhalb der Behörde erheblich. Das treuherzige Vertrauen des Reichskommissars ging soweit, dass Lob von seinen Beamten abhängig wurde. Der neue Reichskommissar verfolgte während seiner Amtszeit eine Wachstumsstrategie für das RKAAG, die auf die Einverleibung anderer Dienststellen in seinen Geschäftsbereich abzielte. Mit diesem Kurs geriet Lob zwar in Konflikte mit den Dienststellen, die in das RKAAG integriert werden sollten. Allerdings konnte das RKAAG auf diesem Wege, unter der Bezeichnung Reichskommissariat für Reparationslieferungen, letztendlich die Existenzdauer des RMfW um einige Jahre übertreffen. Die Vorgänge um die Friedensvertragsabrechnungsstelle zeigen exemplarisch die Schwierigkeiten dieser Amtsführung auf. Dazu sind zunächst einige Erklärungen notwendig.

621 Vgl. BArch R 3301–80 o. Z. Tätigkeitsbericht vom 23. Februar 1922.
622 Vgl. Biografien in VI. Anhang.

Die Ab- und Verrechnung der Gutschriften der deutschen Sachlieferungen auf Reparationskonto stellten die Reichsverwaltung vor erhebliche rechtliche Probleme. Der Versailler Vertrag machte eine Organisationsform notwendig, die es erlaubte, jederzeit den Zahlungsverkehr zwischen Länder- und Reichsbehörden zu überwachen und mit den Gutschriften der alliierten Empfängerstaaten auf Reparationskonto abzugleichen. Auf diese Weise sollte sichergestellt werden, dass dem Reich keine Gutschriften durch Fehler von alliierter Seite entgingen. Zunächst hatte diese Aufgabe die „Zentral-Einkaufsgesellschaft mit beschränkter Haftung" übernommen, die aber von ihrem eingetragenen Geschäftsmodell nicht mehr tragbar war. Aus diesem Grund wurde 1919 mit Finanzmitteln des RFM die „Friedensvertragsabrechnungsstelle" gegründet.

Der Gesellschaftsvertrag ist eines der wenigen Zeugnisse dieser Unternehmung.[623] Nach §1 wurde die FAST vom RFM und den Geschäftsführern der Zentral-Einkaufsgesellschaft Dr. George Melchior und Otto Meyer mit Sitz in Berlin gegründet. Die Gesellschaft hatte gemäß §2 folgenden Aufgaben:

> *„Gegenstand des Unternehmens ist die Fortführung der Geschäfte Abteilung Entente-Verrechnung der Zentral-Einkaufsgesellschaft mit beschränkter Haftung und die statistisch und buchhalterische Erfassung des Verrechnungsverhältnisses zwischen Deutschland und den alliierten und assoziierten Mächten, wie es sich auf Grund des Friedensvertrages und den gegenseitigen Leistungen ergibt* [...] *ferner des Rechnungsverhältnisses zwischen der Reichsfinanzverwaltung und den deutschen Leistungen aufbringenden Stellen* [...] *und alle hiermit in Zusammenhang stehenden Kontrollmaßregeln, Hilfsgeschäfte, sowie – auf etwaigen Wunsch der zuständigen Reichsbehörden – die Mitwirkung bei dem in Veranlassung der Erfüllung des Friedensvertrages erforderlichen Zahlungsverkehr. Die Gesellschaft verfolgt ausschließlich gemeinnützige Zwecke."*[624]

Dauerhaft finanziert wurde die FAST weiterhin vom RFM, unter deren Regie die Gesellschaft auch stand. Das RFM stellte einen von zwei Geschäftsführern. Der zweite Geschäftsführer wurde von der Gesellschafterversammlung

623 Vgl. BArch R 2–2783 Blatt 38–39; Die Quelle ist undatiert. Unter §3 ist dort zu lesen: „Das Geschäftsjahr fällt mit dem Kalenderjahr zusammen. Das erste Geschäftsjahr endet am 31. Dezember 1919." Die Gründung der FAST muss demnach zwischen der Unterzeichnung und vor Errichtung des RMfW, das sehr wahrscheinlich dann die Rolle des RFM übernommen hätte, stattgefunden haben.

624 Vgl. BArch R 2–2783 Blatt 38–39.

gewählt, in der das RFM die Mehrheit inne hatte. Gesellschafter waren das Deutsche Reich, vertreten durch das RFM mit einer Einlage von 180.000 PM, und die Zentral-Einkaufsgesellschaft mit einer Einlage von 20.000 PM. Die Geschäftsführer waren jederzeit ohne Entschädigungsansprüche kündbar. Zur Kontrolle der Geschäftsführer wurde ein Verwaltungsrat gebildet, der verbindliche Anweisungen erteilen konnte. Als Geschäftsführer wurden vom RFM GRR Süss bestellt und von der Gesellschaftsversammlung Verlagsbuchhändler Otto von Holten gewählt.

Hinsichtlich des RMfW war die FAST aber nur bedingt zuständig. Geprüft wurden nur folgende angeschlossen Reichsbehörden: RKAAG, DKE, Rückeis, RKLAU und RWHF. Alle übrigen Dienststellen und das RMfW selbst unterstanden bei der Prüfung dem Rechnungshof des Deutschen Reiches. Die Zusammenarbeit der FAST mit den Behörden und Dienststellen verlief in der Regel reibungslos. Einzige Ausnahme bildete das RKAAG unter der Leitung von Reichskommissar Lob im Jahr 1923.

Die besonderen Vorgänge zwischen FAST und RKAAG im Jahr 1923 erlauben einen tieferen Einblick in die praktische Durchführung der deutschen Sachlieferungen und die dabei aufgetretenen Probleme. Das RKAAG hatte bis Anfang 1923 so genannte „Goldmarkrechnungen“ erstellt.[625] Diese dienten dem Abgleich des Wertes der deutschen Sachlieferung mit den Gutschriften der Reparationskommission auf Reparationskonto. Zusätzlich enthielten die Goldmarkrechnungen zahlreiche Daten für den Geschäftsverkehr auf alliierter und deutscher Seite. Die FAST erhielt Kopien dieser Goldmarkrechnungen, wodurch die Prüfungen erheblich erleichtert wurden. Allerdings kollidierte diese Praxis mit dem offiziellen Prinzip „Mark gleich Mark“. Ende des Jahres 1922 hatten verschiedene Reichsbehörden begonnen in Goldmark zu rechnen, um damit im Chaos der Hyperinflation und den damit verbundenen immer längeren Zahlenkolonnen die Übersicht zu behalten. Diese Praxis wurde vom RFM scharf gerügt, weil es das offizielle Prinzip „Mark gleich Mark“ untergrub.

Das RKAAG genoss eine Sonderrolle, weil die Siegermächte Lieferungen auf Reparationskonto in Goldmark abrechneten. Dennoch wurden die Goldmarkrechnungen auch hier eingestellt bzw. im internen Verkehr der

625 Vgl. BArch R 2-2786 Blatt 147-148.

Buchhaltungsabteilung des RKAAG, gemäß offizieller Verwaltungsrichtlinie, ignoriert. Im Zusammenhang mit den Goldmarkrechnungen standen nicht nur die Geldwerte, sondern auch die dort aufgelisteten Informationen über das Reparationsgut und den Empfänger. So wurden die laufenden Nummern und die B-Nummern aus den weitergeleiteten Daten entfernt. Stattdessen wurde den Versandanzeigen für den ‚Accounting Service' der Empfängerstaaten „ein kleiner grüner Zettel (etwa 4 : 12 cm) aufgeklebt, der nur den geforderten Goldmarkbetrag und den Wertstellungsmonat enthält."[626] Dieses neue System nötigte die FAST zu aufwändigen Neuberechnungen der Goldmarkbeträge und die Rückverfolgung der Lieferungen in Eigenleistung. Für die Kontrollen der Gutschriften bedeutete die Umstellung erhebliche Verzögerungen.

Als Reaktion auf diese Situation trat die FAST am 10. April 1923 mit konkreten Vorschlägen an das RKAAG heran und regte eine tiefgreifende Reform des Benachrichtigungssystems an, das speziell an die Vereinfachung des internen Verkehrs der FAST abzielte. Demnach sollten in einem Minimalkonsens folgende Angaben in den Versandanzeigen enthalten sein:

1.) Laufende Nummer, 2.) Annex, Paragraph und Bestimmungsland, 3.) Ordre de Commande, 4.) B-Nummer (Auftrags-Nr. des Reichskommissars), 5.) Gegenstand und Menge, 6.) Einheitspreis, 7.) Gesamtwert, 8.) Versandtag, bzw. Abnahmeverhandlungstag und Datum, 9.) Kursstichtag, 10.) Kurs, 11.) Goldmarkbetrag, 12.) Wertstellungstag.[627]

Dieser Vorschlag stieß auf erbitterten Widerstand beim RKAAG und insbesondere dessen Referat 10 für Gutschriften und Statistik unter der Leitung von RR Schmidt. Das RKAAG argumentierte, dass die Aufstellung der alten Goldmarkrechnungen wegen der damit verbundenen Kosten nicht mehr möglich wäre. Angesichts der verfahrenen Situation schritt die FAST zum Mittel der Spionage, um an Beweismaterial gegen das RKAAG zu gelangen. Ein Gewährsmann namens Fischer lieferte schließlich die passenden Informationen.[628]

Demnach wurden die Goldmarkrechnungen doch noch in den Referaten der Gruppe 22 B aufgestellt und dann im Referat 10 zur Erstellung der

626 Vgl. BArch R 2–2786 Blatt 147–148.
627 Vgl. BArch R 2–2786 Blatt 149.
628 Vgl. BArch R 2–2786 Blatt 159–164.

Statistik verwendet. Die Verweigerungshaltung gegenüber der FAST, so der Gewährsmann, beruhe auf einer feindlichen Haltung gegenüber der FAST. Ein Herr Tobien im Referat 10, der früher unter der Leitung des Informanten im Referat 14 tätig gewesen war, wollte eine Planstelle für sich selbst erreichen. Zu diesem Zweck sollte Fischer durch Ausschaltung der FAST deren Aufgaben an sich ziehen und damit die Planstelle begründen. Diese Intrige wurde angeblich von maßgeblicher Stelle im RKAAG unterstützt.

Die Quelle verweist auf die Protektion durch mindestens einen GRR, dessen Amtsführung erheblich zu wünschen übrig ließ. Der Beschuldigte habe Lieferanten von Reparationsgütern häufig verspätet bezahlt und versucht, die Schuld auf die FAST abzulenken. Dieser Versuch war aber im Beisein von Vertretern des RMfW, in einer Besprechung am 8. Dezember 1922, gescheitert.

Enttäuscht über die dort erlittene Niederlage intrigierte der GRR nun mit Herrn Tobien gegen die FAST. Zu dieser Verschwörung stieß schließlich mit Ministerialamtmann Bauer ein Vertreter des Reichsrechungshofes. Dieser argumentierte gegenüber dem Informanten, dass die FAST ihre Kompetenzen überschritten habe. Bauer würde darauf drängen, dass der Reichsrechungshof das RFM anweisen möge, der FAST die Kontrollfunktionen gegenüber dem RKAAG zu entziehen und dort neu anzusiedeln. Mit diesen Insiderinformationen konfrontierte die FAST am 12. Mai 1923 das RMfW.

Noch während der Vorgang beim Ministerium anhängig war, wurde die Kontroverse im Mai 1923 auf eine neue Ebene gehoben. In einem Schreiben im Auftrag des Reichskommissars Lob erklärte GRR Dr. Knaak, dass die Alliierten über ihren „Accounting Service“ eine neue Bearbeitung der Gutschriften wünschten.[629] Diese Urkunden würden nun von der Wiederaufbauvertretung in Paris abschließend ausgefertigt und übergeben. Eine Einschaltung der FAST wäre damit ausgeschlossen, denn eine erneute Überprüfung würde den Geschäftsverkehr bei der, personell erheblich unterbesetzten, Wiederaufbauvertretung empfindlich stören.

629 Vgl. BArch R 2–2786 Blatt 166–167; Die Quelle ist auf „Mai 1923“ datiert. Eine Einordnung in eine Zeitlinie vor oder nach der Einschaltung des RMfW ist aus dem Inhalt nicht klar zu belegen. Die Identität des GRR bleibt unklar. Es könnte sich aber um GRR Knaak gehandelt haben, weil dieser eine zentrale Position in den weiteren Entwicklungen einnahm.

Der zusätzlich anfallende Schriftverkehr würde Monate in Anspruch nehmen und die Kapazitäten der FAST übersteigen. Die Goldmarkrechnungen wurden nur für den internen Dienstgebrauch des RKAAG angefertigt. Eine Weiterleitung an die FAST wurde wegen unnötiger Kosten für nicht mehr zweckdienlich erachtet.

Am 8. Juni 1923 warf das RKAAG der FAST Schädigung des Reichsinteresses vor.[630] Hintergrund war ein Vorgang über die Lieferung von 6.700 Elementgläsern. Die FAST hatte am 20. Januar 1923 moniert, dass es bei der Lieferung der Gläser zu Unregelmäßigkeiten zu Gunsten des Reiches gekommen war. Das Reich hatte im Januar und März 1922 6.700 Elementgläser gutgeschrieben bekommen, aber nur 6.442 tatsächlich geliefert.[631] Die fehlenden Gläser waren beim Transport auf deutscher Seite zerbrochen.[632] Das Reich hatte dadurch Gläser im Wert von 42 GM gespart. Die FAST stieß auf diese Unregelmäßigkeiten und fragte am 20. Januar 1923 erfolglos bei der RKAAG nach. Nachdem drei Monate vergangen waren, wandte sich die FAST an die Wiederaufbauvertretung in Paris, die wiederum schriftlich den Accounting Service am 5. Mai über die Unregelmäßigkeit des Vorjahres unterrichtete. Dieser Schritt führte zu einer Nachfrage der alliierten Reparationskommission beim RKAAG, wie man dort zu der nicht berichtigten Panne stehe.

Bis die Nachfrage der RepKo bei der RKAAG eintraf, hatte diese mit Schreiben vom 29. Mai 1923 die Sachlage der FAST erläutert. Die Lieferfirma hatte ihre Rechnung zu Gunsten des Reiches gekürzt bekommen. Die übrigen, zu viel gelieferten, Gläser waren demnach ohne weiteres in die Goldmarkrechnung mit eingeflossen, weil es zu Gunsten des Reiches war. Ein weiteres Schreiben vom 30. Mai schloss den Vorgang für das RKAAG ab. Am 26. Mai war mittlerweile die Nachfrage der Reparationskommission eingegangen. Diese Entwicklung änderte die Sachlage für die RKAAG von Grund auf.

Im erwähnten Schreiben vom RKAAG an die FAST vom 8. Juni 1923 beschuldigte Lob diese, „ihre Befugnisse überschritten, das Reich geschädigt und ihn selbst desavouiert zu haben.“ Der Reichskommissar behielt sich

630 Vgl. BArch R 2–2786 Blatt 177–178.
631 Vgl. BArch R 2–2786 Blatt 202–205.
632 Vgl. ebd. Blatt 204.

Regressansprüche gegenüber der FAST vor.[633] Diese unverhohlene Drohung war wahrscheinlich als finales Argument gedacht, um die FAST mundtot zu machen. Damit war der Streit eskaliert und drohte Rechtsstreitigkeiten vor Gericht zu entwickeln. Während Lob direkten Kontakt mit der FAST suchte, umging diese das RKAAG und wandte sich an das RMfW als dessen vorgesetzte Behörde. Diese Strategie war dann letztendlich erfolgreich.

Beide Konfliktparteien wurden am 11. und 12. Juli 1923 zu Gesprächen in das RMfW vorgeladen. In der Besprechung waren sämtliche Antagonisten versammelt. Die FAST erhielt zusätzlich Unterstützung durch das RFM, das als Mehrheitsgesellschafterin ebenfalls von der FAST informiert worden war.[634]

Sowohl die FAST als auch die Vertreter des RKAAG beharrten während der Besprechung auf ihren Positionen. Die Entscheidung brachte schließlich einer Erklärung von MinR Poerschke. Demnach hatten der Accounting Service und die FAST im Oktober 1921 ein Abkommen geschlossen, das eine Einrichtung der Abteilung Kriegslasten-Verrechnung bei der FAST beinhaltete. Die Abteilung sollte nach deren Muster aufgebaut und „sozusagen ein Spiegelbild des Accounting Service" sein.[635] Die Geschäftsordnung sah vor, dass der Accounting Service der FAST monatliche Angaben zu Gutschriften übermittelte, die dort auf Richtigkeit kritisch geprüft wurden. Dies sah auch die Einholung von Auskünften bei Unregelmäßigkeiten vor. Das Abkommen wurde von der alliierten Reparationskommission und dem Deutschen Reich ratifiziert. Damit hatte „der Vertrag einen internationalen Charakter bekommen."[636] Eine Änderung der Vereinbarung kam daher nicht in Frage. Die FAST wurde als alleinige Prüfungsinstanz beauftragt und trug auch die volle Verantwortung für die Richtigkeit ihrer Tätigkeit. Reichskommissar Lob verschloss sich dieser Sichtweise.

Aus seiner Sicht verfügte die FAST nicht über die nötigen Hintergrundinformationen, um die Prüfungen ordnungsgemäß durchführen zu können.

633 Vgl. ebd.

634 Anwesen waren: GRR Cuntze und ORR Schmidt vom RMFW; Reichskommissar Präsident Lob, GRR Dr. Knaak und RR Schmidt vom RKAAG; MinR Poerschke vom RFM; Direktor Hoepfner und Herr von Braunbehrens der FAST. Vgl. ebd. Blatt 221.

635 Vgl. BArch R 2–2786 Blatt 223.

636 Vgl. ebd. Blatt 223.

Als Beispiel verwies er auf den Vorgang mit den Elementgläsern, die letztendlich zu diplomatischen Schwierigkeiten mit den Siegermächten geführt hätten. Dieser Sichtweise schloss sich Poerschke nicht an. Seiner Meinung nach war die Rückfrage der FAST in Paris zulässig, weil der Vorgang wahrscheinlich in Zukunft von den Alliierten selbst entdeckt und der diplomatische Schaden dann noch größer geworden wäre. An dieser Stelle gestand die FAST durch Herrn Direktor Hoepfner dem RKAAG zu, in Zukunft nicht mehr eigenmächtig beim Accounting Service nachzuforschen, ohne vorher das RKAAG konsultiert zu haben. In allen übrigen Punkten beharrte Hoepfner dennoch auf seiner Position. Die Besprechung wurde schließlich auf den 12. Juli vertagt.

Die Bedenkzeit erbrachte bei der Besprechung am nächsten Tag eine Einigung. „Das Ergebnis war, dass den Forderungen der Friedensvertrag-Abrechungsstelle nunmehr in allen Stücken vom Reichskommissar Rechnung getragen wird.“[637] Das RKAAG willigte ein, die Goldmarkrechnungen wieder in ihrer früheren Form an die FAST zu leiten. Im Gegenzug musste die FAST einwilligen das RKAAG nicht mehr zu umgehen, oder sich in die Preisgestaltung und Kontrolle der Sachlieferungen einzumischen. Diese Bedingungen konnte die FAST, da diese nicht Teil ihres Mandates waren, leicht erfüllen und willigte ohne Einschränkungen ein.

Im Zusammenhang mit der gerade geschilderten Auseinandersetzung zwischen FAST und RKAAG ereignete sich auch folgender Sachverhalt. Im Rahmen der Klärung der Goldmarkrechnungen trat die FAST, in Gestalt von Direktor Hoepfner, an Reichskommissar Lob heran, um über einige strittige Punkte im Geschäftsverkehr der beiden Dienststellen zu sprechen.

Das Gespräch wurde am 22. Mai 1923 in einem Gespräch zwischen Cuntze vom RMfW, Geschäftsführer der FAST GRR Dr. Poerschke und Direktor Hoepfner vorbereitet. Besonderes Gewicht legten Hoepfner und Poerschke auf die Beschwerde, dass das RKAAG, trotz des offiziellen Fortfalls von Goldmarkberechnungen im Öffentlichen Dienst im Januar 1923, auch weiterhin separate Goldmark Berechnungen durchführe. Dadurch würden die Berechnungen in Papiermark verfälscht. Bisherige Gespräche mit untergeordneten Beamten hatten weder in diesem noch in anderen

637 Vgl. BArch R 2–2786 Blatt 225.

Streitpunkten zu Fortschritten geführt. Poerschke vermutete, dass die „Differenzen […] einen rein persönlichen Untergrund haben und auf passiven Widerstand des R. K. [Reichskommissariats] beruhen."[638]

Auf sein Drängen hin willigte Cuntze ein, bei Lob einen Gesprächstermin zwischen dem Reichskommissar und Hoepfner zu arrangieren. Hoepfner und Poerschke hatten einen Ausgleich ebenfalls versucht und waren gescheitert. Gespräche konnten nur mit untergebenen Beamten des RKAAG, in erster Linie wahrscheinlich GRR Dr. Knaak und RR Schmidt, geführt werden. Nach Ansicht Hoepfners waren gerade diese beiden verantwortlich für die Differenzen. Daher sollte nun Cuntze eine Verbindung herstellen, „da Präsident Lob [ein] großer Choleriker" sei."[639]

Das Gespräch kam auch am 8. Juni 1923 um 16 Uhr zustande. Allerdings verlief es nicht wie geplant als Gespräch unter vier Augen ab. „Kurz nachdem ich das Zimmer des Herrn Lob betreten hatte, sah – ohne vorher verständigt worden zu sein – Herr Geh.-Rat Knaak zur Tür herein, und kam danach mit Reg.-Rat Schmidt in das Zimmer."[640]

Anschließend wurden die Verhandlungen in einer angespannten Atmosphäre geführt. Knaak war über das Vorgehen der FAST verärgert, weil er übergangen werden sollte. Schmidt verteidigte die Goldmarkrechnungen als reinen internen Dienstgebrauch und leitete dann zum Kern der Differenzen über. Diese bestanden demnach weniger in der Frage der Goldmark-Berechnungen, als vielmehr in der Frage wer wen kontrollieren durfte. Die FAST, als private GmbH, führte das Reparationskonto und überwachte den Zahlungsverkehr durch Identifikation der Sachlieferungen. Daher benötigte die FAST genaue Angaben über die Sachlieferungen und deren Berechnungen. Diese wurden bis dato aus anderen Unterlagen mühsam von zwei bis drei Angestellten rekonstruiert. Die FAST drängte daher schon seit einiger Zeit Kopien der internen Berechnungen des RKAAG zu erhalten.

Letzteres lehnte das RKAAG wie beschrieben ab und der zuständige Sachbearbeiter RR Schmidt verteidigte seine bisherige Tätigkeit nun in

---

638 Vgl. BArch R 3301–62 o. Z. A I 4568 Aktenvermerk über die Besprechung vom 8. Juni 1923.

639 Vgl. BArch R 3301–62 o. Z. A I 4568 Aktenvermerk über die Besprechung vom 8. Juni 1923.

640 Vgl. ebd.

offener Konfrontation mit Hoepfner unter den Augen des Reichskommissars. Letzterem erklärte Schmidt in, wie die Quelle andeutet, erregtem Tonfall: „Herr Präsident, es handelt sich hier um eine Prestigefrage. Es ist unmöglich, der FAST diese einzelnen Angaben zu machen, da sie als Privatgesellschaft nicht berechtigt ist, eine Behörde zu kontrollieren und ihre sachlichen Aufgaben zu prüfen."[641]

Unterstützung erhielt Schmidt dabei von GRR Knaak. Diese Ausführungen führten zu einem cholerischen Ausbruch des Reichskommissars: „Was, das ist mir neu. Das wäre noch schöner. Das dulde ich nie und nimmermehr, dass die FAST mich prüft. Dazu ist der Rechnungshof als einzigste Stelle da."[642] Hier hatte Lob durchaus Recht, erkannte aber nicht, dass es sich um ein Missverständnis handelte. Hoepfner versuchte die Situation noch zu retten und verwies auf den Unterschied zwischen Identifikation und Prüfung. Das RFM habe der FAST in ihrem Gesellschaftsvertrag die Identifikation vorgeschrieben. Doch Lob hatte sich seine Meinung gebildet:

> *„Das ist mir ganz egal, das Reichsfinanz-Ministerium kann sich meinetwegen auf den Kopf stellen* [...] *Ich spreche Ihnen das Recht einer Kontrolle ab. Sie sind nichts weiter als eine Buchungsabteilung. Auch dass sie für diesen Zweck da sind, ist an und für sich schon sehr bedauerlich und wird von mir nicht gebilligt. Es ist ein Unsinn* [...] *Es ist mir in meiner 40-jährigen kaufmännischen Tätigkeit noch nicht passiert, dass eine Buchungsabteilung Buchungsaufgaben, die ihr zugestellt werden, nicht ohne weiteres bucht, ohne sie überhaupt noch auf ihre Richtigkeit hin durchzusehen. Diese Befugnis spreche ich jeder Buchhaltung ab.* [...] *Eigentlich müsste man sie, wenn sie die Buchungsaufgaben auch noch sachlich durchsehen wollten auflösen und zur Unterabteilung meiner Stelle machen..."*[643]

Diesen Ausführungen schlossen sich Knaak und Schmidt an.

Im weiteren Gesprächsverlauf stellte sich heraus, dass Schmidt seine eigene Buchhaltung geschaffen hatte und deshalb die FAST als Konkurrenz wahrnahm. Reichskommissar Lob und GRR Knaak schützten Schmidt. Hoepfner hatte den Eindruck, dass insbesondere der Reichskommissar seinen RR protegierte. Die Quelle stellt kein wortwörtliches Protokoll dar und

---

641 Vgl. BArch R 3301–62 o.Z. A I 4568 Aktenvermerk über die Besprechung vom 8. Juni 1923.

642 Vgl. ebd.

643 Vgl. BArch R 3301–62 o.Z. A I 4568 Aktenvermerk über die Besprechung vom 8. Juni 1923.

ist ein Produkt aus der Erinnerung Hoepfners, das unter dem Eindruck des Gesprächs verfasst wurde. Dennoch ist es wahrscheinlich, dass in Anbetracht der vorher dargelegten Entwicklungen die Diskussion tatsächlich so ähnlich stattfand.

Die hier gemachten Ausführungen gegen den Reichskommissar und dessen Beamten waren schwerwiegend und es stand die Aussage Hoepfners gegen die Anwesenden. Hoepfner unterschrieb seine Ausführungen handschriftlich mit folgender Ausführung: „Unter Vorbehalt für die wortgetreue Wiedergabe der Rede und Gegenrede. Für den Sinn derselben in der wiedergegebenen Form übernehme ich die volle Verantwortung, Hoepfner".[644]

Die hier nur in Auszügen wiedergegebene Quelle zeigt exemplarisch die Probleme die langfristig durch den Einsatz von Fachleuten aus der Wirtschaft in den Verwaltungsstrukturen der frühen Weimarer Republik anrichten konnten. Reichskommissar Lob mochte zwar diese Strukturen während des Krieges und in den wenigen Jahren danach näher kennengelernt haben, verstanden hatte er sie aber nicht. Der Verweis auf seine kaufmännische Erfahrung aus 40 Jahren ist hierbei ein deutlicher Hinweis. Konkurrenzängste dominierten zumindest in diesem Fall sein Denken und Handeln.

Die Rolle des GRR Knaak zeugt von der Stärke der höheren Beamten in Behörden, die ständigen Wechseln an der Führungsspitze ausgesetzt sind. Das Risiko, dass sich einzelne Verwaltungsbereiche unrechtmäßige Kompetenzen anmaßen, steigt bei mangelnder oder nur unregelmäßiger Kontrolle an. Es ist anzunehmen, dass diese Haltung auch in anderen Bereichen des RKAAG zu Konflikten und Fehlentwicklungen führen konnte. Dies traf umso mehr zu, wenn der Reichskommissar aus persönlicher Sympathie Partei ergriff. Hoepfner schätzte die Geschehnisse wie folgt ein: „Der Präsident verliess sich vollkommen auf die Urteile des Herrn Schmidt und zeigte sich sichtlich empört darüber, dass die FAST ihn prüfen sollte. Auch hier wird also wieder die Person vor die Sache gestellt, ein bedauerlicher Zustand, der kein Zustand ist."[645]

Der Hinweis auf die Praxis „die Person vor die Sache" zu stellen ist in diesem Zusammenhang besonders zu beachten. Bezog sich diese Einschätzung

644 Vgl. ebd.
645 Vgl. BArch R 3301–62 o.Z. A I 4568 Aktenvermerk über die Besprechung vom 8. Juni 1923.

nur auf das RKAAG unter Lob oder allgemein auf den Umgang zwischen der FAST und dem RKAAG? Diese Frage ist nicht abschließend zu klären. Allerdings ist anzunehmen, dass persönliche Eitelkeiten, Intrigen und Missverständnisse in der Reichsverwaltung an der Tagesordnung waren. Möglicherweise war es auch eine Kritik an der Auswahl der Reichskommissare, die sich in ihrer Amtsführung sehr unterschieden und besonders bei Hilbenz und Lob auf deren Karrieren in der Wirtschaft zurückzuführen waren.

Eine andere Erklärung war unter Umständen auch Stress, denn das RKAAG befand sich im Jahr 1923 in einer besonderen Situation. Durch die Unterbrechung der Reparationslieferungen an Belgien und Frankreich war das RKAAG spätestens in der zweiten Jahreshälfte 1923, nach der Abwicklung der stornierten Lieferverträge, nur noch mit den Sachlieferungen an die übrigen Empfängerstaaten beschäftigt. Daraus ergab sich eine erhebliche Unterauslastung des Personals, ein Umstand der den Einsparungsdruck erhöhte. Möglicherweise war es gerade dieser Druck, der RR Schmidt und GRR Knaak zu ihrer Intrige gegen die FAST verleitete. Die Ausschaltung der FAST und die Überleitung ihrer Geschäfte auf das RKAAG hätten den Erhalt von Planstellen rechtfertigen sollen.

Gleichzeitig mit diesem Schwund an bisherigen Kernaufgaben wurde das RKAAG, im Rahmen der Auflösung von Reichsbehörden des RMfW, mit deren Restaufgaben betraut. Dies betraf zum einen die RRLK zum 30. Juli 1923 und zum anderen den RWHF zum 25. August 1923, wobei die Eingliederung des RWHF zur Umbenennung des RKAAG zum Reichskommissar für Reparationslieferungen am 1. Oktober 1923 führte.[646] Auch Reichskommissar Lob drängte auf die Überleitung der Restaufgaben auf seine Behörde und auch die FAST schien in sein „Beuteschema" zu passen. Allerdings konnte die FAST im Juli 1923 ihre Eigenständigkeit noch wahren. Die Auflösung der FAST erfolgte erst mit Beschluss des Reichsrechnungshofes vom 31. Januar 1924.[647] Die Restaufgaben wurden tatsächlich

646 Vgl. dazu BArch R 3301–2031 Blatt 60–127 und die Verordnung, betreffend die Änderung der Amtsbezeichnung des Reichskommissariats zur Ausführung von Aufbauarbeiten in den zerstörten Gebieten, vom 13. September 1923 (RGBl. S. 893).

647 Vgl. BArch R 3301–1795 o.Z. Rechnungshof des Deutschen Reiches an RMfW vom 31. Januar 1924.

zum 1. April 1924 dem RfR übertragen.[648] Es ist entsprechend anzunehmen, dass die Auflösung der FAST zum 31. März 1924 erfolgte.

Das Reichskommissariat nach der Besetzung des Ruhrgebietes

Seit Beginn der Sachlieferungen auf Reparationskonto hatte es im zwischenstaatlichen Lieferverkehr Probleme gegeben. Nach der schwierigen Implementierung des Verfahrens hatten die Lieferungen zwar nicht den erhofften Umfang angenommen, erfolgten aber zumindest in nennenswertem Umfang. Dennoch zeigten sich in einigen Bereichen der Reparationslieferungen auffallende Defizite. Ein Beispiel dafür waren die mangelhaften Holzlieferungen. Als vergleichsweise waldreiche Nation war Deutschland aus Sicht der Empfängerstaaten prädestiniert für die Erfüllung der, im Versailler Vertrag und den folgenden Verfahrensverhandlungen gesetzten, Lieferziele.

Die Besetzung des Ruhrgebietes wurde von Belgien und Frankreich nicht zu Letzt mit den unzureichenden Holzlieferungen begründet. Bei der Suche nach den Ursachen der Defizite bei den Holzlieferungen fiel der Verdacht auf Fehler im RKAAG. Davon zeugen auch die Erklärungsversuche zur Entwicklung der Holzlieferungen in den Quellen.[649]

Die Unvereinbarkeit einer Hyperinflation mit den Vorgaben einer öffentlichen Haushaltsführung führte 1922 zu einer allgemeinen Krise bei den Reparationslieferungen. Die in den Lieferverträgen festgeschriebenen Konditionen waren für die Unternehmen nicht zur Deckung der eigenen Kosten geeignet, weil die beschleunigte Geldentwertung sämtliche Berechnungen zur Makulatur machten. Zur Vermeidung eines vollständigen Zusammenbruchs der Lieferungen wurde versucht, durch den Abschluss von Gleitverträgen mit den Unternehmen, einen Ausgleich zu ermöglichen. Als letztes Mittel versuchte das RKAAG, nachdem in der zweiten Jahreshälfte 1922 immer mehr Lieferverträge trotz Gleitverträgen storniert wurden,

648 Vgl. BArch R 3301–2027 Blatt 61.

649 Zur Einstellung der Reparationslieferungen vgl. Bekanntmachung über die Einstellung der Reparationsleistungen an Frankreich und Belgien vom 13. Januar 1923 (RGBl. Teil II S. 40) und die Bekanntmachung über die Aufhebung des Vertrages vom 15. März 1922 und 3. Juni 1922, sowie der Vereinbarung zwischen der deutschen Regierung und der Reparationskommission vom 2. Juni 1922 (RGBl. Jg. 1923 Teil II S. 625).

Verträge in Goldmark abzuschließen, deren Gegenwert in Papiermark zum Tageskurs ausgezahlt werden sollten.

Diese Maßnahme, die direkt gegen das offizielle Prinzip „Mark gleich Mark“ verstieß, galt zunächst nur für die Holzlieferungen und wurde am 3. November 1922 auf alle Sachlieferungen ausgeweitet.[650] Bestehende Lieferverträge wurden nachverhandelt, um die Unternehmen von einer Stornierung abzuhalten. Das RKAAG durfte sogar mehr Geld bezahlen, als von den Alliierten auf Reparationskonto gutgeschrieben wurde. Das RFM bestand in dieser politisch heiklen Freigabe auf absoluter Verschwiegenheit der Vertragspartner.[651]

Das RFM lehnte nach dem Einmarsch in das Ruhrgebiet die Goldmarkverträge als zu nachteilig für den Reichshaushalt ab und untersagte dem RKAAG diese Praxis. Die dem RKAAG zugesprochene Kompetenz der Nachverhandlungen wurde vom Rechnungshof des Deutschen Reiches am 15. März 1923 wieder entzogen. Das pauschale Recht für Nachverhandlungen hätte, ohne jeweilige besondere Zustimmung des RFM, nach Ansicht des Reichsrechnungshofes nur in einzelnen geringfügigen Fällen erteilt werden dürfen. Nur das RMfW durfte, in Zusammenarbeit mit dem RFM, Nachverhandlungen mit den Lieferfirmen führen. Noch kurz vor dieser Entscheidung hatte der Reichskommissar, durch Erlass des Reichsfinanzministers vom 3. Februar 1923, die Erlaubnis erhalten, Vergleiche mit den Lieferfirmen über die gestiegenen Kosten aus Verträgen herbeizuführen.[652]

Wegen dem Einmarsch der Belgier und Franzosen in das Ruhrgebiet wurden die meisten Sachlieferungen ab diesem Zeitpunkt vorerst eingestellt. Mit Wirkung vom 19. Januar 1923 hatte der Reichsminister für Wiederaufbau die Einstellung der Reparationslieferungen an Belgien und Frankreich angeordnet.[653] Die Aufbauvertretung in Paris stellte ihren Geschäftsverkehr weitgehend ein. Bereits produzierte Güter im zwischenstaatlichen Reparationsverkehr der deutschen Wirtschaft sollten von den zuständigen Stellen

650 Die deutsche Industrie ging wenn möglich dazu über in Devisen und Gold über Abgeltungsverträge abzurechnen. Am Ablieferungstag erhielt das liefernde Unternehmen den Tagespreis für Material und Lohnkosten sowie eine vorher vereinbarte Gewinnmarge ausgezahlt.

651 Vgl. BArch R 3301–61 o. Z. RFM an RKAAG vom 27. November 1922.

652 Vgl. BArch R 3301–61 o. Z. Richtlinien: Erlass vom 21. März 1923.

653 Vgl. BArch R 3301–1717 Blatt 2–3.

des RKAAG noch abgenommen und zur späteren Verwendung eingelagert werden. Alle übrigen Lieferverträge, nach den Vereinbarungen des Wiesbadener Abkommens bzw. dessen Folgeabkommen, deren Einspruchsfrist des Reiches nach dem 11. Januar 1923 noch nicht abgelaufen war, wurden storniert. Auch Verträge im freien Sachlieferungsverkehr, bis auf diejenigen die vor dem 11. Januar 1923 genehmigt worden waren, wurden untersagt. Gegenteiliges entschied das RMfW nach Einzelfallprüfung.

Hinsichtlich Griechenland, Italien und Serbien sollten die Verhandlungen über Sachlieferungen möglichst lange verschleppt werden. Der Eindruck von bewusster Täuschung oder Sabotage der Reparationen sollte nach Möglichkeit vermieden werden. Die Holzlieferungen wurden bis auf den Verkehr mit Italien komplett eingestellt. Holz, das für Frankreich bestimmt war, wurde weitgehend nach Italien umgeleitet, damit die Verpflichtungen bis zum 1. April 1923 erfüllt wurden. Der freie Sachlieferungsverkehr nach Portugal und Rumänien lief zunächst ohne Behinderungen weiter. Zum 11. August 1923 wurden schließlich alle Reparationssachlieferungen eingestellt.[654] Für das RKAAG bedeuteten diese Entwicklungen eine Zäsur, der Reichskommissar Lob mit einer aggressiven Expansionspolitik im Bereich der Reparationsbehörden begegnete. Der RWHF konnte in das RKAAG integriert werden, während seine Bemühungen zur Übernahme der FAST zunächst noch scheiterten. Dennoch konnten diese Aktivitäten nicht darüber hinwegtäuschen, dass dem RKAAG aus Mangel an konkreten Aufgaben sukzessive die Daseinsberechtigung entzogen wurde.

Nach der Einstellung des passiven Widerstands am 26. September 1923 begannen zwar die Vorbereitungen für eine Wiederaufnahme der Sachlieferungen, allerdings kamen diese vorerst nicht zur Ausführung. „Ab 29. Oktober 1923 wurden alle Lieferungen und Zahlungen aufgrund von Verträgen zur Durchführung von Sachlieferungen gemäß Notverordnung ausgesetzt."[655] Angesichts der erforderlichen Einsparungen im Reichshaushalt zur Sanierung der deutschen Währungsverhältnisse war eine Wiederaufnahme der Sachreparationen nicht finanzierbar.

---

654 Vgl. Verordnung vom 11. August 1923 (RGBl. Teil II S. 325).

655 Vgl. Alexander Rinke, Rechtliche Aspekte der Reparationssachlieferungen Deutschlands nach dem Ersten Weltkrieg verdeutlicht an einer Reparationslieferung des Unternehmens Carl Zeiss, München 2013, S. 43.

Als Folge des deutschen Staatsbankrotts wurden die Reparationsleistungen der Privatwirtschaft aufgebürdet. In Folge dieser Entscheidung wurde die Reichsregierung aus den Verhandlungen mit den Alliierten offiziell ausgeschlossen, die nun mit der sog. „Sechser-Kommission" verhandelten.[656] Diese Gruppe bedeutender Ruhrindustrieller war von der Reichsregierung ermächtigt worden. Das Sachlieferungsverfahren wurde unter den gänzlich neuen Rahmenbedingungen der MICUM-Verträge und des Dawes Plans neu gestaltet.[657] Sachlieferungen, dazu zählten insbesondere Kohlen und Kohleprodukte, mussten unentgeltlich an die Alliierten geliefert werden. Die Reichsregierung konnte den liefernden Unternehmen nur eine Entschädigung in der Zukunft anbieten. Angesichts der 1924 überraschend guten wirtschaftlichen Entwicklung konnte diese vage Ankündigung schneller umgesetzt werden, als die düsteren wirtschaftlichen und haushaltspolitischen Prognosen Ende 1923 erahnen ließen.

Zum 1. Januar 1924 trat Reichskommissar a. D. Lob eine neue Position als Generaldirektor der Preußischen Bergwerks- und Hütten AG an. Sein Nachfolger als Reichskommissar wurde GRR Cuntze. Eine Auflösung des RfR als eigenständige Reichsbehörde wurde am 15. April 1924 von Reichswirtschaftsminister Eduard Hamm (DDP) vorgeschlagen. Die Sachlieferungen sollten demnach zukünftig vom RWM bearbeitet werden.[658] Ursache dieses Vorstoßes waren die MICUM-Verträge, die umfangreiche deutsche Holz- und Kohlelieferungen insbesondere an Belgien und Frankreich vorsahen. Das RWM hatte ein besonderes Interesse daran, hier verstärkt Einfluss ausüben zu können und antizipierte eine zukünftige Konzentration aller Sachlieferungen im RfR.[659]

Diesem Vorstoß trat Reichskommissar Cuntze entschieden entgegen. In einem Schreiben vom 19. April 1924 sprach er sich für eine Unterstellung des RfR unter das RFM aus. Dabei führte er eine Reihe von Faktoren als Gründe auf: Durch den Zusammenbruch des Sachlieferungsverfahrens in

---

656 In der Sechser-Kommission waren vertreten: Hugo Stinnes, Albert Janus, Otto von Velsen, Peter Glöckner, Albert Vögler und Georg Lübsen. Vgl. Rinke, S. 43 und ARWR Kab. Stresemann I, Dok. Nr. 111 vom 5. Oktober 1923, S. 474–483.

657 Vgl. Rinke, S. 42–81.

658 Vgl. BArch R 3301–2027 Blatt 61.

659 Vgl. BArch R 3301–2027 Blatt 63.

Folge des deutschen Staatsbankrotts und der Verordnung vom 29. Oktober 1923 waren Zahlungen für – auch bereits erfolgte – Sachlieferungen ausgeschlossen. Für die zu erwartenden Einsprüche der betroffenen deutschen Lieferanten war das RFM der geeignetere Ansprechpartner. Dies galt auch für die zukünftigen Ausgleichszahlungen im Rahmen der MICUM-Verträge an die deutsche Wirtschaft im besetzten Ruhrgebiet.[660] Dem RfR standen für solche Zahlungen keinerlei Mittel zur Verfügung. Die Holzlieferungen verortete Cuntze dagegen im Zuständigkeitsbereich des Reichsernährungsministeriums, das in diesem Zusammenhang in der Vergangenheit mit dem RMfW eng zusammen gearbeitet hatte.

Zum 10. Oktober 1924 wurde das RfR dem RFM unterstellt.[661] Bis Ende 1924 wurden die Aufgaben der DKE, FAST, RRLK und RWHF im RfR vereinigt. Die Behörde wickelte die Restaufgaben bis 1926 weitgehend ab und wurde zum 31. März 1928 aufgelöst. Die noch verbliebenen Aufgaben wurden der Restverwaltung für Reichsaufgaben zugeführt.[662]

Exkurs: Die Bearbeitung der Listen für Reparationssachlieferungen

Obwohl die Anforderungen von Sachlieferungen erst mit dem Inkrafttreten des Versailler Vertrages am 10. Januar 1920 beginnen konnten, hatte die Reichsregierung zugesagt nach Möglichkeit vorher Lieferungen durchzuführen. Angesichts der dramatischen Lebenssituation der heimgekehrten Franzosen in den Trümmerfeldern war die französische Regierung unter innenpolitischem Druck. Als entgegenkommendes Zeichen sollten Fortschritte hinsichtlich der deutschen Sachlieferungen erreicht werden.

Am 3. November 1919 überreichte die französische Regierung eine erste Zusammenstellung von Reparationsgütern an die deutsche Friedensdelegation. Von dort gelangten die Unterlagen auf einen Schreibtisch beim RKAAG und verschwanden dort für vier Wochen, bis die Listen am 5. Dezember 1919 wiederendeckt und einer geordneten Bearbeitung

660 Vgl. Rinke, S. 44.

661 Vgl. Verordnung über das Reichskommissariat für Reparationslieferungen vom 10. Oktober 1924 (RGBl. Teil II S. 385 vom 17. Oktober 1924).

662 Vgl. Verordnung über die Auflösung des Reichskommissariats für Reparationslieferungen vom 31. März 1928 (RGBl. S. 138).

zugeführt wurden.[663] Allerdings meldeten sich noch vor Weihnachten 1919 die französischen Stellen, um sich nach den Ergebnissen und Lieferterminen der deutschen Behörden zu erkundigen. In der kurzen Bearbeitungszeit und ohne verbindliche Richtlinien waren kaum Resultate vorzuweisen und entsprechend abschlägig fiel die deutsche Antwort aus.

Für die französische Regierung musste diese Episode ein erhellendes Licht auf die deutschen Organisationsschwierigkeiten geworfen haben. Allerdings konnte erst nach Inkrafttreten des Friedensvertrages und dem Verstreichen der dort festgelegten Fristen politischer Druck aufgebaut werden.

Die Beamten beim RKAAG, das gerade erst im Entstehen begriffen war, waren möglicherweise auch schlicht überfordert mit dem Inhalt der Listen. Zumindest herrschte in den Anfangstagen das Chaos in den provisorischen Amtsstuben des RKAAG.[664] Die französischen Behörden hatten einen breiten Katalog unterschiedlichster Waren in ungeordneter Niederschrift aneinander gereiht.[665] Die gesamte Liste war in französischer Sprache verfasst worden.

Im RKAAG konnte aber kaum jemand etwas damit anfangen, denn Französisch konnten nur die wenigsten Beamten lesen. Dazu beinhalteten die Listen Spezialbegriffe, die nur in neueren Nachschlagewerken zu finden waren. Typenbezeichnungen für Spezialmaschinen waren bestenfalls, insbesondere nach vier Jahren Krieg und Blockade, nur wenigen Fachleuten in Deutschland bekannt.[666] Nachdem die Anforderungslisten wiederentdeckt wurden, dauerte deren Bearbeitung mehrere Monate. Als die französische Regierung nach Inkrafttreten des Friedensvertrages am 10. Januar 1920 bei

663 Zu diesem Vorgang vgl. BArch R 3301–59 o.Z. RKAAG an RMfW vom 23. Dezember 1919.

664 Vgl. BArch R 3301–59 o.Z. RKAAG an RMfW vom 23. Dezember 1919.

665 Einen Eindruck über die Komplexität dieser Anforderungslisten vermittelt eine fast vollständig erhaltene Zusammenstellung von 2.654 Einzelpositionen aus fünf Empfängerstaaten. Vgl. BArch R 3301–1910 o.Z.

666 Zur Veranschaulichung ein Auszug aus einer Liste deutscher Angebote auf französische Anfragen vom 30. September 1920: 40.000 Leitern, 200t Zement, 901.500m² Dachpappe, 100.000m² Ruberoid, Plattenstahl zur Befestigung für Mines de Courriéres, Stahldraht (Anzin) und galvanisierter Draht für Mines d'Anzin, Ersatzteile für Kompressoren für Mines d'Anzin, 9 Noris für Mines d'Anzin, 3.000m Wetterlutten für Mines de Drocourt. Vgl. BArch R 3301–78 o.Z. Betrifft: Tätigkeitsbericht No. 18 Anlage I.

der Reichsregierung nachfragte, wann denn die ersten deutschen Angebote eintreffen würden, konnte darüber noch immer keine Aussage getroffen werden.

Ob die Listen bewusst vernachlässigt worden waren, oder ein Zufall diese extrem wichtigen Unterlagen einer schnellen Bearbeitung entzog, konnte nicht festgestellt werden. Es ist eher anzunehmen, dass anhand der Listen zuerst Richtlinien zu deren Bearbeitung ausgearbeitet werden sollten. Da die Listen erst Anfang Dezember 1919 wiederentdeckt und bearbeitet wurden, dauerte die Ausarbeitung der Richtlinien mehrere Wochen bis Monate länger als vorgesehen. Das kann an einem ähnlichen Beispiel verdeutlicht werden:

Bis zum 22. April 1920 bestand beispielsweise keine einheitliche Richtlinie für die Bearbeitung der Anforderungslisten aus Anhang IV zu Teil VIII des Friedensvertrages. Die entsprechenden Anforderungslisten waren Anfang April 1920 bei den deutschen Stellen eingetroffen. An einer an diesem Tag anberaumten Besprechung nahmen UStS Müller, RR/BR Lederer und GerAss Klinghardt vom RMfW, GRR Seybold vom Reichskommissariat für Ein- und Ausfuhrbewilligungen und GRR Rose vom RKAAG teil. „Vom Reichswirtschaftsministerium war trotz Einladung ein Vertreter nicht erschienen.“[667] GRR Seybold dürfte für das RWM mit am Tisch gesessen haben, weil der Reichskommissar für Ein- und Ausfuhrbewilligungen beim RWM ressortierte.

Die Richtlinien zur Bearbeitung der Anforderungslisten gemäß Anlage IV zu Teil VIII (§2a und 2b) des Friedensvertrages wurde demnach wie folgt geregelt: Die Aufbauvertretung des RKAAG in Paris nahm die Anforderungslisten in französischer Sprache entgegen und fertigte noch vor Ort Abschriften mit ersten Übersetzungen an. Jeweils eine Ausfertigung wurde an das RMfW und RKAAG geschickt. Das RMfW zeigte dem RKAAG die Positionen an, die vom RKAAG zu bearbeiten waren. Zunächst sortierte das RKAAG die Anforderungen nach gleichen oder ähnlichen Gegenständen, wobei die zukünftige Vergabe an die Fachgruppen der deutschen Wirtschaft zu beachten war. Abschriften der sortierten Gegenstände gingen anschließend an das RMfW und das RWM. Nach der Sortierung hatte das RKAAG

667 Vgl. zu dieser Besprechung BArch R 3301–109 Blatt 33–36.

die Anforderungen zu überprüfen. Dazu wurden für jeden Gegenstand Erkundigungen bei der REK und ggf. der RRLK eingeholt. Mithilfe der Nachfragen sollte ausgeschlossen werden, dass Anforderungen zu Unrecht gestellt wurden, weil möglicherweise gar keine Schädigung vorlag.

Die REK prüfte, anhand der dort zur Verfügung stehenden Erhebungsdaten über Kriegsschäden, nach, ob ein Schadensfall überhaupt eingetreten war. Die RRLK war nur in den Fällen hinzuzuziehen, wenn Maschinen angefordert wurden, die möglicherweise bereits re- oder substituiert worden waren. Zudem musste geklärt werden, ob das RSchM in der Lage war, angeforderte Gegenstände aus dem Besitz des Reiches zu liefern. Schließlich musste geprüft werden, ob die Möglichkeit bestand, aus deutschen Warenbeständen die Gegenstände direkt zu erwerben.

Waren diese Arbeiten abgeschlossen, begann die Vorbereitung der Anfragen an die Fachgruppen. Im ersten Schritt wurden die ungefähren Produktionskosten für jeden Gegenstand anhand der Kosten für Rohstoffe, Betriebsmaterialien, Löhnen etc. berechnet und mit dem Inlandspreis verglichen. Während dieser Berechnungen wurde bereits über die Fachgruppen, das RWM und die Außenhandelsstellen nach freien Produktionskapazitäten bei deutschen Industrieunternehmen gesucht. Die Auswahl erfolgte insbesondere unter Berücksichtigung der Deckung des minimalen deutschen Bedarfs an den Produkten und den Notwendigkeiten zur Einführung über den Export der angeforderten Waren.

Unter Berücksichtigung aller Faktoren stellte das RKAAG abschließend eine Einschätzung zusammen, „in welchem Umfange, in welcher Frist und unter welchen Voraussetzungen (Rohstoff- und Material-Lieferungen) die Anforderung erfüllt werden kann“.[668] Zwangsmaßnahmen, beispielsweise durch Beschlagnahmungen der laufenden Produktion, wurden aber ausgeschlossen, um das deutsche Wirtschaftsleben nicht zu schädigen. Das Ergebnis wurde in einem Abschlussbericht an das RMfW gesandt. Von dort gingen wiederum Abschriften an das RWM und den Reichskommissar für Ein- und Ausfuhrbewilligung. Alle beteiligten Ressorts besprachen schließlich gemeinsam mit Vertretern der betroffenen Fachgruppen ihre Einschätzungen zur Erfüllung der Anforderungslisten. Das Besprechungsergebnis

668 Vgl. zu dieser Besprechung BArch R 3301–109 Blatt 35.

wurde der Deutschen Kriegslastenkommission übermittelt, die wiederum den alliierten Wiedergutmachungsausschuss informierte.

Die deutsche bürokratische Bearbeitung der französischen Anforderungslisten war gleichzusetzen mit der Quadratur des Kreises. Politisch notwendig wäre eine effiziente Bearbeitung der Listen gewesen. Die angeforderten Waren hätten möglichst schnell an die belgischen und französischen Geschädigten ausgeliefert werden müssen. Auf diesem Wege wäre den Betroffenen unbürokratisch geholfen worden und die deutschen Auslandsbeziehungen hätten sich erholen können. Dieser Ansatz wurde dann auch in ähnlicher Form von Walter Rathenau im Wiesbadener Abkommen von 1921 verfolgt.

Die deutsche Verwaltungsstruktur zur Bearbeitung der Anforderungslisten war dezentral strukturiert. Während das RMfW primär über Kontroll-, Richtlinien- und Vereinheitlichungskompetenzen verfügte, waren die angeschlossenen Reichsbehörden für spezielle Aufgaben zuständig. Das negative Beispiel des Waffen- und Munitionsbeschaffungsamtes (Wumba) aus dem Ersten Weltkrieg erschien zu anfällig für „Vorwürfe der Bestechlichkeit oder Begünstigungen".[669]

Nicht angesprochen blieb in der Besprechung vom 22. April 1920 die Beteiligung der Reichsländer an der Vergabe von Aufträgen. Deren Vermittlerrolle über die Landesauftragsämter war zu diesem Zeitpunkt noch nicht fertig ausgestaltet und sollte auch nur bei sog. „Katalogware" Anwendung finden, die auch von Handwerk und Kleingewerbe herstellbar war.[670] Industrielle Güter wurden direkt den zuständigen Leistungsverbänden überwiesen.[671] Daher musste zu einem späteren Zeitpunkt auch deren Einflechtung vorgenommen worden sein.

Das dargestellte Verfahren zur Erarbeitung von Angeboten zu den Listen zu Anhang IV Teil VIII des Friedensvertrages (§2a und 2b) nahm etwa sechs Monate in Anspruch. Die Ergebnisse waren so ernüchternd, dass der Wiedergutmachungsausschuss die deutschen Vertreter zu einer Sitzung am

669 Vgl. BArch R 3301–2035 Blatt 199.

670 Vgl. BArch R 3301–2035 Blatt 200. Die Quelle ist ohne Datum überliefert, kann aber nicht früher als der 26. April 1920 verfasst worden sein. Das legen sowohl die chronologische Einordnung in der Akte als auch die Zugehörigkeit der Quelle zu einer vorhergehenden, darauf Bezug nehmenden, Quelle nahe.

671 Vgl. Wolff-Rohé, S. 210.

7. Oktober 1920 herbeizitierte. Der Ausschuss erhob Beschwerde wegen der unzureichenden Ausführung der deutschen Verpflichtungen aus dem Friedensvertrag zu besagtem Anhang IV Teil VIII des Friedensvertrages (§2a und 2b). Konkret drohte der Wiedergutmachungsausschuss damit, Deutschland einen Bruch des Friedensvertrages zu attestieren, oder zumindest den „schlechten Willen zur Erfüllung" nachzuweisen.[672] Es ist für die Gesamtbetrachtung ertragreich, auf das Protokoll der Verhandlungen näher einzugehen.

Leiter der Sitzung war der Belgier Bada. Großbritannien wurden von den beiden Delegierten Henderson und Urwick vertreten. Für die Interessen Italiens stand ein Herr Davio ein. Frankreichs Vertreter war ein Herr Boris. Die USA vertrat Herr Blanton-Winship. Deutschland wurde durch die Vertreter von Oertzen (Kriegslastenkommission) und Schoenlicht als Teil der deutschen Wiederaufbauvertretung repräsentiert. Hinsichtlich der im Vorfeld dargelegten Anschuldigungen erhob der deutsche Vertreter Schoenlicht energischen Widerspruch. Zur Verteidigung zählte er die Widrigkeiten auf, mit denen die deutschen Behörden umzugehen hatten:

1. Ein allgemeiner Mangel an geschultem Personal, das insbesondere den sicheren Umgang mit der französischen Sprache beherrscht; 2. Die Übersetzung der französischsprachigen Anforderungslisten ins Deutsche; 3. Nachforschungen über Natur bzw. Zusammensetzung der angeforderten Waren, insbesondere der Spezialartikel mit französischen Behörden; 4. Die Ermittlung der Preise für die Ausschreibungen in den Fachverbänden; 5. Die Unsicherheit hinsichtlich der Gestaltung der Preise für Reparationslieferungen.[673]

Aus der Darstellung der deutschen Kernprobleme leitete Schoenlicht drei Forderungen ab:

1. Die Einrichtung technischer Büros der Wiederaufbauvertretung im Gebäude des Wiedergutmachungsauschuss zur persönlichen Klärung von Nachfragen anstatt durch Schriftwechsel; 2. Die Abgabe der Anforderungslisten in deutscher Sprache durch den Wiedergutmachungsausschuss; 3. Eine Einigung in der Frage der Preise für Reparationslieferungen.

---

672 Vgl. BArch R 3301–109 Blatt 189–198, hier Blatt 190.
673 Vgl. BArch R 3301–109 Blatt 191–192.

Der britische Vertreter Urwick meldete sich daraufhin zu Wort. „Er schlösse aus den Ausführungen, dass in der Angelegenheit der Wiederaufbaufrage zu sehr auf amtlichem Wege vorgegangen würde, während das Ganze ein Geschäft sei, das durch Praktiker zu erledigen sei. Es müssten also Mittel und Wege gefunden werden, dass sowohl beim W. A. [Wiedergutmachungsausschuss] wie bei der Aufbauvertretung in Paris diese Praktiker ebenfalls in Berlin vorhanden sein müssten."[674] Ähnlicher Meinung war auch Blanton-Winship, der sich nach Urwick äußerte. Das Protokoll erwähnt nur, dass sich die Aussagen weitgehend glichen. Hier bestand demnach ein Meinungsblock aus den USA und Großbritannien, der die Wiederaufbaufrage entbürokratisieren und durch eine direktere Liefergrundlage ersetzen wollte.[675]

Dem entgegen standen Bada und Boris, das Deutschland des Vertragsbruches überführen wollte und dazu in scharfer Form verbal angriff. Demnach umfasste die Liste zu Anhang IV Teil VIII (§2a und 2b) des Friedensvertrages Anforderungen im geschätzten Warenwert von zehn Milliarden Goldmark. Bis Anfang Oktober seien, nach immerhin sechs Monaten, nur Angebote für acht Millionen Goldmark beim Wiedergutmachungsausschuss eingetroffen. Das allein zeuge bereits vom schlechten Willen Deutschlands in der der Wiederaufbaufrage.

Als Beweis führte Bada an, dass die deutsche Industrie die französischen Behörden und den Wiedergutmachungsausschuss mit „Briefen überschütte, dass sie in der Lage sei billige Preise zu machen und dass er nicht einsehen könne, dass das Reichskommissariat in Berlin nicht schneller zur Offertabgabe schreite. Wir [das RKAAG, Anm. des Verf.] schrieben z. B., Rohstoffe, wie Platin, könnten nicht geliefert werden und auf privatem Wege würden ihm 150 kg angeboten!"[676]

---

674 Das Protokoll, vom Stil her von einem der deutschen Vertreter verfasst, merkt zur Wortmeldung von Urwick an, dass dieser in „äußerst sachlicher Weise das Wort" führte. Vgl. BArch R 3301–109 Blatt 194. Hingegen waren die Wortmeldungen des Vorsitzenden Bada anscheinend sehr erregt und anklagend.

675 Diese Episode ist eine der letzten Beispiele zur positiven Wirkung der US-Vertreter in den Organisationen des Friedensvertrages. Nach dem endgültigen Scheitern der Bemühungen zur Ratifikation des Versailler Vertrages zogen sich die USA aus den Organisationen weitgehend zurück.

676 Vgl. BArch R 3301–109 Blatt 195.

Eine Bereitstellung von Räumen im Gebäude des Wiedergutmachungsausschusses lehnte Bada ab, wollte aber versuchen in der Nähe Räumlichkeiten zu finden. Vehement abgelehnt wurde die Einreichung von Listen in deutscher Sprache. Hier waren sich die Vertreter Belgiens, Frankreichs und Großbritanniens einig. Die Preise für Reparationsgüter sollten erst festgelegt werden, wenn die Lieferungen vollständig erfolgt wären.

Von deutscher Seite antwortete Schoenlicht ausweichend und führte an, weitere Instruktionen aus Berlin zu benötigen. Vorher könnte er keine offizielle deutsche Stellungnahme für eine Änderung der deutschen Organisation äußern. Die Lieferung von Platin lehnte Schoenlicht kategorisch ab, weil Deutschland über keine natürlichen Vorkommen verfügte und dieses Edelmetall importiert werden müsste. Daher könnte Deutschland auch kein Angebot machen, weil die deutsche Wirtschaft kein Platin herstellte. Für die Handlungen von kriminellen Schiebern, die ohne Kenntnis der Reichsregierung Angebote machten, könnte Deutschland nicht angeklagt werden.

Hier zeigte sich erneut die besondere Brisanz der Formulierungen im Versailler Vertrag. Was die deutsche Wirtschaft nicht selbst herstellte, musste nicht geliefert werden. Enttäuschungen der Siegermächte wurden dabei von deutscher Seite willentlich akzeptiert. Tatsächlich tätigten besonders deutsche Unternehmen in den linksrheinischen Gebieten, die dem direkten Zugriff der deutschen Behörden durch die Besatzung entzogen waren, durch das „Loch im Westen" Geschäfte u.a. mit Belgien und Frankreich. Die offizielle deutsche Verhandlungsposition wurde dadurch erheblich geschädigt, was auch im Sinn der französischen Politik war. Schließlich ergaben sich daraus Ansatzpunkte, um die Reichsregierung politisch fortlaufend unter Druck zu halten. In der Preisfrage wurde von deutscher Seite auf eine schnelle Klärung gedrängt und die schon lange ausstehende Entscheidung in dieser Streitfrage betont.[677] Die offenen Fragen sollten in einer weiteren Sitzung besprochen werden, über die in den Akten aber kein Protokoll gefunden werden konnte.

677 Vgl. BArch R 3301–109 Blatt 198.

Exkurs: Deutsche Sachlieferungen am Beispiel von Holzprodukten

Insbesondere Holz war beim Wiederaufbau ein begehrter Rohstoff, aber wegen der gerodeten Wälder in Belgien und Nordfrankreich vor Ort knapp. Deutschland verfügte zwar über ausreichend Waldbestände für den Einschlag von Holz, hatte während des Krieges aber einen Großteil der eingelagerten Hölzer verbraucht. Aus der Perspektive der Empfänger von Holzlieferungen konnte Deutschland, genauso wie bei der Kohle, hier keine besonderen Entschuldigungen geltend machen. Umgekehrt war man auf deutscher Seite der Überzeugung, dass der Großteil der deutschen Produktion im Inland zum eigenen Wiederaufbau verbleiben müsste. Angesichts der sehr niedrigen Lagerbestände waren auch bei den Holzlieferungen Konflikte vorgezeichnet.

Trotz der großen Nachfrage nach Holzprodukten begannen die Verhandlungen mit der RepKo über deutsche Großlieferungen von Holzprodukten erst am 15. Oktober 1920. Die Alliierten verlangten eine deutsche Lieferung von 181.370 fm Rundholz verschiedener Abmessungen, 1,2 Millionen Stück Eisenbahnschwellen, 200.000 Stück Telegrafenstangen und 330.000 fm Schnittholz innerhalb von vier Monaten. Solche Mengen hatte die deutsche Seite nicht vorrätig, obwohl die deutschen Vertreter vor den Verhandlungen davon ausgegangen waren, dass die deutschen Bestände ausreichen würden.[678]

> *„Infolgedessen muss der größte Teil der in Betracht kommenden Schnittholzware erst neu eingeschnitten werden, wodurch der Beginn der Lieferungen, was auch von den Gegnern zugestanden wurde, bedeutend verzögert wird. So wird beispielsweise die Lieferung des Schnittholzes erst 7–8 Monate nach Ratifikation des Lieferungsvertrags beendet sein können. Die Lieferung des Rundholzes wird noch 1 Monat länger dauern. Der Endtermin für die Ablieferung von Schwellen und Stangen ist Ende August 1921 vorgesehen.“*[679]

Die deutschen Holzproduzenten setzten ab 1921 zunehmend auf den Export ihres Holzes, was wegen des Ungleichgewichts des Außen- und Innenwerts der Mark zunehmend lukrativer wurde, als Angebote für Reparationslieferungen zu Inlandspreisen abzugeben.[680] Wie bei den anderen

678 Vgl. BArch R 3301–1703 Blatt 10–11.
679 Vgl. BArch R 3301–1703 Blatt 10.
680 Vgl. Feldman, Disorder, S. 467.

Sachlieferungen spielte auch hier die Preisfrage eine entscheidende Rolle, denn ohne die Gewährung einer gewissen Gewinnmarge würde die deutsche Holzindustrie kaum Angebote abgeben. Allerdings konnte das RKAAG im Vorfeld keine großen Zuschläge gewähren, um den Holzproduzenten die Abgabe von Angeboten interessanter zu machen.

Das lag zum einen daran, dass es politisch nicht gewollt war, dass bei den Reparationsaufträgen größere Gewinne für die Industrie gemacht wurden. Zudem fürchtete das RKAAG eine inflationäre Wirkung überhöhter Aufschläge auf die Preise in den Ausschreibungen.[681] Auf alliierter Seite würden zu teuer erhaltene Holzprodukte dagegen den eigenen Holzmarkt verzerren. Die Verhandlungen wurden dadurch in die Länge gezogen und endeten erst am 20. Januar 1921. Mit der neuen französischen Regierung im Rücken legte die alliierte Reparationskommission einen Abnahmepreis fest, um die Verhandlungen endlich zu einem Abschluss zu bringen. Frankreich benötigte schon allein aus innenpolitischen Gründen, am 16. Januar 1921 hatte das neue Kabinett von Aristide Briand die Arbeit aufgenommen, dringend Erfolge bei den deutschen Sachlieferungen. Die Verhandlungen konnten mit folgendem Ergebnis zum Abschluss gebracht werden:

„Die Anforderungen beliefen sich auf insgesamt 424.700 cbm für Frankreich, 143.720 cbm für Belgien und 58.900 für Italien.“[682] Die Lieferung dieser Mengen wurde von der Reichsregierung öffentlich Anfang 1921 zum ersten Mal ausgeschrieben. Die Lieferanten mussten ihre Angebote bis zur maximalen Höhe des von den alliierten festgelegten Preises einreichen. Angesichts der Inflation war es nur wenigen Unternehmen der deutschen Holzindustrie möglich ein Angebot zu erstellen.

„Auf Grund der 1. Ausschreibung waren angeboten und zur Lieferung in Auftrag gegeben für Frankreich 70.279 cbm mithin 16,5% der Gesamtanforderung in Höhe von 424.800 cbm, für Italien 42.623 cbm mithin 72,3% der Gesamtanforderung in Höhe von 58.900 cbm.“[683] Die Angebote gingen im Laufe des Sommers 1921 ein, demnach ca. fünf bis sechs Monate nach der Preisfestsetzung. Die Reichsregierung stand nun unter dem Druck der „Erfüllungspolitik“ nach dem Londoner Zahlungsplan. Unvollständige

681 Vgl. BArch R 3301–2167 Blatt 98.
682 Vgl. ebd. Blatt 94, darunter befanden sich 840.000 Eisenbahnschwellen.
683 Vgl. BArch R 3301–2167 Blatt 94.

Angebote für Holzlieferungen konnten diese neue Strategie gefährden. Daher erfolgte eine zweite Ausschreibung ohne Preisbindung.

Angesichts des weitgehenden Fehlschlags der ersten Ausschreibung verzichtete die französische Regierung auf die Lieferung der noch ausstehenden Mengen, die nicht bis zum 1. August 1921 durch deutsche Angebote abgedeckt wurden.[684] Das RKAAG deutete den französischen Verzicht für allgemeingültig für alle Holzlieferungen nach Frankreich und erteilte keinerlei Aufträge im Rahmen der zweiten Ausschreibung für Frankreich. Die italienische Regierung wiederum verzichtete auf die Lieferung ihres Holzes aus der zweiten Ausschreibung. Auch hier spielte die Preisbindung eine Rolle. Mit der Reparationskommission wurde am 28. Februar 1921 ein Sonderabkommen geschlossen, das für Italien eine neue Berechnung der Preise und detaillierte terminliche Vorgaben für den Einschnitt des deutschen Holzes festlegte.

Die Vereinbarung vom 28. Februar 1921 erbrachte für die italienische Lira einen ungünstigen Umrechnungskurs im Vergleich zum Kurs vom 20. Januar 1921. Daher forderte die italienische Regierung eine Berechnung nach den Kursen vom 20. Januar und zwar nun in Goldmark statt in Lira. Das wurde von den deutschen Vertretern zurückgewiesen. Daraufhin verzichtete Italien auf die Lieferung von Holz aus der zweiten Ausschreibung. Einzig Belgien erhielt Holzlieferungen aus beiden Ausschreibungen, allerdings blieben die Lieferungen weit hinter den Vorgaben zurück. Von 143.720 geforderten Kubikmetern Holz erhielt Belgien insgesamt 68,1% bzw. 97.913 m^3.[685]

Die noch offenen Bestellungen sollten auf, für die deutsche Verhandlungsposition, ungewöhnliche Weise beschafft werden. Ein Unternehmen aus der Tschechoslowakei sollte einspringen, aber ein Vertrag scheiterte an Transportschwierigkeiten. Dieser Vorgang ist bemerkenswert. Die deutsche Seite pochte immer darauf, nur die eigenen Rohstoffe liefern zu können, weil ausländische Importe wegen der benötigten Devisen zu teuer wären. Möglicherweise spielte Verlegenheit eine Rolle, schließlich war der größte Teil der Lieferungen storniert worden. Mit Belgien wurde daher nachverhandelt

684 Vgl. Schreiben von Loucheur vom 16. August 1921 in: BArch R 3301–2167 Blatt 94–95.

685 Vgl. BArch R 3301–2167 Blatt 94.

und dahingehend eine Einigung erzielt, „dass alle diejenigen Mengen, die bis zum 1. Februar bzw. 1. März 1922 nicht zur Abnahme angemeldet waren, als nicht geliefert betrachtet werden sollten und dass für dieselben auch für Deutschland keine Lieferungsverpflichtung mehr bestünde.“[686]

Im Verlauf dieser Verhandlungen erfuhren die deutschen Vertreter eher beiläufig, dass die Reparationskommission mit dem französischen Alleingang der Streichung der Holzlieferungen durch Loucheur nicht einverstanden war und diese daher nichtig war. Das RKAAG musste hier nachverhandeln und es wurde ein Einvernehmen darüber erzielt, dass Deutschland 840.000 Stück Eisenbahnschwellen, die Frankreich 1921 bestellt hatte, im Jahr 1922 zusätzlich zu liefern hatte. Allerdings sollten die 840.000 Stück Schwellen von 1921 nun an Belgien geliefert werden. Das RKAAG schlussfolgerte daraus,

> *„dass hinsichtlich der Lieferungen im Jahre 1922 in gleicher Weise verfahren würde, indem nachgewiesene Lieferungsbehinderungen Berücksichtigung finden würden. Etwas Gegenteiliges ist jedenfalls nicht notifiziert worden.“*[687]

Damit wurde vom RKAAG die Ausnahme eigenmächtig zur Regel umgedeutet. Diese Entscheidung führte maßgeblich mit zum Konflikt um die ausstehenden Holzlieferungen, die mit der ausstehenden Kohle als Begründung für die Besetzung des Ruhrgebietes dienten.

Immerhin hatte man auf deutscher Seite erkannt, dass bei den Holzlieferungen dringender Handlungsbedarf bestand. Das RKAAG empfahl dem RMfW, angesichts der bisherigen ernüchternden Ergebnisse der deutschen Holzlieferungen, möglichst frühzeitig mit der deutschen Kriegslastenkommission in Verbindung zu treten, damit diese Verhandlungen mit der Reparationskommission anstrengen konnte. Dadurch sollten die Anforderungen für Holzlieferungen des Jahres 1922 schneller eingeholt werden, um die Perioden für den Holzeinschlag möglichst effizient nutzen zu können. Am 19. September 1921 wandte sich das RMfW daher an die Kriegslastenkommission, die ab dem 8. Oktober die Verhandlungen mit der Reparationskommission aufnahm. Allerdings zogen sich die Gespräche erneut erheblich in die Länge, weil wahrscheinlich die Alliierten selbst in

686 Vgl. BArch R 3301–2167 Blatt 95.
687 Vgl. BArch R 3301–2167 Blatt 95.

dieser Frage unsicher waren. Nach mehreren dringenden Nachfragen bei der Kriegslastenkommission erhielt das RMfW am 6. Dezember 1921 eine geschätzte Aufstellung der zu erwartenden Anforderungen:

> *„Die Anforderung lautete wie folgt: für Frankreich 100.000 Telegrafenstangen in Längen von 8, 10 und 12 m; für Italien nur allgemein 400.000 cbm, also ohne nähere Angabe wie dieses Quantum auf Schnittholz, Schwellen und Telegrafenstangen aufgeteilt werden soll; für Belgien 1.700.000 Stück Eisenbahnschwellen, davon 42.500 Eiche, 1.275.000 Buche, 382.500 Kiefer, 20.000 Stück Telegrafenstangen in Längen von 7,5, 9, 10,5, 12, 15, 17, 20 und 22 m, 100.000 fm Grubenholz, 3.000 cbm Nadelholz in Brettern und Madriers, 5.000 cbm Eichenholz in Brettern und Madriers.“*[688]

Dazu kamen noch die Anforderungen des Jahres 1921 „mit Ausnahme der Restmengen an Schnittholz und Rundholz für Frankreich“.[689] Damit summierten sich die alliierten Forderungen allein für das Lieferjahr 1922 auf folgende Mengen: 2.685.420 Stück Eisenbahnschwellen, 257.300 Stück Telegrafenstangen, 12.275 m^3 Nadel-Schnittholz, 7.142 m^3 hartes Schnittholz, 28.790 m^3 Nadel-Rundholz, 6.080 m^3 hartes Rundholz, 100.000 m^3 Grubenholz, 400.000 m^3 diverse Hölzer.[690]

Angesichts der unzureichenden Lieferungen für 1921 waren die Reichsregierung und das RKAAG nun doppelt in der Pflicht die Auflagen zu erfüllen. Die Dimensionen der Forderungen hatten ein Niveau erreicht, das zu einer

---

688 Vgl. BArch R 3301–2167 Blatt 95.

689 Vgl. ebd. Blatt 96.

690 Die Anforderungen schlüsseln sich wie folgt auf: 1. Eisenbahnschwellen: Frankreich: Neuanforderungen: keine; Restmengen: 840.000 Stück, davon 210.000 Stück Eiche und 630.000 Stück Buche; Belgien: Neuanforderungen: 1.700.000 Stück, davon 42.500 Stück Eiche, 1.275.000 Buche, 382.500 Kiefer; Restmengen: 145.420 Stück, davon 145.420 Buche; 2. Telegrafenstangen: Frankreich: Neuanforderungen: 100.000 Stück; Restmengen: 125.000 Stück; Belgien: Neuanforderungen: 20.000 Stück; Restmengen: 12.300 Stück; 3. Schnittholz Nadel: Belgien: Neuanforderungen: 3.000 m^3; Restmengen: 6.100 m^3; Italien: Neuanforderungen: keine; Restmengen: 3.175 m^3; 4. Schnittholz hart: Belgien: Neuanforderungen: 5.000 m^3; Italien: Restmengen: 2.142 m^3; 5. Rundholz Nadel: Belgien: Restmengen: 20.790 m^3; Italien: Restmengen: 8.000 m^3; 6. Rundholz hart: Italien: Restmengen: 6.080 m^3; 7. Grubenholz: Belgien: Neuanforderungen: 100.000 m^3; 8. Diverse Hölzer: Italien: Neuanforderungen: 400.000 m^3 ohne Spezifikation bis zu einer eindeutigen Festlegung spätestens Ende 1921. Vgl. BArch R 3301–2167 Blatt 96–97.

ernsten Belastung der Beziehungen zwischen Deutschland und Frankreich wurde. Allerdings enttäuschte die deutsche Seite die Reparationskommission erneut. Nach Eingang der Anforderungen wurden Vertreter der Holzindustrie, Landes- und Reichsministerien am 15. Dezember 1921 zu Gesprächen beim RKAAG eingeladen. Die Industrievertreter machten dort deutlich, dass die Anforderungen kaum zu erfüllen seien. Die wichtigste Einschlagperiode für Hölzer waren die Monate Oktober bis Dezember. Dieser Zeitraum war bereits verstrichen. Überhaupt erklärte die Industrie die Produktion und Lieferung von zusammen 1.905.000 Stück Buchenschwellen für Belgien und Frankreich für undurchführbar. Dazu würden ca. 180.000 m^3 Buchenholz benötigt, die nicht zu beschaffen wären.

Die Reichsbahn machte einen generellen Jahresbedarf von sechs Millionen Eisenbahnschwellen geltend und bemängelte, dass die angeforderten Lieferungen der deutschen Produzenten für das Jahr 1921 noch mit 40% im Rückstand lagen. Nach Ansicht der Bahnvertreter hatten die Privatbahnen im letzten Friedensjahr 1913 sogar noch 566.900 m^3 Eisenbahnschwellen importiert, um den Inlandsbedarf zu decken. Im ersten Nachkriegsjahr 1920 lag die Höhe der Importe bei nur ca. 7.000 m^3. Hinsichtlich der übrigen Nachfragen blieben die Vertreter der Holzindustrie im Ungefähren, weil dem RKAAG genaue Abmessungen und Qualitätsanforderungen der Holzlieferungen nicht bekannt waren.

Nach den Feiertagen trafen am 3. Januar 1922 Vertreter der Staatsforsten und privaten Forsten beim RKAAG zu Gesprächen zusammen. Auch dort wurden ähnliche Bedenken laut, wie sie am 15. Dezember 1921 vorgebracht worden waren. Angesichts dieser Entwicklungen wandte sich die Reichsregierung am 10. Januar 1922 an die Reparationskommission:

> „*In dieser Besprechung wurde ein Abkommen getroffen dahingehend, dass die unter dem 6. Dezember 1921 seitens der Aufbauvertretung Paris aufgegebenen Anforderungen für 1922 bis zum 1. Februar bzw. 1. März 1922 nicht gelieferten Mengen aus der Anforderung für 1921 enthalten sein sollen.*“[691]

Die Protokolle dieser Sitzung in Paris benötigten beinahe drei Wochen bis sie dem RKAAG vorlagen. Die Bearbeitung der Ergebnisse und Rückfragen bei den anfordernden Regierungen verzögerten die Vorbereitungen für eine

---

691 Vgl. BArch R 3301–2167 Blatt 97.

Ausschreibung erneut. Die anfordernden Nationen verlangten spezifische Abmessungen für den Zuschnitt der Hölzer und Holzprodukte.

Währenddessen war am 15. Januar 1922 das neue französische Kabinett Poincaré zusammengetreten und die Reparationsfrage begann auf ihren Höhepunkt zuzutreiben. Der politische Druck nötigte zu raschen Fortschritten, weshalb das RKAAG eine unvollständige Ausschreibung ohne genau Daten vorbereitete. Zudem zog das RMfW 840.000 Eisenbahnschwellen aus den Beständen der deutschen Reichsländer zwangsweise ein. Dadurch konnten auf dem Papier die ausstehenden Lieferungen für Eisenbahnschwellen an Belgien zumindest in Höhe der Altforderungen aus dem Jahr 1921 bedient werden. Der Wert dieser Geste war aber zweifelhaft, da eine Abnahme der deutschen Schwellen durch die belgischen Inspektoren nicht garantiert war, wenn die Eisenbahnschwellen nicht den belgischen Spezifikationen entsprachen.

Am 11. Februar 1922 wurde unter erheblichem Zeitdruck die erste Ausschreibung veröffentlicht, die inhaltlich ohne die Maßangaben noch sehr unspezifisch war. Die Empfängerstaaten hatten weiterhin nicht alle Daten übermittelt. Als Preisgrundlage wurden die durchschnittlichen Marktpreise für den Monat Januar 1922 gewählt. Am 27. Februar endete die Ausschreibungsfrist und am 13. März 1922 erfolgten die Zuschläge.

Die Inflation hatte aber die Holzpreise innerhalb eines Monats von Januar bis Februar 1922 um ca. 20–25% ansteigen lassen. Das RKAAG verzichtete daraufhin im Vorfeld höhere Preise in die Ausschreibung aufzunehmen, „da dadurch der Reichskommissar verteuernd auf den Holzmarkt eingewirkt hätte."[692] Es zeichnete sich bei der Industrie nur ein sehr geringes Interesse ab, bei diesen Preisen Angebote abzugeben, besonders da die Ausschreibung ohne genaue Daten unvollständig war. Angesichts der Notwendigkeit den Empfängern überhaupt Ergebnisse und Offerten bieten zu können, wurde bereits am 16. März 1922 eine zweite Ausschreibung veröffentlicht, deren Preise zwar der Inflationsentwicklung besser angeglichen waren, aber immer noch unter einem Mangel an Spezifikationen litt. Die Ausschreibung endete am 3. April und am 18. April erfolgten die Zuschläge. Am 31. März waren nun allerdings die Spezifikationen der Empfängerstaaten eingetroffen und

---

692 Vgl. BArch R 3301–2167 Blatt 98.

insbesondere Frankreich legte besonderen Wert auf die vollständige Erfüllung seiner Anforderungen:

> *„Die endgültigen Anforderungen laut den Commanden lauteten nun wie folgt: 1. für Frankreich 200.000 Stück Telegrafenstangen, 54.500 cbm Nadelschnittholz, 500 cbm Schnittholz hart; 2. für Belgien 540.000 Stück Hartholzschwellen, 110.000 Stück Kiefernschwellen, 41.700 Telegrafenstangen, 1.540 cbm Nadelschnittholz, 4.500 cbm Schnittholz hart, 140.000 cbm Grubenholz; 3. für Italien 300.000 Stück Eisenbahnschwellen, 25.000 cbm Telegrafenstangen, 233.000 cbm Nadelschnittholz, 7.000 cbm Schnittholz hart, 9.000 cbm Rundholz Nadel, 5.000 cbm Rundholz hart.“*[693]

Die Rahmenbedingungen der zweiten Ausschreibung waren günstiger. Die Inflation beruhigte sich zwischen April und Juni 1922 für kurze Zeit und das Wetter, angesichts des weitgehend auf den Einsatz von Muskelkraft angewiesenen Holzeischlags, blieb weitgehend freundlich. Dennoch war es notwendig, wegen der verspäteten Spezifikationen eine dritte Ausschreibung zu erarbeiten. Das geschah zwischen dem 23. Mai und dem Zuschlagsdatum des 8. Juni 1922, ein Zeitraum mit positiven Entwicklungen für die Sachlieferungen. Am 2. Juni wurde das Cuntze-Bemelmans und am 3. Juni das Ruppel-Gillet Abkommen unterzeichnet. Zum Zeitpunkt der Zuschläge an die anbietenden Lieferfirmen am 8. Juni waren die Gesamtanforderungen wie folgt abgedeckt:

> *„1. für Frankreich: 53.014* [Stück] *Telegrafenstangen, 54.585* [cbm] *Schnittholz gewöhnlich Nadel (in dieser Menge sind die 500 cbm Schnittholz hart mit enthalten); 2. für Belgien: 360.980 Stück Schwellen, 17.470 Stück Telegrafenstangen, 1.500 cbm Schnittholz Nadel, 4.500 cbm Schnittholz hart, 2.400 cbm Grubenholz; 3. für Italien: 81.550 Stück Schwellen, 27.560 Stück Telegrafenstangen, 168.275 cbm Schnittholz Nadel, 9.000 cbm Rundholz Nadel, 4.000 cbm Rundholz hart.“*[694]

Diese Zahlen bezifferten aber nur die vertraglich vereinbarten Liefermengen, die erst noch herzustellen und an die Empfänger zu liefern waren. Besonders bei den Telegrafenstangen für Belgien und Frankreich, sowie beim Grubenholz für Belgien bestanden noch erheblich Defizite. Auf anderen Gebieten konnte das RKAAG, zumindest in den Bestellungen bei

---

693 Bei den 25.000 Einheiten italienischer Telegrafenstangen hat der Verfasser der Quelle sehr wahrscheinlich statt „Stück“ die Maßangabe „cbm“ verwendet. Vgl. Commande 28 AC745-46-47, in: BArch R 3301–2167 Blatt 98.

694 Vgl. BArch R 3301–2167 Blatt 98.

den Produzenten, auf volle Erfüllung der Anforderungen verweisen. Die Reichsregierung versuchte zumindest den guten Willen Deutschlands zu zeigen, die Holzlieferungen auf einen besseren Weg zu bringen. Allerdings lagen zwischen den vertraglich vereinbarten Liefermengen zu Festpreisen in Papiermark und den Ablieferungen bis zu neun Monaten.

Schon wenige Wochen nach der Auftragserteilung erschütterte am 24. Juni 1922 der Mord an Walter Rathenau Deutschland und den Wert der Papiermark gleichermaßen. Die nun verstärkt einsetzende Hyperinflation führte zum Zusammenbruch aller preislichen Vereinbarungen in den Verträgen zwischen dem Reich und den Lieferunternehmen für Reparationsgüter. Hatte der Preis pro Festmeter Kiefernholz durchschnittlich im Januar 1922 bei 801 Mark gelegen, stieg dieser Preis bis April auf 1.643 Mark und blieb bis zum Rathenaumord auf diesem Niveau. Im Juli betrug der Durchschnittspreis 2.529 Mark, um im August auf 3.502 Mark und schließlich im Oktober 17.206 Mark zu steigen. Der Preis lag im Dezember schließlich bei 106.188 Mark pro Festmeter.[695] Verträge mit Preisen vom Juni 1922 waren bei dieser Preisentwicklung für die Auftrag nehmenden Unternehmen desaströs und sämtliche Lieferverträge wurden bis August 1922 storniert. Es drohte der Ausfall der gesamten Holzlieferungen, während die Reichsregierung in der Reparationsfrage zunehmend unter Druck stand.[696] Die Lage auf dem Holzmarkt blieb den Alliierten nicht verborgen und die Holzlieferungen wurden von Frankreich und Großbritannien unisono zu einer zentralen Reparationsforderung erhoben.[697]

Hektisch versuchten das RKAAG und die Landesauftragsstellen der Länder mit den beteiligten Holzproduzenten nach zu verhandeln. Nur gegen beträchtliche Aufschläge von bis zu 100% und auf der Basis von Goldmarkpreisen

---

695 Vgl. BArch R 3301–2167 Blatt 99.

696 Vgl. BArch R 3301–61 o. Z. RMfW an RFM vom 6. September 1922.

697 Sowohl die Regierungen in London und Paris verlangten von der deutschen Regierung ab August konkrete Zugriffsrechte auf Wälder und Zechen, sollten die deutschen Holz- bzw. Kohlelieferungen zu sehr von den vereinbarten Mengen zurückbleiben. Während Frankreich eine direkte Kontrolle über Pfandrechte anstrebte, wollte die britische Regierung über die Einsetzung „Überwachern" eine indirekte Kontrolle ausüben. Vgl. Feldman, Disorder, S. 457–459.

konnten die Lieferungen wieder in Gang gebracht werden.[698] Als Abgabetermin war der 30. November 1922 mit der Reparationskommission vereinbart worden.

Wegen der Verzögerungen konnten daher nur begrenzte Mengen der, ohnehin nur einen Teil der Forderungen abdeckenden, Holzlieferungen termingerecht geliefert werden. Spätere Lieferungen wurden von den französischen Abnahmestellen zurückgewiesen. Insgesamt waren 200.000 Telegrafenstangen angefordert worden, allerdings konnten bis zum Abgabetermin nur ca. 57.000 geliefert werden. Tausende später gelieferte Telegrafenstangen wurden von den französischen Abnahmestellen als nicht fristgerecht zurückgewiesen. Die Lieferungen für Schnittholz blieben weit hinter den Vorgaben zurück und erreichten nur 16.500 m³. Auch die belgischen Kontrolleure zeigten sich bei der Abnahme auffällig pedantisch und wiesen ca. 30.000 Eisenbahnschwellen aus Buchenholz wegen Schimmelbefall und falschen Abmessungen zurück. Dafür wurden die 540.000 übrigen geforderten Eisenbahnschwellen mit gelieferten 314.827 Stück bedient. Bei den für Belgien bestimmten Telegrafenstangen musste das RKAAG fast einen Totalausfall einräumen. Von 41.700 Stück wurden nur 1.318 geliefert. Ähnlich verhielt es sich bei den Schnittholzlieferungen von zusammen 6.000 m³, die nur mit 924 m³ befriedigt werden konnten. Beim Grubenholz dagegen musste der Totalausfall eingeräumt werden.

Für die geforderten 140.000 m³ Grubenholz wurde praktisch nichts angeboten, weil die deutsche Holzindustrie keinerlei Angebote in dieser Hinsicht eingereicht hatte. Besser war dagegen die Auslieferung an Italien. Von 200.000 Eisenbahnschwellen waren 150.708 geliefert worden. Bei Schnitthölzern wurden 109.532 m³ von 240.000 m³ und bei Rundhölzern 4.588 m³ von 14.000 m³ erreicht. Auch bei den Eisenbahnschwellen konnten von 300.000 angeforderten immerhin 150.708 geliefert werden.[699]

Die deutschen Rückstände bei den Holzlieferungen flossen auch in die Begründung für den Einmarsch belgischer und französischer Militärs in das

698 Vgl. BArch R 3301–61 o. Z. RFM an RKAAG vom 27. November 1922.
699 Vgl. zu allen Angaben BArch R 3301–2167 Blatt 100–104.

Ruhrgebiet mit ein. Entsprechend fieberhaft wurde nach dem Einmarsch nach Erklärungen für die Missstände gefahndet.[700]

Exkurs: Die Landesauftragsstellen

Das Vergabesystem durch die Landesauftragsstellen an Handwerker und Kleingewerbe war ein hochbürokratisches und ineffizientes System. Wie beschrieben orientierten sich die die deutschen Planungen für den Wiederaufbau der zerstörten Gebiete auf die Einbindung der deutschen Wirtschaft in den „Fachgruppen". Das Reich sollte in dieser Organisation nur Auftraggeber sein und die Ausführung weitgehend den Fachgruppen überlassen. Die umstrittenen Kriegsorganisationen waren hier ein warnendes Beispiel. Der designierte UStS Müller äußerte sich zum Thema der Verwaltungseingriffe in die Organisation der Sachlieferungen am 20. Oktober 1919:

> „[…] *denn sonst kommen wir eben zu einem Durcheinander, einem Tohuwabohu, wie es sich ja schließlich -wir dürfen das ja in diesem Kreise aussprechen- in der Kriegswirtschaft schon seit vier Jahren mehr oder weniger gezeigt hat, wo wir ja zu Zuständen gekommen sind, unter denen wir eigentlich noch zu leiden haben.*"[701]

Zu Zeiten des Kaiserreiches wäre dieser Ansatz möglicherweise noch umsetzbar gewesen. Das Waffen- und Munitionsbeschaffungsamt (Wumba) beim Preußischen Kriegsministerium hatte als zentrale Vergabestelle für Heeresaufträge fungiert. Aufgrund der gewaltigen Nachfrage nach Rüstungsgütern aller Art hatten die Rüstungsfirmen riesige Gewinne angehäuft, eine Entwicklung die während des Ersten Weltkrieges von politisch linken Kräften kritisiert worden war. Im demokratischen Deutschland war es aber nicht mehr möglich, bei einem so umfassenden Thema wie dem Wiederaufbau der zerstörten Gebiete, die politischen Interessen einfach zu ignorieren.

700 Vgl. Beschluss der Reparationskommission vom 26. Dezember 1922 wegen der deutschen „Nichterfüllung" bei den Holzlieferungen und Note der Französischen Regierung wegen des französisch-belgischen Einmarschs ins Ruhrgebiet vom 10. Januar 1923, nebst Anlage I, in: Aktenstücke zur Reparationsfrage, vom 26. Dezember 1922 bis 7. Juni 1923, Berlin 1923, S. 3–5.

701 Diese Ausführungen von Müller wurden bei einer Besprechung im RWM mit Vertretern der Reichsländer gemacht. Thema der Sitzung war eine weitgehende Enthaltung des zukünftigen RMfW bzw. RKAAG in Detailfragen der Ausführung der Wiederaufbaulieferungen durch die deutsche Wirtschaft. Vgl. BArch R 3301–24 Blatt 24.

Einige Reichsländer unter der Führung Bayerns, aber auch zahlreiche Parteien im Reichstag, erkannten hier die Gefahr, dass statt Kriegsgewinnlern nun Wiederaufbauprofiteure entstehen würden. Die deutschen Handwerker sahen sich erneut um ihre Teilhabe an diesem Förderprogramm aus Steuermitteln, nichts anderes waren die Aufträge für Reparationsgüter, geprellt. Zur Bündelung ihrer Interessen wurde der Reichsverband des deutschen Handwerks gegründet. Zum Zeitpunkt seiner Entstehung umfasste der Verband nach eigenen Angaben 1,25 Millionen Betriebe mit drei Millionen Arbeitnehmern und sieben Millionen Familienangehörigen.[702]

Eine vollkommene Ausschließung von der Teilhabe des Handwerks an der Auftragsvergabe erfolgte nicht. Die Verhandlungen zwischen den Fachgruppen, dem RKAAG, RMfW, RWM sowie den Reichsländern über das Vergabesystem zog sich bis März 1920 hin.[703] Das Reich als Auftraggeber verteilte schließlich alle Aufträge nach einem Verteilungsschlüssel auf die Reichsländer.

Diese eröffneten Auftragsämter zur Steuerung der Verteilung von Wiederaufbauaufträgen innerhalb der Fachgruppen ihres Zuständigkeitsbereiches.[704] Dadurch sollte eine möglichst sozial gerechte Verteilung auf Handwerks- und Industriebetriebe ermöglicht werden. Bei der Ablieferung von Vieh sollten neben Großproduzenten auch kleine landwirtschaftliche Betriebe zum Zugschlag kommen. Allerdings war dieses Vergabesystem sehr ineffizient, weil „der bureaukratische Geist Orgien feiern [konnte]. Der Fehler lag im System, das von einer bureaukratischen Organisation die Durchführung einer Aufgabe erwartete, die nur in praktischer Einzelarbeit gelöst werden konnte.“[705]

Anfang 1923 wurde bei einer Überprüfung der vergebenen Aufträge die extrem geringe Wirkung festgestellt. Im Haushaltsjahr 1921 waren

702 Vgl. BArch R 3301–95 o.Z. Meldung des Reichsverbands des deutschen Handwerks vom 10. November 1919.

703 Vgl. BArch R 3301–78 o.Z. RKAAG an RMfW vom 1. April 1920 Tätigkeitsbericht Nr. 5.

704 Landesauftragsstellen wurden für Bayern in München, für Sachsen in Dresden und für Thüringen in Weimar eingerichtet. Vgl. BArch R 3301–95 o.Z. Submissionsamt an RMfW vom 29. März 1920; BArch R 3301–98 Blatt 28 und 299.

705 Vgl. Bergmann, S. 119.

insgesamt 6.410.028,50 Mark an Aufträgen über sämtliche Landesauftragsstellen an Handwerker und Kleingewerbe verteilt worden. Für das Haushaltsjahr 1922 sank diese Summe trotz der Hyperinflation der zweiten Jahreshälfte auf 5.119.650 Mark. Der Referent fügte angesichts dieser schockierend niedrigen Markbeträge handschriftlich hinzu: „Nach persönlicher Rücksprache sind es Papiermark."[706] An sonstigen Aufträgen wurden über die Landesauftragsstellen 1921 Aufträge im Gesamtwert von 206 Millionen Mark vergeben, wovon allein die Holzlieferungen 144 Millionen Mark ausmachten.

Vom Stand des 14. September 1922 waren die deutschen Aufträge für Reparationslieferungen bis dahin wie folgt verteilt worden: Landesauftragsstellen 6%, Fachverbände 40% und Einzelfirmen 54%. Von allen Aufträgen waren 19% in das besetzte Gebiet und 81% an Auftragnehmer im unbesetzten Deutschland vergeben worden.[707]

III.4 Das Reichsministerium für Wiederaufbau

Das RMfW wurde durch „Erlass betreffend die Errichtung und den Geschäftskreis des Reichsministeriums für Wiederaufbau" vom 7. November 1919 gegründet.[708] Mit der „Verordnung über die Auflösung des Reichsministeriums für Wiederaufbau" vom 8. Mai 1924 wurde die Behörde aufgehoben.[709]

Die Beratungen und Vorstellungen über ein eigens für den Wiederaufbau der zerstörten Gebiete zu schaffendes Reichsministerium können bis zum

---

706 Für 1921 entfielen Aufträge an Handwerker und Kleingewerbe auf: Preußen im Wert von 1.913.778 Papiermark; Bayern im Wert von 1.359.500 Papiermark; Sachsen im Wert von 2.460.573 Papiermark; Baden 209.250 Papiermark; Hessen 149.370 Papiermark Oldenburg 149.370 Papiermark; Bremen 168.187,50 Papiermark. Entsprechend die Angaben für 1922: Preußen 1.517.600 Papiermark; Bayern 408.000 Papiermark; Sachsen 2.584.800 Papiermark; Württemberg 411.750 Papiermark; Hessen 197.500 Papiermark. Vgl. BArch R 3301–1704 o.Z. Handwerker und Kleingewerbe Beteiligung an der Reparationslieferungen beim Reichskommissar für den Wiederaufbau der zerstörten Gebiete.

707 Vgl. BArch R 3301–110 Blatt 107.

708 Vgl. RGBl. Jg. 1919, S. 1875.

709 Vgl. RGBl. Jg. 1924, S. 433.

Frühjahr 1919 zurückverfolgt werden. Wie bereits erwähnt hatte die WaKo vor dem Friedensschluss die Gründung eines Reichsministeriums zum Wiederaufbau der zerstörten Gebiete angeregt.[710] Das schriftliche Referat Koenemanns an UStS Moellendorff vom 17. Mai 1919, indem Koenemann direkt zu den Anregungen der WaKo Stellung bezog, bildete den ersten quellengestützten Beleg für konkrete Planungen für den Wiederaufbau im Rahmen eines speziellen Reichsministeriums.[711] Allerdings verneinte Koenemann die Notwendigkeit zur Schaffung eines neuen Reichsministeriums, weil ein Sonderministerium organisch nicht in die bestehende Geschäftsverteilung der Reichsministerien einzuordnen wäre. Stattdessen entwarf er eine tendenziell dezentrale Struktur.

Das Konzept wurde aber in dieser Form nicht weiter verfolgt, obwohl bereits wichtige Elemente einer zukünftigen Regelung darin enthalten waren. Stattdessen wurde, wie bereits erläutert, zunächst das Modell eines Reichskommissars für Wiederaufbau favorisiert, wobei die übrigen Bestimmungen des Friedensvertrages ohne Koordination bei den Fachministerien verblieben.

Nach dem erzwungenen Friedensschluss war es für die deutsche Außenpolitik vordringlich geworden, von den Alliierten als Generalunternehmer anerkannt zu werden. Dazu wurden alle Exporte nach Belgien und Frankreich, über die Stellen für Ein- und Ausfuhrkontrolle, verboten. Durch das „Loch im Westen“ war die Reichsregierung nicht in der Lage dieses Verbot vollständig durchzusetzen.

Die Ausgestaltung des RKAAG kam in den entscheidenden Sommermonaten 1919 kaum voran. Auf französischer Seite zeichnete sich dagegen ab, dass Deutschland vom Wiederaufbau vor Ort fast vollkommen abgeschnitten und weitgehend auf die Lieferung von Reparationsgütern beschränkt werden sollte. Die Entwicklungen erzeugten wachsenden politischen Druck, um das erstrebte Ziel einer weitgehenden Beteiligung deutscher Arbeitskräfte am Wiederaufbau der zerstörten Gebiete zu erreichen.

710 Vgl. „Mitteilungen“ Nr. 10 vom 17. April 1919; Vgl. dazu auch ARWR, Kabinett Bauer, Bd. 1, Nr. 43.

711 Vgl. BArch R 3301–52 o. Z. Der Reichskommissar für Eisen- und Metallverarbeitung an RWA/RWM vom 17. Mai 1919.

Die politische Situation der Reichsregierung im September 1919 war ohnehin prekär. Ihre Reichstagsmehrheit war dünn und der anhaltende Druck der vielen außen- und innenpolitischen Probleme nötigte zu einer Verbreiterung der Regierungskoalition. In dieser Situation bot die DDP im September 1919 an, wieder in die Reichsregierung eintreten zu wollen, nachdem die Reichstagesfraktion die Unterschrift unter den Versailler Vertrag verweigert und mit der Regierung Scheidemann aus der Verantwortung geflohen war.[712]

Der Oberbürgermeister von Kassel Erich Koch-Weser, als einer der bedeutendsten DDP-Politiker seiner Zeit, stand einer Beteiligung an der Reichsregierung zunächst kritisch gegenüber. Ihn störte besonders die Zusammenarbeit mit Reichsfinanzminister Matthias Erzberger (Zentrum). In dem unpopulären Erzberger sah er eine zu große Belastung für die Regierungskoalition. Ausschlaggebend für seine Einwilligung zum Eintritt in die Koalition war, dass Koch-Weser die Republik und ihre Errungenschaften gegen die radikalen Kräfte von links und rechts verteidigen wollte.[713] Mit Erzberger als Reichsminister fand er sich ab, forderte im Gegenzug Zugeständnisse für seine Partei ein. Für ihre Beteiligung an der Regierungsbürde verlangte die Parteiführung der DDP die Reichsministerien für Inneres, Justiz und Verkehr.

Während das Justizministerium von Otto Landsberg (SPD) bereitwillig dafür frei gemacht wurde, musste Reichsinnenminister Eduard David (SPD) höflich vom Reichskanzler gedrängt werden. David wurde im neuen Kabinett Reichsminister ohne Portefeuille. Das Reichsverkehrsministerium verblieb aber in Händen von Johannes Bell (Zentrum). Das Zentrum stimmte am 26./27. September 1919 immerhin zu, die Vizekanzlerschaft der DDP zu überlassen.[714] Als Alternative wurde die Gründung eines neuen Ministeriums für Wiederaufbau vorgeschlagen, das die DDP übernehmen könnte. Der Vorschlag stammte von Reichskanzler Bauer, der hierfür ein „sachliches

712 Vgl. Walter Mühlhausen, Friedrich Ebert 1871–1925. Reichspräsident der Weimarer Republik, Bonn 2006, S. 281.

713 Vgl. ARWR, Kabinett Bauer, Bd. 1, Dok. Nr. 64 vom 18. September 1919, S. 259–263 und Dok. Nr. 69 vom 26. September 1919, S. 276–278.

714 Das war der Stand nach einer Besprechung des Regierungskabinetts am 27. September 1919. Vgl. ARWR, Kabinett Bauer, Bd. 1, Dok. Nr. 69 vom 26. September 1919, S. 276–278.

Bedürfnis“ erkannte, „denn die Wiederaufbaufragen bilden einen so großen Komplex von wirtschaftlichen Aufgaben der schwierigsten Art, dass sie im Rahmen des jetzt damit betrauten Reichswirtschaftsministeriums kaum voll gelöst werden können“.[715]

Die DDP Vertreter stimmten dieser Regelung in einer interfraktionellen Besprechung mit Vertretern von Zentrum und SPD am 29. September 1919 zu. Eugen Schiffer (DDP) wurde am 2. Oktober 1919 zum Justizminister und Vize-Kanzler ernannt. Nach einigem Zögern wurde Koch-Weser, der zwischen einer langfristigen Stelle als Oberbürgermeister und der unsicheren Zukunft als Reichsminister schwankte, am 5. Oktober zum Reichsinnenminister ernannt.

Die Position des Reichsministers für Wiederaufbau war nur schwer zu besetzten, denn die DDP suchte in ihren Reihen einen Wirtschaftsfachmann ohne Parlamentsmandat. Carl Melchior und Otto Wiedfeldt, besonders letzterer ein hochgehandelter Fachmann und Wunschkandidat, lehnten ab.[716] Auch Politiker wie Hermann Luppe und Hans Luther zeigten kein Interesse. Nach wochenlanger Suche willigte schließlich am 20. Oktober 1919 der Oberbürgermeister von Nürnberg Otto Geßler ein, Reichsminister für Wiederaufbau zu werden. Für ihn sprach, dass er ein süddeutscher Politiker war und als OB seine Stadt vergleichsweise gut durch die Versorgungsengpässe des Ersten Weltkrieges gebracht hatte.[717] Am 25. Oktober 1919 wurde Geßler vom Reichspräsidenten ernannt und damit der Parteienproporz im Kabinett hergestellt.[718] Geßler blieben weniger als fünf Monate, um dem neuen Reichsministerium einen Kurs für die Zukunft zu geben.

Eigentlicher Gründungstag des Reichsministeriums für Wiederaufbau war der 7. November 1919. An diesem Tag wurde der „Erlass betreffend die Errichtung und den Geschäftskreis des Reichsministeriums für Wiederaufbau“ von Reichspräsident Ebert im Reichsgesetzblatt veröffentlicht.[719]

---

715 Vgl. ARWR, Kabinett Bauer, Bd. 1, Dok. Nr. 69 vom 26. September 1919, S. 277.

716 Vgl. Günter Arns, Regierungsbildung und Koalitionspolitik in der Weimarer Republik, Tübingen 1971, S. 88 bzw. S. 35 (Anhang).

717 Vgl. Möllers, S. 5.

718 Vgl. Telegramm von Geßler an Koch-Weser vom 20. Oktober 1919, in: ARWR Kabinett Bauer, Bd. 1, Dok. Nr. 84 vom 21. Oktober 1919, S. 316.

719 Vgl. Erlass vom 7. November 1919 (RGBl. S. 1875).

Eine dazugehörige Darstellung der Gründung des RMfW wurde in einer „Denkschrift über die Organisation und die Aufgaben des Reichsministeriums für Wiederaufbau“ zusammengefasst. Diese Denkschrift wurde als Reichstagsdrucksache veröffentlicht und diente als offizielle Version der Ursachen für die Neugründung.[720]

Gemäß dieser Darstellung hatte die Reichsregierung erkannt, dass

> *„das Ineinandergreifen der verschiedenen Verpflichtungen, ihre überragende Bedeutung für das gesamte Wirtschaftslebens Deutschlands und für die Gestaltung der Beziehungen zu den Vertragsgegnern sowie die Unzugänglichkeit einheitlicher Grundsätze und Richtlinien bei der Ausführung gebieterisch die Vereinigung der Durchführung aller wirtschaftlichen Bestimmungen des Friedensvertrags in einer Hand und die Ausgestaltung dieser Zentralstelle zu einer obersten Zentralbehörde unter einen für den ganzen Komplex ihrer Aufgaben verantwortlichen Reichsminister verlangten.“*

Diese Darstellung war nicht falsch, sparte aber die zahlreichen politischen Dimensionen aus, die weit mehr ursächlich für die Entstehung des RMfW waren. Im Versailler Vertrag hatte sich das Deutsche Reich in Artikel 211 verpflichtet seine rechtlichen und verwaltungsorganisatorischen Systeme an die Bedingungen anzupassen:

> *„Nach Ablauf einer Frist von drei Monaten nach Inkrafttreten des gegenwärtigen Vertrages muss die deutsche Gesetzgebung die erforderlichen Abänderungen erfahren haben und dann von der deutschen Regierung mit diesem Teile des gegenwärtigen Vertrags in Einklang gebracht werden. Binnen der gleichen Frist müssen von der deutschen Regierung alle Verwaltungs- und sonstigen Maßnahmen zur Ausführung dieses Teiles getroffen worden sein.“*[721]

Von Frankreich waren für den Wiederaufbau zwei Ministerien gebildet worden. Für den Wiederaufbau des Wohnraums und zur Rekultivierung der Böden wurde das „ministère des régions libérées“ und für den Wiederaufbau der Industrie zusätzlich das „ministère de la reconstruction nationale“ geschaffen.[722] Diese Verwaltungsorganisation hatte in gewisser Weise für Deutschland Modellcharakter. Immerhin war der Wiederaufbau der zerstörten Gebiete zu einem überwiegenden Teil in Frankreich auszuführen.

---

720 Vgl. Verhandlungen des deutschen Reichstags, Bd. 17, Anlage 7, S. 87 und R 3301–2008 Blatt 25–29.

721 Vgl. Abschnitt V des Versailler Vertrages (RGBl. 1919, S. 969).

722 Vgl. BArch R 3301–23 Blatt 23.

Zugleich gehörte das Land zu den großen vier Nationen des Versailler Vertrages und besetzte eine Schlüsselrolle in der Nachkriegszeit.

Im Nachtragshaushalt 1919 waren, wegen der „Unsicherheit der Verhältnisse“ hinsichtlich des Wiederaufbaus der zerstörten Gebiete, nur vergleichsweise geringe Mittel für die Verwaltungsorganisation des Wiederaufbaus eingeplant worden. Für eine Bedarfsplanung fehlten schlicht Konzepte oder zumindest klar definierte und zugewiesene Aufgabengebiete. Das zunächst zuständige RWM war zu konkreten Bedarfsaufstellungen für Personal, eben wegen der unsicheren Verhältnisse, aber ebenfalls kaum in der Lage gewesen.[723] Nur die Stellen für einen Vortragenden Rat und zwei Expedierende Sekretäre wurden angefordert. Konfrontiert mit der Neugründung mussten nun schnelle Lösungen gefunden werden, die für die Anforderungen des RMfW zumindest ausreichten. Die Strukturen des RMfW können durch die Darstellung der Geschäftsverteilung verdeutlicht werden. Das neue Reichsministerium hatte fünf Kernaufgaben:

1.) Die unmittelbare wirtschaftliche Wiedergutmachung,
2.) Die Ausgleichung von Forderungen und Schulden gegenüber den bisher feindlichen Staaten,
3.) Die Abwicklung der Liquidationen,
4.) Die Entschädigung der Auslandsdeutschen,
5.) Die Ausgleichung der Kriegsschäden der deutschen Reederei (See- und Binnenschifffahrt sowie Reederei).[724]

Dieser Arbeitsauftrag schlug sich entsprechend in der Geschäftsverteilung des frühen RMfW nieder.[725] Die Aufgaben wurden auf die drei Hauptabteilungen A, B und C verteilt. Die dort tätigen Referenten waren nicht nur zur Überwachung der zuständigen Reichsbehörden und Dienststellen eingeteilt. Wie in der Einleitung dargestellt, agierten diese Beamten als „Springer“, um bei den jeweiligen Verwaltungsstellen mit ihrer besonderen Expertise

723 Vgl. Erläuterung zum Reichshaushalt Kapitel 11, Titel 1–5, in: Verhandlungen des Deutschen Reichstags, Bd. 14, Anlage IVa Haushalt für das Reichswirtschaftsministerium für das Rechnungsjahr 1919.

724 Vgl. BArch R 3301–1748 o.Z. Abschrift zu H. B. 98/19 und den „Erlass, betreffend die Errichtung und den Geschäftskreis des Reichsministeriums für Wiederaufbau“, vom 7. November 1919 (RGBl. S. 1875).

725 Vgl. Anhang Geschäftsverteilungsplan vom 1. Januar 1920.

aushelfen zu können. Dadurch sollten personelle Engpässe bei den angeschlossenen Stellen ausgeglichen werden. Diese ständigen Überschneidungen erschwerten es häufig zwischen dem RMfW und seinen angeschlossenen Verwaltungsstellen zu unterscheiden.

In der Hauptabteilung A wurden Fragen der wirtschaftlichen Wiedergutmachung und des Wiederaufbaus der zerstörten Gebiete Belgiens und Nordfrankreichs gebündelt. Ein besonderer Fokus lag auf dem Wiederaufbau der zerstörten Gebiete, von dem sich die Reichsregierung eine Minderung der Reparationslasten erhoffte.[726] Zum Wiederaufbau wurden auch die Wiedergutmachungsleistungen nach den Bestimmungen des Friedensvertrages gezählt. Hinsichtlich der Wiedergutmachungen betraf dies insbesondere die Artikel 235 und 236 mit den Anlagen IV (Lieferung von Tieren, Maschinen und Materialien für den Wiederaufbau), V (Lieferung von Kohlen und Kohlennebenprodukten) und VI (Lieferung von Farbstoffen und anderen Erzeugnissen der chemisch-pharmazeutischen Industrie) des Versailler Vertrages. Indirekt gehörte zu den Wiedergutmachungen auch gemäß Artikel 238 die Rücklieferungen von den aus den besetzten Gebieten fortgeschafften Tieren und Gegenständen aller Art. Hinzugenommen wurde die Ablieferung der kriegswirtschaftlich wichtigen Geräte und Maschinen nach Artikel 169.[727]

In Hauptabteilung B wurden Verwaltungsgeschäfte für Liquidationen, Entschädigungen und die Ausgleichung der Vorkriegsschulden zusammengefasst. Forderungen und Schulden zwischen deutschen juristischen und natürlichen Personen sowie den juristischen und natürlichen Personen der Siegermächte, die während des Ersten Weltkrieges nicht bedient worden waren, mussten in einem Ausgleichsverfahren verrechnet werden (Artikel 296 nebst Anlage).[728] Die Liquidationen feindlichen ausländischen Besitzes während des Ersten Weltkriegs im Reichsgebiet und den besetzten Gebieten mussten abgewickelt werden (Artikel 297 und 298 nebst Anlage). Durch die Abwicklung der Liquidationen und das Ausgleichsverfahren auftretende

726 Vgl. Referate A1 bis A4.
727 Vgl. Referate A5 bis A11.
728 Vgl. Referat B5 und Kapitel IV.4.

Schädigungen von betroffenen deutschen juristischen und natürlichen Personen mussten aus dem Reichshaushalt entschädigt werden (Artikel 260).[729]

Hauptabteilung C wurde zur Ablieferung der Reparationsleistungen von zivilen Hochsee- und Binnenschiffen gegründet. Hier wurde die Ausführung der Artikel 236 nebst Anlage III, Artikel 339 und 357 des Friedensvertrages überwacht. Diese Bestimmungen umfassten den Abschluss der Ablieferung der ehemaligen Handelsflotte, Hafen- und Schiffsmaterial sowie die verschiedenen Schiffsbauten für Reparationslieferungen.[730] Die Aufsicht über die sonstigen Neubauten der Handelsflotte und Binnenschiffe hatte ebenfalls die Abteilung C.[731]

Nur die Seefischereifahrzeuge wurden davon durch eine eigene Abteilung C. I. abgetrennt. Auch hier waren große Teile der Hochseefischereifahrzeuge abgeliefert worden (Artikel 236 Anlage III) und mussten durch Neubauten ersetzt werden.[732] Besonders an der Abteilung C war, dass diese als ehemalige Schifffahrtsabteilung zum RWM gehörte. Nach der Gründung des RMfW wurde eine neue institutionell-organisatorische Konstruktion eingerichtet:

> „*Die Bearbeitung der* [Schifffahrts-] *Angelegenheiten erfolgt wie bisher im Reichswirtschaftsministerium, jedoch im Namen und im Auftrage des Ministers für Wiederaufbau.* [...] *Die Beamten erhalten ihre sachlichen Weisungen vom Minister für Wiederaufbau, bleiben aber in persönlicher und staatsrechtlicher Beziehung allein dem Reichswirtschaftsminister unterstellt.*“[733]

Sehr wahrscheinlich wollte das RWM nicht dauerhaft die Zuständigkeit für den wichtigen Wirtschaftsbereich der deutschen Schifffahrt an das RMfW abtreten und behielt mit dieser Konstruktion eine institutionelle Zugehörigkeit zum RWM bei. Dies galt umso mehr, als dass der Wiederaufbau der deutschen Handelsflotte in einem überschaubaren Zeitraum abgeschlossen sein würde. Eine Rückeingliederung in das Ressort des RWM wurde durch diese Organisationsform begünstigt, zumal auch das RVM hier Ansprüche geltend machen konnte.

729 Vgl. Referate B1-B4 und Kapitel II.2.

730 Vgl. Referate C3 und C5 sowie die Ausführungen zum RWHF.

731 Vgl. Referate C1, C2 und C4.

732 Einige Geschäfte des Wiederaufbaus der Handelsflotte wurden im Reichsverkehrsministerium bearbeitet und erst zum 1. November 1920 mit dem RMfW vereinigt.

733 Vgl. BArch R 3301–1f Blatt 26.

Die Abteilungen A, B, C wurden durch die allgemeinen Verwaltungsabteilungen D (Personal), E (Finanzen), F (Recht) und G (Generalreferat für allgemeine Angelegenheiten und den Friedensvertrag) ergänzt, die in erster Linie für die Aufrechterhaltung des Dienstbetriebes zuständig waren. Allerdings hatten auch diese Abteilungen einen unterschiedlichen Einfluss auf die Ausführung des Friedensvertrages.

Besonders galt dies für das Generalreferat, das eine zentrale Lenkungsfunktion zwischen dem RMfW, dessen ressortierenden Dienststellen, dem Regierungskabinett, dem Reichsrat und -tag einnahm. Über die Zuständigkeit für alle Presseangelegenheiten vertrat das Generalreferat das RMfW gegenüber den Medien. Ebenso wichtig waren die Mitwirkungsmöglichkeiten bei den Angelegenheiten des Friedensvertrages. Diese reichten von der abschließenden Deutung des Vertragsinhalts, der Mitwirkung bei Ergänzungsabkommen zum Friedensvertrag und der allgemeinen Überwachung der Tätigkeiten der anderen Abteilungen des RMfW. Zudem diente das Generalreferat als Schnittstelle zur deutschen Friedensdelegation in Paris (AA) und der deutschen Kriegslastenkommission.

Zu erwähnen bleibt noch die Rechtsabteilung (E), die für die interne Politik des RMfW einige Bedeutung hatte, da sie mit den Beamtenausschüssen verhandelte und an deren Sitzungen teilnahm. Die Ausgestaltung aller für die Erfüllung des Friedensvertrages notwendigen Dienststellen des RMfW erstreckte sich über einen längeren Zeitraum.

Bei der Gründung wurden dem RMfW folgende Verwaltungsstelle angegliedert: der Rückeis, die REK, der Treuhänder, RKLAU und RWHF angegliedert. Danach wurden folgende Dienststellen vom RMfW geschaffen: RKAAG zum 8. November 1919 (RGBl. S. 1895); RRLK zum 3. Januar 1920 (RGBl. S. 15); DKE zum 14. Februar 1920 (RGBl. S. 235); Kolonialzentralverwaltung zum 1. April 1920 als Abwicklungsstelle des RKolM gemäß Erlass, betreffend die Aufhebung des Reichskolonialministeriums vom 31. März 1920 (RGBl. S. 380); RKA zum 20. April 1920 (RGBl. S. 621); RAA zum 24. April (RGBl. S. 597).[734] Später geschaffene und dem

734 Vgl. BArch R 3301–2008 Blatt 27–29. Zur Kolonialzentralverwaltung siehe Geschäftsverteilungsplan des RMfW vom 1. August 1920 in BArch R 3301–1f Blatt 150.

RMfW angeschlossene Behörden waren das REAK am 30. Juli 1921 (RGBl. S. 1046) und gegen Ende 1921 der RKOS.

Die Abgrenzung der Kompetenzen des RMfW zu den anderen Ressorts wurde in einer Besprechung in der Reichskanzlei am 1. November 1919 erörtert. Anwesend waren Vertreter des RMfW, AA, RWM, RFM, RSchM, RArbM und RKolM. Der erste Satz des Ergebnisberichts ist von großer Bedeutung:

> *„Die Abgrenzung wird in dem Sinne vereinbart, dass das Reichsministerium für Wiederaufbau mit den bisherigen Gegnern Verhandlungen führt und dass ihm für diese Verhandlungen die bei anderen Ministerien verbleibenden Behörden, wie z. B. der Kohlenkommissar usw., zur Verfügung stehen.“*[735]

Damit hatte das AA seinen Alleinvertretungsanspruch in Außenwirtschaftsfragen verloren. Gleichzeitig hatte das RMfW das Recht Kapazitäten bei den übrigen Reichsbehörden nach Bedarf in Anspruch zu nehmen.

Es wurde dem RMfW auferlegt die Sachlieferungen mit dem RWM zu koordinieren. Nach einer Verständigung zwischen den Ressorts konnte eine Zusammenarbeit ermöglicht werden. Überhaupt waren in der Frühphase des RMfW zahlreiche Probleme zu überwinden.

Eine richtungsweisende Entscheidung für den Charakter des RMfW war die Beibehaltung seiner angeschlossenen Reichsbehörden und Dienststellen. Statt diese Aufgaben im Ministerium selbst zu bündeln und die bisher ausführenden Verwaltungsstellen aufzulösen, wurde diese dezentrale Struktur beibehalten. Die institutionellen Beziehungen des RMfW zu den angeschlossenen Reichsbehörden und Dienststellen beschränkten sich auf Unterstützung, Überwachung und Vereinheitlichung. Durch den Einsatz der Referenten als „Springer“, die bei Bedarf flexibel einsetzbar waren, wurde der dezentrale Charakter des RMfW unterstrichen. Eine Folge dieser Vorgehensweise war die Etablierung von überlappenden Aufgabenverteilungen beim RMfW und den angeschlossen Reichsbehörden und Dienststellen. Daraus resultierte die später immer wieder bemängelte Aufrechterhaltung von angeblich teuren und damit unnützen Doppelstrukturen. Das RMfW hatte wegen dieser Vorgehensweise im Grunde nur begrenzt eine eigene Geschichte. Die eigentlichen Fortschritte wurden in den angeschlossenen

---

735 Vgl. BArch R 3301–1a Blatt 10–13.

Reichsbehörden und Dienststellen vollbracht, die damit auch die Geschichte des RMfW prägten. Erkennbar wurde das RMfW nur in den entscheidenden Sachfragen, bei der Vertretung gegenüber der Öffentlichkeit und im Kabinett.

Der Aufbau des neuen Reichsministeriums ab Oktober 1919 war von einer Reihe von Schwierigkeiten begleitet. Hinter den politischen Kulissen hatte die Reichsbürokratie zügig mit den Vorbereitungen für das zukünftige RMfW begonnen. Die erwähnten euphorischen Debatten rund um die deutsche Beteiligung am Wiederaufbau materialisierten sich mit Bekanntwerden des Aufbaues des RMfW in Bergen von Anfragen, Zuschriften und Bewerbungen für den Wiederaufbau. Die Presse verfolgte die Entwicklungen genau und berichtete kritisch für ihre Leserschaft.

Gleichzeitig befanden sich die obersten Reichsbehörden noch immer in der Umbruchphase zwischen Kaiserreich und Republik, die mitunter aufwändige Anpassungsprozesse erforderte. Das RMfW war das erste neue Reichsministerium nach der Verabschiedung der Weimarer Verfassung und die letzte Neugründung in der Frühphase der Weimarer Republik.[736] Der Aufbau der Verwaltungsstrukturen und die Gewinnung von Personal fielen in eine Phase angespannter Ressourcen der Reichsverwaltung.

Ein zentrales Problem war zunächst die Unterbringung des RMfW. Nach vier Jahren Krieg war die Bausubstanz der vorhandenen Verwaltungsgebäude häufig unzureichend. Die Räume waren schlecht geheizt worden und Feuchtigkeit war in die Räume eingedrungen. Das Mobiliar konnte nicht erneuert werden und das neue Massenkommunikationsmittel „Telefon“ war in vielen älteren Gebäuden kaum vorhanden, oder kriegsbedingt sogar entfernt worden. Neubauten hatte es nach 1914 praktisch kaum mehr gegeben, dazu fehlten die Mittel und Arbeitskräfte. Nur weit vom Zentrum Berlins entfernt oder in Hotels konnten noch Räume angemietet werden. Das RMfW selbst kam in der Wilhelmstraße 62 unter, wobei die Abteilung

---

736 Das Reichsministerium für Ernährung und Landwirtschaft wurde am 30. März 1920 wieder eingerichtet. Nach Kriegsende war aus dem Reichsernährungsamt ein Reichsernährungsministerium geworden, das aber vom 15. September 1919 bis zum 30. März 1920 im RWM eingegliedert war. Es handelte sich somit nicht um eine Neugründung, sondern um eine Wiedereinsetzung analog zum RSchM, das zum RFM umfunktioniert und danach neu errichtet worden war. Vgl. Deutsche Verwaltungsgeschichte, Bd. 4, S. 116.

C entsprechend beim RWM am Kurfürstendamm 193/194 verblieb.[737] Für die angeschlossenen Reichsbehörden und Dienststellen waren in der Stadtmitte von Berlin nur selten Räumlichkeiten zu finden.

Auch die Personalrekrutierung litt unter den Nachwirkungen des Krieges. Es herrschte Ende 1919 ein Überangebot an (Reichs-) Beamten im Wartestand. Während des Krieges waren viele jüngere Beamte zum Kriegsdienst eingezogen worden und ihre Ausbildung hatte erheblich darunter gelitten. Ihre Position wurde häufig mit Fachkräften aus der Wirtschaft besetzt, die im Laufe des Krieges ihre Verbeamtung erreichten, ohne die entsprechende Beamtenlaufbahn absolviert zu haben.[738] Dazu kamen tausende Kriegsversehrte, die vielfach ohne ausreichende Qualifikation auf Verwaltungsstellen eingesetzt wurden, um politische Probleme zu vermeiden.[739]

Demgegenüber war die Beschäftigung von Frauen in der Reichsverwaltung zwar enorm gewachsen, aber eine dauerhafte Verbeamtung konnte nur eine kleine Zahl erreichen.[740] Bei Kriegsende kehrten die eingezogenen Beamten auf ihre Stellen zurück, bzw. forderten gemäß den Demobilmachungsvorschriften eine adäquate Planstelle ein. Die Nachfrage nach Beamtenstellen war auf Reichs- und Länderebene weit höher als das Angebot. Doch Ende 1919 waren die besser ausgebildeten Beamten in guten Beamtenstellungen untergekommen. Übrig blieben zumeist ältere oder jene schlecht ausgebildeten Quereinsteiger aus der Kriegszeit. Zudem waren viele der stellensuchenden Beamten schlicht ungeeignet für die freien Stellen. Es fehlte ihnen die Qualifikation.

---

737 Das Ordenspalais Wilhelmsplatz 8/9 Ecke Wilhelmstraße 61a/62 wurde ab 1933 vom Reichsministerium für Volksaufklärung und Propaganda genutzt. Das Bundesministerium für Arbeit und Soziales bezog das Gebäude 1999.

738 Vgl. Tibor Süle, Preußische Bürokratietraditionen. Zur Entwicklung von Verwaltung und Beamtenschaft in Deutschland 1871–1918, Göttingen 1988, S. 225.

739 Vgl. Süle, Preußische Bürokratietraditionen, S. 226. Traditionell wurden aus der Armee ehrenhaft entlassene Veteranen als untere Beamte, z. B. als Polizist oder Schaffner, von den Ländern weiter beschäftigt. Diese Praxis wurde, trotz der großen Zahl der entlassenen Kriegsversehrten, wenn möglich beibehalten. Durch Reichsgesetze und Verordnungen zur beruflichen Eingliederung von Kriegsbeschädigten waren sie besonders geschützt.

740 Vgl. ebd. S. 226–227. Die Frauen waren nach Kriegsende auch die ersten, die ihre Stellen in der Demobilmachung räumen mussten.

Erhöht wurde dieser Personaldruck durch die Beamten unter den Flüchtlingen und Vertriebenen aus den verlorenen deutschen Gebieten in Europa und den Kolonien. Diese Beamten forderten ebenfalls adäquate, ihren früheren Aufgaben mindestens entsprechende, Stellen mit angemessener Besoldung. Besonders gewichtig waren die Forderungen der Kolonialbeamten, weil diese im Reichsdienst standen. Angesichts der Auflösung und Integration der Restverwaltung des Reichskolonialministeriums in das RMfW wurden dort Stellen mit beschäftigungslosen Kolonialbeamten besetzt. Die Restverwaltung des RKolM bot den nahe liegenden Zusammenhang zu den Tätigkeiten in den ehemaligen Schutzgebieten.

Seit Kriegsende forderte die öffentliche Meinung, in Unkenntnis der Gründe der sich abzeichnenden Inflation, Einsparungen in der öffentlichen Verwaltung. Haushaltspolitische Exzesse wie in der Kriegszeit wollten die Wähler nicht mehr tolerieren. Mit Verweisen auf die gestiegenen Verwaltungskosten im Reichshaushalt wurde die Verschwendungssucht in den öffentlichen Haushalten angeprangert.[741] Die Unterbringung von ganzen Behörden in Hotels als Notbehelf war für eine Besserung der öffentlichen Meinung kaum geeignet.

Die Zustände waren den Verantwortlichen in Politik und Verwaltung durchaus bewusst. Parallel mit dem Aufbau des RMfW sollte daher der Abbau des RKolM betrieben werden. Geeignetes Personal und Räumlichkeiten wurden von dort übernommen. Doch bereits kurz nach der Gründung des Ministeriums häuften sich die Klagen. Es gab trotzdem nicht genügend geeignete Räume, denn der Abbau benötigte mehr Zeit als geplant. Auch fähiges Personal für die Reparationsverwaltung war in den Resten des RKolM nur geringfügig zu finden gewesen. Dringend gesucht wurden Spezialisten mit Kenntnissen in internationalen Rechtsfragen, Ökonomie und Buchhaltung. Die Masse der Beamten schied daher wegen ihrer juristischen Ausbildung aus. Diese „Generalisten“ waren bereits im Krieg überfordert

741 Die Verwaltungstätigkeit war während des Krieges kontinuierlich eingebrochen und hatte bei Kriegsende vor dem Kollaps gestanden. Die Gehälter der mittleren und unteren Beamten konnten mit der Geldentwertung nicht mithalten und Korruption hielt Einzug in den Amtsstuben. Die deutsche Bevölkerung registrierte diese Entwicklungen und entwickelte eine bis dahin unbekannte Antipathie gegen die Verwaltung. Vgl. Süle, S. 228–231.

gewesen. Das vorhandene Personal war nach wenigen Monaten vollkommen überlastet und forderte verzweifelt nach Unterstützung.

Nicht nur das RMfW hatte mit diesen Problemen zu kämpfen, sondern die gesamte Reichsverwaltung in Berlin, die dort gleichzeitig mit der preußischen Landesverwaltung um Ressourcen konkurrierte. Wegen der personellen Defizite begannen einzelne Reichsministerien mit Vergünstigungen Fachkräfte aus anderen Behörden abzuwerben. Die Praxis führte in mindestens einem Fall zur Einschaltung des Reichskanzlers, der gegen diese Praktiken einzuschreiten versuchte.[742] In den nachgeordneten Behörden behalf man sich pragmatisch durch Einstellung von Angestellten aus der Privatwirtschaft. Diese Vorgehensweise war möglich, weil diese Verwaltungsebene weniger im Rampenlicht der Medien stand.

Für das RMfW war dieser Weg nur sehr begrenzt möglich. Stattdessen wurde ein neues Verfahren etabliert. Das RMfW wurde ein Provisorium für begrenzte Zeit. Im Reichshaushalt wurde es als „künftig wegfallend" geführt, es fehlte also nur noch ein Verfallsdatum.[743] Die Angestellten und Beamten des RMfW wurden je nach Bedarf auf die Abteilungen und angeschlossenen Dienststellen wie beschrieben als Springer verteilt, ihre Verwendung war bezeichnenderweise „fliegend". Dadurch wurde das RMfW flexibler und war später leichter wieder zu liquidieren.[744] Angestellte waren hinsichtlich ihres Arbeitsvertrages weniger flexibel einsetzbar. Ihre berufliche Mobilität, in der klassischen preußischen Beamtenausbildung allgemein üblich, war weit geringer. Auch hatten die Personalverantwortlichen noch die Quereinsteiger aus der Zeit des Krieges im Gedächtnis. Daher wurde ungeeigneten Wartegeldempfängern im Zweifelsfall der Vorzug vor angestellten Fachkräften gegeben. Daraus resultierten in der Folgezeit zahlreiche

742 Vgl. BArch R 3301–1c Blatt 17, 19 und 55.

743 Vgl. Gesetz, betreffend die Ergänzung zum Reichsgesetze, betreffend die vorläufige Regelung des Reichshaushalts für das Rechnungsjahr 1920, vom 31. März 1920 (RGBl. S. 425), vom 8. Mai 1920 (RGBl. S. 917). Die Formulierung wurde wie folgt gewählt: „Da das Reichsministerium für Wiederaufbau seiner Bestimmung nach nur eine beschränkte Anzahl von Jahren bestehen wird, ist sein gesamter Haushalt als „künftig wegfallend" bezeichnet worden." Vgl. ebd. S. 932.

744 Vgl. Lassar, Reichseigene Verwaltung unter der Weimarer Verfassung, in: Jahrbuch des öffentlichen Rechts, Bd. 14, 1926, S. 170.

Fehlentwicklungen, die auf das RMfW und die deutsche Außen- und Innenpolitik zurückfielen. Das Fehlverhalten einiger Beamter sollte schon während des Kapp-Lüttwitz Putsches im März 1920 augenscheinlich werden.

Wenn das RMfW eine Stunde der Bewährung hatte, dann war diese am 17. März 1920 gekommen. In Berlin hatten am Samstag den 13. März die Putschisten um Generallandschaftsdirektor Wolfgang Kapp und General Walther Freiherr von Lüttwitz mit Hilfe von bewaffneten Kräften die Macht übernommen und strebten die Beseitigung der nach Stuttgart geflohenen Reichsregierung an.

Die Behörden waren am 13. und 14. März geschlossen. Auch UStS Müller wurde am 13. März der Zutritt zum RMfW verweigert.[745] Dieses Zeitfenster mussten die Putschisten dazu nutzen, die Reichsverwaltung und preußische Landesverwaltung in ihre Hände zu bekommen. Angesichts einer geflohenen Reichsregierung und der seit Tagen praktisch gelähmten Reichs- bzw. preußischen Staatsverwaltung entwickelte sich die Gefahr von chaotischen Zuständen nicht nur in Berlin sondern im ganzen Deutschen Reich. Dieser Eindruck wurde durch die Folgen des, angeblich von der Reichsregierung geforderten, Generalstreiks unterstützt. Dadurch stieg der Druck auf die Beamten, unter einer Regierung von Putschisten ihre Tätigkeit wiederaufzunehmen.

Am 15. März hatte der selbsternannte „Reichskanzler“ Kapp eine „Verordnung“ an alle Behörden des Reiches erlassen: Alle Reichs-, Landes- und Gemeindebeamten mussten „[...] unverzüglich ihren Dienst wieder [...]“ aufnehmen. Die einzelnen Ressorts sollten eigenständig über den Verbleib der nichtbeamteten Personen der Regierung Bauer entscheiden. Dienstälteste nichtparlamentarische Unterstaatssekretäre wurden von den Putschisten, in Annahme ihrer Loyalität und ohne ihr Einverständnis, zu Leitern ihrer Ministerien ernannt. Diese Verordnung war allgemein bekannt zu machen. Die Putschisten versprachen im Gegenzug die Behörden vor Eingriffen des Militärs in den Dienstablauf zu schützen. In allen Ministerien waren Tag- und Nachtschichten einzurichten, um beispielsweise die Kontrolle über das übrige Reichsgebiet zu erleichtern.[746]

---

745 Vgl. BArch R 3301–21 Blatt 15.
746 Vgl. BArch R 3301–21 Blatt 11.

Bereits kurz nach Beginn des Putsches hatte Reichsminister Geßler an UStS Müller telegrafiert, dass die Reichsregierung weiterhin im Amt wäre und Müller den Reichsminister in Berlin vertreten sollte.[747] Es dürfte eine merkwürdige Situation für den UStS gewesen sein, als der geflohene Dienstherr ihn aus sicherer Entfernung anwies, sich – im übertragenen Sinn – den Bajonetten der Putschisten mit der Feder des Schreibers entgegenzustellen.

Als Reaktion auf den Putsch entwickelte die oberste Reichsverwaltung eine beispiellose Eigeninitiative zum Erhalt der verfassungsmäßigen Ordnung. Am Sonntag den 14. März 1920 traten die Unterstaatssekretäre der Reichsministerien zu konspirativen Beratungen zusammen. Am 15. März versandte UStS Müller an alle nachgeordneten Behörden des RMfW folgende Anweisung:

> „*Die am 14. März 1920 zu gemeinsamer Beratung versammelten Unterstaatssekretäre der Reichsministerien sind einstimmig entschlossen, ihre Ämter ausschließlich im Auftrag der verfassungsmäßig gebildeten Reichsregierung und die laufenden Geschäfte nur im Rahmen des verfassungsmäßig beschlossenen Haushaltsplanes zu führen. Sie können nach ihren verfassungsmäßig übernommenen Verpflichtungen Weisungen von niemand anders als von Mitgliedern des Reichsministeriums Bauer entgegennehmen. Hiervon werden sie die Beamtenschaft in Kenntnis setzen.*“[748]

Ähnliche Anweisungen wurden auch in den übrigen Reichsministerien erlassen. Dadurch konkurrierten zwei entgegengesetzte Arbeitsaufträge an die Beamtenschaft miteinander. Zum einen verlangten die Putschisten die Unterordnung unter die neue Gewalt. Auf der anderen Seite mobilisierten die Unterstaatssekretäre ihre Reichsministerien gegen die Putschisten. Unterstützung erhielten die Unterstaatssekretäre der Reichsministerien von den Unterstaatssekretären der preußischen Landesministerien, die eine Kooperation mit den Putschisten ebenfalls verweigerten.

Die Putschisten gerieten durch die Verweigerungshaltung der Verwaltungsbehörden in arge Bedrängnis und wurden zu einer Abkehr von der „Verordnung“ vom 15. März gezwungen. Da die Unterstaatssekretäre als oberste Repräsentanten der Beamtenschaft sich den Putschisten

747 Vgl. ebd. Blatt 12.

748 Vgl. BArch R 3301–21 Blatt 7 und Erwin Könnemann/G. Schulze (Hrsg.), Der Kapp-Lüttwitz-Ludendorff-Putsch, Dokumente, Dok. Nr. 149, München 2002, S. 210.

verweigerten, wurden neue Reichs- und preußische Staatsminister ernannt, die an die Stellen der geflohenen Minister treten sollten. In einigen Fällen setzten die Putschisten nun doch bewaffnete Gewalt ein, um die neu ernannten Minister in ihren Ministerien zu installieren. Die Anspannung erreichte danach einen kritischen Punkt und alle verfügbaren Unterstaatssekretäre der Reichsministerien und Preußischen Staatsministerien trafen zu gemeinsamen Beratungen mit den in Berlin verbliebenden Reichs- und Landesministern Schiffer, Südekum, Heine, Schlicke und Fischbeck zusammen.

Am 17. März, dem letzten Tag des Putsches, rief UStS Müller im Anschluss an die Beratung mit den Landes- und Reichsministern alle Beamten des RMfW und RKolM zusammen.[749] Im Beisein der Reichskommissare Guggenheimer und Hilbenz schilderte Müller die augenblickliche Situation aus seiner Sicht. Demnach führte eine Delegation der Unterstaatssekretäre unverbindliche Besprechungen mit den Putschisten. Die Einleitung von offiziellen Verhandlungen war von der nach Stuttgart geflohenen Regierung verweigert worden. Allerdings hatte Vizekanzler Schiffer in Berlin nichts einzuwenden gegen die Aufnahme von informellen Besprechungen. Müller erklärte, dass der Stand dieser Besprechungen von 19:00 am 16. März ergeben hatte, dass „wir annehmen konnten, daß Kapp zurücktritt, daß Lüttwitz mit seinen Truppen sich an die Seite der alten Regierung stellte und daß ein von den Kommunisten angeblich geplanter und als Ultimatum verkündeter Putsch auf diese Weise verhindert werden könnte.“[750]

Bemerkenswert daran war die Nennung eines angeblichen „Putsches“ der Kommunisten, der von Seite der Putschisten in den Besprechungen ab ca. 17:00 am 16. März ins Spiel gebracht worden war.[751] UStS Müller zog die Möglichkeit eines Aufstandes der Kommunisten in Zweifel, aber er bewertete die Situation für noch immer bedrohlich, weil die Besprechungen der Delegation mit den Putschisten zum Zeitpunkt der Versammlung im RMfW noch nicht beendet war.

749 Vgl. Protokoll der Versammlung im RMfW vom 17. März 1920 in: BArch R 3301–21 Blatt 38–53 und Könnemann/Schulze, Der Kapp-Lüttwitz-Ludendorff-Putsch, Dok. Nr. 178, Seite 244; BArch R 43 I-2721 Blatt 27–29.

750 Vgl. BArch R 3301–21 Blatt 39.

751 Vgl. ebd. Blatt 39.

Möglicherweise um den Anwesenden ein positives Beispiel zu geben berichtete Müller, dass Kapp als neuen preußischen Innenminister Herrn von Jagow ernannt hatte.[752] MinDir Meister, als Dienstältester der Beamten im Preuß. Innenministerium, hätte sich den Anordnungen Jagows aber nicht beugen wollen und wäre deshalb in Schutzhaft genommen worden. Auch der UStS des Reichspostministeriums hätte sich gegen den neu ernannten Reichspostminister gewandt und wäre ebenfalls vorübergehend verhaftet worden.[753] Wegen dieses offenen Widerstandes hätte Kapp auch die Ernennung des neuen Reichspostministers zurück gezogen und den UStS aus der Schutzhaft entlassen. Diese Entwicklungen begründete Müller mit dem geschlossenen Auftreten der gesamten Beamtenschaft des Reichspostministeriums zu Gunsten ihres UStS.

Zusätzlich baute Müller die Drohkulisse seiner baldigen Verhaftung auf, indem er erklärte, „daß man damit rechnen müsse, daß sämtliche Unterstaatssekretäre verhaftet werden." Den Grund der befürchteten Verhaftungswelle schob er als dezenten Hinweis auf die geforderte Verfassungstreue aller Beamten nach: „Sie wissen ja, wir wollen nur für die auf verfassungsmäßiger Grundlage gebildete Regierung weiter arbeiten. Das scheint man zum Anlaß nehmen zu wollen." [...] „Ich würde nur der militärischen Gewalt weichen."[754] Diese Erklärung der eigenen Opferbereitschaft leitete Müller direkt auf die geforderten Opfer der Beamten über.

Gemäß der Besprechung zwischen den Unterstaatssekretären und den verbliebenen Reichs- und Staatsministern wurde festgelegt, dass im Falle einer Neubesetzung eines Ministeriums durch die Putschisten die betroffenen Beamten nicht zum Dienst erscheinen sollten. Die Bekanntmachung dieser Anweisung an die Beamten war eine Sensation, wenn nicht sogar eine beamtenrechtliche Revolution. Daher beeilte sich Müller sofort zu betonen, „daß darin kein Beamtenstreik gefunden werden kann, daß von den Beamten nicht verlangt würde, daß sie streiken [...]."Vielmehr diente diese außerordentliche Maßnahme dem Ziel, „durch ihr Verhalten die einzig bestehende rechtmäßige Regierung zu stützen."[755]

752 Vgl. ARWR, Kabinett Bauer, Bd. 1, Dok. Nr. 189, S. 679.
753 Vgl. Könnemann/Schulze, Dok. Nr. 170, S. 238.
754 Vgl. BArch R 3301–21 Blatt 40–41.
755 Vgl. BArch R 3301–21 Blatt 40–41.

Die Streikfrage für Beamte war gerade 1919/20 ein besonders schwieriges Thema, über das in allen politischen Lagern heftig diskutiert wurde. Für die Sozialisten und Demokraten war es ein Zeichen der Gleichheit auch den Beamten das Streikrecht zu gewähren. Die Konservativen und Republikgegner auf der anderen Seite des politischen Spektrums erkannten darin den „Anfang vom Staatsbankrott“.[756]

Nach den Ausführungen von UStS Müller erhob der Offizier a. D. RechR Mettke, möglicherweise stellvertretend für eine schweigende Gruppe, das Wort, um in scharfer Form gegen die Reichsregierung und Müller zu polemisieren: „Wie ist es menschenmöglich, unser Vaterland und uns so im Stich zu lassen? Heute, wo jeder Einzelne von uns geschlossen der Regierung [Kapp] folgen sollte, die uns die Judenwirtschaft abnehmen will, denn die heutige Regierung [Bauer] ist eine Judenregierung. Die müssen ‘raus die Leute!“[757] Diesen Angriffen fügte er freimütig hinzu, dass er persönlich bei den Putschisten in der Reichskanzlei gewesen war, um Kontakte herzustellen. Zudem erklärte Mettke, dass er „dem Ruf des Herrn Unterstaatssekretär niemals Folge leisten“ werde.[758] Müller verneinte in seiner Antwort auf diese Tirade das Recht von Mettke, in der Eigenschaft als Reichsbeamter eigenständig in die Reichskanzlei zu gehen.

Von dieser eher politisch-theoretischen Ebene wandte sich die Diskussion zunächst dem praktischen Problem des Fernbleibens vom Dienst zu. Eine Handlung die Müller nicht als Streik werten wollte. GJR Straehler stützte die Position des UStS, indem er erklärte, dass die Reichsregierung Bauer weiter im Amt sei, weil die Putschisten die Reichsverfassung nicht außer Kraft gesetzt hätten. Demnach hätten die Beamten nur den Organen zu dienen, die von der Verfassung als solche definiert wurden. Die Putschisten wären nur ein vorübergehender Machtfaktor, der keine verfassungsrechtliche Relevanz für die Verwaltung habe. Damit wäre keine rechtliche Verpflichtung vorhanden, nicht doch die Verwaltungsgeschäfte zu tätigen, „die ohne Rücksicht auf die politische Lage dazu dienen, um das Vaterland

756 Vgl. Hans Hattenhauer, Geschichte des deutschen Beamtentums, 2. Aufl., Köln 1993, S. 341.
757 Vgl. BArch R 3301–21 Blatt 41.
758 Vgl. ebd. Blatt 42.

zu retten."[759] Straehler trennte in seiner weiteren Argumentation die Verwaltungsgeschäfte in politische und dem Vaterland nützliche Geschäfte. Letztere sollten seiner Meinung nach von allen Beamten geleistet werden, „denn die Gefahr besteht, daß wir in ein ungeheures Chaos hineingeraten. Massen von Menschen werden, wenn die Behörden die Arbeiten einstellen, auf die Straße geworfen, was dazu beiträgt, daß auch die Politik auf die Straßen geworfen wird."[760]

Müller konnte diesem Gedankengang nicht zustimmen, vermied in seiner Antwort auf die Ausführungen Staehlers, immerhin dem Leiter der Rechtsabteilung, eine eindeutige Festlegung. Eine individuelle Gewissensentscheidung eines jeden Beamten, ob diese auch bei einem von den Putschisten installierten Minister weiterarbeiten sollten oder nicht, schloss Müller aber aus. Straehler erwiderte zu diesen Überlegungen, dass

> *„der Staatswagen oder Amtswagen* [...] *derartig in seinem Gleise* [steht], *daß er auch mal eine zeitlang ohne Führer fährt."*

Kritischer sah Straehler die Frage, was passieren sollte, falls tatsächlich Anarchie ausbräche. Für diesen Fall meinte er, dass

> *„die Beamten auch in der Lage* [wären], *irgendwelche Geschäfte, wie sie uns gegenwärtig als das Beste erscheinen, auszuführen und eine zeitlang führerlos zu arbeiten, um dem Vaterlande zu dienen."*[761]

Diese verbalen Überlegungen provozierten einen Zwischenruf: *„Wie war es am 9. November* [1918]*?"*[762] Dieser Rückgriff auf den letzten Verfassungsnotstand zeigte die Unsicherheit innerhalb der Beamtenschaft über den Zustand der Reichsverfassung, der Reichsregierung und des Deutschen Reiches insgesamt.[763] Die Gedanken, die hier in einigen Köpfen bestanden, könnten auf die Idee einer Staatsautorität schaffenden Beamtenschaft hinaus laufen. Letztendlich wäre den Beamten die Rolle des „Königmachers" zugefallen.

---

759 Vgl. BArch R 3301–21 Blatt 45.
760 Vgl. ebd.
761 Vgl. ebd. Blatt 46.
762 Vgl. BArch R 3301–21 Blatt 46.
763 Auch die Putschisten beriefen sich als Legitimation auf das Recht des Staatsnotstandes vom 9. November 1918. Vgl. ARWR, Kab. Bauer, Bd. 1, Dok. Nr. 189, S. 678.

UStS Müller versuchte diesen Vorstoß abzulenken und betonte die besondere Machtüberleitung von Reichskanzler Max von Baden an Friedrich Ebert. Reichskanzler von Baden hatte damals die Beamten aufgefordert weiter zu arbeiten, wodurch eine Kontinuität zwischen dem alten Regime und der neuen Reichsleitung erreicht worden war.

Doch der Leiter der Kolonial-Zentralverwaltung GRR Gerstmeyer knüpfte an den Gedanken des Staatsnotstandes an.[764] Dieser war in seiner Uniform als Hauptmann anwesend und betonte, dass er „augenblicklich zur Fahne einberufen" worden sei.[765] Daher würde er nur in seiner Funktion als Hauptmann sprechen und nicht als Beamter und Vorgesetzter. Mit energischen Worten richtete Gerstmeyer einen Appell an die Anwesenden:

> *„Meine Herren! Sie sind nicht klar über die Tatsachen unterrichtet und ich glaube, auch Herr Unterstaatssekretär kennen nicht alle ganz die tatsächlichen Verhältnisse. Wer hält die Ordnung aufrecht? Nur die Kugeln noch. Die Macht reagiert augenblicklich. Wir geraten in ein ungeheures Chaos. Wir haben augenblicklich die Macht in Händen und hoffen, daß wir sie behalten. Die neue Regierung kann sich nur stützen auf die Masse. Die alte Regierung ist augenblicklich nicht da. Die Truppen folgen nicht. Die Truppen müßten durchkommen. Mit papiernen Befehlen ist augenblicklich nichts zu machen. Es ist kein Vergnügen, uns täglich rumzuschließen mit Spartakisten."*[766]

Müller sprach in seiner Erwiderung ausweichend den Putschisten das Recht ab Offiziere einzuziehen und verlangte von Gerstmeyer seinen Dienst in der Behörde zu versehen. Dieser erwiderte darauf, dass er Freiwilliger sei und von der „alten Regierung" verpflichtet worden wäre. Die Einberufung wäre von den gleichen Vorgesetzen gekommen, dessen Untergebener Gerstmeyer schon in der „alten Regierung" gewesen war.[767] Er äußerte seine Überzeugung, dass die Beamtenschaft ihren Dienst für das Vaterland

---

764 Vgl. Biografien in VI. Anhang.

765 Vgl. BArch R 3301–21 Blatt 48.

766 Vgl. BArch R 3301–21 Blatt 48.

767 Gemeint waren hier wahrscheinlich die Einwohnerwehren die nach der Revolution 1918 im ganzen Reich gebildet wurden. Am 13. März 1920 rief die Reichszentrale für Einwohnerwehren diese „zum Schutz von Ruhe und Ordnung, zur Verteidigung von Heim und Herd gegen Unruhestifter und Verbrechertum" auf. Vgl. dazu: Könnemann/Schulze, Dok. Nr. 106, S. 160. Die Putschisten deckten die Mitglieder der Einwohnerwehren durch eine VO vom 16. März 1920. Darin wurde den Mitgliedern der Einwohnerwehren

verrichten sollte: „Ich nehme am Kampfe teil, ich stelle mich in den Dienst des Vaterlandes. Der Streik muß niedergekämpft werden mit der Kugel.“[768]

Auf diese martialische Ansprache meldete sich Rechtsanwalt Wolf zu Wort. Er erkannte in der Haltung der Unterstaatssekretäre für die verfassungsmäßige Ordnung den ausschlaggebenden Moment für die zukünftige Entwicklung. Wolf lenkte den Blick der Anwesenden auf die Fakten und beschwor die Gefahr eines neuen Krieges gegen Frankreich herauf:

> *„Es ist ein Wahnsinn, zu glauben, daß wir jetzt etwa einen neuen Krieg gegen Frankreich beginnen könnten – und nur dann hätte eine Politik, wie sie Kapp vertritt, Sinn. Heute hängt unsere Zukunft ab von unserer wirtschaftlichen Wiedererstarkung und von der Möglichkeit, uns in der Welt wieder durchzusetzen* [...] *Hüten wir uns davor, die Sachlage nur nach Berlin zu beurteilen. Im Reich sieht es ganz anders aus. Dort steht man geschlossen zur alten Regierung und Verfassung.* [...] *Wir Deutschen sind ja wieder viel zu gute Kinder und lassen uns vom Gemüt beherrschen und begreifen nicht verstandesgemäß die Schwere der Stunde.“*[769]

Diese schonungslose Analyse untergrub den Befürwortern der Putschisten ihre Argumentationsbasis. In dieser Situation erhöhte Müller den Druck auf die Anwesenden und drohte, dass der Einzelne „dann die Folgen [zu] ziehen“ habe.[770] Nun stellte sich auch Straehler mit einem klaren Bekenntnis auf den Boden der Reichsverfassung. Daraufhin erklärte Müller noch einmal ausdrücklich, dass

> *„sobald ein fremder Herr von Kapp hier eingesetzt wird, die sämtlichen Beamten die Arbeiten nicht fortzusetzen haben. Die Unterstaatssekretäre sind der Meinung, daß sie alle verpflichtet sind, die Arbeiten dann nicht fortzusetzen. Wer dieser Aufforderung nicht nachkommt, hat das mit sich abzumachen und muß eventuell die Konsequenzen auf sich nehmen.“*[771]

Zwischenrufe nach einer improvisierten Vertretung für die Person von UStS Müller lehnte dieser entschieden ab und er schloss kurz darauf die Versammlung mit einer erneuten Ermahnung der Anwesenden.

---

zugesichert, dass deren Arbeitgeber keine Sanktionen gegen sie erheben durften. Vgl. ebd. Dok. Nr. 172, S. 238.

768 Vgl. BArch R 3301–21 Blatt 48.

769 Vgl. BArch R 3301–21 Blatt 49.

770 Vgl. ebd. Blatt 51.

771 Vgl. BArch R 3301–21 Blatt 52.

Nicht viel später verschaffte sich ein Oberleutnant Zieger Zugang zu UStS Müller und befragte ihn, ob er Anweisung gegeben habe, dass die Beamten seines Ministeriums nicht mit der Regierung Kapp kooperieren dürften. Müller erklärte daraufhin, „daß er eine Regierung Kapp nicht kenne und daß die Verfügung von ihm erlassen sei." Danach wurde Müller unter seinem Protest zur Reichskanzlei abgeführt.[772]

Die Vorgänge beim RMfW waren brisant, weil hier besondere Umstände zusammen trafen. Wie beschrieben war das RMfW auf den Fundamenten des RKolM errichtet worden. Doch das RKolM befand sich im Auflösungsprozess zum 1. April 1920 und sollte als Kolonialzentralverwaltung im RMfW abgewickelt werden.[773] Gleichzeitig wurden viele Beamte aus dem Dienst in den ehemaligen Schutzgebieten im RMfW beschäftigt. Dazu kamen ehemalige Angehörige der Schutztruppen. Besonders diese Beamten waren eine Quelle für Anhänger der Putschisten.

Der Auftritt von Abteilungsleiter Gerstmeyer in seiner Funktion als Hauptmann verdeutlicht die extrem gespaltene Haltung der Beamtenschaft zum Putsch. Die Ansichten des Rechnungsrats Mettke zeigten zudem klar antisemitische Züge. Die Äußerungen von Abteilungsleiter Straehler tendierten zur pragmatischen Haltung eines Vernunftrepublikaners. Rechtsanwalt Wolf hingegen zeigte dagegen sein klares Bekenntnis zur Republik und gegen einen erneuten Krieg gegen Frankreich.

UStS Müller nahm eine beinahe märtyrerhafte Rolle in seiner Verteidigung der Republik ein, die er bis zu seiner Verhaftung beibehielt. Durch ihre konsequente Haltung hatten die Unterstaatssekretäre großen Anteil am Scheitern des Putsches, denn der Generalstreik benötigte Zeit um Wirkung zu entfalten. Die Eigeninitiative für den Erhalt der Republik von Beamten, die ihre Karrieren zu großen Teilen während des Kaiserreiches durchlaufen hatten, kann nicht unterschätzt werden.

Nach dem Ende des Kapp-Putsches wurden trotz der Standhaftigkeit im RMfW in der Presse erhebliche Angriffe auf das Ministerium gestartet. Am 1. April 1920 meldete der „Vorwärts", dass ehemalige Angehörige

---

772 Vgl. ebd. Blatt 17.

773 Vgl. Erlass, betreffend Aufhebung des Reichskolonialministeriums, vom 29. März 1920 (RGBl. S. 380).

der Schutztruppen beim RMfW zu den Putschisten übergelaufen wären.[774] Der Artikel bildete den Auftakt für die Untersuchungen zum Verhalten einzelner Beamter während dem Putsch. Ursache des Presseberichts war die Aufstellung eines Schutzregiments „Groß-Berlin“ während des Putsches. Dort hatten auch ehemalige Offiziere der Schutztruppe beim RMfW teilgenommen. Zur Legitimation wurden ihnen sog. „Lüttwitz-Pässe“ ausgestellt, die wiederum beim RWehrM zu bekommen waren. Im Artikel wurden keine Namen genannt. Die folgenden Untersuchungen beim RIM richtete sich primär gegen Hauptmann a. D. Wanka, Major a. D. Strümpell und Abteilungsleiter Hauptmann a. D. Gerstmeyer.

Die Ergebnisse konnten nur zum Teil in den Quellen verifiziert werden. Zu Beginn der Verfahren wurde Strümpell am 5. April befragt, der erklärte, dass das Regiment keine politischen Ziele verfolgt habe, sondern nur die öffentliche Ordnung aufrecht erhalten sollte. Die „Lüttwitz-Pässe“ hätte Wanka beschafft, weil die Inhaber der Pässe in das RMfW gelassen wurden, um dort weiterzuarbeiten.[775] Am 7. April erfolgt die Befragung von Wanka, der ausführlich erklärte, dass er von GORR Gerstmeyer und einem Major Keil dazu beauftragt worden war ehemalige Angehörige der Schutztruppe für das Schutzregiment „Groß-Berlin“ zu rekrutieren.[776] Zu den „Lüttwitz-Pässen“ gab Wanka eine pragmatische Erklärung ab. Demnach erlaubten die Pässe freien Zugang zu allen Bereichen der Stadt und damit auch zum RMfW. Daher hatte er eine Reihe von Personen mit den Pässen versorgt. Eine Schädigung der Reichsregierung hatte er damit nicht bezwecken wollen.[777]

Diese Version wurde von Major Keil bestätigt, der zudem zu Protokoll gab, dass nur wenige ehemalige Offiziere dem Schutzregiment beigetreten

---

774 Vgl. BArch R 3301–21 Blatt 27. Zur Stellungnahme des Autors des Vorwärts-Artikel, Geheimer expedierender Sekretär a. D. Koch, vor dem Reichsgericht während des Prozesses wegen Hochverrats vgl. ebd. Blatt 34.; zum Artikel im „Vorwärts“ vgl. BArch R 3301–21 Blatt 27.

775 Vgl. BArch R 3301–21 Blatt 18.

776 Angehörige des Schutzregiments Groß-Berlin unterstützten nicht nur die Kapp-Putschisten aktiv. Bereits während des sog. „Spartakus – Aufstandes“ kämpfte das Schutzregiment gegen Aufständische.

777 Vgl. BArch R 3301–21 Blatt 22–24.

wären, weil beim Dienst im Regiment schlicht kein Versicherungsschutz bestanden habe.[778]

Schließlich wurde Gerstmeyer zu den Vorkommnissen befragt. Er gab zu Protokoll, dass das Schutzregiment im Februar 1919 von Reichswehrminister Noske gegründet worden war und nur im Mobilmachungsfall zusammentreten sollte. Angehörige des Regiments erhielten einen Stahlhelm, Passierscheine, eine gelbe Armbinde und ein Gewehr mit Munition. Das Regiment habe aus Personen aller Schichten und politischen Gesinnungen bestanden. Als Senior-Mitglied hatte es Gerstmeyer als seine Pflicht empfunden, weitere Mitglieder für das Regiment zu werben. Neben Wanka konnte Gerstmeyer auch die Offiziere Eylau und Keil anwerben. Der Umstand, dass das Schutzregiment „Groß-Berlin" im Mobilmachungsfall General von Lüttwitz unterstellt gewesen war, bezeichnete Gerstmeyer als Zufall.[779]

Am 12. April legte abschließend GORR Straehler sein juristisches Gutachten für den Gebrauch des „Lüttwitz-Passes" vor. Seiner Einschätzung nach war der Gebrauch des Passes unter den Bedingungen des Putsches rechtlich nicht zu beanstanden. Die Untersuchungen wurden danach eingestellt. Dienstrechtliche Konsequenzen wurden nicht gezogen. Immerhin wurden Notfallpläne entwickelt. Grundlage war ein Kabinettsbeschluss vom 17. Februar 1922. Dazu wurden Listen mit den Kontaktadressen aller telefonisch erreichbaren Reichs-, preußischen Staats- und berliner Kommunalbeamten zusammengestellt.

Die Reichsregierung wurde nach dem Putsch grundlegend umgestaltet. Reichskanzler Bauer musste zu Gunsten seines Parteikollegen Hermann Müller zurücktreten. Reichswehrminister Noske trat ebenfalls zurück, allerdings war kein anderer SPD Politiker bereit, das Reichswehrministerium zu führen. Reichsminister Geßler von der DDP wurde mangels anderer Kandidaten zum Reichswehrminister bestimmt. Angesichts der für den 6. Juni 1920 anberaumten Reichstagswahlen blieb der Posten des Reichsministers für Wiederaufbau vakant. Nach den Wahlen sollte eine neue Regierung die Lücke besetzen. Doch das RMfW sollte bedeutend länger ohne Reichsminister bleiben.

---

778 Vgl. BArch R 3301–21 Blatt 24–25.
779 Vgl. BArch R 3301–21 Blatt 28–29.

Zwischen den Reichstagswahlen vom 6. Juni 1920 und dem Ende des zweiten polnischen Aufstandes am 28. August 1920 wurden für die nähere Zukunft der deutschen Organisation der Reparationen entscheidende Weichen gestellt. Bei den Reichstagswahlen verloren die Regierungsparteien SPD, DDP und Zentrum ihre Mehrheit. Die darauf folgenden Koalitionsverhandlungen erbrachten keine Regierung, die auf eine Mehrheit im Reichstag gestützt war. Von der DVP, deren Partizipation am Kabinett Grundvoraussetzung für die Beteiligung der DDP war, wurde verlangt, die Reichsministerien möglichst mit Fachleuten zu besetzen. In der DVP und den ihr nahestehenden Industrieverbänden war man überzeugt, dass nur Experten dem Dilettantismus der bisherigen Reichsminister entgegen zu wirken vermochten.[780] Die Besetzung der Ministerposten gestaltete sich schwierig. Schließlich wurde eine Minderheitskoalition aus DDP, Zentrum, BVP und DVP geschlossen, der als Reichskanzler Konstantin Fehrenbach vorstand. Es wurde weder ein Reichsminister für Wiederaufbau ernannt, noch eine doppelte Amtsführung über das RMfW durch einen anderen Reichsminister beschlossen.

Eine Begründung für die Vakanz konnte nicht genau eruiert werden. Verschiedene Modelle scheinen denkbar. Zunächst war das Amt des Wiederaufbauministers mit wenig politischem Prestige verbunden. Die DDP hatte mit Geßler den ersten Wiederaufbauminister gestellt und könnte von einem erneuten Versuch zurückgeschreckt sein. Die kleineren Parteien konnten kaum riskieren, bei einem politisch brisanten Thema wie den Reparationen, das RMfW zu übernehmen. Im ungünstigsten Fall hätte diejenige Partei, die den Reichsminister für Wiederaufbau gestellt hätte, in den politischen Abgrund gerissen werden können. Die Reparationen waren nicht umsonst ein in der Öffentlichkeit extrem negativ besetztes Thema. Angesichts der enormen Stimmverluste der Vorgängerregierung, könnten die Politiker versucht gewesen sein, diesen undankbaren Posten bewusst unbesetzt zu lassen.

Beispielsweise wurde dem Verbandsfunktionär der Spiritus-Wirtschaft Hermann Kreth am 23. Juli 1920 von der DVP der Posten des Reichsministers für Wiederaufbau angetragen. Doch am 24. Juli lehnte Kreth ab.[781] Reichsjustizminister Dr. Heinze (DVP) äußerte sich am 7. August 1920

780 Vgl. Arns, S. 111.
781 Vgl. ARWR, Kabinett Fehrenbach, Bd. 1, Dok. Nr. 31, S. 80.

dahingehend, dass „das Wiederaufbauministerium zu übernehmen, hätten seine Parteifreunde keinen Schneid.“[782] Die Kreuzzeitung berichtete am 9. Juli 1920, dass der BVP das RMfW angetragen wurde, diese aber abgelehnt hatte.[783]

Möglicherweise bildete das RMfW auch Verhandlungsmasse für den Einstieg einer weiteren Partei in die Regierungskoalition. Angesichts der Schwierigkeiten bei der Aufnahme der DDP im Jahr 1919 in die damalige Koalition, aus der wie beschrieben das RMfW entstand, war ein unbesetztes Ministerium eine jederzeit verfügbare Verhandlungsmasse zur Neuverteilung der Kabinettsposten.

Die Führung der Amtsgeschäfte des RMfW verblieb daher weiter in den Händen von StS Müller, der als Beamter auch auf der internationalen Ebene deutsche Interessen vertreten musste.[784] Immerhin hatte StS Müller in der Kapp-Krise seine Treue zur Republik bewiesen und war ein anerkannter Fachmann. Allerdings war er kein Gestalter, sondern ein Sachwalter. Die Bayerische Staatszeitung kritisierte dieses Vorgehen, weil Müller nicht dem Parlament gegenüber verantwortlich wäre. Auch der Mangel an politischer Einflussnahme durch Müller wurde bemängelt.[785]

In erster Linie zur Klärung der Entwaffnungs- und Kohlenfragen wurde die Konferenz von Spa vom 5. bis 9. Juli 1920 anberaumt, zu der Deutschland als gleichberechtigter Gesprächspartner eingeladen worden war.[786] Im Vorfeld wurden von den Reichsministerien umfangreiche Datensammlungen für eine Denkschrift als Handreichung an die Alliierten und zur eigenen Vorbereitung zusammengetragen. Zu diesem Zweck wurde das RMfW mit der Ausarbeitung der Abschnitte zu den deutschen Kolonien, sowie den finanziellen und wirtschaftlichen Belastungen aus dem Versailler

782 Vgl. ARWR, Kabinett Fehrenbach, Bd. 1, Dok. Nr. 47, S. 113.

783 Vgl. BArch R 3301–2016 o. Z. Kreuzzeitung vom 9. Juli 1920.

784 Die Dienstränge wurden im Laufe des Jahres 1920 grundlegend reformiert. Eine Reihe von Rängen wurde gänzlich abgeschafft, insbesondere die Geheimen Räte fielen zu Gunsten des Ranges „Ministerialrat“ weg. Nur diejenigen Beamten die bereits einen der nun gestrichenen Ränge erhalten hatten, durften diesen weiterführen.

785 Vgl. BArch R 3301–2016 o. Z. Bayerische Staatszeitung Nr. 240 vom 14. Oktober 1920.

786 Vgl. Krüger, Außenpolitik, S. 103–116.

Vertrag betraut.[787] Ohne einen Wiederaufbauminister mussten StS Müller und GRR Ruppel mit der deutschen Delegation nach Spa reisen, wo beide aber nicht in Erscheinung traten.[788] Damit verlor die deutsche Delegation eine Möglichkeit mit den Alliierten, insbesondere mit dem französischen Wiederaufbauminister, näher ins Gespräch zu kommen.[789] Die Verhandlungen ruhten auf den Schultern von Finanzminister Wirth und Außenminister Simons, die aber über die Potentiale der deutschen Sachlieferungen kaum detailliierte Auskünfte geben konnten. Zumindest wurde von der deutschen Delegation betont, dass auch nach einer zukünftigen Festsetzung der gesamten deutschen Wiedergutmachungsschuld Sachlieferungen Teil der deutschen Zahlungen bilden sollten.[790]

In den Monaten nach der Konferenz von Spa baute das RMfW noch immer seine Strukturen auf und bemühte sich die Einheitlichkeit des Geschäftsablaufs im Ministerium und den angeschlossenen Reichsbehörden und Dienststellen zu wahren. In einem Geschäftsverteilungsplan für das RMfW vom 1. August 1920 wurde organisatorisch die Hoffnung auf einen Wiederaufbau der zerstörten Gebiete durch deutsche Arbeitskräfte

787 Vgl. zur Konferenz von Spa: BArch R 3301–2108. Zu den verschiedenen Entwicklungsstadien der Denkschrift vgl. BArch R 3301–2109, z.B. zur zweiten Version der Denkschrift ebd. Blatt 6–57.

788 Vgl. ARWR, Kabinett Fehrenbach, Bd. 1, Dok. Nr. 4, S. 16. Siehe dazu auch die Sitzungsprotokolle in BArch R 3301–2111 Blatt 60–172 und 261–304. Während Müller sich in Spa aufhielt, wirkte sich seine Doppelbelastung als amtierender Reichsminister und StS negativ auf das RMfW aus. In den Gesprächen über den Haushalt des RMfW für das Haushaltsjahr 1921 musste ein MinD den abwesenden StS vertreten. Nach dem Bericht der Kreuzzeitung unterliefen dem MinD zahlreiche Fehler, wodurch der Haushalt des RAA, das gerade erst zum 1. April geschaffen worden war, gestrichen wurde. Erst nach der Rückkehr von Müller konnte dieser gravierende Fehler behoben werden, der ansonsten erhebliche Auswirkungen auf die Erfüllung des Versailler Vertrages hätte gehabt haben können. Vgl. BArch R 3301–2016 o.Z. Artikel der Kreuzzeitung vom 9. Juli 1920.

789 Nichtsdestotrotz wurde StS Müller vor Beginn der Spa-Konferenz umfassend eingewiesen und zumindest auch von Hugo Stinnes in einem Brief mit seiner Sicht der Reparationen vertraut gemacht. Vgl. BArch R 3301–2108 Blatt 70–71.

790 Vgl. ADAP, Serie A, Bd. 3, Dok. Nr. 196, S. 397.

aufgegeben. Die dafür geschaffenen Referate zwei bis vier der Abteilung A wurden aufgelöst.[791]

Stattdessen wurde die Abteilung B für Liquidationen, Entschädigungen und Vorkriegsschulden erheblich erweitert. Insbesondere die Strukturen zur Abwicklung der wirtschaftlichen Vergeltungsmaßnahmen aus dem Krieg gegenüber den ehemals feindlichen Staaten wurden um die Referate B3 bis B6 erweitert. Eine umfassende Erweiterung wurde auch für die Entschädigungsgeschäfte unternommen. In den dazu neu geschaffenen Referaten B7 bis B11 wurden ausschließlich deutsche Kriegsschäden im Ausland bearbeitet. Schließlich bearbeiteten die neuen Referate B12 und B13 die Geschäfte aus dem angelaufenen Ausgleichsverfahren. Während Abteilung C weitgehend unverändert blieb, wurde die Personalabteilung D um drei Referate (D4 bis D6) erweitert. Die neuen Referate bearbeiteten die Personalangelegenheiten der nachgeordneten Behörden, explizit diejenigen der REK, des RAA, des RKLAU und der Spruchkommissionen für Kolonialdeutsche.[792]

Die umfangreichste Neuerung betraf das ehemalige RKolM, das als Kolonialzentralverwaltung zur Abwicklung des kolonialen Erbes in das RMfW integriert wurde.[793] Die Kolonialzentralverwaltung war in die Abteilungen KA (Verwaltungsangelegenheiten), KB (Finanzangelegenheiten), KC (Personalangelegenheiten), KM (Schutztruppenabwicklungsamt) und KS (Entschädigungsstelle der Kolonialzentralverwaltung) untergliedert.

Die Abteilung KA verfügte über fünf Referate zur Abwicklung der Verwaltungsangelegenheiten der Kolonien und Schutzgebiete (KA2–5, KA4 für alle standesamtlichen Fragen der ehemaligen Schutzgebiete), sowie der wissenschaftlichen Forschungen (KA1). Die Abteilung KB wickelte die „Etat- und Rechnungssachen" der ehemaligen deutschen Schutzgebiete sowie der Kolonialzentralverwaltung ab. Die Abwicklung sämtlicher Personalangelegenheiten der ehemaligen Schutzgebiete wurde in den Referaten KC1 bis KC3 vorgenommen. Von besonderer Bedeutung war Referat KC5 für „Unterbringung der Kolonialbeamten und Vertretung des Ministeriums bei der Zentralausgleichsstelle im Reichsministerium des Innern."[794] Diese

791 Vgl. BArch R 3301–1f Blatt 129.
792 Vgl. BArch R 3301–1f Blatt 132.
793 Vgl. BArch R 3301–1f Blatt 134–137.
794 Vgl. ebd. Blatt 135.

Interessenvertretung war ein wichtiger Teil der Lobbyarbeit der Kolonialbeamten, um für diese Beamtengruppe Planstellen zu finden und konkurrierende Bewerber aus dem Feld zu schlagen.

Abteilung M sorgte für die Abwicklung der ehemaligen deutschen Schutztruppen. Referat KMA1 war dabei u. a. auch für die Abfindung der „Farbigen", der ehemaligen afrikanischen Schutztruppenangehörigen, zuständig.[795] Allgemeine Personalangelegenheiten der Schutztruppen wurden in den Referaten KMA2 und KMA3 bearbeitet. Davon abgetrennt waren die Medizinalangelegenheiten und das Sanitäts- und Veterinärpersonal, die von Referat KMC bearbeitet wurden. Alle Referenten der Referate KMA1 bis KMA3 und KMC waren ausgeschiedene Offiziere im Rang eines Hauptmanns oder ranghöher.

Das Entschädigungswesen der Kolonialdeutschen wurde von der Abteilung KS bearbeitet. Die Referate KS1 bis KS6 waren in erster Linie mit der Vorprüfung der Anmeldungen für die auswärtigen Spruchkommissionen und die Nachprüfung derselben zuständig. Zudem wurden Darlehnssachen an Empfangsberechtigte hier entschieden.

Die neue Geschäftsverteilung des RMfW war den veränderten Anforderungen geschuldet. Die abschließende Entschädigung deutscher Staatsbürger wurde in die Wege geleitet und die schwierigen Anforderungen im Ausgleichsverfahren durch mehr Sachbearbeiter möglichst erleichtert. Unnützer Ballast, wie der kaum noch zu realisierende deutsche Anteil am Wiederaufbau der zerstörten Gebiete wurde fallengelassen.

Dennoch stand das RMfW im August 1920 vor erheblicher Kritik von Seiten der DVP, die das Ministerium auflösen und im Rahmen eines Staatssekretariats dem AA angliedern wollte.[796] Diese tiefgreifende Umgestaltung der bisherigen Strukturen beim jungen RMfW war nicht von der Hand zu weisen. Ein Ministerium dauerhaft ohne Minister zu belassen war ungewöhnlich und der Verdacht der Verschwendung von Steuergeldern schnell zur Hand. Zudem stand die DVP den deutschen Industriekreisen besonders nahe und war finanziell von deren Spenden abhängig. Gerade zu dieser Zeit konkretisierte sich die Ausgestaltung der Leistungsverbände der deutschen Wirtschaft, die in einigen Kreisen erhebliche Kritik auslösten.

---

795 Vgl. BArch R 3301–1f Blatt 135.
796 Vgl. ARWR, Kabinett Fehrenbach, Bd. 1, Dok. Nr. 47, S. 112.

Die Befürchtungen basierten auf den Gemeinwirtschaftsplänen des RWM aus dem Jahr 1919. Das RMfW galt als „Experimentierfeld für gemeinwirtschaftliche Konzepte."[797] Es ist anzunehmen, dass Gegner dieser Veränderungen aus dem Kreis der deutschen Industrie die DVP als Lobbyvertretung im Kabinett einsetzten. Die Auflösung des RMfW schien ein probates Mittel zu sein, weil es auch der Einsparung von Haushaltsmitteln diente. Der Reichstag hatte Anfang Juli 1920 einen „Ausschuss zur Verbilligung der Verwaltung" eingesetzt.[798] Die fortgesetzte öffentliche Debatte führte zu Zugeständnissen der Reichsregierung und am 9. Oktober 1920 wurde ein „Reichskommissar für Vereinfachung und Vereinheitlichung der Reichsverwaltung" beim RFM eingerichtet. Der neue Reichskommissar Friedrich Carl sollte Vorschläge für eine Senkung der Ausgaben innerhalb der Reichsverwaltung erarbeiten.[799]

Am 20. Dezember 1920 präsentierte Reichskommissar Carl seine Vorschläge für Einsparungen in der Reichsverwaltung dem Regierungskabinett. Demnach sollten das RWM, RArbM, RSchM, RMEL und RMfW aufgelöst und in einem neuen Reichsministerium für Arbeit und Wirtschaft vereinigt werden. Allerdings riet Reichsinnenminister Erich Koch von einer Auflösung der Reichsministerien für Arbeit, Ernährung und Wirtschaft aus politischen Gründen ab. Nur eine Auflösung des RSchM hielt Koch für möglich.[800] Auf Vorschlag des Reichskanzlers sollten die einzelnen Reichsministerien zunächst zu den Plänen von Reichskommissar Carl Stellung beziehen. Die Entscheidung wurde bis dahin vertagt. Die Ergebnisse sollten dann im Kabinett besprochen werden. Am 29. Januar 1921, dem gleichen Tag an dem die Alliierte Reparationskonferenz in Paris ihre Beschlüsse vorlegte, trat das Kabinett erneut zu Beratungen über die Vorschläge zur Auflösung von Reichsministerien zusammen.[801]

Reichskommissar Carl schlug in dieser Sitzung, abweichend von seinem ersten Vorschlag, die Auflösung bzw. Verschmelzung des RSchM, RMfW

797 Vgl. Schölzel, S. 311.
798 Vgl. Reichstags-Drucksache Nr. 86, Bd. 363 und Bd. 344, S. 197–198.
799 Vgl. ARWR, Kabinett Fehrenbach, Bd. 1, Dok. Nr. 85, S. 223.
800 Alternativ sollten die Geschäfte der aufgelösten auf die verbleibenden Reichsministerien verteilt werden. Vgl. ARWR, Kabinett Fehrenbach, Bd. 1, Dok. Nr. 141, S. 362–366.
801 Vgl. ARWR, Kabinett Fehrenbach, Bd. 1, Dok. Nr. 163, S. 431–433.

und des RMEL mit anderen Reichsministerien vor.[802] Die Reichsministerien für Arbeit, Auswärtiges, Verkehr und Wirtschaft sprachen sich unter anderem ebenfalls für die Auflösung des RMfW aus. Diese Vorgehensweise zeugte von der Schwäche des vakanten RMfW, dem nun eine politische Führung für Absprachen fehlte.

StS Müller wandte sich dennoch gegen eine Auflösung des RMfW. Besonders schwierig bewertete er es, die 6.000 Angestellten und Beamten des RMfW sinnvoll auf andere Reichsministerien zu verteilen. Auch sah StS Müller die Weiterführung der wichtigen Aufgaben zur Erfüllung des Friedensvertrages durch die vorgeschlagenen Umstrukturierungen gefährdet. Eine Zwangsaussetzung für Beförderungen und Neueinstellungen lehnte er für sein Ministerium als unverantwortbar ab. Die Sitzung blieb ohne abschließendes Ergebnis. Die weiteren Entscheidungen über Richtlinien für die Auflösung von Reichsministerien wurden einer Kommission unter der Leitung von Erich Koch überwiesen. Die Bemühungen um Kosteneinsparungen waren damit zunächst im Sande verlaufen. Die Vorschläge von Reichskommissar Carl sollten möglichst unter Verschluss bleiben.

Seit Ende Januar 1921 beherrschten die Erwartungen über die abschließende Festlegung der deutschen Reparationen das Kabinett und die deutsche Öffentlichkeit. Die Tagung der Sachverständigen zur Reparationsfrage in Brüssel vom 16. bis 22. Dezember 1920 hatte in den Besprechungen einen für Deutschland günstigeren Ausgang bei der Festsetzung der Gesamtschuld angedeutet. Die Pariser Konferenz der alliierten Regierungschefs vom 24. bis 29. Januar 1921 hatte dann überraschend mit Gesamtforderungen von 226 Milliarden Goldmark, zuzüglich einer Abgabe von 12% auf die deutschen Exporteinnahmen, die schlimmsten deutschen Befürchtungen noch übertroffen.

Deutsche Gegenvorschläge waren unter der Federführung des AA erarbeitet worden und auf der Londoner Konferenz am 1. März 1921 von Außenminister Simons vorgetragen worden. Aus taktischen Gründen war das deutsche Angebot auf 30 Milliarden GM zusammengestrichen worden und rief bei den Alliierten große Verbitterung hervor. Ein höheres Angebot von 50 Milliarden GM im Gegenwartswert bzw. 200 Milliarden GM in

802 Vgl. ARWR, Kabinett Fehrenbach, Bd. 1, Dok. Nr. 163, S. 431.

Annuitäten vom 24. April 1921 kam zu spät, um von der RepKo noch in die eigenen Beratungen einbezogen zu werden.[803] Nach intensiven Verhandlungen legte die RepKo am 27. April 1921 den endgültigen Zahlungsplan vor.

Demnach musste Deutschland insgesamt 132 Milliarden Goldmark in jährlichen Annuitäten von zwei Milliarden Goldmark zuzüglich 26% des Ausfuhrwertes zahlen.[804] Ein verbessertes zweites deutsches Angebot wurde am 3. Mai vollständig von der RepKo zurückgewiesen. Das Kabinett Fehrenbach demissionierte daraufhin aus hilflosem Protest am 4. Mai 1921. Einen Tag später verhängten die Siegermächte das Londoner Ultimatum zur Annahme des Zahlungsplanes.

Damit hatten die Sachreparationen und ihre Aufbringung seit Januar 1921 an politischem Gewicht gewonnen. Eine Auflösung des RMfW kam dadurch vorerst nicht in Frage. Jede größere Umorganisation der deutschen Reparationsverwaltung musste mit den Alliierten umständlich koordiniert werden. Solche Provokationen gegenüber den Siegermächten musste die Reichsregierung nun nach Möglichkeit vermeiden.

Am 10. Mai wurde schließlich das erste Regierungskabinett unter der Leitung von Reichkanzler Joseph Wirth vereidigt und der Reichstag nahm das Londoner Ultimatum am gleichen Tag mit 220 gegen 170 Stimmen an. Das RMfW war wieder nicht mit einem Minister besetzt worden, weil der aussichtsreichste Kandidat noch nicht bereit war, das Amt zu übernehmen. Die Entwicklungen in der Reparationsfrage können anhand der Veränderungen in der Geschäftsverteilung des RMfW nachvollzogen werden.

Bis zum 15. Mai 1921 wurde ein neuer Geschäftsverteilungsplan für das RMfW erarbeitet, der den Veränderungen der letzten zwölf Monate

---

803 Vgl. Büttner, Weimar, S. 155.

804 Der reale Wert der Reparationszahlungen im Londoner Zahlungsplan lag deutlich niedriger als 132 Milliarden. Verbindlich zu zahlen waren nur die A- und B-Bons. Deren Verzinsung lag bei 5% bei einer Tilgung von 1%. Das entsprach einer Gesamtforderung von 50 Milliarden Goldmark, die aber wegen der hohen Annuität von bis zu drei Milliarden Goldmark mit den 132 Milliarden in Verbindung gebracht wurden und für den damaligen Aufschrei des Entsetzens in der deutschen Öffentlichkeit gesorgt hatte. Vgl. Heinrich Küppers, Zwischen Londoner Ultimatum und Rapallo. Joseph Wirth und die deutsche Außenpolitik 1921/22, in: Historische Mitteilungen, 13. Jg., Stuttgart 2000, S. 150–173, hier S. 151.

Rechnung trug.[805] Am 10. April 1920 hatten die Sachlieferungen begonnen, weshalb seitdem eine verstärkte Aufsicht in diesem Bereich notwendig wurde. Folge davon war die Umstrukturierung der Abteilung A für wirtschaftliche Wiedergutmachung und Wiederaufbau der zerstörten Gebiete. Referats A3 wurde aufgelöst und dessen Aufgaben vom bisherigen Referat A5 (durch die Auflösung nun A4) zusätzlich wahrgenommen. In den Referaten A5 (ehemals A6) und A6 (ehemals A5) wurden die deutschen Sachlieferungen bearbeitet.

Am umfassendsten verliefen die Umstrukturierungen in der Abteilung B für Liquidationen, Entschädigungen und Vorkriegsschulden. Die Zahl der Referate wurde von neun auf sechzehn erhöht. Hintergrund dieser Entwicklung waren die rechtlichen Neuregelungen in diesen Aufgabenfeldern. Am 31. Mai 1920 waren die Liquidationsrichtlinien veröffentlich worden, die am 15. Juni 1920 mit einer Verordnung zur Abwicklung der Liquidationen in den ehemals von Deutschland besetzten Gebieten präzisiert worden waren.[806] Die Bearbeitung der Liquidationen wurde in den Referaten B4 bis B11 durchgeführt. Weitere vorläufige Regelungen zu den drängenden Problemen der Entschädigungen für Flüchtlinge und Verdrängte wurden mit den Richtlinien für Schäden in den deutschen Schutzgebieten vom 3. Juli 1920 bekanntgemacht.[807] Die Bearbeitung dieser Sachfragen wurde dem Referat B12 übertragen. Die sich abzeichnenden Schwierigkeiten im Ausgleichsverfahren, dessen gesetzliche Grundlage zum 24. April 1920 veröffentlicht worden waren, machten eine intensivere Überwachung durch das RMfW notwendig.[808] Dafür wurden die Referate B13 bis 16 eingerichtet.

805 Vgl. BArch R 3301–1f Blatt 266–272.

806 Vgl. Richtlinien für die Festsetzung von Entschädigungen aus Anlass der Durchführung der Bestimmungen der Artikel 297, 298 nebst Anlage, 45 bis 50, 74, 121, 144 Abs. 3, 145, 153 Abs. 3 und 156 Abs. 2 des Friedensvertrags (Liquidationsrichtlinien), vom 31. Mai 1920 (RGBl. S. 1101). Vgl. Verordnung über die Abwicklung der Geschäfte, die sich aus den Liquidationen, Zwangsverwaltungen und Beaufsichtigungen in den besetzt gewesenen Gebieten Belgiens und Frankreich ergeben, vom 15. Juni 1920 (RGBl. S. 1201).

807 Vgl. Bekanntmachung der Richtlinien für die Gewährung von Vorschüssen, Beilhilfen und Unterstützungen für Schäden in den deutschen Schutzgebieten aus Anlass des Krieges vom 15. Januar 1920, vom 3. Juli 1920 (RGBl. S. 1353).

808 Vgl. Reichsausgleichsgesetz, vom 24. April 1920 (RGBl. S. 597).

In Abteilung C wurden die Referate C4 und C5 erheblich in ihrem Aufgabenspektrum erweitert. Referat C4 war zuständig für die „Ausführung des Waffenstillstands- und Friedensvertrages, sowie der ergänzenden Abkommen auf dem Gebiete der Seeschifffahrt". Ergänzt wurden die Aufgaben durch: a) Schiffsenteignungen und Reedereientschädigung; b) Reedereiabfindungsvertrag und Schiffbautreuhandbank; c) Neubauten (Pflichtbauten); d) Ablieferung der Schiffe und des Hafenmaterials; d) Regelung der Schiffshypotheken. Auch die Bearbeitung von Ablieferung und Wiederaufbau der deutschen Binnenschifffahrt wurde umgestaltet. Referat C5 war nun nicht nur zuständig für die „Ausführung des Friedensvertrages auf dem Gebiete der Binnenschifffahrt und Wiederaufbau der Handelsflotte". Zu Referat C5 hinzugefügt wurden: a) Verhandlungen mit der Reparationskommission, Schiedsgerichtsverfahren, Abgabe der Schiffe, Entschädigungsfragen im Rheingebiet und die Regelung der Forderungen der sog. „Ostschiffer" (Binnenschifffahrt auf den deutschen bzw. abgetretenen ehemals deutschen Gewässern); b) Aufstellung der Entschädigungsgrundsätze, Kontrolle des Schiffsparks und Überwachung des Veräußerungsverbotes von Binnenschiffen; c) Regelung der niederländischen Hypotheken; d) wirtschaftliche Untersuchungen, Schiffsbestandlisten, Durchführung der Neubauten für die Reparationskommission und für das Inland.[809] Die Geschäftsverteilung der Abteilung C I für Seefischerei blieb fast unverändert.

Aufgrund des weiter wachsenden Personalvolumens im RMfW und in den angeschlossenen Dienststellen wurde mit einer Erweiterung der Abteilung D für Personalangelegenheiten von drei auf sechs Referate reagiert.

Die Abteilungen E (Finanzen), F (Juristische Angelegenheiten) und G (Generalreferat für allgemeine Angelegenheiten und für den Friedensvertrag) wurden kaum verändert.

Deutliche Veränderungen wurden hinsichtlich der Abwicklung des RKolM eingeführt, das als Kolonialzentralverwaltung in das RMfW integriert worden war.[810] Die Kolonialverwaltung ging endgültig der Auflösung entgegen. Der größte Teil der Abwicklung der Schutztruppen wurde

---

809 Vgl. BArch R 3301–1f Blatt 268.

810 Das RKolM wurde zum 31. März 1920 aufgelöst. Vgl. Erlass, betreffend die Aufhebung des Reichskolonialministeriums, vom 31. März 1920 (RGBl. S. 380).

innerhalb eines Jahres abgeschlossen und die Abteilung KM anschließend massiv verkleinert. Stattdessen wurde die Anzahl der Referate der Abteilung KS (Entschädigungsstelle der Kolonialzentralverwaltung) gegenüber dem letzten Geschäftsverteilungsplan verdreifacht.[811] Die erwähnten Unterstützungsrichtlinien für Schäden in den deutschen Schutzgebieten waren der Grund für den massiven Ausbau der Abteilung KS. Die ursprünglichen Aufgaben von drei Referaten wurden dazu aufgeteilt und auf die neuen Referate verteilt. Dadurch sollte die große Zahl an Vorentschädigungsanträgen abgearbeitet werden. Die Anträge waren temporär so zahlreich, dass die Kolonialhauptkasse nicht über ausreichende Bargeldbestände zur Auszahlung verfügte.[812] Ein Sonderfall der Entschädigungen blieb das ehemalige Schutzgebiet Südwest-Afrika, dessen deutsche Bevölkerung von der neuen Mandatsmacht nicht konsequent ausgewiesen wurde. Aus diesem Grund war es notwendig dort Spruchkommissionen zu unterhalten, die über die Entschädigungsansprüche der dort lebenden deutschen Siedler entschieden. Entsprechende Aufgaben wurden von den Referaten KS 4a und KS 4b ausgeführt.

Auf dem Zenit: Walther Rathenau

Die Bedeutung des RMfW für die frühe Weimarer Republik kann am deutlichsten an der kurzen Amtszeit Walther Rathenaus als Reichsminister für Wiederaufbau festgemacht werden, mit der das RMfW auch im Urteil der Beamten des Ministeriums seinen Zenit erreicht hatte.[813] In weniger als fünf Monaten, vom 30. Mai bis 25. Oktober 1921, als Wiederaufbauminister

---

811 Insgesamt bestanden sieben Referate, wobei die Referate 2 und 3 in 2a/2b und 3a/3b unterteilt wurden. Vgl. BArch R 3301–1f Blatt 271–272.

812 Am 21. Juli 1921 wandte sich deshalb der Reichsverband der Kolonialdeutschen und Kolonialinteressierten mit der dringenden Bitte an das RMfW, entsprechende Gegenmaßnahmen zu ergreifen. Vgl. BArch R 3301–1d Blatt 10. Der Umsatz der Kolonialhauptkasse betrug im Geschäftsjahr 1920/21 ca. 23 Milliarden PM und war kaum mit dem verfügbaren Personal zu kontrollieren. Vgl. BArch R 3301–14 o.Z. Schreiben vom 31. August 1921. „Durch die praktische Ausführung des Friedensvertrages…“

813 Rückblickend stellte der Beamtenausschuss des RMfW im Januar 1924 fest, dass das RMfW unter Walther Rathenau zu den wichtigsten Reichsministerien zu zählen war. Vgl. BArch R 3301–2008 Blatt 219.

erreichte Rathenau eine kaum für möglich gehaltene Annäherung an Frankreich in der umstrittenen Reparationsfrage, die dazu geeignet war, zu einer allgemeinen Verständigung über die deutsche Wiedergutmachungsschuld zu gelangen.

Kurz nach der Unterzeichnung des Versailler Vertrages war sein Rat an den damaligen Finanzminister Matthias Erzberger, den Wiederaufbau als politischen und wirtschaftlichen Hebel zu benutzen um:

> „*1. Das Verhältnis zu Frankreich regeln, 2. Den Friedensvertrag korrigieren, 3. Die Entschädigung umgestalten und mildern, 4. Auf die inneren Verhältnisse Deutschlands zurückwirken, 5. Deutschlands moralische Stellung wiedergewinnen.*“[814]

Durch eine Umwandlung eines Teils der Reparationszahlungen an Belgien und Frankreich in Sachlieferungen sollte im Rahmen eines Abkommens eine bilaterale Annäherung der ehemaligen Feinde erreicht werden. Rathenau erkannte bereits Ende Juli 1919, also bedeutend früher als die übrige deutsche Politik, dass das Haupthindernis des Wiederaufbaus mit deutscher Beteiligung bei der französischen Wirtschaft und deren Interessen auf diesem neuen Markt lag. Dazu sollte eine deutsch-französische Kooperation – beispielsweise in der Form eines Konsortiums interessierter Unternehmen – aufgebaut werden, das von einer großen Zentralbehörde für Wiederaufbau politisch zu unterstützen sein würde.[815] Bei der Besetzung des Reichskommissars für das neue RKAAG kam Rathenau aber nicht zum Zug, weil das AA bereits frühzeitig Einwände erhob. Die dann doch überraschend schnelle Entscheidung für das RMfW schloss das nicht DDP Mitglied Rathenau aus und die Wahl fiel auf den DDP Politiker Geßler.

Das erste Kabinett Wirth stand ganz unter der politischen Leitlinie der sog. „Erfüllungspolitik“.[816] Durch eine kurzfristige Mobilisierung aller wirtschaftlichen und haushaltspolitischen Kräfte des Deutschen Reiches sollten die Forderungen aus dem Londoner Zahlungsplan erfüllt werden, um gleichzeitig deren Unerfüllbarkeit zu beweisen. Dadurch sollte eine Annäherung an die Alliierten erreicht werden, um eine Revision des Versailler Vertrages zu ermöglichen. Dieser politische Ansatz in der Reparationsfrage

---

814 Vgl. Schölzel, S. 309–310.

815 Vgl. Schölzel, S. 310.

816 Vgl. Büttner/Benz, Gebhardt Handbuch, S. 383–384 und ARWR Kabinette Wirth I/II, Bd. 1, Einleitung, II Erfüllungspolitik, S. XXXIII–LXI.

war neu und verlangte von der Regierungskoalition auch einen gewissen Handlungszwang: „Das Kabinett hat den entschiedenen Willen, sich als Versöhnungs- und Reparationskabinett zu fühlen und hat weder den Parteien noch dem Reichstag gegenüber von diesem Programm abzugehen brauchen."[817] Rathenau wollte diese politische Strömung nutzen, um zum einen die deutsche Wirtschaft auf die internationalen Märkte zurückzuführen und zum anderen gleichzeitig die deutsche Verhandlungsposition stärken.[818]

Die außenpolitische Konstellation war für einen Durchbruch der bisherigen deutschen Außenpolitik gegenüber Frankreich vorübergehend durchaus günstig. Die Annahme des Zahlungsplans durch die große Mehrheit des Reichstags hatte die Schwäche des Minderheitskabinettes Wirth für kurze Zeit überdeckt. Die deutsche Bereitschaft zur Zusammenarbeit im Rahmen des Londoner Zahlungsplans eröffnete neue Verhandlungsspielräume. Nach dem diplomatischen Fiasko des AA im Vorfeld des Londoner Ultimatums waren die Diplomaten kurzzeitig diskreditiert. Für eine außenpolitische Offensive in der Reparationsfrage aus dem RMfW war diese Situation der günstigste Moment und Rathenau der lange gesuchte Fachmann mit internationaler Reputation.

Auf französischer Seite war Louis Loucheur, „the brains behind the French cabinet of 1921", weiterhin Minister für Wiederaufbau.[819] Zudem war mit der Ernennung Rathenaus das eingetreten, was vom AA seit 1919 gefordert worden war. Für das Amt des deutschen Wiederaufbauministers wurde eine Persönlichkeit ausgewählt, die mit Loucheur harmonieren konnte.[820] Sowohl Loucheur als auch Rathenau waren Fachleute in Wirtschaftsfragen und hatten selbst Karrieren in der elektronischen Industrie absolviert. Zudem kannten sich beide Politiker seit der Vorkriegszeit. Nach den Verhandlungen über das Wiesbadener Abkommen waren sich beide Politiker sehr viel näher gekommen. Locheur äußerte sich sogar gegenüber

817 Walther Rathenau an Mathilde Rathenau vom 8. Juni 1921, in: Alexander Jaser/Clemens Picht/Ernst Schulin (Hrsg.), Walther Rathenau Gesamtausgabe, Walther Rathenau Briefe, Bd. 2: 1914–1922, Düsseldorf 2006, S. 2578.

818 Vgl. ebd. S. 2573 und Gall, S. 229.

819 Vgl. Schuker, American „Reparations" to Germany, S. 17.

820 Vgl. PA AA R 22688 o.Z. Lersner an AA vom 6. August 1919.

britischen Diplomaten dahingehend, dass Rathenau „a light in the naughty German world" wäre.[821]

Ein außenpolitischer Vorstoß dieser Größenordnung, noch dazu unter Federführung des deutschen Wiederaufbauministers, war durchaus legitim, weil das RMfW als verwaltungsorganisatorisches Gegenstück zur französischen Wiederaufbauverwaltung geschaffen worden war. Einer engeren Zusammenarbeit standen daher weniger Hindernisse im Weg, als bei einem Vorstoß aus einem anderen Reichsministerium.

Rathenau stimmte dem angebotenen Ministerposten um die Tage des 28./29. Mai zu und wurde am 30. Mai vereidigt. Er trat als parteiloser Minister dem Kabinett bei, ohne dadurch den Proporz unter den Ministern allzu sehr zu verändern. Diesem Schritt war ein längerer Entscheidungsprozess voran gegangen.[822]

Erste direkte Kontakte zum RMfW hatte Rathenau am 19. März 1921, anlässlich von Beratungen über die weitere Ausgestaltung des Wiederaufbaus der zerstörten Gebiete, geknüpft. Die Diskussionen hatten gezeigt, dass im RMfW, zumindest aus der Sicht Rathenaus, die richtigen Schlüsse gezogen wurden, denn angesichts der französischen Vorbehalte sollte nun weder eine größere Anzahl deutscher Arbeitskräfte entsandt, noch andere Schritte unternommen werden, die den Eindruck einer deutschen Kolonisation vermittelt hätten.

Auf Rathenau machte dieser pragmatische Ansatz einer deutsch-französischen Annäherung über den Wiederaufbau so viel Eindruck, dass er wenige Wochen später selbst an die Spitze des RMfW zu treten bereit war. Dabei schlug Rathenau das Außenministerium aus, das er mit einigem Nachdruck schon früher als im zweiten Kabinett Wirth hätte erringen können.[823] Das

---

821 Vgl. Ernest Llewellyn Woodward, Documents on British Foreign Policy 1919–1939, First Series, Bd. 16, Dok. Nr. 705 vom 24. September 1921, S. 773.

822 Die unterschiedlichen Stationen auf dem Weg Rathenaus in die ministerielle Verantwortung können hier nicht im Einzelnen dargelegt werden. Christian Schölzel hat diesen Weg in seiner Rathenau Biografie dargestellt. Vgl. ders., S. 282–324.

823 Am 20. Mai 1921 berichtete Otto Wiedfeldt in einem Brief an Gustav Krupp, dass das neue Kabinett Wirth noch zahlreiche Lücken aufwies. Die Ministerien für Äußeres, Finanzen und Wiederaufbau waren noch unbesetzt und Wiedfeldt angeboten worden. Vgl. Schölzel, S. 311.

Wiederaufbauressort schien Rathenau günstiger für seine Pläne und Visionen geeignet gewesen zu sein.

Insbesondere für seine gemeinwirtschaftlichen Konzepte, die in ähnlicher Form unter Moellendorff im RWM 1918/19 vorangetrieben worden waren, schienen die in Implementierung begriffenen Leistungsverbände ideal zu sein.[824] Gerade wegen dieser Pläne stand Rathenau später bei bedeutenden deutschen Wirtschaftsvertretern im Verdacht, ihre unternehmerischen Freiheiten beschneiden und zwangswirtschaftliche Elemente einführen zu wollen. Diesem Argwohn trat Rathenau öffentlich in seiner Antrittsrede im Reichstag am 2. Juni entgegen, konnte aber die Zweifel nie wirklich zerstreuen.

Das Wiesbadener Abkommen

Rathenau wünschte zwar eine Annäherung an Frankreich über die Wiederaufbaufrage, doch wie dies gelingen konnte war zunächst offen. Im Mai 1921 kam erneut Bewegung in den Wiederaufbau der zerstörten Gebiete durch deutsche Arbeitskräfte. Loucheur war diesbezüglich an das Mitglied der deutschen Kriegslastenkommission Wolf herangetreten. Dieser meldete am 16. Mai 1921 an das RMfW, dass der französische Minister ihm vorgeschlagen habe, dass Deutschland ein Gebiet im Radius von 50 km zum Wiederaufbau zugesprochen bekommen könnte. Die dort vorzunehmenden Wiederaufbauarbeiten würden in erster Linie die Wiederherstellung der Böden, Wiederaufforstung, Dorferneuerungen, Brücken- und Straßenbau umfassen. Die Kosten würden Deutschland auf die Annuität angerechnet.[825]

Dieser französische Vorstoß führte auf beiden Seiten zu hektischen Planungen, denn Wolf mahnte in seinem Schreiben vom 16. Mai an, dass das politische Zeitfenster für dieses Angebot in Frankreich schmal wäre. Der französische Ministerpräsident Briand äußerte sich zusätzlich dahingehend, dass für eine positive Vermarktung des deutschen Wiederaufbaus ein

---

824 Auch nach seinem Ausscheiden aus dem RMfW hielt Rathenau den intensiven Kontakt zu Moellendorff aufrecht. Vgl. Dieter Neitzert, Das Amt zwischen Versailles und Rapallo. Rückschau des Staatssekretärs Ernst von Simson, in: VfZG, Bd. 60, Heft 3, S. 479.

825 Vgl. BArch R 3301–51 o. Z. Kriegslastenkommission an RMfW vom 16. Mai 1921.

herausragender Erfolg notwendig sein würde. Wäre dieses Beispiel erbracht, könnten weitere Aufträge folgen.[826] Innerhalb von zehn Tagen reagierte das RMfW mit dem Angebot zur Errichtung von 25.000 Holzhäusern und bat die französische Regierung um die Erlaubnis zur Bereisung der zerstörten Gebiete für die Erstellung von Gutachten.[827] Ein Angebot in den Dimensionen eines so großen Gebietes war nicht so schnell zu erarbeiten, wie es auf französischer Seite erwartet wurde.

Wolf schrieb daher an das RMfW, dass ein Angebot mindestens die Kosten für die Baustoffe umfassen musste, die von den deutschen Arbeitskräften auch in Frankreich vor Ort hergestellt werden könnten.[828] Hier zeigte sich der Grund für das französische Interesse, denn der Wiederaufbau erforderte weit mehr Baumaterial als in Frankreich verfügbar und über das langwierige Sachlieferungsverfahren von Deutschland zu bekommen war. Zwischenzeitlich hatte die französische Presse von den Verhandlungen erfahren. Die Zeitungen entfachten einen öffentlichen Aufschrei gegen die Verwendung deutscher Arbeitskräfte. Loucheur musste daher am 31. Mai sein Angebot reduzieren. Demnach sollte nur noch ein kleines Gebiet als Werbung wiederaufgebaut werden. Immerhin sollte das Gebiet auch eine Kleinstadt umfassen, um einen besseren Modellcharakter zu ermöglichen.[829]

In diese Phase der Annäherung fiel die Amtsübernahme Rathenaus. Am 4. Juni wurde Loucheur von Wolf auf die Personalie Rathenau angesprochen. Der französische Wiederaufbauminister zeigte sich einem persönlichen Treffen mit Rathenau aufgeschlossen, sofern dieser den ersten Schritt machte und die französische Regierung dem deutschen Gesprächsersuchen

---

826 Vgl. BArch R 3301–51 o. Z. AA an RMfW vom 19. Mai 1921.

827 Vgl. ebd. Wolf an Loucheur vom 26. Mai 1921.

828 Vgl. BArch R 3301–51 o. Z. Wolf an RMfW vom 28. Mai 1921.

829 Vgl. ebd. Kriegslastenkommission an RMfW vom 31. Mai 1921. Der Wiederaufbau eines Gebiets ließ sich nicht verwirklichen. Unter dem Druck der Öffentlichkeit musste Loucheur zustimmen, nur nach eine Befragung der französischen Geschädigten vor Ort weitere Schritte einzuleiten. Nur bei mindestens 80% Zustimmung durfte das Gebiet für den Wiederaufbau durch deutsche Arbeitskräfte freigegeben werden. Die deutsche Kriegslastenkommission ging davon aus, dass es den französischen Nationalisten nicht schwerfallen würde 21% der Wähler zur Ablehnung zu bewegen. Vgl. BArch R 3301–51 Kriegslastenkommission an RMfW vom 11. November 1921.

stattgab. Zudem wünschte Loucheur explizit Gespräche im kleinen Kreis und keine Sachverständigendiskussionen.[830]

Am 12. und 13. Juni trafen Loucheur und Rathenau in Wiesbaden zu ersten Gesprächen zusammen, in denen die Eckpunkte einer bilateralen Verständigung in der Frage der deutschen Sachlieferungen festgelegt wurden.[831] Die weiteren Verhandlungen wurden auf deutscher Seite von Carl Bergmann, dem Vorsitzenden der deutschen Kriegslastenkommission, und Emil Guggenheimer geführt. Während Bergmann als erfahrener Verhandlungsführer mit zahlreichen Kenntnissen und Kontakten in den Verhandlungen mit den französischen Delegierten aufwarten konnte, war Guggenheimer erfahren in den Abläufen des RMfW, der RRLK und dem RKAAG. Zusätzlich verfügte Guggenheimer als ehemaliger führender Manager über gute Kontakte zur deutschen Wirtschaft und konnte deren Leistungsfähigkeit kompetent beurteilen. Die Verhandlungen zogen sich dennoch bis zum 27. August 1921 hin. Das eigentliche Wiesbadener Abkommen wurde am 6. und 7. Oktober von Loucheur und Rathenau unterzeichnet.

Das Abkommen sollte die Sachreparationen von einer weitgehend bürokratischen Abarbeitung von Anforderungslisten wegführen und hin zu einer freien geschäftlichen Beziehung zwischen französischen Kunden und deutschen Unternehmern lenken. In diesem Modell diente die Bürokratie nur der Abrechnung auf das Reparationskonto. Dementsprechend sah das Wiesbadener Abkommen „die Errichtung einer deutschen Körperschaft privaten Charakters vor, welche unter Ausschaltung der beiden Regierungen Lieferungen an die französischen Kriegsgeschädigten“ übernehmen sollte.[832]

In der Vergangenheit war eines der zentralen Probleme der deutschen Sachlieferungen das Beharren der deutschen Regierung auf die Verweigerung von Produkten, die nicht ohne aufwändige Importe in Deutschland hergestellt werden konnten. Durch den freien Warenverkehr sollte die Entscheidung nun der Geschäftsbeziehung zwischen französischem Kunden und deutschem Anbieter überlassen werden. Allerdings beharrte das RMfW

830 Vgl. ADAP, Serie A, Bd. 5, Dok. Nr. 43, S. 80–81.

831 Rathenau fasste seine Eindrücke in seinem Tagebucheintrag vom 14. Juni 1921 zusammen. Vgl. Hartmut Pogge von Strandmann (Hrsg.), Walther Rathenau Tagebuch 1907–1922, Düsseldorf 1967, S. 243–256.

832 Vgl. Bergmann, S. 122.

auf einer deutschen Einspruchsmöglichkeit zur Prüfung der Lieferungen. Dazu wurde die Bildung einer Kommission vorgesehen, die „Streitfragen über die Möglichkeit der Leistungen und über alle Lieferungsbedingungen" entscheiden sollte.[833] Die Kommission sollte aus jeweils einem deutschen, französischen und neutralen Mitglied bestehen. Auch bei Streitfragen über die Preisgestaltung und Lieferbedingungen deutscher Angebote konnte die Kommission tätig werden.[834]

Im Rahmen des Wiesbadener Abkommens sollten deutsche Lieferanten an französische Geschädigte Wiederaufbaugüter aller Art, außer explizit im Versailler Vertrag anders geregelten Gütern wie beispielsweise Kohle oder Farbstoffen, im Wert von bis zu sieben Milliarden Goldmark in einem Zeitraum vom 1. Oktober 1921 bis 1. Mai 1926 liefern. Deutschland wurde jährlich maximal nur eine Milliarde auf Reparationskonto gutgeschrieben. Über diese Summe hinausgehende aus deutschen Lieferungen generierte Erlöse wurden von Frankreich mit fünf Prozent jährlich verzinst und sollten ab 31. Dezember 1937 in Raten an Deutschland zurückfließen.

Grundlage der Preisgestaltung war der französische Inlandspreis nach Abzug der Transportkosten und Zollabgaben, wobei die deutschen Anbieter von einer Lieferung absehen konnten, falls die deutschen Preise nur noch fünf Prozent unter den französischen lagen.[835] Zusätzlich galt die Einschränkung, dass Frankreich nie mehr als die mit den übrigen Empfängernationen vereinbarten 52 Prozent der gesamten jährlichen Reparationsleitungen der deutschen Seite gutschreiben musste.

Mit dieser Regelung sollte das Wiesbadener Abkommen in das bestehende Vertragswerk sowohl zwischen Deutschland und den Siegermächten, als auch zwischen Frankreich und den übrigen Empfängerstaaten deutscher Reparationen eingefügt werden. Dieses Vorhaben scheiterte aber am Widerspruch der Reparationskommission, die durch das Wiesbadener Abkommen den bisherigen Verteilungsschlüssel deutscher Reparationen als verletzt erachtete. Die alliierten Regierungen konnten erst zum 11. März 1922,

---

833 Vgl. Bergmann, S. 122.

834 Zum Vertragstext bezüglich der neuen Ausgestaltung der Sachlieferungen des Wiesbadener Abkommens vgl. Die Wiesbadener Protokolle vom 6. und 7. Oktober 1921, Berlin 1921, S. 1–10.

835 Vgl. Schölzel, S. 319 und Ruppel/Cuntze, S. 23–32.

fünf Monate nach der Unterzeichnung des Wiesbadener Abkommens, eine grundlegende Einigung erreichen, die schließlich am 31. März 1922 auch von der Reparationskommission übernommen wurde. Schon vorher am 28. Februar 1922 wurden im Cuntze-Bemelmans Abkommen die Bestimmungen des Wiesbadener auf die übrigen Alliierten übertragen.

Das erweiterte Abkommen mit den übrigen alliierten Staaten war für Deutschland weit entgegenkommender. Danach konnten alle Sachlieferungen, auch die dem Versailler Vertrag unterliegenenden Spezialgüter, nach der Lieferung vollständig dem Reparationskonto gutgeschrieben werden. Auch erfolgten die Lieferungen zu den Preisen in den jeweiligen Empfängerstaaten. Dennoch konnte erst im Ruppel-Gillet Abkommen eine abschließende Regelung für alle Empfängerstaaten getroffen werden.

Die erhofften Effekte aus dem Wiesbadener Abkommen stellten sich nicht wie gewünscht ein. Die französische Wirtschaft stemmte sich erfolgreich gegen den deutschen Versuch auf dem französischen Markt für Wiederaufbaugüter Fuß zu fassen. Umgekehrt nahmen die deutschen Reparationsexporte in die übrigen Empfängerstaaten zu. Zwischen Oktober 1921 und April 1922 wurden 3,871 Millionen Goldmark aus französischen Gutschriften für deutsche Sachlieferungen auf Reparationskonto verzeichnet.[836] Das entsprach einer durchschnittlichen monatlichen Gutschrift von 533.476 Goldmark. Im Januar 1922 betrug die französische Gutschrift 358.416 Goldmark und erreichte im März 1922 eines vorläufigen Tiefststand mit 301.699 Goldmark.

Bei einem Ausführungszeitraum von drei bis vier Monaten für den Abschluss neuer Verträge unter dem Wiesbadener Abkommen und der Gutschrift auf dem Reparationskonto waren die Zahlen ernüchternd, wenn man sie mit den übrigen Gutschriften anderer Empfängerstaaten vergleicht. Belgien erteilte zwischen Oktober 1921 und April 1922 Gutschriften in Höhe von 7,335 Millionen Goldmark. Im gleichen Zeitraum lagen Gutschriften für Italien in Höhe von 3,919 Millionen Goldmark bzw. Serbien von sogar 38,306 Millionen Goldmark vor. Das vom Weltkrieg weiträumig verwüstete Frankreich fragte demnach weit weniger Reparationsgüter nach als das kleinere Belgien oder gar das ländliche Serbien.

836 Vgl. BArch R 3301–80 o. Z. Anerkannte Gutschriften in Goldmark für die Zeit vom Mai 1921 bis Ende April 1922.

Letzteres steigerte gerade im Beobachtungszeitraum die monatlichen Gutschriften rasant. Im November 1921 schrieb Serbien den Spitzenwert von 16,8 Millionen Goldmark auf Reparationskonto gut. Auch für den Rest des Jahres blieb Serbien der Empfängerstaat mit den mit Abstand höchsten Gutschriften.[837] Die belgischen und französischen Ziffern nährten sich bis Oktober 1922 einander an. Im Juni überstiegen die französischen Gutschriften sogar mit 536.627 Goldmark die belgischen mit 288.559 Goldmark. Im Juli 1922 lagen die Gutschriften mit 1,23 Millionen für Frankreich und 1,255 Millionen für Belgien wieder fast gleichauf, um danach einzubrechen. Im August lagen die Werte bei 709.000 Goldmark für Frankreich und 1,431 Millionen Goldmark für Belgien. Für September gingen die Zahlen dann sehr zurück auf: Frankreich 511.817 Goldmark und Belgien 778.719 Goldmark. Die Gutschriften für Oktober 1922 wiesen 730.661 Goldmark für Frankreich und 1,481 Millionen für Belgien aus. Auffallend sind die Gutschriften für den Monat November, die für Frankreich 111.310 Goldmark und für Belgien 1,35 Millionen Goldmark auswiesen. Hier warf möglicherweise die Besetzung des Ruhrgebietes, die in Frankreich zunehmend erwartet wurde, ihre Schatten voraus. Insgesamt waren seit Oktober 1921 bis Ende November 1922 106,336 Millionen Goldmark zur Gutschrift angemeldet worden. Davon entfielen 10,861 Millionen auf Frankreich, 19,043 Millionen auf Belgien, 9,045 Millionen auf Italien, 1,503 Millionen auf Griechenland und 65,843 Millionen Goldmark auf Serbien.[838]

Am 22. Juli 1921 berichtete Rathenau dem Beirat für Wiedergutmachungsfragen, dem auch führende Mitglieder aus Gewerkschaften und Industrie angehörten, über den Stand der Gespräche mit Loucheur.[839] Wenige Tage später am 27. Juli referierte Rathenau in gleicher Weise vor dem Reparationsausschuss des Vorläufigen Reichswirtschaftsrates.[840]

---

837 Vgl. ebd. Tätigkeitsberichte der Monate Juni bis November 1922.

838 Die hier ausgewerteten Quellen sind tabellarischer Form überliefert und verzeichnen nicht nur die angemeldeten Gutschriften in Goldmark, sondern auch Lieferungen. Allerdings sind die Angaben der Lieferungen nur in Papiermark festgehalten worden. Vgl. BArch R 3301–80 o.Z. Tätigkeitsberichte des Reichskommissariats für die Monate Juni bis November 1922.

839 Zum Protokoll der Sitzung vgl. BArch R 3301–2036 Blatt 4–7.

840 Vgl. Schölzel, Rathenau, S. 317.

Dennoch formierte sich eine ablehnende Haltung die hauptsächlich von Stinnes entfacht wurde, der Rathenau nach Abschluss des Wiesbadener Abkommens, trotz freundschaftlicher Versicherung, in seinen öffentlichen Äußerungen heftig angriff. Doch auch von anderen Vertretern der deutschen Wirtschaft kamen klar ablehnende Signale.[841] Von der politischen Rechten kam erhebliche Kritik am Wiesbadener Abkommen und an Rathenau persönlich. In einer Sitzung des Beirats für Reparationsfragen am 21. Oktober 1921 polemisierte beispielsweise der DNVP Reichstagsabgeordnete Quaatz gegen das Wiesbadener Abkommen, in dem er eine weitere Erniedrigung Deutschlands erkannte, die zu Arbeitsplatzverlusten führen würde. Sollte das Abkommen in dieser Form ausgeführt werden, würde die deutsche Wirtschaft andere Absatzmärkte verlieren, für die keine Produkte mehr zur Verfügung stünden. Die Abspaltung Ostoberschlesiens sei der „völlige Bankrott der Politik des Abkommens".[842]

Die Bedeutung des Wiesbadener Abkommens ist rückblickend nur schwer einzuschätzen. Unter anderen Vorzeichen hätte die Entschärfung der Reparationen in Gold und deren Umwandlung in Sachlieferungen ein Wendepunkt der Reparationsproblematik darstellen können. Das Wiesbadener Abkommen hätte möglicherweise der Durchbruch in den Beziehungen zwischen Deutschland und Frankreich sein können, wenn die Industrien beider Länder das Abkommen unterstützt hätten. Allerdings hatte man auf beiden Seiten erheblich Vorbehalte. Die französische Wirtschaft fürchtete an deutsche Unternehmen Marktanteile zu verlieren, während die deutsche Wirtschaft Rathenau nicht vertraute, obwohl dieser bemüht war, frühzeitig Informationen über den Verlauf der Verhandlungen mit Frankreich zu vermitteln. Durch die Erweiterung des Wiesbadener Abkommens durch das Cuntze-Bemelmans und Ruppel-Gillet Abkommen wurde einer langfristigen Außen- und Wirtschaftspolitik der Weg geebnet, die zu einer Wiedereingliederung Deutschlands in der Weltgemeinschaft den Weg hätte ebnen können. Die Abtrennung Ostoberschlesiens führte dann aber in vielerlei Hinsicht zu einem Wendepunkt.

Das erste Kabinett Wirth trat, nachdem die gar nicht so überraschende Teilung Oberschlesiens bekannt geworden war, aus hilflosem Protest zurück.

841 Vgl. ebd. S. 321–323.
842 Vgl. BArch R 3301-2036 Blatt 91–92.

Dieser eher symbolische Akt war vollkommen unnötig und mutete durch die erneute Regierungsbildung durch Reichskanzler Wirth kontraproduktiv an, verlor die Reichsregierung doch mit Walther Rathenau seinen wichtigsten Kopf.[843] Für das RMfW begann die zweite Vakanz bis zum Amtsantritt von Heinrich Albert. Abschließend zur kurzen Amtsführung von Rathenau noch einige Erläuterungen zum erwähnten Beirat für Wiedergutmachungsfragen.

Zur Gewährleistung einer möglichst breiten Einbindung der deutschen Gesellschaft in den Wiederaufbau bemühte sich das RMfW bei der Besetzung des Beirates um besonders herausragende Repräsentanten aus den wichtigsten deutschen Lobbygruppen und Verbänden. Auch der Rätegedanke, beispielsweise durch den Reichswirtschaftsrat, könnte bei der Konzeptionierung des Beirats eine Rolle gespielt haben.

Allerdings war die Anzahl der erlaubten Vertreter im Vergleich zum Reichswirtschaftsrat begrenzt und besonders unter den Gewerkschaften entbrannte ein zäher Kampf um Berücksichtigung. Zwar begannen die Vorbereitungen für die Einberufung des Beirats im Dezember 1919, dennoch verzögerte sich die erste Sitzung auf den 26. April 1920. Sehr wahrscheinlich erhofften sich die in den Beirat berufenen Repräsentanten Einfluss auf die deutsche Reparationspolitik und einen leichteren Zugang bei der Vergabe von Aufträgen. Diese Hoffnungen wurden schon in der ersten Sitzung zerschlagen und eine deutsche Beteiligung am Wiederaufbau weitgehend ausgeschlossen.[844]

Dennoch gehörten dem Beirat auch weiterhin wichtige Persönlichkeiten wie Hugo Stinnes, Felix Deutsch, Rudolf Wissel, Staatsminister a. D. Hans Graf von Holtzendorff oder der UStS a. D. Friedrich Edler von Braun an.[845] Zudem wurden zahlreiche Reichstagabgeordnete verschiedener Parteien in den Beirat berufen. Die Hoffnungen auf eine effiziente Arbeit des Beirates erfüllten sich nicht. Die Sitzungen waren zunehmend angefüllt mit

---

843 Vgl. Schölzel, S. 321.

844 Vgl. Protokoll der Sitzung in BArch R 3301–2035 Blatt 162. Die Tagesordnung dieser Sitzung umfasste 1. Die Wiedergutmachungsvorschriften des Friedensvertrages, 2. Die Beteiligung Deutschlands an den Wiederaufbauarbeiten in den zerstörten Gebieten, 3. Die Durchführung der Wiedergutmachungslieferungen. Vgl. BArch R 3301–2035 Blatt 150.

845 Zu den Mitgliederlisten vgl. BArch R 3301–2035 Blatt 106–107, 217–220 und R 3301–2036 Blatt 26–28.

polemischen Diskussionen der Vertreter extremer Positionen. Beispielsweise nutzten die Reichstagsabgeordneten die Bühne des Beirates 1921 für verbale Angriffe gegen Wiederaufbauminister Walter Rathenau und dessen Annäherung an Frankreich hinsichtlich des Wiesbadener Abkommens.[846] Das Interesse an der Arbeit des Beirates nahm, auch wegen der ausbleibenden Beteiligung am Wiederaufbau, in der Folgezeit stetig ab. Schon 1921 waren viele Mitglieder bei den wenigen Sitzungen des Beirats entschuldigt.[847] Der Beirat wurde 1923 aufgelöst.[848]

Veränderungen der Geschäftsverteilung 1921/22 und 1922/23

Grundlage des Vergleichs der internen Veränderungen bilden die endgültigen Geschäftsverteilungspläne vom 15. Mai 1921 und März 1922.[849] In diesen Zeitraum fielen entscheidende Veränderungen der Abwicklung des Versailler Vertrages. Dazu zählten sämtliche Vorgänge im Gefolge des Londoner Zahlungsplans und der folgenden Erfüllungspolitik. Integraler Bestandteil dieser Entwicklung war das Wiesbadener Abkommen und den damit verbundenen Folgeabkommen. Entsprechende Anpassungen wurden in der Abteilung A aber nicht vorgenommen. Wahrscheinlich erfolgten diese Veränderungen erst nach der vollständigen Inkraftsetzung des Abkommens und der Folgeverträge. Die Zahl der Referate blieb gleich, allerdings wurden einige Zuständigkeiten neu verteilt. Die Ausführung der Artikel 168 und 169 wurde von Referat zwei auf Referat eins verlagert.

Am umfangreichsten wurde die Abteilung B umgestaltet. Die Anzahl der Referate blieb zwar konstant, dennoch wurde die Aufgabenverteilung der Referate weitgehend umgestaltet. Die Abwicklung des RKLAU und Treuhänders wurde 1922 in die Wege geleitet, was von den Referaten B2 und B3 überwacht wurde, während Referat B1 weiterhin ausschließlich die Regelung der Entschädigung der Saargruben und der Shantunggesellschaft oblag. Die Referate B4 bis B12 bearbeiteten die Entschädigungen für Kriegs- und

846 Vgl. BArch R 3301–2035 Blatt 70–72.
847 Vgl. BArch R 3301–2036 Blatt 94–95.
848 Vollständige Mitgliederlisten des Beirats für Wiedergutmachungsfragen sind erhalten in BArch R 3301–2035 Blatt 106–107, 217–220 und BArch R 3301–2036 Blatt 26–28.
849 Vgl. BArch R 3301–1f Blatt 266–272 und 364–369.

Liquidationsschäden, während die Aufgaben des Ausgleichsverfahrens bzw. des RAA von den Referaten B13 bis B16 bearbeitet wurden.

Ansonsten trat im Vergleich zum Geschäftsverteilungsplan vom Mai 1921 nur eine bedeutende Neuerung in Abteilung E auf. Dort wurde eine Aufteilung zwischen dem Haushalt zur Ausführung des Friedensvertrages und dem Haushalt des RMfW auf zwei neue Referate durchgeführt. Besonders vor dem Hintergrund der sich nun beschleunigenden Inflation wurde diese Änderung beschlossen, um die Kassengeschäfte zu trennen und dadurch zu entlasten.

Das Gesetzespaket zur Einleitung der endgültigen Entschädigungen aus Anlass des Krieges vom 28. Juli 1921 und der dazugehörigen Entschädigungsordnung vom 30. Juli 1921 musste dementsprechend auch in der Geschäftsverteilung des RMfW einen Niederschlag erfahren.[850]

Das Jahr 1923 bildet in vielerlei Hinsicht eine Zäsur der deutschen Geschichte. Im RMfW wurde dieser Einschnitt aber nur bedingt nachvollzogen, denn zwischen dem 1. Januar und 1. Oktober 1923 wurde die Geschäftsverteilung kaum umgestellt.[851] Der neue Geschäftsverteilungsplan datierte vom 1. Januar 1923 und damit noch wenige Tage vor dem Einmarsch in das Ruhrgebiet.

In Abteilung A für wirtschaftliche Wiedergutmachung und den Wiederaufbau der zerstörten Gebiete traten kaum Änderungen auf. Nur ein Referat A5 für Lieferungsstatistik wurde eingerichtet. Umfangreiche Veränderungen wurden erneut in Abteilung B für Liquidationen, Entschädigungen und Vorkriegsschulden vorgenommen. Die Abwicklung der Liquidationen und des Ausgleichsverfahrens wurden, nach den Abkommen mit den Alliierten und den neuen gesetzlichen Grundlagen, auch weiterhin Vorrang eingeräumt. Die Zahl der Referate wurde erneut um eins auf siebzehn erhöht. Die Aufgaben der bisherigen Referate wurden bis auf Referat B1, B16 (vormals B15) und B17 (vormals B16) neu zugeschnitten und erweitert. Die Abwicklung der deutschen Vergeltungsmaßnahmen wurde eingeleitet und den Referaten B3 und B4 a) übertragen.

---

850 Vgl. Gesetze zur Regelung der Auslands-, Kolonial- und Verdrängungsschäden vom 28. Juli 1921 (RGBl. S. 1021, 1031 und 1038) und die Entschädigungsordnung vom 30. Juli 1921 (RGBl. S. 1046).

851 Vgl. BArch R 3301–1g Blatt 41–47.

Die Bearbeitung der Auslands-, Kriegs- und Liquidationsschäden wurde auf die Referate B6 bis B13 ausgedehnt. Die Bearbeitung des Ausgleichsverfahrens fand in den Referaten B14 bis B17 statt.

Auch die Abwicklung im Bereich der Schifffahrt machte Fortschritte. Während Abteilung C (Schifffahrtsabteilung) fast unverändert blieb, wurde Abteilung C I für Seefischerei aufgelöst.

Eine bemerkenswerte Erweiterung erfuhr die Personalabteilung D. Durch die beschleunigte Inflation begannen im öffentlichen Dienst die Effekte fixer monatlicher Gehälter ihre negativen Aspekte zu entfalten. Die Anpassungen der Gehälter konnten mit der Hyperinflation kaum Schritt halten. Entsprechend wuchsen die Zuständigkeiten der Personalabteilung erheblich an. Insbesondere die Gewährung von Zulagen und -schlägen fällt hierbei besonders auf, die in den Referaten D2 bis D4 bearbeitet wurden. Die Personalabteilung des RMfW versuchte in dieser Situation auch verstärkt den angeschlossenen Reichsbehörden und Dienststellen Hilfestellung in Personalfragen zu geben, wofür Referat D6 zuständig war.

Im Zusammenhang mit der Hyperinflation stand die Erweiterung der Abteilung E für finanzielle Angelegenheiten. Zwar wurde hier die Anzahl der Referate nicht erhöht, aber deren Zuständigkeiten massiv ausgeweitet. Hauptsächlich die laufende Prüfung der Ausgaben beim RMfW und den angeschlossenen Reichsbehörden erforderte zunehmende Anpassung der Haushaltsprüfungen. Die Rechtsabteilung F und das Generalreferat für allgemeine Angelegenheiten (G) blieben dagegen unverändert.

Der Abwicklungsarbeiten der Kolonialzentralverwaltung erforderte erneut tiefgreifende Umgestaltungen. Die Abteilungen für Verwaltung (KA), Finanzen (KB), Personal (KC) und Militär (KM) wurden aufgelöst und in einer Abteilung vereinigt. Die Referate KC4 und 5 bestanden im Referat K6 fort. Auch die Referate KC3 (nun K7), KA1 und KA5 (nun K8) und KA4 (nun K9) blieben zunächst noch unter einer neuen Bezeichnung erhalten. Die Abwicklung der Kolonialzentralverwaltung erfolgte in den Referaten K1 bis K5. Die Verwaltungsangelegenheiten der deutschen Kolonien wurden, mit Ausnahme von Deutsch-Südwestafrika, in Referat K1 ausgeführt. Dazu zählte auch die fortgesetzte Überwachung der neuen Mandatsmächte. Davon losgelöst waren die Finanzangelegenheiten aller ehemaligen Kolonien, mit Ausnahme von Deutsch-Südwestafrika, die in Referat K2 bearbeitet wurden. Dementsprechend wurden alle Fragen Deutsch-Südwestafrika betreffend im Referat K3 bearbeitet. Die Abwicklung der Bergwerksangelegenheiten erfolgte in Referat K4. Die militärischen Abwicklungsarbeiten der ehemaligen Abteilung KM wurden im Referat K5 fortgesetzt.

Der Abbruch des passiven Widerstandes hatte keinen Einfluss auf die Geschäftsverteilung im RMfW. Die zum 1. Oktober 1923 erfolgten Umstrukturierungen in der Abteilung B erfolgten aufgrund der Auflösung des Treuhänders für das feindliche Vermögen zum 29. September 1923. Die Anzahl der Referate der Abteilung B sank nunmehr auf zwölf ab.[852]

Einführung zum Auflösungsprozess des Reichsministeriums für Wiederaufbau

Die Auflösung des RMfW im Mai 1924 war der Kulminationspunkt von Entwicklungen, die jeweils wegen unterschiedlichen Kausalitäten auftraten, und schließlich in Kombination Wirkung entfalteten. Daher war es notwendig, die historischen Abläufe getrennt voneinander darzustellen. Insgesamt konnten vier Hauptentwicklungen unterschieden werden:

1. Die Bestrebungen Verwaltungskosten im Reichshaushalt einzusparen, waren eine bei den Wählern populäre politische Forderung. Immer wiederkehrende Versuche der Parteien der frühen Weimarer Republik einen Bürokratieabbau einzuleiten, scheiterten regelmäßig am Widerstand eben jener Beamten, die dafür die Voraussetzungen schaffen sollten. Erst in der extremen politischen Situation der Hyperinflation gelang eine bis dato beispiellose Massenentlassung im öffentlichen Dienst. Zwei Reichsministerien fielen den Einsparungen zum Opfer.
2. Einer der Gründe der Hyperinflation des Jahres 1923 war die Besetzung des Ruhrgebietes durch belgische und französische Armeeeinheiten. Als Reaktion stellte das Deutsche Reich sämtliche Reparationsleistungen an die Invasoren ein. Diese Maßnahme wurde im August 1923 auf alle Empfänger von Reparationen ausgedehnt. Für das RMfW und einer Reihe seiner angeschlossenen Dienststellen bedeutete diese Entwicklung den plötzlichen Verlust zentraler Betätigungsfelder, die nur eingeschränkt mit neuen Aufgaben kompensiert werden konnten.

852 Vgl. BArch R 3301–1g Blatt 57.

3. Bedingt durch die Einstellung der Reparationen und bereits erbrachter Leistungen im Vorfeld der Besetzung des Ruhrgebietes, wurden einige der angeschlossenen Reichsbehörden des RMfW obsolet und wurden sukzessive aufgelöst. Deren Abbau warf die Frage auf, ob ein RMfW noch notwendig wäre.
4. Der Dualismus in der Außenwirtschaft zwischen AA und RMfW, der latent schon seit der Gründung des RMfW schwelte, eskalierte im Verlauf der Umsetzung des Friedensvertrages von Berlin. Die inter-administrativen Auseinandersetzungen zwischen den beiden Reichsministerien vereinten schließlich die einzelnen Entwicklungslinien. Dem daraus erwachsenen Druck innerhalb der obersten Reichsverwaltung, in Kombination mit dem äußeren Druck der Politik, konnte das RMfW nicht widerstehen.

Mit dem Beginn der Kanzlerschaft von Wilhelm Cuno am 22. November 1922 begann der Auflösungsprozess des RMfW. Angesichts der schwierigen politischen Situation der neuen Reichsregierung, die Koalition aus BVP, DDP, DVP und Zentrum verfügte im Reichstag über keine eigene Mehrheit, war ihr Handlungsspielraum sehr beschränkt. Letztendlich war die Koalition auf Stimmen aus dem Lager der SPD oder der DNVP angewiesen. Allerdings wäre dazu ein entsprechender politischer Richtungsschwenk notwendig gewesen, den der überparteilich und dezidiert unpolitisch auftretende Reichskanzler explizit vermeiden wollte.[853] Entsprechend waren von 13 Mitgliedern des Regierungskabinetts sechs parteilos, wobei das RMfW weiter vakant blieb. Eines der wenigen Ziele von Cuno war es, den „Behördenapparat abzubauen“.[854] Tatsächlich wurde während seiner Regierungszeit das Reichsschatzministerium im Jahr 1923 aufgelöst.[855]

Als Reichsschatzminister diente im Kabinett Cuno bis dahin Heinrich Albert, der bereits Staatssekretär der Reichskanzlei gewesen war. Er brachte damit erhebliche Kenntnisse über den Aufbau und die Funktionsweise der Reichsbehörden mit. Ende des Jahres 1918 war Albert, auf Empfehlung von Staatsekretär Graf von Roedern, zum Präsidenten des

853 Vgl. Arns, S. 146–148.
854 Vgl. ebd. S. 145.
855 Vgl. Verordnung über die Auflösung des RSchM, vom 21. März 1923 (RGBl. S. 233).

Reichsverwertungsamtes ernannt worden.[856] Dort hatte Albert Erfahrungen mit der Abwicklung der gewaltigen Heeres- und Marinebestände sammeln können. Diese Tätigkeit erforderte, neben einer umfassenden Organisationsfähigkeit, ein gewisses Maß an Skrupellosigkeit. Für eine möglichst schnelle und reibungslose Veräußerung der Bestände wurde dem Reichsverwertungsamt die Wahl der Mittel freigestellt.

Im März 1919 wechselte Albert als UStS in die Reichskanzlei. Nach seiner Einschätzung war es in erster Linie sein Verdienst die Reichskanzlei wieder als Behörde reorganisiert zu haben. Auch bewertete Albert rückblickend seine Zusammenarbeit mit den sozialdemokratischen Politikern durchaus positiv. Besonders eine enge Verbindung zu Reichspräsident Friedrich Ebert wurde von ihm hervorgehoben.[857] Als Unterstaats- bzw. Staatssekretär der Reichskanzlei diente Albert, zwischen seinem Amtsantritt im März 1919 und seinem Ruhestand am 25. Mai 1921, fünf Reichskanzlern. Danach war er als Rechtsanwalt tätig und knüpfte Kontakte zu US-amerikanischen Wirtschaftskreisen.

Möglicherweise wegen dieser Kontakte und seiner Fachkenntnisse im Reichsdienst wurde der neue Reichskanzler auf Albert aufmerksam. Zumindest wurde er am 22. November 1922 parteiloser Reichsschatzminister im Kabinett Cuno.[858] Unter seiner Leitung wurde das RSchM planmäßig zum 10. April 1923 aufgelöst.[859] Nahtlos trat Albert seinen neuen Posten als Reichsminister für Wiederaufbau an, um auch hier den Auflösungsprozess

856 Vgl. Reiling, S. 326.

857 Vgl. ebd. S. 327; Heinrich Friedrich Albert, Aufzeichnungen, Berlin 1956, S. 99; vgl. Mühlhausen, Friedrich Ebert, S. 233.

858 Albert und Cuno waren einander bereits während des Ersten Weltkrieges begegnet und hatten den Kontakt danach anscheinend intensiv gepflegt. Im Jahr 1921 beschrieb Albert Cuno als einen „verehrten Freund und Gönner“. Vgl. Mühlhausen, S. 588.

859 Vgl. Verordnung über die Auflösung des Reichsschatzministeriums, vom 21. März 1923 (RGBl. S. 233).

einzuleiten.[860] Allerdings blieb seine Tätigkeit im RMfW unvollendet, weil das Kabinett Cuno am 12. August 1923 demissionierte.[861]

Im nachfolgenden ersten Kabinett Stresemann wurde mit Robert Schmidt ein erfahrener Politiker, er war im Kabinett Bauer Ernährungs- und Wirtschaftsminister gewesen, der SPD neuer Reichsminister für Wiederaufbau. Gleichzeitig fungierte Schmidt als Vizekanzler. Auf den ersten Blick war dies eine starke Position im Kabinett.

Doch das neue Kabinett barg den Kern des Zusammenbruchs in sich, denn obwohl die neue Regierung auf einer parlamentarischen Mehrheit unter Einschluss von SPD und DVP fußte, waren bedeutende Minderheiten dieser beiden Parteien der Koalition gegenüber feindlich eingestellt. Die ideologischen Differenzen waren so bestimmend, dass bei der Vertrauensabstimmung im Reichstag, der mit 239 Ja zu 76 Nein Stimmen der Koalitionsregierung das Vertrauen aussprach, viele Abgeordnete von DVP und SPD vor der Abstimmung den Plenarsaal verließen.[862] Die Koalition hatte nur bis zum 3. Oktober 1923 bestand. Während dieses Zeitraums regierte das Kabinett diktatorisch, weil der Reichstag während dieser Zeit in der Sommerpause war und die Reichsregierung ohne Zustimmung des Parlaments einschneidende Maßnahmen implementierte.

Als die Fraktionsführer der Koalition nach der Sommerpause wieder zusammentraten, brachte ein aggressiver politischer Vorstoß der DVP gegen die SPD die Große Koalition zum Kollabieren.[863] Aus Mangel an Alternativen musste erneut eine Große Koalition mit den gleichen Parteien gebildet werden, weil sich die DNVP einer Regierungsbeteiligung beharrlich

---

860 Am Antrittstag von Reichsminister Albert am 10. April 1923 sandte Reichskanzler Cuno StS Müller ein Dankesschreiben für dessen Arbeit als stellvertretender Reichsminister seit dem Rücktritt von Rathenau. Der Reichskanzler versicherte Müller „den aufrichtigen und besten Dank der Reichsregierung wie auch meinen warmen persönlichen Dank für die Hingebung wie für das hohe Mass von Arbeit und Leistung auszusprechen, auf das Sie unermüdlichen Fusses an dieser besonders gekennzeichneten Stelle Ihres Weges zurückschauen dürfen." Vgl. R 3301 – 2003 o.Z. Cuno an StS Müller vom 10. April 1923.

861 Die Rolle von Albert als Reichsminister für Wiederaufbau wird im späteren Verlauf des Auflösungsprozesses näher zu erläutern sein.

862 Vgl. Mühlhausen, S. 622 und Arns, S. 159.

863 Vgl. Mühlhausen, S. 633–634 und Arns, S. 160–166.

verweigerte.[864] Im neuen Kabinett Stresemann II vom 6. Oktober blieb Robert Schmidt weiterhin Reichsminister für Wiederaufbau und Vizekanzler bis zum Austritt der SPD aus der Koalition am 2. November 1923.

Über die kurze Amtszeit von Robert Schmidt wurden nur wenige Quellen überliefert. Mit einigem Erfolg konnte er sich dem Auflösungsprozess seines Reichsministeriums entgegensetzen. Dennoch boten seine beiden Amtszeiten nur eine kurze Unterbrechung. Die katastrophale deutsche Haushaltsnotlage wurde im Jahr 1923 zunehmend zum alles entscheidenden politischen Leitmotiv.

Die Haushaltskonsolidierung und das Wirken des Reichssparkommissars wurden bereits an anderer Stelle behandelt. Im Gesamtkontext der Auflösung des RMfW ist es dennoch von Vorteil, alle Teile zusammen dazustellen. Dadurch können auch die Zusammenhänge klarer hervortreten.

Während des Ersten Weltkrieges war der Personalumfang der Reichsverwaltung enorm angewachsen. Die Ursachen dieser Entwicklung waren vielfältig. Die Anforderungen der Organisation einer Kriegswirtschaft, aber auch die Unterbringung zahlreicher Kriegsversehrter im Verwaltungsdienst, machten eine wachsende Zahl an neuen Beamtenstellen notwendig. Gemäß der hergebrachten Tradition wurden ehrenvoll aus dem Dienst ausgeschiedene Soldaten häufig als untere und mittlere Beamte eingesetzt. Klassische Beispiele dafür waren die Schutzpolizei oder der Bahnhofsschaffner.[865] Dazu kam eine große Zahl angestellte Experten aus der deutschen Wirtschaft, die über wichtige Kenntnisse für die Organisation der deutschen

864 Vgl. Arns, S. 168–170.

865 Vgl. Süle, S. 226. Die deutsche Verwaltung war auf einen längeren Krieg in keiner Weise vorbereitet. Besonders die Anforderungen zur Planung einer wirtschaftlichen Mobilisierung überforderte weite Teile der Verwaltung. Nur unter Hinzuziehung von Experten aus der freien Wirtschaft konnte eine Umstellung überhaupt gelingen. Angesichts der niedrigen Besoldung, die Löhne in der Privatwirtschaft waren der Inflation erheblich besser angepasst, im öffentlichen Dienst mussten zahlreiche Personen als Beamte übernommen werden. Andernfalls drohte der Verlust wichtiger Mitarbeiter an die Kriegswirtschaft. Diese Entwicklungen stießen in der Verwaltung auf erhebliche Ablehnung. Besonders das Versagen der Verwaltung ab 1916 wurde, innerhalb der alten Beamtenschaft und weiten Teilen der Gesellschaft, als Menetekel wahrgenommen. Vgl. Süle, S. 215–228.

Kriegswirtschaft verfügten und sukzessive, auch als Kompensation für die vergleichsweise niedrigen Gehälter, verbeamtet wurden.

Die Übergangsphase nach Kriegsende trug nicht dazu bei, den öffentlichen Dienst zu verkleinern. Die umfangreiche Zentralisierung der Weimarer Republik und die damit verbundene Verlagerung von Kompetenzen von den Ländern auf das Reich hinterließen deutliche Spuren im Reichshaushalt. Die Länderverwaltungen erschienen vor diesem Hintergrund überbesetzt, während die Reichsverwaltung den Personalumfang noch mehr ausweitete. Zusätzlich mussten Tausende verdrängter bzw. vertriebener Beamter aus den ehemaligen deutschen Gebieten und Kolonien in adäquaten Positionen untergebracht werden.

Angesichts der Inflation wurde nach Kriegsende in Gesellschaft und Politik das Verlangen nach einer Reduktion der Reichsausgaben immer eindringlicher. Ohne Kenntnisse über die wahren Ursachen der Geldentwertung wurden in erster Linie die, im Vergleich zum letzten Friedensjahr 1913, gestiegenen Verwaltungskosten verantwortlich gemacht. Doch der Vergleich der Reichshaushalte von 1913 und nach 1918, ein von den extremen politischen Interessengruppen gerne instrumentalisiertes Verfahren, spiegelte die Veränderungen der Anforderungen nicht wieder.

Nach Bekanntwerden der zu leistenden Reparationen im Jahr 1919, die letztendlich über die Steuern der Bürger gezahlt wurden, war eine Reduktion der Staatsausgaben schließlich unumgänglich geworden. Wie Einsparungen zu erzielen waren, blieb zwischen den Parteien aber höchst umstritten. Als Ausweg aus diesem Dilemma wurde von der Regierung Fehrenbach am 9. Oktober 1920 ein „Reichskommissar für Vereinfachung und Vereinheitlichung der Reichsverwaltung" geschaffen.[866] Erster Reichskommissar wurde der erwähnte Friedrich Carl.[867]

866 Für die Einsetzung des Reichssparkommissars gab es keine rechtliche Grundlage. Die Reichssparkommission wurde allein auf Beschluss des Regierungskabinetts geschaffen und war allein diesem verantwortlich. Die Position des Reichssparkommissars blieb ehrenamtlich, weil Saemisch weiterhin Präsident des Reichsrechnungshofes blieb. Diese besondere Stellung wurde im Laufe des Jahres noch unterstrichen, als Saemisch Zugang zu Sitzungen des Kabinetts erhielt und durch Wortmeldungen in die Besprechungen eingriff.

867 Zum verwaltungsgeschichtlichen Hintergrund bis zur Einsetzung und Tätigkeit von Reichssparkommissar Saemisch siehe: Hermann Dommach, Der

Bis zum 29. November 1920 legte Carl ein Programm zur verstärkten Kontrolle von nachgeordneten Reichsstellen durch die Landesfinanzämter vor.[868] Am 20. Dezember 1920 regte er die Verschmelzung von fünf Reichsministerien zu einem Reichsministerium für Arbeit und Wirtschaft an. Die betroffenen Reichsministerien wehrten sich entschieden gegen den Plan. Das Projekt wurde durch die Einberufung einer „Kommission zur Vereinfachung und Vereinheitlichung der Reichsverwaltung" am 16. März 1921 zu den Akten gelegt. Reichskommissar Carl trat aufgrund dieser Entwicklungen zum 1. April 1921 zurück. Der Tätigkeit der Kommission war wenig Erfolg beschieden. Sie konzentrierte sich primär auf die Themen Beschleunigung und Vereinfachung der Verwaltungsabläufe und umging unangenehme Einsparungen im Personalhaushalt. Der Spareffekt der dadurch entwickelten Neuerungen war letztlich eher kosmetischer Natur. Die „Grundzüge für einen vereinfachten Geschäftsgang bei den Verwaltungsbehörden" waren in diesem Sinne ausgestaltet worden.[869]

Demnach sollte eine effizientere Anordnung der Arbeitsräume nach organisatorischen Prinzipien Arbeitswege verkürzen. Eine vordienstliche Verteilung der Post, die nach Dringlichkeit zu sortieren und verteilen war, einen schnelleren Beginn der eigentlichen Bearbeitung der Geschäfte ermöglichen. Dazu sollten einheitliche vorgedruckte Formulare in allen Reichsbehörden verwendet werden. Zur Optimierung der Arbeitsweise sollten alle Beamten den Umgang mit der Schreibmaschine und Stenografie erlernen. Die allgemeine 48-Stundenwoche war, nach den Vorstellungen der Kommission, für alle Beamten festzuschreiben. Neben praktischen Veränderungen wurden auch Vorschläge für die Modernisierung des Alltags gemacht. Beispielsweise sollte die doppelte Anrede beibehalten werden. Vor der Revolution eingetretene Beamte waren mit „Exzellenz" anzusprechen, während für alle anderen Beamten das „Hochwohlgeboren" ausreichen musste.

Reichssparkommissar Moritz Saemisch in der Weimarer Republik, Frankfurt am Main 2012, S. 9–15. Eine zeitgenössische Analyse der Entstehung und Funktionen des Reichssparkommissars bietet: Karl Bilfinger, Der Reichssparkommissar, Berlin 1928.

868 Davon ausgenommen waren Eisenbahn-, Militär- und Postwesen. Vgl. Dommach, S. 9–10.

869 Vgl. BArch R 3301–2023 Blatt 5–9.

Die Reformbestrebungen lösten auch innerhalb der Verwaltung einen Veränderungsprozess aus. Vielfältige Neuerungsvorschläge wurden ausgearbeitet. Die wahrscheinlich dauerhafteste Neuerung stammte allerdings nicht von der Kommission, sondern aus dem RArbM. Dort hatte man zur Einführung der „Deutschen Sprache“ im Dienstgebrauch eine Broschüre erstellt. Die Anweisung „Auszüge aus Erlassen und Abhandlungen über den Schriftverkehr für den Dienstgebrauch“ aus dem Jahr 1922 beinhaltete Leitlinien für eine einheitliche deutsche Schriftsprache.[870] Beispielsweise sollten Fremdwörter aus dem Verwaltungsgebrauch in allgemein verständliches Deutsch umgewandelt werden. In tabellarischer Form wurden die neuen Regelungen des Beamtendeutsch festgehalten, z. B. der Wechsel von „Session“ zu „Tagung“ oder „Ressort“ zu „Geschäftsbereich“. Die Broschüre traf auf reges Interesse in anderen Behörden. Am 24. April 1923 meldete das RArbM, dass auch weiterhin große Nachfrage bestand.[871]

Eine Wendung in der Frage des Verwaltungsabbaus trat durch externe Faktoren ein. Die RepKo übermittelte der Reichsregierung am 21. März 1922 eine Note zu den Reichsfinanzen.[872] Darin forderte die RepKo, als Ausgleich für die Gewährung verminderter Zahlungen an die Empfängerstaaten, eine Reduzierung der Ausgaben und eine Steigerung der Einnahmen im Reichshaushalt. Auf diesem Wege sollten die Reichsfinanzen saniert werden. Die deutschen Maßnahmen sollten von einem alliierten Garantiekomitee überwacht werden.[873]

Diesen Eingriff in die Souveränität Deutschlands lehnte die Regierung Wirth ab, aber signalisierte Bereitschaft zur Aufklärung über die Finanzlage des Reiches.[874] Am 13. April erwiderte die RepKo in einer abgeschwächten Note, dass die Reichsregierung die Ausgaben im Reichshaushalt so zu gewichten habe, dass den Reparationsleistungen absolute Priorität eingeräumt

870 Vgl. BArch R 3301–2023 Blatt 31.

871 Vgl. BArch R 3301–2023 Blatt 69. Überhaupt wurden Anfang der Zwanzigerjahre in der Verwaltung erbitterte Diskussionen über Reformen geführt. Ein Beispiel war der Streit zwischen Befürwortern und Gegnern der Verwendung von Fraktur oder Antiqua Schriftarten im Dienst. Vgl. BArch R 3301–2004.

872 Vgl. ARWR, Kabinett Wirth I/II, Bd. 1, Dok. Nr. 229, S. 623–627 und ADAP, Serie A, Bd. 6, Dok. Nr. 26, S. 55 und Dok. Nr. 28, S. 58–59.

873 Vgl. BArch R 3301–2122 Blatt 72–87, R 3301–2123 und R 3301–2124.

874 Vgl. ARWR, Kabinett Wirth I/II, Bd. 2, Dok. Nr. 240, S. 670–674.

würde.[875] Daraufhin begannen am 9. Mai Konsultationen in Paris zu diesen Themen. Am 28. Mai 1922 ersuchte die Reichsregierung die RepKo nach einer Überprüfung der Reichsfinanzen. Diese akzeptierte das Angebot schließlich am 14. Juni, woraufhin Verhandlungen über die Ausgestaltung der Überprüfungen einsetzten.

Vor diesem Hintergrund erhielt die Reduzierung der Verwaltungsausgaben auf Reichsebene weit größere Bedeutung, weil dieser Bereich in Deutschland innenpolitisch umstritten war. Einsparungen auf Druck der RepKo konnten hier sowohl außen- als auch innenpolitische Zustimmung finden. Angesichts der laufenden Verhandlungen mit dem Garantiekomitee kam es während der Regierung Wirth zu keinen weiterführenden Maßnahmen mehr. Ein zentrales politisches Ziel wurde der Bürokratieabbau im Kabinett Cuno. Im Gegensatz zu anderen Politikfeldern ging Reichskanzler Cuno dieses Ziel konsequent an. Am 1. Dezember 1922 wurde der Präsident des Reichsrechungshofes Moritz Saemisch zum neuen Reichssparkommissar ernannt.[876] Als Reaktion auf die Ernennung von Saemisch wurde nun auch der Reichstag aktiv und bildete im Haushaltsausschuss einen Sparausschuss als Unterausschuss.[877]

Trotz vielfältiger Vorschläge bedurfte es der besonderen Situation im Krisenjahr 1923, damit Saemisch, in Kooperation mit der Reichsregierung und dem Sparausschuss, größere Fortschritte erzielen konnte. Ein erster Erfolg war die Auflösung des RSchM unter der Leitung von Reichsminister Heinrich Albert, der anschließend das Amt des Reichsministers für Wiederaufbau übernahm. Ein großer Teil der Angestellten und Beamten des ehemaligen RSchM konnte vom RFM aufgefangen werden.

Erst mit der Währungsreform erhielt Saemisch in seiner Tätigkeit den entsprechenden finanzpolitischen Rückhalt zur Durchsetzung noch radikalerer Einsparungen im Reichshaushalt. Am 13. Oktober 1923 hatte sich der Reichstag mit einem Ermächtigungsgesetz selbst entmachtet, um in

---

875 Vgl. ADAP, Serie A, Bd. 6, Dok. Nr. 52, S. 101–103.

876 Das Kabinett hatte am 23. November den Beschluss gefasst Saemisch zum Reichssparkommissar zu ernennen. Vgl. ARWR, Kabinett Cuno, Bd. 1, Dok. Nr. 4, S. 7–8. Dieser Beschluss wurde Saemisch am 28. November zugestellt. Am 1. Dezember 1922 übermittelte Saemisch seine Einwilligung. Vgl. ebd., Dok. Nr. 10, S. 28.

877 Vgl. Dommach, S. 25.

der folgenden diktatorischen Phase tiefgreifende Finanz- und Wirtschaftsreformen in Deutschland zu ermöglichen. Am 27. Oktober 1923 wurde dazu die Personalabbauverordnung erlassen.[878] Folge der Verordnung war die Bildung einer Verwaltungsabbaukommission, die aus Saemisch und den Reichsministern des Inneren und der Finanzen gebildet wurde.[879] Den Vorsitz hatte Saemisch inne.

Insgesamt konnte die Verwaltungsabbaukommission 24,5% aller Angestellten-, Arbeiter- sowie Beamtenstellen des Reiches durch Entlassungen und vorzeitigen Ruhestand einsparen. Prominentestes „Opfer" dieses Abbaus war das RMfW. Die besondere Rolle des Reichssparkommissars in der Auflösung des RMfW kristallisierte sich erst spät heraus. Am 29. Januar 1924 sandte der Reichsrechnungshof einen Vorschlag zur Zusammenlegung verschiedener mit dem Versailler Vertrag beschäftigter Reichsstellen an das RFM.[880] Dem RMfW wurden die Unterlagen zur Kenntnisnahme zugesandt. Aus dem Schreiben ging hervor, dass die dort genannten Einsparungsziele bereits mit dem Reichssparkommissar als Vorgaben bestimmt worden waren. Zentrales Anliegen war dabei die Auflösung des RMfW. Zu diesem Zweck erbat der Reichsrechnungshof nun die Zustimmung des RFM. Mit der Unterstützung des RFM hatte der Reichsparkommissar in der Verwaltungsabbaukommission bereits eine Mehrheit von zwei zu eins.

Der Auflösungsfahrplan sah eine Neugestaltung der Verwaltung zum 1. April 1924 vor. Spätestens am 29. Januar 1924 wurde allen Beteiligten im RMfW klar, dass die Auflösung kurz bevorstand. Angesichts des Stellenabbaus unter der Beamtenschaft breitete sich schnell Resignation unter den Beamten des RMfW aus.

StS Müller wollte die Auflösung dennoch nicht ohne Widerspruch hinnehmen. In einem Schreiben vom 1. Februar 1924 griff er die Vorgehensweise des

---

878 Vgl. Verordnung zur Herabminderung der Personalausgaben des Reichs (Personal-Abbau-Verordnung), vom 27. Oktober 1923 (RGBl. S. 999).

879 Die Verwaltungsabbaukommission wurde am 3. Dezember 1923 durch Kabinettsbeschluss geschaffen. Vgl. ARWR, Kabinett Marx I/II, Bd. 1, Dok. Nr. 4, S. 23–26. Die Ausgestaltung der Kompetenzen und Richtlinien der Verwaltungsabbaukommission wurde aber erst zum 10. Januar 1924 abgeschlossen. Vgl. ebd., Dok. Nr. 56, S. 224–225.

880 Vgl. BArch R 3301–2027 Blatt 45.

Rechungshofes scharf an.[881] Sein Hauptkritikpunkt war, dass der Rechnungshof in Personalunion mit dem Reichssparkommissar sich quasi diktatorische Rechte anmaßte. Demnach hätte das Regierungskabinett, auf Vorschlag der Verwaltungsabbaukommission, eine Auflösung des RMfW beschließen müssen. Doch beide Instanzen hatten, so Müller, dieses Thema bisher nicht bearbeitet.[882] Daher war es auch nicht angängig, das RMfW nur noch über die Entwicklung der Dinge in Kenntnis zu setzen. Damit würde der Geschäftsgang ad absurdum geführt.

Dieses letzte Aufbäumen war vergeblich. Der Reichshaushalt stand unter dem Diktat der Haushaltskonsolidierung im Zuge der Währungsstabilisierung. Die Politik hatte in dieser Situation den Primat gegenüber einer Austeritäts-Diktatur des Bündnisses aus RFM und Reichssparkommissar eingebüßt.

Nicht nur für das RMfW verhängnisvoll erwies sich die Personalabbauverordnung vom 27. Oktober 1923.[883] Die folgende Bereinigung des Personalbestandes führte zu einer weitreichenden Erschütterung innerhalb der deutschen Beamtenschaft. Der Schock war umso größer, weil die Beamten noch im Juli einen automatischen Inflationsausgleich auf ihre Bezüge erhalten hatten.[884]

Die Personalabbauverordnung enthielt eine Reihe von Instrumentarien, um Beamtenstellen frei zu machen. Die Versetzung in den einstweiligen oder permanenten Ruhestand wurde erleichtert. Das Ruhestandsalter wurde auf 65 Lebensjahre, bzw. auf 68 Jahre für Beamte des Reichsgerichtes, Reichsfinanzhofes und Reichsrechnungshofes, fixiert.[885] Aktive Minister wurden davon ausgenommen. Beamte, die ab 58 Lebensjahren auf eine mindestens zehnjährige Laufbahn zurückblickten, konnten im Rahmen der Personalabbauverordnung auf eigenen Antrag in den Ruhestand treten.[886]

---

881 Vgl. BArch R 3301–2027 Blatt 47–48.
882 Das Regierungskabinett beschäftigte sich erst am 1. Mai 1924 mit der Auflösung des RMfW. Vgl. ARWR, Kabinett Marx I/II, Bd. 1, Dok. Nr. 189, S. 599.
883 Vgl. Verordnung zur Herabminderung der Personalkosten des Reiches, vom 27. Oktober 1923 (RGBl. S. 999).
884 Vgl. Taylor, S. 298 und 307–308.
885 Vgl. Artikel 1 VI der Verordnung zur Herabminderung der Personalkosten des Reiches, vom 27. Oktober 1923 (RGBl. S. 1000).
886 Vgl. ebd. Artikel 2.

Neben diesen Regelungen für ältere Beamte traten rechtliche Möglichkeiten auch jüngere Beamte auf Lebenszeit und sonstige Beamte mit mindestens zehnjähriger Laufbahn in den einstweiligen Ruhestand zu schicken.[887] „Außerplanmäßige Beamte, Beamte die auf Probe, auf Kündigung oder auf Widerruf angestellt sind, sowie Beamte im Vorbereitungsdienste können aus dem Reichsdienst entlassen werden."[888]

Geradezu revolutionär war die Neuerung einer leistungsbezogenen Einschätzung des Arbeitsverhaltens:

> *„Bei Auswahl der in den einstweiligen Ruhestand zu versetzenden Beamten ist der Wert ihrer dienstlichen Leistungen für die Verwaltung entscheidend."*[889]

Für die Dauer der Personalabbauverordnung wurde eine allgemeine Einstellungssperre für Reichsbeamte erlassen: „Beamte oder Beamtenanwärter dürfen in den Reichsdienst nicht eingestellt werden. Als Einstellung gilt auch die Verleihung einer Planstelle an außerplanmäßige oder kommissarisch beschäftigte Beamte."[890]

Vom Personalabbau betroffen waren zahlreiche Beamte. Von allen zum Stichtag 1. Oktober 1923 beschäftigten „planmäßigen und außerplanmäßigen Reichsbeamten sowie der Reichsbeamten im Vorbereitungsdienste haben nach Maßgabe der Artikel 2 bis 5 25 vom Hundert auszuscheiden...".[891] Der Abbau von 25% aller Reichsbeamten, deren Ausscheiden gleichmäßig über alle Reichsbehörden erfolgen sollte, wurde aber dadurch relativiert, dass vom Personalabbau auch die dauerhaft beschäftigten Angestellten betroffen waren. Wurden diese nach dem 1. Oktober 1923 entlassen und ihre Stelle von einem Beamten übernommen, galt der Angestellte wie ein abgebauter Beamter.[892] Der Abbau aller nicht unbedingt gebrauchten Angestellten wurde vorgeschrieben.[893] Auch verheiratete Frauen wurden

---

887 Vgl. ebd. Artikel 3 §1 (1) (RGBl. S. 1000).

888 Vgl. Artikel 3 §1 (2) der Verordnung zur Herabminderung der Personalkosten des Reiches, vom 27. Oktober 1923 (RGBl. S. 1000).

889 Vgl. RGBl. Jg. 1923, S. 1000, Artikel 2.

890 Vgl. ebd. Artikel 7 (1) (RGBl. S. 1002).

891 Vgl. RGBl. Jg. 1923, Artikel 8 (1), S. 1002.

892 Vgl. Verordnung zur Herabminderung der Personalkosten des Reiches, vom 27. Oktober 1923, Artikel 8 (3) a) (RGBl. S. 1002).

893 Vgl. ebd. Artikel 15 (1) (RGBl. S. 1006).

diskriminiert und konnten „jederzeit am 1. Werktag eines Monats zum Monatsende gekündigt werden, sofern nach dem Ermessen der zuständigen Behörde die wirtschaftliche Versorgung des weiblichen Beamten gesichert erscheint. Das gilt auch bei lebenslänglicher Anstellung".[894] Hier bestand die „Zölibatsklausel" fort.[895]

Die Personalabbauverordnung wurde, außer den arbeitsrechtlichen Regelungen für weibliche Beamte, nicht auf die Länder und Kommunen ausgeweitet. Allerdings wurden diese angehalten, ähnliche Bestimmungen für ihre Verwaltungsbehörden zu erlassen und umzusetzen. Die Personalabbauverordnung galt zeitlich uneingeschränkt und hatte klar definierte Abbauziele. Insgesamt mussten 25% der Stellen im öffentlichen Dienst jeweils des Reiches und der Länder abgebaut werden. Dieses Ziel wurde fast erreicht. Bis zum 31. Dezember 1924 waren 24,5% des Personals im öffentlichen Dienst des Reiches, das entsprach 144.198 von 589.418 Personen vom Stand des 1. Oktober 1923, abgebaut worden.[896] Allerdings verteilten sich diese Mengen sehr unterschiedlich. Während 68,7% der Angestellten und 38,5% der Arbeiter von der Entlassung betroffen waren, war das Schicksal der Beamten mit nur 13,3% des abgebauten Personals erheblich leichter.[897] Während für das RMfW keine Zahlen vorliegen, waren die Einschnitte bei den übrigen obersten Reichsbehörden sehr unterschiedlich. Im RArbM wurden beispielsweise 2.036 Beamte (18,9%), 8.913 Angestellte (90,2%) und 1.569 Arbeiter (61,2%) aus dem Dienst entfernt. Dagegen fielen die Einschnitte im AA geringer aus. Dort mussten 89 Beamte (6,7%), 807 Angestellte (45,1%) und 68 Arbeiter (34,2%) ausscheiden.[898] Auch die Zahl

---

894 Vgl. Artikel 14 (1) (RGBl. S. 1006) der Verordnung zur Herabminderung der Personalkosten des Reiches, vom 27. Oktober 1923 (RGBl. S. 1000).

895 Vgl. Hattenhauer, S. 337.

896 Vgl. Deutscher Reichstag, 3. Wahlperiode 1924, Drucksache Nr. 829 vom 22. April 1925. Die ARWR nennen sogar die Zahl von ca. 396.900 abgebauten Stellen im öffentlichen Dienst. Vgl. ARWR Kabinett Marx I, Bd. 1, Stabilisierung der Währung und der Finanzen, S. XXVI. Diese Zahl ist wahrscheinlich übertrieben und bezieht sich auf die verbliebenen Angestellten, Arbeiter und Beamten im öffentlichen Dienst.

897 Vgl. Hattenhauer, S. 376.

898 Hier wirkte sich möglicherweise noch die Sonderstellung des AA innerhalb der Reichsverwaltung aus, die eine bevorzugende Behandlung des diplomatischen Korps ermöglichte. Vgl. Peter Krüger, Struktur, Organisation und

der Planstellen sank insgesamt von 239.590 im Jahr 1923 um 34.498 auf 205.092 im Jahr 1925 ab.[899]

Der Friedensvertrag mit den USA und der Auflösungsprozess des Reichsministeriums für Wiederaufbau

Als am 19. März 1920 der Kongress der Vereinigten Staaten von Amerika den Versailler Vertrag zwischen Deutschland und den alliierten und assoziierten Mächten nicht ratifizierte, begann eine bemerkenswerte Zwischenperiode. Bis zur Unterzeichnung eines separaten Friedensvertrages zwischen Deutschland und den USA bestand der Kriegszustand bzw. Waffenstillstand fort. Diese Situation war für beide Seiten nicht von Vorteil. Die Maßnahmen des Wirtschaftskrieges der US-Regierung, die während des Krieges gegen deutsche Bürger und deutschen Besitz auf dem Staatsgebiet der USA eingeführt worden waren, erschwerten erheblich die Wiederaufnahme der Handelsbeziehungen.[900]

Dieses Problem wurde auch als solches von beiden Seiten erkannt, doch war es während des Präsidentschaft Wilsons nicht möglich, einen Kompromiss zu finden. Der Senat blockierte erfolgreich alle Versuche der Wilson-Administration den Versailler Vertrag zur Annahme zu bringen. Einer der umstrittensten Bereiche des Versailler Vertrages war der Beitritt der USA zum Völkerbund, was insbesondere bei den Republikanern auf entschiedenen Widerstand stieß.[901]

---

außenpolitische Wirkungsmöglichkeiten der leitenden Beamten des Auswärtigen Dienstes 1921–1933, in: Schwabe (Hrsg.), Das diplomatische Korps 1871–1945, S. 103–104.

899 Vgl. Deutscher Reichstag, 3. Wahlperiode 1924, Drucksache Nr. 829.

900 Vgl. „Trading with the enemy act", in: Carl G. Grossmann, Das Recht der Vereinigten Staaten von Amerika, Erbrecht und Nachlaßbehandlung, Rechtsverfolgung im internationalen Verkehr, Bd. 6, Teil 4, Berlin 1929, S. 305–309 und ADAP, Serie A, Bd. 5, Dok. Nr. 98, S. 203. Die US-Regierung hatte während des Krieges alle Vermögenswerte über 10.000 $ beschlagnahmt. Nach deutschen Schätzungen waren ca. 2.500 Vermögen im Gesamtumfang von ca. 320 Millionen Goldmark betroffen gewesen. Kleinere Vermögen wurden nach Friedensschluss nach Möglichkeit restituiert. Vgl. BArch R 3101–20807 Blatt 81.

901 Vgl. Kurt und Sarah Wimer, The Harding Administration, the League of Nations, and the Separate Peace Treaty, in: The Review of Politics, Volume 29, Heft 1, 1967, S. 13–24.

Auch die neue Harding Administration konnte keine Fortschritte erzielen und gab das Völkerbund-Projekt im März 1921 endgültig auf. Harding umfasste die Friedensziele der USA nun in zwei Hauptpunkten: „(1) Congress should pass a „declaratory resolution“ to bring about a state of peace and (2) the United States should safeguard its rights by accepting the “existing treaty” with explicit reservations and modifications.”[902]

Der Kongress bemühte sich umgehend eine Regelung zu formulieren, die den Kriegszustand beenden sollte. Allerdings wurde dieser Prozess durch das ab April 1921 in Verhandlungen schwebende Londoner Schuldenabkommen verzögert. Während des Entscheidungsprozesses der Beteiligten wollte die US-Regierung die internen Absprachen der Alliierten nicht mit dem Sonderfrieden zwischen Deutschlands und den USA behindern.

Einen ersten Vorstoß unternahm dennoch am 13. April 1921 der republikanische Senator Philander Knox mit einer Resolution, die zur Grundlage der späteren Friedensregelung wurde. Zunächst verfehlte die Resolution aber die nötige Zustimmung, weil sich einige republikanische Senatoren am zu konzilianten Wortlaut störten.[903] Einige Passagen waren so interpretierbar, dass die Beendigung des Kriegszustandes als ein entschuldigendes Entgegenkommen gegenüber Deutschland hätte interpretiert werden können. Der Gegenvorschlag des Abgeordneten Stephen Porter basierte auf dem Entwurf von Knox, war aber in der Wortwahl schärfer formuliert. Am 1. Juli 1921 passierte die Knox-Porter Resolution den Kongress und wurde am 2. Juli von Präsident Harding unterzeichnet.[904] Die USA behielten sich darin alle Rechte vor, die Deutschland den Siegermächten aus dem Waffenstillstand und Versailler Friedensvertrag zugestanden hatte. Zusätzlich beharrten die USA auf allen Rechten als assoziierte Hauptmacht des Krieges, den Vorteilen aus dem Kriegszustand und der -gesetzgebung. Auch das beschlagnahmte deutsche Eigentum wurde zurückgehalten, bis Deutschland eine Reihe von Auflagen erfüllt hatte.[905]

---

902 Vgl. ebd. S. 15–16.

903 Vgl. Wimer, Harding, S. 16–17.

904 Vgl. zum Wortlaut der Resolution: The Department of State, Foreign Relations of the United States, Jg. 1921, Bd. II, Washington 1936, S. 3–5.

905 Vgl. ADAP, Serie A, Bd. 5, Dok. Nr. 77, S. 157. Zum Umgang mit Deutschen und ihrem Eigentum in den USA während des Ersten Weltkrieges vgl.: Mark Ellis, German-Americans in World War I, in: Ragnhild Fiebig-von Hase/

Auf deutscher Seite wurden dieser Schritt und der Vorschlag zur Unterzeichnung eines Friedensvertrages mit den USA vorsichtig optimistisch aufgenommen.[906] Allerdings war man im AA, das bei den Verhandlungen federführend war, der Ansicht, dass die USA nicht nur die Vorteile aus dem Kriegszustand und den Pazifizierungsabkommen genießen sollten. Stattdessen hoffte man, dass die USA ihren Platz in den Kommissionen und anderen Institutionen einnehmen, die sie gemäß dem Versailler Friedensvertrag hätten besetzen müssen. Dadurch hätte dem Ungleichgewicht zu Gunsten Belgiens und Frankreichs in eben diesen Gremien entgegen gewirkt werden können.[907] Wegen dieser deutschen Vorbehalte wurden die Verhandlungen verzögert. Erst der wachsende innenpolitische Druck im Senat nötigte die Reichsregierung zur Annahme des Friedensvertrages. Eine Rückkehr der USA in die Gremien konnte nicht erreicht werden. Die Unterzeichnung des Friedensvertrages erfolgte am 25. August 1921 in Berlin.[908]

Der Friedensvertrag mit den USA veränderte das deutsche Verwaltungssystem der Reparationen. Bisher war das RMfW für das Ausgleichsverfahren, Entschädigungen und Sachlieferungen im Rahmen des Versailler Vertrages und des Waffenstillstandes zuständig gewesen. Nach dem Friedensschluss mit den USA begann das in den Verhandlungen federführende AA mit dem Aufbau eigener Strukturen zum Wiedergutmachungsverkehr mit den US-Behörden und dort insbesondere mit der Mixed Claims Commission.

Die USA hatten in „§ 5 der Knox-Porter Resolution bestimmt, dass seit 1917 im Zuge des amerikanischen Trading with the Enemy Act von den USA beschlagnahmte deutsche Privateigentum als Sicherheit für die Abdeckung dieser Forderungen dienen sollte."[909] Noch vor der US-amerikanischen

Ursula Lehmkuhl (Hrsg.), Enemy Images in American history, Providence 1997, S. 184–208.

906 Vgl. ADAP, Serie A, Bd. 5, Dok. Nr. 98, S. 201–203.

907 Vgl. ADAP, Serie A, Bd. 5, Dok. Nr. 104, S. 210–224.

908 Vgl. zum Vertragstext: Gesetz, betreffend den am 25. August 1921 unterzeichneten Vertrag zwischen Deutschland und den Vereinigten Staaten von Amerika, vom 20. Oktober 1921 (RGBl. S. 1317).

909 Vgl. Burkhard Jähnicke, Washington und Berlin zwischen den Kriegen. Die Mixed Claims Commission in den transatlantischen Beziehungen, Völkerrecht und Außenpolitik, Bd. 62, Baden-Baden, 2000, S. 54.

Beendigung des Krieges zum 2. Juli 1921 war am 3. März 1921 mit dem Nolan Act eine rückwirkende rechtliche Sicherheit für alle, auf der Basis ehemals deutscher Patente beruhenden, US-Unternehmensaktivitäten gewährt worden.[910] Die Freigabe des deutschen Eigentums vollzog sich dann in Etappen. Die Winslow Bill vom 4. März 1923 gab deutschen Besitz bis zu einem Wert von 10.000 $ frei. Eine endgültige Regelung wurde erst mit dem Settlement of War Claims Act vom 10. März 1928 getroffen.[911]

In der Rückgabe deutschen Vermögens lag ein bedeutendes Hindernis für den zukünftigen Ausbau der Handelsbeziehungen, aber auch der Entschädigungen durch das Deutsche Reich. Viele Vermögen von Deutschstämmigen und in den USA ehemals ansässigen Deutschen, häufig Vertreter deutscher Handels- und Industrieunternehmen, waren weiter unter Zwangsverwaltung der US-Regierung. Das Volumen wurde von der US-Regierung auf ca. 550 Millionen US-Dollar geschätzt.[912] Die Freigabe bzw. Ausgleichung dieser Vermögenswerte war ein vorrangiges Ziel der Reichsregierung, um Unsicherheiten in den Handelsbeziehungen abzubauen, die beispielsweise durch Klagen von amerikanischen Geschädigten gegen deutsche Investoren hätten auftreten können. Entscheidend war letztendlich die Meinung auf der Seite der USA, die das mit den Unterzeichnern des Versailler Vertrages praktizierte anonyme Ausgleichsverfahren strikt ablehnten.[913] Besonders die symbolträchtigen Entschädigungsfälle durch die Versenkung der Lusitania waren zu regeln und die Erwartungshaltung in der US-Öffentlichkeit war entsprechend hoch.

Das im Versailler Vertrag implementierte Ausgleichsverfahren bot in den Augen der US-amerikanischen Öffentlichkeit zu wenig den Charakter einer Wiedergutmachung. Die Verhandlungen zogen sich dann auch fast genau ein Jahr hin, bis am 10. August 1922 ein Abkommen zwischen Deutschland und den USA geschlossen wurde, das die Errichtung einer „Mixed Claims Commission“ vorsah.[914]

---

910 Vgl. Grossmann, S. 305–309.

911 Vgl. Grossmann, S. 311–317 und 328–365.

912 Vgl. ADAP, Serie A, Bd. 5, Dok. Nr. 266, S. 556; Jähnicke, Washington und Berlin, S. 64.

913 Vgl. Jähnicke, S. 56.

914 Zum Prozess der Verhandlungen über die Mixed Claims Commission siehe: Jähnicke, S. 60–82. Die Kommission diente zur Behandlung von privaten und

In früheren Planungen war die Einsetzung von Gemischten Schiedsgerichten auf der Grundlage der Regelungen des Versailler Vertrages (Artikel 296) vorgesehen. Allerdings erwies sich diese Vorgehensweise als nicht praktikabel und wurde von der US-Regierung bereits im November 1921 verworfen. Damit entstand eine vollkommen neue Situation zur Regelung der US-Forderungen, die nun vom Versailler Vertrag losgelöst und praktisch der Zuständigkeit des RMfW entzogen waren. Im Gegenzug erfuhr die Friedensabteilung (Abteilung V) des Auswärtigen Amtes eine Aufwertung, die nun die weiteren Verhandlungen mit der Mixed Claims Commission ausführte.

Angesichts der weit gespannten Forderungen der geschädigten US-Bürger mussten beim AA parallele Kontrollstrukturen aufgebaut werden, die bereits in ähnlicher Form beim RMfW zur Überwachung des RAA, Treuhänders, RKLAU und REAK bestanden. Allerdings regte sich beim RMfW gegen diese Regelung insofern Widerstand, als dass die erwähnten Dienststellen des RMfW eingehend vom AA konsultiert wurden, um Verfahrenskonflikte zu vermeiden. Das RMfW beanspruchte auch weiterhin für sich die Oberaufsicht in allen Fragen, die den Versailler Vertrag und insbesondere die Regelung aller privaten Schulden im friedensvertraglichen Zusammenhang betrafen. Explizit war damit die Mixed Claims Commission gemeint. Diese Regelung war mit dem AA noch einmal in Ressortbesprechungen vom 19., 21. und 31. März 1923 so verabredet, aber kurz darauf vom AA ausgehebelt worden. Ursächlich für diese Handhabung war die langsame Bearbeitung der Claims durch das RMfW und den Treuhänder für das feindliche Vermögen.[915]

deliktrechtlichen Schadensersatzansprüchen. Letztere stammten insbesondere aus der Versenkung der Lusitania durch ein deutsches U-Boot am 7. Mai 1915. Die Reichsleitung hatte den Opfern, noch vor dem Kriegseintritt der USA, Schadenersatz versprochen. Vgl. ADAP, Serie A, Bd. 6, Dok. Nr. 272, S. 561. Zum Vertragstext vgl.: G. Fr. de Martens/Heinrich Triepel, Nouveau Recueil Général de Traités et autres actes relatifs aux rapports de droit international, Bd. 11, Librairie Theodor Weicher, Leipzig 1923, S. 924–927.

915 Bemerkenswert ist die plötzliche Verwendung von Fremdwörtern hinsichtlich der US-amerikanischen Forderungen. Hintergrund dieser Handhabung dürfte die besondere Rechtskonstruktion hinter den Claims sein, die keine äquivalente Sammelbezeichnung im Deutschen hatte.

In einem Schreiben vom 1. Mai 1923 erklärte das AA rundheraus, dass das RMfW und seine Dienststellen von der Bearbeitung der Fälle der Mixed Claims Commission ausgeschlossen würden. Der Erfolg der deutschen Bemühungen um bessere Beziehungen zu den USA hinge davon ab, „dass den Erwartungen der Amerikaner in Bezug auf Pünktlichkeit, Einhaltung der Fristen pp. strikte entsprochen werde. [...] dass es auf jeden Tag ankomme und daher grösste Beschleunigung in der Bearbeitung der Claims, tunlichste Vereinfachung des Geschäftsganges und Ausschaltung aller unnötigen Zwischenstellen, die zu Verzögerungen oder sogar zu Reibungen Anlass geben könnten [...] notwendig wären."[916]

Handstreichartig wurde nun die Abteilung III des AA mit der Bearbeitung der Claims betraut und damit begonnen, neues Personal dafür anzuwerben.[917] Zudem hatte das AA, in Fällen der Liquidation und Zwangsverwaltung von US-Eigentum, direkt mit dem Preußischen Handelsministerium Kontakt aufgenommen und die Informationen am Treuhänder und dem RMfW vorbei direkt beim Handelsministerium zugestellt.

Das RAA sollte von der Bearbeitung der Claims ausgeschlossen werden. Als Begründung wurde angeführt, dass die Ausgleichung mit den USA ein ganz neues außenpolitisches Feld darstelle und damit nicht in den Geschäftsbereich des RAA fallen würde. Zudem hatte das AA sämtliche Protokolle der Ressortbesprechungen über die Behandlung der Claims dem Zugriff des RMfW entzogen. Lewinski hatte alle Unterlagen zur Überarbeitung während seiner Überfahrt in die USA mitgenommen.

Am 11. Mai 1923 ging StS Müller gegen die Entwicklungen vor und erkundigte sich bei MinDir Schubert, warum das AA die Vereinbarungen

916 Vgl. zu diesem Vorgang das Schreiben vom 1. Mai 1923 in: BArch R 3301–2337 Blatt 72–75.

917 Welche Rolle Carl von Schubert als MinDir der Abteilungen V und VI (GB und USA) des AA seit 1921 bei der Auflösung des RMfW einnahm, ist anhand der untersuchten Quellen nicht zu erkennen. Vgl. Peter Krüger, Carl von Schubert und die deutsch-französischen Beziehungen, in: Stephen A. Schuker/Elisabeth Müller-Luckner (Hrsg.), Deutschland und Frankreich. Vom Konflikt zur Aussöhnung. Die Gestaltung der westeuropäischen Sicherheit 1914–1963, München 2000, S. 73–96.

nicht beachten und das RMfW umgehen würde.[918] Das RAA wurde demnach vom AA überhaupt nicht mehr konsultiert, wenn es um die Regelung der privaten Schulden im Ausgleichsverkehr mit den USA ging. StS Müller, in seiner Funktion als stellvertretender Reichsminister, berief sich auf den Erlass des Reichspräsidenten betreffend die Errichtung und den Geschäftskreis des RMfW vom 7. November 1919. Der dort aufgeführte Punkt zwei wies „ausdrücklich die ‚Ausgleichung von Forderungen und Schulden gegenüber den bisher feindlichen Staaten‘ der Zuständigkeit des Wiederaufbauministeriums“ zu. „Ausgleichung“ verstand Müller gemäß Nr. 5 des Erlasses als „Regelung“. Auch gemäß dem Reichsausgleichsgesetz beharrte Müller auf der Zuständigkeit des RAA. Durch die bisherige Tätigkeit dieser Reichsbehörde und dessen zahlreiche Zweigstellen verfügte das RAA über die Expertise in der Recherche und Aufklärung von Rechtsstreitigkeiten.

Müller wies das AA darauf hin, dass im Ausgleichsverfahren doppelte Strukturen aufgebaut wurden, da das RAA über einen umfangreichen Beamtenapparat zur Bearbeitung der Fälle verfügte. „Ich glaube auch nicht, dass der Herr Reichsminister der Finanzen und der Herr Staatsminister Sämisch sich damit einverstanden erklären würden, dass dem Auswärtigen Amt, lediglich um es nicht leer ausgehen zu lassen, eine Arbeit zugewiesen wird, welche dort die Einstellung neuer Arbeitskräfte erforderlich machen würde und sachgemäßer und mit geringeren Kosten von einer anderen Behörde vorgenommen werden kann.“[919] Das AA sollte sich nach seiner Auffassung darauf beschränken, dass die Informationen für den deutschen Vertreter bei der Mixed Claims Commission die Abteilung III des AA durchlaufen könnten.

Die Argumente von StS Müller waren nicht stichhaltig genug oder es traten neue Faktoren auf, die anhand der Quellen nicht genau zu belegen waren. Eine wichtige neue Entwicklung war die Tätigkeit von Reichsminister für Wiederaufbau Albert, der sehr wahrscheinlich die Auflösung des RMfW

---

918 Ursache der Rückfrage Müllers war die Weitergabe von Unterlagen durch das AA an den deutschen Gesandten bei der Mixed Claims Commission Herrn Karl von Lewinski, Treuhänder und das Preußischen Handelsministerium. Das RMfW hätte die Unterlagen vorher prüfen und freigeben müssen. Vgl. zu diesem und folgenden Vorgängen: BArch R 3301–2337 Blatt 66–71.

919 Vgl. BArch R 3301–2337 Blatt 70.

voran treiben wollte und dem AA in den strittigen Punkten weit entgegen kam. Dadurch konnte das Fundament des RMfW wirksam untergraben werden und die Existenzberechtigung in Frage gestellt werden. Zumindest in einem Schreiben vom 7. August 1923 verwies das AA darauf, dass „die Federführung in der Behandlung der amerikanischen Schadensersatzansprüche [...] nicht dem Reichsministerium für Wiederaufbau übertragen, sondern in die Hände des Auswärtigen Amts gelegt worden, dem damit auch die generelle Verantwortung für die sach- und fristgemäße Erledigung der Geschäfte zugefallen ist."[920]

Im mittlerweile entstandenen Kompetenzgeflecht zwischen RMfW und AA hatte das RMfW beansprucht, dem deutschen Vertreter bei der Mixed Claims Commission Instruktionen zukommen zu lassen. Sowohl mit dem Verweis auf die Federführung, als auch mit der Feststellung, dass der deutsche Vertreter Beamter des AA sei, wurde jegliche Weisungsbefugnis des RMfW zurückgewiesen.

Unterstrichen wurde der Bedeutungsverlust des RMfW durch die bis dahin erfolgte Einrichtung einer „Amerikastelle", „deren Mitglieder nach Maßgabe ihrer besonderen Kenntnisse auf dem Gebiete des Völkerrechts, des Friedensvertrages [...] [und] des deutsch-englischen Schiedsgerichts ausgesucht worden sind."[921] Vor diesem Hintergrund verlangte das AA uneingeschränkten Zugang zu den deutsch-englischen Fallakten. Dieses Ansinnen wurde vom RMfW zurückgewiesen und damit ein neuer Konflikt ausgelöst.

Die vom AA gewünschte beschleunigte Bearbeitung der Claims wurde dadurch erheblich verzögert und „die ordnungsgemäße Einlösung der von dem Reich in den Abkommen vom 10. August v. J. übernommenen Verpflichtungen, die einen integrierten Bestandteil der großen Politik der Reichsregierung darstellen, in Frage gestellt." Neben internem politischen Druck verwies das AA auf die externen Faktoren einer gütlichen Einigung mit den USA. „Das politische Interesse an einer schnellen, reibungslosen Abwickelung der amerikanischen Schadensersatzansprüche vor der Kommission in Washington ist größer denn je."[922] Das RMfW lieferte dem AA selbst die Argumente zur Unterhöhlung der eigenen Position.

920 Vgl. BArch R 3301–2337 Blatt 161.
921 Vgl. ebd. Blatt 161–162.
922 Vgl. BArch R 3301–2337 Blatt 161–162.

Die Mixed Claims Commission wandte sich immer wieder mit Beschwerden an das AA und RMfW. Darunter war der Claim Nr. 43 „Qualakowski gegen das Deutsche Reich", der seit dem 15. Mai beim RMfW im Geschäftsgang und erst am 11. Juni zur weiteren Bearbeitung an das REAK gelangt war. Dort wurden diese Unterlagen seither bearbeitet. Die Claims 10 bis 12 harrten sogar schon seit März 1923 der Erledigung beim RMfW. Mit dieser zeitraubenden Bearbeitungsgeschwindigkeit war das AA alles andere als zufrieden, insbesondere wenn Reichsbehörden wie das REAK eingeschaltet wurden, die mit der rechtlichen Materie der Claims nach Ansicht des AA nichts anzufangen wussten. Das Erscheinungsbild des RMfW war in dieser, vom AA zur Untermauerung der eigenen Position bewusst ausgewählten, Darstellung äußerst negativ. Gleichzeitig wurde das AA als effiziente Behörde präsentiert, welche die deutschen außenwirtschaftlichen Interessen in den Vordergrund stellte.

Die hier dargestellte Entwicklung zeigt, dass das AA eine Eskalationsstrategie betrieb, die auf die Ausschaltung des RMfW aus allen Belangen der Mixed Claims Commission abzielte. Doch die Entwicklung endete nicht hier, sondern eskalierte bis Dezember 1923 weiter. Das AA begann das RMfW schrittweise aus dem außenpolitischen Bereich heraus zu drängen. Ein Auslöser dieser Vorgänge war die Beendigung sämtlicher Sachlieferungen an alle Empfängerstaaten ab dem 11. August 1923. Weiterhin hatte das neue Kabinett Stresemann die Einstellung des passiven Widerstands zum 26. September 1923 beschlossen. Die Beendigung der Sachlieferungen an Belgien und Frankreich im Januar 1923 hatte dem RMfW weitgehend seiner Existenzberechtigung beraubt, die nun durch die vollständige Einstellung weiter untergraben wurde. Die deutsche Kapitulation im Ruhrkampf eröffnete der Reichsregierung neue außen- und innenpolitische Spielräume. Gleichzeitig begannen die Vorbereitungen für die überfällige Währungsreform, die mit der VO vom 15. Oktober 1923 implementiert wurde.[923]

Damit für die neue Währung überhaupt Hoffnungen auf Erfolg entstehen konnten, musste das Reich zu erheblichen Einschnitten in den laufenden

923 Vgl. Verordnung, über die Errichtung der Deutschen Rentenbank vom 15. Oktober 1923 (RGBl. S. 963). Die Rentenmark trat mit der Verkündung der Deutschen Rentenbank am 1. November 1923 in Existenz und wurde ab dem 20. November 1923 emittiert.

Ausgaben schreiten. Folge davon war u.a. die Einstellung aller Entschädigungszahlungen an deutsche Unternehmen, deren Produkte bzw. Betriebseinrichtungen von den Alliierten in den besetzten Gebieten beschlagnahmt worden waren.[924] Diese Entschädigungen liefen bis zur Einstellung am 2. Oktober 1923 über das RMfW und fielen nun als weitere Aufgabe aus. Außenpolitisch hoffte die Reichsregierung aus der internationalen Isolation Deutschlands ausbrechen zu können. Die Vorzeichen dafür standen günstig. Der Ruhrkampf hatte für erhebliche Unruhe unter den Siegermächten geführt und für Uneinigkeit gesorgt. Die Reichregierung hatte am 24. Oktober 1923, gemäß Artikel 234 FV bei der Reparationskommission die Überprüfung der deutschen Leistungsfähigkeit beantragt. Diese besondere Situation wollte man im AA ausnutzen und die Oberhoheit in der Reparationsfrage zurückgewinnen. Die langwierigen Bearbeitungsprozesse des RMfW waren diesem Ziel im Weg, denn die Gunst der Stunde würde nicht lange andauern.

Der finale Akt der Auflösung des RMfW begann im Dezember 1923. In einem Schreiben des AA vom 8. Dezember an das RMfW erklärte Außenminister von Maltzan, dass das RMfW „zuständig für die technische Durchführung gewisser Verpflichtungen aus dem Versailler Vertrag [ist]. Die Einstellung dieser technischen Fragen in den Rahmen der gesamten auswärtigen Politik ist jedoch Sache des Auswärtigen Amts [...]".[925] Damit wurden die außenpolitischen Erfolge von Reichsminister für Wiederaufbau Rathenau negiert und das RMfW klar auf den Rang einer ausführenden Reichsbehörde des AA herabgestuft.

Die folgende Auseinandersetzung zwischen AA und RMfW wurde sehr ungleich geführt. Außenminister Maltzan wählte für die Auseinandersetzung mit dem RMfW einen zielgerichteten politischen Konflikt, während StS Müller rein verwaltungsorganisatorisch argumentierte und auch handelte. Ebenfalls am 8. Dezember monierte Müller den Aufbau von doppelten Strukturen im AA. In einem weiteren Schreiben vom 21. Dezember wiederholte er seine Kritik an der Doppelarbeit, die in beiden Reichsministerien geleistet würde. Im Gegensatz zu Maltzan hatte es für Müller Priorität diese Doppelarbeit zu beenden. Dazu sollten „klare Richtlinien für

924 Vgl. BArch R 3301–1638 Blatt 142–143, und 155.
925 Vgl. BArch R 3301–2027 Blatt 6.

die Zuständigkeit der einzelnen Ministerien festgestellt werden."[926] Auch ließ Müller keinen Zweifel daran, dass das RMfW in den Fragen der Sachlieferungen weiterhin gegenüber den deutschen Behörden und Interessenten, sowie „den in Betracht kommenden Stellen der alliierten Länder" die Federführung inne hatte.[927] Lediglich im allgemeinen Verkehr hätte nach seiner Auffassung das AA die Federführung, bei allen das RMfW betreffenden Vorgängen müsste sein Reichsministerium aber berücksichtigt werden.

Am 31. Dezember 1923 antwortete das AA auf die Vorschläge Müllers und forderte nun unverhohlen, dass die Auflösung des RMfW nunmehr erforderlich wäre. Sogar eine planmäßige Beeinflussung der Reparationspolitik im Sinne das AA wurde nun offen zugegeben.[928] Hintergrund dieser neuen Forderung war, „dass die Reparationsfrage sich im Zusammenhang mit der Rhein- und Ruhrfrage immer mehr zur Kernfrage der gesamten deutschen Außenpolitik entwickelt hat, andererseits damit, dass die technische Durchführung des Vertrages von Versailles durch das Reichsministerium für Wiederaufbau sich den Notwendigkeiten der auswärtigen Politik nicht immer genügend angepasst hat."[929]

Besonders monierte das AA die mangelhafte Flexibilität des RMfW bei den Sachlieferungen. Hierin erkannte das AA erhebliche Verfehlungen des RMfW, die „schwere Verstimmungen und außenpolitische Nachteile" zu Ungunsten des Deutschen Reiches erbracht hätten. Es ist anzunehmen, dass hierbei Bezug auf die mangelhaften Lieferungen von Kohle und Telegrafenstangen im Jahr 1922 genommen wurde. Ein Zusammenhang zu den Problemen mit der Bearbeitung der US-Claims aus dem Friedensvertrag von Berlin wäre auch ableitbar.[930]

Zur Erweiterung der interinstitutionellen Angriffe auf das RMfW zog das AA Anfang 1924 das RFM hinzu, welches ebenfalls Vorstellungen für eine zukünftige Bearbeitung der Reparationen entwickelt hatte. Dort waren umfangreiche Verwaltungsstrukturen für die Bearbeitung der finanziellen

---

926 Vgl. BArch R 3301–2027 Blatt 8.
927 Vgl. ebd. Blatt 8.
928 Vgl. ebd. Blatt 10–11.
929 Vgl. BArch R 3301–2027 Blatt 10–11.
930 Vgl. ebd. Blatt 11: „... im Interesse der Beseitigung des Anlasses kleinlicher und die internationalen Beziehungen störender Streitigkeiten...".

Fragen aus den Friedensverträgen entstanden, oder vom ehemaligen RSchM bei dessen Auflösung 1923 übernommen worden. Wegen der Komplexität der Materie wurde auch hier weit mehr Personal beschäftigt, um die verschiedenen Aspekte der Vertragsregelungen überblicken zu können. Das AA arbeitete einen Plan zur Aufteilung des RMfW aus. Der RfR sollte dem RFM angeschlossen und mit den technischen Fragen der Reparationsleistungen vollständig betraut werden. Die Bearbeitung der privaten Güter, Rechte und Interessen sollten zwischen AA und RFM so aufgeteilt werden, dass dem AA alle Fragen der Prozessführung übertagen und das RFM die finanziellen Bereiche bearbeiten sollte.

Wegen der Personalabbauverordnung standen das AA und RFM unter Druck ihre jeweils vorhandenen Doppelstrukturen abzubauen. Eine Auflösung des RMfW war geeignet, diesen Druck umzulenken. Dadurch konnten eigene Planstellen in beiden Reichsministerien leichter gesichert werden, weil Ende 1923 unter der Belegschaft der Reichsverwaltung eine bisher unbekannte Furcht vor Arbeitsplatzverlusten in riesigem Umfang um ging. Im geradezu verzweifelten Kampf um jede Planstelle blieb nur wenig Raum für Kompromisse.

Alle Versuche das RMfW als eigenständiges Reichsministerium zu erhalten, oder zumindest die noch bestehenden Abteilungen in andere Reichsministerien zu übertragen, scheiterten. Dazu wurden vier Varianten erörtert: „1) Die Beibehaltung des WAM's [RMfW] unter systematischem Abbau seines Personalbestandes; 2) Die Unterstellung als selbstständiges Staatssekretariat unter dem Reichsminister der Finanzen; 3) die Übertragung der Restaufgaben auf das Reichsfinanzministerium mit Ausnahme der Reparationslieferungen, die vom Reichswirtschaftsministerium übernommen werden sollen; 4) die Eingliederung aller Aufgaben in das R. Fin. Min" [RFM].[931] Diese Alternativen wurden bei einem Gespräch mit der VAK am 23. April 1924, wenige Tage vor der Auflösung des RMfW, ein letztes Mal besprochen.

Eine weitere Existenz des RMfW als eigenständiges Reichsministerium wurde, wegen der Unsicherheit über die zukünftige Gestaltung der Reparationsfrage, in der Diskussion sehr in Zweifel gezogen. Die ablehnende

931 Vgl. BArch R 3301–1a Blatt 272.

Haltung zu diesem Fortbestehen wurde auch mit der zutiefst verunsicherten Beamtenschaft beim RMfW begründet, in die „eine Unruhe hereingetragen ist, welche die Arbeitsfreudigkeit lähmt und eine gedeihliche Weiterarbeit in dem zur Auflösung bestimmten Ministerium erheblich erschwert."[932]

Das RFM schloss die Eingliederung des RMfW unter der Leitung eines Staatssekretärs im Hinblick auf die Unvereinbarkeit dieses Ansatzes mit der inneren Ordnung im RFM aus.

Hinsichtlich einer Eingliederung der Reparationslieferungen in das RWM wurde im Hinblick auf die zukünftige Gestaltung der Reparationsfrage nicht befürwortet. Damit war die Auflösung des RMfW nicht mehr abzuwenden. Eine Überleitung der Geschäfte und zumindest einen Teils der Beamtenschaft des RMfW in das RFM wurde noch zwischen Vertreter beider Reichsministerien besprochen. Der Abteilung V des RFM sollten folgende Referate zugeordnet werden: Allgemeine Reparationsfragen; Sachlieferungen, Restitution und Substitution; Reparationsabgabe, Abrechnung des Hollandkredit, Spa-Abkommen; Besatzungskosten, Reparationsleistungsgesetz, Rheinlandabkommen, Kosten der Rheinlandbesetzung, Saargebiet; Personal- und Rechtsangelegenheiten, sowie Verwertung von Heeresgut; Haushalt des Friedensvertrages; Statistik und Ermittlung des Wertes auf Grund des Friedensvertrages.[933] Alle diese Tätigkeiten sollten von einem Dirigenten, zwei MinR, zwei ORR und sechs RR bearbeitet werden. Das RFM war aber nur bereit, von diesen Beamten einen MinR, die beiden ORR und zwei RR vom RMfW zu übernehmen.

Für die Bearbeitung der Ausgleichs-, Entschädigungs- und Liquidationsgeschäfte sollte beim RFM eine neue Abteilung VI geschaffen werden. Hier sollten Referate entstehen für: Ausgleichssachen; Entschädigungssachen; Liquidationssachen; Angelegenheiten der Artikel 260 und 298 nebst §10 der Anlage FV; Generalsachen; Finanz- und Haushaltsangelegenheiten; Personalfragen.[934] Diese Geschäfte sollte von einem MinDir, fünf MinR,

932 Vgl. BArch R 3301–1a Blatt 273. Das Personal war im Rahmen der Personalabbauverordnung bereits sehr reduziert worden. Beispielsweise wurden von 3.850 Angestellten (Stand 1. Januar 1923) bis zum 1. Januar 1924 um 27% bzw. 1.053 abgebaut. Vgl. BArch R 2–50049 Blatt 20.

933 Vgl. BArch R 3301–1a Blatt 273.

934 Vgl. BArch R 3301–1a Blatt 273–274.

vier ORR und zwei RR bearbeitet werden, von denen bis auf einen ORR alle aus dem RMfW übernommen werden sollten. Das AA war mit dieser Lösung aber nicht einverstanden und drängte auf eine noch schwächere Personaldecke. Unterstützung erhielt das AA durch die Verwaltungsabbaukommission unter Saemisch. Dieser entwarf auf ausdrückliches Ersuchen des Sparausschusses des deutschen Reichstages einen Geschäftsverteilungsplan mit bedeutend dünnerer Personaldecke.

Dieser Entwurf war in einer fast identischen Organisationsstruktur wie im zwischen RFM und RMfW abgesprochenen Modell strukturiert, aber personell um elf Referenten gekürzt.[935] Nur die Bereiche der Abrüstung, Verwertung von Heeresgütern und die Abwicklung der finanziellen Angelegenheiten aus dem Waffenstillstand wurden, ohne die Übernahme von Personal aus dem RMfW, an die Restverwaltung für Reichsaufgaben übertragen. Dieser Vorschlag des Reichssparkommissars setzte sich durch. Das RMfW musste auf Verlangen der Verwaltungsabbaukommission schnellstmöglich abgewickelt und sämtliche Geschäfte bis spätestens zum 15. Mai 1924 in das RFM verlagert worden sein. Die offizielle Auflösung des RMfW erfolgte zum 11. Mai 1924.

Gegen die Auflösung der Kolonialzentralverwaltung regte sich Widerstand innerhalb der Beamtenschaft des RMfW und in den Kolonialverbänden. Am 31. Oktober 1923 wandte sich der Interessenverband der Kolonialbeamten an Reichsminister für Wiederaufbau Robert Schmidt. Die Autoren des Schreibens gaben darin ihrer Befürchtung Ausdruck, dass die Auflösung der Kolonialzentralverwaltung ein schwerer Fehler wäre.

> *„Es ist klar, dass die Auflösung der Kolonial-Zentralverwaltung das Grab des kolonialen Gedankens im deutschen Volke bedeuten würde. Unsere Feinde werden ihre Folgerungen hieraus ziehen.“*[936]

Ein wichtiger Schritt zur Erhaltung der Kolonialzentralverwaltung war zunächst die Beibehaltung eines eigenständigen Personalreferats. „Die Personalien der Schutzgebietsbeamten wurden in der Folge von Beamten wahrgenommen, welchen die koloniale Eigenart bekannt war.“ Eine Verlagerung dieser Tätigkeiten auf die Personalabteilung des RMfW würde das

935 Vgl. BArch R 3301–1a Blatt 279.
936 Vgl. BArch R 3301–1a Blatt 212–213.

„gegenseitige Vertrauensverhältnis“ zwischen Kolonialzentralverwaltung und ehemaligen Schutzgebietsbeamten zerstören.[937] Eine Übertragung der Personalangelegenheiten auf die Personalabteilung des RMfW, wie sie zum 1. Januar 1924 dann auch in Kraft trat, sollte noch abgewendet werden. Mit Verweis auf die ursprüngliche Einrichtung einer Sonderverwaltung zur Abwicklung des RKolM in Form der Kolonialzentralverwaltung wurde auf den Fortbestand der Trennung zwischen der Personalabteilung D des RMfW und dem Personalreferat der Kolonialzentralverwaltung gedrängt. Ohnehin bemängelte der Interessenverband eine allgemeine Diskriminierung der Kolonialbeamten gegenüber der Ministerialbeamtenschaft. Erstere würden „vielfach als Eindringlinge und Laufbahn verderbende, höchst unerwünschte Konkurrenten der Ministerialbeamten angesehen.“[938]

Der Widerstand gegen die vollständige Abwicklung blieb nicht ohne Erfolg. Zwar wurde die Kolonialzentralverwaltung beim RMfW zum 1. April 1924 aufgelöst, allerdings konnten eine Reihe von Restaufgaben in die neue Sonderabteilung für koloniale Angelegenheiten beim AA (VAK) und das RFM ausgelagert werden. Diese Entscheidung fiel mit dem Einverständnis von Saemisch am 8. März 1924.[939] An das AA ausgelagert wurden demnach:

> *„Ausführung der auf die ehemaligen Schutzgebiete bezüglichen Bestimmungen des Versailler Vertrages; Beobachtung des gesamten Kolonialwesens, insbesondere der Entwicklung der Mandatsverwaltungen; Beobachtung und Sammlung des Nachrichtenmaterials aus den ehemaligen deutschen Schutzgebieten; Beaufsichtigung der Kolonialgesellschaften; Presse und Propaganda; Erhaltung des Deutschtums in Südwestafrika; Standesamts- und Staatsangehörigkeitsangelegenheiten; Koloniale Gräberfürsorge; Verwaltung der Bücherei und des wissenschaftlichen Karten- und Instrumentenmaterials; Bearbeitung der mit der Verleihung des Kolonialabzeichens zusammenhängenden Angelegenheiten; Bearbeitung der Personalien der Beamten des früheren Reichskolonialamtes und der Kolonialzentralverwaltung sowie der Schutzgebietsbeamten in der Ministerialinstanz; Angelegenheiten der früheren Schutztruppen, soweit sie in der Ministerialinstanz gehören.“*

An die Restverwaltung für Reichsaufgaben beim RFM überwiesen wurden folgende Geschäfte: „Rechtsangelegenheiten der Kolonialverwaltung;

937 Vgl. BArch R 3301–1a Blatt 279.
938 Vgl. ebd. Blatt 215.
939 Vgl. BArch R 3301–1a Blatt 234–235.

Abwicklung der Ansprüche gegen den Fiskus, sowie der sonstigen finanziellen Angelegenheiten aus dem Bereich der ehemaligen Kolonialverwaltung; Abwicklung der Schutztruppenangelegenheiten."

Damit war einem Kern der kolonialen Verwaltung die weitere Existenz in der Weimarer Republik eröffnet. Allerdings konnten nur wenige Kolonialbeamte aus dem RMfW in die VAK (Abteilung III/b) übernommen werden: ein Ministerialrat als Dirigenten, drei höhere Beamte als Referenten, fünf Expedienten, zwei Registratoren und eine Bibliothekarin. Das RFM übernahm nur einen Referenten, zwei Expedienten, einen Registrator und eine Kanzleikraft. Die Überleitung erfolgte durch eine Verordnung vom 21. März 1924.[940]

Die Auflösung des RMfW ist in den Geschäftsverteilungsplänen bedingt nachvollziehbar, weil nur wenige Quellen aufgefunden werden konnten. Zudem wurden in den wenigen Monaten des Auflösungsprozesses Veränderungen nur durch handschriftliche Notizen auf älteren Geschäftsverteilungsplänen festgehalten. Ein ordentlicher Geschäftsverteilungsplan ohne handschriftliche Notizen konnte nicht festgestellt werden. Der Abbau wurde noch Ende 1923 eingeleitet, denn der Geschäftsverteilungsplan zum 1. Januar 1924 weist schon erste Abbaulücken auf.[941]

Von zuletzt acht Referaten wurde Abteilung A auf sieben reduziert. Referat A4 zur Lieferung von Maschinen und Material war nach der Auflösung der RRLK überflüssig geworden. Die Restaufgaben von Referat A4 wurden, zusammen mit denjenigen des ehemaligen Referats A6, in das neue Referat A5 überführt.

Auch Abteilung B wurde in erster Linie durch Zusammenlegungen von Referaten verkleinert. Unverändert blieben die Referate eins bis fünf. Hingegen wurden die Referate sechs bis zwölf auf zwei neue Referate B6 und B7 verteilt.

Nach dem gleichen Schema wurde in Abteilung C die Zahl der Referate von vier auf zwei reduziert, die nun alle Aufgaben zu bewältigen hatten. Ein besonderer Einschnitt der Abteilung C war der Weggang von WGRR

940 Vgl. BArch R 3301–1a Blatt 234–235 und 254; RGBl. Jg. 1924, S. 371.

941 Vgl. BArch R 3301–945 o. Z. Geschäftsverteilung für das Reichsministerium für Wiederaufbau vom 1. Januar 1924; HB 4042/23 II 201.

von Jonquières, der die Abteilung bzw. den Reichsausschuss bei dessen Gründung geleitet hatte. Neuer Abteilungsleiter wurde StS Müller.

Markant zeigt sich der Auflösungsprozess in der Herauslösung des RMfW aus dem Verbund mit den eigenen angeschlossenen Reichsbehörden und Dienststellen. Hatte die Abteilung D noch 1923 Personalangelegenheiten dieser Stellen übernommen, wurden diese Tätigkeiten nun wieder herausgelöst. Das damit betraute Referat D6 wurde aufgelöst. Im Rahmen der Auflösung der Kolonialzentralverwaltung übernahm das Referat D4 die Aufgaben der Besoldung, Pensionen, Hinterbliebenenbezüge, Wartegelder und sonstigen Unterstützungen der ehemaligen Kolonialbeamten. Ganz aufgelöst wurden die Abteilung E für finanzielle Angelegenheiten und das Generalreferat G. Der Geschäftsverteilungsplan vom 1. Januar 1924 weist keinen Eintrag zur Abteilung F auf, was darauf schließen lässt, dass dieser Bereich noch 1923 aufgelöst worden war.

Die in Abwicklung begriffene Kolonialzentralverwaltung wurde weiter reduziert. Von neun Referaten im Jahr 1923 blieben nun noch sechs übrig. Während die Aufgaben der Referate K1 bis K5 unverändert blieben, wurden die Aufgaben der ehemaligen Referate K6 bis K9 in einem neuen Referat K6 gebündelt.

Mit der Auflösung des RMfW schließt sich der Kreis, den das einleitende Zitat zu Beginn dieser Forschungsarbeit begann. Am 8. Mai 1924, dem letzten Tag des RMfW, wurde ein Zusammensein der leitenden Beamten abgehalten. Über den Verlauf dieses Treffens wurde kein Bericht überliefert. Dazu wurde vermutlich das eingangs zitierte Lied gesungen, das GORR Schmidt zur Melodie von „O alte Burschenherrlichkeit“ gedichtet hatte.[942]

Der Text behandelte zentrale Aspekte des Selbstverständnisses der Beamten und ihrer Tätigkeit im Ministerium.[943] Es ist anzunehmen, dass die Anwesenden während des Liedvortrages die Sichtweise, die aus den Worten spricht, teilten. Der Inhalt bietet daher einen exklusiven Einblick in den „Korpsgeist“ der leitenden Beamten im RMfW. Im Text durchgehend angesprochen wurde die aufopfernde Arbeit im Dienste des RMfW.

942 Vgl. BArch R 3301–1a Blatt 281.

943 Der vollständige Text wurde im VI. Anhang beigefügt.

Aus der ersten Strophe klingt die depressive Stimmung zum Zeitpunkt der Auflösung des RMfW nach, wenn der Autor dichtete: „Wir scheiden mit Bedauern“ bzw. „von Kummer ist der Blick getrübt“.

Die zweite Strophe behandelte die Entschädigung der Auslandsdeutschen. Der Verfasser räumte hier das Versagen des Ministeriums ein, für die Betroffenen eine angemessen Entschädigung für ihre Verluste zu bieten. Schmidt fasste es mit folgenden Worten zusammen:[944] „Vergeblich war hier alle Kunst, und mit dem besten Willen, der Jammer nicht zu stillen.“

Das Ausgleichsverfahren war Thema der dritten Strophe.[945] Auch hier war die Einschätzung der eigenen Ergebnisse, trotz angeblich aufopfernder Bemühungen seitens der Verwaltung, negativ. Eine Anspielung auf die Hyperinflation blieb im Text erhalten: „Die Gläubiger kamen auf den Hund, erhielten kleinste Quoten in kümmerlichen Noten.“

Die vierte Strophe deutet den Verlust der deutschen Kolonien an. Die Siegermächte hatten deren Entziehung damit begründet, dass die Deutschen zu unzivilisiert wären und die eingeborene Bevölkerung im Krieg über alle Maße der Menschlichkeit grausam behandelt hätten. Angesichts der menschenverachtenden „Kriegsführung“ in Deutsch-Ostafrika, eine nicht von der Hand zu weisende Einschätzung.[946]

US-Präsident Woodrow Wilson erklärte zu dieser Thematik, dass die „deutsche Macht [der] hilflosen Bevölkerung einiger Kolonien, die sie sich selbst angeeignet hatte, untragbare Lasten und Ungerechtigkeiten aufgebürdet...“ hatte. Stattdessen wurden die deutschen Kolonien vom Völkerbund als Mandatsgebiete verliehen. Wilson stieß diese Entscheidung an, indem er öffentlich erklärte, dass „Staaten ... ausgewählt [werden], die bereits bewiesen haben, dass sie in dieser Frage ein Gewissen besitzen.“[947]

Die Hilflosigkeit und Verbitterung über den Verlust der Kolonien sowie den deutschen Ansehensverlust als zivilisierte Nation verarbeitete Schmidt

944 Vgl. Abschnitte IV.6. bis IV.8 zum Entschädigungswesen.

945 Vgl. Abschnitt IV.4. zum Reichsausgleichsamt.

946 Vgl. Tanja Bührer, Die kaiserliche Schutztruppe für Deutsch-Ostafrika. Koloniale Sicherheitspolitik und transkulturelle Kriegsführung 1885 bis 1918, München 2011, S. 467–472.

947 Vgl. zu den beiden Zitaten von Wilson: Gisela Graichen/Horst Gründer/Holger Dietrich, Deutsche Kolonien, Traum und Trauma, 4. Aufl., München 2005, S. 371.

in seinen Worten: „Die Schutzgebiete groß und klein, Sie wurden uns gestohlen, auch Propaganda scharf und fein konnt' sie nicht wiederholen. Verloren ist das deutsche Land, fest hält es seiner Räuber Hand, es ist die gute Beute für „fortgeschritt'ne" Leute."

Die Rückgabe von Maschinen und Material wurde in der fünften Strophe, mit der Anspielung auf die Re- und Substitution, thematisiert. In dieser Strophe wurde im Refrain der Reichskommissar für Reparationslieferungen Cuntze besonders hervorgehoben. Während die anderen namentlich erwähnten Beamten nur einmal vorkommen, wurde mit dem Refrain eine doppelte Namensnennung und Haltungsbeschreibung ermöglicht: „Herr Cuntze muss sich fügen, Macht's ihm auch kein Vergnügen."

Die Auflösung des RMfW, besonders hervorgehoben wurde die Rolle des Reichssparkommissars, war Gegenstand der sechsten Strophe. Damit einhergehend wurde das große Finale des Liedes angestimmt, wenn der Autor den Korpsgeist zu beschwören begann mit den Formulierungen: „Des Sparens Kommissar erscheint, er trennt jetzt die, die treu vereint, des Amtes Lasten trugen und schwere Schlachten schlugen." Die Rolle des Sparkommissars erzwingt die finale Auflösung des RMfW. Hier klingt möglicherweise die Dolchstoßlegende in Form einer Allegorie an. Die treu, kameradschaftlich und heldenhaft gegen die äußeren Feinde und alle Widrigkeiten ankämpfenden Beamten wurden von Innen – dem Reichssparkommissar – zu Fall gebracht.

Die letzte Strophe bildete den Höhepunkt. Hervorgehoben wurde die Pflicht der Beamten gegenüber dem Vaterland, dem es auch in schweren Zeiten treu zu dienen galt: „Drum Freunde, reichet euch die Hand und schwöret sie auf's neue, dem tiefgebeugten Vaterland die alte deutsche Treue. ... Der Geist der Pflicht lebt immer noch, wir wollen ihn bewahren, erst recht in schlimmen Jahren."

Die Stimmung des Textes vermittelt ein düsteres Bild voller Sinnlosigkeit, Ungerechtigkeit und Versagen. Die dargestellten Beamten wurden dagegen als aufopfernd und pflichtbewusst dargestellt. Zu beachten ist die Wortwahl, die immerhin fast sechs Jahre nach Kriegsende die Siegermächte noch immer als „Feinde" bezeichnet.

IV. Die Entwicklung der ressortierenden Ausführungsbehörden nach der Gründung des Reichsministeriums für Wiederaufbau

The Reichsministerium für Wiederaufbau consisted of several administrative branches. The RRLK and Rückeis played an essential role in the restitution of material. The DKE was a central institution in the coal reparations. The RKOS, RKA and REAK were responsible for the compensation for German refugees and displaced persons from the former German colonies and lost territories like e. g. Upper Silesia or Alsace-Lorraine.

IV.1 Die Reichsrücklieferungskommission

Durch eine Verordnung vom 3. Januar 1920 wurde die Reichsrücklieferungskommission dem RMfW übertragen.[948] Die Auflösung der Reichsbehörde erfolgte zum 30. Juli 1923.[949] Die Restaufgaben wurden dem RfR übertragen.

Die RRLK wurde zur Ausführung der in den Waffenstillstandsabkommen und dem Friedensvertrag festgelegten „Rücklieferung der von Deutschland weggeführten, beschlagnahmten oder sequestrierten Gegenstände aller Art" geschaffen.[950] Davon ausgenommen waren zunächst Rücklieferungen von Tieren und Eisenbahnmaterial, für die eigene Verwaltungsstellen geschaffen worden waren.[951] Zur Erfüllung dieser Aufgaben war die RRLK dazu befugt,

---

948 Vgl. Verordnung , betreffend die Errichtung einer Reichsrücklieferungskommission, vom 3. Januar 1920 (RGBl. S. 13).

949 Vgl. Verordnung über die Auflösung der Reichsrücklieferungskommission, vom 30. Juni 1923 (RGBl. S. 615). In dieser Verordnung ging die Reichsregierung noch von einer Auflösung zum 30. September 1923 aus.

950 Vgl. BArch R 3301–82 Blatt 49 und Verordnung, betreffend die Errichtung einer Reichsrücklieferungskommission, vom 3. Januar 1920 (RGBl. S. 15).

951 Vgl. BArch R 3301–84 Blatt 11–12.

„die Verhandlung mit der gegnerischen Rücklieferungsorganisation, die Feststellung der rückzuliefernden Gegenstände, die Verhandlung mit den deutschen Besitzern, die Durchführung der notwendig werdenden Enteignungen, die Vereinbarung über die Lieferung von Ersatzgegenständen und die Rückführung der Gegenstände"

auszuführen. Die Rücklieferungen von Eisenbahnwagen und Vieh wurden erst im Zuge der Vereinheitlichung der Restitutionsdienste in die RRLK integriert.

Auslöser dieser Änderung war der Druck der RepKo, die den deutschen Behörden Verfahrensvorschriften für die Gestaltung des Restitutionswesens in Form von Protokollen übermittelt hatte: Generalprotokoll A für allgemeine Grundsätze vom 1. September 1920; Protokoll B über Restitution von Vieh vom 27. Dezember 1920; Protokoll C für Restitution industrieller Maschinen und Eisenbahnmaterial aller Art vom 21. Januar 1921; Protokoll D über Restitution von Werten vom 26. April 1921 und dem dazu gehörenden Ergänzungsprotokoll vom 20. Juni 1921; Protokoll E über Restitution von Binnenschifffahrtsmaterial vom 12. Juli 1921.

Allerdings fanden keine Restitutionen von Vieh statt, weil die Tiere entweder während des Krieges verwertet worden waren, oder sich wegen des Mangels an Futtermitteln in schlechtem Gesundheitszustand befanden. Für die verbleibenden Restbestände wurde eine Restitution von deutscher Seite ausgeschlossen. Sachverständige der RepKo konstatierten dann auch, dass der körperliche Zustand der Tiere, hauptsächlich wegen der Mangelernährung während des Krieges, keine Restitutionen erlaubten. Nach langwierigen Verhandlungen, in denen von deutscher Seite die schwierige Versorgungslage der deutschen Bevölkerung als zentrales Argument diente, wurde ein Substitutionsabkommen für Vieh vereinbart.[952]

Nach den in Artikel 238 FV und im Generalprotokoll A festgehaltenen Bestimmungen des „Office de la Commission des Réperations à Wiesbaden", musste die Restitution auch auf Italien, Polen, Rumänien und Serbien (Jugoslawien) ausgedehnt werden. Entsprechend den Vorgaben des Generalprotokolls A wurden der Kommissar für die Rückführung von Eisenbahnmaterial (Rückeis) und die Viehablieferungskommission zur Bündelung der

952 Vgl. BArch R 3301–84 Blatt 11–12.

deutschen Restitutionsverwaltung im Laufe des Jahres 1920 in die RRLK integriert.[953]

Während des außenpolitischen und völkerrechtlichen Vakuums, zwischen der Unterzeichnung des Versailler Vertrages und dessen Inkraftsetzung am 10. Januar 1920, wurde auch die bisherige Verwaltungsorganisation zur Rückgabe von Maschinen, Material und anderen Werten schrittweise auf eine neue Grundlage gestellt. Im Verlauf der weiteren Verhandlungen mit den Siegermächten über die Modalitäten der Ausführung des Versailler Vertrages wurden die bisherigen wirtschaftlichen Waffenstillstandsorganisationen weitgehend beibehalten. Einzelne davon wurden, weil ihre weitere Existenz auch nach Inkrafttreten des Friedensvertrages noch längere Zeit notwendig war, zum 1. September 1919 als Kommissariate dauerhaft institutionalisiert. Das betraf zum einen das Referat für Finanzangelegenheiten und Restitution von Werten, das als eigenständiges Kommissariat dem AA angegliedert wurde. Erster Kommissar wurde der bisherige Leiter des Referates LS Frhr. von Stein.

Zum anderen wurde das Referat für die Rückführung von Maschinen in einem Kommissariat beim RSchM eingerichtet. Auch hier wurde mit Guggenheimer der bisherige Referatsleiter zum Reichskommissar ernannt. Die bisherige Aufteilung auf zwei Dienstorte wurde beibehalten. Während in Berlin die Hauptverwaltung untergebracht wurde, die maßgeblich mit der Gegenseite über die Modalitäten der Rücklieferung verhandelte, wurde in Frankfurt am Main die MAS als Nachfolgerin der Wako-Frankfurt unter der Leitung von Ing. Bernheim dauerhaft unterhalten.[954] Die Zweiteilung auf die Dienstorte, Frankfurt am Main lag aufgrund der Verkehrsanbindung zum besetzten Gebiet günstig, sollte auch zukünftig bestehen bleiben und für erhebliche Schwierigkeiten sorgen.

Wegen den Bestimmungen in den erwähnten Protokollen zum Versailler Vertrag wurde das Restitutionswesen im Verlauf der Einrichtung des RMfW in einer Reichsbehörde zusammengeführt. Damit wurden vorhergehende Planungen obsolet, die eine Zusammenführung im ebenfalls im Aufbau

953 Vgl. BArch R 3301–84 Blatt 29.
954 Vgl. Der Waffenstillstand, Bd. 3, S. 413.

befindlichen RKAAG vorgesehen hatten.[955] Am 3. Januar 1920 wurde mit einer Verordnung die Reichsrücklieferungskommission geschaffen, in der u.a. das Kommissariat zur Restitution von Werten integriert wurde.[956] Der erste Geschäftsverteilungsplan der RRLK wies fünf Abteilungen aus, an deren Spitze Reichskommissar Guggenheimer und dessen Stellvertreter GBR Almaras standen:[957]

Abteilung A unter der Leitung des Reichskommissars bzw. dessen Stellvertreters bearbeitete, neben den allgemeinen Aufgaben des Tagesgeschäfts, insbesondere alle Fragen hinsichtlich der Verhandlungen mit den interalliierten Kommissionen durch Mitglieder der RRLK. Das Reichskommissariat war dadurch sehr auf den Reichskommissar zugeschnitten, der sämtliche abschließenden Entscheidungen in den Verhandlungen mit den interalliierten Kommissionen traf. Dieses Entscheidungsmonopol beruhte auf der engen persönlichen Verflechtung von Reichskommissar Guggenheimer zu Teilen der deutschen Maschinenbauindustrie und den guten Beziehungen von Guggenheimer zu den Reparationsbehörden der Gegenseite.

Die dadurch nicht auszuschließende Verstrickung des Reichskommissars in Interessengegensätzen und -überschneidungen sprach Guggenheimer gegenüber seinen jeweiligen Vorgesetzen wiederholt an.[958] Diese Gefahr wurde aber als unwichtig abgetan. Das Resultat dieser Symbiose, aus Anforderungen der Restitution und einer engen persönlichen Fühlungnahme mit der Industrie, sollten einen möglichst reibungslosen Restitutionsverkehr und die gleichzeitige Schonung der abliefernden deutschen Unternehmen ermöglichen.

955 Vgl. BArch R 3301–156 o.Z. Aufzeichnung über eine Besprechung im Reichsfinanzministerium am 24. Oktober 1919, nachmittags fünf Uhr.

956 Vgl. Verordnung, betreffend die Errichtung der Reichsrücklieferungskommission vom 3. Januar 1920 (RGBl. S. 13). Der Reichskommissar vertrat demnach auch den Reichsfiskus.

957 Vgl. BArch R 3301–2033 Blatt 103–105.

958 Guggenheimer befürchtete von Beginn seiner Tätigkeit an, dass er bei einer Einbeziehung in die Entschädigungsabläufe, durch den bloßen Versuch der Betroffenen bei ihm wegen seiner Sympathie für den deutschen Maschinenbau Vorteile zu gewinnen, kompromittiert werden würde. Diese Haltung ermöglichte zwar eine weitgehende Unabhängigkeit, führte aber letztendlich dazu, dass Guggenheimer Fehlentwicklungen bei den Entschädigungen nicht rechtzeitig erkannte. Vgl. BArch R 3301–83 Blatt 75–76.

Abteilung B bildete das ehemalige Referat IV der Wako-Berlin für Beschaffung und Ablieferung von landwirtschaftlichen Maschinen unter der Leitung von LS Frhr. von Gebsattel, der auch in der RRLK zuständiger Abteilungsleiter für diesen Arbeitsbereich wurde. Sein Stellvertreter war RR Becker. Aufgaben der Abteilung waren die Restitution und Substitution von landwirtschaftlichen Beutemaschinen aus Belgien und Frankreich, sowie die, später in verschiedenen Quellen auch als „Agro-Lieferungen" bezeichneten, Poena-Lieferungen von landwirtschaftlichen Maschinen aus den Waffenstillstandsbestimmungen von Trier vom 16. Januar 1919.[959]

Abteilung C war das ehemalige Referat VII der Wako-Berlin für die Restitution von Werten, das zunächst zum 1. September 1919 dem AA unterstellt worden war und am 1. Januar 1920 zur RRLK wechselte. Wie bereits bei der Wako-Berlin und dem AA stand auch bei der RRLK die Abteilung unter der Leitung von LS Frhr. Otto von Stein und dessen Stellvertreter Amtsgerichtsrat Dr. Caesar. Das Aufgabengebiet der Abteilung ergab sich aus Artikel 238 FV. Zu restituieren waren: Geldwerte jeglicher Form die nachweislich ins Reichsgebiet verbracht worden waren; Bankguthaben und Kautionen im Reichsgebiet; öffentliche und private Archive, Matrizen, Katasterpläne, Steuerverzeichnisse, Modelle, Skizzen, Bauanleitungen, wissenschaftliche Unterlagen, Laborinstrumente, Buchführungsbücher, Handelsarchive, Anschläge, Selbstkostenpreise, Rechnungen der Sequestoren und Liquidatoren im Reichsgebiet, Kunstgegenstände, Sammlungen, Kircheneinrichtungsgegenstände und Glocken im Reichsgebiet.[960] Die Abteilung hatte die Aufgabe, sämtliche entwendeten Archive, Dokumente, Finanzwerte, Kunst- und Mobiliarwerte zu identifizieren und den jeweiligen Eigentümern zurückzugeben.[961] Dazu wurden Verbindungsbüros – sog. „Restitutionsstellen"- in Brüssel, Frankfurt am Main und Paris eingerichtet.[962] Über die Restitutionsstelle in Paris wurden beispielsweise

959 Die Bezeichnung der Lieferung landwirtschaftlicher Maschinen leitete man von der Tatsache ab, dass es sich um Konventionalstrafen für verspätet geliefertes Eisenbahnmaterial aus dem Waffenstillstand handelte.

960 Die belgischen und französischen Restitutionskommissionen (Service Belge de la Restitution und Service Français de la Restitution) konnten weitere Gegenstände zur Restitution anmelden. Vgl. BArch R 3301–2033 Blatt 164–165.

961 Vgl. BArch R 3301–2033 Blatt 104.

962 Vgl. BArch R 3301–2034 Blatt 4.

Objekte nach Artikel 238 und 245 FV zurückgegeben. Die Restitutionen allein über das Verbindungsbüro in Paris hatten in den Jahren 1919 bis 1920 ein Volumen von neun Milliarden Francs.[963]

Abteilung D wurde aus der ehemaligen Wako-Frankfurt, zur technischen Rückgabe der Maschinen und Materialien, gebildet. Die Abteilung war ab Juli 1919 unter der Bezeichnung MAS mit Dienststelle in Frankfurt am Main dem Reichsverwertungsamt unterstellt gewesen und mit der Gründung der RRLK dieser angeschlossen worden.[964] Im Kern war es die Aufgabe der MAS die Beutemaschinen zu identifizieren, inspizieren und zur Abrufung anzumelden. Dabei wurde der Entschädigungswert der Maschine eingeschätzt. Nach der Abrufung der Maschine durch die Abteilung F überwachte die MAS den Abbau, die eventuelle Lieferung von Ersatzleistungen und auch Beschlagnahmungs- oder Strafverfolgungsverfahren. Die Maschinen wurden gegebenenfalls von der MAS repariert und dann an die Alteigentümer ausgeliefert. Zur Erledigung dieser Aufgaben verfügte die MAS über die Zuständigkeit für spezielle Sammellager und Sachverständigengruppen.

Die MAS bestand schon vor der Eingliederung in die RRLK aus vier Referaten: 1.) Für die Rückführung von elektrischen Maschinen, einschließlich Kraftaggregaten und elektrischem Gerät; 2.) Zur Rückführung von Werkzeugmaschinen, Kraft- und Arbeitsmaschinen, Hüttenwerksanlagen, Hallen, Kranen, einschließlich aller vormals vom Waffen- und Munitionsbeschaffungsamt R II abgebauten Maschinen; 3.) Für die übrigen zurückzuführenden Gegenstände, wie Textilmaschinen, Papiermaschinen usw.; 4.) Für Enteignung von Maschinen.[965] Geleitet wurde die MAS im November 1919 von Diplomingenieur Bömcke und dessen Stellvertreter Jobst.[966] Nach heftigen Auseinandersetzungen zwischen Reichskommissar Guggenheimer und Bömcke wurde als neuer Abteilungsleiter Walter Friedeberg eingesetzt.[967]

963 Vgl. ebd. Blatt 16.
964 Zum Entschädigungsverfahren vgl.: VO vom 28. März 1919 (RGBl. S. 349) und Richtlinien vom 27. Mai 1920 (RGBl. S. 1111).
965 Vgl. BArch R 3301–24 Blatt 140.
966 Vgl. BArch R 3301–82 Blatt 17.
967 Vgl. BArch R 3301–1889 o. Z. Übersicht über das leitende Personal der RRLK vom 1. Februar 1921.

Abteilung E unter der Leitung von Finanzdirektor Barche war zuständig für das Finanzwesen der RRLK. Speziell für die Tätigkeit der MAS übernahm die Finanzabteilung die Abrechungsgeschäfte mit den abgebenden deutschen Käufern der Beutemaschinen.

Die Tätigkeiten der Abteilungen E und F wurden von Rechnungskontrollbeamten des RMfW wegen der Gefahr von Unregelmäßigkeiten ständig überwacht. Die Kontrollberichte wurden zunächst dem Reichskommissar vorgelegt, der diese dann an das RMfW übermittelte.

Abteilung F bildete die Kommission für die Rückgabe von Maschinen und Material mit Sitz in Frankfurt am Main unter der Leitung von Prof. Dr. Karl Quasebart. Im Kern war die Abteilung F die eigentliche Nachfolgeverwaltung für das Referat XII der Wako-Berlin bzw. Wako-Frankfurt für Rückführung von Beutemaschinen und nahm eine Sonderstellung innerhalb der RRLK ein. In den Verhandlungen mit den in Frankfurt am Main und Wiesbaden ansässigen interalliierten Kommissionen war Quasebart Vertreter des Reichskommissars. Durch die räumliche Distanz zwischen Frankfurt am Main und Berlin war Guggenheimer nicht in der Lage ständig in Fühlung mit den interalliierten Kommissionen zu bleiben. Wie Guggenheimer war der spätere NS-Wehrwirtschaftsführer Quasebart eng mit der deutschen Maschinenbauindustrie verbunden und durch zahlreiche Auslandsaufenthalte mit entsprechenden Sprachkenntnissen für die Vertretung von Guggenheimer prädestiniert.

In enger Kooperation mit der Abteilung D bearbeitete Abteilung F die Standortermittlung und Identifizierung von Maschinen und Material. Bei Bedarf führten Vertreter der Abteilung F Verhandlungen über Ersatzlieferungen (Substitutionen). Die Dossiers über die identifizierten Objekte wurden an die MAS zur weiteren Bearbeitung übermittelt. Über die Geschäftsverteilung der Kommission für die Rückgabe von Maschinen und Material konnte nur eine schematische Darstellung gefunden werden. Demnach bestand die Kommission aus Abteilungen für Ersatz, Technik, Justitiariat, Personal und Kaufmännisches.[968]

Abteilung G wurde als Melde- und Ermittlungsstelle geführt, aber noch 1920 wieder aufgelöst. Dabei handelte es sich um die Maschinenermittlungsstelle,

968 Vgl. BArch R 3301–82 Blatt 32.

die am 1. März 1920 aus der REK zur RRLK transferiert wurde.[969] Die Mest war ein Überbleibsel des Kommissars für die Rückführung von Maschinen und Material bei der REK gewesen, der aus unbekannten Gründen nicht mit dem Rest der Rücklieferungsverwaltung zur RRLK gewechselt war. Im Grunde war die Mest eine Kartei- und Statistikabteilung, die Aktenbestände nach Hinweisen auf Besitzer von Beutegut durchsuchte. Wahrscheinlich wurden die Abteilung F und G zu einem unbekannten Zeitpunkt verschmolzen, weil sich beide Bereiche um Identifikationen bemühten.

Die Abteilungen C, D und F unterhielten eine ausgedehnte Untergliederung von Außenstellen im Aus- und Inland. Alle drei Abteilungen mussten, vielfach im Rahmen von aufwändigen Recherchen, nach dem Verbleib von Beutegut in Deutschland und den ehemals besetzten Gebieten fahnden. Dazu war eine dezentrale Verteilung der Außenstellen über das ganze Reichsgebiet notwendig.

Die Untergliederung der Abteilung C konnte nicht vollständig rekonstruiert werden. Belegt ist die Leitung der Kommission durch Frhr. von Stein. Der Rest der Mitarbeiter bestand aus Angestellten, die in einem unsicheren Arbeitsverhältnis standen, was in der Hyperinflation schließlich zum Verlust zahlreicher Mitarbeiter führte.[970] Möglicherweise handelte es sich um Personal auf Provisionsbasis, die nach Erfolg bezahlt wurden. Für die Suche nach Werten waren Spezialisten notwendig, deren Bezahlung aber mangelhaft war. Im Jahr 1923 wandte sich von Stein an das RMfW und forderte dringend höhere Gehälter für sich und seine Mitarbeiter, ansonsten würden die wichtigsten Mitarbeiter bald gezwungen sein zu kündigen.[971]

Die Suche nach Beutegut, das nach der deutschen Gesetzeslage im Grunde Diebesgut war, gestaltete sich schwierig. Verhältnismäßig einfacher war die Suche und Rückgabe von Finanzwerten und Objekten deren Enteignung offiziell dokumentiert worden war. Allerdings war nur ein Teil der deutschen

---

969 Vgl. BArch R 3301–1703 Blatt 52.

970 Frhr. von Stein beschwerte sich beim Reichskommissar am 23. Juli 1923 darüber, dass niemand in seiner Abteilung seit dem Waffenstillstand 1918 weder ordentlich angestellt noch angemessen entlohnt worden wäre. Angesichts der Hyperinflation drohte der Zerfall der Kommission, die dem Reich Unsummen an Devisen erspart hätte. Vgl. BArch R 3301–84 Blatt 204–206. Die Kommission wurde zum 1. Oktober 1923 dem RfR angegliedert. Vgl. ebd. Blatt 195.

971 Vgl. BArch R 3301–84 Blatt 204.

Unterlagen bei dem raschen Rückzug aus Belgien und Frankreich bei Kriegsende mit ins Reichsgebiet gelangt. Die geretteten Akten wurden von der REK verwaltet, mit der die Kommission für die Rückgabe von Werten eng zusammenarbeitete. Besonders kleine und damit leichter zu transportierende Wertsachen, die in der Regel von Soldaten ohne Dokumentation entwendet worden waren, mussten dagegen aufwändig gesucht werden.

Eine wichtige Hilfe boten bei den Recherchen die Heeresabwicklungsstellen und hier besonders die Zentralstelle für Kriegsbeute der Zentralersatzkasse. Dort wurden Vorgänge „für die Wiedergutmachung gefundener, geborgener, beschlagnahmter und dem Staate verfallen erklärter Gelder, Wertpapiere, Wertsachen und Güter" im Zusammenhang mit dem ehemaligen Heer bearbeitet.[972]

Besitzer von erbeuteten Wertgegenständen waren durch Reichsgesetz unter Strafandrohung zur Abgabe verpflichtet. In vielen Fällen führte dies auch zur Rückgabe. Verstreichende Fristen und eine Furcht vor rückwirkender Bestrafung, beispielsweise wegen Gewalttaten bei der Entwendung der Wertsachen, schuf eine hohe Dunkelziffer von unterlassenen Rückgaben.[973] Die Debatten um die Auslieferung von Kriegsverbrechern könnte die Ängste bei den Betroffenen beeinflusst haben. Die Heeresabwicklungsstellen boten in diesen Fällen, durch das weitgehend militärische Personal, einen leichteren und vertrauensvolleren Gesprächspartner von „Kamerad zu Kamerad" als die zivilen Ermittler der Kommission für die Rückgabe von Werten.[974]

Ein Beispiel dafür war die Heeresfriedenskommission, deren Erhalt im September 1923 explizit vom RWehrM mit dem dort gepflegten

---

972 Vgl. BArch R 3301–2041 Blatt 1.

973 Grundlage war auch hier das Gesetz über Enteignung und Entschädigung aus Anlass des Friedensvertrages zwischen Deutschland und den alliierten und assoziierten Mächten, vom 31. August 1919 (RGBl. S. 1527). Demnach waren die Reichsregierung bzw. alle Reichsministerien befugt durch Bekanntmachungen oder auf anderem Wege Gegenstände aller Art zu enteignen (§1, Abs. 1) und gegen Entschädigung zur Abgabe an die enteignende Behörde zu bringen (§§2–5). Bei Zuwiderhandlung drohten Haftstrafen von bis zu einem Jahr (§§10 und 12).

974 Die Abwicklungsstelle der Zentralstelle für Kriegsbeute wurde wegen der besonderen Bedeutung für die Wiederbeschaffung von Beutegut zum 13. Mai 1921 in die RRLK integriert, um eine drohende Auflösung zu verhindern. Vgl. BArch R 3301–2041 Blatt 6–7 und 107.

Vertrauensverhältnis zu den ehemaligen deutschen Soldaten begründet wurde. Das RWehrM argumentierte, dass nur auf diese Weise die Nachforschungen nach Beutegut weiterverfolgt werden könnten. Die Kommission für die Rückgabe von Werten, wäre zu einer solchen Zusammenarbeit nicht fähig. Die Soldaten hätten – aus Sicht des RWehrM – bei der Kommission den Eindruck, dass dort „Schergendienste für die Gegenseite" geleistet würden.[975]

Die Abgabe von Beutegut lief über die Restitutionsstellen in Brüssel und Paris, die alle Objekte in Verwahrung nahmen und gegen Quittierung übergaben.[976] Eine dritte Restitutionsstelle bestand in Frankfurt am Main unter der Leitung von Hans Menshausen.[977] Der personelle Umfang der beiden Restitutionsstellen in Brüssel bzw. Paris war bescheiden. In Paris residierte als Delegierter ein Herr Mund und dessen Sekretär Pleitgen. Dort wurde eine Kartothek mit allen restituierten Werten geführt und französische Reklamationen vom SFR vorgeprüft. Desweiteren oblag der Pariser Stelle die Ausführung des Artikels 245 FV. Die im belgischen Wirtschaftsministerium untergebrachte Stelle in Brüssel, wurde von den zwei ehrenamtlichen Delegierten Jacob und Jacobson besetzt.[978] Neben der Restitution von Werten mussten in Brüssel die ehemaligen deutschen Verwaltungsstellen des Generalgouvernements Belgien abgewickelt werden.

Am langwierigsten gestaltete sich die Ausführung des Artikels 247 FV zum Wiederaufbau der Universitätsbibliothek in Löwen, deren Literaturlieferungen ebenfalls über die Brüsseler Restitutionsstelle liefen.[979] Die

---

975 Vgl. BArch R 3301–85 Blatt 12–15.

976 Die Pariser Restitutionsstelle unterstand ab 31. Juli 1919 der Deutschen Kriegslastenkommission. Vgl. Erlass des Reichspräsidenten vom 31. Juli 1919 (RGBl. S. 1363). Zum 29. November 1920 erfolgte dann die Unterstellung der Restitutionsstelle unter die Deutsche Friedensdelegation. Vgl. BArch R 3301–2034 Blatt 33–34.

977 Vgl. BArch R 3301–2034 Blatt 4.

978 Vgl. ebd. Blatt 16. Die Restitutionsstelle Paris wurde am 14. März 1924 aufgelöst und die dortigen Unterlagen der französischen Regierung übergeben. Vgl. BArch R 3301–85 Blatt 83. Die Tätigkeit der Restitutionsstelle Brüssel war im Februar 1922 bereits, bis auf den Wiederaufbau der Universitätsbibliothek in Löwen, weitgehend abgeschlossen und wurde nur noch von Herrn Jacob besetzt. Vgl. BArch R 3301–84 Blatt 20.

979 Vgl. BArch R 3301–2034 Blatt 16–17.

An- und Beschaffung der Substitutionslieferungen für Löwen wurde von Staatskommissar Dr. Sigurd Oehler von der Universitätsbibliothek in Bonn geleitet, der ebenfalls der Abteilung C unterstand.[980]

Zur Ausführung aller notwendigen Arbeitsschritte der Rücklieferungen von Maschinen und Material wurden über das ganze Reichsgebiet verteilt Sachverständigenbüros, Ingenieurgruppen, Delegiertengruppen und Sammellager eingerichtet. Diese Organisation stand unter der Leitung der Abteilung D der MAS.

Die Ingenieurgruppen waren auf drei unterschiedliche Aufgabenbereiche spezialisiert: 1. Elektrotechnik (E.); 2. Rückführung von Werkzeugmaschinen, Kraftmaschinen, Hüttenwerkseinrichtungen, Hallen und Krane (R.); 3. Maschinen-Verwertung (M.). Ingenieurgruppen waren in der Regel in den Sammellagern tätig, während die Delegierten der Abteilung F für ihre zuständigen Regionalbereiche die Maschinen vor Ort identifizierten und den Transport überwachten. Die Delegierten bewerteten den Zustand der identifizierten Maschinen, stellten den Umfang notwendiger Reparaturen fest und bestimmten auf dieser Grundlage den Wert der Maschinen für eine spätere Entschädigung des aktuellen deutschen Eigentümers. Reparaturen vor Ort wurden in der Regel nicht von den sachverständigen Delegierten selbst durchgeführt, sondern durch die Arbeitskräfte der Ingenieurgruppen des zuständigen Sammellagers.[981]

So genannte „Übergabe-Lager“ dienten zur Einlagerung von Maschinen, die nach erfolgter Überprüfung bzw. Instandsetzung zur „Abrufung“, also zur Rückgabe an die eigentlichen Besitzer, vorgemerkt waren. Entsprechende Lager für Übergaben an Belgien und Frankreich wurden in Bischofsheim,

980 Vgl. BArch R 3301–1889 o.Z. Personalstand der RRLK vom 1. Februar 1921.

981 Sachverständigenbüros für Elektrotechnik (E.), Rückführung (R.) und Maschinen-Verwertung (M.) wurden eingerichtet in: Osnabrück (E., M., R.), Barmen (E.), Kattowitz (E.), München (E.), Stuttgart (E.), Düsseldorf (R.), Duisburg (R.), Frankfurt am Main (M., R.), Hamburg (R.), Köln (R.), Neunkirchen (R.), Kiel (M.). Sammellager mit Ingenieurgruppen befanden sich in: Bochum, Dortmund, Düsseldorf-Lohausen, Frankfurt am Main, Hamburg, Neukölln und Rheydt. Mit Ausnahme des Sammellagers in Hamburg waren alle Standorte auch gleichzeitig ein Rückgabelager für den Rücktransport ins ehemals feindliche Ausland. Das Rückgabelager für Hamburg befand sich in Eidelstedt. Vgl. BArch R 3301–2033 Blatt 141–143. Genaue Anschriften und die Nachnamen der Angestellten sind in der angegebenen Quelle zu finden.

Köln-Nippen und Wiesbaden eingerichtet. Jedes Übergabe-Lager wurde von einem deutschen Übergabe-Kommissar geleitet. Alle Lagereinrichtungen in Wiesbaden, Bischofsheim (Kommissar Ostner) und Köln-Nippen (Kommissar Chlumsky) dienten zur Übergabe aller anderen Maschinen und Materialien. In Wiesbaden wurden nur landwirtschaftliche Maschinen durch Kommissar Kremnitz übergeben. Zur Prüfung der zu übergebenden Maschinen unterhielten die Empfängerstaaten entsprechendes Personal an den drei Standorten.[982]

Die Delegiertengruppen standen unter der Leitung von Abteilung F und bildeten das Gegenstück zu den belgischen und französischen Kommissionen, die ebenfalls nach Beutemaschinen fahndeten.[983] Im Gegensatz zu den Ingenieurgruppen waren die Delegiertengruppen engmaschiger verteilt, was auch an der jeweiligen Tätigkeit eines „Service Industrielle“ lag, mit denen jeweils mindestens eine deutsche Delegiertengruppe zusammenarbeitete.[984] Dieses Verfahren war als Reaktion auf die kompromisslose Vorgehensweise der belgischen und französischen Delegierten, die ohne Rücksicht identifizierte Beutemaschinen aus der laufenden Produktionskette eines Betriebes, stilllegten und damit die ganze Produktion für längere Zeit lahmlegten.[985]

Die deutschen Delegiertengruppen sollten dagegen versuchen, den Schaden für den aktuellen Eigentümer möglichst in Grenzen zu halten und mäßigend auf die gegnerischen Delegierten einwirken.[986] Dabei kamen 92

982 Vgl. BArch R 3301–2033 Blatt 139.

983 Die Zentrale dieser Kommission bildeten die „Services de la Restitution Industrielle Wiesbaden“ (SI). Die Leitung bestand aus den Delegierten Lefebvre (Frankreich, Leiter des Dienstes), Corne (Frankreich), Rousset (Frankreich), Cardinal (Belgien), Cappart (Belgien) und Stanichitch (Serbien). Vgl. BArch R 3301–2033 Blatt 140.

984 Belgische und französische Delegiertengruppen wurden eingerichtet in: Berlin, Bremen, Breslau, Danzig, Dortmund, Dresden, Düsseldorf, Erfurt, Hamburg, Hannover, Kassel, Koblenz, Magdeburg, München, Nürnberg, Stuttgart. Vgl. BArch R 3301–2033 Blatt 146–148.

985 Vgl. dazu BArch R 3301–83 Blatt 34.

986 Deutsche Delegiertengruppen wurden eingerichtet in: Berlin, Bremen, Breslau, Dortmund, Dresden, Düsseldorf, Erfurt, Frankfurt am Main, Hamburg, Hannover, Kassel, Köln, Krefeld, Magdeburg, München, Nürnberg, Saarbrücken und Stuttgart. Vgl. BArch R 3301–2033 Blatt 144–145, 185–186, 188–189,

belgische und französische Delegierte auf 53 Deutsche, was eine ständige Überwachung der Aktivitäten erschwerte.

Entwicklungsverlauf

Die RRLK wurde aus Verwaltungsstellen verschiedener Reichsministerien gebildet. Entsprechend unterschiedlich waren die Art und Weise wie die jeweiligen Aufgaben bewältigt wurden. Die räumliche Trennung der RRLK von der Zentrale in Berlin zu den zahlreichen Außenstellen führte zu logistischen und organisatorischen Problemen. Zu besonderer Brisanz entwickelten sich die Tätigkeiten und Vorgehensweisen der MAS in Frankfurt am Main, die zu ernsten Auseinandersetzungen mit Reichskommissar Guggenheimer führten.

Die MAS war ursprünglich beim Reichsverwertungsamt angesiedelt worden und hatte schon 1919 begonnen, ein behördliches Eigenleben zu entwickeln. Insbesondere hinsichtlich des Umgangs mit den Besitzern von Beutemaschinen entwickelten sich Zustände, die mehrfach das Eingreifen des neuen Reichskommissars erzwangen. Die Verhandlungsführer bei der MAS, namentlich ein Leutnant Noelle und Rechtsanwalt Stintzing, verfolgten einen weitgehend kompromisslosen Verhandlungskurs wenn es um die Rückgabe von Beutemaschinen und die Gewährung der Entschädigung ging. Im Fall von Restitutionen wurde auf den Produktionsprozess wenig Rücksicht genommen. Die Bemessung der Entschädigung war nicht geeignet, den ehemaligen deutschen Besitzer der Beutemaschine in die Lage zu versetzen, davon einen adäquaten Ersatz anzuschaffen. Binnen kürzester Zeit galt die MAS wegen ihrer Entscheidungen als „industriefeindlich", obwohl ursprünglich das genaue Gegenteil erreicht werden sollte.[987]

Im Mai 1920 hatte diese Vorgehensweise zu zahlreichen Beschwerden bei der RRLK durch betroffene Unternehmen und einer wachsenden Zahl von Rechtsstreitigkeiten geführt, weil die Besitzer der Beutemaschinen gegen die Entscheidungen der MAS juristisch vorgingen. Dadurch kam es zu einer steigenden Zahl von Versuchen ein Verfahren vor dem Reichswirtschaftsgericht

---

193–194 und 198–199. Im Jahr 1921 wurde in Elbing eine weitere Delegiertengruppe eingerichtet. Vgl. ebd. Blatt 205.

987 Vgl. BArch R 3301-83 Blatt 72.

zu führen. Die Vertreter der MAS reagierten auf diese Entwicklungen zunehmend gereizt, so dass auch Verfahren wegen Beleidigung angestrengt wurden.[988]

In einem Schreiben vom Mai 1920 an Reichskommissar Guggenheimer beschwerte sich ein Rechtsanwalt Luss über die „Diktatur" der MAS, die kaum Widerspruch gegen Entscheidungen dulden würde.[989] Deren Vorgehensweise würde zu den zahlreichen Rechtsstreitigkeiten führen, die sich durch die aggressive Vorgehensweise der MAS noch intensivierten.[990] Das hätte dazu geführt, dass die MAS 10 bis 25% der vereinbarten Entschädigungssummen für Beutemaschinen denjenigen Besitzern vorenthielt, die ein Verfahren vor dem RWG anstrengten.[991] Kurz nach dem Schreiben von Luss an Guggenheimer, möglicherweise als ausschlaggebendem Ereignis, begann dieser auf Änderungen bei der MAS zu drängen. Der Reichskommissar war schon seit Beginn seiner Amtszeit darauf bedacht, die Restitution der Beutemaschinen so zu gestalten, dass das deutsche Wirtschaftsleben möglichst wenig beeinträchtigt wurde. Diesem Ziel arbeitete die MAS entgegen, was Guggenheimer auch als Angriff auf seine Person erachtete.

Allerdings musste der Reichskommissar bei der MAS seine Bemühungen wegen einer schweren Erkrankung zwischen Anfang August und Ende November 1920 unterbrechen.[992] Danach spitzte sich die Situation zwischen Reichskommissar und MAS schnell zu. Guggenheimer hatte bei seiner Rückkehr erfahren, dass sein Stellvertreter während seiner Abwesenheit der MAS zum 1. Oktober 1920 die Rolle des Reichsfiskus zugestanden hatte, die eigentlich nur dem Reichskommissar zustand. Ab November 1920

988 Erhalten geblieben ist die Klage von Rechtsanwalt Luss, der das Unternehmen Pieron gegen die MAS vor dem RWG vertrat, wegen Beleidigung durch Leutnant Noelle. Vgl. BArch R 3301–82 Blatt 111–112. Vgl. dazu auch: BArch R 3301–83 Blatt 3.

989 Vgl. dazu auch: Rechtsanwalt Luß, Inwieweit wird das Reichswirtschaftsgericht durch die Abrüstungs-Entschädigungs-Richtlinien gebunden? in: W. Beumer / O. Petersen, Stahl und Eisen, Zeitschrift für das deutsche Eisenhüttenwesen, 40. Jg. 1920, Nr. 49/50, S. 1664–1667; BArch R 3301–82 Blatt 101–110.

990 Vgl. BArch R 3301–83 Blatt 3–5.

991 Vgl. ebd. Blatt 137. Von 15.000 Entschädigungsverfahren wurden bis 31. Dezember 1920 nur 200 vor dem RWG verhandelt. Vgl. ebd. Blatt 139.

992 Vgl. ebd. Blatt 46 und 49.

begann Guggenheimer persönlich damit, die Vorgänge innerhalb der MAS zu berichtigen. Aufgrund des aktiven und passiven Widerstands der MAS griff er zu harten Maßnahmen, was die Situation weiter verschärfte.[993] Am 4. Dezember 1920 stauchte Guggenheimer den Justitiar der MAS Stintzing verbal zusammen und begann selbst Verhandlungen mit den geschädigten Besitzern von Beutemaschinen zu führen.[994]

Am 9. Dezember 1920 reagierte das Führungspersonal der MAS mit einer Beschwerde beim Reichsminister für Wiederaufbau auf die Vorgehensweise Guggenheimers.[995] Darin verlangten die Unterzeichner Klarstellung über den Zuständigkeitsbereich der MAS gemäß der Verordnung vom 28. März 1919. Konkret ging es um die generelle Kompetenz der MAS das Reichsinteresse, insbesondere vor dem RWG, vertreten zu dürfen. Zusätzlich wurde auf ein generelles Einsichts- und Kenntnisrecht über alle die MAS betreffenden Beschwerden gedrängt.

Das RMfW versuchte beiden Seiten entgegen zu kommen. Die Position Guggenheimers als vorgesetztem und weisungsbefugtem Reichskommissar gegenüber der MAS wurde bekräftigt. Gleichzeitig wurde Guggenheimer aber nahegelegt, in Zukunft gegenüber der MAS gemäßigter aufzutreten. Die MAS war demnach Teil der RRLK und an die entsprechenden Richtlinien gebunden und vertrat in diesem Rahmen die Interessen des Reiches vor dem RWG. Der MAS war Einblick und Kenntnis in alle Beschwerden gegen die Stelle zu gewähren.[996]

Nach diesen Auseinandersetzungen wurden 54 Angestellte der MAS von Guggenheimer entlassen und die Abteilung auf diese Weise wieder voll unter Kontrolle gebracht.[997] Das war auch notwendig, weil ab Januar 1921 die Vorbereitungen zur Auflösung des Kommissars für die Rückgabe

993 Vgl. BArch R 3301–83 Blatt 73.

994 Vgl. BArch R 3301–83 Blatt 53.

995 Das Schreiben an den Reichsminister wurde unterzeichnet von Friedeberg, Kautz, Noelle und Raumer. Vgl. ebd. Blatt 53–54.

996 Vgl. Richtlinien vom 27. Mai 1920 (RGBl. S. 111) und BArch R 3301–84 Blatt 60–62.

997 Der Abbau ging aber nicht ohne Widerstände des Betriebsrats am Standort in Frankfurt am Main vonstatten. Aufgrund noch bestehender Demobilmachungsvorschriften zogen sich die Entlassungen noch bis zum Ausscheiden Guggenheimers hin. Vgl. BArch R 3301–84 Blatt 215 und 230.

von Eisenbahnmaterial und dessen Integration in die RRLK vorbereitet wurde.[998] Eine Erweiterung der Restitutionen um Vieh-Lieferungen wurde Anfang 1921 ebenfalls vorgesehen, allerdings gab das RMEL erst zum 29. April 1921 dazu das Einverständnis.[999]

Der Gesundheitszustand von Guggenheimer verschlechterte sich im Jahr 1921 rapide, so dass eine Fortführung der Amtsgeschäfte zunehmend unmöglich wurde. Zum 2. Januar 1922 schied Guggenheimer schließlich aus der Position des Reichskommissars aus. Sein Nachfolger wurde GORR Theodor Gunzert.[1000] Im Jahr 1922 wurden die Restitutionen weitgehend abgeschlossen. Zum einen konnten viele Beuteobjekte zurückgegeben werden, zum anderen forderte die deutsche Industrie eine Abkehr von der Restitution. Das lag daran, dass die Inflation begann die Erlöse aus den Entschädigungen aufzuzehren und die Unternehmen mit einem Großteil der Unkosten zu belasten. Zudem führten die Entnahmen von Maschinen zu Produktionsausfällen, die nicht ohne weiteres zu beheben waren und auch nicht entschädigt wurden. Mit dem Inflationsboom war die Bereitschaft zu solchen Einschränkungen sehr zurückgegangen.[1001] Auf der anderen Seite waren auch die Empfänger in Belgien und Frankreich zunehmend von der Qualität der Beutemaschinen, die seit Jahren in Betrieb waren und in deren Erhalt die deutschen Unternehmen kaum investierten, enttäuscht. Daher begannen 1922 die Substitutionslieferungen eine größere Bedeutung zu bekommen.

Am 27. Januar 1922 wurde innerhalb der RRLK eine vorbereitende Kommission zur Substitution von Industriematerial an Frankreich eingerichtet. Die Gesamtleitung hatte in Berlin Dr. Klingenhardt und am Standort in Frankfurt am Main Dr. Salzenberg.[1002] Der Aufnahme der Substitutionslieferungen

---

998 Vgl. BArch R 3301–83 Blatt 120.

999 Vgl. ebd. Blatt 126 und 158.

1000 Vgl. Biografien in VI. Anhang.

1001 Das Restitutionswesen barg zahlreiche Möglichkeiten für Manipulationen. Vollständig überliefert wurde der Fall Urbansky, der wegen Betrugs verurteilt worden war. Er hatte versucht für betroffene Unternehmen höhere Entschädigungen zu erschwindeln. Vgl. BArch R 3301–1m o. Z.

1002 Die Personalie Klingenhardt stieß auf Widerstand am Standort in Frankfurt am Main. Der dienstältere Leiter der dortigen kaufmännischen Abteilung Baumer reklamierte die Leitung der Substitution für sich. In einer Beschwerde an den Reichskommissar und den amtierenden Reichsminister StS Müller erklärte Baumer seinen neuen Vorgesetzen für unfähig eine solche

standen zahlreiche Probleme entgegen. Die deutsche Substitutionskommission wurde bedeutend schneller eingerichtet als ihre belgischen und französischen Gegenkommissionen. Nach Aufnahme der Lieferungen im zweiten Quartal 1922 zeigten sich unerwartete Probleme, weil ältere Restitutionsmaschinen im Zentrallager in Frankfurt am Main wegen Raummangels neben Substitutionsmaschinen gelagert werden mussten. Auch waren nun nicht mehr ausreichend überdachte Lagerflächen vorhanden, weshalb viele Maschinen im Freien abgestellt werden mussten.[1003]

Ein Effekt der gemeinsamen Lagerung war die Möglichkeit für ausländische Delegierte, Qualitätsunterschiede zwischen gebrauchten Restitutions- und fabrikneuen Substitutionsmaschinen in Augenschein zu nehmen. Das führte in vielen Fällen zu Reklamationen und dem Verlangen nach neuen Substitutionsmaschinen anstelle der bereits zur Übergabe eingelagerten Restitutionsobjekte. Zur Lösung dieser Probleme wurde, nach Zustimmung des RMfW am 7. August 1922, an der Hanauer Landstraße in Frankfurt am Main ein größeres Lager mit Gleis- und Hafenanschluss eingerichtet.[1004] Allerdings kam das neue Lager kaum zum Einsatz, weil sämtliche Restitutionen und Substitutionen für Belgien und Frankreich nach dem Beginn des Ruhrkampfes eingestellt wurden. Die Substitutionslieferungen nach Großbritannien, Italien, Jugoslawien (Serbien) und Rumänien waren dagegen kaum signifikant.

Ebenso musste die Rücklieferung von Werten und der Wiederaufbau der Universitätsbibliothek von Löwen wegen des Ruhrkampfes eingestellt werden. Damit war die RRLK weitgehend zur Untätigkeit gezwungen. In der Hyperinflation war diese Situation haushaltspolitisch nicht tragbar und die RRLK wurde zum 30. Juni 1923 aufgelöst. Die Kommission für die Rückgabe von Werten wurde zum 1. Oktober 1923, wie auch die übrigen Restaufgaben, dem RfR angeschlossen.[1005] Die Restaufgaben der RRLK

Organisation zu leiten. Vgl. zu diesem Vorgang: BArch R 3301–84 Blatt 8, 22–26, 28 und 32.

1003 Das Lager in Frankfurt am Main umfasste eine Fläche von 1.400 m², auf der 2.400 Maschinen neben- und übereinander gelagert wurden. Ein Teil dieses Areals war zusätzlich mit Verwaltungsgebäuden, Gleisen und Wegen belegt. Vgl. BArch R 3301–84 Blatt 96.

1004 Vgl. BArch R 3301–84 Blatt 96–122, 137 und 149.

1005 Vgl. BArch R 3301–84 Blatt 195.

im Bereich der Re- und Substitution der noch verbleibenden Materialien wurde, nach deren Wiederaufnahme, vom RfR ausgeführt. Die Strukturen der RRLK wurden im RfR weitgehend beibehalten, aber eine deutliche Reduktion des Personals vorgenommen. Die Reste der Rückeis wurden unter gleicher Bezeichnung der Eisenbahndirektion Frankfurt einverleibt. Probleme bei der Verschmelzung mit dem RfR bereitete die RepKo, die entsprechend den Bestimmungen des Versailler Vertrages auf die Einheitlichkeit der deutschen Reparationsdienste pochte. Erst nach genauer Darlegung der deutschen Motive und der zukünftigen Gestaltung der Re- und Substitution konnten die Zweifel der RepKo ausgeräumt werden.[1006] Die Verschmelzung mit dem RfR verlief danach reibungslos.

Exkurs: Die Lieferung landwirtschaftlicher Maschinen

Die Lieferungen landwirtschaftlicher Maschinen aus dem Waffenstillstand von Trier vom 16. Januar 1919 wurden bis Anfang 1921 weitgehend abgeschlossen.[1007] Diese besondere Reparationsleistung wurde intern auch als Agro- oder, im Hinblick auf den strafenden Charakter der Reparation, Poena-Lieferung bezeichnet. Noch in den Verhandlungen über das Verlängerungsabkommen von Trier hatten die deutschen Delegierten auf die Unmöglichkeit hingewiesen, die geforderten Maschinen und Werkzeuge zu liefern, ohne die deutsche Agrarproduktion zu schädigen. Immerhin verlangten die Siegermächte eine Lieferung im Warenwert eines Drittels der geforderten landwirtschaftlichen Maschinen bis zum 1. März und den Rest bis zum 1. Juni 1919.[1008] In Artikel 238 FV wurden die Lieferungen landwirtschaftlicher Maschinen noch einmal festgehalten. Allerdings konnten diese Termine nicht eingehalten werden, weil weder nach vier Jahren

1006 Vgl. BArch R 3301–84 Blatt 233–235.

1007 Die Quellen erlaubten keine Rückschlüsse bei welcher Behörde die Kommission zur Lieferung landwirtschaftlicher Maschinen vor der Unterstellung unter die RRLK angesiedelt wurde. Aufgrund des Betätigungsfeldes im landwirtschaftlichen Bereich könnte die Zuordnung zum Reichsernährungsministerium naheliegen, das 1919 vom RWM übernommen wurde. Bei landwirtschaftlichen Beutemaschinen wäre das Reichsverwertungsamt mit der dort ressortierenden MAS, im Grunde also das RSchM, zuständig gewesen. Eher unwahrscheinlich erscheint eine Eingliederung in die deutsche Friedensdelegation beim AA.

1008 Vgl. Der Waffenstillstand, Bd. 1, S. 168–170 und 183–184.

Krieg ausreichend Maschinen in guter Qualität vorhanden, noch eine ausreichende Zahl neuer Maschinen in Deutschland fristgerecht hergestellt werden konnte.

Zur Abdeckung der noch offenen Lieferungen wurde mit der französischen Regierung am 9. September 1919 ein Abkommen unterzeichnet. Demnach erhielt Frankreich von Deutschland einen Kredit im damaligen Kurswert von 20 Millionen Papiermark zum Erwerb der noch fehlenden landwirtschaftlichen Maschinen. Der Kredit wurde schrittweise auf die Entwicklung der deutschen Inflation angepasst und hatte Ende 1920 einen Wert von umgerechnet 42,5 Millionen Papiermark erreicht.[1009] Angesichts der weitgehenden Verweigerung von inflationären Anpassungen deutscher Entschädigungen, war dieses Vorgehen bemerkenswert. Auch mit Belgien wurde am 27. Mai 1920 ein ähnliches Abkommen geschlossen, das einen Kreditumfang von 6,5 Millionen Papiermark hatte.[1010] Dank dieser unbürokratischen Lösung konnte dieses Kapitel der Reparationen zügig abgeschlossen werden.

Exkurs: Deutsche Übererfüllung bei der Abgabe von Eisenbahnmaterial aus dem Waffenstillstand bzw. Friedenvertrag

Gemäß dem Waffenstillstand von Compiègne und Artikel 250 FV hatte Deutschland 5.000 Lokomotiven und 150.000 Eisenbahnwaggons abzuliefern. Ein großer Teil dieser Lieferungen wurde von der Rückeis noch vor ihrer Auflösung durchgeführt. Die verbliebenen Abwicklungsarbeiten zogen sich bis 1923 hin. Die RRLK war insofern an der Lieferung von Eisenbahnmaterial beteiligt, wenn dabei Unregelmäßigkeiten auftraten.

Bis zum 15. September 1920 wurden 148.211 Eisenbahnwaggons geliefert, die Ablieferung der fehlenden 1.789 Waggons aber eingestellt. Hintergrund dieser Maßnahme war die Übererfüllung der Abgabe von Eisenbahnwaggons für die Bahnen in Elsass-Lothringen. Bis zu 13.000 Eisenbahnwaggons waren von Deutschland zu viel abgegeben worden und bis zur Ausgleichung der Zahlen wurden keine weiteren Waggons geliefert. Hier wurde die RRLK aktiv, die eine Rückabwicklung der zu viel gelieferten

---

1009 Vgl. BArch R 3301–1703 Blatt 30.
1010 Vgl. ebd. und BArch R 3301–84 Blatt 14–15.

Waggons durchführte, für die bei der Rückeis, als reine Ablieferungsstelle, weder personelle Kapazitäten noch Kompetenzen vorlagen. Anfang 1921 bestand noch immer eine deutsche Überfüllung von 8–10.000 Waggons. Die Lokomotiven wurden bis Herbst 1920 von der Rückeis vollständig abgeliefert. Nach Angaben der belgischen Empfangsbehörden vom 13. Oktober 1920 wurden von Deutschland ebenfalls Lokomotiven über den Soll des Versailler Vertrages hinaus geliefert.[1011] Ob auch in diesem Fall eine Rückabwicklung vorgenommen wurde, konnte nicht festgestellt werden.

Exkurs: Entschädigungsverfahren

Entsprechend ihrer Aufgaben und Organisationsstruktur zerfiel die Tätigkeit der RRLK auf die drei Hauptgebiete der Rückgabe von Maschinen und Material, der Rückgabe von Werten und der Lieferung landwirtschaftlicher Maschinen. In kleinerem Umfang wurden die Restaufgaben der Ablieferung von Vieh und Eisenbahnmaterial bearbeitet. Die Darstellung der Ergebnisse wird auch bei der RRLK durch die Inflation erschwert und war auch den Zeitgenossen bewusst:

> *„Es ist eine allgemein bekannte Tatsache, dass die Entschädigungen, welche zur Zeit* [im Februar 1923, Anm. d. Verf.] *auf Grund der Entschädigungsrichtlinien vom Mai 1920 ausgezahlt werden, infolge der Entwertung der Mark nichts weiter mehr sind als kleine Trinkgelder. Die Richtlinien setzen ja bekanntlich als Höchstentschädigung den Markbetrag fest, welchen der betreffende Gegenstand zur Zeit des Waffenstillstands bzw. des Friedensvertrages gehabt hat. Die seither eingetretene Markentwertung wird nicht berücksichtigt. Es sind tatsächlich Fälle vorgekommen, in welchen deutsche Besitzer Ersatz für abgelieferte Gegenstände beschaffen mussten und als staatliche Entschädigung nur ½ pro Mille der Neubeschaffungskosten erhielten.“*[1012]

Grundlage der Entschädigungen war zunächst eine Verordnung vom 1. Februar 1919.[1013] Die dort getroffenen Bestimmungen erwiesen sich aber als unzureichend, weshalb eine weitere Verordnung vom 28. März 1919

1011 Vgl. BArch R 3301–1703 Blatt 30–31.

1012 Vgl. BArch R 3301–166 o. Z. Bericht über die Entschädigung von Beutemaschinen, Berlin den 7. Februar 1923.

1013 Verordnung über die Rückgabe der in Belgien und Frankreich weggenommenen Betriebseinrichtungen, vom 1. Februar 1919 (RGBl. S. 143).

notwendig wurde.[1014] Dem deutschen Eigentümer wurden nach §7 der Verordnung vom 28. März 1919 nur die Gestehungskosten, also der Kaufpreis, erstattet. Inflationäre Entwicklungen oder erbrachte Investitionen (Reparaturen usw.) in die Objekte wurden nicht berücksichtigt.

Diese eher allgemein gehaltenen Regelungen wurden durch die Richtlinien vom 27. Mai 1920 präzisiert.[1015] Hier wurden neben den Gestehungskosten weitere Aufwendungen zur Entschädigung hinzugenommen. In §2 wurden die Abzüge definiert, die Verringerungen der Entschädigungen vorsahen. Darunter fielen verwertbare Abfälle, bis zur Abgabe an die RRLK entstandene Wertminderungen, erhaltene Reichs- und Landessubventionen für die Verwendung der Objekte und sonstige Vorteile, die durch die Herausgabe der Objekte dem Eigentümer erwachsen konnten. Der zeitliche Rahmen zum Anerkenntnis von Wertsteigerungen wurde nun auf die Stichtage 11. November 1918 bzw. 28. Juni 1919 erweitert. Entscheidend war die öffentliche Verkündung der jeweiligen Abgabepflicht. Die zu gewährende Entschädigung durfte aber nicht den Gebrauchs- bzw. Verkaufswert des Objektes übersteigen. Mittelbare Schäden, insbesondere entgangene Gewinne, wurden nicht ersetzt. Nur eine Aufwandsentschädigung für die Demontage konnte gewährt werden. Für die MAS hatte diese Neuregelung zur Folge, dass alle bisherigen Verfahren neu aufgerollt werden mussten. Das betraf auch die noch laufenden Verfahren nach der alten Verordnung.

Insgesamt waren bis Oktober 1921 ca. 17.000 Entscheidungsverfahren auf Grundlage der älteren Rechtslage abgeschlossen und die Hälfte davon neu bearbeitet worden. Angesichts zunehmender inflationärer Schwierigkeiten wurde im April 1922 ein Vergleichsverfahren eingerichtet, das zu einer merklichen Entlastung durch Beschleunigung der Entschädigungsverfahren der MAS führte.[1016]

1014 Verordnung über die Rückgabe von Maschinen und Material, vom 28. März 1919 (RGBl. S. 349).

1015 Richtlinien für die Festsetzung von Entschädigungen aus Anlass der Durchführung der Bestimmungen der Artikel 169, 202 und 238 des Friedensvertrags mit der Ausnahme der Entschädigung für Vieh (Abrüstungs-Entschädigungsrichtlinien), vom 27. Mai 1920 (RGBl. S. 1111).

1016 Vgl. BArch R 3301–166 o.Z. Bericht über die Entschädigung von Beutemaschinen, Berlin den 7. Februar 1923.

Bis Ende Januar 1923 waren von insgesamt 66.327 zur Restitution vorgesehenen Objekten 52.610 zurückgeführt worden. Die restituierte Gesamttonnage lag bei 189.000t von 284.000t. Von den fehlenden 95.000t waren 68.000t „bevorschusst", das heißt zu diesem Zeitpunkt zur Auslieferung vorbereitet.[1017]

Weitgehend abgeschlossen waren bis Ende 1922 die Rücklieferungen nach Italien, Polen, Rumänien und Serbien. Die Rücklieferungsmengen in diese Staaten waren vergleichsweise gering. Polen, Rumänien und Serbien waren agrarisch geprägte Ökonomien mit sehr wenig Industrie, die auch während der Besatzung zur Aufrechterhaltung der lokalen Versorgung benötigt worden war. Nach Polen mussten demnach 3.700t restituiert werden, wovon bis Ende 1922 2.600t auch geliefert wurden. Für Rumänien wurden 56t Restitutionsmaterial versandfertig gemacht, aber von den rumänischen Behörden nicht abgerufen. Ähnlich war die Situation von 165t Beutegut aus dem ehemaligen Kriegsarsenal Kragujevaz, die von der jugoslawischen Regierung nicht abgerufen wurden. Aus Italien waren während des Krieges 123t Maschinen und Material nach Deutschland gelangt, von denen bis Ende 1922 101t restituiert waren.[1018]

Exkurs: Bilanz der Rückgabe von Werten

Vom Beginn der Entschädigungen bis zum 31. Januar 1923 wurden 520.838.553 Papiermark an Entschädigungen ausgezahlt.[1019] Aufgrund des fehlenden Inflationsausgleiches entsprach dieser Betrag in etwa dem Äquivalent einer halben Milliarde Goldmark im Vorkriegswert. Wegen der Einstellung aller Reparationslieferungen an Belgien und Frankreich stagnierten die Auslieferungen bis zur Auflösung der RRLK.

Die Diskrepanz zwischen auslieferungsbereiten Objekten und tatsächlichen Rücklieferungen erklärte sich auch aus dem Umstand, dass viele

1017 Vgl. BArch R 3301–166 o. Z. Bericht über die Entschädigung von Beutemaschinen, Berlin den 7. Februar 1923. Eine vollständige Auflistung der monatlichen Fortschritte der Restitution von November 1919 bis Juni 1923 ist zu finden in: BArch R 3301–84 Blatt 189.

1018 Vgl. BArch R 3301–84 Blatt 13.

1019 Vgl. BArch R 3301–166 o. Z. Bericht über die Entschädigung von Beutemaschinen, Berlin den 7. Februar 1923.

Beutemaschinen nicht mehr nachgefragt wurden. Belgische und französische Eigentümer hatten nach Kriegsende zwar Objekte zur Restitution angemeldet, die dann auch von der MAS zur Rücklieferung vorbereitet worden waren, aber im Laufe des Verfahrens aus unterschiedlichen Motiven auf die Rücklieferung verzichtet. Die auslieferungsfertigen Objekte blockierten in diesen Fällen die Lagerkapazitäten der MAS oder des bisherigen deutschen Besitzers.[1020]

Eines der großen Probleme bei der Rückgabe bzw. Erstattung von Wertgegenständen war auch hier die Einschätzung des Wertes und der damit zusammenhängenden Gutschrift auf das Reparationskonto. Die Bewertung beruhte zudem nicht nur auf Anteilen an Edelmetall oder anderen werthaltigen Materialien, sondern auch auf ideellen oder moralischen Kriterien. Die Rückgabe bzw. der Ersatz belgischer Wertgegenstände war ein Beispiel dafür. Gemäß Artikel 247 FV war Deutschland zur Rückgabe der Flügel des Triptychons „Die Anbetung des Lammes" der Brüder van Eyck an die Kirche Sankt Bavo in Gent und der Flügel des Triptychons „Das Abendmahl" von Dierick Bouts an die Kirche Sankt Peter in Löwen verpflichtet. Symbolisch wichtiger war die Wiederherstellung der Bibliotheksbestände der Löwener Universitätsbibliothek gemäß Artikel 247 FV. Hierbei handelte es sich nicht nur um die Wiedergutmachung einer kriegsrechtlich nicht zulässigen deutschen Kampfhandlung, sondern um eine moralische Sanktion Deutschlands.

Bis zum 31. August 1924 wurden im Rahmen des Wiederaufbaus der Löwener Bestände von Deutschland übergeben: 322.674 Bücher und Zeitschriften, 218 Handschriften, 899 Dokumente, 671 Wiegendrucke und andere Sammlungsgegenstände.[1021] Von deutscher Seite wurden die Rückgaben an Belgien wie folgt in Friedenspreisen bewertet: Die Bücher und Zeitschriften: 2,19 Millionen Goldmark; die Dokumente, Handschriften

1020 Vgl. BArch R 3301–1703 Blatt 29.

1021 Vgl. BArch R 2–1040 Blatt 293. Die Quelle ist im Zusammenhang mit der Neu- und Umgestaltung des Reparationssystems im Zuge des späteren Dawes-Planes zu lesen und gehört zu einem ganzen Katalog von Berechnungen über deutsche Reparationsleitungen, deren Werteinschätzung und der tatsächlich erfolgten Gutschriften der Reparationskommission. Das bedeutet aber nicht, dass die Zahlenangaben inkorrekt wären. Die Formulierungen sind teilweise leicht polemisch und anklagend gehalten.

und Wiegendrucke zusammen: 1,398 Millionen Goldmark; die Sammlungsgegenstände 50.081 Goldmark.[1022] Die Katalogisierung und Aufstellung der übergebenen Werke wurde ebenfalls von Deutschland bezahlt und kosteten 40.216 Goldmark. Die beiden Triptycha wurden zusammen mit rund 12 Millionen Goldmark beziffert. Auf das deutsche Reparationskonto wurden aber nur 2,219 Millionen Goldmark gutgeschrieben, die für die Bücher und Zeitschriften gewährt wurden. Die Dokumente, Handschriften, Wiegendrucke und die Triptycha wurden dagegen mit folgender Erklärung nicht mit einbezogen:

> *„Die Repko begründet die Ablehnung der Gutschrift für die belgischen Kunstwerke damit, dass es sich bei ihrer Ablieferung nicht um eine materielle Wiedergutmachung eines materiellen Schadens gehandelt habe, sondern um eine moralische Genugtuung für den moralischen Schaden, den Belgien für die Verletzung der belgischen Neutralität erlitten habe. Die Ablieferung trage keinen ökonomischen Charakter, sondern es handle sich um Gegenstände, die nicht der Wiederherstellung des belgischen Wirtschaftslebens dienten.“*[1023]

Eine Auflistung oder Statistik über die zurückgegebenen Werte aller Art konnte in den Akten nicht gefunden werden. An Frankreich wurden bis Anfang 1921 etwa acht bis neun Milliarden französische Franken und an Belgien 1,75 bis zwei Milliarden belgische Franken in Bargeld und Wertpapiere übergeben. Dazu wurden große Bestände an Archiven, Dokumenten und Kunstwerken geborgen, die aber von Frankreich monatelang aus unbekannten Gründen nicht abgerufen wurden.[1024] Bis Ende 1922 veränderten sich diese Angaben kaum.

Hinzu kamen gemäß Protokoll D Restitutionen an Italien, Rumänien und Serbien im Umfang von „mehreren Millionen Mark.“ Die Restitution des russischen Goldschatzes war bis Ende 1922 mit der Lieferung von 93,542t abgeschlossen.[1025] Die deutschen Bemühungen um die Rückgabe von Werten wurden in Belgien und Frankreich positiv aufgenommen.

1022 Auch der deutsche Buchhandel wollte am Wiederaufbau der Universitätsbibliothek partizipierten. Vgl. BArch R 3301–1703 Blatt 43.

1023 Vgl. BArch R 3301–1703 Blatt 43.

1024 Vgl. BArch R 3301–1703 Blatt 30.

1025 Da sich die Alliierten weigerten Papiermark im Reparationsverkehr anzunehmen, die einzige Ausnahme bildeten die Besatzungskosten, ist auch hier davon

IV.2 Der Kommissar zur Rückführung von Eisenbahnmaterial

Die Militärgeneraldirektion Brüssel, als Vorläuferorganisation Teil der Militärverwaltung, wurde am 1. Juli 1915 offiziell errichtet. Als Rückeis dauerhaft institutionalisiert wurde die Behörde am 10. Januar 1920 und am gleichen Tag dem RMfW unterstellt. Die endgültige Auflösung erfolgte zum 1. Juli 1923.

Im Ersten Weltkrieg waren Eisenbahnen als Transportmittel für das Deutsche Reich von essentieller Bedeutung. Durch die alliierte Blockade war das Deutsche Reich zunehmend von Benzin- und Ölimporten abgeschnitten, die für den Einsatz von Fahrzeugen mit Ottomotor etc. notwendig waren. Kohle war als Energieträger, zum Betrieb von Dampfmaschinen bzw. Lokomotiven, dagegen in größeren Mengen verfügbar. Zudem war das Eisenbahnnetz im Reichsgebiet und besonders auf dem westlichen Kriegsschauplatz hervorragend ausgebaut. Dadurch waren die deutschen Militärverwaltungsstellen in der Lage, die „innere Linie“ zum schnellen Verschieben von Streitkräften und Material zu nutzen.[1026]

Im Verlauf der Besetzung Belgiens, Frankreichs und Luxemburgs wurden Militäreisenbahndirektionen und Linienkommandanturen eingerichtet, die sukzessive den militärischen und zivilen Eisenbahnverkehr zu regulieren begannen. Im Mittelpunkt standen die militärischen Erfordernisse, die zu Lasten des zivilen Verkehrs bevorzugt wurden. Mit dem Übergang in den Stellungskrieg und der absehbaren Verlängerung des Krieges wuchsen dadurch die Probleme bei der Aufrechterhaltung des Wirtschaftslebens in den besetzten Gebieten. Aus diesen Gründen wurde die Einrichtung einer zentralen Kontrolle des Eisenbahnwesens beim Chef des Feldeisenbahnwesens beschlossen. Wegen der wachsenden Überlastung dieser Militärverwaltungsstelle wurde schließlich am 23. Mai 1915 die Einrichtung der

auszugehen, dass „Mark“ hier als „Goldmark“ zu verstehen ist. Vgl. BArch R 3301–84 Blatt 14.

1026 Vgl. Militärgeschichtliches Forschungsamt (Hrsg.), Handbuch zur deutschen Militärgeschichte 1648–1939, 3. Lieferung, Band V, Frankfurt/Main 1968, S. 261 und Rohde, Bd. 2, S. 366–382.

Militärgeneraldirektion in Brüssel beschlossen.[1027] Ihr erster Präsident wurde Oberstleutnant Rohdewald.

Die MGD wurde zügig erweitert und koordinierte, auf Anweisung von Generalmajor Groener, ab Oktober 1916 das gesamte Eisenbahnwesen auf dem westlichen Kriegsschauplatz. Zum 1. Juli 1915 bestand die MGD aus folgenden Abteilungen: Militärische Angelegenheiten; Personal und Verwaltung; Bau-, Finanz- und Verkehrsangelegenheiten; Maschinentechnischer Dienst; Eisenbahnwerkstätten. Die militärische Abteilung und die Bauabteilung wurden von Offizieren geleitet. Die übrigen Abteilungen standen unter der Leitung ziviler Eisenbahnbeamter, als deren Spitze der Präsident des Eisenbahn-Verwaltungsrats a. D. von Leo fungierte.

Durch die gestiegenen Kriegsanforderungen an das gesamte Transportwesen und die Ausdehnung der Zuständigkeiten der MGD wurden weitere Abteilungen und Behörden geschaffen oder angegliedert. Dazu zählte eine Abteilung für Gesundheitswesen, eine Feldintendantur und die 1916 neu geschaffene Militär-Kanaldirektion. Letztere wurde zum Betrieb der Wasserstraßen auf dem westlichen Kriegsschauplatz eingerichtet und der MGD 1916 unterstellt.

Bei Kriegsende verfügte die MGD als einzige Behörde über die notwendige Expertise zur Ausführung der Übergabe von Eisenbahnmaterial. Sachkenntnis und Improvisation war im deutschen Militäreisenbahnwesen entscheidend, denn der Zustand des Transportwesens war zu Letzt mangelhaft. Kriegsbedingt hatte sich der Zustand der Transportmittel und -wege im deutschen Herrschaftsgebiet erheblich verschlechtert. Die deutsche Industrie war mit Rüstungsaufträgen beschäftigt und Ersatzteile für alle Bereiche des Bahnverkehrs wurden Mangelware. Zur Aufrechterhaltung der inneren Linie wurden Requisitionen von Eisenbahnmaterial in allen besetzten Gebieten notwendig. Dazu waren umfangreiche Eingriffe in die private und staatliche Eisenbahninfrastruktur der besetzten Gebiete erforderlich.

Diese Maßnahmen konnten nicht verhindern, dass der deutsche Eisenbahnfuhrpark bei Kriegsende 1918 in besagt schlechten Zustand war. Für die Siegermächte war es dennoch entscheidend die innere Linie des

---

1027 Weitere Militärgeneraldirektionen wurden ein Warschau (für den östlichen Kriegsschauplatz) und Bukarest (für den südlichen Kriegsschauplatz) eingerichtet. Vgl. Rohde, Bd. 2, S. 27–28.

Deutschen Reiches soweit zu schwächen, dass ausreichende Transportkapazitäten sowohl für die Aufrechterhaltung des Wirtschaftslebens und einem gleichzeitigen Massentransport von Heeresgütern bzw. -personal nicht mehr vorhanden waren. Zusätzlich mussten, im Hinblick auf die nach dem Waffenstillstand zu besetzten Gebiete Transportkapazitäten von Deutschland erlangt werden, um einen Zusammenbruch des Wirtschaftslebens nach dem deutschen Rückzug zu verhindern. Im Waffenstillstand von Compiègne akzeptierte die deutsche Regierung unter Artikel VII folgende Waffenstillstandsbedingungen:

> *„Den assoziierten Mächten sind auszuliefern: 5.000 gebrauchsfertige Lokomotiven und 150.000 Eisenbahnwagen in gutem Zustand sowie mit allen Ersatzteilen und dem nötigen Gebrauchsgerät ausgestattet. Diese Auslieferung hat zu erfolgen in den Zeiträumen, deren Einzelheiten in der Zusatznote 2 festgelegt sind und die insgesamt 31 Tage nicht überschreiten dürfen.“*[1028]

Diese Bestimmungen wurden in der erwähnten Zusatznote zwei präzisiert.[1029] Die Eisenbahnen von Elsass-Lothringen wurden darin von denen des Reiches getrennt und der gesamte Bestand der französischen Armee zur Verfügung gestellt. Damit wurde ein weiterer Schritt unternommen, Elsass-Lothringen vom Reich abzutrennen. Von besonderer Bedeutung war Abschnitt b) „Eisenbahnmaterial der Signalstationen und Werkstätten“:

> *„Das den Werkstätten und Magazinen der französischen und belgischen Eisenbahnnetze entnommene Material des Signalbetriebes, sowie die Maschinengeräte und das Handwerkszeug sind zu den von der Internationalen Ständigen Waffenstillstandskommission festzusetzenden genaueren Bedingungen auszuliefern. Den alliierten Armeen muss übergeben werden das Verkehrsmaterial: Schienen, Kleinmaterial, Apparate, Brückenbestandteile sowie das Holz, welches zur Wiederinstandsetzung der zerstörten, jenseits der jetzigen Front gelegenen Schienenwege benötigt wird.“*[1030]

Diese Bestimmungen erhöhten den Druck auf die Reichsregierung erheblich, implizierten die Forderungen doch die deutsche Verpflichtung zumindest zur Mithilfe beim Wiederaufbau der zerstörten Verkehrsinfrastruktur in den

1028 Vgl. Der Waffenstillstand, Bd. 1, S. 31.
1029 Vgl. ebd. S. 85–86.
1030 Vgl. Vereinbarung über die Ausführung des Abschnittes IV b des Anhanges Nr. 2 zum Waffenstillstandsvertrag, in: Der Waffenstillstand, Bd. 3, S. 339–342.

ehemals besetzten Gebieten.[1031] Besonders problematisch war die Rückgabe des Spezialmaterials wie z.B. den Signalanlagen, die im gesamten von Deutschland kontrollierten Gebiet Gebrauch gefunden hatten. Häufig war das geforderte Material zudem während des Rückzugs auf fremdem Gebiet zurückgeblieben und dadurch dem deutschen Zugriff für eine Rückgabe bis zum Friedensschluss entzogen.

Zur Bewältigung der Waffenstillstandbedingungen wurde bei der deutschen Waffenstillstandskommission in Spa eine Unterabteilung für Transportwesen geschaffen. Leitungsfunktionen übernahmen dort vom Reich bestellte Kommissare des Reichseisenbahnamtes, Preußischen Ministeriums der öffentlichen Arbeiten sowie des bayerischen Verkehrsministeriums. Zur Bearbeitung und Ausführung der Beschlüsse der Unterabteilung wurde die, bereits in Auflösung begriffene, Militärgeneraldirektion Brüssel herangezogen.

Die primären Aufgaben der Unterabteilung für Transportwesen waren: 1. Ablieferung des rollenden Eisenbahnmaterials, einschließlich der vertragsmäßig abzugebenden Ersatzteile; 2. Rückführung des zurückgelassenen rollenden Eisenbahnmaterials aus Frankreich und Belgien nach Deutschland; 3. Rückerstattung, Aufnahme und Lieferung des ruhenden Eisenbahnmaterials; 4. Durchführung von Transporten aus den Staaten der Entente nach den von den Deutschen an ihren Ostgrenzen geräumten Gebieten gemäß Artikel XVI des Waffenstillstandsvertrages; 5. Regelung der Dienst- und allgemeinen Lebensverhältnisse des in Feindesland tätigen Eisenbahnpersonals.[1032]

Zur Erfüllung des Waffenstillstandes war es notwendig, dass deutsche Eisenbahngruppen auf dem Gebiet Belgiens und Frankreichs weiterhin aktiv bleiben konnten. Diese Gruppen fielen mit Einverständnis der Alliierten, die deren Unversehrtheit garantierten, nicht unter die Bestimmungen über die Behandlung deutscher Kriegsgefangener.[1033]

1031 Besonders umfangreich waren die Verwüstungen im Gebiet der Operation Alberich vor und während des deutschen Rückzugs in die sog. Siegfriedstellung im März 1917. Vgl. Michael Geyer, Rückzug und Zerstörung, in: Hirschfeld/Krumeich, Die Deutschen an der Somme, S. 163–178.

1032 Vgl. Der Waffenstillstand 1918–1919, Bd. 3, S. 330 und 415.

1033 Deutsche Militärangehörige, die nicht rechtzeitig aus den zu räumenden Gebieten evakuiert worden waren, wurden in Kriegsgefangenschaft genommen.

Bis zu 6.000 deutsche Eisenbahnbeamte waren nach dem Waffenstillstand bis zum Friedensschluss in Belgien und Frankreich tätig und dort weitgehend schutzlos den Anfeindungen aus der Bevölkerung ausgeliefert.[1034] Die belgischen und französischen Behörden zeigten wenige Bemühungen die Deutschen zu schützen und nur erhebliche finanzielle Kompensationen ermöglichten es nach den ersten Übergriffen deutsche Freiwillige für den Auslandseinsatz zu gewinnen.[1035] Naturgemäß wurden die deutschen Versuche für eine Erfüllung des Waffenstillstandes dadurch erheblich beeinträchtigt. Gleichzeitig demonstrierten die kaum behinderten Übergriffe auf die deutschen Arbeitskräfte die Machtlosigkeit der Reichsleitung.

Vordringliche Aufgabe der deutschen Behörden nach dem ersten Waffenstillstand vom 11. November 1918 war zudem viel mehr der Rücktransport des Feldheeres hinter die Reichsgrenze. Der Zeitplan dafür war von den Siegermächten extrem eng vorgegeben worden, um Millionen von Soldaten und Zivilisten zu evakuieren. Von den gewaltigen Mengen an Akten und Material der Militär-Eisenbahn-Direktionen in den besetzten Gebieten konnte nur ein Bruchteil geordnet ins Reich abtransportiert werden. Die weit größere Masse verblieb an Ort und Stelle, um den nachrückenden Armeen der Alliierten in die Hände zu fallen.

Für die Unterkommission für Transport der Wako-Spa und der MGD als ausführender Dienststelle bedeutete das Chaos während des Rückzuges eine erhebliche Beeinträchtigung. Ersatzteile für Reparaturen waren kaum vorhanden und viele Listen und Verzeichnisse waren nicht verfügbar. Die Lieferungen von Eisenbahnmaterial an die Alliierten waren daher von zumeist schlechter Qualität und eine Gebrauchsfähigkeit nur bedingt gegeben. Die alliierten Kontrolleure weigerten sich sehr oft die Lieferungen anzuerkennen.[1036] Wegen der Sicherheitsbedenken aufgrund der Übergriffe auf deutsche Eisenbahnarbeiter in den befreiten Gebieten konnten auch

Das betraf häufig nicht transportfähige Verwundete und Pflegepersonal. Vgl. Artikel II und XI der Waffenstillstandsvereinbarung vom 11. November 1918, in: Der Waffenstillstand, Bd. 1, S. 23 und 37.

1034 Vgl. ebd. S. 154.

1035 Vgl. ebd. S. 347–348.

1036 Vgl. Stellungnahme von Erzberger während der Verhandlungen zum Waffenstillstand von Spa am 13. Dezember 1918 in: Der Waffenstillstand, Bd. 1, S. 127 und S. 153.

Instandsetzungen vor Ort nicht im gewünschten Ausmaß durchgeführt werden.

Anlässlich der Verlängerung des ersten Waffenstillstands am 13. Dezember 1918 waren daher erst 206 von 5.000 Lokomotiven und 9.098 von 150.000 Waggons zur Ablieferung bzw. Abnahme gelangt. In der Verlängerung des Waffenstillstands wurde daher von Deutschland eine verbindliche Zusicherung zur Lieferung der Restmengen bis zum 17. Januar verlangt. Bei einer Verfehlung drohte eine Konventionalstrafe von zusätzlich 500 Lokomotiven und 19.000 Waggons. Der MGD war es bis zum 11. Januar 1919 möglich 2.263 Lokomotiven und 72.199 Waggons zu liefern. Dazu kamen 6.082 Waggons an Elsass-Lothringen.[1037] Angesichts der ausstehenden Mengen wurden von Deutschland die erwähnten Poena-Lieferungen im Umfang von ca. 70.000 landwirtschaftlichen Maschinen abverlangt.[1038]

Die unzureichenden Lieferungen waren für die deutsche Waffenstillstandsdelegation eine erhebliche Belastung in den Verhandlungen mit den Alliierten in Trier vom 15.-16. Januar 1919. Unter dem alliierten Druck musste Deutschland die Reste der Handelsflotte den Siegermächten aushändigen, vordergründig um die europäische Versorgung mit Lebensmitteln zu erleichtern. Immerhin erbrachte der Waffenstillstand von Trier eine Verlängerung der Ablieferungsfristen für Eisenbahnmaterial bis zum 17. Februar 1919. In den Verhandlungen zur dritten Verlängerung des Waffenstillstandes vom 14. bis 16. Februar 1919 nahmen die Ablieferungen von Eisenbahnmaterial eher eine untergeordnete Rolle ein. Bis zum 10. Februar 1919 hatten Belgien und Frankreich 4.054 Lokomotiven und 123.269 Waggons erhalten. Für Elsass-Lothringen waren noch 5.398 Waggons abzuliefern.[1039]

Bis zur Unterzeichnung des Friedensvertrages konnten die restlichen Ablieferungen weitgehend erfüllt werden. Weit schwieriger waren die Restitution bzw. Substitution des sonstigen Eisenbahnmaterials. Was nicht beim Rückzug verloren gegangen war, wurde zum Betrieb der deutschen Bahnen benötigt. Deutsche Fabrikate entsprachen häufig nicht den belgischen und französischen Standards. Importe waren sowohl wegen der Blockade und den Bestimmungen des Friedensvertrages ausgeschlossen. Die einzige

1037 Vgl. Der Waffenstillstand Bd. 1, S. 138–139.
1038 Vgl. ebd. S. 183.
1039 Vgl. ebd. S. 200.

Alternative waren häufig aufwändige Reparaturen von Beutemaschinen und anderweitig beschafften Anlagen. Sofern die Reparaturen im Reich stattfanden, konnten zahlreiche Ablieferungen erfolgen. Mussten die Reparaturen in den befreiten Gebieten vor Ort stattfinden, konnten die Reparaturen unter den Angriffen aus der Bevölkerung auf die deutschen Techniker erheblich leiden. Zur Bewältigung der Ablieferungen und Reparaturen schuf die MGD ein Netz von Arbeitsgruppen, die über das ganze Reichsgebiet, Belgien und Nordfrankreich verteilt wurden. Diese Gruppen wurden in drei Kategorien mit speziellen Aufgaben unterteilt:

„Abfahrgruppen" (Agru) waren für logistische Fragen zuständig. Die Baugru und Magru wurden von den Agru mit Nachschub versorgt. Beschädigte Maschinen wurden von den Agru zur Instandsetzung in die Werkstätten der Magru geliefert. Die reparierten Maschinen wurden anschließend zu ihrem Aufstellungsort zur Installation transportiert.[1040]

Im Waffenstillstand war die Wiederherstellung der Eisenbahninfrastruktur von deutscher Seite zugesagt worden. Damit waren in erster Linie die nicht unmittelbaren Gleisanlagen sondern die Versorgungsbetriebe gemeint. Die „Bautechnischen Gruppen" (Baugru) erbauten und reparierten diese Infrastruktur bzw. bereiteten die Einrichtungen für die Aufstellung und Installation von Maschinen vor.

Die „Maschinentechnischen Gruppen" (Magru) dienten als mobile Reparatur- und Wartungsteams in den zugeteilten Regionen. Ihre Aufgaben umfassten Instandsetzungs-, Reparatur- und Wartungsarbeiten. Dazu zählte auch die Überwachung der Installation von Maschinen durch Fremdfirmen vor Ort.[1041]

Zur Koordinierung der im ehemals feindlichen Ausland tätigen Arbeitsgruppen wurde eine deutsche Verwaltung, die sog. Deutsche Eisenbahn Delegation, mit fünf Abteilungen in Brüssel eingerichtet.[1042] Im Reichsgebiet

---

1040 Vgl. BArch R 3301–2029 Blatt 80.

1041 Zur Verteilung der Gruppen im ehemals feindlichen Ausland vgl. eine Tabelle im VI. Anhang.

1042 Abteilung I Personalangelegenheiten, Kassen und Rechnungswesen; Abteilung II Maschinentechnische Angelegenheiten; Abteilung III Signal- und Eisenbahnmaterial, Kleinbahnen; Abteilung IV Angelegenheiten der CIRF und CIRM Abfahrgruppen. Vgl. BArch R 3301–2029 Blatt 85 und BArch R 3301–1a Blatt 111. Die Deutsche Eisenbahn Delegation zog im Sommer

wurden eine eigene Verwaltung mit Werkstätten und Logistikzentren eingerichtet. Das Kommissariat bestand aus sechs Abteilungen, die in drei Abteilungsgruppen zusammengefasst wurden:[1043]

Die Abteilungen I und II bildeten die erste Gruppe, in der die allgemeine Verwaltung konzentriert wurde: „Personal-, Verwaltungs-, Rechnungs- und Kassenangelegenheiten des Rückeis und der unterstellten Dienststellen. Rechtsfragen in Angelegenheiten der Erfüllung der Waffenstillstandsbedingungen und des Friedensvertrages. Endgültige Prüfung sämtlicher Rechnungsbelege und deren Anweisung. Zentral-Registratur und Kanzlei."[1044]

Die technische Ausführung der Rückgaben wurden in den Abteilungsgruppen III und IV bzw. V und VI konzentriert. Die Aufgaben der Gruppe III und IV bestanden aus:

> *„Angelegenheiten des Signal-, Sicherungs- und Telegraphenmaterials, sowie Oberbau- und Baumaterials für Voll- und Meterspurbahnen, sowie des rollenden Materials der Meterspurbahnen, die im Zusammenhange mit dem Waffenstillstandsvertrag und dem Artikel 238 des Friedensvertrages stehen. Aufnahme und Wertermittlung der Materialien die in den ehemals besetzten Gebieten von Belgien und Frankreich von Deutschland zurückgelassen worden sind. Rückgabe der nach dem Waffenstillstandsvertrag an die Entente übergehenden 5.000 Lokomotiven und 150.000 Waggons und Rückführung der in Belgien und Frankreich zurückgelassenen von der Entente nicht übernommenen Wagen und Lokomotiven. Wiederauffüllung des Els[ass]-Loth[ringischen] Wagenparks. Vorbereitung der Rücklieferung von voll- und meterspurigen Eisenbahnfahrzeugen deren Rücklieferung gemä[ß] Artikel 238 des Friedensvertrages gefordert wird."*[1045]

1920 von Brüssel nach Frankfurt am Main in die Gallusstraße Nr. 14 um. Dazu mussten größere Liegenschaften erworben und gemietet werden. Vgl. BArch R 3301–2029 Blatt 94 und 97.

1043 Eine zusammenfassende Darstellung der Rückeis ist zu finden in: BArch R 2–50046 o.Z. Aufgaben und Organisation des Kommissars für die Rückführung von Eisenbahnmaterial.

1044 Gruppenleiter war Regierungsbaumeister Petzold, vgl. BArch R 3301–1a Blatt 111.

1045 Gruppenleiter war Regierungsbaumeister Rosenthal, vgl. BArch R 3301–1a Blatt 111. Eine andere Quelle weißt die hier zitierten Aufgaben der Abteilungsgruppe IV und VII zu. Allerdings handelt es sich dabei wahrscheinlich nur um einen Tippfehler. Vgl. ebd. Blatt 156.

Die Gruppe aus den Abteilungen V und VI bearbeitete schließlich:

> „*Rückführung der aus Eisenbahnwerkstätten Belgiens und Frankreichs nach Deutschland abtransportierten Werkzeugmaschinen und maschinelle Einrichtungen. Alle masch*[inen] *tech*[nischen] *Angelegenheiten, wie Ausbesserung, Übergabe und Zurückführung von Lok*[omotiven] *und Wagen, sowie alle Angelegenheiten betr*[effend] *Fahrzeugersatzteilen, Werkstätten und Betriebsmaterialien die im Zusammenhang mit dem Waffenstillstands- und Friedensvertrag stehen.*“[1046]

In Aachen wurde eine Übergabe-Gruppe mit Zentrallager eingerichtet. Von dort wurde Eisenbahnmaterial den Alliierten zur Begutachtung und Übergabe ausgehändigt.[1047] Die besonderen Feld- und Schmalspurbahnen wurden von der Übergabe-Gruppe Neuwied ausgehändigt, die nach Abschluss dieser Aufgabe weiterhin die Versorgung mit notwendigen Ersatzteilen an die Entente aufrechterhielt. Aufgrund des besonderen Status von Elsass-Lothringen wurde in Saarbrücken eine eigene Übergabe-Abteilung für die Direktion der Saarbahnen gebildet, der wiederum die Übergruppen in Neunkirchen und dem französischen Röschwoog unterstanden.[1048]

Die während des Krieges im Reichsgebiet verstreuten Beutemaschinen für den Eisenbahnbetrieb wurden in Frankfurt/Main in einem Sammellager zwischengelagert. Das Lager wurde von einer Aufnahmegruppe geleitet und diente zudem der Ausbesserung und Reparatur des eingehenden Materials. Reparierte Maschinen für die Restitution wurden von dort an die Übergabe-Gruppen verbracht. Als Empfänger von Eisenbahnmaterial fungierten die Commission Interalliée Réception du matériel fixe (CIRF) und die Commission Interalliée Réception du matériel roulant (CIRM). Wurden von den alliierten Kontrolleuren erhebliche Mängel festgestellt und die Übernahme verweigert, wurden die Maschinen von einer speziellen Agru „Arlon“ in Trier zurückgeführt.

1046 Gruppenleiter war RR/BR Chelius, vgl. BArch R 3301–1a Blatt 111.

1047 Die Übergabe bestand aus einer Vorführung des rollenden Materials, der Maschinen oder von reklamierten Ersatzteilen und Ausrüstungsstücken.

1048 Die Übergabegruppe in Röschwoog wurde eingerichtet, um Eisenbahnmaterial aus Elsass-Lothringen in Empfang zu nehmen, dass irrtümlich zu viel geliefert worden war. Eine Zweigstelle wurde vorübergehend im französischen Hausbergen eingerichtet. Die Übergabegruppe Neunkirchen gab dagegen die ausstehenden Fahrzeuge aus Elsass-Lothringen zurück. Vgl. BArch R 3301–1a Blatt 111.

Friedensschluss und Eisenbahnlieferungen

In Teil VIII Artikel 238 des Friedensvertrages erkannte das Deutsche Reich die „Rücklieferung der weggeführten, beschlagnahmten oder sequestrierten Tiere, Gegenstände aller Art“ an. Ebenfalls Teil des Artikels 238 war das Anerkenntnis zur fortgesetzten Rücklieferungen aus dem Waffenstillstand.[1049] Mit diesen Lieferungen war die MGD zur Zeit des Friedensschlusses weitgehend fertig. Nun bestand das Problem die Ablieferungen zur Verrechnung mit der deutschen Wiedergutmachungsschuld in Goldmark zu beziffern.[1050] Die Empfängerstaaten weigerten sich zudem, als Kriegsbeute erkannte Fahrzeuge der deutschen Wiedergutmachungsschuld gut zu schreiben. Daher war ein erheblicher Aufwand notwendig, um die Vorbesitzer ausfindig zu machen und die deutschen Ansprüche gegebenenfalls auch durchzusetzen.[1051]

Ebenso waren tausende Wagen zu viel abgeliefert worden bzw. in den ehemaligen besetzten Gebieten verblieben. Nach dem Friedensschluss hatte das Reich einen Anspruch auf Rückerstattung. Ansonsten war die Rückgabe der Hofzüge von Belgien und Serbien hervorzuheben, die während des Krieges als Beute nach Deutschland verbracht worden waren. Die MGD/Rückeis führte in allen Fällen die Verhandlungen direkt mit der Gegenseite. Der Gesamtwert dieser Objekte wurde Anfang 1921 auf ca. 772 Millionen Papiermark geschätzt, die als Ersparnis oder Gutschrift auf Reparationskonto dem Reichshaushalt zugutekamen.[1052] Allerdings musste die Reichsbahn nach der Verstaatlichung des deutschen Eisenbahnwesens entsprechende Steuermittel aufbringen, um Ersatz anzuschaffen.

In größerem Umfang waren noch die Wiederherstellungsarbeiten der Eisenbahnen in Belgien und Frankreich zu erledigen. Es handelte sich dabei um „Identifizierung, Ausbesserung und Rückführung der in Deutschland befindlichen Eisenbahnmaschinen jeder Art, Geräte und Werkzeuge, die aus Eisenbahnbetrieben Belgiens und Frankreichs entnommen und gemäß Waffenstillstandsvertrag im Zustande vom 2. August 1914 […]“ abzuliefern

1049 Vgl. Artikel 238 FV, RGBl. Jg. 1919, S. 991.
1050 Vgl. ebd. Artikel 250, S. 1055–1056.
1051 Vgl. BArch R 3301–1703 Blatt 87.
1052 Vgl. ebd. Blatt 87–91.

waren.[1053] Zusätzlich mussten die Maschinen über die dargelegten Arbeitsgruppen vor Ort wieder aufgestellt und in Betrieb genommen werden. Dasselbe galt für andere Werkzeugmaschinen. Bis Februar 1920 konnten ca. 1.000 reparierte Maschinen restituiert werden.[1054]

Diese Aufgaben verursachten ab Dezember 1919 erhebliche Spannungen zwischen MGD/Rückeis und der MAS. Letztere beanspruchte über alle Reparaturen, im Warenwert von 10% des Gegenstandwerts des zu reparierenden Objekts, die letztendliche Entscheidungsbefugnis, ob die Reparatur von der MAS oder des Rückeis vorgenommen werden sollte. Darüber hinaus bemängelte die MAS die Vergabepraxis der Rückeis, die die Fachverbände des Vereins deutscher Werkzeugmaschinenfabrikanten und den Verein deutscher Maschinenbauanstalten benachteiligten würde. Dagegen wurde der Rückeis vorgeworfen kleinere Privatbetriebe aus dem Raum Düsseldorf zu bevorzugen.[1055]

Der Rückeis äußerte sich dazu in einem Schreiben vom 20. Februar 1920, worin alle Vorwürfe abgestritten wurden. Die Einspruchsrechte der MAS bei den Reparaturen wurden zurückgewiesen. Die Vergabepraxis wurde als effizient und für Bewerber jederzeit offen verteidigt. Die Angriffe der MAS fielen zusammen mit den Auseinandersetzungen zwischen MAS und RRLK. Damit waren die Vorwürfe der MAS sehr wahrscheinlich Teil einer größeren Kampagne zur Abgrenzung der eigenen Befugnisse von den anderen Reichsbehörden.[1056]

Die erwähnte Unterkommission für Transportwesen der Wako-Spa war die Keimzelle der Militärgeneraldirektion Düsseldorf und des späteren Kommissars zur Rückführung von Eisenbahnmaterial. Aus den Anfängen der Behörde ist kein Geschäftsverteilungsplan überliefert und es ist fraglich ob überhaupt einer existiert hat. Die Übergangsphase der Waffenstillstände war durch Improvisation und wahrscheinlich Selbstermächtigung geprägt, um auf die schnell ändernden Situationen flexibel reagieren zu können.

Bis zur Unterzeichnung des Friedensvertrages 1919 bestand das Leitungspersonal der Unterkommission aus folgenden Personen: Vorsitzender:

1053 Vgl. BArch R 3301–1703 Blatt 89–90.
1054 Vgl. BArch R 3301–2029 Blatt 26.
1055 Vgl. ebd. Blatt 21–25.
1056 Vgl. Abschnitt IV.1.

Major von Boetticher; stellvertretender Vorsitzender: Major Schütz; Kommissare: GOBR Lohse, GORR Dr. Stapff, GBR Heinrich, RR Dr. Wolff, RR/BR Hammer, RR Hollfelder, RegBauM Dr. Schwarze, Oberbahnverwalter Reffler, Referenten: RR/BR Falk, RR Dr. Witte, RegBauM Iltgen, RegBauM Ebeling, Hauptmann Völckers, Oberleutnant Hupfeld.[1057]

Auffällig ist, dass der Vorsitz ausschließlich bei zwei Militärs lag.[1058] Schon in der Frühphase der Unterkommission hatten nicht zivile Beamte die Kontrolle über die Unterkommission, sondern Offiziere der Militär-General-Direktion der Feldeisenbahnen.[1059] Die bis dahin nur als ausführende militärische Dienststelle tätige MGD der Eisenbahnen in Brüssel war aus der Linienkommandantur Brüssel hervorgegangen, die 1914 zusammen mit den Linienkommandanturen in Luxemburg und Lüttich eingerichtet worden war.[1060] Aufgrund ihrer Expertise waren die Mitarbeiter der MGD bald mitbestimmend in der Unterkommission, anstatt nur als ausführendes Organ zu fungieren.

Nach der Auflösung der Wako-Spa und der Etablierung der Wako-Düsseldorf ab dem 8. Juli 1919 wurden viele Mitarbeiter in die MGD Düsseldorf übernommen. Die leitende Mitarbeiterstruktur bestand zu diesem Zeitpunkt aus dem Vorsitzenden Major Schütz und Kommissar Dr. Witte. Sonstige leitende Mitglieder der MGD waren: RR Dr. Thayssen, RR/BR Chelius, RR/BR Iltgen, RR Nitschmann, RegBauM Capelle, RegBauM Rosenthal. Das übrige Personal bestand aus den Referenten Hauptmann Völckers und Oberleutnant Hupfeld. Der Verwaltungskörper bestand nur aus einem General-Büro und der Registratur. Diese Bereiche standen unter

---

1057 Vgl. Der Waffenstillstand, Bd. 3, S. 415–416. Zur Biografie von Paul Stapf siehe VI. Anhang.

1058 Zur Biografie von Friedrich von Boetticher siehe VI. Anhang.

1059 Zur Biografie von Friedrich Rudolf Lohse siehe VI. Anhang.

1060 RR Dr. Wolff, RR/BR Hammer und RegBauM Iltgen waren bereits 1914 dort tätig. Vgl. Reichsarchiv (Bearb.), Das deutsche Feldeisenbahnwesen, Die Eisenbahnen zu Kriegsbeginn, Bd. 1, 1928, Anlage 7, S. 223. Die Linienkommandanturen und die im Reich bereits vorhandenen Militär Eisenbahn Direktionen waren dem Stab des Chefs des Feldeisenbahnwesens im Großen Hauptquartier untergeordnet. Chef des Feldeisenbahnwesens war Oberstleutnant Groener. Vgl. ebd. S. 220.

der Leitung von Leutnant der Reserve Nitsch als Kommandanten und den Leutnants von Zander und Werkmeister.[1061]

Die Finanzierung wurde bis zum Übertritt der MGD zum RMfW von der Generalkriegskasse in Berlin getragen. Planungen das AA als Träger der MGD zu gewinnen, wurde aufgrund des neu gegründeten RMfW nicht verwirklicht.[1062] Die MGD blieb bis zum 15. November 1919 Teil der deutschen Wako-Düsseldorf.[1063] Am 5. Dezember 1919 wurde schließlich vom Reichsminister entschieden, die MGD zum 1. Januar 1920 vollständig als Dienststelle in das RMfW zu integrieren, nachdem in den Wochen zuvor nur eine provisorische Unterstellung unter das neue RMfW erfolgt war. Die MGD firmierte ab dem 10. Januar 1920, dem Inkrafttreten des Friedensvertrages, als „Kommissar zur Rückführung von Eisenbahnmaterial".[1064] Die neue Behörde stand unter der Leitung von Kommissar Schütz, der im Gegensatz zu von Boetticher nicht in die Reichswehr übernommen worden war, und dessen Stellvertreter RR/BR Chelius.

Der Sitz des Kommissars wurde von Düsseldorf nach Berlin-Zehlendorf verlegt, aber am 23. Mai 1920 nach Wiesbaden verlagert. Die Unterbringung der Rückeis in Berlin-Zehlendorf war mangels Räumlichkeiten katastrophal und Wiesbaden bot einen unmittelbaren Kontakt zu den alliierten Reparationskommissionen, die dort ihren Sitz hatten. Die Rückeis wickelte die Restaufgaben in den nächsten zwei Jahren weitgehend ab. Anfang März 1921 begann schrittweise der Abbau der Rückeis.[1065] Es verblieben nur noch wenige Aufgaben, wie beispielsweise die Erneuerung des serbischen Hofzuges.[1066] Am 6. Juli 1922 empfahl der Kommissar dem RMfW die baldige Auflösung seiner Dienststelle.[1067] Zunächst war eine Verschmelzung mit der RRLK zum 1. April 1923 angedacht. Diese Überlegung wurde aber im Zuge der geplanten Auflösung der RRLK zum 30. September 1923

1061 Vgl. Der Waffenstillstand, Bd. 3, S. 418–419.
1062 Vgl. BArch R 3301–2029 Blatt 4.
1063 Vgl. ebd. Blatt 1.
1064 Vgl. BArch R 3301–2029 Blatt 8.
1065 Vgl. BArch R 3301–2029 Blatt 15 und 90.
1066 Vgl. BArch R 3301–438.
1067 Vgl. BArch R 3301–2029 Blatt 105.

fallengelassen. Das Rückeis wurde schließlich zum 1. Juli 1923 aufgelöst und die verbliebenen Restaufgaben dem RVM übertragen.[1068]

IV.3 Die Deutsche Kohlenkommission in Essen

Die Deutsche Kohlenkommission in Essen wurde durch Verordnung am 14. Februar 1920 zur „Ausführung der Bestimmungen der Anlage V zu Teil VIII des Friedensvertrages über die Lieferung von Kohlen und Kohlennebenprodukten (Teer, Benzol und Ammoniak)" geschaffen.[1069] Die Auflösung erfolgte mit Verordnung vom 14. Oktober 1924.[1070] Zentrale Aufgabe der DKE war es, eine Koordination zwischen der deutschen Kohlenwirtschaft, den alliierten sowie deutschen Transportkapazitäten und die Repräsentanz der Reichsregierung in den Verhandlungen mit den Alliierten zu gewährleisten.

Bereits nach dem Waffenstillstand von Compiègne waren die Kohlegruben und die dort ansässige Schwerindustrie in Elsass-Lothringen dem deutschen Zugriff entzogen worden. Die spätere Abtretung des ehemaligen Reichslandes wurde, auch durch die wirtschaftliche Abschnürung vom restlichen Reichsgebiet, vorweggenommen. Für die enge Verflechtung der deutschen Industrie, insbesondere der westdeutschen Schwerindustrie, mit Elsass-Lothringen bedeutete dieser Schritt eine Zäsur.

Zur gleichen Zeit fiel wegen der nachlassenden Heeresnachfrage, der stark gesunkenen wirtschaftlichen Produktivität und dem Wegbrechen von Kohleabnehmern in den ehemals besetzten Gebieten, die deutsche Inlandsnachfrage erheblich ab. Das Deutsche Reich verfügte daher, trotz der im Vergleich zu Vorkriegszeit fast halbierten Kohleproduktion, in der Übergangsphase von der Kriegs- zur Friedenswirtschaft über Überkapazitäten an Kohlen. Ein Export war wegen der alliierten Blockade kaum möglich. Eine weitere Drosselung der Produktion war während der Demobilmachung politisch nicht praktikabel, um die drohende Massenarbeitslosigkeit nicht noch durch Entlassungen von Bergarbeitern zu verschärfen. Gerade in den Bergbaugebieten war die Gefahr von spontanen Erhebungen in der

1068 Vgl. ebd. Blatt 117–119.
1069 Vgl. RGBl. Jg. 1920, S. 235.
1070 Vgl. RGBl. Jg. 1924, Teil II, S. 385 und BArch R 3301–1a Blatt 159.

revolutionären Übergangsphase besonders hoch. Sowohl die Arbeitgeber als auch die Reichsleitung hatten daran kein Interesse.[1071]

Zur Erleichterung des links- bzw. rechtsrheinischen Verkehrs der besetzten Zonen wurde am 25. Dezember 1918 das Luxemburger Abkommen zwischen den Alliierten und Deutschland geschlossen.[1072] Darin bewilligte die deutsche Seite, unter der alliierten Androhung von militärischer Gewalt, monatliche Kohlelieferungen nach Elsass-Lothringen und Luxemburg als Kompensation für die bisherige deutsche Einfuhr.[1073] Als Gegenleistung sollte Frankreich an Deutschland Minette (Eisenerz), Braunkohlebriketts und „Saarkohlen" liefern.[1074] Die deutschen Lieferungen erreichten aber nie die Höhe der vereinbarten Mengen. Die französischen Lieferungen wurden hinsichtlich der Saarkohlen auch nur im geringen Maße vorgenommen. Das Luxemburger Abkommen war ein erster Hinweis auf die zukünftigen Entwicklungen aus hohen Forderungen Frankreichs und der Androhung von Gewalt und Sanktionen bei deutschen Fehlleistungen bei den Lieferungen. Insgesamt lieferte Deutschland im Rahmen des Luxemburger Abkommens ca. 1,5 Millionen t Kohle und Koks.[1075]

Im Versailler Vertrag hatte das Deutsche Reich in Anlage V zu Teil VIII (Wiedergutmachungen) der Lieferung von über 300 Millionen Tonnen Kohle innerhalb von ca. 10 Jahren zugestimmt.[1076] Ein Teil der Lieferungen erfolgte nach § 7 der Anlage V, bei einem Umrechnungsverhältnis von drei Tonnen Koks zu vier Tonnen Kohle, in Koks. Zusätzlich musste Deutschland für drei Jahre jährlich 35.000t Benzol, 50.000t Steinkohlenteer und 30.000t schwefelsaures Ammoniak an Frankreich liefern.[1077] An Stelle des Steinkohlenteers konnten nach Wahl der Empfängerstaaten auch andere Destillate treten.

Der deutschen Kohleproduktion wurden im Versailler Vertrag erhebliche Schäden zugefügt. Die Kohlegruben des Saargebiets wurden gemäß Artikel

---

1071 Vgl. Krüger, Reparationen, S. 63.
1072 Vgl. Grupp, S. 147.
1073 Vgl. Der Waffenstillstand, Bd. 2, S. 233–261.
1074 Als „Saarkohlen" wurde Kohle aus den Zechen im besetzten Saargebiet bezeichnet.
1075 Vgl. BArch R 3301–1703 Blatt 5–6.
1076 Vgl. Gesetz über den Friedensschluss vom 16. Juli 1919 (RGBl. S. 1035–1041).
1077 Vgl. § 8 der Anlage V zu Teil VIII FV (RGBl. Jg. 1919, S. 1039).

45 im Umfang der Gebietsbegrenzungen in Artikel 48 an Frankreich abgetreten. Die Braunkohleproduktion in Posen fiel mit anderen Gebieten an Polen (Artikel 27 und 87).

Im Versailler Schlussprotokoll vom 29. August 1919 wurde mit Deutschland eine monatliche Lieferung von 1,66 Millionen t Kohle ab September 1919 als Vorlieferung vereinbart. Frankreich verpflichtete sich im Gegenzug 100.000t Kohle monatlich aus den Saargruben nach Süddeutschland zu liefern. Grund für diesen Austausch von Kohle war der unterschiedliche Energiegehalt der geförderten Kohlesorten.

Die bis zum Inkrafttreten des Friedensvertrags andauernden Lieferungen beider Seiten blieben weit hinter den festgelegten Mengen zurück. Aus Frankreich flossen nur wenige Kohlelieferungen nach Süddeutschland. Auf deutscher Seite wurden Streiks, Unruhen, widrige Wetterbedingungen und ganz besonders der Mangel an Transportmitteln für die Verzögerungen verantwortlich gemacht. Die Abgabe der 150.000 Eisenbahnwaggons war ein gewichtiges deutsches Argument. Ein anderer Faktor bei den Kohlelieferungen war die offene Preisfrage. Ohne Klärung der Abnahmepreise der Kohle auf das Reparationskonto war die Motivation der deutschen Kohlenwirtschaft zu Lieferungen begrenzt. Höhere Gewinnerwartung waren sicher Teil dieser Entwicklung. Die Reichsregierung gewährte trotzdem nur Kompensationen in Höhe des Inlandspreises.

Das AA sich die schrittweise Wiederherstellung des deutschen Großmachtstatus insbesondere über die Lieferung von Kohle. Auf deutscher Seite waren sowohl die Diplomaten als auch die Reichsregierung überzeugt, dass die Kohlenlieferungen ein politisches und wirtschaftliches Werkzeug darstellten, mit dem die Siegermächte zu Konzessionen gezwungen werden konnten. Diese Strategie zielte insbesondere auf Frankreich, das wegen der zerstörten heimischen Kohleproduktion und dem Anschluss der Schwerindustrie in Elsass-Lothringen dringend auf deutsche Lieferungen angewiesen war.

Auf die französische Nachfrage nach deutschen Kohlelieferungen, vor dem eigentlichen Beginn der deutschen Kohlelieferungen ab April 1920, reagierte die deutsche Seite sofort. In zähen und spannungsreichen Verhandlungen wurde am 29. August 1919 das erwähnte Protokoll zur Anlage V zu Artikel 236 vereinbart, das eine Lieferung von bis zu 20 Millionen t Kohle verschiedener Sorten bis zum Beginn der eigentlichen Reparationslieferungen im April 1920 festlegte.[1078] Die Lieferungen bis Ende März 1920 wurden auf das deutsche Liefersoll der eigentlichen Kohlereparationen angerechnet. Diese Regelung milderte die folgenden deutschen Defizite in den Kohlelieferungen ab.

Von September 1919 bis März 1920 lieferte Deutschland aber nur 3,95 Millionen t Kohle.[1079] Hintergrund dieser eher geringen Liefermengen waren die dem Abkommen gegenteiligen Interessen des Rheinisch-Westfälischen Kohlesyndikats, das mit möglichst niedrigen Lieferungen Frankreich zu Konzessionen zwingen wollte.[1080] Letztendlich waren es dann auch die Kohleproduzenten, die über die monatliche Höhe der deutschen Lieferungen entschieden und in allen Verhandlungen in der Kohlenfrage zu berücksichtigen waren. Als mächtigstem Zusammenschluss, aber auch wegen der geografischen Nähe zu Frankreich, kam dem Rheinisch-Westfälischen Kohlesyndikat eine Schlüsselrolle zu.

Zum Spannungsfeld zwischen AA und dem Kohlensyndikat musste noch das RWM hinzugezogen werden, das über den Reichskohlenkommissar direkt in alle Entscheidungen zu involvieren war. In diese komplizierte Verflechtung widerstreitender Interessenlagen wurde die Deutsche Kohlenkommission in Essen eingebunden. Bereits in der Entstehung der DKE hatte das RWM versucht, seinen Einfluss auf die neue Behörde festzuschreiben. Auf der Seite des RWM wurden erhebliche Schädigungen der deutschen Kohlenwirtschaft befürchtet.[1081] Letztendlich konnten die allzu weit gefassten Einspruchsrechte des RWM nicht durchgesetzt werden.[1082]

1078 Vgl. Grupp, S. 148–149 und ADAP, Serie A, Bd. 2, Dok. Nr. 161, S. 281–285.

1079 Monatliche Leistungen: September 1919: 423.500t, Oktober 1919 586.600t, November 1919 612.900t, Dezember 1919 665.400t, Januar 1920 420.100t, Februar 1920 673.000t, März 1920 567.700t. Vgl. BArch R 3301–1703 Blatt 7. Mit Beginn der eigentlichen Reparationslieferungen im April 1920 zogen die Lieferungen auf 795.100t an. Vgl. BArch R 3301–1703 Blatt 284.

1080 Vgl. Grupp, S. 151 und ADAP, Serie A, Bd. 2, Dok. Nr. 170, S. 301–304. Das Kohlesyndikat vereinte ca. 97% der gesamten Kohleproduktion des Ruhrbergbaus. Vgl. Gerhard Gerhardt (Bearb.), Ruhrbergbau. Geschichte, Aufbau und Verflechtung seiner Gesellschaften und Organisationen, Essen 1957, S. 39.

1081 Vgl. BArch R 3301–2038 Blatt 40 und 42–48.

1082 Die Überlieferung zur DKE in den Beständen des RWM ist schlecht. Die verfügbaren Quellen konzentrieren sich auf die Bestände des Reichskohlenkommissars

Zur Überwachung der deutschen Kohleproduktion wurden nach dem Friedensschluss alliierte Kommissionen ins Reichsgebiet entsandt. Die zentrale alliierte Kohlekommission, bei der die Koordinierung aller anderen auf Reichsgebiet tätigen Kohlekommissionen der Siegerstaaten zusammenlief, war die „Commission des charbons d'Essen".[1083] Die Kommission setzte sich aus je einem Vertreter Belgiens, Frankreichs, Großbritanniens, Italiens und der Vereinigten Staaten zusammen. Ihre Funktion war die einer Überwachungsstelle der deutschen Lieferbemühungen für Kohlen und Kohlennebenprodukte. Die Kommission konnte selbst keine Sanktionen verhängen, arbeitete aber eng mit dem Wiedergutmachungsausschuss zusammen. Zur Einrichtung der Commission des charbons d'Essen fand am 16. Oktober 1919 eine Zusammenkunft in Paris statt. Dort wurde ihre Gründung als Unter-Kommission der RepKo beschlossen.[1084] Die deutsche Regierung reagierte im Oktober 1919 mit der Etablierung der Deutschen Kohlenkommission in Form eines Verbindungsbüros in Essen. Die Quellen legen zudem nahe, dass die DKE auch zur Überwachung der alliierten Kohlekommissionen diente.[1085]

Eine erste Vorbesprechung zwischen beiden Kommissionen fand am 10. November 1919 in Essen statt.[1086] Der Vertreter des AA GLR Schmitt provozierte gleich zu Beginn die französische Delegation mit dem Hinweis,

---

und dem Reichskommissar für Kohlenverteilung. Vgl. BArch R 3901–346 bis 351.

1083 Die französischen Ausführungsbestimmungen zur Gründung der Commission des charbons d'Essen sind erhalten in: BArch R 3301–737 Blatt 9–10.

1084 Vgl. Documents on British Foreign Policy 1919–1939, 1. Serie, Bd. 5, Dok. Nr. 186, S. 676–678.

1085 Vgl. BArch R 3301–910 o. Z. DKE an Reichskommissar für Kohlenverteilung vom 6. Januar 1922. Darin berichtet die DKE über eine neue französische Stelle (contrôle de réception des charbons allemands, bureau technique de Trèves) in Trier und eine weitere französische Kommission (mission français de réception des charbons allemands), die beide nicht dem Wiedergutmachungsausschuss unterstanden.

1086 Bereits anlässlich dieses Treffens kam es zu erheblichen Differenzen zwischen den dt. Vertretern, darunter auch Geßler, und der französischen Seite über die Beteiligung der französischen Transportfirma „Worms". Diese sollte 50% aller Transporte übernehmen, was von dt. Seite abgelehnt wurde. Vgl. BArch R 3301–737 Blatt 4–6 und 13–17.

dass Deutschland nur freiwillige Kohlenlieferungen leisten würde, weil der Versailler Vertrag zu diesem Zeitpunkt noch nicht in Kraft getreten war. Mit Verweis auf das Protokoll vom 29. August 1919 verwies die französische Delegation auf die deutsche Verpflichtung auf Vorlieferungen. Woraufhin Schmitt anmerkte, dass im Abkommen keine konkreten Zahlen genannt wurden. Die erste Sitzung zwischen deutschen und alliierten Vertretern fand am 11. November 1919 statt. Danach wurden die Besprechungen in einem drei- bis viertägigen Intervall fortgesetzt.[1087]

Die eigentliche DKE nahm erst am 14. Februar 1920 offiziell ihre Tätigkeit auf.[1088] Ihr Vorsitzender war zunächst OBergR Max Schulz-Briesen, der am 1. Februar 1921 von Generaldirektor Karl Hilgenstock abgelöst wurde.[1089] Letzter Vorsitzender der DKE war der spätere Reichsbahndirektionspräsident Valentin Koch, der das Amt zu einem unbestimmten Zeitpunkt 1921 oder 1922 übernommen haben muss.[1090] Die Ausführungsbestimmungen des Reichsministers für Wiederaufbau vom 31. Mai 1920 definierten das Arbeitsgebiet der DKE wie folgt:[1091]

„§ 1. Der Deutschen Kohlenkommission in Essen obliegt die Ausführung der Bestimmungen der Anlage V zu Teil VIII des Friedensvertrags über die Lieferungen von Kohlen und Kohlennebenprodukten (Teer, Benzol und Ammoniak). Dazu gehören insbesondere: 1) Die Führung der Verhandlungen mit dem vom Wiedergutmachungsauschuss in Essen eingerichteten Kohlenbüro (bureau du charbons d'Essen); 2) Die Beschaffung der zu liefernden Kohlen und deren Nebenprodukte, soweit sie von den für ihre Bewirtschaftung zuständigen Stellen verfügbar gemacht sind, für Rechnung des Reichs und ihre Beförderung zu den Abnahmeorten; 3) Die Überwachung der Ablieferungen und der Abnahme durch die zuständigen Organe der Empfängerstaaten."[1092]

1087 Vgl. BArch R 3301–737 Blatt 18–22.

1088 Vgl. VO vom 14. Februar 1920 (RGBl. S. 235). Die DKE des RMfW ist nicht zu verwechseln mit dem Reichskommissar zur Kohlenverteilung, Reichskohlenverband oder dem Reichskohlenrat des RWM.

1089 Zu den Biografien von Karl Hilgenstock und Maximilian Schulz-Briesen siehe VI. Anhang.

1090 Zur Biografie von Valentin Koch siehe VI. Anhang.

1091 Vgl. BArch R 3301–2038 Blatt 13–14.

1092 Vgl. BArch R 3301–2038 Blatt 13.

Zur Wahrnehmung des Arbeitsgebietes waren ständige Verhandlungen mit der alliierten Unterkommission notwendig. Das Mandat hierfür wurde vom Reichsminister für Wiederaufbau wie folgt eingegrenzt:

> *„§ 2. Die Vertretungsmacht der Kommission gegenüber dem Kohlenbüro in Essen bestimmt sich nach der der Kommission für die Zwecke erteilten Vollmacht. Die Verhandlungen über grundsätzliche Fragen, insbesondere Mengen, Preise und Fristen bleiben der deutschen Kriegslastenkommission in Paris vorbehalten, soweit sie nicht im Einzelfall der Kommission übertragen werden. Die allgemeinen und besonderen Anweisungen für die Verhandlungen erhält die Kommission ausschließlich von dem Reichsminister für Wiederaufbau. An diese Anweisungen ist sie gebunden. Vor der Abgabe von Erklärungen von erheblicher oder grundsätzlicher Bedeutung ist, wenn nicht besondere Gründe entgegenstehen, die Entscheidung des Reichsministers für Wiederaufbau einzuholen. Zur Erteilung von Auskünften an die gegnerische Unterkommission ist die Kommission im Rahmen der dafür ergehenden besonderen Anweisungen berechtigt.“*[1093]

Das Verhandlungsmandat der DKE, insbesondere des Vorsitzenden, war demnach eng begrenzt. Wichtige Entscheidungen konnten nur im Ausnahmefall eigenständig getroffen werden. Die deutsche Kriegslastenkommission in Paris und insbesondere der Reichsminister für Wiederaufbau behielten die Oberhoheit in allen wichtigen Sachfragen. Dieses enge Mandat erklärt sich aus der besonderen Situation.

Die Kohleversorgung war sowohl für das Deutsche Reich als auch für Frankreich von entscheidender Bedeutung. Die Reichsregierung musste hier die Kontrolle behalten und durfte keine Alleingänge erlauben, die im Eifer des Augenblicks mittel- und langfristig die Kohleversorgung des Deutschen Reiches über die vermuteten Kapazitäten hinaus beeinträchtigen könnten. Hier spielte auch das RWM eine wichtige Rolle, das organisch für die Kohleförderung und -versorgung des Reiches zuständig war. Das RMfW musste die von den Alliierten gewünschte Kohle über das RWM anfordern.[1094] Der Reichswirtschaftsminister versuchte immer ein Mitspracherecht bei allen die Kohleversorgung betreffenden Fragen zu behalten.

1093 Vgl. BArch R 3301–2038 Blatt 58.

1094 Vgl. PA AA R 22710 o. Z. Besprechung im AA vom 21. Juli 1920.

Auch die Ausführungsbestimmungen waren „im Benehmen mit dem Herrn Reichswirtschaftsminister" formuliert worden.[1095]

„§ 3. Die Kommission vertritt den Reichsfiskus gegenüber den Lieferanten der Kohlen und Kohlennebenprodukten und gegenüber den Transportanstalten. Sie schließt vorbehaltlich der Genehmigung des Reichsministers für Wiederaufbau die Lieferungs- und Beförderungsverträge ab und hat im Rahmen ihrer Aufgabe die Rechte einer Anforderungsbehörde gemäß Abschnitt II des Ausführungsgesetzes des Friedensvertrags vom 31. August 1919 (Reichsgesetzblatt S. 1530). Als Anforderungsbehörde kann sie auch das in § 10 des genannten Gesetzes geordnete Recht auf Auskunft ausüben. Die Kommission hat die Lieferungen in technischer und rechtlicher Beziehung zu prüfen und sie mit einem entsprechenden Prüfungsvermerk unter Beifügung der zur kaufmännischen Prüfung etwa notwendigen Erläuterungen an die Friedensvertrag-Abrechnungsstelle, GmbH, Berlin N.W. 7, Am Weidendamm 1a einzusenden. Ein dauerndes enges Zusammenarbeiten mit der Friedensvertrag-Abrechnungsstelle ist sicherzustellen."[1096]

Als Vertreterin des Reichsfiskus hatte die DKE hoheitliche Rechte. Damit verbunden war die Wahrung einer möglichst vorteilhaften Verhandlungsposition gegenüber den mit Produktion und Transport beauftragten Unternehmen. Die Kosten durften, im Gegensatz zu den Preisen der Rüstungsindustrie während des Krieges, nicht zu hoch ausfallen. Daher waren die günstigsten Angebote vorzuziehen. Wie auch bei den übrigen Sachlieferungen war die Qualität der verschiedenen Kohlesorten von großer Bedeutung. Das billigste Angebot beinhaltete häufig auch schlechtere Kohlen. Mangelhafte Lieferungen wurden von den Empfängern häufig zurückgewiesen. Geschahen die Zurückweisungen zu häufig, waren politische Verstimmungen die Folge.

Für den Vorsitzenden der DKE ergaben die engen Vorgaben in den Verhandlungen auf der einen Seite und sein hoheitliches Mandat auf der anderen Seite erhebliche Probleme:

„§ 4. Die Führung der Geschäfte der Kommission liegt in der Hand des Vorsitzenden oder seines ständigen Vertreters. Der Vorsitzende allein vertritt die Kommission nach außen und führt den Vorsitz in den Sitzungen. Bei der Ausführung der

1095 Vgl. BArch R 3301–2038 Blatt 13. Vgl. dazu auch ARWR, Kab. Bauer, Bd. 1, Dok. Nr. 165, S. 593–594.

1096 Vgl. BArch R 3301–2038 Blatt 58 und DRA Nr. 230 vom 11. Oktober 1920. Mit der „Friedensvertrag-Abrechnungsstelle" war sehr wahrscheinlich die FAST gemeint.

der Kommission übertragenen Aufgaben entscheidet der Vorsitzende selbstständig im Rahmen der vom Reichsminister für Wiederaufbau aufzustellenden Grundsätze und Richtlinien. Den von anderen Reichsministerien bestellten Beisitzern ist vor Entscheidungen, die ihr Ressort interessieren, Gelegenheit zur Äußerung zu geben. Besteht zwischen dem Vorsitzenden und einem Beisitzer Meinungsverschiedenheit über eine zu treffende Entscheidung, so hat der Vorsitzende dem Reichsminister für Wiederaufbau zu berichten, es sei denn, dass die Entscheidung keine Aufschub duldet."[1097]

Demnach war der Vorsitzende in seinen Entscheidungen eingerahmt von Beisitzern der übrigen Reichsministerien, die praktisch bei jeder Entscheidung tangiert wurden und daher zu konsultieren waren.[1098] Daraus ergibt sich für den Vorsitzenden das Bild einer Marionette an den vielen Fäden der verschiedenen Reichsministerien. Bei einem Thema wie der Kohleversorgung und den Reparationen war jedes Reichsministerium versucht an seinem Faden zu ziehen, um notfalls eigene Interessen gegenüber den anderen durchzusetzen.

Die schwierige Position des Vorsitzenden könnte ein Grund für die fast jährlichen Wechsel an der Spitze der DKE sein. Eine andere Erklärung lag möglicherweise in der Spezialisierung der Amtsträger. Schulz-Briesen war Experte für Bergbau und -recht. Seine Erfahrung war möglicherweise in der Anfangsphase der DKE gefragt, um die Strukturen der Beschaffungswege der Kohle und den Transport derselben zu etablieren. In den Verhandlungen mit der Commission des charbons d'Essen war Schulz-Briesen besser in der Lage, auf kritische Situationen mit Fachwissen zu reagieren.

Karl Hilgenstock hingegen war ein erfahrener Geschäftsmann im Bereich der Kohlennebenprodukte. Die Übernahme des Vorsitzes könnte auf eine angestrebte Verbesserung der Reparationsleistungen in diesem Bereich und eine Stärkung der Position des Reiches in den Verhandlungen, gerade gegenüber dem Rheinisch-Westfälischen Kohlesyndikat, hindeuten.

1097 Vgl. BArch R 3301–2038 Blatt 14.

1098 In den Akten ist nur der Fall „Bodenstein" überliefert. RR Dr. Bodenstein war Beisitzer für das RArbM für Bergarbeiterfragen. Das RMfW konnte hier durchsetzen, dass ein Beisitzer für dieses Thema nicht notwendig war. Das RArbM zog daher die Kandidatur zurück, aber beharrte darauf bei allen Arbeitnehmerfragen gehört zu werden. Vgl. R 3301–2038 Blatt 36–37 und 49.

In Folge des Verlustes von Oberschlesien brachen die seit dem Versailler Vertrag etablierten Transport- und Verteilungssysteme für deutschen Kohle zusammen. In dieser Situation war ein Experte für Transportfragen wie Valentin Koch von der Reichsbahn der passende Vorsitzende für die Reorganisation der Lieferungen und eine glaubhafte Vertretung der deutschen Interessen. Denn die einbrechenden Reparationslieferungen von Kohle waren kurzfristig dramatisch.[1099]

Die Beisitzer gaben nicht zu Letzt wertvolle Unterstützung in den Gesprächen und Verhandlungen mit den Alliierten. Das RMfW lieferte aktuelle Informationen und Statistiken über den Stand der Reparationen. Streikgefahren für die Kohlenlieferungen relevanter Berufsgruppen benannte das RIM. Daten über die Ernährungslage der Bergarbeiter erhoben die Reichsministerien für Arbeit bzw. Ernährung und Landwirtschaft.

Über die Verhandlungen der DKE mit dem Rheinisch-Westfälischen Kohlesyndikat konnten keine Informationen in den Akten gewonnen werden. Aufschlussreiche Quellen bieten dagegen die Sitzungsprotokolle zwischen den Vertretern der Siegermächte und den deutschen Delegierten zur Besprechung der deutschen Kohlelieferungen.[1100] Die wöchentlichen Sitzungen bei der alliierten Kohlekommission in Essen begannen am 10. November 1919 und endeten zunächst am 4. Januar 1923. Als Reaktion auf die Besetzung des Ruhrgebietes wurden die Besprechungen von deutscher Seite abgebrochen, nach der Einstellung des passiven Widerstandes aber wieder aufgenommen. Die Sitzungen folgten in der Regel einem festen Intervall, fanden aber zumindest einmal wöchentlich statt.

Zu Beginn der Sitzungen im Jahr 1919 nahmen Vertreter Belgiens, Deutschlands, Frankreichs, Großbritanniens, Italiens und der USA teil. Davon war der Vertreter Italiens nur bei Themen die seine Nation betrafen anwesend. Ein Delegierter der Siegermächte führte in den Besprechungen den Vorsitz. Fiel diese Position an den belgischen oder französischen Vertreter, entfiel eine Moderation durch den Vorsitzenden weitgehend und machte einer aggressiven Anklage der deutschen Delegation Platz. Wenn dagegen eine andere Siegernation den Vorsitz inne hatte, wurde eine Mäßigung durch eine Moderation des Leiters versucht. Dabei war die alliierte und deutsche

---

1099 Vgl. dazu R 3301–743 o. Z. Sitzungsberichte mit den entsprechenden Angaben.
1100 Vgl. BArch R 3301–737 bis 745.

Besetzung der Delegationen nicht festgelegt und variierte nach Gesprächsthemen bzw. zu erwartenden kritischen Anklagen oder Rückfragen der Alliierten. Einzig der Vorsitzende der DKE war in der Regel bei allen Besprechungen zugegen.

Zwischen dem Anfang der Besprechungen im November 1919 und dem Beginn der eigentlichen Kohlenreparationen lieferte Deutschland Kohlen im Voraus als Anrechnung auf die eigentlichen Reparationslieferungen. In dieser Phase konnten die Alliierten die deutschen Produktions- und Transportkapazitäten einschätzen und für die nächste Phase der Vertragslieferungen Druck für Verbesserungen aufbauen. Gleichzeitig wurde die deutsche Energieversorgung in der frühen Wiederaufbauphase beeinträchtigt, was insbesondere in Süddeutschland zu Engpässen führte.

Auf deutscher Seite bot sich die Gelegenheit auszutesten, inwieweit die beiden Verhandlungsblöcke Belgien und Frankreich sowie Großbritannien und die USA in der Kohlenfrage zu spalten waren. Dieser Ansatz erlitt mit dem Rückzug der USA aus den Besprechungen einen erheblichen Rückschlag. Nun stand Großbritannien als eher moderierendes Mitglied gegen die Vertreter Belgiens und Frankreichs.

Angesichts der in der Regel zu niedrigen deutschen Kohlelieferungen blieb die deutsche Delegation in der Defensive. Die Protokolle vermitteln den Eindruck, dass die verbale Standfestigkeit der deutschen Delegierten besonders ausgeprägt war, um den Attacken der französischen Vertreter Widerstand entgegen zu setzen.[1101] Mittels Klagen über die Zustände in Deutschland, insbesondere wurden die zahlreichen Streikbewegungen, Unruhen und die schlechte Witterung angeführt, sollte den Alliierten die schwierige deutsche Situation näher gebracht werden.[1102]

1101 Vgl. beispielsweise die Sitzung vom 9. Dezember 1919 in: BArch R 3301–737 Blatt 280–285. In dieser Sitzung forderten die Alliierten eine detaillierte Produktübersicht für Ruhrkohlen hinsichtlich deren aktueller Beschaffenheit und Preisen. Auch genaue Angaben für die Verladezeiten auf dem Oberrhein wurden angefordert.

1102 Besonders auffällig waren die zahlreichen Arbeitskämpfe und Streiks in Deutschland in den Jahren 1919–1920. 13.770 Arbeitskämpfe, 5.310 politische Streiks und 7.375 wirtschaftliche Streiks erschütterten die Weimarer Republik in den ersten beiden Friedensjahren. Das entsprach einem Verlust von fast 200 Millionen Arbeitstagen. Vgl. Petra Weber, Gescheiterte

Eindringlich wurde der Kapp-Putsch im März 1920 und die daraus resultierenden Aufstände und Unruhen den Alliierten als Ursache der mangelhaften deutschen Kohlelieferungen präsentiert. Die, durch den Generalstreik und die anschließenden Unruhen im Reich, ausgelösten Störungen in der Kohleproduktion und den Transitwegen verursachten erhebliche Verwerfungen.

Dabei ist zu beachten, dass neben den Schienenwegen die Binnengewässer von großer Bedeutung für den Transport der Kohlen waren. Der Rhein bildete das zentrale Glied der Binnenverschiffung der Kohle. Als einziger deutscher Fluss durchbricht der Rhein die deutschen Mittelgebirge. Über den Rhein-Herne Kanal bzw. Dortmund-Ems Kanal war der Rhein zu Beginn der Zwanzigerjahre die „Schlagader des Nord-Süd Verkehrs für das Massengut Kohle“[...]

> *„Durch seine in die Hauptabsatzgebiete der Kohle eindringenden Seitenwasserstraßen und durch die Tatsache, dass die in Richtung der Rheinachse liegenden Vorlieger (Niederlande, Belgien, Großbritannien, Schweiz, Norditalien)* [...] *der Rhein zur Wasserstraße mit dem höchsten „Raumlagewert“ in Europa“* wurde.[1103]

Störungen auf dem Rhein, beispielsweise durch zu hohe oder niedrige Pegelstände, konnten den Transport erheblich beeinträchtigen. Verlagerungen auf die Eisenbahn waren ebenso störanfällig und das deutsche Eisenbahnnetz war nach dem Ersten Weltkrieg durch den mangelhaften Fuhrpark sehr anfällig.[1104]

Sozialpartnerschaft-Gefährdete Republik? Industrielle Beziehungen, Arbeitskämpfe und der Sozialstaat Deutschland und Frankreich im Vergleich (1918–1933/39), München 2010, S. 311–312. Nicht eingerechnet sind die zahllosen Unruhen dieser Zeit. Zwar fanden nicht alle Arbeitskämpfe bzw. Streiks in der Kohlenwirtschaft statt, doch konnten sie sich auch indirekt auf die Produktion, z. B. durch Streiks im Transportsektor, auswirken. Vgl. dazu auch: Rudolf Tschirbs, Tarifpolitik im Ruhrbergbau 1918–1933, in: Veröffentlichungen der Historischen Kommission zu Berlin, Bd. 64, Berlin 1986, S. 100–101 und 104.

1103 Vgl.: Friedrich-Carl, Schultze-Rhonhof, Verkehrsströme der Kohle im Raum der Bundesrepublik Deutschland zwischen 1913 und 1957. Eine wirtschaftsgeographische Untersuchung, Bundesanstalt für Landeskunde und Raumforschung, Bad Godesberg, 1964, S. 37.

1104 Die schwierige Situation der deutschen Eisenbahnen lässt sich auch anhand der Wagengestellung ablesen. Für den Transport von Steinkohle fehlten im Januar

Nach dem Inkrafttreten des Versailler Vertrag begannen die eigentlichen Reparationslieferungen ab dem 10. April 1920. Die Frist für die Lieferung der gewünschten Kohle betrug 90 Tage nach der Anforderung durch die alliierten Empfängerstaaten. Diese Zeitspanne wurde vom Wiedergutmachungsausschuss gemäß dem Versailler Vertrag bestimmt.[1105]

Die deutschen Lieferungen blieben im Jahr 1920 immer unterhalb der Anforderungen, weshalb die Alliierten ein neues Rapportsystem für die deutschen Regierungsvertreter festgelegten. Zu Beginn jeder Sitzung wurde die Liefermenge deutscher Kohlen der vergangenen Woche festgestellt und von der deutschen Seite Aufklärung über die Schwankungen verlangt. Die häufigsten deutschen Argumente waren Streiks im Bergbau oder bei der Eisenbahn, unpassende Pegelstände des Rheins, Unruhen oder Unfälle, sowie die allgemein schlechte Ernährungssituation der Bergleute.[1106] Echte und vermutete Sabotage wurde ebenso angeführt und waren zu Beginn der Lieferungen immer wieder Gegenstand der Sitzungen. Einige Kohlelieferungen waren von Unbekannten mit Sprengsätzen präpariert worden, die zu Explosionen mit Schwerverletzten führten.[1107]

Besonders mysteriös empfanden die Alliierten den Einbruch der deutschen Kohleförderung zu Beginn jedes Monats und vermuteten hier deutsche Sabotage der Zahlen. Die deutsche Erklärung war dann doch einleuchtend:

1922 16,28%, im Februar 11,67% und im März 11,39% der angeforderten Transportwaggons. Ähnlich war die Situation bei der Braunkohle mit 10,76% fehlenden Waggons im Januar 1922, 14,91 % im Februar und 12,10% im März 1922. Vgl. Deutsches Reich (Hrsg.), Bericht des Reichskohlenrates über die Kohlenwirtschaft im Jahre 1922, S. 10–11. Auch Zugunglücke und andere Betriebsstörungen konnten die Transporte erheblich verzögern. Beispielsweise kam es am 6. Januar 1922 zu einem schweren Unglück im Bereich des Trierer Ortsteils Ehrang. Der blockierte Eisenbahnknotenpunkt beeinträchtigte in der Folgezeit erheblich den Schienenverkehr und könnte mit ursächlich für den drastischen Einbruch der deutschen Kohlelieferungen zu Beginn des Jahres 1922 sein.

1105 Vgl. Versailler Vertrag § 10 Anlage V, RGBl. Jg. 1919, S. 1041.

1106 Außenminister Simons äußerte sich auf der Konferenz von Spa am 13. Juli 1920 entsprechend. Dort beklagte er die Mangelernährung der Bergleute und die Unruhen in Oberschlesien als wesentliche Beeinträchtigung der deutschen Kohlelieferungen. Vgl. ADAP, Serie A, Bd. 3, Dok. Nr. 200, S. 413 und Nr. 202, S. 417–418.

1107 Vgl. Sitzung vom 9. September 1920 in BArch R 3301–739 Blatt 120–121.

Zum Ende jedes Monats wurde für Mehrleistungen der Bergleute ein Bonus ausgezahlt, weshalb die Arbeiter sich mehr anstrengten und danach erschöpft waren. Zudem wechselten zum Ersten jeden Monats die Schichten der Abbaugruppen, die zunächst die Arbeit ihrer Vorgänger untertage kontrollierten.[1108] Allerdings konnten nicht alle offenen Fragen von deutscher Seite aufgeklärt werden. Von den Alliierten immer wieder bemängelt wurden die mangelhaften deutschen Lieferungen von Koks, für die keine stichhaltigen deutschen Erklärungen angeboten wurden.

Angesichts der deutschen Verhandlungstaktik, ständig alte und neue Schwierigkeiten als Ausreden für Fehlleistungen vorzubringen, passten die Alliierten ihre Vorgehensweise an. Nach den Sitzungen wurden der DKE Arbeitsaufträge bis zur nächsten Sitzung gestellt, die dem Zweck dienten, die von deutscher Seite vorgebrachten Probleme zu beseitigen. Das Programm für die 23. Sitzung vom 18. Februar 1920 sollte demnach beinhalten:

> *„I. Prüfung der Gesamtlage: a) Anfrage an den Vertreter der deutschen Regierung über das Verteilungsprogramm der Bestellungen bei den Zechen für alle Ententelieferungen. b) Brennstofflieferungen. c) Von der Zeche Rheinpreußen auszuführende Lieferungen. d) Förderungszahl für den Monat Januar. e) Braunkohlenlieferungen. II. Eisenbahntransporte aus dem Ruhrgebiet nach Mannheim und Ludwigshafen* […]. *III. Antwort des Vertreters der deutschen Regierung bezüglich der Erklärung, welche die C.I.C.E. betreffend der Transporte der Firma Worms gemacht hat* […]. *IV. Kohlenpreise für Mannheim* […]. *V. Kohlenlieferungen für den Transport von 100.000 polnischen Arbeitern nach Frankreich* […]. *VI. Förderung einer monatlichen Lieferung von 5–10.000 t Koksstaub.*“[1109]

Auf der folgenden Sitzung referierten die deutschen Delegierten dann zu diesen Themen. Der alliierte Druck zeigte insofern zunehmende Wirkung,

---

1108 Vgl. ebd. Allerdings konnten nicht alle Probleme von deutscher Seite erklärt werden. Die mangelhaften deutschen Koks-Lieferungen blieben ungelöst. Wegen der gravierenden Knappheit an Energieträgern stiegen die Inlandspreise massiv an. Das führte zu erhöhten Importen von Kohlen und Koks durch die verarbeitende Industrie, die aus Furcht vor Engpässen größere Mengen Koks hortete. Diese Hortung blieb den Alliierten wiederum nicht verborgen, die die deutsche Regierung der Sabotage der Kokslieferungen anklagte. Vgl. Gerald Feldman/Heidrun Homberg, Industrie und Inflation. Studien und Dokumente zur Politik der deutschen Unternehmer 1916–1923, in: Historische Perspektiven, Bd. 5, Hamburg 1977, S. 118.

1109 Vgl. BArch R 3301–738 Blatt 74.

als dass von deutscher Seite nun auch konkrete Zahlen und Statistiken zur deutschen Ausfuhr und Verbrauch von Kohle vorgelegt wurden.[1110] Zur Überwindung der deutschen Transportschwierigkeiten versuchten die Alliierten immer wieder dirigistisch über die DKE auf die deutschen Eisenbahnfahrpläne einzuwirken.

Allerdings waren nicht alle alliierten Maßnahmen der Steigerung der deutschen Kohlelieferungen dienlich. Die Errichtung der Zollgrenze im Rahmen der Auseinandersetzungen über den Londoner Zahlungsplan im Mai 1921 führte zu erheblichen Beeinträchtigungen im Bahnverkehr. Vor den Abfertigungsstationen für Kohletransporte stauten sich zur Abfertigung die Züge und sorgten aus deutscher Sicht noch monatelang für Probleme. Auch bot sich den deutschen Delegierten die einzigartige Gelegenheit der französischen Seite die Sabotage der deutschen Lieferungen vorzuwerfen.[1111]

Auf den massiven Einbruch der deutschen Kohlenlieferungen 1922 reagierten die Alliierten mit einer rigiden Kontrolle der deutschen Lieferungen. Dazu wurden die Umschlagsziffern der Verladestationen für Reparationskohlen in Essen, Aachen und Köln protokolliert.[1112] Bei Fehlleistungen verlangten die Alliierten nun eine Benennung der Verantwortlichen. Auch der Beginn der Hyperinflation wirkte sich durch vermehrte Streiks durch „kommunistische Rührereien und Mangel an Geld für Gehaltszahlungen" negativ aus.[1113]

In der letzten Sitzung vor der Besetzung des Ruhrgebietes 1923 ersuchte die deutsche Delegation über die DKE um eine Senkung der deutschen Kohlelieferungen von monatlich 1,9 auf 1,6 Millionen Tonnen. Ein solcher Schritt, abseits der üblichen diplomatischen Kanäle, war ungewöhnlich. Der deutsche Vorstoß wurde dann auch von den alliierten Vertretern, unter Verweis auf einen entsprechenden Beschluss der Reparationskommission,

---

1110 Vgl. ebd. Blatt 79–82.

1111 Vgl. Sitzung vom 21. April 1921 in: BArch R 3301–742 Blatt 65–66.

1112 Beispiel: Vom 27.-31. August 1922 wurden an den Verladestationen täglich Kohle und Koks für die Reparation transportiert (Angaben in tausend Tonnen): Essen: 104,3 (Durschnitt: 27,1; festgelegtes Soll: 26,4; Differenz: +0,7); Aachen: 1,3 (Durchschnitt 0,3; festgelegtes Soll 0,5; Differenz: -0,2); Köln: 13,8 (Durchschnitt: 3,5; festgelegtes Soll: 1,1; Differenz: +2,4). Vgl. Sitzung vom 6. September 1922 in BArch R 3301–744 Blatt 194–196.

1113 Vgl. ebd.

abgewiesen.[1114] Hinweise auf den bevorstehenden Einmarsch ins Ruhrgebiet wurden im Protokoll der letzten Sitzung nicht festgehalten.

Die mangelhaften deutschen Kohlelieferungen waren ein Teil der französischen Begründung während und nach der Besetzung des Ruhrgebiets durch belgische und französische Streitkräfte ab Januar 1923. Die deutschen Lieferungen waren über einen Zeitraum von mehr als drei Jahren erheblichen Schwankungen unterworfen, die nicht allein Ausdruck mangelnder deutscher Lieferbereitschaft waren. Häufig beeinträchtigten nicht vorsehbare Ereignisse die Kohlelieferungen.

Im Winter 1919/20 brach der deutsche Transportsektor fast zusammen. Allgemeiner Mangel an Kohle beeinträchtigte den Zugverkehr erheblich. Flussläufe froren bei strengem Frost zu und das Tauwetter verursachte im Frühjahr Überflutungen. Durch die Abgabe der Binnen- und Seeschiffe war deutscher Schiffsraum sehr knapp.[1115] Ausgehend von den niedrigen Lieferungen bis April 1920 wurde, insbesondere nach der Konferenz von Spa, eine deutliche Verbesserung der Lieferungen erreicht. In den Monaten August bis Oktober 1920 konnten monatlich circa zwei Millionen Tonnen Kohlen geliefert werden.[1116]

Im Spätherbst und Winter 1920/21 gingen dann die Lieferungen deutlich zurück.[1117] Ursächlich war zum einen die Witterung. Die schwankenden Pegel des Rheins und Gewässervereisungen erschwerten die Schifffahrt. Zum anderen führten durch Treibstoffmangel hervorgerufene Zugausfälle zu eingeschränkten Transportkapazitäten bei der Reichsbahn.[1118]

Das Jahr 1921 war dagegen von chaotischen Zuständen geprägt. Während über die Weltwirtschaft eine schwere Nachkriegskrise hereinbrach, herrschte in Deutschland wegen der Inflation Hochkonjunktur. Belgien und Frankreich forderten demnach in erster Linie hochwertige Kohlesorten an und wiesen schlechtere Kohlen zurück, die dann auf Halden zurück transportiert wurden. In der Krise brauchte man dort schlechte Kohle bedeutend

1114 Vgl. Sitzung vom 4. Januar 1923 in: BArch R 3301–745 Blatt 129–131.

1115 Vgl. Feldman/Homburg, S. 87.

1116 August: 1,99 Millionen t; September: 1,933 Millionen t; Oktober: 2,19 Millionen t. Vgl. BArch R 3301–1703 Blatt 288.

1117 November: 1,8 Millionen t; Dezember: 1,7 Millionen t; Januar 1921: 1,68 Millionen t. Vgl. ebd.

1118 Vgl. ebd. Blatt 286–291.

weniger, weil ausreichend andere Kapazitäten zur Verfügung standen. Auch kamen die Wiederaufbauarbeiten in den Kohlebergwerken beider Staaten voran. In Luxemburg kam es zudem zu ausgedehnten Streiks im März 1921, weshalb große Mengen Koks nicht abgenommen wurden. Die deutsche Lieferleistung sank für diesen Monat auf 1,42 Millionen t ab.

Die Reparationskommission senkte wegen der internationalen Wirtschaftskrise und den aufgetretenen Problemen die deutschen Ablieferungspflichten auf 1,6 Millionen t für die Monate Juni bis August 1921. Aufgrund von Zurückweisungen von Kohlen blieben die deutschen Lieferungen aber auch hier unter den geforderten Mengen zurück. Konnten im Juni noch 1,44 Millionen t geliefert werden, sank die Quote auf 1,4 Millionen t im Juli und stieg erst im August auf 1,58 Millionen t an. Diese negative Entwicklung war auch durch Streiks im Aachener Kohlerevier verursacht, wodurch neben der Kohleförderung auch der Transport nach Belgien und Frankreich erheblich gestört wurden.

Für den Rest des Jahres 1921 bestimmte die Reparationskommission die Ablieferung von 1,7 Millionen t monatlich. Mit 1,66 Millionen t Kohlen im September 1921 kam Deutschland diesem Ziel am Nächsten. Danach sanken die Liefermengen auf 1,5 Millionen t im Oktober, 1,46 Millionen t im November und schließlich 1,41 Millionen t im Dezember 1921. Die Gründe für das Absinken der Lieferungen waren in erster Linie dem Wetter geschuldet.

Der Mangel an hoch energetischer Kohle schlug in Kombination mit der Witterung voll auf den Schienenverkehr durch, der im Winter 1921/22 vor dem Zusammenbruch stand. Gleichzeitig wuchsen die Haldenbestände der Bergwerke bis zum Maximum an. Dadurch entstand für das Jahr 1922 das Bild von übervollen deutschen Kohlehalden, die den Eindruck vermittelten, dass Deutschland nicht liefern wollte. Immerhin waren seit Beginn des Lieferprogramms von September 1919 bis Dezember 1921 Kohlen in einem Umfang von ca. 37 Millionen t geliefert worden.[1119]

Im Krisenjahr 1922 blieben die deutschen Kohlelieferungen hinter den Vorgaben teilweise weit zurück. Im Februar 1922 konnten nur 1,22 Millionen t Kohlen geliefert werden. Nach einer kurzen Erholung von März bis

---

1119 Vgl. BArch R 3301–1703 Blatt 291.

Mai mit Lieferungen von 1,74, 1,8 und 1,8 Millionen t sanken die Werte für den Rest des Jahres 1922 auf unter 1,6 Millionen t. Den Tiefpunkt markierte der August mit 1,26 Millionen t. Das führte zu enormen Haldenbeständen an Kohlen von 2,48 Millionen t im Februar 1922 bzw. 2,16 Millionen t im März 1922. Dagegen waren die Halden ab August 1922 mit unter 250.000 t Kohle vergleichsweise klein.[1120]

Eine wichtige Ursache dieser Entwicklung war die aufziehende Hyperinflation, die von einer schnell wachsenden Unsicherheit in der deutschen Industrie, insbesondere der Schwerindustrie, genährt wurde. Auch die Kohlepreise stiegen rasant, weil die Unternehmen dazu übergingen, große Mengen Kohlen auf Vorrat zu kaufen. Diese Entwicklung war Teil der allgemeinen Flucht in Sachwerte als einem Kennzeichen der Hyperinflation. Kapital wurde investiert und die Wirtschaftsleistung künstlich hochgetrieben. Gleichzeitig wurde die deutsche Kohle- und Koksproduktion auf die Abrechnung in ausländischen Devisen umgestellt, weil die Kalkulationen in inflationärer Papiermark nicht mehr praktikabel waren.[1121] Die Lieferungen von Reparationskohle gegen Papiermark vom Reich waren daher nicht mehr interessant. Geplagt von Verlusten aus Aufträgen aus dem Jahr 1921, die in Folge der galoppierenden Inflation die ursprüngliche Kalkulation ad absurdum führten, war den Kohleproduzenten an stabilen Geschäften in Devisen gelegen.[1122]

Die ausbleibenden Lieferungen setzten die französische Seite unter wachsenden Druck und führten direkt zur Besetzung des Ruhrgebietes.[1123] Möglicherweise zeichnete sich in den Sitzungen bereits ab, dass es zu einer Eskalation kommen würde. Die Zusammensetzung der deutschen

1120 Vgl. Bericht des Reichskohlenrates über die Kohlenwirtschaft im Jahre 1922, S. 10. Zwischen Dezember 1921 und Februar 1922 legten weiträumige Streiks bei der Reichsbahn den Frachtverkehr weitgehend lahm. Vgl. Feldman/Homburg, S. 118.

1121 Vgl. ebd.

1122 Vgl. Feldman/Homburg, S. 120–121.

1123 Bergmann kommt in seinen Darstellungen zu dem Schluss, dass die deutschen Kohlelieferungen zwar nicht das Soll erreichten, aber im Jahr 1922 stillschweigend hingenommen wurden. Vgl. Bergmann, S. 219–220. Die vermeintliche Zurückhaltung der belgischen und französischen Vertreter in den Sitzungen der DKE war möglicherweise auch eine Falle, um die deutsche Seite in Sicherheit zu wiegen.

Delegation wurde ab 1922 häufiger mit Sachverständigen der Reichsbahn, RWM und des Kohlensyndikats ergänzt.[1124] Wegen der geringen Zahl an Mitarbeitern gestaltet sich eine Rekonstruktion der DKE schwierig.

Aufgrund der Zerstörung des Bestandes der DKE im Zweiten Weltkrieg konnte nur ein Geschäftsverteilungsplan aus dem Jahr 1920 aufgefunden werden. Demnach war die DKE im Vergleich zu den anderen Dienststellen des RMfW nur äußerst dünn besetzt. Im November 1920 bestand die gesamte Verwaltung der DKE aus dem Reichskommissar BergR Dr. Ing. Hilgenstock, einer Fremdsprachensekretärin für Registratur, Statistik, Handkasse und Kanzleiarbeiten, einem Revisor für die Prüfung der Kohlenrechnungen, Etats- und Kassenangelegenheiten und einer Bürogehilfin. Die Dienststelle bezog ihre Räumlichkeiten im Hansahaus in Essen, das in der Nähe der Hauptverwaltung des Rheinisch-Westfälischen Kohlen Syndikats lag.

Die eigentliche Deutsche Kohlekommission bestand aus Sachverständigen verschiedener Ressorts. Die Zusammensetzung ist kaum überliefert. Am 5. Dezember 1919 bestand diese aus Bergrat Pasel als Vertreter der Reichsregierung, Bergrat Hilgenstock als dessen Stellvertreter, Bergrat Koehne vom RWM, Kapitän Koch als Sachverständiger für Wassertransporte und RR/BR Grundzke als Sachverständigem für Landtransporte.[1125]

Abgesehen von den Protokollen der Sitzungen der alliierten Kohlekommission und den Ausführungsbestimmungen können über die weitere Tätigkeit der DKE nur Vermutungen anhand indirekter Hinweise getroffen werden. Es ist anzunehmen, dass die DKE durch enge Zusammenarbeit mit dem Rheinisch-Westfälischen Kohlensyndikat erheblich in seinem

1124 Vgl. BArch R 3301–743 Bd. 7 o. Z. Das Kohlesyndikat lieferte einen Großteil der Reparationskohlen. Pro Geschäftsjahr (1. April bis 31. März) lieferte das Syndikat: September 1919 bis März 1920: 1,818 Millionen t Kohlen und Briketts sowie 1,406 Millionen t Koks; Geschäftsjahr 1920/21: 9,935 Millionen t Kohlen und Briketts sowie 4,437 Millionen t Koks; Geschäftsjahr 1921/22: 10,071 Millionen t Kohlen und Briketts sowie 4,309 Millionen Koks; Geschäftsjahr 1922/23: 6,585 Millionen t Kohlen und Briketts sowie 4,923 Millionen t Koks. Vgl. Rheinisch-Westfälisches Kohlen-Syndikat, Ordentliche Generalversammlung am Donnerstag, dem 9. Juli 1925, Bericht des Vorstandes, S. 13.

1125 Vgl. BArch R 3301–737 Blatt 277.

Geschäftsablauf unterstützt wurde. Diese Annahme wird auch durch die räumliche Nähe der beiden Organisationen in Essen unterstützt.

Im Gegensatz dazu war eine direkte Unterstützung durch andere Reichsministerien schon wegen der räumlichen Distanz erschwert. Im RMfW war das Referat A 6 für die DKE zuständig. Der dortige Referent war der frühere Leiter des Vorgängerbüros MinR Pasel.[1126] Eine Unterstützung durch den Reichskohlenkommissar des RWM ist ebenfalls möglich, da dort die Informationen über die deutsche Kohleproduktion, den Inlandsbedarf und die Transportkapazitäten zusammenliefen.

IV.4 Das Reichsausgleichsamt

Das Reichsausgleichsamt basierte auf dem Reichsausgleichsgesetz (RAG) vom 24. April 1920 und wurde dort in den §§1–8 hinsichtlich Aufbau und Funktion definiert.[1127] Die Verordnung über das Verfahren des Reichsausgleichsamts vom 26. Juni 1920 präzisierte den Geschäftsgang des RAA.[1128] Ergänzt wurden die Verfahren durch das Gesetz über die steuerliche Behandlung der im Reichsausgleichsgesetz und im Enteignungsgesetz geregelten Ansprüche und Verbindlichkeiten (Ausgleichsbesteuerungsgesetz) vom 12. Juni 1920.[1129] Im Gesetz über die Auflösung des Reichsausgleichsamtes vom 21. Juli 1930 wurden die verbleibenden Aufgaben der Restverwaltung für Reichsaufgaben übertragen und das RAA zum 30. September 1930 aufgelöst.[1130] Aufgrund der umfangreichen Kriegszerstörungen konnten nur wenige weitergehende Informationen auf die Entwicklung der Dienststelle nach 1924 gefunden werden.

Entwicklungsverlauf zum Ausgleichsverfahren

Kurz nach Beginn des Ersten Weltkrieges implementierten die am Krieg beteiligten Nationen gesetzliche Rahmenbedingungen für den wirtschaftlichen Umgang mit den feindlichen Staaten. Diese Regelungen zielten auf eine

1126 Vgl. Biografien in VI. Anhang.
1127 Vgl. RGBl., Jg. 1920 S. 597.
1128 Vgl. RGBl., Jg. 1920 S. 1342.
1129 Vgl. RGBl., Jg. 1920 S. 1195.
1130 Vgl. RGBl., Jg. 1930 S. 351.

Be- und Verhinderung von finanziellen bzw. wirtschaftlichen Kontakten.[1131] Mit der Dauer des Krieges entstanden große finanzielle Verbindlichkeiten im internationalen Waren- und Zahlungsverkehr. Gleichzeitig zogen alle Kriegsparteien weite Teile des feindlichen Privateigentums auf ihrem Gebiet ein und verwerteten die dadurch gewonnen Sachwerte durch Konsum, Verkauf oder Verschleiß.

Die Folge waren zahlreiche Insolvenzen. Besonders in Mitleidenschaft gezogen wurde der Ex- und Import-Sektor. Viele Privatpersonen waren betroffen, wenn z. B. ausländische Kredite oder Versicherungsbeiträge nicht bedient werden konnten, selbst wenn der/die Betreffende in der Lage und willens war zu zahlen. Viele wirtschaftliche Existenzen wurden allein durch diese Beschränkungen vernichtet und standen bei Kriegsende in ihrer ursprünglichen Form als Gläubiger und Schuldner nicht mehr uneingeschränkt zur Verfügung. Die Komplexität dieser und einer Vielzahl anderer Probleme im internationalen Zahlungsverkehr wurde von allen Kriegsparteien ausgeblendet und auf eine spätere Regelung nach einem siegreichen Kriegsausgang vertagt. Bei Ende des Krieges konnten die aufgestauten Probleme, die einer Erholung des internationalen Zahlungsverkehrs im Wege standen, nicht länger ignoriert werden. Anstatt die Gerichte über Jahre mit einer Flut an Streitfällen zu belasten, wurde ein vermeintlich schnellerer Weg beschritten.

Der Versailler Vertrag zielte insofern auf eine tragfähige Lösung dieser Probleme, als dass Deutschland ein erheblicher Teil der entstandenen Kosten aufgebürdet wurde. In Abschnitt III Artikel 296 FV akzeptierte das Deutsche Reich eine Regelung aller privaten Geldverbindlichkeiten zwischen Deutschland, den alliierten und assoziierten Mächten für die Dauer vor und während des Krieges.[1132] Sowohl die alliierten und assoziierten

---

1131 Einen guten Überblick über die Entwicklungen der Kapitaltransfererschwerungen bietet: Schmidt, Vergeltung, in: Lenz, Wirtschaftskrieg, S. 42–59. Für eine Länderanalyse wird auf die Schriftenreihe zur „Rechtsverfolgung im internationalen Verkehr“ verwiesen. Auch das RFM hatte umfangreiche Dossiers über die Maßnahmen der jeweiligen Staaten während des Krieges angelegt. Vgl. BArch R 2-1040 Blatt 37–43, 61–62 und 197–220.

1132 Vgl. Artikel 296 Abs. 1–4 zur Erläuterung der Geldverbindlichkeiten. Die Anlage zu Artikel 296–298 ergänzt den Vertragstext um weitere Ausführungen zu Gegenständen und Verfahren der Liquidationen.

Mächte als auch das Deutsche Reich verpflichteten sich zum Aufbau von Ausgleichsämtern und der Einleitung von Ausgleichsverfahren für Geldverbindlichkeiten.

Großbritannien, das auf diese Regelungen im Friedensvertrag gedrängt hatte, schuf am 10. Januar 1920 das „British Clearing Office“. Frankreich folgte mit zwei Ausgleichsämtern. Das „Office de Vérification et de Compensation“ in Paris am 15. Juni 1920 war für das Ausgleichsverfahren für das französische Staatsgebiet bis zum 10. November 1918 zuständig. Aufgrund des besonderen völkerrechtlichen Charakters von Elsass-Lothringen, das ehemalige Reichsland war im Versailler Vertrag rückwirkend zum 11. November 1918 an Frankreich gefallen, wurde am 15. Mai 1920 in Straßburg ein „Office Centrale des Biens et Intérêts Privés annexe de Vérification et de Compensation pour l'Alsace et la Lorraine“ gegründet. Diesen Beispielen folgten die Regierungen Belgiens, Griechenlands, Haitis, Italiens, Siams und der britischen Dominions mit Ausnahme der Südafrikanischen Union.[1133] Damit war die Einrichtung eines RAA, als Gegenstück zu den alliierten Ausgleichsbehörden, völkerrechtlich bereits vorweg genommen, weil die deutsche Seite allen alliierten Reparationsbehörden ein Gegenstück schaffen musste. Somit war das Ausgleichsverfahren ab dem ersten teilnehmenden Staat zu eröffnen.

Ergänzt wurde der Artikel 296 durch Artikel 297 nebst Anlagen aus Abschnitt IV „Güter, Rechte und Interessen“ des Versailler Vertrages. Hier wurde den alliierten und assoziierten Regierungen das Recht eingeräumt,

> *„alle den deutschen Reichsangehörigen oder den von ihnen abhängigen Gesellschaften bei Inkrafttreten des gegenwärtigen Vertrags gehörenden Güter, Rechte und Interessen innerhalb ihrer Gebiete, Kolonien, Besitzungen und Protektoratsländer, einschließlich der Gebiete, die ihnen durch den gegenwärtigen Vertrag abgetreten werden, zurückzuhalten und zu liquidieren. Die Liquidation erfolgt nach den Gesetzen des beteiligten alliierten oder assoziierten Staates, ohne dessen Zustimmung der deutsche Eigentümer auch weder über diese Güter, Rechte und Interessen verfügen, noch sie belasten darf.“*[1134]

Die von Deutschland im Zuge des Wirtschaftskrieges durchgeführten Enteignungen und Liquidationen von Gütern, Rechten und Interessen von

1133 Vgl. BArch R 3301–1a Blatt 102 und BArch R 2–1040 Blatt 308.
1134 Vgl. Artikel 297 b) und Abs. 1 FV, RGBl. Jg. 1919, S. 1127.

Bürgern der alliierten und assoziierten Mächte waren dagegen vollständig rückgängig zu machen und die Betroffenen in vollem Umfang zu entschädigen.[1135] Konnte eine Entschädigung in Natur für einen Angehörigen einer alliierten oder assoziierten Macht nicht mehr erfolgen, hatte das Deutsche Reich eine angemessenen Entschädigung über das Ausgleichsverfahren zu erstatten. Dem Deutschen Reich wurde auferlegt seine Angehörigen zu entschädigen.[1136] Etwaige Überschüsse im Ausgleichsverfahren, das monatlich abgerechnet wurde, zu Gunsten Deutschlands flossen gemäß Artikel 243 FV in die Wiedergutmachungsschuld als Gutschrift ein. Im entgegengesetzten Fall hatte Deutschland die ausstehende Summe umgehend in Gold oder Devisen auszugleichen.

Das RAA bestand aus drei Hauptabteilungen (A, B und C) und dem Präsidialbüro.[1137] Letzteres diente dem Präsidenten als Generalreferat zur Überwachung der gesamten Behörde, zur Berufung eines Beirates und der in- und ausländischen Pressearbeit.

Abteilung A (Amtsverwaltungsabteilung) war für die allgemeine Verwaltung zuständig und in vier Referate untergliedert. Personalangelegenheiten wurden in Referat 1 bearbeitet. Hausverwaltung und Beschaffungswesen oblag Referat 2. Zur juristischen Unterstützung der Abteilung A wurde in Referat 3 eine Stelle für Rechtsangelegenheiten unterhalten. Die Bücherei und Kanzlei waren Referat 4 unterstellt.

Kernstück des RAA war die Hauptabteilung B (Ausgleichs- und Prüfungsamt), die in vier Abteilungen untergliedert war: 1. Registerabteilung, 2. Prüfungsabteilung, 3. Rechtsabteilung und 4. Bankabteilung.

Die Registerabteilung bestand aus neun Referaten: Referat 1 kam eine zentrale Funktion zu. Hier wurden Auskünfte zu allen wirtschaftlichen Aspekten des Versailler Vertrages an die Zweigstellen des RAA erteilt. Dazu wurde im Referat 1 das Listen und Registerwesen angesiedelt. Dies ermöglichte die Erarbeitung und Herausgabe der Richtlinien und Geschäftsanweisungen an die Zweigstellen, die Herstellung der Formulare im Anmelde- und

1135 Vgl. RGBl. Jg. 1919, a), e) und f), S. 1125–1131; vgl. dazu auch ebd., Artikel 298 S. 1135 und die Ziffern zum Ausgleichsverfahren in VI. Anhang.

1136 Vgl. Artikel 297 i), RGBl. Jg. 1919, S. 1135.

1137 Vgl. zu der im Folgenden dargestellten Geschäftsverteilung des RAA: BArch R 3301–1a Blatt 102–105.

Vorprüfungsverfahren und die Organisation des Dienstbetriebes. Durchgeführt wurden diese Aufgaben von einem Kontrollbüro und den Kontrollstellen F und S. Das Kontrollbüro überwachte den internen Schriftverkehr, die Einhaltung des Verfahrens im Anmeldewesen und die Fristen.

Die Kontrollstelle F – für deutsche Forderungen im Ausgleichsverfahren – führte die Nummern – und Namenskartei F. Diese diente zur Durchführung von Abgleichen mit der Geschäftsstelle für deutsche Auslandsforderungen, der Erstellung der deutschen Forderungslisten an die Gegenausgleichsämter, dem Abgleich des Listenverkehrs mit den Abteilungen und der Auslandsfristenkontrolle. Ähnliche Funktionen nahm die Kontrollstelle S für deutsche Schulden im Ausgleichsverfahren wahr. Hier wurde eine Nummern- und Namenskartei S angelegt. Wegen des geringen Interesses vieler Betroffener ihre Schulden bezahlen zu müssen, wurde mit Hilfe der Kartei nach deutschen Schuldnern gefahndet. Die „Verteilung der feindlichen Forderungen auf Haupt- und Zweigstellen" wurde hier geregelt. Zum Abgleich mit dem Treuhänder und RKA/REAK wurde von hier aus ein Informationsaustausch durchgeführt. Ansonsten wurden Listen für die Zweigstellen und die Gegenausgleichsämter erstellt, Fristen kontrolliert und der Listenverkehr betreut.

Referat 2 war in zwei Bereiche unterteilt, die ebenfalls in engem Kontakt mit dem RKA/REAK und Treuhänder Auskünfte zu deutschen Forderungen einholten. Fremde Forderungsanmeldungen wurden in Referat 3 gesichtet, vorgeprüft und vor der Versendung an die Zweigstellen nachgeprüft. Deutsche Forderungen wurden in Referat 4 nach dem gleichen Schema bearbeitet. Die Referate 5 bis 9 bearbeiteten den internen Schriftverkehr und waren zuständig für Rechtsberatung und Statistik.

Die Prüfungsabteilung bearbeitete die Angaben von Forderungsanmeldungen von deutschen Gläubigern und den ausländischen Anmeldungen gegen deutsche Schuldner. Dazu war die Abteilung in ein Generalreferat und ein Vorschussbüro untergliedert. Ersteres bearbeitete sämtliche Prüfungsangelegenheiten der am Ausgleichsverfahren beteiligten Staaten. Dabei arbeitete das Referat eng mit den Beiräten zusammen. Das Vorschussbüro gewährte Gelder für angemeldete deutsche Forderungen und half in Härtefällen.

Die Rechtsabteilung untergliederte sich in sechs Referate für: 1. Juristische Auskünfte und Gutachten; 2. Geschäftssachen mit den Gemischten Schiedsgerichten und ordentlichen Gerichten; 3. Einleitung von Verfahren zur Enteignung von Forderungen; 4. Streitverkündung nach §61 RAG; 5. Zwangsbeitreibungen nach §42 RAG; 6. Strafanzeigen bei Verstößen gegen den Versailler Vertrag oder das RAG.

Der Bankabteilung oblag das gesamte Rechnungswesen des RAA und war in fünf Referate gegliedert: 1. zur Abrechnung mit den Gegenausgleichsämtern; 2. Abrechnung mit Gläubigern und Schuldnern im Bezirk Berlin; 3. „Abrechnung mit sämtlichen Gläubiger- und Schuldnerkonten führenden Stellen, sowie die Rechnungslegung an das Ministerium"; 4. „Ausarbeitung der Dienstanweisungen und Formulare für die Buchhalterei, die Ausbildung von Buchhaltern, sowie die Ausführung von Revisionen bei der Hauptstelle und den Zweigstellen."; 5. zu Erteilung von finanztechnischen Auskünften. Ein sechstes Referat zur Verrechnung der Liquidationserlöse mit den Gegenausgleichsämtern war im August 1920 noch in Vorbereitung.

Die Auslandszentrale bildete die Hauptabteilung C. Diese wurde zur Überwachung eines einheitlichen Schriftverkehrs mit den Gegenausgleichsämtern geschaffen. Diese Aufgaben wurden von drei Referaten ausgeführt: 1. zur Bearbeitung des Schriftverkehrs mit den Gemischten Schiedsgerichten, den Gegenausgleichsämtern und generell dem Ausland; 2. Entgegennahme aller Urkunden und Schriftstücke der Gegenausgleichsämter; 3. Schriftverkehr mit den deutschen Vertretern bei den Gegenausgleichsämtern.

Nach 1924 entfiel, wahrscheinlich wegen der Auflösung des RMfW und der Überleitung des RAA zum RFM, zunächst die Abteilung C. Die Auslandszentrale wurde durch die Abteilung für Reparationslieferungen, dem angegliederten Überrest des Reichskommissars für Reparationslieferungen, ersetzt.[1138] Das RAA stand zunächst unter der Leitung eines prominenten Kolonialbeamten, dem letzten amtierenden Gouverneur von Deutsch Neu-Guinea Eduard Haber. 1923 schied dieser aus dem Amt und wurde durch Alexander August Brill ersetzt.[1139] Nach diesen Ausführungen zur Struktur des RAA erfolgt im Folgenden eine Darstellung des Ausgleichsverfahrens.

Für die Reichsregierung und -verwaltung bedeuteten die Bestimmungen des RAG eine weitgehende Vereinfachung der höchst unterschiedlichen rechtlichen Situationen im zu erwartenden Ausgleichsverfahren im Inland.

1138 Vgl. Handbuch für das Deutsche Reich Jg. 1922, S. 189.
1139 Vgl. Biografien in VI. Anhang.

Das RAG wurde in den folgenden Jahren novelliert und durch das Ausgleichszwischengesetz und Vorbereitungsgesetz ergänzt.[1140]

Gegenstand des Ausgleichsverfahrens war die

> *„Feststellung und der Ausgleich gewisser persönlicher (natürlicher und juristischer Personen) Geldverbindlichkeiten zwischen im Reiche wohnhaften Deutschen und Angehörigen solcher a.*[lliierter] *und a.*[ssoziierter] *Staaten, welche die im F. V.* [Friedensvertrag] *vorgesehene Option für das A. V.* [Ausgleichsverfahren] *ausgeübt haben, soweit das Schuldverhältnis bei Kriegsbeginn bestand oder während des Krieges eintrat.*"[1141]

Zu beachten ist hierbei, dass die Unterzeichnung des Versailler Vertrages den Ersten Weltkrieg für Deutschland nicht beendet hatte. Erst die Ratifikation durch Signatarmächte der Siegerkoalition beendete den Kriegszustand.[1142]

Das RAA deckte damit sowohl das innerstaatliche als auch das exterritoriale Ausgleichsverfahren, das sog. „Clearing", ab. Für die innere Ausgleichung der Gläubiger und Schuldner wurden die geschuldeten Beträge vom RAA eingezogen und nach festgestellter Gutschrift die Summen an die Gläubiger ausgezahlt, wobei Devisen zum Tageskurs in Papiermark ausgezahlt wurden. Deutsche Schuldner hatten ihre Außenstände an das RAA in voller Höhe abzutreten. Bestanden Außenstände in Fremdwährung, half das RAA in Form von Ausgleichszahlungen beim Kauf der nötigen Devisen.

1140 Vgl. Gesetz zur vorläufigen Regelung der Zahlungen auf Grund des Reichsausgleichsgesetzes (Ausgleichszwischengesetz) vom 18. Dezember 1922 (RGBl. S. 925) und Gesetz zur Vorbereitung der Reichsentlastungsgesetzgebung (Vorbereitungsgesetz) vom 26. März 1923 (RGBl. S. 213)

1141 Vgl. Schloemer, S. 8.

1142 Kriegseintritte von Staaten, die am Ausgleichsverfahren teilnahmen: Frankreich 3. August 1914, Belgien und Großbritannien 4. August 1914, Italien 28. August 1916, Griechenland 30. Juni 1917, Siam 22. Juli 1917, Haiti 12. Juli 1918, Elsass-Lothringen (Sonderfall) 11. November 1918. Friedensschluss bzw. Ratifikation des Versailler Vertrages von Staaten die am Ausgleichsverfahren teilnahmen: Belgien 10. Januar 1920, Frankreich (mit Elsass-Lothringen als Sonderfall) 10. Januar 1920, Großbritannien 10. Januar 1920, Italien 10. Januar 1920, Siam 10. Januar 1920, Griechenland 30. März 1920, Haiti 30. Juni 1920. Mit den USA wurde im Berliner Friedensvertrag ein abweichendes Ausgleichsverfahren vereinbart. Elsass-Lothringen wurde im Waffenstillstand vom 11. November 1918 der deutschen Souveränität entzogen und nahm bis zur Unterzeichnung bzw. Ratifikation des Versailler Vertrages eine staatsrechtliche Sonderrolle ein.

Im Gegensatz dazu stand das Clearing. Hier wurden im internationalen Ausgleich Forderungen und Schulden gegeneinander verrechnet.

> *„Die Artikel 296 und 297 des Versailler Vertrages spezifizierten, dass ein Zahlungsverbot hinsichtlich des gesamten auf den Ausgleich der Schulden zwischen den Staaten gerichteten Verkehrs zu erfolgen habe, solange das Ausgleichsverfahren nicht gewählt sei und der Zahlungsausgleich nicht durch Vermittlung von bilateralen Ausgleichs- und Prüfungsämtern (clearing offices) erfolgte.*"[1143]

Zur Bewältigung dieser komplexen Aufgaben wurde das RAA als eine weit ausgedehnte Behörde mit einer Zentralstelle und fünfzehn Zweigstellen gebildet.[1144] Die Hauptstelle des RAA in Berlin war mit dem externen Clearing und der Wahrnehmung als Zweigstelle für Brandenburg beauftragt. Die übrigen fünfzehn Zweigstellen wurden in deutschen Großstädten errichtet: Braunschweig, Bremen, Breslau, Düsseldorf, Frankfurt/Main, Hamburg, Karlsruhe, Köln, Königsberg, Leipzig, Lübeck, München, Nürnberg, Stuttgart und Weimar.[1145] Die Dienststellen wurden von einem Beirat und Spruchkommissionen unterstützt, die aber nicht an allen Dienststellen ständig vorgehalten und nur bei Bedarf tätig wurden.

Dem Beirat gehörten die zuständigen Handelskammern der Zweigstellen, zahlreiche Interessenvertretungen der vom Ausgleichsverfahren betroffenen Personengruppen und andere Lobbyorganisationen an.[1146] Sachverständige des Beirats wurden in der Regel zu Gunsten der vom Ausgleichsverfahren betroffenen natürlichen juristischen Personen aktiv und versuchten in Streitfällen vermittelnd zu wirken. Expertisen der Beiräte konnten auf Verlangen des Präsidenten des RAA und der Leiter der Zweigstellen eingeholt werden.

1143 Vgl. Thomas R. Kabisch, Deutsches Kapital in den USA, Von der Reichsgründung bis zur Sequestrierung (1917), in: Hermann Kellenbenz/Jürgen Schneider (Hrsg.), Beiträge zur Wirtschaftsgeschichte, Bd. 17, Stuttgart 1982, S. 321.

1144 Vgl. DRA vom 30.4.1920 und BArch R 2103–812 o.Z. „Den Herrn Teilnehmern an der Sitzung des Beirats der Hauptstelle vom 5. April 1921", „I. Namensverzeichnis der Leiter und stellvertretender Leiter der Hauptstelle und der Zweigstellen des Reichsausgleichsamts".

1145 Vgl. BArch R 3301–1a Blatt 105.

1146 Eine Liste vom Stand 3. März 1921 wurde überliefert in: BArch R 2103–812 o.Z. „Den Herrn Teilnehmern an der Sitzung des Beirats der Hauptstelle vom 5. April 1921", „IV. Mitgliederliste des Beirats der Hauptstelle". Die Liste umfasst 45 Institutionen und Organisationen mit Angabe der Vertreter derselben und den jeweiligen Stellvertretern.

Die Mitgliedsorganisationen für die Beiräte wurden für zwei Jahre bestimmt und im Reichsanzeiger veröffentlicht.[1147]

Zur Vermittlung in Streitfällen konnten auf Verlangen des Reichsministers für Wiederaufbau Spruchkommissionen gebildet werden. Als deren Vorsitzende konnten nur höhere Verwaltungsbeamte und zum Richteramt befähigte Personen bestellt werden. Diese Kriterien waren notwendig, da die Entscheidungen der Spruchkommissionen auf einer Ebene mit denen des Reichsgerichts standen.

Zur Erleichterung im Verkehr mit den Gegenausgleichsämtern im Ausland wurden deutsche Vertreter als Verbindung zum RAA dorthin entsandt bzw. Persönlichkeiten vor Ort dafür gewonnen. Die deutschen Vertreter wechselten häufig und ein vollständiger Überblick der Personen ist nicht überliefert. Die Handbücher für das Deutsche Reich bieten zumindest Momentaufnahmen.[1148]

Das RAG nahm gegenüber deutschen Gläubigern eine unvorteilhafte Position ein. Von den Ausgleichsämtern anerkannte Forderungen wurden grundsätzlich in Reichsmark ausgezahlt.[1149] Unterschieden wurde nur zwischen Forderungen in Reichswährung oder Fremdwährung. Während Forderungen in Reichswährung zum Nennbetrag ausgezahlt wurden, war für die Fremdwährungen eine Auszahlung zum Tageskurs der Devisen vorgesehen. Diese Regelung bedeutete angesichts der Inflation eine Benachteiligung von Gläubigern in Reichswährung gemäß dem Grundsatz Goldmark gleich Papiermark.

Hatte beispielsweise ein deutscher Staatsbürger einem alliierten oder assoziierten Staatsbürger vor dem Krieg 10.000 Goldmark geliehen, bekam der Deutsche im Ausgleichsverfahren nur 10.000 Papiermark zurück. Das entsprach besonders in der Hyperinflation nur einem Bruchteil des ursprünglichen Wertes. Im Gegensatz dazu wurden Forderungen in Fremdwährung zum tagesaktuellen Kurs ausgeglichen. Hätte der deutsche Gläubiger die 10.000 Goldmark demnach im Devisen Gegenwert verliehen gehabt, hätte das RAA den Wert dieser Summe zum Tageskurs in Reichsmark ausgezahlt.

1147 Für weitere Informationen zu den Beiräten vgl. Schloemer, S. 17.

1148 Vgl. Handbuch für das Deutsche Reich Jg. 1922 S. 257, Jg. 1924 S. 148 und Jg. 1929 S. 188.

1149 Vgl. §§24–27 RAG.

Angesichts des Wertverfalls der Reichsmark bedeutete das einen enormen nominalen Gewinn. Real litt diese Summe aber ebenfalls unter der Inflation, der schleppenden Auszahlung und einer besonderen Ausgleichssteuer.[1150] Zur Begleichung deutscher Schulden mussten dagegen in jedem Fall Devisen verwendet werden.[1151]

Da das Ausgleichssystem auf einer Verrechnung von Schulden und Forderungen zwischen den Staaten basierte, wobei ein Debet zu Lasten des Reiches eine monatliche Ausgleichszahlung verlangte, geriet das System schnell in Schieflage. Die Alliierten, insbesondere Großbritannien, hatten als Autoren der Friedensvertragsbestimmungen so frühzeitig mit der Vorbereitung des Ausgleichssystems begonnen, dass die deutschen Bemühungen scheitern mussten.

Als das RAA im Jahr 1920 seine Arbeit aufnahm, ohne dass dessen innerbehördliche Ausgestaltung vollendet war, wurde es schlagartig mit ca. 35.000 weitgehend britischen Einzelforderungen konfrontiert.[1152] Das deutsche Anmeldesystem für deutsche Forderungen war dagegen nicht in der Lage, die betroffenen deutschen Staatsbürger zu einer entsprechenden Anzahl von Gegenanmeldungen zu motivieren. Erst gegen Ende der Frist ging eine größere Zahl von deutschen Forderungen ein. Zu diesem Zeitpunkt war das RAA aber bereits mit 9.323.311 Pfund Sterling im Soll gegenüber Großbritannien.[1153]

1150 Vgl. Gesetz, über die steuerliche Behandlung der im Reichsausgleichsgesetz und im Enteignungsgesetze geregelten Ansprüche und Verbindlichkeiten (Ausgleichsbesteuerungsgesetz), vom 12. Juni 1920 (RGBl. S. 1195).

1151 Vgl. Art. 296 d) FV, RGBl. Jg. 1919, S. 1107–1109.

1152 Vgl. Schloemer, S. 24.

1153 Umgerechnet in Goldmark (Faktor 20,508): 191.202.461,99. Von den britischen Forderungen wurden 1.054.142 Pfund Sterling nicht in bar ausgezahlt, sondern mit den liquidierten Erlösen der Victoria Falls Bonds verrechnet. Dazu kamen Forderungen aus: Elsass-Lothringen im Umfang von 48.158.044 Franc (Faktor 0,81473) entsprechend 39.235.803,19 Goldmark; Belgien im Umfang von 20.621 Franc (Faktor 0,81019) entsprechend 16.706,93 Goldmark. Das Deutsche Reich zahlte zudem 139.040.557,31 Goldmark ins Ausland aus. Die Faktoren ergeben sich aus dem Vorkriegswert der Mark: Die Notierungen wurden wie folgt in Goldmark (GM) fixiert: 1 $ = 4,1977 GM; 1 £ = 20,508 GM; 100 französischen Franc = 81,473 GM; 100 belgische Francs = 81,019 GM; 100 griechische Drachmen = 107,527 GM. Vgl. Schloemer, S. 52.

Insgesamt übermittelte das RAA für das Jahr 1920 umgerechnet 369.495.529,42 Goldmark an zusätzlichen deutschen Reparationsleistungen. Über die Zahlungen im Inland an deutsche Betroffene sind keine Angaben überliefert. Da die Gegenausgleichsämter die deutschen Forderungen nur schleppend bearbeiteten, stand das Ausgleichsverfahren bereits Anfang 1921 vor dem Kollaps.[1154] Schließlich war das Ausgleichsverfahren ein System, in dem Deutschland nur Geld verlieren konnte, während die Siegermächte zusätzliche Barreparationen verbuchen konnten. Als Gegenreaktion verschleppte nun das RAA die Anerkennung der ausländischen Forderungen, um die monatliche finanzielle Belastung möglichst niedrig zu halten. Diese Praxis stieß bei den Gegenausgleichsämtern auf erhebliche Kritik. Im Frühjahr 1921 wurden Verhandlungen angestrengt, an denen Deutschland weitgehend gleichberechtigt beteiligt wurde. Allerdings war die deutsche Verhandlungsposition ungleich schwächer als die der Siegermächte, die weitgehend geschlossen auftraten.[1155]

Diese kritische Situation wurde nach langwierigen Verhandlungen durch eine Übereinkunft vom 10. Juni 1921 zunächst beigelegt.[1156] Demnach musste Deutschland monatlich zwei Millionen britische Pfund Sterling, unabhängig ob ein deutsches Soll bestand oder nicht, an die Gegenausgleichsämter auszahlen. Diese Summe entsprach einer Zahlung im Gegenwert von ca. 41 Millionen GM monatlich bzw. 492 Millionen GM pro Jahr.

Mit dem Londoner Zahlungsplan trat für das Ausgleichsverfahren eine neue Situation ein. Bis zur Bitte um Zahlungsaufschub der Regierung Wirth am 14. Dezember 1921 konkurrierte die Reichsregierung nicht nur wegen der Aufbringung von Devisen für den Zahlungsplan, sondern auch wegen der monatlich notwendigen zwei Millionen Pfund Sterling auf dem Kapitalmarkt mit anderen Nachfragern. Die deutsche Nachfrage nach Devisen trieb den Kurs der Reichsmark an den Märkten nach unten. Die Reichsbank

---

1154 Vgl. Schloemer, S. 24.

1155 Im Ausgleichsverfahren blieb auch die britische Position lange Zeit unnachgiebig, da dieses Thema für die britische Reparations- und Nachkriegspolitik von großer Bedeutung war. Schließlich hatte die Wiederherstellung der britischen wirtschaftlichen Vormachtstellung im Welthandel höchste Priorität. Dagegen zeigte sich die britische Reparationspolitik bei den Sachlieferungen sehr viel entgegenkommender. Hier hatte Großbritannien weniger zu verlieren.

1156 Vgl. Reichstags-Drucksache, Bd. 375, Nr. 5304, S. 7.

konnte nur begrenzt für den nötigen und ständig wachsenden Bedarf an Liquidität sorgen. Im November 1921 wurde der Monatsbetrag von zwei Millionen Pfund Sterling über mehrere Zahlungen abgedeckt. Diese Effekte verstärkten gegenseitig den Druck auf den Außenhandelswert der Mark.[1157]

Während für den Londoner Zahlungsplan von den Siegermächten ein Aufschub eingeräumt wurde, mussten die Zahlungen im Ausgleichsverfahren weiter fortgesetzt werden. Die Situation für die Reichsregierung war daher auch nach dem Aufschub nicht frei von Zahlungen, weil die Belastungen in der Devisenbeschaffung weiter fort bestanden und keine vollständige Entlastung eintrat.

Erst die Bitte um ein langfristiges Moratorium auf Reparationszahlungen vom 12. Juli 1922 berührte dann auch das Ausgleichsverfahren. Die Regierung Wirth bat um die Reduzierung der monatlichen deutschen Zahlungen auf 0,5 Millionen Pfund Sterling.[1158] Dieser Bitte wurde besonders von französischer Seite vehement widersprochen. Am 26. Juli 1922 stellte Frankreich der deutschen Regierung ein Ultimatum von zehn Tagen zur fortgesetzten Zahlung der 2 Millionen Pfund Sterling aus dem Ausgleichsverfahren. Deutsche Gegenvorschläge für Verhandlungen wurden nicht angenommen.

Am 11. August 1922 beendete die französische Regierung daraufhin die Zusammenarbeit im Ausgleichsverfahren, wies 500 aufenthaltsberechtigte Deutsche aus Elsass-Lothringen aus und überwies deren Eigentum der umgehenden Liquidierung. Dieser Maßnahme konnte die Reichsregierung nichts entgegensetzen und versprach eine sofortige Zahlung von 0,5 Millionen Pfund Sterling sowie Abschlagszahlungen.

Nach Konsultationen der Regierungen Frankreichs, Großbritanniens und Italiens wurde im Anschluss daran eine Aufkündigung des Abkommens vom 10. Juni 1921 vereinbart.[1159] Durch Verhandlungen mit der deutschen Regierung sollte ein neues Abkommen zum Ausgleichsverfahren ausgehandelt werden. Frankreich hob daraufhin, vorbehaltlich der vollständigen Begleichung der letzten monatlichen Zahlung von 1,5 Millionen Pfund

1157 Vgl. Feldman, Disorder, S. 386.
1158 Vgl. ADAP, Serie A, Bd. 6, Dok. Nr. 149, S. 308–309.
1159 Vgl. Reichstags-Drucksache, 1. Wahlperiode 1920/24, Nr. 5304, Anlage 3, S. 5719–5720.

Sterling, die Strafen für die 500 Deutschen in Elsass-Lothringen auf. Diese Verschärfung der Situation führte dennoch zu Ergebnissen.

Am 12. Oktober 1922 vereinbarten alle am Ausgleichsverfahren beteiligten Staaten eine Neuregelung, die von den Vorgaben des Friedensvertrages erheblich abwich. Das Clearing wurde komplett überarbeitet. Besonders wichtig war, dass Deutschland ein Moratorium für Geldzahlungen im Ausgleichsverfahren bis zum 10. Juli 1923 eingeräumt wurde.

> *„Die deutsche Reichsbank übernahm als Treuhänder der a*[lliierten] *und a*[ssoziierten] *Ausgleichsämter ungarantierte Schatzanweisungen über den auf 24,2 Millionen £ geschätzten Gesamtbetrag der deutschen Verpflichtungen mit der Maßgabe, die Fälligkeitsdaten von Jahr zu Jahr in 12 Monatsraten einzurücken und bei der Reichsschuldenverwaltung die fälligen Beträge zu kassieren."*

Dazu wurde ein Zahlungsplan entwickelt, der Ausschüttungen von anfangs 300.000 £ bis schließlich 500.000 £ pro Monat vorsah.[1160] Die deutsche Delegation machte die letztendliche Zustimmung zu diesem Verhandlungsergebnis vom Ausgang der Beratungen der Reparationskommission zur Reparationsfrage abhängig. Mit einem Ergebnis wurde Ende 1922 gerechnet.

Unabhängig davon versuchte das Reich auch im inneren Zahlungsausgleich die Lasten aus dem Ausgleichsverfahren zu vermindern. Dazu diente das Reichsentlastungsgesetz, dessen zweiter Entwurf am 6. Juni 1922 dem Reichsrat vorgelegt wurde. Ziel des Gesetzes war es, die Entschädigungen für sog. „Valutaschäden", gemeint waren hier Schädigungen bei der Begleichung von Vorkriegsschulden mit inflationärer Papiermark, auf dem Vierfachen des Friedenswertes zu deckeln. Dadurch mussten bereits entschädigte juristische Personen zu hohe Entschädigungszahlungen zurückzahlen.

> *„War z. B. einem Gläubiger für eine Valutaforderung von 1.000 £ auf Grund der Abrechnung zum Tageskurs (1 £ = 250 M) ein Betrag von 250.000 M ausgezahlt worden, so hat er nunmehr, da ihm nur noch der vierfache Vorkriegskurswert, also ein Betrag von rund 80.000 M, zusteht, die Summe von 170.000 M zurückzuzahlen."*[1161]

1160 Die Raten waren wie folgt gestaffelt: 10. Juli 1923 bis 10. Juni 1924: 300.000 £; 10. Juli 1924 bis 10. Juni 1926: 350.000 £; 10. Juli 1926 bis 10. Juni 1927: 400.000 £; 10. Juli 1927 bis 10. Juni 1928: 450.000 £ und 10. Juli 1923 bis 10. Oktober 1928: 500.000 £. Vgl. Schloemer, S. 28.

1161 Vgl. BArch R 3301–1803 o. Z. Begründung zu den einzelnen Vorschriften des Entwurfs eines Reichsentlastungsgesetzes.

Überliefert ist eine Eingabe des Zentralverbands des Deutschen Großhandels, der sich am 6. Oktober 1922 an den Reichsrat wandte und eindringlich vor einer zusätzlichen Belastung der deutschen Ex- und Importwirtschaft warnte.[1162] Der Zentralverband entwarf aus der Sicht einer Interessenvertretung seiner Mitglieder eine sehr düstere Lageeinschätzung. Insbesondere die Hansestädte unterstützten, aus nahliegenden außenwirtschaftlichen Gründen, die Sicht des Zentralverbands und setzten sich intensiv für Änderungen des Gesetzentwurfs zum Reichsentlastungsgesetz ein.

Tatsächlich wurden in der Neufassung des Entwurfs vom 16. Oktober 1922 erhebliche Vergünstigungen eingearbeitet. Zwar konnte der nun wieder zurückverlangte Betrag ganz oder teilweise vom RAA erlassen werden, dennoch trat unter den Handelsgesellschaften eine große Unsicherheit über die Verlässlichkeit der Entschädigungsgesetzgebung ein.

Nach dem Einmarsch in das Ruhrgebiet waren Belgien und Frankreich von Zahlungen aus dem Ausgleichsverfahren ganz ausgeschlossen worden. Damit trat auch das Abkommen nicht in Kraft und das Ausgleichsverfahren ruhte für die Dauer des passiven Widerstands. Erst nach dessen Einstellung war der Weg frei für eine Wiederaufnahme des Verfahrens. Allerdings hatte sich die politische und wirtschaftliche Lage grundlegend geändert.

Die Hyperinflation hatte das innere Ausgleichsverfahren sinnlos gemacht, da die Markbeträge die das RAA an die Gläubiger ausbezahlte, bzw. von den Schuldnern einzog, „das Porto eines Fernbriefes" nicht wert war.[1163] Dementsprechend wurde im Oktober 1923 eine Novelle des Reichsentlastungsgesetzes vom 4. Juni 1923 und Gewaltschädengesetzes vom 23. Juni 1923 angestrebt.[1164] Die Änderungen sollten zum einen das Prinzip „Mark gleich Mark" beenden und die Berechnung in Goldmark zulassen. Zum anderen sollten Gläubiger und Schuldner nur noch maximal zum fünf-tausendstel Teil abgerechnet werden. Bei einem Vorkriegswert von 1.000 Mark erhielten Gläubiger noch 5 GM, während Schuldner für 1.000 Mark Vorkriegswert 5 GM zu zahlen hatten. Gleichzeitig wurden Valutaschuldnern Ausgleichszahlungen gestrichen, um die benötigten Devisen

1162 Vgl. R 3301–1803 o.Z. Zentralverband des Deutschen Großhandels an die Herren Mitglieder des Reichsrats vom 6. Oktober 1922.

1163 Vgl. R 3301–1803 o.Z. Aufzeichnung zu E 9142/23 i. A, : H.44.

1164 Vgl. RGBl. Jg. 1923, S. 305 und 412.

zur Begleichung der Valutaschuld auf dem Kapitalmarkt kaufen und dem RAA zu übereignen.

Mit dem Wertverfall der Mark auf den Kapitalmärkten waren die Ausgleichszahlungen exorbitant gewachsen, weshalb eine solche Unterstützung nun nicht mehr gewährt wurde. Eine Einstellung des inneren Ausgleichsverfahrens wurde als unmöglich eingestuft, weil damit „eine schwere Vergewaltigung der beteiligten deutschen Gläubiger" eintreten würde.[1165] Angesichts deren faktischen Enteignung bezieht sich diese Formulierung wahrscheinlich auf die damit verbundene Rechtsbeugung, weil dieser Gruppe der Rechtsanspruch auf Kompensation entzogen würde.

Stattdessen sollte mit der Umstellung auf Goldmarkberechnung eine Verbesserung des inneren Ausgleichsverfahrens ermöglicht werden, um die deutsche Position in den Abrechnungen mit der Gegenseite zu verbessern. Während der Hyperinflation war das Interesse der Betroffenen zur Teilnahme am Ausgleichsverfahren zusammengebrochen. Deutsche Gläubiger waren mit fast wertloser Papiermark entschädigt worden, während Schuldner wegen der unsicheren Wechselkurse dem Ausgleichsverfahren möglichst aus dem Weg gingen. Als weiteren Anreiz zur Anmeldung von Forderungen und Schulden nach der Umstellung auf Goldmarkrechnung wurden alle laufenden Verfahren eingestellt und sämtliche Gebühren gestrichen.[1166]

Frankreich hatte seine Staatsbürger für entgangene deutsche Zahlungen während des passiven Widerstands eigenständig entschädigt. Ohne den Druck der Geschädigten konnte die französische Regierung ihrerseits in Gesprächen freier agieren. Großbritannien hatte einen Großteil seiner Forderungen, die zunächst während des Ruhrkampfes weiter vom RAA bearbeitet worden waren, erledigt.

Anlässlich von Verhandlungen zum Ausgleichsverfahren am 29. Oktober 1923 in London wurde in konstruktiven Gesprächen aller beteiligten Parteien verabredet, das Ausgleichsverfahren auslaufen zu lassen. Die

---

1165 Vgl. BArch R 3301–1803 o.Z. Aufzeichnung zu E 9142/23 i. A, : H.44.

1166 Vgl. Verordnung zur zweiten Abänderung des Reichsausgleichsgesetzes, vom 28. Oktober 1923 (RGBl. S. 1011) und Verordnung zur Abänderung des Reichsentlastungsgesetzes und des Liquidationsschädengesetzes vom 4. Juni 1923 (RGBl. S. 305) und der Gewaltschädengesetze vom 28. Juli 1921 (RGBl. S. 1021) in der Fassung der Bekanntmachung vom 10. Juli 1923 (RGBl. S. 591), vom 28. Oktober 1923 (RGBl. S. 1015).

Schuldnerämter der am Ausgleichsverfahren beteiligten Staaten sollten ab dem 1. Mai 1924 keine Anzeigen mehr zulassen. Ein Abkommen zwischen Deutschland und Frankreich vom 1. Dezember 1923 regelte Altfälle. Noch bestehende Verbindlichkeiten an Belgien, die vor dem 20. Januar 1923 von deutscher Seite akzeptiert aber nie ausgezahlt worden waren, wurden von deutscher Seite in monatlichen Raten von zwei Millionen Franc zuzüglich Zinsen innerhalb von drei Monaten beglichen.

Im März 1924 begann die Auflösung der Zweigstellen des RAA.[1167] Die weitere Auflösung des RAA selbst zog sich dagegen noch bis 1930 hinaus, weil die noch offenen Rechtsverfahren zu einem Abschluss gebracht werden mussten.

Besonders Inflationsgeschädigte versuchten höhere Entschädigungen und Nachentschädigungen zu erreichen. Häufig waren die Streitwerte aber nur noch gering, weil auch große Beträge infolge der Währungsumstellung von einer Billion Papiermark zu einer Rentenmark bzw. Reichsmark zusammengeschmolzen waren. Das „Gesetz über die Auflösung des Reichsausgleichsamtes" schloss daher in § 2 weitere Abrechnungen von Beträgen bis zu zwei Reichsmark aus.[1168] Ein direkter Zusammenhang der Auflösung des RAA mit dem Young-Plan konnte nicht nachgewiesen werden. Die Restverwaltung für Reichsaufgaben übernahm die Abwicklung der Behörde. Die Entschädigungsakten fielen wahrscheinlich 1932/33 der Vernichtung anheim.

Insgesamt addierten die Zahlungen im Ausgleichsverfahren auf bis zu 1.690.712.623,48 Goldmark. Das Verfahren hatte damit einen signifikanten Einfluss auf die deutschen Reparationszahlungen, besonders im Rahmen

---

1167 Die Zweigstelle in Weimar war bereits zum 8. September 1923 aufgelöst worden (RGBl. S. 877). Weiterhin wurden ab März 1924 aufgelöst: Nürnberg in der Verordnung vom 20. März 1924 (RGBl. S. 292); Frankfurt/Main und Düsseldorf VO vom 14. Mai 1924 (RGBl. S. 557); Stuttgart in der Verordnung vom 16. August 1924 (RGBl. S. 687); Karlsruhe in der Verordnung vom 11. September 1924 (RGBl. S. 708); Hamburg, Köln, Leipzig und München in der Verordnung vom 10. Oktober 1924 (RGBl. S. 711).

1168 Vgl. Gesetz über die Auflösung des Reichsausgleichamtes vom 24. Juli 1930 (RGBl. S. 351) und ebenfalls die Verordnung zur Anpassung des Liquidationsschädengesetzes und des Reichsausgleichsgesetzes an die Veränderungen der zwischenstaatlichen Verhältnisse vom 10. April 1929 (RGBl. S. 143).

der „Erfüllungspolitik". Im Jahr 1921 zahlte das RAA an die Gegenausgleichsämter Großbritanniens, Frankreichs, Belgiens, Griechenlands und Siam Devisen und Goldmark in einer Größenordnung von 866.524.445,32 Millionen Goldmark aus.[1169] Der Londoner Zahlungsplan vom 6. Mai 1921 legte Deutschland zusätzlich die Zahlung von zwei Milliarden GM bzw. anderen Devisen zuzüglich der Abgabe von 26% des Ausfuhrwertes auf. Damit mussten 2,5 Milliarden GM oder Devisen pro Jahr aufgebracht werden. [1170] Addiert man zu den ca. 0,866 Milliarden aus dem Ausgleichsverfahren die tatsächlich gezahlte eine Milliarde aus dem Zahlungsplan und den Gegenwert der deutschen Sachlieferungen überschreiten die Leistungen zwei Milliarden GM. Möglicherweise erreichten die Gesamtleistungen inkl. der sonstigen Reparationen etwa zweieinhalb Milliarden GM. Es wäre möglich, dass Deutschland 1921 seinen Zahlungsverpflichtungen insgesamt nachgekommen war.

Während für die Reparationen aus dem Zahlungsplan ein kurzes Moratorium von den Alliierten gewährt wurde, liefen die Zahlungen aus dem Ausgleichsverfahren weiter. Bis Ende des Jahres 1922 zahlte Deutschland noch umgerechnet 464.862.344 GM. Auch nach dem Ersuchen um ein Zahlungsmoratorium durch die Regierung Wirth wurde das Ausgleichsverfahren zunächst weiter aufrechterhalten und zeugte dadurch von dem deutschen Willen, die Auflagen nach Möglichkeit zu erfüllen.

Der ständige Druck zum Aufkaufen fremder Devisen erforderte einen wachsenden Geldbedarf, der über eine Vergrößerung der Geldmenge kurzfristig gedeckt wurde und dadurch die Inflationsspirale weiter voran trieb. Eine vorausschauende Haushaltspolitik der deutschen Entscheidungsträger war dadurch weiter erschwert. Für die Siegermächte bot das Ausgleichsverfahren einen leichten Weg die eigenen Verbindlichkeiten und Probleme aus dem Wirtschaftskrieg auf das Deutsche Reich abzuwälzen. Leitragende waren deutsche Gläubiger, die in jedem Fall mit Inflationsgeld entschädigt wurden. Zwar waren deutsche Devisengläubiger gegenüber Markgläubigern

1169 Vgl. Ziffern zum Ausgleichsverfahren im VI. Anhang.

1170 Die Zahlungen des RAA waren nicht Teil der ersten Tranche von einer Milliarde Goldmark zum 31. August 1921. Vgl. zur Zusammensetzung der Tranche: ADAP, Serie A, Bd. 5, Dok. Nr. 110, S. 239.

wegen der höheren Umtauschwerte von Devisen in Papiermark besser gestellt, doch wurde dieser Vorsprung in der Hyperinflation zunichte gemacht.

IV.5 Der Reichs- und Staatskommissar zur Ermittlung von Aufruhrschäden in Oberschlesien

Der schwelende Konflikt um die Festlegung der deutsch-polnischen Grenze belastete die Beziehungen beider Staaten seit Ende 1918. Nach der Niederlage Polens 1920 in der Volksabstimmung um das südliche Ostpreußen, in Allenstein hatten 97,8% und in Marienwerder 93,4% für den Verbleib bei Deutschland gestimmt, wurde die Auseinandersetzung um Oberschlesien intensiviert.[1171] Während der Aufstände polnischer Separatisten in Oberschlesien im August 1920 und Mai 1921 wurde das Gebiet durch Kampfhandlungen sehr in Mitleidenschaft gezogen.[1172] Trotz der erbitternden Kämpfe schlug der Völkerbund das Gebiet keiner der beiden Nationen vollständig zu, sondern teilte den östlichen Teil Oberschlesiens zum 15. Juni 1922 Polen zu. Die permanenten deutsch-polnischen Spannungen waren ein wichtiger Anlass zum Abschluss des Vertrages von Rapallo.[1173]

1171 Vgl. Helmut Pieper, Die Minderheitenfrage und das Deutsche Reich 1919–1933/34, Darstellungen zur auswärtigen Politik, Bd. 15, Göttingen 1974; Bastiaan Schot, Nation oder Staat? Deutschland und der Minderheitenschutz, zur Völkerbundspolitik der Stresemann-Ära, Historische und Landeskundliche Ostmitteleuropa-Studien, Bd. 4, Marburg 1988; Wolfgang Kessler, Elitenwechsel. Die Gebietsabtretungen in Posen-Westpreußen und Oberschlesien 1920–1922 und die regionalen Führungsschichten, in: Günther Schulz (Hrsg.), Vertriebene Eliten. Vertreibung und Verfolgung von Führungsschichten im 20. Jahrhundert, München 2001, S. 57–60; Jochen Oltmer, Migration und Politik in der Weimarer Republik, Göttingen 2005, S. 97–98; Bernard Linek, Die Marginalisierung der deutschen Minderheit im polnischen Oberschlesien während der Zwischenkriegszeit. Das Beispiel Königshütte/Królewska Huta (Chorzów), in: Mathias Beer, Deutschsein als Grenzerfahrung. Minderheitenpolitik in Europa zwischen 1914 und 1950, Essen 2009, S. 189–198; Kaiserová, Lexikon der Vertreibungen, S. 160–163.

1172 Vgl. Benz/Büttner, Gebhardt, Handbuch der deutschen Geschichte, Bd. 18, S. 385.

1173 Vgl. Horst Günther Linke, Der Weg nach Rapallo, Strategie und Taktik der deutschen und sowjetischen Außenpolitik, in: Historische Zeitschrift, Heft 264, 1997, S. 55–109; Krüger, Außenpolitik, S. 151–183.

Die Kämpfe zwischen prodeutschen und propolnischen paramilitärischen Verbänden vor, während und nach der Volksabstimmung über die staatliche Zugehörigkeit von Oberschlesien waren von umfangreichen Verwüstungen geprägt.[1174] Eine hoheitliche Maßnahme Deutschlands das zukünftige Schicksal dieses Gebietes, das von der Interalliierten Kommission für Oberschlesien kontrolliert wurde, zu beeinflussen war es, direkte Hilfe für die Betroffenen vor Ort zu organisieren.[1175] Die Initiative dazu ging vom Deutschen Roten Kreuz aus, das nach dem dritten polnischen Aufstand in Oberschlesien im Mai 1921 an den Reichsminister des Innern mit der Bitte um Unterstützung herangetreten war. Diese Nothilfe sollte auf Grundlage der Richtlinien zur Gewährung von Beihilfen und Unterstützungen im Rahmen von preußischen Gebietsabtretungen vom 10. Juni 1920 gewährt werden.[1176]

Das RIM lud Vertreter des Preußischen Innenministeriums, des RFM und RMfW zu einer diesbezüglichen Sitzung am 10. Juni 1921 in Breslau ein.[1177] Zwar lagen für diese Sitzung keine Protokolle vor, doch der vorzeitige Abdruck von Formularen zur Antragsstellung vom 16. Juni 1921 lässt den Schluss zu, dass in dieser Sitzung grundlegende Fragen über ein Hilfsprogramm des Reiches geklärt worden waren. Primäres Ziel aller beteiligten Ressorts war es, „das Wirtschaftsleben möglichst rasch wieder in Gang" zu bringen.[1178] Ohne die Sicherung der Existenzgrundlage befürchtete die Reichsregierung einen Massenexodus der deutschen Bevölkerung. Beginnend mit der Flucht der besitzenden Schichten bzw. der Arbeitgeber, die von den Aufständischen gezielt verfolgt worden waren, würde die Abwanderung eine Eigendynamik entwickeln. Die Entschädigung dieser Zielgruppen hatte daher Priorität.

In einer Sitzung vom 25. Juni 1921, ebenfalls mit Vertretern des RMfW, RIM, RFM und dem Preuß. Innenministerium, wurde beschlossen, dass aus

1174 Umfangreiches Quellenmaterial und Denkschriften des AA zu den Aufständen in Oberschlesien sind zu finden in: R 3301–2009 Blatt 44–151.

1175 Vgl. Gesetz über den Ersatz der durch die Besetzung deutschen Reichsgebiets verursachten Personenschäden, vom 17. Juli 1922 (RGBl. S. 624).

1176 Vgl. Zentralblatt für das Deutsche Reich, Jg. 1920, S. 871 und BArch R 2–1116 Blatt 2.

1177 Vgl. Sitzungsvermerk in BArch R 2–1116 Blatt 6–7.

1178 Vgl. BArch R 2–1126 Blatt 147.

politischen Gründen den Betroffenen in einer „großzügigen Darlehnsaktion“ geholfen werden sollte. Die Leitung dieses, provisorisch nach dessen Leiter als „Aktion Grolmann“ bezeichneten, Hilfsprogramms hatte der neue Reichs- und Staatskommissar für die oberschlesische Notstandshilfe Siegfried von Grolmann.[1179] Die Notstandshilfe war bis zum Frühjahr 1922 weitgehend abgeschlossen und hatte ein Volumen von umgerechnet 1,668 Millionen GM.[1180]

Das RIM versuchte zunächst die Kompetenzen der Nothilfe an sich zu ziehen und beauftragte das neue Reichs- und Staatskommissariat mit einer von der REK bzw. dem RKA unabhängigen Ermittlung der Schäden. Das RMfW sollte zumindest über den weiteren Verlauf unterrichtet werden.

Allerdings wurde die in Abwicklung befindliche REK beauftragt, Pläne für die weitere Ausgestaltung des Entschädigungsverfahrens in Oberschlesien auszuarbeiten. Eine diesbezügliche Denkschrift wurde von Hiekmann bis zum 20. Juli 1921 verfasst, obwohl dieser zu diesem Zeitpunkt nicht mehr Präsident der REK sondern Reichsbeauftragter für die Abwicklung der kriegswirtschaftlichen Regelungen mit Rumänien war.[1181]

Seine Denkschrift erörterte zu Beginn die verschiedenen Möglichkeiten, um die Alliierten und Polen in Regress für die Schäden zu nehmen. Die Grundlage dafür hätte aus den alliierten Begründungen aus dem Versailler Vertrag abgeleitet werden können. Hiekmann bezweifelte, dass die Alliierten oder Polen einer Entschädigung aus eigenen Mitteln zustimmen würden. Für die deutsche Innenpolitik hätte ein solcher Schritt dann auch nur kurzzeitigen propagandistischen Wert und wäre umso enttäuschender, wenn die Besatzungsmächte oder Polen keine Zahlungen durchführen würden. Auch der Zeitraum, bis Zahlungen auf diesem Weg die Geschädigten erreichen würden, wurde von ihm als zu langwierig eingeschätzt. Daher könnte das Reich Hilfe in Form unverzinslicher oder sehr niedrig verzinster Darlehn anbieten. Nach Meinung von Hiekmann würde die Bewilligung der Anträge für diese Darlehn dennoch Monate dauern, weil Trittbrettfahrer die Gelegenheit für Betrugsversuche nutzen würden. Angesichts von

---

1179 Der RKOS ist nicht zu verwechseln mit dem „Reichs- und Staatskommissar für die Übergabe und Überleitung des oberschlesischen Abstimmungsgebiets“.
1180 Vgl. BArch R 2–1126 Blatt 147.
1181 Vgl. ebd. Blatt 26–38.

Schadenskategorien wie Erpressungs- oder Fluchtschäden, die kaum nachzuweisen waren, ergaben sich entsprechende rechtliche Schlupflöcher.

Es blieb demnach nur die Wahl zwischen summarischen Entschädigungen, die einen Abschluss des gesamten Programms innerhalb von vier bis sechs Monaten erlauben würden, oder der aufwändigen Einzelfallprüfung. Die Dauer der letzteren hing maßgeblich von der Quantität und Qualität der Sachbearbeiter ab, die der Berichterstatter nach dem Stand vom Juli 1921 in keiner Weise als gegeben ansah. Dementsprechend regte Hiekmann an, die Aufgaben des RKOS einer größeren Behörde mit entsprechendem Personal, beispielsweise der Zweigstelle des RKA in Breslau, dauerhaft anzugliedern.

Inwiefern die Denkschrift in die folgenden Entwicklungen Einfluss hatte, konnte nicht direkt anhand der Quellen nachgewiesen werden. Indirekte Hinweise lassen dennoch eine gewisse Wirkung vermuten, weil tatsächlich in den folgenden Wochen sukzessive Experten für Entschädigungsfragen vom RMfW an den RKOS freigestellt wurden.[1182] Die Erhebung der Schadenskategorien für Erpressungs- und Fluchtschäden wurde in den Fragebögen nun nicht mehr verwendet. Stattdessen wurde ein Flüchtlingskommissariat in Oppeln eingerichtet, der eine gesonderte Flüchtlingsfürsorge einrichtete.[1183]

Noch vor dem Abschluss der ersten Notstandshilfe im Frühjahr 1922 wurde das Reichs- und Staatskommissariat für die oberschlesische Notstandshilfe in „Reichskommissar für die Ermittlung der oberschlesischen Aufstandsschäden“ umbenannt.[1184] Am 1. Februar 1923 erfolgte eine Verkürzung auf „Reichskommissar für oberschlesische Schäden“.[1185] Dienstort des Reichskommissars wurde Oppeln. Der RKOS war für die Entschädigung aller in Folge der Kämpfe in Oberschlesien entstandenen Schäden zuständig. Erster Reichs- und Staatskommissar war bis April 1922 GRR Siegfried von Grolmann, dem RR Dr. Engelbrecht im Amt nachfolgte.[1186]

1182 Vgl. BArch R 2–1116 Blatt 57–61.

1183 Vgl. zu den Richtlinien des Flüchtlingskommissars ebd. Blatt 116–123.

1184 Ein genaues Datum konnte nicht festgestellt werden. Die einzige Angabe nennt nur das Jahr 1921. Vgl. Hubatsch, Grundriß, Bd. 22, S. 211. Im Folgenden als „RKOS“ abgekürzt. Die Abkürzung wird auch für die vorhergehenden und nachfolgenden Organisationen verwendet.

1185 Vgl. BArch R 2–24829 o. Z. G 550/23.3710 vom 29. Januar 1923.

1186 Zur Biografie von Siegfried von Grolmann siehe Anhang.

Für die Errichtung des RKOS war die Anpassung der gesetzlichen Regelungen notwendig, weil das Verdrängungsschädengesetz vom 28. Juli 1921 nicht auf Oberschlesien angewandt werden konnte. In einer Anweisung vom 13. Oktober 1921 ordnete der RKOS daher eine gesonderte Ermittlung der Aufstandsschäden in Oberschlesien an. Als Bemessungsgrundlage wurden die durchschnittlichen deutschen Preise im Mai 1921 festgelegt. Die Endentschädigungsrichtlinien wurden vom RMfW erst am 2. Juni 1922 herausgegeben. Am 10. Juli 1922 wurde mit der Novelle des Verdrängungsschäden-Gesetzes in Oberschlesien das Entschädigungsverfahren für Aufruhrschäden ermöglicht. Eine abschließende Regelung wurde mit der Gewaltschädenverordnung vom 28. Oktober 1923 eingeführt.

Die Entschädigungen wurden nur begrenzt auf die sich beschleunigende Geldentwertung angepasst. Grundsätzlich galten bis 1923 weiterhin die Preise vom Mai 1921. Für Hausrat wurde bei den Entschädigungen zunächst ein Aufschlag von 50% gewährt, der in der Folgezeit erhöht wurde. Alle anderen Entschädigungen blieben aber gleich und nur in Ausnahmefällen wurden Beihilfen aus einem Härtefonds gewährt.[1187]

Die ersten Versionen der Richtlinien und Antragsformulare für Vorentschädigungen wurden bereits am 16. Juni 1921 fertiggestellt.[1188] Die Darlehnsvergabe richtete sich in erster Linie an Großgrundbesitzer, kleine und mittlere Landwirte, Schiffsbesatzungen, Handwerker und andere Gewerbetreibende. Größere Industrieanlagen wurden dagegen von Entschädigungen zunächst ausgenommen.

Nach intensiver Bearbeitung der beteiligten Reichsministerien durch die Interessenvertretungen der Industrie wurden ab 1922 zumindest den Unternehmen eine Entschädigung für Produktionsausfälle gewährt, die im bei Deutschland verbleibenden Gebiet ansässig waren und nicht mehrheitlich ausländischen Investoren gehörten.

Die Gewährung der Darlehn wurde Kreisnotstandskommissionen übertragen und diente zur Aufrechterhaltung der Produktion und dem Erwerb lebensnotwendiger Gegenstände. Für Binnenschiffer wurde eine

1187 Vgl. BArch R 2–1126 Blatt 212.
1188 Vgl. BArch R 2–1116 Blatt 8–18.

Sonderkommission beim Wasserbauamt in Oppeln gebildet.[1189] Diese Vorgehensweise wurde von der Annahme geleitetet, dass deutsche Arbeitgeber einen größeren Einfluss auf das Abstimmungsverhalten bzw. die Loyalität ihrer Arbeitnehmer hatten. Daher sollten sie im Abstimmungsgebiet gehalten werden.

Die Wirkung der Darlehn war auf die nächsten Monate beschränkt. Diese Maßnahme sollte verhindern, dass die bewilligten Kredite den Antragstellern einen Wettbewerbsvorteil ermöglichten. Die Richtigkeit der Angaben hatten die Kreisnotstandskommissionen zu prüfen, die durch Sachverständige des RMfW unterstützt wurden. Dennoch zogen sich die Prüfungen hin und die Verbitterung der Antragsteller wuchs. Bis Mitte August 1921 konnte keine arbeitsfähige Entschädigungsorganisation geschaffen werden, wie der Bevollmächtige für den Regierungsbezirk Oberschlesien bei Reichsminister Rathenau am 17. August 1921 beklagte.[1190] Nach seiner Ansicht herrschte bei den Betroffenen tiefste Enttäuschung über den Stillstand bei den Entschädigungen. Am 31. August wurde die gesamte Federführung im Entschädigungsverfahren vom RIM an das RMfW übertragen.[1191]

Für die Schadensermittlung wurden sowohl im besetzten Oberschlesien als auch im unbesetzten Oppeln Verwaltungsstellen eingerichtet. Das RKOS in Oppeln umfasste fünf höhere und einen mittleren Beamten, sowie 20 Angestellte. Der RKOS war unterteilt in Abteilungen. Die allgemeine Verwaltung war mit der Bearbeitung aller Sachfragen der Zentrale und der Außenstellen betraut. Dazu kamen Abteilungen für: „Kassen- und Finanzwesen, die Bearbeitung der Transportschäden, die Nachprüfung der von den örtlichen Kommissionen bearbeiteten Fragebogen, endlich die Kartothek und die Abteilung zur Erledigung von Anmeldungen, Anträgen und Gesuchen, die durch andere Dienststellen oder die Geschädigten unmittelbar hier eingehen“.[1192]

Die Außenstellen wurden nach geografischen Gesichtspunkten anhand der Kreiseinteilung festgelegt und ihre Arbeitsweise nach der Anweisung des

---

1189 Vgl. dazu die Ausführungsbestimmungen BArch R 2–1116 Blatt 19–24 und 57–59.

1190 Vgl. BArch R 2–1116 Blatt 84.

1191 Vgl. Besprechung vom 23. August 1921 ebd. Blatt 85 und 245–250.

1192 Vgl. BArch R 2–1119 Blatt 23.

Reichskommissars vom 26. Oktober 1921 organisiert. Kreiskommissionen befanden sich demnach in: Beuthen, Gleiwitz, Groß-Strehlitz, Hindenburg, Kattowitz, Königshütte, Kosel, Kreuzburg, Lublinitz, Oberglogau, Oppeln, Pless, Ratibor, Rosenberg, Rybnik und Tarnowitz. Die Außenstellen bestanden in der Regel aus einem Vorsitzenden und zwei bis drei Hilfskräften, die sowohl landwirtschaftliche als auch gewerbliche Schäden bearbeiteten. Für Oberschlesien wurde eine Ermittlungskommission aus einem Hauptvorsitzenden, 19 stellvertretenden Vorsitzenden und 197 Mitgliedern und deren Stellvertretern gebildet. Die eigentlichen Ermittlungen in den Kreisen wurden durchschnittlich von einem stellvertretenden Vorsitzenden und zwei Mitgliedern durchgeführt. Bei schwierigeren Nachforschungen konnte die Zahl der Mitglieder angepasst werden.

In Oberschlesien wohnhafte Geschädigte reichten ihre Anträge bis zum 1. Januar 1922 bei einer der Außenstellen ein, während nicht mehr in Oberschlesien wohnhaften Geschädigten dazu eine Frist bis zum 1. Februar 1922 gesetzt wurde. Alternativ konnten die Anträge bei den Stellen der Nothilfe abgegeben oder dem RKOS direkt zugesandt werden. Nach der Anmeldung der Schäden mussten die Antragsteller, möglichst unter Anleitung bei der Kreiskommission, Fragebögen ausfüllen. Folgende Schadensarten wurden unterschieden: Gewerbeschäden, Hausratschäden, Landwirtschaftsschäden, Personenschäden und Kleinschäden. Entscheidend war, dass die Schäden in Folge der polnischen Aufstände entstanden waren und den genannten Schadensarten entsprachen. Die Bemessung der Entschädigungen wurde mit Hilfe von einheitlichen Preisverzeichnissen berechnet, die vom RKOS erstellt wurden. Mit Hilfe der Fragebögen und der Ermittlungen vor Ort wurde von den Kreiskommissionen ein vorläufiger Schadensumfang berechnet und an den RKOS weitergeleitet.

In der dortigen Kartei wurden die ermittelten Entschädigungsansprüche mit bereits erhaltenen Leistungen verrechnet. Aufgrund der zahlreichen Unterstützungsstellen für Oberschlesien war dieser Abgleich schwierig. Im Gebiet waren sieben Hilfsorganisationen aktiv: Oberschlesisches Hilfswerk, Verbände heimattreuer Oberschlesier, Rotes Kreuz, Zentralstelle von Kahlden, Selbstschutz, Schlesischer Ausschuss und das Fürsorgeamt für Beamte. Die erwähnte Notstandshilfe nahm eine Sonderstellung ein. Alle Hilfsorganisationen, die in der Regel aus öffentlichen Mitteln maßgeblich alimentiert worden waren, hatten über Auszahlungen an Geschädigte dem

RKOS zu berichten. Entschädigungen wurden zunächst bis zu einer gewissen Höhe in bar ausgezahlt. Diese Bemessungsgrenze lag im Juni 1922 bei 200.000 PM.[1193] Über diesem Wert zu zahlende Entschädigungen wurden in Schatzanweisungen geleistet, die mit 4% verzinst wurden. Über einen Zeitraum von fünf Jahren konnte der Entschädigte jährlich bis zu 20% der Summe abheben. Überzählige Beträge aus der Verzinsung wurden am Ende in bar ausgezahlt. Vom Barbetrag und den Schatzanweisungen wurden die erwähnten Vorleistungen der Hilfsorganisationen abgezogen. Anhand eines Beispiels aus den Quellen des Bundesarchivs kann dieser Vorgang veranschaulicht werden:[1194]

Der Fabrikbesitzer Emil Windmüller, ehemals wohnhaft in Kattowitz, wurde am 21. Juni 1922 eine Zahlungsanweisung ausgestellt. Ihm wurde eine Darlehnsabfindung in Höhe von 678.300 PM zugesprochen, von der Vorentschädigungen der Notstandshilfe in Höhe von 125.000 PM und eines Darlehns von 150.000 PM des Selbstschutzes abgezogen wurden. Daher verblieben noch 403.300 PM. Nach Verrechnung der Abzüge und Aufschläge, letztere entstanden in Folge der Inflation zwischen der Erstunterstützung im Jahr 1921 und der Zahlungsanweisung im Juni 1922, wurden Herrn Windmüller noch 2.500 PM in bar ausgezahlt. Weitere 15.800 PM wurden an die Hilfsorganisationen abgeführt. Die verbleibenden 385.000 PM wurden in Schatzanweisungen geleistet, die in fünf Jahren mit jährlich 77.000 PM belastet werden konnten.

Nach Abschluss des Vergleichs mit der Kartei wurden die Ergebnisse an die Abteilung für Feststellung zur rechnerischen Prüfung weitergeleitet. Von dort gelangten die Fragebögen zur Nachprüfung an die Dezernenten der Schadensbezirke. Dort wurde die bewilligte vorläufige Schadenssumme eingetragen. Erfolgte dies aufgrund von sachlichen Mängeln nicht, wurden die Fragebögen an die zuständigen Kreiskommissionen zur Überprüfung zurückgesendet. Die Nachprüfung konnte auch die Ablehnung des Antrages zur Folge haben.

Das entscheidende Problem war die Beweisführung im Bearbeitungsverfahren. Ein erlittener Schaden musste belegt werden durch: eidesstattliche Aussage von Zeugen, eidesstattliche Aussagen des Geschädigten, Quittungen,

1193 Vgl. BArch R 2–1121 Blatt 3.
1194 Vgl. ebd. Blatt 19.

Rechnungen, Requisitionsscheine, Geschäftsbücher, Leumundszeugnisse und schließlich durch Inaugenscheinnahme des Schadens vor Ort.

Der Bearbeitung der Kreiskommissionen wurden allerdings einige Schadensarten von vornherein entzogen. Hinsichtlich von Personenschäden wurden nur Beweise gesammelt. Die Schadensfestsetzung erfolgte durch den RKOS unter Hinzuziehung von Amtsärzten. Bargeldschäden wurden nicht voll erstattet und auch nur nach Rücksprache mit dem zuständigen Finanzamt. Transportschäden, beispielsweise auf dem Schienenweg, waren in der Regel nicht auf das Gebiet eines Kreises festzulegen und wurden daher von einer Sonderkommission beim RKOS bearbeitet. Forstschäden wurden wegen ihrer Komplexität von Sachverständigen des RKOS eingeschätzt. Bei den Schäden der Binnenschiffer war dagegen das Wasserbauamt zuständig. Auch für die Industrieschäden wurden Sonderkommissionen gebildet.[1195]

Die Hilfszahlungen in Oberschlesien waren innerhalb der obersten Reichsbehörden nicht unumstritten. Das RFM versuchte Kosten im Reichshaushalt zu reduzieren und in den Gebieten, die wahrscheinlich an Polen fallen würden, die Nothilfe zu reduzieren. Eine entsprechende Sichtweise geht aus einem Schreiben vom 29. August 1921 hervor. Darin wurde Bezug genommen auf eine Sitzung vom 23. August, in der die Ausweitung der Nothilfe auf ganz Oberschlesien aus politischen Gründen als absolut notwendig erachtet wurde. Dieser Sicht schloss sich das RFM mit der Einschränkung an, „dass die Aktion in den voraussichtlichen Abtretungsgebieten mit starker, wenn auch nicht äußerlich auffälliger Reserve in Gang gesetzt wird. Ich halte es angesichts der Finanzlage des Reiches nicht für vertretbar, fremd gesinnte Bevölkerungskreise aus Reichsmitteln für den Tag des Übergangs in die neue Staatshoheit gleichsam auszusteuern."[1196] Eventuell dadurch geschädigte loyale Deutsche müssten später auf anderen Wegen entschädigt werden.

In einer Besprechung vom 3. September 1921 verweigerte ein Vertreter des RFM dann auch die Gelder für Entschädigungen in den Kreisen Pless

1195 Vgl. zum gesamten Verfahren BArch R 2–1119 Blatt 23–25.
1196 Vgl. BArch R 2–1116 Blatt 202.

und Rybnik.[1197] Hintergrund der Entscheidung gegen eine Unterstützung für die beiden Landkreise war die Aussage des Vertreters des RFM Stern, dass Unsicherheit bestand „ob sich Pless und Rybnik würden retten lassen".[1198] Bei Grolmann entstand bei den Ausführungen von Herrn Stern der Eindruck, dass dieser ihn öffentlich bloßstellen und zum Rücktritt auffordern würde, was Grolmann dann auch tat.[1199]

Das RMfW griff daraufhin ein und unter Vermittlung von StS Müller konnte Grolmann von einem offiziellen Rücktrittsgesuch abgehalten werden. Das RFM konnte RR Stern aber nicht zu einer Entschuldigung bewegen, die Reichs- und Staatskommissar Grolmann befriedigte. Daraufhin brach das RMfW seine Vermittlungsbemühungen ab. Am 16. September 1921 erklärte das RFM gegenüber Grolmann, dass die Äußerungen von RR Stern nicht der offiziellen Haltung des RFM in dieser Frage entsprochen hätten.[1200] Dennoch beharrte das RFM weiterhin darauf, möglichst wenig Reichsmittel für diejenigen Abstimmungsgebiete aufzuwenden, die mehrheitlich für einen Anschluss an Polen optiert hatten.[1201]

Daraufhin wandte sich der Reichsinnenminister in einem ausführlichen Schreiben an den Reichsfinanzminister, indem er die besondere Bedeutung der Notstandshilfe auch in den Landkreisen unterstrich, die möglicherweise an Polen fallen würden. Demnach war jeder Deutsche, der durch die Nothilfe in Oberschlesien verbleiben könnte, ein Argument mehr für den Verbleib bei Deutschland. Sollte das Gebiet dennoch abgespalten werden, wären

1197 Das Sitzungsprotokoll existiert nur als eine unvollständige Version. Vgl. ebd. Blatt 132–133.

1198 Vgl. BArch R 2–1116 Blatt 93. Beide Kreise wurden vom Völkerbund tatsächlich in der folgenden Teilung an Polen abgegeben.

1199 Vgl. ebd. Blatt 110–111.

1200 Vgl. BArch R 2–1116 Blatt 126.

1201 Vgl. Besprechung vom 15. Oktober 1921 über die Gewährung von Sonderkrediten an geschädigte Handwerker. Das RFM wollte hier nur private Banken, namentlich die Preußische Zentral Genossenschaftsbank, für die Gewährung von Darlehn heranziehen. Letztendlich blieb das RFM mit dieser Sicht aber allein. Stattdessen wurde mit Rücksicht auf die Pionierfunktion der Handwerker im zukünftig polnischen Gebietsteil eine Darlehnsaktion gewährt, die aus überschüssigen Mitteln von 10 Millionen PM der ursprünglichen Darlehnsaktion gespeist wurde. Vgl. BArch R 2–1117 Blatt 17–18.

die verbleibenden Deutschen „wertvolle Pioniere des Deutschtums“.[1202] Am 13. September 1921 erklärte sich das RFM damit einverstanden, die Nothilfe auch auf die Kreise Pless und Rybnik auszuweiten.[1203] Am 16. Oktober 1921 wurde zur Beschleunigung der Verfahren eine Entschädigung über Vergleiche mit den Antragstellern bis zu einem Schadenswert von 20.000 Papiermark gewährt. Damit waren aber nur Vergleiche in den Fällen mit niedrigen Schadenssummen zulässig, die auch einwandfrei dokumentiert und anerkannt waren. Mit der Entscheidung über eine Abtrennung Ostoberschlesiens wurden die Vergleiche für diese Gebiete Anfang November 1921 eingestellt.[1204]

Bis zum Herbst 1921 hatte die Organisation der Notstandsmaßnahmen einige Fortschritte aufzuweisen. Die Fragebögen zur Schadensermittlung waren den Kreisnothilfekommissionen zugegangen und wurden dort weiter mit den dort eingegangenen Anmeldungen abgeglichen. Die Kreiskontrollkommissionen waren fast vollständig besetzt. Die Richtlinien für die Tätigkeit der Kommissionen waren weitgehend fertiggestellt und bedurften noch einer abschließenden Besprechung der beteiligten Ressorts. Unerwarteten Widerstand leistete die Interalliierte Kommission für Oberschlesien, die zunächst eine Tätigkeit des RKOS und seiner Dienststellen in Oberschlesien untersagte. Erst nach britischer Vermittlung konnte die Schadensermittlung im Oktober 1921 beginnen.[1205]

Nach dem Bekanntwerden der Teilungspläne für Oberschlesien trat die Entschädigungsermittlung in zwei neue Phasen ein. Für den beim Deutschen Reich verbleibenden Teil Oberschlesiens lief das Entschädigungsverfahren allmählich aus. Die Entschädigungsverfahren wurden nun sukzessive an das RKA bzw. dessen Nachfolger dem REAK zur endgültigen Bearbeitung überwiesen. Dem RKOS wurde dagegen die fortgesetzte Erhebung der entstandenen Schäden übertragen.[1206]

1202 Vgl. BArch R 2–1116 Blatt 95.
1203 Vgl. ebd. Blatt 124.
1204 Vgl. BArch R 2–1117 Blatt 4 und 42–43.
1205 Vgl. BArch R 2–1116 Blatt 278.
1206 Vgl. Schreiben des RFM vom 7. November 1921 in: BArch R 2–1117 Blatt 97–98. Vgl. auch die Besprechung vom 18. November 1921 in: ebd. Blatt 104–108.

Dagegen mussten in den Abtretungsgebieten neue Wege gefunden werden. Diese Überlegungen waren nun ganz von dem Ziel durchdrungen, die deutsche Bevölkerung im nun polnischen Teil Oberschlesiens zu halten.[1207] Ein zentraler Streitpunkt war auch weiterhin die Haltung des RFM gegen jegliche Erhebungen im Abtretungsgebiet, die den Geschädigten irgendeine Art von Rechtstitel für eine spätere Entschädigung durch das Deutsche Reich einräumte. Der Streit zwischen dem RMfW, AA und RIM, die eine genaue amtliche Dokumentation befürworteten, auf der einen Seite und dem RFM, das nur eine unverbindliche Bestandsaufnahme anstrebte, auf der anderen Seite eskalierte weiter. Die drei Ministerien vertraten die Ansicht, dass es im außen- und innenpolitischen Interesse sei, dass eine amtliche Erfassung aller Schäden durchgeführt werden müsste. Die Ergebnisse hätten dann in zukünftigen Verhandlungen ein größeres Gewicht. Eine Erhebung durch die Geschädigten selbst, wie es das RFM befürwortete, würde keine belastbaren Ergebnisse erbringen. Am 17. Dezember wandte sich das RMfW nun an die Reichskanzlei, um in diesem Streitpunkt eine Entscheidung herbeizuführen.[1208] Während der Kabinettssitzung am 4. Januar 1922 wurde der Fall erörtert und eine Einigung auf den Standpunkt des RFM erzielt.[1209] Statt über die Kreisnothilfekommissionen, die im Polen zugesprochenen Abtretungsgebiet nicht länger tätig sein konnten, wurde über die Selbsthilfeorganisationen der Betroffenen, namentlich den Vereinigten Verbänden heimattreuer Oberschlesier, eine neue Schadensermittlung etabliert. Übergangsweise wurde zwischen dem Beschluss zur Teilung Oberschlesiens und der tatsächlich Abtrennung des Gebiets eine gemischte Kommission aus deutschen und polnischen Mitgliedern zur Erhebung der Schäden eingesetzt. Diese Maßnahme wurde von der Interalliierten Kommission auf Druck Frankreichs initiiert.

1207 Grolmann forderte vehement auch weiterhin die Deutschen im Abtretungsgebiet zu unterstützen, weil diese sich häufig ganz besonders für den Verbleib bei Deutschland eingesetzt hätten. Es müssten daher Wege gefunden werden, diesen Entschädigungen zukommen zu lassen. Vgl. BArch R 2–1117 Blatt 28–29.

1208 Vgl. BArch R 2–1117 Blatt 238–239.

1209 Vgl. ARWR, Kab. Wirth I und II, Bd. 1, Nr. 180 vom 4. Januar 1922, S. 497–498.

Analog zu den übrigen Interessenvertretungen wurden die VVhO in Breslau, als einzige amtlich anerkannte Dachorganisation der Oberschlesier, mit der Wahrnehmung des Vorprüfungsverfahrens beauftragt, sofern die Antragsteller in Nieder- oder Oberschlesien ansässig waren. Bei einem Wohnort im restlichen Reichsgebiet wurde eine Spruchkammer des REAK bzw. einer der anderen Dachorganisationen des Deutschen Ostbundes oder des Hilfsbundes der Elsass-Lothringer im Reich mit der Vorprüfung beauftragt.[1210] Dieser Regelung waren erbitterte Auseinandersetzungen zwischen dem Ostbund, VVhO und dem RMfW vorausgegangen. Die Mitglieder des VVhO lehnten das Vorgehen des Ostbundes ab, die Kontrolle über die Interessen der Oberschlesier als Alleinvertretung auf Reichsebene zu übernehmen. Gleichzeitig verweigerte sich der Oberschlesische Flüchtlingsbund einer Zusammenarbeit mit dem VVhO. Erst nach einer langwierigen Vermittlung konnte eine Einigung erzielt werden.

Zusätzlich zu den Vorprüfungsstellen in Oppeln, Gleiwitz, Beuthen und Waldenburg wurden auf Wunsch des VVhO weitere Stellen eingerichtet.[1211] Dazu gehören Breslau, Berlin, Leipzig, Essen, Bochum und Düsseldorf.[1212] Für weitere Vorprüfungsstellen in Weimar, Hamburg und Bremen verweigerte das RFM die Finanzierung.

Im Zuge der Entlassungswelle im öffentlichen Dienst Ende 1923 wurde auch der RKOS einer Überprüfung unterzogen. Aus politischen Gründen wurde eine Auflösung zu diesem Zeitpunkt nicht in Betracht gezogen.[1213] Der RKOS wurde, möglicherweise im Rahmen der deutschen Minderheitenpolitik in Polen, sogar erweitert. Aus der preußischen Verwaltung wurde eine „Feststellungsbehörde“ übernommen, die die Entschädigungen für Besatzungs- und Personalschäden durchführte. Neu eingerichtet wurde nach der Teilung Oberschlesiens das „Fürsorgeamt für Beamte aus dem

---

1210 Vgl. Bekanntmachung vom 2. August 1922 (Zentralblatt für das Deutsche Reich Nr. 38). Aufgrund der Spaltung der oberschlesischen Geschädigten war der VVhO zunehmend unfähig die Interessen beider Gruppen zu verfolgen. Daher entstanden in der Folgezeit erneut lokale und regionale Abspaltungen, die über eigene Eingaben bei den Behörden und Parlamenten auf ihre Klagen aufmerksam zu machen.

1211 Vgl. dazu auch Bekanntmachung vom 20. Dezember 1921 (DRA Nr. 300).

1212 Vgl. BArch R 2–24829 o. Z. Abschrift zu A.8111.

1213 Vgl. BArch R 3301–2008 Blatt 207.

Grenzgebiete". Die Personen- und Sachschäden wurden von „Ermittlungskommissionen" festgestellt. Inwiefern später eine weitere Beziehung, außer im Bereich der Entschädigungen, zwischen RKOS und den VVhO bestand konnte nicht festgestellt werden.[1214]

Ein später immer wieder hervorgebrachter Kritikpunkt der Geschädigten waren die Entschädigungszahlungen. Bis zum 1. April 1922 zahlte der RKOS nur 36 Millionen Papiermark an Entschädigungen aus und geriet nachfolgend in die Kritik der Verschleppung.[1215] Zum einen richtete sich die Kritik an die Verfahrensweise, nach der die verdrängten Oberschlesier nach dem Gewaltschädengesetz bzw. der Gewaltschädenverordnung vom 28. Oktober 1923 endentschädigt wurden. Aufgrund der rechtlichen Anpassungen wurden die Entschädigungen teilweise drastisch gesenkt. Reichskommissar Engelbrecht bekam die Wut der Betroffenen mit heftigen Anfeindungen in Zuschriften und Presseartikeln zu spüren.[1216] Diese Entwicklung führte zu nicht abreißenden Klagen der Interessenvertretungen, die eine höhere Entschädigung einforderten. Begründet wurden die Forderungen mit den Versprechungen und Parolen der Reichstagsparteien und der Reichsregierung vor und nach der Abtrennung, die auf eine möglichst langen Verbleib der bedrohten deutschen Bevölkerungsgruppe in Ostoberschlesien abzielten. Die ersten Entschädigungsauszahlungen wurden vielerorts erst nach ausgiebigen Begutachtungen von Schadensermittlungsgruppen im Frühjahr und Sommer 1922 aufgenommen. Grundlage der Entschädigung waren aber die Mai Preise von 1921, von denen noch ein Prozentsatz von bis zu 70% als Abnutzungsgebrauchswert abgezogen wurde.

Als Stichtag der Schadensermittlung wurde im Gewaltschädengesetz der 30. September 1922 festgelegt. Alle bis dahin entschädigten Personen waren mit teilweise fast wertlosem Inflationsgeld entschädigt worden. Alle nach dem Stichtag entschädigten Personen wurde eine Inflationsbeihilfe von bis zu 80% des Schadenswertes gewährt. Die dadurch hervorgerufene

---

1214 Vgl. BArch R 3301–1739 o. Z. Angaben zur Finanzierung der Verbände heimattreuer Oberschlesier.

1215 Vgl. BArch R 3301–1798 o. Z. Aufruhrschäden in Oberschlesien und R 2–1126 Blatt 18–20. Ein Merkblatt für Schäden in Oberschlesien ist überliefert in: R 3301–1799 o. Z.

1216 Vgl. entsprechende Quellen in: BArch R 2–24829 o. Z.

Zweiteilung der Geschädigten war einer der Gründe für die erwähnte Verbitterung.[1217]

Der RKOS ging bis Ende März 1924 in der Zweigstelle des REAK in Oppeln als Abwicklungsstelle auf und wurde im Verlauf der Auflösung des RMfW zum 12. Mai 1924 in das RFM integriert.

IV.6 Die Entwicklung der Entschädigungsverwaltung

Erste Grundlagen des deutschen Entschädigungswesens

Wegen der Zerstörungen in Ostpreußen und Teilen von Elsass-Lothringen wurde am 3. Juli 1916 das Gesetz über die Feststellung von Schäden im Reichsgebiet veröffentlicht.[1218] Im Rückblick auf die letzten Erfahrungen mit Entschädigungen für Kriegsschäden aus dem Deutsch-Französischen Krieg von 1870/71 wurde eine Entschädigungsregelung in der ersten Phase des Ersten Weltkrieges nicht für nötig befunden. Erst mit der Dauer des Krieges, den Leiden der Opfer und einem nicht absehbaren Ende der Kampfhandlungen schritt die Reichsleitung zur Erarbeitung einer ersten Entschädigungsordnung.

Darin wurden einheitliche Grundsätze für die Gewährung von Vorschüssen und Vorentschädigungen für durch Kriegseinwirkung entstandene Sachschäden gewährt. Die Prüfung der Anträge und die Auszahlung der Gelder erfolgten über die Bundesstaaten und Elsass-Lothringen. Bis Kriegsende wurden zahlreiche Anträge bearbeitet, aber eine Endentschädigung sollte erst nach dem – für Deutschland siegreichen – Friedensschluss erfolgen.

Bereits während des Krieges waren im Deutschen Reich Informationen über die zunehmende Entrechtung der Auslandsdeutschen und den Eingriffen der Feindmächte in deren Besitz bekannt geworden.[1219] Daraus erwuchsen, nicht zu Letzt aufgrund der Forderungen von im Ausland geschädigten Inlandsdeutschen, Planungen für Entschädigungen. Der Einmarsch der Alliierten in das Rheinland im Zuge der Waffenstillstände veranlasste die Reichsregierung Entschädigungen für deutsche Opfer zu leisten. Hierbei

---

1217 Vgl. BArch R 2–1126 Blatt 38–39.
1218 Vgl. RGBl. Jg. 1916, S. 673.
1219 Zum Begriff „Auslandsdeutschtum“ vgl. Sebastian Conrad, Globalization and the Nation in Imperial Germany, Cambridge 2010, S. 386–387.

handelte es sich in erster Linie um Personen, die unter Eingriffen alliierter Soldaten und Behörden in ihren Besitz litten oder bereits gelitten hatten. Maßgeblich war hier das Gesetz über die Vergütung von Leistungen für die feindlichen Heere im besetzten Reichsgebiet und über die vereinfachte Abschätzung von Kriegsleistungen für das deutsche Heer vom 2. März 1919.[1220]

Damit verfügten das Reich und die Bundesstaaten bei Friedensschluss über ein ausdifferenziertes und durch juristische Entscheidungen der Gerichte weiterentwickeltes Instrumentarium, um die Geschädigten mit Beihilfen, Vorschüssen und sonstigen Unterstützungen zu versorgen. Diese Maßnahmen betrafen nach dem Waffenstillstand nicht mehr nur Kriegsschäden. Der Schadensbegriff wurde auch auf Kriegsfolgeschäden erweitert. Die deutschen Verwaltungsstellen waren in der Lage, zusätzlich auch Vertriebene aus Elsass-Lothringen, Flüchtlinge aus den umkämpften Ostgebieten und die sukzessive ankommenden Auslands- und Kolonialdeutschen mit Geldzahlungen zu unterstützen. Diese Erstversorgung hatte aber nur provisorischen Charakter.[1221]

Die lokalen Behörden der Erstaufnahmegebiete waren schnell mit der unerwarteten Massenmigration überfordert und die Versorgung drohte zusammenzubrechen. Das betraf zuerst die badischen Behörden, die mit Hunderttausenden mittelloser Elsass-Lothringer konfrontiert wurden. Die deutschen Behörden rund um die Provinzen Posen und Westpreußen

---

1220 Vgl. RGBl. Jg. 1919, S. 261. Nach §1a des Gesetzes wurden die Leistungen nach dem Gesetz über die Kriegsleistungen vom 13. Juni 1873 (RGBl. S. 129) und dessen Verordnungen bemessen. Darüber hinaus gehende Leistungen wurden nach §1b vergütet. Nach §8 wurden bei der REK Beschwerdesenate eingerichtet. Diese Senate waren wie die späteren Spruchkommissionen mit einem Vorsitzenden und zwei Beisitzern besetzt und waren möglicherweise die Vorlage der Spruchkommissionen. Zur Ausgestaltung der Beschwerdesenate und des Entschädigungsverfahrens vgl.: Bekanntmachung der REK vom 22. April 1919 und BArch R 3301–2032 Blatt 59–74.

1221 Beispielsweise wurde die Notversorgung der Elsass-Lothringer zunächst dem RIM übertragen. Zuständig war in diesem Fall eine Zweigstelle der Abteilung für Elsass-Lothringen mit Sitz in Lahr. Dort wurden alle staatlichen Leistungen für Beamte, Lehrer, Geistliche und Ruhegehaltsempfänger bearbeitet. Dies betraf Wiedereingliederungen, Gehaltszahlungen, Inflationszulagen, Verdrängungsbeihilfen und Ruhegehälter. Vgl. BArch R 3301–1n Blatt 36.

mussten sich ab Dezember 1918 wegen der polnischen Aufstände auf Flüchtlingsmigrationen einrichten. Durch die Entstehung der revolutionären Räte, die teilweise in Konkurrenz zu den Behörden agierten, wurde die Situation zusätzlich verkompliziert.

Zur Überbrückung der ersten Notlagen bildeten sich spontan private Vereine der Geschädigten, die über Spenden Unterstützungen leisteten. Das Reich und die Länder gewährten den Hilfsvereinen über die öffentlichen Darlehnskassen Überbrückungskredite. Rechtlich war diese Vergabe von öffentlichen Geldern an private Vereine problematisch, stieß aber nicht auf politischen Widerstand. Alle politischen Lager zeigten sich gegenüber den Betroffenen aus unterschiedlichen Motiven solidarisch. Die Hilfsvereine füllten die Versorgungslücke, die weder das Reich noch die Bundesstaaten in der revolutionären Übergangsphase überbrücken konnten. Mangels einer zentralen Steuerung der Migrationsströme verteilten sich die Flüchtlinge, Verdrängten und Vertriebenen über das Reichsgebiet. Als Folge davon bildeten sich regionale Landes- bzw. Provinzial- Organisationen der Geschädigten, die sich Ende 1919 zu reichsweiten Interessenvertretungen zusammenschlossen. Die beiden wichtigsten waren der „Bund der Auslandsdeutschen" und der „Verband der im Auslandgeschädigten Inlandsdeutschen".[1222]

Erst mit dem „Gesetz über Enteignungen und Entschädigungen aus Anlass des Krieges" vom 31. August 1919 wurden Grundlagen für eine einheitliche Gestaltung des Entschädigungswesens im Bereich der Liquidationsschäden geschaffen.[1223] Die zugehörigen Richtlinien konnten aber erst am 15. November 1919 veröffentlicht werden.[1224] Als neue Schadensgruppe wurden in den Richtlinien auch „Verschleuderungsschäden" berücksichtigt. Diese entstanden, wenn unter der Notsituation der Flucht oder Vertreibung Sachwerte unter Wert veräußert wurden oder wenn der zurückgelassene Besitz unter Wert, beispielsweise im Rahmen einer Auktion, veräußert wurde.

1222 Vgl. Bekanntmachung des Reichsministers für Wiederaufbau vom 24. Februar 1920 (DRA Jg. 1920, Nr. 54 vom 4. März 1920).

1223 Vgl. RGBl. Jg. 1919, S. 1527.

1224 Vgl. Richtlinien der Reichsregierung für die Gewährung von Vorschüssen, Beihilfen und Unterstützungen für Schäden Deutscher im Auslande aus Anlass des Krieges, vom 15. November 1919, in: DRA Nr. 267 vom 21. November 1919.

Verschleuderungsschäden waren für Reichsdeutsche mit Belegen anzumelden, um dafür Vorentschädigungen zu erhalten.

Im Versailler Friedensvertrag waren Entschädigungsleistungen verbindlich festgelegt worden. Deutschland musste auf sämtliche völkerrechtlichen Ansprüche auf, während des Krieges enteignetes oder anderweitig entzogenes, deutsches Eigentum verzichten. Im Versailler Vertrag waren die Artikel 260, 297 und 439 maßgeblich für die Auflage Deutschlands zur Entschädigung seiner eigenen Staatsbürger. Artikel 260 bezog sich auf sämtliche deutschen Beteiligungen und Rechte auf den Gebieten, die vor Kriegsausbruch zu Bulgarien, China, Russland, der Habsburger Monarchie oder der Türkei gehört hatten. Der Wiedergutmachungsausschuss besaß bis 1921 das Recht zum Entzug jeglicher deutschen öffentlichen und privaten Beteiligungen bzw. Rechten in besagten Gebieten. Für dabei entstandene Verluste seiner Reichsangehörigen musste Deutschland Entschädigungen leisten.[1225]

In Artikel 297 wurde das Deutsche Reich verpflichtet, „seine Angehörigen wegen der Liquidation oder Einbehaltung ihrer Güter, Rechte oder Interessen in den alliierten oder assoziierten Ländern zu entschädigen." Dieser Passus bezog sich auf die während des Krieges erfolgten Liquidationen deutschen Eigentums.[1226]

Finanzielle Ansprüche gegenüber Neutralen, die ohne Kriegserklärung auf Druck der Alliierten gegen deutsches Eigentum vorgegangen waren, durften von Deutschland in keinster Weise verfolgt werden. Entsprechende Vorschriften wurden in Artikel 439 festgehalten.[1227] Die dadurch entstandenen Schadensgruppen waren vielfältig und wurden nach dem Friedensschluss ausdifferenziert. Hauptkategorien bildeten die Auslands-, Gewalt-, Kolonial- und Liquidationsschäden, die wiederum in eigene Schadensarten ausdifferenziert wurden.

Im Vorentschädigungsverfahren wurden ohne Beweisführung Unterstützungen an Deutsche gewährt, die nachweislich bei Kriegsbeginn ihren Hauptwohnsitz im Ausland hatten oder wegen ihrer ethnischen Zugehörigkeit interniert worden waren. Traf dies zu, konnten im Vorentschädigungsverfahren

1225 Vgl. Gesetz über den Friedensschluss, vom 16. Juli 1919 (RGBl. S. 687, hier: S. 1069).
1226 Vgl. ebd. S. 1135.
1227 Vgl. RGBl. Jg. 1919, S. 1325–1327.

bis zu 50% des ermittelten Schadenswertes ausgezahlt werden. Als Anreiz für eine Wiederansiedlung im Ausland wurde für Auslandsdeutsche eine Vorentschädigung von bis zu 75% auf Nachweis gewährt. Allerdings basierte die Schadensfestsetzung auf den Friedenspreisen vom 31. Juli 1914 und blieb bei einfachen Unterstützungen zunächst auf maximal 1.500 Papiermark pro Person beschränkt.[1228] In Ausnahmefällen konnten höhere Unterstützungen gewährt werden. Im Verlauf der steigenden Inflationsrate wurde diese Ausnahme aber bald zur Regel, weil sich das Endentschädigungsverfahren über Jahre hinzog. Für die Gruppe der im Aus- oder Inland Geschädigten war der Verlust ihres Besitzes häufig existenzgefährdend. Die Folge war eine wachsende Verschuldung zur Sicherung der Existenzgrundlage. Als Pfand konnte die später zu erwartende Entschädigung verwendet werden. Allerdings waren der Zeitpunkt der Auszahlung und die Höhe der Endentschädigung nicht vorhersehbar.

Der Gesetzgeber hatte im Rahmen des Vor- und späteren Endentschädigungsverfahrens zwischen den Interessen des Reiches und der Antragsteller abzuwägen. Die Vorentschädigungen unterstanden der „Pfändung, Vorpfändung oder der Abtretung".[1229] Zur Vermeidung „der Gefahr einer doppelten Inanspruchnahme" in diesen Fällen, sollten die Vorentschädigungen erst dann ausgezahlt werden, wenn sich Gläubiger und Schuldner auf die Modalitäten der Auszahlung geeinigt hatten. Entsprechende Willensbekundungen mussten bei der den Fall bearbeitenden Spruchkommission hinterlegt werden. Erst dann erfolgte die Auszahlung.

Ein Rechtsanspruch auf Vorentschädigung bestand allerdings nicht und unterlag „dem freien Ermessen der vom Reich hierzu berufenen Organe".[1230] Ethnische Deutsche ohne deutsche Staatsbürgerschaft waren vom Vorentschädigungsverfahren generell ausgeschlossen, wenn sie nicht innerhalb der Fristen die deutsche Staatsbürgerschaft nachträglich annahmen. Unterstützungen wurden Staatenlosen oder Ausländern nur in wenigen Ausnahmefällen durch Sondergenehmigungen des RFM und RMfW gewährt.

Zur Unterstützung der Geschädigten wurden von Beginn an die Interessenvertretungen herangezogen. Nach den frühen Planungen der Reichsregierung

1228 Vgl. BArch R 3301–2032 Blatt 176.
1229 Vgl. BArch R 3301–2040 Blatt 3.
1230 Vgl. ebd.

sollte das gesamte Vorentschädigungsverfahren in die Hände der Interessenvertretungen gelegt werden. Besonders von Seiten der Sozialdemokratie wurde dieser unbürokratische Ansatz befürwortet. Eine Selbstverwaltung der Geschädigten bildete ein Gegenmodell gegenüber der alten kaiserlichen Verwaltung, der die Sozialdemokraten Misstrauen entgegen brachten.

Erst nach und nach setzte sich die Erkenntnis durch, dass eine generelle Objektivität bei der Schadensfestsetzung von Geschädigten für Geschädigte nicht in allen Fällen vorauszusetzen war. Eine gesicherte Verwendung der erheblichen Geldmittel für die Auszahlungen von Vorentschädigungen schien zunehmend fraglich. Entsprechende Einwände wurden insbesondere aus der Verwaltung erhoben und trafen auf wachsende Zustimmung in der Politik. Die Regelungen zum Vorentschädigungsverfahren sahen dann nur noch eine partielle Mitwirkung der Interessenvertretungen vor.[1231] Diese bestand zunächst aus einer Übernahme des Antragsverfahrens. Über einheitlich gestaltete Formulare wurden die Anträge bei den Interessenvertretungen eingereicht und dort einer ersten, in der Regel durchaus wohlwollenden, Überprüfung unterzogen.

Der vorgeprüfte Antrag wurde dann einer der Spruchkommissionen übermittelt, die von der REK über das Reichsgebiet verstreut eingerichtet wurden. Die Spruchkommissionen bestanden aus jeweils zwei Beisitzern aus den Reihen der Interessenvertretungen und einem Vorsitzenden, der von der REK benannt worden war. Die vorgeprüften Anträge wurden in der Regel schriftlich in den Spruchkommissionen bearbeitet und der Antragsteller bzw. die Antragstellerin wurde nur in Ausnahmefällen um eine mündliche Aussage gebeten. Ursache dieser Maßnahme waren die teilweise sehr weiten Anreisewege zu den Spruchkommissionen und die damit verbundenen Kosten.

Gegen die schriftlich begründeten Beschlüsse der Spruchkommissionen konnte vom Antragsteller oder dem Präsidenten der REK binnen zwei Wochen Widerspruch eingelegt werden. In diesem Fall konnte die Spruchkommission ihren eigenen Beschluss entweder einstimmig abändern oder der

1231 Vgl. Bekanntmachung der Reichsregierung betreffend das Verfahren für die Zuwendung von Reichsmitteln an Deutsche für Schäden im Ausland, vom 15. November 1919 (RGBl. S. 1891).

Fall wurde an eine andere Spruchkommission abgegeben. Der Beschluss der zweiten Instanz war für den Antragsteller bindend, konnte aber vom Präsidenten der REK vor dem RWG angefochten werden.

Nach Feststellung der Entschädigungssumme wurde diese dem Geschädigten ausgezahlt. Umrechnungen von Devisen oder Goldmarkbeträgen erfolgten, bei entsprechend geeignetem Personal, durch die Zahlstellen der Interessenvertretung oder durch vertraglich gebundene Privatbanken. Auszahlungen erfolgten zu Beginn für den ganzen Vorentschädigungsbetrag bis zu einer Höhe von 60.000 Papiermark in bar. Die Spruchkommissionen legten in ihren Beschlüssen die Auszahlungsmodalitäten bei höheren Beträgen fest, die dann zum Teil in bar und für den Rest in Reichsschatzanweisungen ausgezahlt wurden.[1232] Allerdings musste vor der Auszahlung eine letzte Prüfung des gesamten Vorganges in der Zentrale der Interessenverbände erfolgen. Diese Verfahrensweise sollte Unregelmäßigen im Interesse des Reiches verhindern, führte aber zu einer weiteren Verzögerung und wachsender Verärgerung für die Geschädigten.[1233]

Die Kontrollen wurden nach der Einführung der Reichsschatzanweisungen als Zahlungsmittel verschärft. Wegen der zahlreichen Spruchkommissionen für Groß-Berlin wurden hier erstmals eigene Prüfstellen eingerichtet. Diese Verwaltungsstelle diente auch zur zentralen Anforderungsstelle für alle Reichsschatzanweisungen, die von den anderen Zahlstellen im Reich angefordert wurden. Dieses Verfahren wurde erweitert, als die Reichsregierung die Reichschatzanweisungen durch Reichsschatzwechsel bzw. zu einem späteren Zeitpunkt durch Schuldverschreibungen ersetzte.

Über das ganze Reichsgebiet verteilt gab es acht Zahlstellen mit speziellen Zuständigkeiten. Der Verband der im Inland geschädigten Auslandsdeutschen und der Verband der ostdeutschen Binnenschiffer hatten ihre einzige Zahlstelle zentral in Berlin. Der Bund der Auslandsdeutschen hatte dagegen dezentrale Zahlstellen in Berlin, Hamburg, Karlsruhe, Leipzig, München und Stuttgart. Der Verband der westdeutschen Binnenschiffer hatte eine Zahlstelle in Duisburg, während der Beirat der Reichsfürsorgestelle eine

---

1232 Vgl. § 18a der Verordnung vom 17. August 1921 (RGBl. S. 1205).

1233 Vgl. BArch R 3301–1796 o. Z. Aufzeichnung über das Zahlungs- und Rechnungswesen bei der Durchführung der Entschädigungsgesetze, RMfW an RFM vom 10. September 1921.

eigene Zahlstelle in Singen unterhielt. Die am Entschädigungsverfahren teilnehmenden Banken wurden vertraglich an das Reich gebunden. Diese Verträge zwischen den Banken und den Interessenvertretungen wurden unter Aufsicht eines Vertreters der Entschädigungsbehörde des Reiches geschlossen.[1234]

Teil des Zahlungsverfahrens war die Abführung der Gebühren, die bei der Auszahlung in den Zahlstellen abgezogen wurden.[1235] Die Abgabe für den Wohlfahrtsfonds in Höhe von 0,5% wurde ebenfalls auf diese Weise entrichtet. Die dadurch angesammelten Mittel wurden dem Zugriff des RKA entzogen und auf ein Sperrkonto des RMfW überwiesen. Der Reichsminister für Wiederaufbau entschied selbst über die Auszahlung von diesem Sperrkonto an besondere Härtefälle. Insgesamt zeigten sich durch die Kontrollen wenige gravierende Probleme bei den Auszahlungen. Größere Summen wurden nur in der Zahlstelle Leipzig veruntreut. Die Entschädigungsverfahren verliefen bei den Interessenvertretungen unterschiedlich und werden im Folgenden dargestellt.

Zur Entgegennahme von Entschädigungsanmeldungen und deren Vorprüfung und Begutachtung waren fünf Interessenvertretungen autorisiert: 1. Der Verband der im Ausland geschädigten Inlandsdeutschen; 2. Der Bund der Auslandsdeutschen; 3. Der Verband der im Ausland geschädigten ostdeutschen Binnenschiffer; 4. Die Arbeitsgemeinschaft für das westdeutsche Schifffahrts- und Hafenwesen; 5. Der Beirat der Reichsfürsorgestellen für deutsche Wehrmänner aus der Schweiz in Singen. Die beiden wichtigsten Interessenvertretungen waren der VAI und der BdA. Die übrigen drei Vertretungen waren vom Antragsvolumen eher gering und betrafen nur Randgruppen.

Der Bund der Auslandsdeutschen wurde aus verschiedenen Interessenvertretungen erst am 18. August 1919 abschließend gebildet.[1236] Zu diesem

1234 Vgl. Verordnung vom 17. August 1921 (RGBl. S. 1204).

1235 Zum Finanzgebaren der Interessenvertretungen vgl. BArch R 3301–1729 bis 1731. Die Jahresberichte des BdA sind teilweise überliefert in: BArch R 3301–1732, dort: Jahresbericht für 1919/20 Blatt 262–273. Der Finanzierungsbedarf verschiedener Interessenvertretungen sind überliefert in: BArch R 3301–1738 (Deutscher Ostbund), BArch R 3301–1739 (Verbände der heimattreuen Oberschlesier) und BArch R 3301–1740 (Deutschtumsverband).

1236 Vgl. BArch R 2–1164 Blatt 40.

Schritt war es erst nach erheblichem Druck von Seiten des Reichsministers für Wiederaufbau gekommen, der auf Seiten der Interessenvertretungen möglichst einen zentralen Ansprechpartner für die Belange der Auslandsdeutschen anstrebte. Daher waren die Strukturen des neuen Dachverbands mit dem Beginn des Vorentschädigungsverfahrens am 10. Januar 1920 noch nicht abgeschlossen. Es dauerte aufgrund verschiedener Faktoren bis zum Frühjahr 1920, um eine halbwegs geregelte Vorprüfung der Anträge zu ermöglichen. Besonders die Frage einer zentralen oder dezentralen Struktur des BdA war umstritten.

Anlässlich einer Mitgliederversammlung des BdA am 2. November 1919 stimmten 62 Landesverbände für und nur 14 gegen eine Zentralisation des internen Entschädigungsverfahrens. Im Gegensatz dazu drängte das RMfW aus politischen und organisatorischen Gesichtspunkten auf eine dezentrale Struktur. Angesichts des Drucks des RMfW verteidigte der BdA noch einige Wochen seine Entscheidung. Zunächst führte man als Argumente an, dass es beim BdA weniger auf die Beweisführung über Urkunden ankomme, sondern auf die Sachkenntnisse einer begrenzten Zahl von Personen, die bereits während des Krieges in Behörden und Verbänden mit dem Schicksal der Auslandsdeutschen befasst waren. Viele private Initiativen und Behörden befanden sich in Berlin. Wegen der ungleichen Verteilung der Auslandsdeutschen im Reichsgebiet wurde die Zentralisation in Berlin ebenfalls favorisiert. Nach Erhebungen hielten sich Ende 1919 ca. 39% der Auslandsdeutschen im Großraum Berlin auf, 4% in der Provinz Brandenburg, jeweils 3% in Breslau und München, 2% in Dresden und der Rest verteilte sich zu mit jeweils unter 2% auf das sonstige Reichsgebiet.[1237]

Auch der VAI vertrat die Ansicht, dass der BdA zentralisiert effizienter arbeiten würde.[1238] Hier könnte allerdings die Befürchtung bestanden haben, dass der BdA versuchen könnte, auf die Spruchkommissionen des VAI zurückzugreifen. Nur durch eine nachdrückliche persönliche Initiative von Reichsminister Geßler konnte der BdA dazu bewegt werden, an folgenden Orten Spruchkommissionen einzurichten: Berlin, Hamburg, Karlsruhe, Köln, Leipzig, München, Nürnberg und Stuttgart.[1239] Die

1237 Vgl. BArch R 2–1164 Blatt 107.
1238 Vgl. ebd. Blatt 47.
1239 Vgl. ebd. Blatt 70 und 108.

Spruchkommissionen des BdA wurden im Januar 1920 parallel zu denen des VAI eingerichtet. Während der VAI sofort 18 Spruchkommissionen, davon sieben für Preußen, einrichtete, waren es beim BdA nur diese acht. Eine einzige Spruchkommission in Berlin war für einen Großteil aller Anträge aus Preußen zuständig. Zusätzlich bearbeitete die Berliner Spruchkommission Antragsteller aus: Lübeck, Mecklenburg-Schwerin, Mecklenburg-Strelitz, Bremen, Oldenburg, Hessen, Waldeck und Pyrmont, Braunschweig, Anhalt, Lippe und Schaumburg-Lippe. Nur Antragsteller aus den besetzten rheinischen Gebieten von Hessen und Preußen konnten sich an die Spruchkommission des BdA in Köln wenden. Nachdem der BdA zunehmend mit der Bearbeitung der Vorprüfungsanträge ins Stocken geriet, wurden weitere Spruchkommissionen eingerichtet in: München (für Nieder- und Oberbayern, Regierungsbezirke Schwaben und Neuburg), Nürnberg (für Regierungsbezirke Mittel-, Ober- und Unterfranken, Oberpfalz, Landesteil Coburg von Sachsen Coburg und Gotha), Leipzig (für Sachsen und Thüringische Staaten außer Landesteil Coburg), Stuttgart (für Württemberg und Hohenzollernsche Lande), Karlsruhe (für Baden und Rheinpfalz) und Hamburg (für Hansestadt Hamburg).[1240]

Eine geregelte Anmeldung ermöglichte der BdA erst ab dem 28. Januar 1920. Ab diesem Zeitpunkt führten die Orts- und Landesverbände des BdA formelle Prüfungen der Anträge der Geschädigten durch.[1241] Das Verfahren sollte möglichst dezentral erfolgen und eine direktere Interaktion zwischen den Geschädigten und den Entschädigungsstellen ermöglichen. Es war anscheinend angedacht, dass durch den direkten Kontakt die Interessenvertretungen eine Pufferfunktion als Anwälte der Opferinteressen gegenüber den Spruchkommissionen einnehmen konnten. Falschangaben konnten vor Ort im direkten Gespräch mit dem Antragsteller korrigiert werden, bevor eine sachliche Prüfung bei den Spruchkommissionen erfolgte.

Dennoch war das Personal des BdA in vielen Fällen noch zu unerfahren für die formellen Prüfungen. Ein Grund war der Druck der Auslandsdeutschen

1240 Vgl. Bekanntmachung betreffend Sitz und Geschäftsbereich der Spruchkommissionen, in: DRA Nr. 18 vom 22. Januar 1920.

1241 Der BdA war gegliedert in die Landesverbände: Baden, Bayern, Braunschweig, Danzig, Hessen, Nordwestdeutschland, Preußen, Sachsen-Thüringen und Württemberg.

auf den BdA seine Angestellten ausschließlich aus den Reihen seiner Mitglieder zu rekrutieren. Gut ausgebildetes Personal konnte wegen der schwierigen Finanzlage kaum rekrutiert werden, weil der BdA nicht mit den Löhnen der Privatwirtschaft konkurrieren konnte. Es blieb nur gering oder gar nicht qualifiziertes Personal übrig. Entsprechend hoch waren die Fehlerquellen. Zudem neigte das Vorprüfungspersonal zu parteiischen Einschätzungen gegenüber den eigenen Leidensgenossen.[1242]

Nach ca. 45 Tagen, also Mitte März 1920, gingen beim neuen RKA die ersten vorgeprüften Akten ein, die an die Spruchkommissionen weitergeleitet wurden. Allerdings war das RKA in vielen Fällen nicht in der Lage, diese Akten wegen der Mängel bei der formalen Vorprüfung zu bearbeiten. In diesen Fällen waren schriftliche Rückfragen notwendig, oder die Akte wurde zu einer erneuten Vorprüfung an den zuständigen Orts- oder Landesverband zurückgegeben. Angesichts dieser Zustände war das personell schwach besetzte RKA vollkommen überfordert und es entwickelten sich erhebliche Rückstände und Verzögerungen bei der Bearbeitung der Fallakten.

Nach der Korrektur der Mängel in den eigenen Prüfverfahren des BdA gingen dann sehr schnell große Mengen Fallakten vom RKA an die Spruchkommissionen, die nun ihrerseits überfordert waren. Die entstandenen Verzögerungen bei den Vorentschädigungen und die daraus resultierende Empörung der Betroffenen wurden zum Politikum. In dieser schwierigen politischen Situation baten die Landesverbände Nordwestdeutschland (für Hamburg und Schleswig-Holstein), in Leipzig (für den Freistaat Sachsen, Weißenfels und Großthüringen), in München (für Freistaat Bayern) und in Stuttgart (für Württemberg-Hohenzollern) am 15. Juli 1920 den Reichsminister für Wiederaufbau um Übertragung der gesamten Vorprüfung auf diese Landesverbände. Durch personelle Verbesserungen, es konnte ein bisheriger Spruchkammervorsitzender als zentraler Koordinator der Vorprüfungen gewonnen werden, waren nun die Möglichkeiten in dieser Hinsicht gegeben. Am 31. Juli 1920 stimmte der Reichsminister für Wiederaufbau diesem Ersuchen zu.

Nach der Übertragung der Vorprüfung auf die erwähnten Landesverbände und der fortschreitenden Professionalisierung des Personals trat

---

1242 Vgl. BArch R 3301–2032 Blatt 235–236.

eine erhebliche Verbesserung in der Vorprüfungstätigkeit ein. Erst nach der Ankündigung zur Beendigung des Vorentschädigungsverfahrens, gleichbedeutend mit dem Auslaufen der Antragstellungen für Vorentschädigungen, traten dann erneut größere Probleme in der Qualität der vorgeprüften Unterlagen auf. Viele dieser Anträge konnten mit wenig oder keinen Beweisen für ihre Forderungen aufwarten. Auch neigten die Vorprüfer, im persönlichen Gespräch der mehr oder weniger korrekt empörten Antragsteller, wieder zu einer gewissen Nachsicht.

Bis zum 31. Dezember 1921 wurden für den BdA an Vorentschädigungen 4,509 Milliarden Papiermark ausgezahlt. Diese Summe verteilte sich auf 83.798 Vorentschädigungsanmeldungen.[1243] Vom BdA wurden insgesamt 70.313 Fallakten an die Spruchkommissionen weitergeleitet.[1244] In 52.659 Fällen wurden von den Banken Zahlungsanweisungen über die festgelegten Grenzbeträge für Barauszahlungen hinaus gewährt.[1245] Von den Banken wurden in diesen Fällen Schatzanweisungen und andere festverzinste Finanzprodukte in einer Größenordnung von 480 Mio. Papiermark ausgezahlt.[1246]

1243 Vorentschädigungsanmeldungen und Vorentschädigungen nach Standorten mit zuständigen Spruchkammern: Berlin: 56.836 und 3,544 Milliarden Mark; Hamburg 11.546 und 403 Mio. Mark; Leipzig 5.796 und 266 Mio. Mark; Stuttgart 3.823 und 144 Mio. Mark; München 5.797 und 156 Mio. Mark. Aufgeschlüsselt nach Vorentschädigungsanmeldungen nach Landesverbänden: Baden: 3.942; Bayern: 7.041; Braunschweig: 299; Danzig: 1.154, Hessen: 486; Nordwestdeutschland: 11.095; Preußen: 46.442; Sachsen-Thüringen 6.086; Württemberg 4.253. Vgl. BArch R 3301–2032 Blatt 236. Jede Stadt mit Spruchkommission deckte ein größeres Gebiet ab. Die Einteilung wurde in der Bekanntmachung betreffend Sitz und Geschäftsbereich der Spruchkommissionen (DRA vom 22. Januar 1920) veröffentlicht.

1244 Davon wurden an preußische Spruchkommissionen 40.477 abgegeben: Zehlendorf 31.498; Düsseldorf 2.538; Königsberg 2.096; Köln 4.345. An nicht preußische Spruchkommissionen gingen 29.836: Karlsruhe 3.980; Bayerische Spruchkammern 6.331; Stuttgart 3.510; Leipzig 5.415; Hamburg 10.600. Vgl. DRA vom 22. Januar 1920.

1245 Verteilung nach Spruchkammern: Berlin 31.341; Leipzig 4.534; München 3.139; Stuttgart 2.828; Hamburg 7.962; Karlsruhe 2.955. Vgl. ebd.

1246 Vgl. BArch R 3301–2032 Blatt 237. Es bleibt anzumerken, dass die Schatzanweisungen in der Regel verzinst waren. Die Erträge aus den Zinsen sind hier nicht einberechnet.

Die mangelhafte Organisation des BdA wirkte sich schon 1920 auf den inneren Zusammenhalt aus. Kleinere Gruppen verließen den Bund, um ihre Interessen selbst zu vertreten. Als Teil der Gegenmaßnahmen trat der BdA 1921 einer Dachorganisation, der „Vereinigten Fürsorge für das Auslandsdeutschtum", bei.[1247] Allerdings war die Vereinigte Fürsorge mehr auf die direkte soziale Unterstützung der Auslandsdeutschen ausgerichtet, während die Entschädigungsfragen der Vertretung durch den BdA überlassen wurden. In vielerlei Hinsicht unterschiedlich verlief die Entwicklung des VAI.

Dieser wurde wie der BdA 1919 als Dachverband verschiedener Interessenvertretungen gegründet und vom RMfW am 12. November 1919 offiziell als Interessenvertretung aller im Ausland geschädigten Inlandsdeutschen anerkannt.[1248] Im Gegensatz zum BdA war der VAI bedeutend professioneller im Auftreten und der Zusammenarbeit mit den Behörden. Der wichtigste Unterschied zwischen beiden Dachverbänden war, dass der VAI von Vertretern deutscher Handels- und Industrieunternehmen gegründet wurde. Dadurch verfügte der VAI sowohl über erleichterten Zugang zu Betriebskapital, als auch über eine bedeutende Expertise und Zielstrebigkeit bei der Erreichung seiner Ziele. Fast der gesamte Vorstand des VAI war ehrenamtlich tätig und finanziell nicht auf eine feste Vergütung angewiesen.[1249] Die Kehrseite war allerdings, dass die Belastung durch den „Brotberuf"

1247 Mitgliedsorganisationen der Vereinigten Fürsorge waren: BdA, Deutsches Auslandsinstitut, Deutscher Caritasverband, Deutsches Rotes Kreuz, Fürsorgeverein für deutsche Rückwanderer, Reichsverband der Kolonialdeutschen und Kolonialinteressierten, Reichsverband für die katholischen Auslandsdeutschen, Verein für das Deutschtum im Ausland, Vereinigung Deutsch-Evangelisch im Ausland, Vereinigung für deutsche Siedlung und Wanderung, Zentralwohlfahrtsstelle der deutschen Juden. Vgl. Hans Werner von Zengen, Das Vereinswesen im heutigen Deutschland. Ein Vademecum für Industrie-, Bank- und Handelskreise, Schriften der Vereinigung der Deutschen Arbeitgeberverbände e. V., Heft 2, Berlin 1922, S. 43–44.

1248 Vgl. BArch R 3301–2032 Blatt 234 und BArch R 2–1164 Blatt 13. Eine zusammenfassende Programmschrift vom November 1919 ist erhalten in: BArch R 2–1164 Blatt 28.

1249 Ausnahmen waren der stellv. Vorsitzende und gleichzeitige besoldete Geschäftsführer des VAI, sowie der Vorstand der Zweigstelle in Barmen, der dort gleichzeitig besoldeter Geschäftsführer war.

der Tätigkeit als Beisitzer in den Spruchkommissionen vielfach im Wege stand.[1250]

Der VAI bestand aus einer Zentrale mit angeschlossenen, weitgehend selbstständig prüfenden, Zweigstellen mit Spruchkommissionen im gesamten Reichsgebiet: Königsberg (für Provinz Ostpreußen und Reste von Westpreußen), Breslau (für Regierungsbezirke Liegnitz, Breslau, Oppeln und deutscher Teil des Kreises Fraustadt), Berlin (für Berlin und Provinz Brandenburg, Provinz Pommern, Regierungsbezirk Magdeburg, sonstige Teile der Provinz Posen), Hannover (für Provinz Hannover, Braunschweig, Schaumburg-Lippe, Waldeck-Pyrmont, Lippe), Barmen (für Provinz Westfalen und Rheinprovinz außer den besetzten Gebieten), Köln (für besetze Gebiete), Frankfurt am Main (für Provinz Hessen-Nassau, Kreis Wetzlar, Waldeck-Arolsen und Hessen), München (für Nieder- und Oberbayern, Regierungsbezirke Schwaben und Neuburg), Nürnberg (für Regierungsbezirke Mittel-, Ober- und Unterfranken, Oberpfalz, Landesteil Coburg von Sachsen Coburg und Gotha), Ludwigshafen (für Rheinpfalz), Leipzig (für Sachsen, Anhalt und Regierungsbezirk Merseburg), Stuttgart (für Württemberg und Hohenzollernsche Lande), Mannheim (für Kreise Mannheim, Heidelberg und Mosbach), Karlsruhe (für das übrige Baden), Weimar (für Sachsen-Weimar-Eisenach, Sachsen-Meiningen, Sachsen-Altenburg, Sachsen-Coburg und Gotha: Landesteil Gotha, Schwarzburg-Sondershausen, Schwarzburg-Rudolfstadt, Reuß Kreis Schmalkalden und Regierungsbezirk Erfurt), Lübeck (für Hansestadt Lübeck, oldenburgische Provinz Lübeck, Mecklenburg-Schwerin, Mecklenburg-Strelitz), Bremen (für Hansestadt Bremen, Wilhelmshaven und der Rest von Oldenburg), Hamburg (für Hansestadt Hamburg und Provinz Schleswig-Holstein).[1251]

Eine bedeutende Stütze beim Aufbau des VAI waren die Handelskammern, die in der kritischen Anfangsphase Personal und Räumlichkeiten zur Verfügung stellten. Deren Erfahrungen im Umgang mit den Behörden erleichterten die organisatorische Vorbereitung sehr. Zusätzlich verfügten die Handelskammern über ein Netzwerk von Kontakten zu Persönlichkeiten

1250 Vgl. BArch R 3301–2032 Blatt 243.

1251 Vgl. Bekanntmachung betreffend Sitz und Geschäftsbereich der Spruchkommissionen, in: DRA Nr. 18 vom 22. Januar 1920.

mit Reputation, die für die Mitarbeit in den Spruchkommissionen geeignet waren.[1252]

Die Zweigstellen berichteten in regelmäßigen Abständen an die Verbandszentrale, die wiederum durch Rundschreiben, Schriftverkehr und die Verbandszeitschrift „Der Friedensvertrag" den Kontakt mit den Zweigstellen hielt. Der VAI konnte auf professionelles Personal zurückgreifen. Entsprechend wurden nur sehr wenige Klagen über die Arbeitsweise des Verbands geäußert. Der Verband konstituierte sich am 20. Januar 1920 und baute bis zum 31. März 1920 seine Strukturen auf. Anschließend begannen die Prüfungen der Vorentschädigungsanträge. Zwischen dem 1. April 1920 und der Auflösung des RKA zum 31. März 1922 gingen 23.662 Anmeldungen für Vorentschädigungen ein. Auf dieser Basis wurden von den Zweigstellen im gleichen Zeitraum 14.936 Gutachten für die Spruchkommissionen über den VAI eingereicht. Bis zum 30. April 1922 wurden in 10.100 Fällen Auszahlungen in Höhe von ca. 550 Millionen Papiermark geleistet.[1253]

Neben dem BdA und dem VAI bestanden noch andere Interessenvertretungen. Mit der Bekanntmachung des Reichsministers für Wiederaufbau vom 24. Februar 1920 wurde eine neue Spruchkommission in Duisburg eingerichtet, die (Vor-) Entschädigungen der betroffenen westdeutschen Binnenschiffer und Verladeunternehmen bearbeitete.[1254] Die Spruchkommission in Duisburg wurde zum 1. Juli 1921 aufgelöst und die Restaufgaben an die Spruchkommission Düsseldorf übergeben. Bis dahin wurden ca. 350 Anträge bearbeitet und 3 Millionen Mark ausgezahlt.[1255] Die quantitativ geringeren Anträge ostdeutscher Geschädigter wurden an verschiedene Spruchkommissionen im Osten des Reiches übertragen.

1252 Vgl. BArch R 2–1164 Schriftverkehr der Handelskammer ist in der ganzen Akte zu finden. Beispiele sind zu finden in Blatt 13, 24–26, 82 usw.

1253 Diese Summe schlüsselt sich wie folgt auf: Barvorschüsse: 180 Mio. Mark; Beihilfen 12,5 Mio. Mark; Unterstützungen: 0,75 Mio. Mark; Zinsen auf Barzahlungen 32,75 Mio. Mark; Zinsen auf Schatzwechsel: 4 Mio. Mark; in Schatzwechsel 297 Mio. Mark; in Schuldverschreibungen 23 Mio. Mark. Vgl. BArch R 3301–2032 Blatt 240–241.

1254 Vgl. DRA Nr. 54 vom 4. März 1920.

1255 Vgl. BArch R 3301–2032 Blatt 179.

Ein Sonderproblem waren Tausende von in Deutschland gestrandeten Kriegsfreiwilligen aus der Schweiz, denen nach Kriegsende die Einreise verweigert worden war. Diese vegetierten unter mangelhafter Versorgung in den Auffanglagern Singen, Villingen, Schopfheim, Waldshut, Heuberg, Ludwigsburg, Ulm, Weingarten, Lindau und Alt-Breisach. Noch unter dem Eindruck des Kapp Putsches, und möglicherweise auch aus Sorge vor einem Aufstand, akzeptierte der Reichsminister für Wiederaufbau die Einrichtung einer eigenen Interessenvertretung.

Der „Beirat der Reichsfürsorgestelle für deutsche Wehrmänner aus der Schweiz in Singen" vertrat nun bei einer neu eingerichteten speziellen Spruchkommission in Singen die Interessen dieser Opfergruppe.[1256] Angesichts von Verfahrensproblemen wurde der Kreis der Betroffenen auf diejenigen Personen reduziert, die am Stichtag des 25. Februar 1920 in einem der Lager und militärischer Kontrolle befunden hatten.[1257] Die Spruchkommission in Singen bearbeitete 2.287 Anträge und wurde am 31. Dezember 1920 wieder aufgelöst. In dieser Zeit zahlte sie 7,1 Millionen Papiermark aus, die hauptsächlich aus einer Kopfprämie von 3.000 Papiermark bestand. Diese pauschale Abfindung hatte damit eher den Charakter einer Bestechung und Ruhigstellung. Die Schweiz lockerte ihre Einreisebestimmungen für die Betroffenen schließlich 1921 wieder. Im Abschlussbericht wurde die Vorprüfungstätigkeit der Westdeutschen Binnenschiffer und der Reichsfürsorgestelle als „sorgfältig und unparteiisch" eingestuft.[1258]

Zunächst erhielten die zur Vorprüfung zugelassenen Dachverbände der Interessenvertretungen Pauschalbeträge vom Reich auf Konten der jeweiligen Landesverbände bei Privatbanken überwiesen. Daraus zahlten diese direkt an die Betroffenen die festgelegten Entschädigungen aus, wobei jeder Landesverband dezentral agierte und eine größere Nähe zu den Betroffenen erreicht wurde. Gleichzeitig wurden die festgelegten Gebühren zur Finanzierung der Arbeit der Interessenvertretungen einbehalten.

1256 Vgl. Bekanntmachung des Reichsministers für Wiederaufbau vom 18. März 1920 (DRA Nr. 65 vom 27. März 1920).
1257 Vgl. Bekanntmachung des Reichsministers für Wiederaufbau vom 20. Juli 1920 (DRA Nr. 160 vom 21. Juli 1920).
1258 Vgl. BArch R 3301–2032 Blatt 234.

Diese dezentrale Organisation hatte allerdings erhebliche Nachteile, die eine schrittweise Zentralisierung des Zahlungsverfahrens notwendig machte. Wegen der Verzögerungen geriet das RMfW in erhebliche Kritik von den Geschädigten und der Politik. Das Ministerium strebte daher eine erneute Reform des Entschädigungsverfahrens an, das auf eine Zentralisierung in einem neuen REAK abzielte. Entsprechende Aufträge hatte der Reichsminister für Wiederaufbau durch einen Erlass vom 7. September 1921 erteilt. Da hierbei das RFM seine Zustimmung zu den erwarteten Mehrausgaben für Beamtenpersonal geben musste, versuchte das RMfW eine Kosten-Nutzen Rechnung zu erstellen. Dadurch sollte dem RFM Einsparungspotential aufgezeigt werden, das die zu erwartenden Kosten rechtfertigte.

Die Kassenverwaltungen der Unterorganisationen der Landesverbände verfügten über zu wenig gut ausgebildetes Personal. Besonders der Mangel an fähigen Kassenleitern wurde als besonders negativ beim RMfW empfunden.[1259] Das Personal war mit den sich immer wieder ändernden Zahlungsverfahren zunehmend überfordert, weil das Reich auf bargeldlosen Auszahlungsverkehr umstieg. Statt Barzahlung wurde immer häufiger auf die erwähnte Verwendung von Reichsschatzwechseln, Schuldverschreibungen und Zahlungswechseln zurückgegriffen. Dadurch entstanden zunehmend Fehler, die erst nach zeitraubender schriftlicher Kommunikation mit der Zentrale in Berlin gelöst wurden. Zudem machte die Verwendung von Schuldpapieren amtlicher Zahlstellen außerhalb von Berlin eine Versicherung notwendig, für die Mitte 1921 Prämien von 1 Mark pro 1.000 Mark als Kosten zu zahlen waren. Auch dadurch entstanden erhebliche Verzögerungen. Eine zentrale Verwaltung in Berlin würde nur einen Kassenleiter benötigen und über geeigneteres Personal aus den Reihen der Beamtenschaft verfügen. Auch die dezentral schwierige Rechnungsprüfung sollte nun zentral vom Reichsrechnungshof durchgeführt werden.

Die vorzuhaltenden Einlagen bei den Privatbanken wurden, trotz einer vorgehaltenen Mindesteinlage von 0,5 Mio. Mark, nur mit 1,5% verzinst. Durch die Zusammenführung der Einzeleinlagen auf ein Konto konnten Zinssätze bis zu 3% erreicht werden.

1259 Vgl. BArch R 3301–1796 o.Z. RMfW an RFM vom 10. September 1921.

Mieten und Möblierung der Büroräume der zehn Unterorganisationen waren wegen des allgemeinen Mangels an Büroräumen sehr gestiegen, wobei die Kosten letztendlich auf das Reich zurückfielen. Die Zentralisierung sollte auch hier erhebliche Einsparungen ermöglichen.

Wenn ein Entschädigungsverfahren mit einer letzten Zahlung abgeschlossen werden sollte, musste zunächst beim RKA in Berlin ein zeitraubender Abgleich der Anrechnung von Vorleistungen, gezahlten Darlehen und Zahlungen im Vorentschädigungsverfahren vorgenommen werden.[1260] Diese Praxis war im Rahmen der Entschädigungsordnung vom 30. Juli 1921 geändert worden.[1261]

Das RFM zeigte sich zunächst von den Plänen des RMfW nicht überzeugt und drängte auf eine Beibehaltung der Auszahlung von Vorschüssen durch die Interessenvertretungen.[1262] Allerdings hatte das RMfW bereits die Entwicklung des neuen REAK vorangetrieben und wurde davon auch nicht mehr vom Widerstand des RFM abgebracht.

IV.7 Der Reichskommissar für Auslandsschäden

Die Gründung des RKA kann auf die erste Erwähnung im RGBl. am 20. April 1920 festgelegt werden.[1263] Der RKA wurde zum 31. März 1922 aufgelöst. Die Restgeschäfte der Entschädigungsfragen des RKA und der REK wurden in das neu geschaffene Reichsentschädigungsamt für Kriegsschäden überführt. Eine Abwicklungsstelle wurde daher nicht für nötig befunden.[1264]

An der Spitze des RKA stand WGRR Peter Conze.[1265] Die Geschäfte des RKA wurden in den Abteilungen I-IV ausgeführt. Jede Abteilung bearbeitete

---

1260 Vgl. BArch R 3301–1796 o. Z. RMfW an RFM vom 10. September 1921.

1261 Vgl. Gesetz über die Festsetzung von Entschädigungen und Vergütungen für Schäden aus Anlass des Krieges und Friedensschlusses (Entschädigungsordnung), vom 30. Juli 1921 (RGBl. S. 1046).

1262 Vgl. BArch R 3301–1796 o. Z. RFM an RMfW vom 24. September 1921.

1263 Vgl. BArch R 2–1166 Blatt 21–22 und Verordnung zur Änderung der Bekanntmachung vom 15. November 1919 (RGBl. S. 1891), betreffend Verfahren für die Zuwendung von Reichsmitteln an Deutsche für Schäden im Ausland vom 20. April 1920 (RGBl. S. 621). Zur Überleitung der Geschäfte von der REK zum RKA siehe auch Kapitel II.1.

1264 Vgl. BArch R 3301–2040 Blatt 9–11.

1265 Zur Biografie siehe VI. Anhang.

umfangreiche Arbeitsgebiete für Entschädigungsfragen. Die folgenden Darstellungen zur Geschäftsverteilung sind nach Abteilungen und deren Tätigkeit während des Bestehens des RKA geordnet.[1266]

Abteilung I

Entsprechend der allgemeinen Geschäftsverteilung diente Abteilung I der Kontrolle, Leitung und Überwachung. Darunter fiel die Aufsicht über die Vorprüfungen der Interessenvertretungen, Wahrung des Reichsinteresses für den Fall eines Einspruches durch den Reichskommissar, Überwachung und Kontrolle des Finanzgebarens der Interessenvertretungen und die Mitwirkung beim Auszahlungsverfahren. Daneben führte die Abteilung I die Zentralkartothek und Urkundenannahmestelle. Weiterhin verhandelten ihre Vertreter mit den Behörden im ehemals feindlichen Ausland über die Rückführung deutschen (Privat-) Eigentums.

Die Vorprüfung wurde ähnlich einer Eingangskontrolle der von den Interessenvertretungen abgelieferten Akten gehandhabt. In dringenden Fällen reiste ein Vertreter der Abteilung I, in seltenen Fällen der Reichskommissar persönlich, zu einzelnen Spruchkommissionen. Häufig dienten diese Besuche auch der Kontrolle der Finanzverwaltung und des Personals der Interessenvertretung. Die Überwachung der Transaktionen war ursprünglich nicht vorgesehen, erfolgte aber wegen Kapitalvorschüssen an die Interessenvertretungen. Diese waren auf die Einnahmen aus den Entschädigungsverfahren angewiesen, von deren Erlösen sie prozentuale Erlöse abführten. Allerdings benötigte dieses Verfahren eine gewisse Vorlaufzeit und ermöglichte wegen der unsteten Einnahmen keine gesicherte Finanzplanung. Daher mussten die Interessenvertretungen von Beginn ihrer Tätigkeit an finanziell alimentiert werden. Das Reich sprang mit Übergangszahlungen in Form von Vorschüssen ein. Diese Praxis wurde auch später, wegen der inflationären Diskrepanzen zwischen Gebührenentrichtung und Auszahlung an die Interessenvertretungen, fortgeführt. Dadurch blieb ein Abhängigkeitsverhältnis von Zuwendungen aus dem Reichshaushalt. Zur Begleichung dieser Vorschüsse überwiesen die Interessenvertretungen ihre eingegangen Gebührenanteile an den Entschädigungszahlungen an die Reichskasse.

1266 Vgl. BArch R 3301–2032 Blatt 163–255.

Mit diesem Verfahren blieb dem RKA ein Druckmittel für Reformen bei den Interessenvertretungen. Besonders hinsichtlich einer geordneten Rechnungslegung und der Begrenzung der Mitarbeitergehälter auf der Basis der Tariflöhne musste zunächst erheblicher Druck aufgewendet werden. Allerdings war das Druckmittel nur von begrenztem Nutzen, weil das RKA auf die Funktionsfähigkeit der Interessenvertretungen für die Vorprüfungen letztlich angewiesen war.

Ein besonderes Anliegen der Flüchtlinge und Verdrängten war die Rückführung ihrer persönlichen Besitztümer aus den ehemals feindlichen Staaten. Auch hier versuchte die Reichsregierung zunächst eine dezentrale Lösung, schwenkte dann aber wieder auf eine zentrale Organisation um. Die Rückführungen waren von Staat zu Staat mehr oder weniger erfolgreich.

Mit Frankreich konnte am 6. Februar 1920 ein Rahmenabkommen geschlossen werden. Von französischer Seite wurde zugesichert, familiäre Besitztümer von niedrigem Vermögenswert auf Antrag aus der Liquidationsmasse freizugeben.[1267] Der BdA sollte diese Anträge sammeln und an die Geschäftsstelle für deutsche Güter, Rechte und Interessen in Paris weiterleiten. Von dort gelangten die Anträge zur französischen Verwaltung. Allerdings leitete der BdA auch Anträge weiter, die wertvolle Objekte rückforderte. Diese Praxis führte letztlich dazu, dass Frankreich nur noch praktisch wertlose Gegenstände freigab.

Das Freigabeverfahren wurde am 1. Juli 1921 dem RKA übertragen. Die Rückgaben waren zu diesem Zeitpunkt bereits stark rückläufig. Im Gegensatz zu Frankreich verhielt sich die britische Regierung, mit einiger zeitlicher Verzögerung, erheblich kooperativer. Der erste Schritt war der Abschluss eines Möbelabkommens zwischen Deutschland und Großbritannien am 31. Dezember 1920, das aber erst nach dem Austausch der Ratifikationsurkunden am 9. Oktober 1921 rechtsgültig wurde. Bis zum 9. April 1922 konnten deutsche Geschädigte bei der zuständigen britischen Behörde (public trustee) Anträge auf Rückgabe von Hausrat stellen. Dabei galt eine Einschränkung hinsichtlich des Gesamtwerts der Sachwerte auf 500 Pfund Sterling. Auch durfte das Einkommen des Antragstellers 400 Pfund Sterling im Jahr nicht überschreiten. Mit der Umsetzung wurde,

1267 Vgl. BArch R 3301–2032 Blatt 194.

nach Zustimmung durch RMfW, RFM und RKA, die Darlehnskasse für reichsdeutsche Flüchtlinge auf britischem Gebiet beauftragt. Insgesamt wurden über 500 Anträge bei den britischen Behörden eingereicht und ohne Einschränkungen bewilligt.

Die Rückführungen aus Italien waren für die Antragsteller hingegen weniger kompliziert. Die italienische Regierung gab aus eigener Initiative deutschen Geschädigten die Gelegenheit, direkt bei den italienischen Gouverneuren und Präfekten Anträge auf Rückgabe zu stellen.[1268] Dieses Verfahren wurde bis zum 28. Februar 1922 befristet. Die italienischen Behörden kooperierten mit dem Deutschen Reich in der Hinsicht, dass sie dem RMfW in zeitlichen Abständen Listen mit den Rücklieferungen übergaben. Dadurch konnten zu hohe Entschädigungen vermieden oder Überzahlungen zurückverlangt werden.

Am reibungslosesten gestaltete sich die Rückführung aus dem sowjetischen Russland. In einem Abkommen vom 6. Mai 1921 verpflichtete sich die sowjetische Regierung zur Rückgabe aller Besitztümer von deutschen Kriegsgefangenen und Zivilinternierten, die seit Ausbruch des Krieges bis zum Frieden von Brest-Litowsk auf russischem Gebiet gelebt hatten. Hauptsächlich handelte es sich dabei um Handgepäck, das im Juni 1921 zurückgeführt wurde. Größere Mengen an Handgepäck hatten deutsche Flüchtlinge in verschiedenen Mittelmeerhäfen zurücklassen müssen.[1269] Auch hier wurde der RKA aktiv und ermöglichte den Betroffenen eine kostenlose Heimführung ihrer Sachwerte.

Langwieriger gestalteten sich die Verhandlungen mit den Regierungen der USA, Chinas, Haitis und Japans. Wenn möglich versuchte der RKA möglichst kostengünstige Rückführungen zu erreichen und schloss mit deutschen Logistikunternehmen wie der Hamburg-Amerika Linie Frachtverträge für Rückführungsgüter ab. Allerdings wurden die Werte der Rückführungsobjekte mit den abschließenden Entschädigungen verrechnet.

Nicht nur die Rückführung der Sachwerte war ein komplizierter und aufwändiger Vorgang, sondern auch die Versendung des Hausrats bei einer Wiederansiedlung im ehemals feindlichen Ausland. Deutschland unterstützte

---

1268 Vgl. italienische Dekrete vom 7. November 1920 und 31. Dezember 1920.

1269 Es handelte sich um folgende Häfen: Alexandria, Beirut, Catania, Konstantinopel (Istanbul), Lissabon, Malta, Messina, Neapel und Port-Said.

solche Siedlungsbemühungen finanziell, aber versuchte gleichzeitig die dabei entstehenden Belastungen für den Reichshaushalt niedrig zu halten. Für Transporte auf dem Land- und Seeweg wurden Listen über die monatlich zu erwartenden Unkosten erstellt.

Die Berechnungen basierten auf Standartladungen zu 5t bei variierenden Start- und Zielorten innerhalb Europas. Allerdings litten die Berechnungen unter der Inflation. Ein Transport von Berlin zum Ausgangshafen Hamburg kostete im Mai 1922 noch 3.064 Papiermark. War von dort aus das Ziel z.B. Madrid in Spanien, wurden im gleichen Monat Kosten von 78.327 Papiermark fällig. Mit diesen zusammen 81.391 Papiermark wäre man im Januar 1923 nicht mehr von Berlin nach Hamburg gekommen, weil der Preis allein für diesen Transport auf 105.655 Papiermark angestiegen war. Die Weiterfahrt nach Madrid kostete weitere 984.436 Papiermark. Im September 1923 wurden die Versuche einer Koordinierung der Kosten eingestellt. Die Reise Berlin-Hamburg-Madrid hatte zu diesem Zeitpunkt rund 20,5 Milliarden Papiermark gekostet.[1270]

Wie in allen Bereichen der Entschädigungs-, Reparations- und Wiedergutmachungsbemühungen des RMfW und seiner angeschlossenen Dienststellen konnte nur eine möglichst genaue Erfassung der Leistungen des Reiches Aufschluss über den Stand der Arbeiten erbringen. Angesichts der Besonderheiten der Entschädigungen deutscher Flüchtlinge und Verdrängter ist es interessant diese näher zu betrachten.

Die Abteilung I war auch hier als übergeordnete Kontrollinstanz innerhalb der RKA zuständig. Zunächst wurde keine zentrale Datenerfassung für nötig erachtet. Doch angesichts der großen Zahl an Entschädigungsverfahren und den Versuchen wiederrechtliche Entschädigungen zu erschleichen, wurde auch hier der Zentralisierung der Vorzug gegeben. Ab Mai 1920 begann daher der Aufbau einer Zentralkartei in Berlin.[1271] Für den Anfang

1270 Vgl. REAK, Beförderungskosten auf dem Land- und Seewege zum Zwecke der Durchführung des §13 der Zuschlagsverordnung vom 31. März 1922, nur für den Dienstgebrauch, Berlin, 1923.

1271 Die Zentralkartei war wie folgt gegliedert: 1. Leitung; 2. Eingangsabteilung; 3. Namenskartei; 4. Sachkarteien für 32 Staaten; 5. Buchungsabteilung; 6. fremdsprachige Abteilung. Die Zentralkartei erfasste: 1. Darlehen, Unterstützungen und Beihilfen aus öffentlichen oder privaten Haushalten; 2. Unterstützungen durch deutsche diplomatische Vertretungen im Ausland;

waren dort bis zu 25 Arbeitskräfte beschäftigt. Angesichts der Datenmenge wurde diese Zahl im Jahr 1922 auf bis zu 60 Personen aufgestockt. Bis 28. Februar 1922 wurden ca. 74.000 Sprüche der Spruchkommissionen erfasst. Davon stammten 63.000 Sprüche vom BdA und 11.000 Sprüche vom VAI. Ohne Inflationsbereinigung wurden ca. 720 Millionen Papiermark für Vorentschädigungen ausgezahlt. Bis dato wurden in der Namenskartei 165.000 und in der Sachkartei 120.000 Karteikarten angelegt. Beispielsweise wurden im Sommer 1921 täglich durchschnittlich bis zu 350 neue Karteien angelegt und über 100 schriftliche Anfragen bearbeitet.

Trotz dieses Aufwandes blieben die Erfolge vergleichsweise mäßig. Insgesamt konnten 500.000 Papiermark zu viel gezahlter Entschädigungen zurücktransferiert werden. Die Höhe der im Vorfeld aufgedeckten Betrugsversuche ist allerdings nicht überliefert. Eine häufige Betrugsmasche waren Absprachen zwischen verschiedenen Personen, die sich gegenseitig angeblich verlorene Sachwerte bezeugten. In anderen Fällen wurden bei verschiedenen Spruchkommissionen Entschädigungen für die gleichen Sachwerte angemeldet.

Zur Feststellung ausländischer Kapitalanlagen und der Bemessung der Entschädigung mussten umfangreiche Dossiers in Form amtlicher Urkunden angelegt werden. Diese Datensammlungen dienten sowohl dem Abgleich mit den Entschädigungsforderungen, als auch zur Koordination mit anderen Dienststellen wie dem RAA. Für die Entschädigungen waren in erster Linie Beteiligungen, in Form von Grundeigentum oder Sachwerten, an Unternehmungen auf dem Gebiet Großbritanniens und seiner Kolonien, von größerer Bedeutung.[1272] Die entsprechenden Besitzurkunden oder sonstigen Dokumente waren bei der Urkundensammelstelle anzumelden.[1273] Neben dieser eher begrenzten Tätigkeit entfaltete die Sammelstelle eine umfangreiche Beratungstätigkeit für aus- und inländische Personen und auswärtiger Behörden wie dem französischen Office des biens intérêts.

---

3. Gefangenenguthaben; 4. Freigegebenes und zurückgeführtes deutsches Eigentum; 5. Abtretungen, Pfändungen, Verpfändungen und Zahlungsverbote; 6. Liquidationserlöse.

1272 Vgl. Bekanntmachung vom 12. Mai 1920 und die Ausführungsanweisung dazu vom 20. Mai 1920 (DRA Nr. 102).

1273 Vgl. BArch R 3301–2032 Blatt 202–203.

Zur Bewältigung des täglichen Schriftverkehrs wurden bei den einzelnen Spruchkammern Kanzleien mit Schreibkräften eingerichtet. Diese Vorgehensweise stieß allerdings schnell an ihre Grenzen. Wegen dem großen und unregelmäßigen Arbeitsaufkommen war diese Organisationsform wenig effektiv. Im späteren Verlauf des Jahres 1920 wurden schrittweise die Kanzleikräfte aus den Spruchkommissionen abgezogen bzw. entlassen.

Dafür wurde in Berlin eine zentrale Kanzlei für alle Spruchkommissionen eingerichtet, die bis zum 31. März 1922 bestand hatte.[1274] Außer dem Kanzleivorsteher waren in der Kanzlei ausschließlich Frauen als Arbeitskräfte angestellt, die ein tägliches Arbeitspensum erreichen mussten. Dieses Arbeitssystem umfasste 65 Pflichtpunkte, wobei jeder erledigte Arbeitsvorgang Punktabzüge brachte. Mit diesem System war die Kanzlei schließlich in der Lage, mit der Flut an Schriftverkehr schrittzuhalten.

Die von den Betroffenen, nicht zu Letzt wegen der fortgesetzten Geldentwertung, als zu langsam empfundenen Entschädigungsverfahren lösten erhebliche öffentliche Empörung aus, die Auswirkungen auf die politische Meinungsbildung im Reich entfaltete. Auf Initiative des Reichstages wurde, nach erheblichen Klagen der Betroffenen, eine Anlaufstelle für Auskünfte und Beschwerden geschaffen.[1275]

Hier wurden Informationen über alle Belange des Ausgleichs- und Entschädigungswesens erteilt. Der Auskunftszeitraum begann mit dem „Reichsgesetz betreffend die Feststellung von Kriegsschäden im Reichsgebiet“ vom 3. Juli 1916 und setzte sich bis in die neuesten Bestimmungen der Weimarer Republik fort. Die Anfragen trafen schriftlich, telefonisch und täglich in mindestens 50 Fällen in persona ein. Zu diesem Zweck war eine breite Koordinierung mit allen Behörden notwendig, die mit entsprechenden Themen beschäftigt waren. Durch einen Erlass wurde die Zentralauskunftsstelle in den Geschäftsbereich des neuen REAK übertragen und nahm am 10. Oktober 1921 ihren Betrieb auf.[1276]

1274 Vgl. ebd. Blatt 203–204.

1275 Erlass des Reichsministers für Wiederaufbau vom 9. Februar 1921 B III. 791/21, vgl. BArch R 3301–2032 Blatt 205.

1276 Erlass des Reichsministers für Wiederaufbau vom 26. September 1921 B III. 6863/21. Vgl. ebd. Blatt 206.

Abteilung II

Die Personalverwaltung des RKA und der Spruchkommissionen oblag der Abteilung II des RKA.[1277] Mit einem Personalstamm von 40 Arbeitskräften begann Ende März 1920 die Tätigkeit des RKA. Die Dienststelle verfügte über keine planmäßigen Beamten. Stattdessen wurden nur ein mittlerer und fünf höhere kommissarische Beamte bewilligt. Den Rest bildeten 34 Angestellte, wovon vier im höheren, 27 im mittleren und drei im unteren Dienst beschäftigt wurden. Diese verhältnismäßig niedrige Zahl an Arbeitskräften erklärte sich auch aus der doppelten Verwendung von Personal der Kasse, Personal- und Verwaltungsabteilung der REK. Allerdings war dieser niedrige Personalstand mit dem Einsetzen der Antragsflut von den Vorprüfungsstellen nicht haltbar.

Nicht zu Letzt wegen des politischen Drucks wuchs die Personaldecke bis zum 1. Oktober 1921 auf 391 Arbeitskräfte. Der RKA verfügte nun über 22 planmäßige und 41 kommissarisch beschäftigte Beamte.[1278] Dazu kamen fünf Beamte des Höheren und zwei des Mittleren Dienstes, die zu diesem Zeitpunkt bereits gekündigt worden waren. Die Masse der Arbeitskräfte bildeten die Vertragsangestellten mit 321.[1279]

Diese Beschäftigungszahl wurde bis Ende 1921 gehalten und sank dann geringfügig bis zur Auflösung des RKA Ende März 1922 auf 370 Personen.[1280] Aus diesem Personenpool wurden auch die Spruchkommissionen mit Personal versorgt, wobei die Spruchkommissionsvorsitzenden erst mit erheblicher Verzögerung ernannt wurden. Die Akte gibt keine Gründe an, erwähnt nur umfangreiche Reisen des Reichskommissars zu persönlichen und schriftlichen Verhandlungen mit anderen Behörden. Neben der Personalverwaltung organisierte die Abteilung II den Geschäftsverkehr der

1277 Vgl. zu den Angaben der Abteilung II: BArch R 3301–2032 Blatt 206–210.

1278 Planmäßige Beamte: Höherer Dienst 12, Mittlerer Dienst 9, Unterer Dienst 1; Kommissarische Beamte: Höherer Dienst 28, Mittlerer Dienst 13.

1279 Aufschlüsselung: Höherer Dienst 51, Mittlerer Dienst 229 (davon 126 Männer, 103 Frauen), Unterer Dienst 41.

1280 Planmäßige Beamte: Höherer Dienst 9, Mittlerer Dienst 9, Unterer Dienst 3; Kommissarische Beamte: Höherer Dienst 16, Mittlerer Dienst 15; Beamte auf Kündigung: Höherer Dienst 5, Mittlerer Dienst 3; Vertragsangestellte: Höherer Dienst 52, Mittlerer Dienst 215 (davon 105 Männer, 110 Frauen), Unterer Dienst 43.

Spruchkommissionen. Diese wurde anhand der monatlichen Geschäftsberichte jeder Spruchkommission und unter Berücksichtigung der zahlreichen Beschwerden erstellt.

Abteilung III

Durch die Grenzverschiebungen, Flucht und Verdrängung nach dem Ersten Weltkrieg ergaben sich erhebliche Schwierigkeiten beim Umgang mit sog. „Staatenlosen" und deren Einstufung bei Entschädigungen. In vielen Fällen war nicht eindeutig feststellbar welcher Nationalität eine Person angehörte. Neben dem RIM war das RMfW mit diesem Problem konfrontiert. Schließlich musste eine Lösung gefunden werden, die sowohl die Interessen der Opfer, politischen Parteien, bestehende rechtliche Fragen und eine finanziell günstige Regelung für den Reichshaushalt miteinander vereinbarte. Zu verschiedenen Themen der Staatsangehörigkeit gab der Reichsminister für Wiederaufbau sieben Erlasse im Zeitraum von Mai 1920 bis Oktober 1921 heraus. Die Mehrzahl der zu klärenden Fälle bezog sich auf Ansprüche von:

- Nichtdeutschen ehemaligen Soldaten die im deutschen Heeresdienst gestanden hatten.
- Polnische Staatsangehörige.
- Bewohner aus dem Memelgebiet.
- Einwohner der nun „Freien Stadt Danzig".[1281]

In der Praxis zeigten sich bei der Bestimmung der Entschädigungen erhebliche Probleme, weil eine Definition eines/-er „Musterdeutschen" nicht bestand. Dem standen erhebliche politische und rechtliche Interessenlagen im Weg. Entsprechend schwankten die ersten Erlasse zwischen zentraler Kontrolle durch den Reichsminister oder dezentraler Entscheidungen durch den RKA. Im Erlass des Reichsministers für Wiederaufbau vom 9. Mai 1920 behielt sich dieser die Entscheidung über alle Fälle mit grundlegender Bedeutung persönlich vor, sofern sie eine Mindestschadenssumme von 50.000 Papiermark überstiegen.

Die Zulassung von Personen ohne deutsche Staatsbürgerschaft (Fremdstaatliche und Staatenlose) lag im Ermessen des RKA. Ein, insbesondere

1281 Vgl. BArch R 3301–2032 Blatt 210–216.

gegen polnische Staatsbürger gerichteter, Erlass des Reichsministers für Wiederaufbau vom 18. September 1920 schränkte die Möglichkeiten der fremdstaatlichen Antragsteller erheblich ein.[1282] Diese Antragsteller wurden hinsichtlich von Liquidationsschäden in erster Instanz an ihre Heimatländer für Entschädigungen verwiesen. Dem Reichsminister für Wiederaufbau war in allen Antragsfällen von Fremdstaatlichen abschließend Bericht zu erstatten.[1283]

Diese Regelung führte möglicherweise zu einer erheblichen Mehrbelastung des Reichsministers, denn in dessen Erlass vom 2. März 1921 wurde die Berichtspraxis wieder geändert.[1284] Verfahrensberichte für Fremdstaatliche mussten nun nur noch ab einer Entschädigungssumme von 50.000 Papiermark beim Reichsminister für Wiederaufbau gemeldet werden. Der RKA konnte nun wieder selbstständig über die Zulassung aller Fremdstaatlichen und Staatenlosen entscheiden.

Eine sehr wichtige Regelung in diesem Erlass war die Festlegung der deutschen Staatsangehörigkeit als Bedingung für einen Rechtsanspruch auf Entschädigungen. Demnach waren alle Personen entschädigungsberechtigt, die am 10. Januar 1920, zum Inkrafttreten des Versailler Vertrages, deutsche Staatsbürger waren. Diese Regelung galt für Liquidationsschäden und bestimmte, dass Personen die zu diesem Zeitpunkt nicht deutsche Staatsbürger waren, Anträge auf Entschädigung an ihre ursprüngliche Staatsregierung zu richten hatten. Neu geregelt wurde auch das Vorentschädigungsverfahren für Sachschäden. Für Staatenlose wurden Vorentschädigungen nur noch bis zu einer Höhe von 25.000 Mark gewährt. Diese Regelung galt nur bei besonderer Bedürftigkeit des Antragstellers und dessen Familie.

Ursache dieser Neuregelungen dürfte die vermehrte Zahl von Flüchtlingen aus dem vom Bürgerkrieg erschütterten ehemaligen russischen Zarenreich gewesen sein. Die Menschen aus dieser Region zeichneten sich in einigen Fällen durch kriminelle Energie aus. Eine Einschränkung dieser

---

1282 Der entsprechende Erlass mit der Bezeichnung „B III. 4178“ konnte nicht aufgefunden werden.

1283 Dem Reichsminister für Wiederaufbau wurde in 286 Antragsverfahren Bericht erstattet. Nach dessen Prüfung wurden 134 zugelassen und 152 abgewiesen.

1284 Der entsprechende Erlass mit der Bezeichnung „B III. 1162/21“ konnte nicht aufgefunden werden.

Personengruppe war von politischer Seite und vielen Tagesmedien durchaus gewünscht. Insgesamt blieb die Zahl der Fälle mit 7.868 Fallakten überschaubar. Nach Ausschluss der Fälle mit falschen Antragsvoraussetzungen verblieben noch 4.019 Fälle von Staatenlosen und 3.045 von Fremdstaatlichen, von denen 2.533 Staatenlose und 1.039 Fremdstaatliche abgeschlossen wurden.[1285] Die übrigen Fälle wurden abgelehnt.

Abteilung IV

Aufgrund der besonders schwierigen Rechtslage wurde beim RKA eine eigene Rechtsabteilung, getrennt in die Unterabteilungen I und II, eingerichtet.[1286] Bis zu sieben Volljuristen, darunter ein russischer Staatsbürger, waren in der Abteilung IV dauerhaft beschäftigt.[1287] Im Zeitraum vom 1. April 1920 bis 31. März 1922 bearbeiteten die Sachverständigen 23.577 Fälle. Die Abteilung deckte die folgenden Arbeitsbereiche ab: Die Einlegung von Rechtsmitteln bei Abtretungen und Pfändungen, die im weiteren Verlauf von den jeweiligen Vorsitzenden der Spruchkommissionen eigenständig gehandhabt wurden; die Überprüfung der Angaben von Staatenlosen sowie Anträgen auf erhöhte Unterstützungen, wobei letzteres später an Abteilung III abgetreten wurde.

Unterabteilung I versah die Bearbeitung und Bekanntgabe der materiellen Rechtsgrundsätze des RKA. Hinzu kamen die Erinnerungen bzw. Mahnungen für Pfändungen und Überweisungsanordnungen sowie die Einlegung und Begründung von Einsprüchen für Antragsteller mit den Anfangsbuchstaben M-Z.

Unterabteilung II betreute die Herausgabe eines Nachrichtenblatts, die Bearbeitung sämtlicher Beanstandungen, Nachprüfung aller Entscheidungen der Spruchkommissionen und schließlich die Einlegung und Begründung der Einsprüche der Anfangsbuchstaben A-L.

1285 Bewohner der Freien Stadt Danzig (340 Anträge) und des Memelgebietes (850 Anträge) wurden im Verfahren als Staatenlose eingestuft. Vgl. BArch R 3301–2032 Blatt 214.

1286 Vgl. BArch R 3301–2032Blatt 216–219.

1287 Ca. 40% aller Rechtsmittelverzichte und ca. 65% aller Beanstandungen durch die Juristen betrafen russische Rechtsangelegenheiten. Vgl. ebd. Blatt 218.

Weiterer Entwicklungsverlauf des Reichskommissars für Auslandsschäden

Wiederholt angesprochen wurde das Problem der Unterbringung der neuen Reichsbehörden. Die Reichsverwaltung war zudem zu besonderer Sparsamkeit angehalten. Diese Umstände führten bei den Entschädigungsverfahren zu zusätzlichen Komplikationen. Aus Kostengründen sollten die Verwaltung des RKA und die Spruchkommissionen zusammen untergebracht werden. Nur in den äußeren Bezirken von Groß-Berlin war eine notdürftige Unterbringung möglich und in Zehlendorf konnte eine ehemalige Erziehungsanstalt für verwahrloste Kinder für zehn Jahre gemietet werden. Die Räumlichkeiten wurden mit Gipswänden provisorisch in eine Behörde umfunktioniert. Die Ausstattung wurde ausschließlich von der REK übernommen und war entsprechend abgenutzt.

Diese Lösung verursachte erheblich Komplikationen für Antragsteller und Besucher, die lange Fahrtzeiten auf sich nehmen mussten. Die Gipswände waren äußerst lärmdurchlässig. Daraus resultierende Geräusche der Verwaltung behinderten die Sitzungen der Spruchkommissionen und den Arbeitsablauf der Behörde gleichermaßen. In wiederholt auftretenden Fällen von plötzlicher Verhinderung eines Beisitzers konnte, wegen der ungünstigen Lage der Behörde, nur in wenigen Fällen rechtzeitig ein Ersatz vom RMfW in Berlin Mitte, oder aus der näheren Umgebung von Berlin angefordert werden. Dadurch mussten häufig Angestellte der Spruchkommissionen einspringen, die auch bei den Interessenvertretungen beschäftigt waren und damit in Interessenkonflikte gerieten.

Auch die übrigen Spruchkommissionen im Reich litten unter der Raumnot. Teilweise war es möglich Räumlichkeiten einer anderen Behörde zu nutzen oder günstig zu mieten. Besonders in größeren Städten gelang dies nicht und es musste auf privaten Wohnraum zurückgegriffen werden. In einigen Fällen wurden sogar Wohnungen fast vollständig für Spruchkommissionen in Beschlag genommen.[1288] In Leipzig waren selbst geeignete Privaträume nicht zu finden und es musste trotz des Interessenkonflikts

---

1288 In Barmen war die Spruchkommission in der Wohnung des Vorsitzenden kostenlos untergebracht, wobei die Sitzungen in der dortigen Handelskammer stattfanden. Vgl. BArch R 3301–2032 Blatt 227.

ein Angebot für die Nutzung von Räumlichkeiten des VAI angenommen werden. Es handelte sich dort um vier Privaträume zu einem durchschnittlichen Mietpreis und zwei mietfreie Sitzungssäle.

Diese erhöhten Mietkosten sollten nicht darüber hinweg täuschen, dass der RKA während seines Bestehens unter erheblichem Einsparungsdruck von Seiten des RMfW und RFM litt. Für das Haushaltsjahr 1920 wurden dem RKA unter Abschnitt XVI, Kapitel eins und vier Haushaltsmittel für eine rudimentäre Basisverwaltung zur Verfügung gestellt. Sachkosten und Geldmittel für die Einstellung von angestellten Hilfskräften wurden in Kapitel fünf Titel zwei eingeplant, allerdings musste damit auch die Geschäftsstelle für deutsche Güter, Rechte und Interessen in Paris finanziert werden.

In einem außerordentlichen Haushalt erhielt der RKA 1,22 Millionen Papiermark als einmaliger Anschub-Finanzierung für die Beschaffung von Arbeits- und Büroflächen. Der Geschäftsbetrieb war damit zwar gewährleistet, aber volle Arbeitsfähigkeit konnte nur mit zusätzlichen Leiharbeitskräften der REK und drastischen Einsparungen erreicht werden. Hier zeigt sich deutlich der provisorische Charakter einer politischen Notlösung, unter deren Maskierung der alte Verwaltungsbetrieb weiterlief.

Durch die Novelle der Besoldungsordnung 1920 wurden vom RMfW weitere 46 Beamte dem RKA zugeteilt.[1289] Diese personelle Aufstockung war angesichts des dramatischen Arbeitsaufkommens dringend notwendig geworden. Für das Rechnungsjahr 1921 wurden beim RKA weder neue Stellen geschaffen noch abgebaut. Wegen der geplanten Auflösung der REK wurden dem RKA Mittel für die Weiterbeschäftigung der von der REK an den RKA ausgeliehenen Angestellten und Beamten zugeteilt. Diese Haushaltsmittel waren wegen der fortschreitenden Inflation aber nicht ausreichend. Eine Reduzierung der Stellen konnte nur durch Intervention beim RMfW verhindert werden. Der Reichsminister für Wiederaufbau entschied daraufhin, beim im Aufbau befindlichen REAK auf Einsparungen zu drängen und dort frei werdende Personalmittel dem RKA zur Verfügung zu stellen. Dadurch konnte zwar der Personalbestand beim RKA gehalten werden, aber der Aufbau des REAK wurde behindert.

1289 Vgl. Besoldungsgesetz vom 30. April 1920 (RGBl. S. 805) und Besoldungsordnung (Anlage 5) vom 30. April 1920 (RGBl. S. 836).

Für die Einrichtung weiterer Geschäftsstellen für deutsche Güter, Rechte und Interessen außerhalb Deutschlands in China, Großbritannien und teilweise den Gebieten des ehemaligen russischen Zarenreiches wurden Haushaltsmittel eingeplant. Beschwerden hinsichtlich mangelnder Kompetenzen der Spruchkommissionen bei der Bemessung diverser Schadenskategorien begegnete der Reichshaushalt 1921 mit der Bereitstellung von Mitteln für die Bezahlung von Sachverständigen für Industriebetriebe der Forst- und Landwirtschaft. Für das Haushaltsjahr 1922 wurden nur die Mittel genehmigt, die bis zur Auflösung des RKA am 31. März 1922 notwendig waren. Die vom RKA finanzierten Spruchkommissionen arbeiteten ebenfalls sehr sparsam. Insgesamt kosteten diese den Steuerzahler nur ca. 2% des Gesamtvolumens der ausgezahlten Vorentschädigungen.[1290]

Wie schon bei der REK waren die Spruchkommissionen das Kernstück der Vorentschädigungen in den Verfahren des RKA. Umso wichtiger war eine einheitliche Spruchtätigkeit, die aber auch vom RKA nicht durchgehend gewährleistet wurde. Zwischen April 1920 und Januar 1922 übermittelten die Interessenvertretungen 92.517 vorgeprüfte Vorentschädigungsanträge an den RKA. Im gleichen Zeitraum wurden 87.376 Anträge durch eine Spruchkommission abgeschlossen.[1291] Davon wurden allein in Berlin 39.860 entschieden.

Neben den erwähnten Problemen der Spruchtätigkeit erschwerte das verfügbare Personal bei den Spruchkommissionen den reibungslosen Ablauf. Die von den Interessenvertretungen entsandten Beisitzer waren häufig aufgrund ihrer Erfahrung ausgewählt worden. Dadurch konnte in vielen Fällen dem Spruchkommissionsvorsitzenden ein realistischeres Bild der individuellen Situation der Geschädigten vermittelt werden. Die Beisitzer der VAI waren in der Regel so gut informiert, dass sie teilweise sogar zur Formulierung der Sprüche herangezogen wurden.

1290 Beispiele für Kosten in Relation zu ausgezahlten Vorentschädigungen: Bremen (35.000 M zu 35 Mio. M), Ludwigshafen (30.000 M zu 12 Mio. M), Lübeck (9.000 M zu 3 Mio. M), Mannheim (54.000 M zu 64 Mio. Mark), Frankfurt zu Main (61.000 M zu 41 Mio. M), Weimar (80.000 M zu 6 Mio. M), Hamburg (2 Mio. M zu 224 Mio. M) Vgl. BArch R 3301–2032 Blatt 233.

1291 Vgl. ebd. Blatt 24.

Allerdings war diese Expertise auch von Nachteil, denn sie führte oft zu Parteilichkeit. Besonders die Beisitzer des BdA neigten in besonders vielen Fällen dazu, großzügige Entschädigungen zu gewähren und sogar bei eindeutigen Falschangaben Nachsicht walten zu lassen. Hier fiel häufig die Abhängigkeit der Beisitzer von ihrer bezahlten Arbeit in den Gremien der Interessenvertretungen ins Gewicht. Diese Bezahlung war abhängig vom Wohlwollen der Mitglieder des BdA, die sich wiederum weitgehend aus den Geschädigten rekrutierten. Diese erwarteten umfassende Entschädigungen und reagierten häufig aggressiv auf abweichendes Verhalten einzelner BdA – Beisitzer, die daraufhin bei nächster Gelegenheit , mangels Mehrheiten bei den Gremienwahlen, aus ihren Arbeitsstellen entfernt wurden. An ihre Stelle traten dann Personen, die noch nachsichtiger waren und mehr Entschädigungen versprachen.

Im Gegensatz dazu waren fast alle Beisitzer des VAI ehrenamtlich tätig und nicht auf Gehälter von ihrem Verband angewiesen. Dadurch konnten sie objektivere Einschätzungen treffen. Allerdings behinderte die berufliche Belastung der VAI Beisitzer die reibungslose Tätigkeit der Spruchkommissionen. Wegen der komplizierten Vereinbarkeit von Beruf und dem Amt als Beisitzer war es vielfach schwierig geeignete Termine für die Verhandlungen zu vereinbaren. Kurzfristige Absagen auch nur eines Beisitzers konnten häufig nicht mit Ersatz kompensiert und geladenen Antragstellern musste daher abgesagt werden.

Auch die Vorsitzenden der einzelnen Spruchkommissionen waren nicht immer auf dem neuesten Stand der Rechtslage, wie Reichskommissar Conze bei seiner Inspektionsreise vom 1. bis 16. Juli 1920 feststellen musste. In diesem Zeitraum hatte der Reichskommissar die süddeutschen Reichsländer Baden, Bayern und Württemberg besucht und mit den dortigen Spruchkommissionen die aktuellen Probleme erörtert. Conze musste aus eigener Erfahrung feststellen, dass die Spruchtätigkeit in Süddeutschland dringend verbesserungswürdig war. Immer wieder wurde die Vorprüfung des BdA kritisiert, „weil die vom Bunde eingelieferten Akten so unvollständig waren, dass sie zunächst einer zeitraubenden Ergänzung bedurften“.[1292] Immerhin war die Arbeitsbelastung, im Gegensatz zu den Berliner Verhältnissen,

1292 Vgl. BArch R 2–1169 Blatt 2.

„zur Zeit noch übersehbar [und] die Leistungsfähigkeit der zur Verfügung stehenden Kräfte“ wurde nicht überstrapaziert. Die Vorsitzenden hatten hier die Möglichkeit sich ausführlich mit einem Fall zu befassen. Im Gegensatz dazu stand es in Berlin schlechter, wo „jedesmal 20 Sachen auf der Tagesordnung“ standen. Es war für Conze zweifelhaft, ob eine gründliche Erörterung wie in Süddeutschland in Berlin „auch beim besten Wille jemals der Fall sein“ könnte.[1293]

Aus den Besprechungen nahm Conze eine Reihe von Verbesserungsvorschlägen mit nach Berlin. Die Rolle der Beisitzer der Interessenvertretungen wollte Conze zukünftig verkleinern oder spätestens im Endentschädigungsverfahren ganz beseitigen. Angesichts der ständigen Unsicherheiten und Abweichungen der Spruchtätigkeit sollten bei allen Spruchkommissionen Vertreter des Reichsinteresses ständig anwesend sein.

Zur Entlastung der Antragsteller wurden ebenfalls Reformen eingeleitet. Als Vorsichtsmaßnahme wurde eine möglichst frühe Einladung der Antragsteller und deren verbindliche Zusage des Erscheinens vor der Spruchkommission eingefordert. Dies sollte Terminsicherheit für alle Beteiligten schaffen. Waren die Antragsteller über weite Strecken angereist und der Termin platzte dennoch, entstanden dadurch erhebliche emotionale und finanzielle Belastungen. Aus diesem Grund wurde die Zahl der Beisitzer bei vielen Spruchkommissionen auf ein möglichst verlässliches Minimum reduziert. Ein allgemeines Problem der Beisitzer aller Interessenvertretungen war deren mangelhafte Vorbereitung auf die zu behandelnden Fälle bei einer Sitzung der Spruchkommission. Die meisten Beisitzer waren über die aktuelle Rechtsentwicklung unzureichend informiert und mussten mit Hilfe von zusammengefassten Rundschreiben über die wichtigsten Neuerungen informiert werden. Auch erfolgte eine Einarbeitung der Beisitzer in die Akten nur in besonders wichtigen Fällen, weil bei der Masse an Anträgen den meisten Beisitzern schlicht die Zeit fehlte. Wegen des Einsparungszwangs wurde eine Versendung von tausenden Fallakten zur vorherigen Durchsicht an die Beisitzer nicht durchgeführt.

Diese Vorsichtsmaßnahmen wären nicht von Belang gewesen, wenn die Antragsteller durchwegs ehrlich in ihren Vorentschädigungsanträgen

1293 Vgl. ebd.

geblieben wären. Doch das Gegenteil war häufig der Fall. Die Entschädigungsforderungen wurden in den meisten Fällen massiv übertrieben, um eine gute Entschädigung zu erlangen. Hierbei kann nicht nur von niederen persönlichen Motiven ausgegangen werden. Die anziehende Geldentwertung führte wahrscheinlich bei vielen Antragstellern zu der Überzeugung mehr fordern zu müssen, um nach Abschluss des Verfahrens auf eine Summe zu kommen die, in realer Kaufkraft zum anvisierten Zeitpunkt der Auszahlung, dem ungefähren tatsächlichen Wert des Verlustes entsprach.

In einigen Fällen wurde erhebliche kriminelle Energie entwickelt. Urkundenfälschung, beispielsweise zur unrechtmäßigen Nachweisung der deutschen Staatsbürgerschaft oder der Fälschung von Ausweisungsanordnungen, war durchaus verbreitet.[1294] Wissentliche Falschaussagen wurden besonders bei ethnischen Deutschen aus Russland, hier wurde explizit das Gouvernement Samara genannt, festgestellt. In diesen Fällen hatten sich verschiedene Personen zur gegenseitigen Beeidigung unwahrer Verluste verabredet und stellten entsprechend übertriebene Vorentschädigungsforderungen. Diese Form des Schwindels konnte nur in einigen Fällen rechtzeitig nachgewiesen werden und auch nur wenn die gleiche Spruchkommission mit solchen überlappenden Anträgen zur Entscheidung betraut wurde.

Auch Betrugsversuche in größerem finanziellem Umfang wurden unternommen. Aktenkundig wurde der Betrugsversuch einer deutschen Bergwerksgesellschaft, die Entschädigungsansprüche für eine Anlage in Bulgarien in einer Größenordnung von 375 Millionen Mark angemeldet hatte. Wurden Betrugsfälle aufgedeckt, erhob der RKA Einspruch und das Verfahren wurde vor dem Reichswirtschaftsgericht verhandelt. Diese Verfahrensweise führte zu einem erheblichen Rückgang krimineller Falschaussagen, weil potentielle Betrüger abgeschreckt wurden.

Die Strafverfolgung durch die Justizbehörden war dagegen nur in wenigen Fällen erfolgreich, weil es an belastbaren Beweisen mangelte und in der Regel Aussage gegen Aussage stand. Der Großteil der falschen Vorentschädigungsanträge wurde durch Unwissenheit der Antragsteller und deutscher Verwaltungsfehler verursacht. Für viele Geschädigte, die in der Regel fast ihren gesamten Besitz verloren hatten, war es schwierig diesen Verlust in

1294 Vgl. BArch R 3301–2032 Blatt 245–246.

Zahlen zu fassen. Häufig war unklar, welche Person entschädigungsberechtigt war, weshalb teilweise alle erwachsenen Familienmitglieder den gleichen Schaden anmeldeten. Durch die parallele Tätigkeit verschiedener Behörden wurden viele Doppelentschädigungen gezahlt, die häufig unentdeckt blieben.[1295] Einträge in der Zentralkartei des RKA konnten in einer Reihe von Fällen Doppelzahlungen verhindern oder zur Rückerlangung überzahlter Beträge beitragen.

Überhaupt zeigten sich immer wieder Kompetenzkonflikte und Schwächen zwischen den Landes- und Reichsbehörden. Der Gesetzgeber hatte im Reichsausgleichsgesetz und Enteignungsgesetz geregelt, dass Vorschüsse auf Vorentschädigungen nur nach Einholung der Zustimmung des jeweils zuständigen Finanzamtes erfolgen konnten.[1296] Diese Regelung scheiterte häufig daran, dass kein Finanzamt die Zuständigkeit, beispielsweise für einen ausgewiesenen Elsass-Lothringer oder Kolonisten, übernehmen wollte, weil keine Steuerunterlagen vorhanden waren. Dadurch konnten die Vorschüsse, die von den Antragstellern bei besonderer Dringlichkeit beantragt wurden, auch nach der eigentlichen Bewilligung durch den RKA erst nach bis zu drei Wochen angewiesen werden.[1297]

Ein weiteres Problem war die Weigerung der Reichsbank eine Übersicht über die Friedenskurse ausländischer Wertpapiere zum Stichtag 25. Juli 1914 herauszugeben. Im Grunde war die Festlegung dieser Kurse als Entschädigungsgrundlage in der Verordnung vom 17. August 1921 verankert worden. Erst im März 1922 konnte die Reichsbank unter erheblichen politischen Druck zur Übergabe der Listen an den RKA gebracht werden.

Neben den Schwierigkeiten mit den Angestellten und Beisitzern bei der Interessenvertretung des BdA hatte auch der RKA mit seinem Personal Probleme. Hauptgrund war der Kostendruck in allen Bereichen des RKA. Die Verwaltung des RKA sollte nicht den Eindruck erwecken, auf Kosten der Gebühren für Entschädigungen einen zu großzügigen Geschäftsbetrieb

1295 Beispielsweise ergaben sich viele Doppelentschädigungen durch Auszahlungen durch den RKA und das RAA. Vgl. BArch R 3301–2032 Blatt 247.

1296 Vgl. Ausgleichssteuergesetz vom 12. Juni 1920 (RGBl. S. 1195).

1297 Erst durch die Erteilung von Anweisungen an die Landesfinanzämter durch das RFM konnten diese Probleme beseitigt werden. Vgl. ebd. Blatt 250–251. Bis dahin hatten die Finanzämter eine Einspruchsfrist von drei Wochen. Nach dem Verstreichen der Frist wurden die Gelder freigegeben.

aufzubauen. Der Kostendruck fand seinen Ausdruck in den erwähnten schwierigen Unterkünften und setzte sich in den Arbeitsvertragsmodalitäten in den Spruchkommissionen fort.

Wegen der schwankenden Auslastung der Spruchkommissionen setzte der RKA vermehrt auf Angestellte mit befristeten Arbeitsverträgen und reduzierter Wochenarbeitszeit. Dadurch wurde in diesem Kostensegment eine verbesserte Flexibilität erreicht. In einer Verwaltungsorganisation auf der Basis von geschlossenen Haushalten war ein solches Vorgehen problematisch, weil es nur mit Verzögerungen auf höhere Auslastungen reagieren konnte. Diese immer wiederkehrenden Situationen führten dann zu einer Überbelastung des vorhandenen Personals. Beispielsweise wurden in solchen Phasen Nachfragen von Antragstellern wochenlang nicht bearbeitet oder andere Verwaltungsgeschäfte blieben unerledigt.

Die erwähnte Anstellung von nebenamtlichen Beamten für die Kanzleiarbeiten hatte zu einigen Verzögerungen und wütenden Protesten der Geschädigten geführt. Die Alternative zur Beschäftigung nebenamtlicher Beamter waren Angestellte. Hier zeigte sich ein zwiespältiges Bild. Die Angestellten verfügten in der Regel über hohe Kompetenz und Motivation. Eine Quelle spricht sogar in selten kritischer Würdigung davon, „dass die Angestellten um vorwärts zu kommen, sich besonders Mühe geben werden, um durch Fleiß, Sorgfalt, Pünktlichkeit und Findigkeit die Zufriedenheit ihrer Vorgesetzten zu erwerben, vielleicht mehr als die Beamten, die vielfach in dem sicheren Gefühl der Beamtenstellung und der Beamtenbezüge zu besonderer Eifer nicht geneigt sind.“[1298]

Allerdings war entsprechend gutes Personal rar und die Entlohnung des RKA bedeutend niedriger als in der Privatwirtschaft. Daher nutzten „gerade die tüchtigsten Angestellten ihre Stellung bei der Behörde nur als Übergangsstadium. [...] Sobald sich ihnen die Gelegenheit bot, [gingen die Angestellten wieder] zum Handel und zur Industrie, wo sie weit besser bezahlt wurden.“[1299] Die Situation in der RKA Verwaltung spitzte sich besonders gegen Ende der Behörde zu, als den Angestellten gekündigt wurde. Allerdings konnte, durch die Übernahme vieler Angestellter in das neue

1298 Vgl. BArch R 3301–2032 Blatt 255.
1299 Vgl. BArch R 3301–2032 Blatt 254.

Reichsentschädigungsamt für Kriegsschäden, zumindest teilweise ein Übergang ermöglicht werden.

Die Spruchkammervorsitzenden waren in der Regel Richter und Rechtsanwälte, die ihre Tätigkeit im Nebenamt ausführten oder bereits pensioniert waren. Andere Berufsgruppen kamen nicht in Frage, weil für die Vorsitzenden eine juristische Expertise und geeignete zwischenmenschliche Umgangsformen vorausgesetzt wurden. In Phasen überhöhter Belastung konnten die Vorsitzenden über die Spruchtätigkeit hinaus mit Verwaltungsarbeit belastet werden. Diese Zusatzbelastung führte zu Überlastungssymptomen, die sich auf die Spruchtätigkeit sehr negativ auswirkte. Die Zustände im Entschädigungswesen blieben der Öffentlichkeit nicht verborgen.

Die Entschädigungen wurden fast exakt ein halbes Jahr nach der Implementierung des Verfahrens erstmals Gegenstand kritischer Beratungen im Reichstag. Am 7. Juli 1920 beschäftigten sich die Abgeordneten Riedmiller (SPD), Schwarz (USPD) und Fries (KAG) in der ersten Debatte zu den Entwürfen des Auslandsschäden-, Kolonialschäden- und Verdrängungsschädengesetzes mit dem RKA.[1300] Der DVP Abgeordnete Walther Dauch, selbst ein geschädigter Auslandsdeutscher, brachte am 21. Juli 1920 eine Anfrage in den Deutschen Reichstag ein.[1301] Darin klagte er die Reichsregierung der Verschleppung der Vorentschädigungen an. Seiner Darstellung nach würden viele der Betroffenen am „Hungertuch" nagen, weil sie die Erlöse für ihr im feindlichen Ausland liquidiertes Vermögen nicht entschädigt bekämen. Gleichzeitig würde sich das Reich durch die Gutschriften der Liquidationen auf das Wiedergutmachungskonto auf Kosten der Geschädigten bereichern.

In der Reichstagssitzung vom 30. Juli 1920 bezog StS Müller zu den Vorwürfen mittels eines Redebeitrags persönlich Stellung.[1302] Müller bestätigte darin die Verzögerungen und gestand, dass die „naturgemäß zunächst zu bewältigenden organisatorischen Schwierigkeiten" ursächlich für die

---

1300 Vgl. Gesetz über den Ersatz der durch Abtretung deutscher Reichsgebiete entstandenen Schäden (Verdrängungsschädengesetz), vom 28. Juli 1921 (RGBl. S. 1021); Gesetz über den Ersatz von Kriegsschäden in den ehemaligen deutschen Schutzgebieten (Kolonialschädengesetz), vom 28. Juli 1921 (RGBl. S. 1031); Gesetz über den Ersatz von Kriegsschäden im Ausland (Auslandsschädengesetz), vom 28. Juli 1921 (RGBl. S. 1038).

1301 Vgl. Anfrage Nr. 97 vom 21. Juli 1920, Nr. 183 der Drucksachen.

1302 Vgl. Reichstags-Drucksachen, Wahlperiode 1920/24, Bd. 363, S. 425–426.

Verzögerungen waren. Er kündigte eine engere Kooperation aller beteiligten Ebenen und eine Vermehrung der Spruchkommissionen an.

Bereits wenige Tage später wurde eine neue Anfrage an das RMfW gestellt.[1303] Anfragesteller waren die DNVP-Abgeordneten Berndt und Laverrenz. Im Gegensatz zur Anfrage von Dauch zählte die Anfrage der DNVP Abgeordneten eine Reihe von Missständen auf, die ihnen Betroffene geschildert hatten. In Punkt eins beklagten sie einen allgemeinen Mangel an Spruchkommissionen. Unter Punkt zwei erhoben sie den Vorwurf, dass die Vorsitzenden der Spruchkammern ihre Tätigkeit nur im Nebenamt ausführen und dadurch zu wenig Zeit für die Spruchkommissionen hätten. Die Vorprüfungskommissionen des BdA wurden in Punkt drei als zu einseitig mit Sachverständigen weniger Berufszweige besetzt empfunden. Auch wurde die Auswahlpraxis zum Vorprüfer beim BdA kritisiert. In Punkt vier bemängelten sie die angeblich zu geringen Entschädigungen für Hausrat und Kleidung. Abschließend beurteilten sie die Verfahrensvorschriften zur Vorlage von Beweisen für Schäden der Antragsteller im Entschädigungsverfahren als nicht praktikabel.

StS Müller antwortete auf diese Vorwürfe am 16. September 1920 nunmehr schriftlich.[1304] Zu Punkt eins bemerkte Müller, dass die Zahl der Spruchkommissionen bei Bedarf erhöht werden würde, und dass diese angewiesen wurden, Härtefälle vordringlich zur Entscheidung zu bringen. Die nebenamtliche Tätigkeit von Punkt zwei würde auf den zu geringen Haushaltsmitteln des RKA beruhen, die weitere hauptamtliche Beamtenstellen nicht zu ließe. Das entsprechende Ergänzungsgesetz zum Reichshaushalt war in der Reichstagssitzung vom 6. Juli 1920 vertagt worden. Daher müsste in vielen Fällen auf nebenamtliche Persönlichkeiten wie beispielsweise Rechtsanwälte zurückgegriffen werden. Deren Auswahl wurde so gestaltet, dass die Vorsitzenden ausreichend Zeit für ihre Tätigkeit bei den Spruchkommissionen hätten.

Die Kritik aus Punkt drei beantwortete Müller mit der Feststellung, dass der BdA nur geeignetes Personal als Sachverständige einsetzen konnte. Für

1303 Vgl. Reichstags-Drucksachen, Wahlperiode 1920/24, Anfrage Nr. 189 vom 3. August 1920, Nr. 367.

1304 Vgl. Reichstags-Drucksachen, Wahlperiode 1920/24, Aktenstück Nr. 579 vom 2. Oktober 1920.

Spezialfragen wurden besondere Sachverständige zu Rate gezogen. Weiterhin verfügte der BdA über eine eigene Rechtsabteilung aus Volljuristen. Die Sachbearbeiter für die Vorschüsse wurden vom BdA auf Vorschläge der Landesabteilungen eingestellt und die Kandidaten dort auf ihre Befähigung geprüft. Der Reichsregierung wären keine Klagen über deren Tätigkeit bekannt.

Abschließend referierte Müller zu Punkt vier: Gemäß den Richtlinien für die Gewährung von Vorschüssen, Beihilfen und Unterstützungen für Schäden Deutscher im Ausland aus Anlass des Krieges vom 15. November 1919 konnten Vorschüsse und Beihilfen nur bis 50% des Friedenswertes gewährt werden.[1305] In Ausnahmefällen waren zu bis 75% möglich, wenn der Geschädigte im Ausland eine wirtschaftliche Tätigkeit aufnehmen wollte. Dazu konnten in Härtefällen Unterstützungen zwischen 1.500 und 3.000 Mark gezahlt werden (§10 der Richtlinien).[1306]

Die Anschuldigungen aus Punkt fünf wies Müller dagegen zurück. Die Spruchkommissionen sollten keine übertriebenen Beweise einfordern. Allerdings gäbe es nicht selten Fälle in denen das Reichsfinanzinteresse durch übertriebene Forderungen in Gefahr käme. Dann müssten Beweise für die Entschädigungsforderungen verlangt werden. Als Beleg nannte Müller die Diskrepanzen zwischen den Angaben beim Reichskommissar zur Erörterung von Gewalttätigkeiten und den Vorentschädigungsanträgen. Teilweise wurde, im Vergleich zur Anmeldung beim REG, das Mehrfache des Friedenswertes zur Vorentschädigung angemeldet. Die übrigen Probleme schob Müller auch hier auf die Anfangsschwierigkeiten beim Aufbau der Organisation, die aber weitgehend überwunden seien.

Trotz dieser Erklärungen blieben die schleppenden Entschädigungen weiter ein Politikum. Am 27. Oktober 1920 verlangte der Abgeordnete Peter Stubmann (DDP) Auskunft über den Stand des Vorentschädigungsverfahrens hinsichtlich einer bevorzugten Behandlung von Anträgen des VAI gegenüber dem BdA.[1307] In der Reichstagssitzung vom 5. November 1920 äußerte sich Müller persönlich zu der Anfrage Stubmanns. Nach Auskunft

1305 Vgl. DRA Nr. 267 vom 21. November 1919.

1306 Vgl. BArch R 3301–1737 o. Z. RFM an RWM vom 25. Oktober 1919.

1307 Vgl. Reichstags-Drucksachen, Wahlperiode 1920/24, Anfrage Nr. 383 vom 27. Oktober 1920 und Nr. 745.

Müllers hatte der BdA bis Anfang November etwa 40.000 Anträge erhalten und 18.000 vorgeprüft. Beim VAI gingen im gleichen Zeitraum ca. 9.000 Anträge ein, von denen 3.000 bisher vorgeprüft an den RKA weitergeleitet wurden. Müller konnte daraus keine Ungleichbehandlung des BdA gegenüber dem VAI erkennen.

Allerdings klammerten diese Zahlen die tatschlich erfolgten Urteilssprüche der Spruchkommissionen aus. Müllers Aussage war daher nicht vollständig. Er versicherte aber, dass der BdA die Anstrengungen zur schnellen Vorprüfung der Anträge zu intensivieren beabsichtige. Nach seiner Auskunft wurde vom BdA einen monatliche Prüfungsleistung von 5.000 Anträgen erreicht und sämtliche eingereichten Anträge bis Frühjahr 1921 vorgeprüft werden. Müller versicherte dem Anfragesteller, dass die Reichsregierung weiterhin Härtefälle bevorzugt entschädigen wolle und bedürftige Auslandsdeutsche Darlehn auf ihre zukünftige Entschädigung erhalten könnten. In Fällen besonders prekärer Verhältnisse bei Ausreisewilligen wurde bei den Darlehnskassen eine „Rückwanderfondskommission“ geschaffen. Nach Prüfung der Einzelschicksale vergab diese Kommission spezielle Darlehn für die Wiederausreise.

Anlässlich der Beratung eines Ergänzungshaushalts für das RMfW musste sich StS Müller am 14. März 1921 erneut den Reichstagsabgeordneten stellen. Der bereits benannte Abgeordnete Dauch griff die Schwierigkeiten mit den Finanzämtern auf. Er warnte vor den aus seiner Sicht zu geringen Entschädigungen, die zu „einer Rentnernation“ mit sehr niedrigen Renten führen würden, weil die Entschädigungen nicht zum Aufbau einer Existenz reichen würden.[1308] Darauf erwiderte StS Müller, dass insgesamt 660 Personen und 65 Spruchkommissionen für die möglichst rasche Vorentschädigung tätig seien. Allerdings würden die Verbände nicht schnell genug neue Anträge vorprüfen, wodurch es zu Verzögerungen käme. Hinsichtlich der Höhe der Entschädigung machte er den Zuhörern keine Hoffnungen. Das RMfW stünde „vor der starken Mauer unserer Reichsfinanzen, über die hinüberzukommen selbst dem stärksten Minister für Wiederaufbau nicht gelingen wird.“[1309]

1308 Vgl. Reichstags-Drucksachen, Wahlperiode 1920/24, 84. Sitzung vom 14. März 1921, S. 2896.

1309 Vgl. ebd. S. 2898.

IV.8 Das Reichsentschädigungsamt für Kriegsschäden

Das REAK wurde im Rahmen des Gesetzes über die Festsetzung von Entschädigungen und Vergütungen für Schäden aus Anlass des Krieges und des Friedensschlusses (Entschädigungsordnung) vom 30. Juli 1921 (RGBl. S. 1046) gegründet. Die Auflösung erfolgte mit dem Gesetz über die Auflösung des Reichsentschädigungsamts vom 26. März 1930 (RGBl. S. 96).

Während der Beratungen zur Entschädigungsordnung im ersten Halbjahr 1921 wurden sowohl im Reichsrat als auch im Reichstag Bedenken hinsichtlich des gesamten Vorentschädigungsverfahrens geäußert.[1310] Hauptkritikpunkte waren die unklare Aufgabenverteilung auf verschiedene Verwaltungsstellen, die zu erwartenden Belastungen für den Reichshaushalt durch das Endentschädigungsverfahren und schließlich die kritische Situation hunderttausender Geschädigter. Aus diesen Gründen wurde von Seiten der Reichsregierung die Vereinigung aller Entschädigungskompetenzen in einer neuen Dienststelle beschlossen, die dadurch die Wahrung des Reichsinteresses einheitlich wahrnehmen sollte, wodurch wiederum die Entschädigungsverfahren deutlich beschleunigt und zu einem Abschluss gebracht werden sollten. Diese Zielvorstellungen waren der Ursprung des Reichsentschädigungsamtes für Kriegsschäden.[1311]

Der Ansatz eine bestehende Behörde durch eine Neue zu ersetzen war nicht neu. Schließlich sollte der RKA die REK ersetzen und gleichzeitig bedeutend effektiver vorgehen. Allerdings konnte nur eine enge Symbiose

---

1310 Vgl. BArch R 3301–1796 o.Z. Denkschrift über die Aufgaben des Reichsentschädigungsamts für Kriegsschäden.

1311 Vgl. Gesetz über die Festsetzung von Entschädigungen und Vergütungen aus Anlass des Krieges und des Friedensschlusses (Entschädigungsverordnung), vom 30. Juli 1921 (RGBl. S. 1046). Grundlagen dieses Gesetzes nach §1 ebd.: Reichsgesetz über die Feststellung von Kriegsschäden im Reichsgebiete vom 3. Juli 1916 (RGBl. S. 675); Enteignungsgesetz vom 31. August 1919 (RGBl. S. 1527) in Verbindung mit: 1.) Liquidationsrichtlinien vom 26. Mai 1920 (RGBl. S. 1101), 2.) Abrüstungs-Entschädigungsrichtlinien vom 27. Mai 1920 (RGBl. S. 1111), 3.) Bekanntmachung vom 5. August 1920 (RGBl. S. 1551); II. Abschnitt des Ausführungsgesetzes zum Friedensvertrage vom 31. August 1919 (RGBl. S. 1530); Auslandsschädengesetz vom 28. Juli 1921 (RGBl. S. 1038); Kolonialschädengesetz vom 28. Juli 1921 (RGBl. S. 1031); Verdrängungsschädengesetz vom 28. Juli 1921 (RGBl. S. 1021).

der beiden Dienststellen erreicht werden. Daher regte sich auch Kritik gegen die Vorgehensweise, das Problem von Reichsbehörde zu Reichsbehörde zu verschieben und dabei nur neue Kosten im aufgeblähten Reichshaushalt zu kreieren. Diesen Kritikern wurde in einem ersten Entwurf mit einer sparsamen Finanzausstattung im Personalhaushalt begegnet. Allerdings konnte diese Planung nicht aufrechterhalten werden. Es stellte sich schnell heraus, dass die Personaldecke zu knapp bemessen war. Erst im allerletzten Moment beantragte das REAK über das RMfW beim RFM zusätzliche Personalstellen im Nachtragshaushalt 1922. Das REAK litt wegen der Hyperinflation von Beginn an unter einem großen Anpassungsdruck infolge der sich ständig ändernden Rahmenbedingungen im Entschädigungswesen. „Dazu kommt ein Behördenapparat, der ad hoc und für beschränkte Zeit ins Leben gerufen, nicht so arbeiten kann, wie ein älterer festgefügter Organismus."[1312]

Für die Tätigkeit der Behörde hatte dies zur Folge, dass weniger Sachbearbeiter mehr Entschädigungsfälle abarbeiten sollten als es die, wegen ihrer als zu langsam empfunden Arbeitsweise kritisierten, Mitarbeiter der REK oder des RKA jemals geschafft hatten. Darüber hinaus wurden für das REAK in erster Linie Beamte herangezogen, die auf geringen Wartegeldern seit 1918/19 auf eine neue Planstelle ausharrten. Durch diese Integrationsmaßnahme sollte auch das Problem der vielen beschäftigungslosen Beamten angegangen werden. Zur Entlastung der Haushalte der Reichsländer wurden 60 Landesbeamte aus den jeweiligen Landesjustizbehörden in den Reichsdienst übernommen.

Nachdem alle Beteiligten aus Beamtenschaft und Politik mit Zugeständnissen bedacht worden waren, wurde mit dem Aufbau der REAK begonnen, während parallel der RKA die Vorentschädigungen weiter durchführte. Für die gründliche Vorbereitung des Endentschädigungsverfahrens ließ man sich von Juli 1921 bis zum 1. April 1922 Zeit, um das REAK bestmöglich zu organisieren. Als die Behörde schließlich ihre Arbeit aufnahm, setzte die Hyperinflation ein. Die erhoffte Beruhigung der öffentlichen Diskussion über die Entschädigungen für Kriegsschäden trat nicht ein. Stattdessen

1312 Vgl. BArch R 3301–1820 Blatt 18 Begründungsschrift von StS Müller an MinDir von Schlieben vom RFM. Das RFM reagierte ungehalten wegen der späten Beantragung und StS Müller sah sich zu einem besonderen Vermittlungsschreiben an von Schlieben genötigt.

wurde, nicht zu Letzt aufgrund der wochenlangen Diskrepanz zwischen Bewilligung und Auszahlung der Endentschädigung, durch die inflationäre Entwicklung die kritische Berichterstattung noch weiter angefacht.

Ursprünglich waren im Juli 1921 für die Endentschädigungen auf der Basis des Friedensvertragsausführungsgesetzes, Auslandsschädengesetzes und Kolonialschädengesetzes etwa 15 Milliarden Papiermark veranschlagt worden. Die Liquidationsschäden von deutschem Vermögen im ehemals feindlichen Ausland wurden auf 18 Milliarden Goldmark geschätzt. Das entsprach zum damaligen Stand der Inflation etwa 130 Milliarden Papiermark.[1313]

Insgesamt wurden ca. 255.000–300.000 Endentschädigungsanträge erwartet. Grundlage dieser Annahme waren die Erfahrungen und Ergebnisse aus den Vorentschädigungsverfahren.[1314] Im Gegensatz zur REK bzw. dem RKA wurde vom REAK nicht auf die Spruchkommissionen zurückgegriffen, sondern 175 neue Spruchkammern gebildet. Deren Ausgestaltung wurde, nach Auswertung der Erfahrungen aus dem Vorentschädigungsverfahren, nun professioneller betrieben.

Die Vorsitzenden der Spruchkammern wurden zu ca. zwei Dritteln mit hauptamtlichen Beamten besetzt, statt wie bisher weitgehend nur im Nebenamt tätige Beamte und Ehrenamtliche heranzuziehen. Dadurch sollten rechtlich einwandfreie Urteile gefällt werden, die eine weitere Verhandlung vor dem RWG ausschließen sollten. Weiterhin im Nebenamt beschäftigt blieben die stellvertretenden Vorsitzenden, zu deren Unterstützung aber nun bis zu 100 hauptamtliche und 100 nebenamtliche Hilfskräfte angestellt wurden.

1313 In der hier verwendeten Quelle ist das Nebeneinander von Nennungen in Goldmark und deren Kurs in Papiermark zu beachten. Die Autoren der Denkschrift waren sich über die Symbolwirkung dieser öffentlichen Zahlen im Klaren. Eine bewusst hoch angesetzte Liquidationssumme unterstütze die deutsche Position im Ausgleichsverfahren für Liquidationsschäden. Vgl. BArch R 3301–1796 o. Z. Denkschrift über die Aufgaben des Reichsentschädigungsamts für Kriegsschäden.

1314 Aufteilung der 255.000 Endentschädigungsanträge: Auslandsschäden 125.000, Inlandsschäden 108.0000, Kolonialschäden 22.000. Dazu kamen noch die ca. 45.000 Anträge für ältere Fälle nach den Regelungen des Reichsgesetzes über Feststellung von Kriegsschäden vom 3. Juli 1916, den Abrüstungsentschädigungsrichtlinien und dem II. Abschnitt des Friedensvertragsausführungsgesetzes. Vgl. ebd.

Dadurch sollte im Bereich der Angestellten die bisherige Fluktuation des eingearbeiteten Personals der Spruchkommissionen verringert werden.

Die Beisitzer aus dem Vorentschädigungsverfahren wurden nun nicht mehr für notwendig erachtet, weil die Vorsitzenden der Spruchkammern auf die Entscheidungen der Spruchkommissionen zurückgreifen konnten. Durch die Ausschaltung der Beisitzer sollte das gesamte Verfahren möglichst nur noch schriftlich ablaufen und damit deutlich beschleunigt werden.

Aufbau und Arbeitsweise des Reichsentschädigungsamtes für Kriegsschäden

Das REAK wurde ab dem 21. September 1921 als eine Geschäftsstelle eingerichtet, in der die Verwaltungsstrukturen aufgebaut wurden. An der Spitze der Geschäftsstelle stand der spätere Präsident des REAK Adalbert Karpinski.[1315] Die Vorbereitungsarbeiten beinhalteten die Implementierung des Vorprüfungsverfahrens auf das REAK, das bisher noch bei dem RKA und den Interessenvertretungen lag. Hier waren zahlreiche Widerstände zu überbrücken, denn das Vorprüfungswesen war in den Landesverbänden des BdA unterschiedlich gehandhabt worden und musste nun vereinheitlicht werden.

Diese Neugestaltung stand unter der Leitung von Karpinski. Das neue Verfahren musste auch hinsichtlich der Überprüfung der Endentschädigungen anwendbar sein. Die Implementierung der bisherigen Richtlinien und Vorentschädigungsverfahren in die neuen Aufgaben des REAK erforderte ebenfalls umfangreiche Vorarbeiten, die von 15 Beamten bearbeitet wurden. Diese Tätigkeiten wurden im Verwaltungsreferat (A) zusammengefasst.

Allgemeine Personalfragen wurden im Personalreferat (B) geregelt, mit Ausnahme der Vorsitzenden der Spruchkammern. Hier lag die letztendliche Entscheidungsbefugnis immer beim Präsidenten des REAK, der die Vorsitzenden auch vereidigte. Die Referate C-G bereiteten die Entschädigungsverfahren der Aus- und Inlandsschäden vor. Ergänzt wurde diese erste Organisationsstruktur durch ein Rechtsreferat (H) und das Finanzreferat (I). Die Geschäftsstelle wurde Ende März 1922 aufgelöst und ging im arbeitsfähigen REAK auf.

1315 Vgl. Biografien in VI. Anhang.

Kernaufgaben des Präsidenten war die Überwachung sowohl der Tätigkeiten der Spruchkammern, als auch des Finanzgebarens der Interessenvertretungen. Entsprechend den Bestimmungen der Auslands-, Kolonial- und Verdrängungsschäden-Gesetzes hatte der Präsident persönlich im Rahmen der Spruchtätigkeit Urteile zu fällen. Insbesondere bei komplexen Entschädigungsfällen oblag eine Entscheidung dem Präsidenten, der dazu einen persönlichen Beraterstab unterhielt. Der Stellvertreter des Präsidenten des REAK war immer auch Leiter der Rechtsabteilung.

Im Gegensatz zur Geschäftsstelle war das REAK in sechs Abteilungen gegliedert, die wiederum in Geschäftsfelder (sog. Gruppen) untergliedert waren.[1316] Abteilung I war mit Verwaltungsaufgaben betraut und in die Gruppen A und B unterteilt. Gruppe A deckte sowohl die Organisation des engeren Dienstverkehrs in der Zentrale, als auch die Überwachung der Außenstellen bzw. Spruchkammern auf Einheitlichkeit und Vergleichbarkeit der Entscheidungen ab. Ebenso wurden von Gruppe A die Interessenvertretungen kontrolliert. Dafür standen vier Referate zur Verfügung. Gruppe B diente der Verwaltung der Härtefonds, die für besonders dringende Fälle herangezogen wurden, sowie die Gewährung von Darlehn und Vorschüssen auf die Entschädigungen. Damit waren fünf Referate und eine Sondergruppe beschäftigt.

In Abteilung II wurden Finanz- und Personalangelegenheiten zusammengefasst, die in drei Gruppen A, B und C unterteilt waren. Die Sachbearbeiter aus den drei Referaten der Gruppe A waren, neben dem allgemeinen Kassenwesen der Behörde, für die Kontrolle der Entschädigungsverfahren eingeteilt. Die zwei Referate der Gruppe B waren mit der allgemeinen Personalverwaltung der Zentrale und Spruchkammern betraut, wobei der Präsident des REAK hinsichtlich der Spruchkammervorsitzenden jederzeit das letzte Wort hatte. Im Zuge der Änderungen im Entschädigungsverfahren wurden die immensen Kosten der Interessenvertretungen, deren Personalbestand zwischenzeitlich auf 1.000 Köpfe angewachsen war, nicht länger haltbar. Die Finanzabteilung des REAK ging dazu über, den Interessenvertretungen Pauschalbeträge zur Deckung ihrer Unkosten zu zuzuweisen.

1316 Zur Geschäftsverteilung für die Hauptstelle des Reichsentschädigungsamts für Kriegsschäden vgl. BArch R 3301–1k o.Z.

Dadurch konnten übermäßige Gehälter, die teilweise deutlich über dem Reichstarif vom 4. Juni 1920 lagen, eingedämmt werden.[1317]

Gruppe C war zunächst als Teil der Abteilung IV eingeplant, dann aber der Abteilung II zugeschlagen worden, wobei die Geschäfte der Abteilung IV auf Gruppe C der Abteilung II übergingen. Die drei Referate der Gruppe C überwachten die Neuregelung des Zahlungsverfahrens und später die inflationsbedingte Reorganisation der Ausgabe von Reichsschatzanweisungen, sowie die Abrechnung mit der Reichskreditgesellschaft.

Besonders in Anspruch genommen wurde die Abteilung III für Rechtsangelegenheiten. Auch hier wurde eine Einteilung in die Gruppen A für allgemeine Rechtsfragen und B für die Wahrung des Reichsinteresses eingeführt. Während Gruppe A für das juristische Tagesgeschäft zuständig war, konzentrierten sich in Gruppe B die rechtlichen Streitfälle mit den Geschädigten. Die Aufgaben der Gruppe A lagen im Bereich der Implementierung neuer Rechtsvorschriften, Klärung von Verfahrens- und Zuständigkeitsfragen, sowie der Freigabe und Rückführung deutschen Eigentums aus ehemals deutschen Gebieten und dem ehemals feindlichen Ausland. Ebenfalls in Gruppe A wurde die Zentralauskunftstelle angesiedelt, deren Zuständigkeit analog der vorherigen Organisation des RKA entsprach. Für diese Tätigkeiten waren vier Referate eingeplant.

Für das Entschädigungsverfahren von großer Bedeutung waren die Aufgaben der Gruppe B, weil die Wahrung des Reichsinteresses nach sparsamer Haushaltsführung einer schnellen und unbürokratischen Entschädigung häufig im Weg stand. Politischer Druck und persönliche Sympathien führten

1317 Eine Deckelung der Personalkosten war dringend erforderlich, weil die Gebühren auf die abgeschlossenen Entschädigungsverfahren nicht ausreichten. Das Reich musste monatlich Mitte 1921 ca. 1,5 Millionen Papiermark vorschießen. Insgesamt wurde in dieser Zeit mit einer vierjährigen Vorprüfungstätigkeit der Interessenvertretungen gerechnet. Für diesen Zeitraum wurden die Gesamtkosten für die Interessenvertretungen auf 66 Millionen Papiermark geschätzt. Das Reich war bereit davon 75% zu übernehmen. Die fehlenden 18 Millionen sollten durch Gebühren aus den abgeschlossenen Entschädigungsverfahren gedeckt werden. Das Gesamtvolumen wurde auf 2,5 Milliarden Papiermark geschätzt. Bei einer Gebühr von 1% auf die Entschädigungssumme wurde mit Einnahmen von 22 Millionen Papiermark gerechnet. Die Hyperinflation machte diese Kalkulationen zur Makulatur. Vgl. BArch R 3301–1796 o.Z. Anlage 1 Aufgaben der Finanzabteilung B.

in vielen Fällen zu uneinheitlichen Entscheidungen der Spruchkammervorsitzenden. Das Reichsinteresse lag im REAK in den Händen von sieben Referaten. Entschieden die Spruchkammern in hohem Maße gegen das Reichsinteresse, legte der Reichskommissar beim Reichswirtschaftsgericht Klage ein. Die Verhandlungen dort hatten die Rechtsexperten der Gruppe B wahrzunehmen. Daneben überwachten und berieten die Juristen die Tätigkeiten der Abteilung IV für Verwaltungsvergleiche.

Die Verwaltungsabteilung für Vergleiche war von grundsätzlicher Bedeutung für das Nachentschädigungsverfahren. Die fortschreitende Geldentwertung, die schwierig zu erbringenden Beweise für Verluste im ehemals feindlichen Ausland, Valutaschwankungen und andere Defizite im Entschädigungsverfahren machten immer wieder Nachentschädigungen notwendig. Zur Linderung der Rechtsstreitigkeiten wurden im Vorfeld Verwaltungsvergleiche eingeführt, die von den Gruppen A-F der Abteilung IV gemeinsam vorbereitet, durchgeführt und überwacht wurden. Die Verwaltungsvergleiche für das ehemals feindliche Ausland und die abgetretenen deutschen Gebiete oblagen den Gruppen B-D. Dort wurden zunächst 27 Referenten ausschließlich mit dieser Materie beschäftigt. Die zahlreichen Beschwerden am Entschädigungsverfahren wurden von acht Referenten der Gruppe E bearbeitet. Das Problem bei den Vergleichen waren häufig fehlende Daten in den Spruchkammern und bei den Referenten. Diesem Missstand begegnete das REAK mit den Sachverständigen der Gruppe F. Diese erstellten Fachgutachten, die als Argumentations- und Beweishilfen dienten.

Zahlreiche Flüchtlinge aus den verlorenen Ostprovinzen waren in der Landwirtschaft tätig gewesen. Die Entschädigungen waren hier besonders schwierig zu ermitteln, weil Bodenklassen, Viehbestände, Wirtschaftsgebäude etc. zu schätzen waren. Viele ehemalige Landwirte wollten wieder in ihrem Beruf tätig sein und das Reich unterstützte deren Bestrebungen durch Wiederansiedlungshilfen in Siedlungsgesellschaften. Daher wurde eine eigene Abteilung V für landwirtschaftliche Schäden eingerichtet, die aus vier Referaten bestand.

Schließlich existierte noch die Abteilung VI in Berlin Zehlendorf. Hierbei handelte es sich um die vom RKA übernommenen Restaufgaben der

Berliner Spruchkammern und Verwaltungsvergleiche, die nicht unter die Zuständigkeit der Abteilung IV fielen. Die Abteilung VI umfasste nur ein Referat.[1318]

Der Vertreter des Reichsinteresses beim Reichswirtschaftsgericht und dem Reichsentschädigungsamt für Kriegsschäden

Die in vielen Fällen im Vorentschädigungsverfahren praktizierte nachsichtige bis vertrauensselige Entscheidungspraxis der Interessenvertretungen und Spruchkommissionen hatte zu zahlreichen Beschwerden geführt. Dabei waren weniger die Masse an vergleichsweise niedrigen Vorentschädigungen von Bedeutung, sondern die größeren Beträge aus der Privatwirtschaft. Um zu verhindern, dass Betrüger zu hohe Entschädigungen erschleichen konnten, wurden Vertreter des Reichsinteresses in die Entscheidungsprozesse implementiert.

Im Fall des REAK konnten diese jederzeit laufenden Verhandlungen beiwohnen und direkt in das Verfahren eingreifen. Theoretisch jeder Schadensfall war von den Vertretern einzeln zu prüfen und zu bewilligen. Gegen Vorbescheide konnte von diesen Delegierten begründeter Einspruch und bei erfolgten Bescheiden eine begründete Berufung eingelegt werden. Angesichts der Hunderttausende von Fällen konzentrierte sich die Überwachung in erster Linie auf die bedeutenden Verfahren. Beim REAK waren ca. 85 Vertreter tätig.

Zur Kontrolle der Vertreter des Reichsinteresses beim REAK wurden die Vertreter des Reichsinteresses beim RWG geschaffen. Wenn das RWG angerufen wurde, vertraten sie das Reichsinteresse in den Gerichtsverhandlungen. Dem RMfW und anderen betroffenen Reichsbehörden erstatteten die Vertreter beim RWG regelmäßig Bericht und formulierten Änderungsvorschläge für die Verfahren. Bis zu sechszehn Vertreter des Reichsinteresses vor dem RWG waren vorgesehen.

Entwicklungsverlauf des Reichsentschädigungsamtes für Kriegsschäden

Die lange Implementierungsphase für das neue REAK war aber letztendlich nicht ausreichend. Bereits im Juni 1922 beklagte sich der Reichstagsabgeordnete

1318 Vgl. BArch R 3301–1k Blatt 8–16.

Dauch über Mängel bei der Auszahlung der Entschädigungen. Demnach wurden im März 1922 durch die Spruchkammern Sprüche über abschließende Zahlungen gefällt, die aber erst nach durchschnittlich 55 Tagen ausgezahlt wurden.[1319]

Ursachen der Verzögerungen waren Altfälle beim RKA dessen Spruchkammern zu Letzt unter Hochdruck Vorentschädigungsverfahren abschlossen.[1320] Die Betroffenen hatten erfolgreich darauf gedrängt, dass ihre Verfahren möglichst noch nach dem alten Verfahren abgearbeitet wurden, bevor das Vorentschädigungsverfahren auslief. Die dann beginnende abschließende Entschädigung erschien vielen Antragstellern, die weitgehend seit fast zwei Jahren auf ihre Vorentschädigungen gewartet hatten, in der zu erwartenden Dauer als zu unsicher.

Der plötzliche Ansturm löste erneut eine Stockung bei der Bearbeitung der Spruchakten bei den Interessenvertretungen, ganz besonders beim BdA, aus. Dieser war im Vorentschädigungsverfahren für die Auszahlungen zuständig, hatte aber wegen der Änderungen im Vorprüfungsverfahren Personal abbauen müssen. Gleichzeitig wurde ein großer Teil des verbliebenen Personals auf das neue Verfahren mit dem REAK umgeschult, das weiterhin auf die Mitarbeit der Interessenvertretungen angewiesen war.

Die Spruchkammern des REAK sandten ihre Entscheidungen an die zuständigen Interessenvertretungen, die dann Vordrucke für die Rechtskraftbescheinigung an die Spruchkammern verschickten. Dort wurden die Bescheinigungen ausgefüllt und zurück geschickt. Die empfangende Interessenvertretung zahlte dann die Entschädigungen aus. Es dauerte

---

1319 Dauch führte 27 Fälle auf, wovon in 16 Beispielen allein die bereits bewilligte Auszahlung der Entschädigungssumme von 67 bis zu 150 Tagen dauerte. In der Zwischenzeit hatte die Inflation erneut einen bedeutenden Teil der Entschädigungen entwertet. Vgl. BArch R 3301–1806 o. Z. Bericht von Lotholz vom 1. Juni 1922.

1320 Die Spruchkommissionen wurden in der Regel in Spruchkammern umgewandelt. Neben den übernommenen Standorten wurden spezialisierte Spruchkammern eingerichtet, um die Spruchtätigkeit zu verbessern: Für Beamtenschäden in: Berlin, Breslau, Düsseldorf, Frankfurt am Main, Hamburg, Königsberg und München. Für Kolonialschäden in: Berlin, Bremen, Hamburg, Leipzig und Stuttgart. Spezielle Fachspruchkammern wurden errichtet in: Berlin für Bergwerke; Berlin, Frankfurt am Main und Hamburg für Banken. Vgl. BArch R 3301–1797 Bekanntmachung vom 2. Dezember 1921/30. März 1922.

durchschnittlich sechs bis acht Wochen, bis dieser Vorgang abgeschlossen und das Geld ausgezahlt worden war.[1321]

Angesichts der erneuten Stockungen im Entschädigungsverfahren wurde am 22. September 1922 zu einer Besprechung der Beteiligten im RMfW geladen, in der Hindernisse im Entschädigungsverfahren beseitigt werden sollten.[1322] Die Besprechung fand unter dem Vorsitz des Leiters der Abteilung B für Liquidationen, Entschädigungen und Vorkriegsschulden MinDir Lothholz statt. Anwesend waren der kommissarische Präsident UStS a.D. Gronau und Direktor Krehl vom REAK, Reichskommissar beim Reichswirtschaftsgericht GORR Siller, Dr. Polke und Ginschel vom Ostbund, OB Hencinski von den Vereinigten Verbänden heimattreuer Oberschlesier, Dr. Bach, Nötzel und Steinwachs vom BdA, Stadtrat Dr. Gilg und Dr. Suthoff-Gross vom Hilfsbund der Elsass-Lothringer, GJR Sperling, MinR Nasse und MinAmtmann Schenk zusätzlich vom RMfW. Erklärtes Ziel der Besprechung war die Beschleunigung des Entschädigungsverfahrens, aber möglichst ohne Änderungen der Gesetzeslage.

Die wortführenden Vertreter der Interessenvertretungen sprachen sich für die Einführung von Verwaltungsvergleichen im Entschädigungsverfahren für Bewohner der Flüchtlingslager aus. Von diesem Schritt erwarteten auch die Vertreter des Reiches eine deutliche Verbesserung in der Abarbeitung der Anträge. Die Schwierigkeit von Deutschland aus Beweise für Schäden im Ausland im Entschädigungsverfahren zu erbringen wurde von den Interessenvertretern in der Besprechung sehr bemängelt. Die Reichsvertreter konnten hier nur eine weite Auslegung der Bestimmungen zusagen.

Lockerungen wurden dagegen bei der Höhe der Auszahlungen von Entschädigungen zugesichert. Die Auszahlungsgrenzen für Barzahlungen sollten erheblich angehoben werden. Präsident Gronau versprach eine Verbesserung der Koordinierung zwischen Spruchkammervorsitzenden

---

1321 Zwischen der Fällung eines Spruchs und der Versendung an die zuständige Interessenvertretung vergingen 5–26 Tage (Durchschnitt 12 Tage). Die Rücksendung der Bescheinigung an die Spruchkammer erforderte 6–24 Tage (Durchschnitt 12 Tage). Die Formulare wurden ausgefüllt und „Zug um Zug" an die Interessenvertretungen geschickt, die dann zwischen einem und 31 Tagen benötigten, um die Auszahlung abzuschließen. Vgl. BArch R 3301–1806 o.Z. REAK an RMfW vom 12. September 1922.

1322 Vgl. BArch R 3301–1798 Abschrift zu Nr. B. I. 4102/22.

und den Vertretern des Reichsinteresses die als Kontrollorgan fungierten. Deren Zusammenarbeit hatte in der Praxis zu erheblichen Verzögerungen wegen Einwänden bei Sprüchen geführt. Die Besprechung führte auch zur Feststellung, dass die Spruchkammervorsitzenden den Anforderungen der Menschlichkeit nicht genügten. Hier gab es wahrscheinlich erhebliche Reibungen zwischen einzelnen Vorsitzenden und frustrierten Antragstellern.

Die Anwesenden versprachen sich erhebliche Beschleunigungen durch diese Änderungen, doch die Implementierung kam nicht schnell genug voran. Nicht nur bei der Entschädigungsorganisation des REAK bestanden erhebliche Mängel. Das RFM verweigerte den Auszahlungsstellen dringend notwendige Neueinstellungen von Personal, wodurch die Arbeitsweise stark beeinträchtigt wurde.[1323] Die Auszahlung der Entschädigungen erzeugte einen immensen Bedarf an Schatzanweisungen, die vom RFM für jeden Einzelfall geliefert wurden. Dieser Prozess war umständlich und langwierig, so dass das RFM den Anforderungen der Spruchkammern nicht zur Befriedigung des RMfW nachkommen konnte.[1324]

Zu diesen organisatorischen Problemen gesellte sich menschliches Versagen, der zumindest in einem Fall exemplarisch überliefert wurde: Der Sachbearbeiter RR Dietzel hatte einen Entschädigungsantrag über einen Monat nicht bearbeitet und den Antragsteller Norbert Scholten dadurch im Unklaren gelassen. Der Vorgang wurde von StS Müller zu einer Intervention beim REAK genutzt. In einem Schreiben an den Präsidenten der REAK beschwerte er sich über die Verfehlungen der Sachbearbeiter und erklärte:

> *„Ich halte es für erforderlich gegen Beamte, welche derartige Verzögerungen verschulden, mit Ordnungsstrafen vorzugehen, weil ich glaube, dass auf andere Weise eine Besserung nicht erzielt werden wird. Die Beamten und Angestellten in der Finanzabteilung müssen sich über das hohe Maß von Verantwortung das sie tragen, klar sein, denn jeder Tag, um den die Zahlungsanweisung verzögert wird, schädigt die Interessenten bei der fortschreitenden Geldentwertung in hohem Maße.“*[1325]

1323 Vgl. BArch R 3301–1806 o.Z. RMfW an REAK vom 26.10.1922.

1324 Vgl. ebd. StS Müller an RFM vom 1.11.1922.

1325 StS Müller an Präsident des REAK vom 25.10.1922; Dietzel wehrte sich in einem Schreiben gegen den Vorwurf der Pflichtversäumnis. Die Sachbearbeiter seien durch Erkrankungen Urlaub und allgemeinen Personalmangel in schwieriger Lage, die durch unzureichende Räumlichkeiten noch erschwert würde. Die Beleuchtung in den Diensträumen wäre so schlecht, dass viele Beamte bei

Als Ursache dieser harschen Reaktion von StS Müller waren Zuschriften der Geschädigten an den Reichsminister. Im Herbst 1922 wurde nicht mehr das REAK mit Beschwerden der Geschädigten bestürmt. Zunehmend wurde das RMfW und der stellvertretende Minister StS Müller mit den Einzelschicksalen konfrontiert. Die Schriftstücke zeugen von der zunehmenden Verbitterung und Verzweiflung der Betroffenen.

Dabei bewirkten die vielen Zuschriften das Gegenteil, sie behinderten die Beamten zusätzlich. Die Verwaltungskräfte des REAK in Berlin waren teilweise nur mit den Beschwerden beschäftigt und die Arbeitsmoral litt erheblich unter den Anfeindungen der Geschädigten und der Tagespresse die sich des Themas annahm. Ohnehin arbeiteten die Beamten des REAK unter erschwerten Bedingungen in ungeheizten, schlecht beleuchteten und kleinen Räumen. Vielerorts mussten vier bis sechs Beamte gleichzeitig gewissenhaft arbeiten. Telefone waren kaum vorhanden, ein Zustand der angesichts der vielen über das Reich verstreuten Spruchkammern und Landesvertretungen der Interessengruppen sehr hinderlich war. Die Ausgabe warmer Mahlzeiten wurde aus Kostengründen ebenso verweigert wie geheizte Pausenräume.

Die Forderung aus der Politik, als Beamte nur Wartegeldempfänger einzustellen, entpuppte sich als Fehlentscheidung. Diejenigen Beamten mit guter Ausbildung, Gesundheit oder besonderen Fähigkeiten waren längst in anderen Dienststellen untergekommen. Übrig waren ältere, unflexible Beamte mit wenig brauchbaren Vorkenntnissen. Wurden solche Beamte eingestellt, mussten jüngere Kräfte, unter Vernachlässigung ihrer eigenen dringenden Arbeiten, diese erst mühsam einarbeiten. Von 77, für die Zentralverwaltung des REAK in Berlin genehmigten Rechnungsbeamten, konnten aus einem Pool von 2.000 Wartegeldempfängern nicht alle Stellen besetzt werden. Ebenso war die Situation als 80 Postbeamte gesucht wurden und letztlich Angestellte beschäftigt wurden. Eine interne Erhebung ergab

---

Überstunden am Abend nur zu Hause weiterarbeiten könnten. Vgl. BArch R 3301–1806 o. Z Dietzel an StS Müller vom 13.11.1922. Ähnlich äußerte sich der Referatsleiter für Elsass-Lothringen. Ende September wären in seinem Referat etwa 300 Bewilligungen für Zusatzdarlehn eingegangen. Allerdings war der Referent dann längere Zeit erkrankt. Sein Stellvertreter war mit den vorhandenen Arbeitskräften nur in der Lage fünf Bewilligungen am Tag zu bearbeiten. Vgl. ebd. Leiter der Gruppe Elsass-Lothringen an Präsident REAK vom 29.11.1922.

schließlich ein Soll von acht Zahlungsanweisungen pro Beamten und Tag. Real schaffte das vorhandene Personal nur vier bis fünf täglich. Dadurch verlängerten sich die Bearbeitungszeiten auf durchschnittlich 14 Tage.[1326]

Auch vor diesem Hintergrund schwoll die Lawine an Beschwerden täglich weiter an. In den Akten wurden einige Härtefälle überliefert. Am 29. September 1922 schilderte ein Ernst C. F. Köhne seinen Fall. Er hätte am 14. November 1921 von der Spruchkammer Bremen 70.000 Papiermark Entschädigung ohne Beanstandung zugesprochen bekommen. Das Geld habe er nie bekommen und wandte sich in seiner Verzweiflung, er berichtet in seinem Schreiben von drohender Pfändung, direkt an StS Müller. Mit einiger Verbitterung bemerkte Köhne: „Dabei kann man wöchentlich in den Zeitungen große Loblieder über den guten Willen des Entschädigungsamtes und die vorgesehene Beschleunigung des Verfahrens lesen, als deren Autor Ew. [Ehrwürdige] Exzellenz noch dazu bezeichnet wird."[1327] Am 15. November 1922 wandte sich Köhne erneut an StS Müller und bat um Auszahlung oder zumindest um irgendeine Auskunft. Er „...habe die Hoffnung auf die entfernte Möglichkeit einer schnellen Auszahlung immer noch nicht aufgegeben."[1328]

Abraham Mansbach wandte sich ebenfalls wegen einer Auszahlung an StS Müller. Vor und während des Krieges hatte er in Belgien gelebt und Besitz im Gesamtwert von etwa 60.000 Belgischen Franken im Kurswert von 24 Millionen Papiermark (Stand November 1922) verloren. Er hatte am 30. September 1922 von der Spruchkammer Mannheim ein Zusatzdarlehn in Höhe von 122.400 Papiermark auf seine Endentschädigung zugesprochen bekommen. Es erfolgte aber bis Anfang November 1922 keine Anweisung zur Auszahlung. Auch aus seiner Zuschrift sprach tiefe Enttäuschung:

> *„Ich möchte nicht unbemerkt lassen, dass ich zu der Kategorie von Auslandsdeutschen gehöre, die durch diesen Krieg ihr ganzes Hab und Gut eingebüßt haben, und ist es im höchsten Grade erniedrigend für unsereinen, wenn er einen Bettelbrief nach dem anderen schreiben muss..."*[1329]

1326 Vgl. BArch R 3301–1798 o. Z Stellungnahme des REAK an RMfW vom 2.10.1922.

1327 Vgl. BArch R 3301–1806 o.Z. Köhne an StS Müller vom 29.9.1922.

1328 Vgl. ebd. Köhne an StS Müller vom 15.11.1922.

1329 Vgl. ebd. Mansbach an StS Müller vom 8.11.1922.

Diesem Brief schlossen sich weitere Schreiben an, bis zum 15. November 1922 schließlich die Auszahlung angewiesen wurde.[1330] Auch der Reichspräsident wurde in mindestens einem dokumentierten Fall von den Geschädigten angeschrieben und um Hilfe gebeten.[1331]

Neben den Einzelschicksalen die um Entschädigungen für ihren persönlichen Besitz kämpften, waren auch Unternehmer von den Schwierigkeiten betroffen, die für die langsame Arbeit der Bürokratie erfahrungsgemäß nie viel übrig hatten. Beispielsweise wird im Folgenden der Fall der Firma O'swald & Co. Hamburg beschrieben.

Der ehemalige Eigentümer hatte am 6. September 1922 eine Zusatzentschädigung beantragt, mit dem Ziel sein Unternehmen im Britischen Mandatsgebiet Ostafrika wieder aufzubauen. Am 17. November 1922 genehmigte die Spruchkammer Hamburg ihm 20 Millionen Papiermark und auf diese Summe 2,25 Zehntel Aufschlag als Zusatzentschädigung. Erst am 24. Januar 1923 gingen eine Million Papiermark auf seinem Konto ein. 2,7 Millionen Papiermark wurden mit Schatzanweisungen mit einem Jahr Laufzeit und der Rest in Schatzanweisungen mit sechs Monaten Laufzeit ausgewiesen. Zwischenzeitlich war der Außenwert der Mark in Relation zum Pfund von 9.775 (6. Oktober 1922), 30.000 (17. November 1922) auf 225.000 Mark (31. Januar 1923) gesunken. Statt einer Entschädigung im Wert von 2.000 Pfund hatte er nur einen Gegenwert von 90 Pfund erhalten. Er behauptete, dass seine Buchhaltung dieses Verfahren in maximal einem Monat abgeschlossen hätte. Verbittert vermerkte er in einem Schreiben:

> *„Ebenso werden sie mir zugeben müssen, dass das ganze Entschädigungsverfahren zur Farce auszuarten droht..."* [...] *„Das ist keine Entschädigung mehr, sondern eine Vermögens Konfiskation, wie der rabiateste kommunistische Kapitalsfeind sich nicht gründlicher wünschen kann. Sie können sich denken, mit welch' bitteren Gefühlen ich allmählich erfüllt werde, besonders, wenn ich bedenke, dass dem*

1330 Die Zahlungsanweisung erfolgte am 15.11.1922, die Benachrichtigung an Mansbach ging am 16.11.1922 zur Post und die Überweisung durch die Reichskreditgesellschaft erfolgte am 21.11.1922. Vgl. BArch R 3301–1806 o. Z. REAK an RMfW vom 25.11.1922.

1331 Vgl. ebd. Emil Eismann an Reichspräsident Ebert vom 23.12.1922.

Reich im Falle meiner Firma die tatsächlich erzielten Liquidations-Erlöse von 8/9 Millionen Goldwert tatsächlich von den Feinden gutgeschrieben werden."[1332]

Die Firma O'swald & Co. wurde schließlich am 5. Juni 1923 abschließend mit 613 Millionen Papiermark entschädigt. Davon wurden nur vier Millionen Papiermark in bar ausgezahlt. Der Rest wurde in Schatzanweisungen ausgewiesen, deren Wert in der Hyperinflation erheblich sank.[1333]

Dieses Beispiel war exemplarisch für die Praxis der Reichsregierung Schäden nur in Papiermark bzw. Schatzanweisungen aus zu zahlen. Für die Betroffenen wurde es spätestens mit der Hyperinflation unmöglich die Entschädigungen sinnvoll zu verwenden, beispielsweise für den Aufbau einer neuen Existenz. Erst im August 1923, als die Geldentwertung katastrophale Züge annahm, wurde das Auszahlungsverfahren vollständig dezentralisiert. Ab dem 1. September wurden alle Spruchkammern ermächtigt die gefällten Entschädigungen, nach Anweisung durch die Finanzabteilung des REAK, spätestens aber am Folgetag vollständig in bar bzw. Schatzanweisungen auszuzahlen.[1334]

Zudem wurde das REAK ermächtigt Verwaltungsvergleiche mit den Geschädigten abzuschließen. Bis zu einem Friedenswert von 200.000 Goldmark durften eigens dafür eingesetzte Vergleichskommissare eigenständig Vergleiche abschließen, mussten aber bei Beträgen ab 100.000 Goldmark Rechtshilfe beim REAK anfordern. Beträge bis zu einer Million Goldmark (Friedenswert) konnte nur der Reichskommissar mit Verwaltungsvergleichen genehmigen.[1335] Da die Reichskreditgesellschaft zu langsam arbeitete, wurde diese Behörde kurzerhand mit dem REAK verschmolzen. Dadurch

---

1332 Vgl. BArch R 3301–1806 o.Z. Firma O'swald & Co. Hamburg an RMfW vom 2. Februar 1923.

1333 Vgl. BArch R 3301–1806 o.Z. REAK an RMfW vom 5. Juni 1923.

1334 Die Schatzanweisungen wurden als Wertpapiere behandelt, die jeweils auf den nächsten ersten eines Monats nach der Rechtskraft einer Entscheidung der Spruchkammer datiert wurde. Mit diesem Datum setzte die Verzinsung ein. Damit war die Schatzanweisung unbedenklich beleihbar. Vgl. BArch R 3301–1798 o.Z. Hauptverwaltung der Darlehnskassen vom 16. November 1922.

1335 Vgl. BArch R 3301–1896 Blatt 16.

war die Finanzabteilung in der Lage, eigenständig die erforderlichen Schatzanweisungen zu versenden.[1336]

Dennoch überstiegen die täglich notwendigen Geldmengen auf dem Höhepunkt der Hyperinflation die Möglichkeiten der Verwaltung. Am 6. Oktober 1923 meldete das REAK, dass täglich 50–60 Billionen Papiermark ausgezahlt würden.[1337] Wenige Tage später am 17. Oktober 1923 musste das REAK dem RMfW melden, dass es nicht mehr in der Lage war die nötigen Bargeldsummen von der Reichsdruckerei beziehen zu können. Am 6. Oktober hatte das REAK bei der Reichsdruckerei 2.000 Billionen Papiermark angefordert, aber nur Schatzanweisungen bis zu einer Höhe von einer Milliarde Papiermark erhalten. Aus der Quelle kann eine gewisse Fassungslosigkeit herausgelesen werden, wenn berichtet wurde, dass mit der gleichen Lieferung der Reichsbank noch Schatzanweisungen für eine Million Papiermark eingetroffen waren. Diese Beträge waren zu diesem Zeitpunkt kaum noch das Papier wert, auf das sie gedruckt waren. Am 17. Oktober wurden vom REAK 13.500 Billionen Papiermark angefordert, um Wertverluste zwischen Bestellung und Auslieferung zu kompensieren.[1338] Trotz dieser Schwierigkeiten, nicht zu Letzt für die Geschädigten, wurden die Verfahren weiter durchgeführt.[1339]

Erstaunlich schnell regelten das Reich und Preußen ihren Streit über die Fürsorge für verdrängte Beamte aus ehemals preußischem Territorium.[1340] Angesichts der Überlastung der Spruchkammern kamen das Preußische Finanzministerium und das RFM im April 1923 zu der Übereinkunft, dass das Reich einen Großteil der bestehenden Kosten übernahm. Die betroffenen Beamten erhielten Zusatzentschädigungen, nach einem von den Fürsorgeämtern Preußens und des Reiches festgelegen Verfahren, ausgezahlt. Zuvor wurden die betroffenen Preußischen Beamten für Verdrängungsschäden im Vorentschädigungsverfahren abgegolten.

1336 Vgl. ebd. REAK an RMfW vom 15. August 1923.

1337 Vgl. BArch R 3301–1896 Blatt 37.

1338 Vgl. ebd. Blatt 34.

1339 Vgl. BArch R 3301–1911 Blatt 6.

1340 Als verdrängte Beamte wurden mittelbare und unmittelbare Staatsbeamte, Lehrpersonen und Geistliche definiert, die aus den besetzten und abgetretenen Gebieten, sowie den Abstimmungsgebieten verdrängt oder bis zum 11. Januar 1923 ausgewiesen wurden.

Das Reich hatte damals 90% der Kosten getragen. Hinsichtlich der verdrängten Beamten aus Oberschlesien trug das Reich bei Rechts- und Sachschäden bzw. Zusatzentschädigungen die Kosten zu 100%. Ehemalige Landesbeamte im Saargebiet, die in den Ruhestand traten, erhielten ihre Altersbezüge vollständig vom Preußischen Staat. Die hier getroffene Regelung wurde um eine detaillierte Aufstellung des Schlüssels der Lastenverteilung für das Reich und Preußen ergänzt.[1341] Dadurch wurde eine pauschale Regelung der Ansprüche ermöglicht, von der die übrigen Verdrängten nur träumen konnten. Sie waren weiter auf die Gnade der Spruchkammern und die Arbeitsbelastung der Verwaltungsbeamten angewiesen.

Die Möbelausfuhrkommission in Kehl

Die nach dem Waffenstillstand vom 11. November 1918 erfolgte Massenausweisung der Deutschen aus Elsass-Lothringen erfolgte unter Zurücklassung fast des gesamten Eigentums. Die französischen Behörden weigerten sich zunächst, irgendwelche Wertgegenstände an die deutschen Verdrängten herauszugeben. Stattdessen wurde der deutsche Besitz zügig liquidiert. Nach Ansicht des französischen Leiters der Kriegsgefangenkommission, verfolgte die französische Regierung dabei mehrere Ziele. Durch den Entzug des Besitzes sollte eine Rückkehr der verdrängten Deutschen behindert werden und noch vorhandene Sympathien durch Kollaboration beim Erwerb deutschen Eigentums beseitigt werden. Gleichzeitig wollte die französische Regierung Platz für geschädigte Franzosen schaffen. Die Erlöse der Liquidationen sollten dem Wiederaufbau zufließen.[1342]

Nach bilateralen Verhandlungen wurde von französischer Seite in einem Abkommen vom 6. Februar 1920 zugestanden, zumindest „objets de peu de valeur, effets personnelles, souvenirs de famille“ herauszugeben. Die Praxis zeigte dann aber, dass damit nur wertlose Gegenstände gemeint waren.[1343] In Straßburg wurde dazu vom RMfW ein Verbindungsbüro unterhalten.

1341 Vgl. BArch R 3301–1810 Blatt 11–12.

1342 Vgl. PA AA R 22669 o. Z. Aufzeichnung von Daehnhardt eines Gespräches zwischen Alphand und Göppert (ca. Juli/August 1920).

1343 Vgl. BArch R 3301–1831 o. Z. Nachrichtenblatt des REAK Nr. 2 vom Juni 1922.

Währenddessen wurde der deutsche Privatbesitz in Elsass-Lothringen liquidiert. Das Eigentum wurde versteigert und wegen des hohen Angebots häufig weit unter Wert erworben. Im Baden-Badener Abkommen vom 15. November 1919 gab Frankreich zumindest die Zustimmung, dass Deutsche bei den Auktionen schon vor dem Inkrafttreten des Versailler Vertrages mitbieten durften. Zur Erleichterung des Erwerbs von Möbeln konnten diese zollfrei ins Reich eingeführt werden. Dazu musste der Nachweis erbracht werden, dass die Möbelstücke vor der Ausweisung im Besitz eines/einer Verdrängten war. Dazu wurde die Möbelausfuhrkommission in Kehl eingerichtet, die zunächst beim RIM ressortierte. Die Standortwahl fiel deswegen auf diese Stadt, weil nach Artikel 65 FV die Häfen von Kehl und Straßburg für die Dauer von sieben Jahren vereinigt worden waren. Die Leitung dieser besonderen Betriebseinheit hatte ein französischer Direktor. Die Kommission half bei den Zollverfahren und gewährte Vorschüsse für den Rückerwerb verlorener Möbelstücke.[1344]

Die Möbelausfuhrkommission wurde zum 1. April 1922 dem REAK angeschlossen und zum 1. Januar 1924 aufgelöst. Die Restaufgaben wurden vom Verbindungsbüro für Wertsachen in Straßburg abgewickelt.[1345]

Die weitere Entwicklung der Entschädigungsfrage bis zum Beginn des Zweiten Weltkrieges

Als Folge der inflationären Einbußen bei der Auszahlung im Rahmen des Endentschädigungsverfahrens wurden Forderungen für eine Nach- bzw. Zusatzentschädigung erhoben. Im Jahr 1924 hatte der Reichstag der Schwerindustrie im Ruhrgebiet Entschädigungen von bis zu 700 Millionen Mark bewilligt und damit einen Sturm der Entrüstung bei den übrigen Inflationsgeschädigten ausgelöst. Die Forderungen wurden daher als durchaus legitim anerkannt. Angesichts der Haushaltslage war das RFM nur in der Lage, die Summe von bis zu 270 Millionen Mark für Nachentschädigungen bei Gewalt- und Liquidationsschäden freizugeben.[1346] In den Richtlinien über die Gewährung von Nachentschädigungen für Liquidations- und

1344 Vgl. BArch R 3301–1832 Blatt 3.
1345 Vgl. ebd. Blatt 23 und 29.
1346 Vgl. ARWR Kabinett Luther I, Bd. 1, Dok. Nr. 17, Kabinettssitzung vom 7. Februar 1925, S. 59–65.

Gewaltschäden vom 25. März 1925 wurden entsprechende Verfahrensregeln aufgestellt.[1347]

Die Nachentschädigungen waren in erster Linie für Härtefälle geschaffen worden. Insgesamt waren 144 Millionen Mark für Nachentschädigungen bis 50.000 Mark vorgesehen, 22 Millionen Mark für Wertpapierschäden und 38 Millionen Mark für Großgeschädigte mit Schäden von über 200.000 Mark.[1348] Diese Beträge stellten aber nur den Grundwert der ursprünglichen Endentschädigung dar, die aus den festgesetzten Grundwerten der Endentschädigung berechnet wurden. Hierbei wurden die inflationär aufgeblähten Papiermarkbeträge über einen Umrechnungsschlüssel in die neue Reichsmark übertragen.

Je höher der Grundwert berechnet wurde, desto niedriger fiel die Nachentschädigung aus. Dazu wurde eine Staffelung festgelegt, die bei steigenden Grundbeträgen fallende prozentuale Nachentschädigungen gewährten. Grundbeträge bis 2.000 Mark wurden beispielsweise zu 100% nachentschädigt, ab 5.000 Mark wurden maximal 2.300 Mark (46%), ab 20.000 Mark maximal 3.800 Mark und ab 50.000 Mark maximal 6.000 Mark (12%) entschädigt. Für Grundbeträge von 200.000 Mark und darüber wurden nur 16.000 Mark (8% oder weniger) bewilligt.[1349] Auf die maximal gewährten Nachentschädigungsbeträge wurden fast alle erhaltenen Vorleistungen in Abzug gebracht, die nach dem gleichen Umrechnungsschlüssel auf Reichsmark umgerechnet wurden.

Für Wertpapierschäden wurden maximal 2% der Schadenssumme als Nachentschädigung ausgezahlt, wobei eine Begrenzung auf maximal 16.000 Mark festgesetzt wurde. Begründet wurde diese Regelung damit, „dass auch die Inhaber von festverzinslichen inländischen Wertpapieren mit ihrem Besitz im allgemeinen nicht besser abschnitten".[1350]

Aufgrund von Gewaltschäden bei erzwungenem Aufenthalt in einem Internierungslager, dem Verlust des gesamten Sachbesitzes oder für die Kosten

---

1347 Vgl. Deutsches Reich (Hrsg.), Reichsministerialblatt, Zentralblatt für das Deutsche Reich, Jg. 1925, S. 245.

1348 Vgl. Karl Einhorn, Die Nachentschädigung für Auslands, Kolonial- und Grenzlanddeutsche, Berlin 1925, S. 6.

1349 Vgl. Einhorn, Die Nachentschädigung, S. 12.

1350 Vgl. ebd. S. 16.

eines erzwungenen Aufenthalts im neutralen Ausland konnten bei Härtefällen bis zu 200 Mark gewährt werden, wobei auch hier Vorleistungen in Abzug kamen.[1351]

Im Gegensatz zum bisherigen Verfahren der mündlichen Verhandlungen vor den Spruchkammern wurden die Beteiligung der Geschädigten bzw. deren Rechtsbeistände am Entschädigungsverfahren ausgeschlossen. Stattdessen wurde die Methode der Abarbeitung der Fallakten entsprechend ihrer Lagerung bei den verbliebenen Außenstellen und dem REAK eingeführt. Eine beschleunigte Nachentschädigung konnte auf Antrag durchgeführt werden. Besondere Gründe lagen bei schwerer Krankheit, Gebrechlichkeit, unverschuldeter Arbeitslosigkeit von Witwen und Waisen, drohender Pfändung, Zwangsversteigerung, Konkurs etc. vor.[1352]

Das Nachentschädigungsverfahren war in erster Linie auf die Unterstützung der hilfsbedürftigsten Antragsteller ausgerichtet, während die Benachteiligung für Geschädigte der besitzenden Mittel- und Oberschichten augenfällig bedeutend war. Gerade diese Personengruppen engagierten sich in den folgenden Jahren für weitere Nachentschädigungen und gerade rechtsextreme Parteien wie die NSDAP profitierten von dieser Wählergruppe.

Die Interessenvertretungen der Geschädigten hatten sich zur Bündelung ihrer Forderungen in einer „Arbeitsgemeinschaft" zusammengeschlossen, nachdem insbesondere die Masse der besser entschädigten Unterschichten das Interesse an einer Mitgliedschaft verloren hatte.[1353]

Nach der Auflösung des REAK zum 26. März 1930 wurden die verbleibenden Arbeiten der Restverwaltung für Reichsaufgaben übergeben und

1351 Eine Aufstellung über internierte Auslandsdeutsche in Frankreich und Großbritannien während des Krieges ist erhalten in: BArch R 3301–2107.

1352 Vgl. Einhorn, Die Nachentschädigung, S. 19.

1353 Die Arbeitsgemeinschaft bestand aus folgenden Unterorganisationen: Deutscher Ostbund e. V.; Freie Interessenvertretung der im Ausland geschädigten Inlandsdeutschen e. V.; Hilfsbund für die Elsass-Lothringer im Reich e. V.; Reichsverband der Kolonialdeutschen und Kolonialinteressierten e. V.; Vereinigte Verbände heimattreuer Oberschlesier e. V.; „Wiederaufbau im Auslande" e. V.; Vgl. BArch R 43 II-710 Blatt 13.

dort in einer Entschädigungsabteilung abgewickelt.[1354] Im Rahmen dieser Abwicklungsarbeiten wurden noch drei Spruchkammern beibehalten: Eine allgemeine Spruchkammer, die Fachspruchkammer für Wertpapiere und die Spruchabteilung der Abwicklungsstelle des Polenschädenkommissars. Im Rahmen der Einsparungen im Reichshaushalt während der Weltwirtschaftskrise wurde am 4. August 1932 die sog. Beschleunigungsverordnung erlassen.[1355] Darin wurde die Aufbewahrungsfrist für erledigte Entschädigungsfälle auf den 31. Januar 1933 festgelegt. Alle nicht abgeschlossenen Verfahren galten bis zum 1. Januar 1933 als abgeschlossen, sofern nicht bis 31. Dezember 1932 dagegen ein begründeter Widerspruch erfolgte.[1356] Die Anzahl der Fallakten betrug etwa 240.000.[1357] Bei den Betroffenen weckte diese Vorgehensweise die Befürchtung, dass sämtliche Fallakten vernichtet werden sollten.

Mit dem Amtsantritt des Regierungskabinetts von Adolf Hitler wurde intensiv um die Fürsprache des neuen Reichskanzlers geworben. Ein Gesuch von Prof. Dr. Friedrich Stöber bei Reichskanzler Hitler vom 3. März 1933 führte zu einer Intervention Hitlers. Die Vernichtung der Fallakten erfolgte nicht vollständig. Stattdessen sollte das RFM in „engster Fühlung mit dem Reichsarchiv“ die Vernichtung überwachen.[1358] Dadurch sollte ein Teil der Akten im Reichsarchiv erhalten bleiben.

Auch die Wahlkampfversprechen der NSDAP für eine großzügige Nachentschädigung der Kriegsgeschädigten wurden nun hervorgehoben. Der „Führer“ der Arbeitsgemeinschaft Walter Friese, selbst langjähriges NSDAP Mitglied, wandte sich am 23. März 1933 in einem Schreiben an Hitler in dessen Funktion als „Parteigenosse“. Friese verlangte von Hitler die Einlösung der Versprechungen aus der „Kampfzeit“ für eine volle Entschädigung. Mit Verweis auf die schwierige Lage des Reichshaushalts wurde diese

---

1354 Vgl. Gesetz über die Auflösung des Reichsentschädigungsamts, vom 26. März 1930 (RGBl. S. 96).

1355 Vgl. Verordnung zur beschleunigten Beendigung der Arbeiten der Restverwaltung für Reichsaufgaben (Beschleunigungsverordnung), vom 4. August 1932 (RGBl. S. 401).

1356 Vgl. §6 ebd.

1357 Vgl. BArch R 43 II-710 Blatt 3.

1358 Vgl. BArch R 43 II-712 Blatt 11.

Forderung von der Reichskanzlei abschlägig beantwortet.[1359] Nicht sonderlich zufrieden mit dieser Antwort schrieb Friese an den StS der Reichskanzlei Lammers:

> *„Ihre Antwort […] ist eine der größten Enttäuschungen, die ich in den letzten Jahren erlebt habe. Mit einem Male werden so, die seit Jahren von der NSDAP wachgehaltenen Hoffnungen von rund 80.000 Familien vernichtet. Von Familien, die an den Nationalsozialismus glaubten, wie an das Evangelium!"*[1360]

Friese verwies im Folgenden auf seine schwierige Situation und die Unmöglichkeit vor die Vereinsmitglieder zu treten und einzugestehen, dass das alles nur leere Propaganda gewesen wäre. Das Schreiben schloss mit der Bitte um ein persönliches Gespräch mit Hitler. Danach wurde der Fall nicht weiter überliefert.

Zumindest blieb das Thema der Entschädigungen auf der politischen Agenda. Im April 1937 wurde die Einrichtung eines Härtefonds in Höhe von 10 Millionen Reichsmark beschlossen, wobei explizit ein Anspruch auf eine gesonderte Entschädigung ausgeschlossen wurde.[1361] Vom Dezember 1937 ist ein Entwurf für ein „Gesetz über die Gewährung von Entschädigungen bei der Einziehung oder dem Übergang von Vermögen" überliefert.[1362] Allerdings wurden alle weiteren Planungen in diese Richtung von Hitler untersagt.[1363]

Im Jahr 1939 schloss sich schließlich der Kreis, der bei Ausbruch des Ersten Weltkrieges begann. Nach dem Münchener Abkommen begannen die Arbeiten an einem „Gesetzentwurf über den Ersatz der durch den Kampf um die Wiedervereinigung der sudetendeutschen Gebiete mit dem

---

1359 Vgl. ebd. Blatt 16 und 24.
1360 Vgl. BArch R 43 II-712 Blatt 25.
1361 Vgl. BArch R 43 II-713 Blatt 16.
1362 Vgl. BArch R 43 II-712 Blatt 99.
1363 Nach der Eroberung von Gebieten die bis zum Waffenstillstand 1918 deutsches Staatsgebiet gewesen waren, wurden von dort geschädigten Deutschen Anfang 1941 Forderungen laut, ihre alten Besitztümer wieder zu erhalten. Vgl. BArch R 43 II-713 Blatt 83. Diese Vorstöße wurden, mit Verweis auf eine Entscheidung Hitlers gegen eine erneute Aufrollung der Entschädigungsfrage aus dem Jahr 1937, von der Reichskanzlei abschlägig beurteilt. Der „Führer" sollte nach Maßgabe der Reichskanzlei damit nicht weiter belästigt werden. Vgl. BArch R 43 II-713 Blatt 90.

Deutschen Reich verursachten Personenschäden".[1364] Durch den Ausbruch des Zweiten Weltkrieges wurde dann ein neues Kapitel der Entschädigung von Kriegsopfern aufgeschlagen. Inwiefern Zusammenhänge zwischen den Entschädigungen der beiden Weltkriege bestehen, konnte im Rahmen dieser Forschungsarbeit nicht geklärt werden.

1364 Vgl. BArch R 43 II-713 Blatt 28 (vom 3. Juni 1939).

V. Schlussbetrachtungen

This summary analyzes the history of the Reichsministerium für Wiederaufbau and its administrative branches. Germany was preparing actual peace talks in 1917. In 1919 and 1920, Germany was willing to comply with the peace terms by offering a German participation in the reconstruction of Belgium and France as a real opportunity for a lasting peace.

Die Einrichtung der REK seit Ende 1914 leitete die deutsche Vorbereitung des Friedens ein. Diese Behörde war ein Ansatz dem Chaos des Krieges eine zivilisierte – vielleicht auch menschliche – Seite zu verleihen. Das Recht auf Entschädigung für erlittenes Unrecht sollte für Urheber und Opfer gleichermaßen disziplinierend wirken. Die Täter, in der überwiegenden Mehrzahl der Fälle deutsche Heeresangehörige, sollten von weiterem Unrecht absehen und stattdessen die Vorschriften befolgen, die nun eine einheitliche Dokumentation bei Eingriffen in Privatbesitz vorsahen. Die Opfer sollten die Möglichkeit erhalten, mit Hilfe offizieller deutscher Urkunden Ansprüche auf Entschädigung geltend zu machen. Der Kreis der Betroffenen wurde während des Krieges immer weiter ausgeweitet, als deutlich wurde, dass der Krieg bedeutend länger dauern würde als allgemein angenommen. Durch die Verrechtlichung der Besatzungsherrschaft sollte aufkeimenden Rachegefühlen vorgebeugt werden, die durch Sabotageakte oder Guerillaaktivität den deutschen Kriegsanstrengungen schaden konnten.

Die REK war personell zu klein, um Millionen deutscher Soldaten in ganz Europa zu überprüfen und die Schadensermittlungen waren letztendlich ein strategisches Manöver der Reichsleitung. Dennoch ist zumindest der Wille anzuerkennen, den Opfern noch während des Krieges indirekt durch die Anlegung umfangreicher Dokumentationen zu helfen. Im Gegensatz zum Zweiten Weltkrieg war im Ersten Weltkrieg noch eine Führungselite in der Reichsverwaltung vorhanden, denen gegenüber den unterworfenen Völkern Recht vor Unrecht zu gelten schien. Zumindest kann eine Anerkenntnis von Richtig und Falsch an einigen entscheidenden Stellen des Kaiserreiches attestiert werden. Letztendlich war dieses Recht selektiv und besonders in Russland auch von rassistischen Motiven geprägt. Vorstellungen universeller Menschrechte kann man daher nicht als Motiv vermuten.

Die kriegführenden Staaten strebten ab dem Jahr 1917 eine „Finalität" des Ersten Weltkrieges an, die sich in inneren Unruhen zu äußern begann.[1365] Ab dem Herbst 1916 begann die schrittweise Zentralisierung bestehender Verwaltungsstrukturen der Bundesstaaten auf die Reichsverwaltung. Der RKLAU diente als erste Behörde zur zentralen Erfassung und Koordinierung des Wirtschaftskrieges in Deutschland. Von großer Bedeutung war die Sicherstellung von Besitztiteln und statistischen Informationen über ausländische Unternehmen im Reichsgebiet. Ähnliches galt für die Einrichtung des Treuhänders ab April 1917. Zur gleichen Zeit begann die REK mit der Zusammenstellung der von Deutschland zu vertretenden Kriegsschäden. Auf diesem Weg sollten explizit Informationen für Friedensgespräche gewonnen werden. Ebenfalls in die Kategorie der Friedensbehörden zu zählen ist der RWHF. Die Vorbereitung einer Wiederherstellung der deutschen Handelsflotte noch während des Krieges war eine wegweisende Entscheidung für einen zukünftigen Frieden.

Auffällig ist bei diesen vier Reichsbehörden der Zeitraum, in denen diese geschaffen, bzw. im Fall der REK umstrukturiert, wurden. Dieser entspricht einer Zeitspanne von Ende September 1916 bis zum 10. Juli 1917, bzw. im Sonderfall des RWHF bis zum 7. November 1917. Dies korreliert mit dem Scheitern der Schlacht um Verdun ab Mitte August 1916 und der darauf folgenden Entwicklung der Friedensresolution des Deutschen Reichstages. Die am 19. Juli 1917 verabschiedete Resolution enthielt zumindest im Wortlaut keine expansionistischen deutschen Kriegsziele.[1366] Der Friedensappell von Papst Benedikt XV. am 14. August 1917 war, gerade weil eine neutrale Instanz mit hohem Symbolcharakter diese vorbrachte, der Höhepunkt der Friedensbemühungen.

Die Umstrukturierungen der Erfassungsstellen für Kriegsschäden und die im Reichstag laufenden Debatten über den Wiederaufbau der Handelsflotte waren klare Indizien für eine anlaufende Vorbereitung von

1365 Vgl. Jörn Leonhard, Die Büchse der Pandora. Geschichte des Ersten Weltkrieges, München 2014, S. 796–805.

1366 Zur Entstehungsgeschichte der Friedensresolution vgl.: Ernst Albert Seils, Weltmachtstreben und Kampf für den Frieden. Der deutsche Reichstag im Ersten Weltkrieg, Frankfurt am Main 2011, S. 301–414; zum Wortlaut der Friedensresolution vgl. ebd. S. 303.

Friedensverhandlungen. Besonders den Reichstagsabgeordneten blieben diese Entwicklungen nicht verborgen, die eine Rolle bei der Verabschiedung der Friedensresolution des Reichstages vom 19. Juli 1917 gespielt haben könnten. Die schwache Position des Reichskanzlers Bethmann-Hollweg im Jahr 1917, er trat am 13. Juli 1917 zurück, stand dieser Entwicklung nicht im Wege. Es ist sogar anzunehmen, dass der Reichskanzler zur Stärkung seiner Position auf die Reichsverwaltung Einfluss nahm und Grundlagen für Friedensverhandlungen schaffen ließ, um dadurch Unterstützung für seine Politik zu gewinnen. Noch am 26. Juni 1917 hatte der Reichskanzler eigenmächtig gegenüber dem Nuntius von Papst Benedikt XV. Pacelli die Wiederherstellung der vollen Unabhängigkeit Belgiens angeboten.[1367]

Das Jahr 1919 war das Schlüsseljahr für die folgenden zwanzig Jahre. Der in Deutschland öffentlich heftig umstrittene Versailler Vertrag eröffnete den Weg zu einem dauerhaften Frieden. Vor dem Hintergrund der deutschen Bemühungen um eine Beteiligung am Wiederaufbau von Nordfrankreich und der französischen Reaktionen muss die unmittelbare Nachkriegszeit neu bewertet werden. Der Wiederaufbau der zerstörten Gebiete war geeignet, eine dauerhafte Aussöhnung über die Gräber hinweg zu ermöglichen. Diese Gelegenheit wurde von französischer Seite in vielerlei Hinsicht verspielt. Der rücksichtlose Einsatz der deutschen Kriegsgefangenen im Wiederaufbaugebiet war unverhältnismäßig. Spätestens nach dem Friedensschluss hätte, analog zu den übrigen Alliierten, deren Repatriierung erfolgen müssen. Ob als politisches Druckmittel, zur Überdeckung eigener Unzulänglichkeiten, oder als Trophäe des Siegers war diese Handlungsweise nicht zu rechtfertigen. Im Gegensatz zum Krieg von 1870/71 war es nun das triumphierende Frankreich, das in den Sog der eigenen Hybris abdriftete. Die Forderungen nach rechtlosen deutschen Arbeitern als französische Verfügungsmasse im Wiederaufbau war ein kalkulierter Affront über den geschlagenen und wehrlosen Feind. Trotz dieser aggressiven Außenpolitik klammerten sich in Deutschland sowohl die Demokraten, die Gewerkschaften und weite Teile der Arbeitgeber an eine Beteiligung am Wiederaufbau.

1367 Vgl. Ernst-Albert Seils, Weltmachtstreben und Kampf für den Frieden. Der deutsche Reichstag im Ersten Weltkrieg, Frankfurt am Main 2011, S. 321–322 und Sönke Neitzel, Blut und Eisen. Deutschland im Ersten Weltkrieg, Zürich 2003, S. 158–161.

Diese Hoffnungen wurden von französischer Seite über Monate genährt. Als in der französischen Regierung die Erkenntnis reifte, dass eine Beteiligung Deutschlands am Wiederaufbau der französischen Öffentlichkeit nicht zu vermitteln war, hatte die Dynamik einen Punkt erreicht, an dem beide Seiten vor einer großen Enttäuschung stehen mussten.

Das ambitionierte deutsche Wiederaufbauprojekt hatte, genährt von den deutschen und französischen Erwartungen, gewaltige Dimensionen erreicht. In Frankreich wurden lange Listen mit allen für den Wiederaufbau benötigte Güter erstellt. Wahrscheinlich in Erwartung einer hocheffizienten deutschen Verwaltung wurden die Listen wahllos zusammengestellt und übermittelt. Ein anderer Faktor war auch hier die französische Hybris über den geschlagenen Erbfeind, den man wegen der Reparationen für viele Jahrzehnte in französischer Schuldknechtschaft wähnte. In diesem Verhältnis von Herr und Diener hatte die deutsche Seite keine Rechte, sondern klaglos alle Zumutungen zu ertragen. Konfrontiert mit der überraschenden französischen Ablehnung einer deutschen Beteiligung am Wiederaufbau und den komplizierten Anforderungslisten für Reparationsgüter entwickelte man auf deutscher Seite eine zunehmende Verbitterung, die letztendlich auch unter wohlmeinenden Pragmatikern die Überzeugung nährte, dass trotz des Versailler Vertrages noch lange kein beiderseitiger Wunsch nach echtem Frieden eingekehrt war. Die Verweigerung der Kooperation in der Wiederaufbaufrage war Wasser auf die Mühlen derjenigen Kräfte in Politik und Reichsverwaltung, die eine Revision des Versailler Vertrages erzwingen wollten. Das Ende der Friedenskoalition in Folge der Wahlniederlage nach dem Kapp-Lüttwitz bildete den Abschluss einer, auf die Gestaltung einer versöhnenden Außenpolitik setzenden, Zwischenperiode.

Das neue Reichsministerium für Wiederaufbau zählte weitgehend nicht zu den revisionistischen Kräften. Die neue Reichsbehörde war als Befriedungsinstrument nach außen und innen konzipiert worden. Dazu wurden zahlreiche Kompetenzen aus verschiedenen Bereichen der Außen-, Finanz-, Innen-, Verkehrs- und Wirtschaftspolitik in einer neuen Reichsbehörde vereint. Die Folge dieser Kumulation war die Entstehung des bisher einzigen deutschen Außenwirtschaftsministeriums. Vom Standpunkt des Herbstes 1919 aus betrachtet, würde in absehbarer Zeit ein Großteil des Handels zwischen Deutschland und dem Ausland in irgendeiner Weise die Reparationen berühren. Daher war es folgerichtig eine Reichsbehörde zur Bearbeitung all dieser Fragen zu schaffen. In der besonderen Situation Deutschlands in den Monaten nach der Unterzeichnung des Versailler Vertrages waren gänzlich neue Entwicklungen denkbar. Die Kampagne innerhalb der deutschen Bevölkerung zur Beteiligung am Wiederaufbau des ehemaligen Kriegsgegners Frankreich hatte das Potential einer ungeahnten Völkerverständigung. Die vom RMfW angestoßenen Konzentrationsprozesse in den Teilen der Wirtschaft, die am Wiederaufbau der zerstörten Gebiete teilnehmen wollten, boten ungeahnte Einflussmöglichkeiten. Das RKAAG besaß ursprünglich das Potential, eine umfangreiche Organisation zu entwickeln, die über Jahrzehnte in Belgien und Frankreich Kommunen und Infrastruktur errichten sollte. Eine Ausdehnung des Wiederaufbaus auf Osteuropa war Ende 1919 nicht ausgeschlossen. Die zukünftige Rolle Russlands nach dem Ende des Bürgerkrieges war völlig ungewiss und ein Sieg der Konterrevolution aus der Sicht des Jahres 1919 nicht unmöglich. Der Versailler Vertrag ließ einen Beitritt Russlands zu. Theoretisch wäre der Wiederaufbaubedarf in den verwüsteten Gebieten des ehemaligen Zarenreiches noch weit größer als in Belgien und Frankreich gewesen. Auch Polen, als ehemaliger Teil Russlands, hätte möglicherweise nun Ansprüche anmelden können. Diese Ängste führten später zum Vertrag von Rapallo.

Mit Hilfe der DKE verfügte das RMfW über potentiellen Einfluss auf die Regulierung der deutschen Kohlewirtschaft und damit auf die Verteilung des zu diesem Zeitpunkt noch wichtigsten Energieträgers der Welt. Der Wiederaufbau der deutschen Handelsflotte bot Zugriff auf den Überseehandel und die gesamten damit verbundenen deutschen Schlüsselindustrien. Darüber hätten sich Übertragungen von zusätzlichen Kompetenzen vom RWM begründen lassen können. Immerhin war die Schifffahrtsabteilung auch von dort an das RMfW übertragen worden.

Einem Außenwirtschaftsministerium standen im Jahr 1919 institutionell nur ein geschwächtes AA und ein erstarkendes RWM entgegen. Der Erste Weltkrieg und das Ende des Kaiserreiches hatten das AA institutionell und personell ausgedünnt. Die Umstrukturierungen der „Schülerschen Reform" entzweiten den inneren Zusammenhalt. Diese beiden Faktoren waren entscheidend dafür, dass das AA nicht auf die Ausführung des Versailler Vertrages vorbereitet war. Entsprechende Strukturen konnten nicht improvisiert werden, sonst wäre das RMfW kaum entstanden. Die Alternative war die Übertragung der Kompetenzen zur Ausführung des Versailler Vertrages auf das RWM. Wie beschrieben war das RWA vom AA in den außenwirtschaftlichen Kompetenzstreitigkeiten in die Schranken verwiesen worden. Mit der Ausführung des Friedensvertrages drohte nun genau dieser Erfolg verloren zu gehen und das RWM hätte über die Ausführung der wirtschaftlichen Bedingungen genau diese Kompetenzen erhalten. Aus der Perspektive des AA bestand, falls die USA und Russland den Versailler Vertrag ratifiziert hätten, die Möglichkeit, dass das RWM Deutschland in allen Fragen der Außenwirtschaftsbeziehungen repräsentiert hätte. Durch die Übernahme des Reichsernährungsministeriums wäre ein Superministerium entstanden, das der herausgestellten Position des AA gefährlich geworden wäre.

Die Vorstellung, ein neues Reichsministerium für die wirtschaftliche Ausführung des Friedensvertrages einzurichten, hatte in diesem Kontext entscheidende Vorzüge. Das RWM hätte sowohl die außenwirtschaftlichen Kompetenzen verloren und wäre durch die Herauslösung der diversen Reichskommissariate erheblich geschwächt worden. Für eine Übergangsperiode hätte dann, aus der theoretischen Sicht eines Beobachters im Herbst 1919, eine parallele indirekte Koexistenz des AA für das Tagesgeschäft der Diplomatie und des RMfW für die außenwirtschaftlichen Beziehungen im Rahmen der Vertragsausführung bestanden. Aufgrund der delikaten außenpolitischen Materie konnte das AA zudem Anspruch erheben, in zentralen außenpolitischen Fragen vom RMfW und dessen Reichsbehörden konsultiert zu werden. Dadurch war eine effektive Kontrolle gewährleistet.

Allerdings musste für diese Strategie der Alleinvertretungsanspruch des AA auf die Repräsentanz Deutschlands im Ausland vorübergehend aufgegeben werden. Als bestes Beispiel kann das von Wiederaufbauminister Rathenau ausgehandelte Wiesbadener Abkommen angeführt werden. Das Cuntze-Bemelmans und Ruppel-Gillet Abkommen, die immerhin jeweils nach deutschen Spitzenbeamten des RMfW benannt wurden, zeugen zudem von der fortgesetzten personellen Schwäche in wirtschaftlichen Sachfragen beim AA.

Nach der Überwindung der eigenen Schwächephase und dem Übergang in die Stabilisierung des AA begann der Prozess zur Wiedergewinnung der alleinigen institutionellen Vertretung Deutschlands auf dem internationalen Parkett. Beginnend mit dem Friedensvertrag mit den USA setzte ein stetiger Prozess der Schwächung des RMfW ein, der durch externe Faktoren unerwartet beschleunigt wurde. Die Ruhrbesetzung und die Einstellung der Reparationen bildeten die Grundlage für eine beschleunigte Abwicklung des RMfW. Die Personalabbauverordnung in Verbindung mit dem haushaltspolitischen Notstand im Herbst und Winter 1923 bot die einmalige Gelegenheit den institutionellen Konkurrenten auszuschalten. Dieses Ziel wurde dann auch bis zur Auflösung des RMfW, ohne genaue Kenntnisse über die weitere Entwicklung der Reparationsfrage, kompromisslos fortgeführt. Dem RWM verblieben nur magere Reste zur Abwicklung, die keine weiteren Kompetenzen in der Außenwirtschaft erbrachten. Kritische Bestandteile des ehemaligen RMfW, wie z. B. der RfR, wurden dem RFM zugesprochen oder in das Sammelsurium der Restverwaltung zur Abwicklung weitergereicht. Dadurch übernahm das AA wieder die alleinige institutionelle Vertretung des Deutschen Reiches.

Die potentielle Machtfülle des RMfW, die sich auf andere Ressorts der Reichsministerien direkt auswirkte, war wahrscheinlich der Grund, weshalb das Ministerium so selten einen Minister fand. Für die Leitung einer solchen Behörde bedurfte es einer Persönlichkeit, die den Konflikt nicht scheute, oder jemanden der gewillt war, sich im Zweifel kollegial unterzuordnen. Mit Ausnahme von Otto Geßler passen die übrigen Amtsinhaber zu dieser These. Alle übrigen Reichsminister brachten die notwendige Erfahrung und Integrität mit sich. Walther Rathenau hatte im ersten Kabinett Wirth sogar die Wahl zwischen dem prestigeträchtigen Amt des Außenministers und dem RMfW. Rathenau erkannte, dass für seine Ambitionen das AA hinderlich war und die eigentlichen Kompetenzen der Außenwirtschaft beim RMfW lagen.

Den Gegenpol zu den politischen Reichsministern bildete StS Gustav Müller, der als hierarisch denkender Beamter bereit war, dem Primat der Politik, also der Meinung der übrigen gewählten Reichsminister, zu folgen. Nur wenn die Interessen seiner Mitarbeiter im RMfW berührt waren, beispielsweise bei öffentlichen Angriffen gegen die Arbeit seiner Reichsbehörde durch Reichstagsmitglieder oder wenn es um die Auflösung des RMfW ging, leistete Müller Widerstand. Die Integrität seiner Behörde wollte Müller bis zu Letzt gewahrt wissen.

Dennoch sind vom RMfW einige Spuren geblieben. Dort entwickelte sich der Grundsatz, dass in der Reparationsfrage nur über eine Annäherung an die Siegermächte eine Revision erreicht werden konnte. Statt auf dem diplomatischen Parkett der Botschafter und Gesandten, waren die

Vertreter des RMfW und dessen angeschlossenen Reichsbehörden an konkreten Arbeitsfortschritten in den Gesprächen mit den Siegermächten interessiert. Schließlich war die wirtschaftliche Wiedergutmachung die erste Kernaufgabe des RMfW. Im Umkehrschluss bedeutete dies, dass in einer Konfrontationsphase das Potential des RMfW verpuffte.

Verwaltungshandeln ist letztendlich kein Selbstzweck. Sie dient im Rahmen der Exekutive zur Ausführung von politischen Vorgaben der Legislative bzw. der exekutiven Gewalt der Reichsregierung. Folgt man diesem Ansatz, konnte das RMfW durchaus Erfolge vorweisen. Die Restitution von Maschinen, Material und Wertsachen war weit fortgeschritten und hinsichtlich der Maschinen und des Materials in die Substitution übergegangen. Statt auf produktionsschädigende Rückgaben zu bestehen, konnte mittels Kooperation eine Verständigung auf ein Ersatz-Programm für Beutegut erzielt werden. Durch die Lieferung nunmehr deutscher Maschinen wurden die inländischen Maschinenbauer subventioniert und deren Rückkehr auf den Weltmarkt erleichtert. Die Rückgabe von Wertsachen ermöglichte eine bis dato unbekannte Wiedergutmachung von persönlichen Wertverlusten. Das Eigentum war und ist in Kriegen Opfer von Plünderungen bewaffneter Personen. Nach dem Ersten Weltkrieg gelang es erstmals, in großem Umfang Rückgaben häufig sehr privater Gegenstände wie Eheringe, Bilder oder Geschirr zu ermöglichen. Damit wurde ein Standard für zukünftige Friedensregelungen geschaffen.

Nicht zu unterschätzen waren die Ergebnisse in der Frage der Kohlereparationen. In Kooperation mit den Empfängerstaaten deutscher Lieferungen gelang eine Annäherung zwischen den ehemaligen Kriegsgegnern, die eine weitgehende Erfüllung der gewünschten Lieferquoten erbrachte, bis das System in Folge der Abspaltung Oberschlesiens und der Hyperinflation kollabierte. Der Dualismus zwischen AA und RMfW behinderte auch hier die Erfüllung des Versailler Vertrages. Das im Großmachtdenken gefangene AA versuchte über eine Drosselung der Kohlelieferungen eine Revision des Versailler Vertrages zu erzwingen, ohne die Konsequenzen ausreichend zu berücksichtigen. Es war das Verdienst der DKE bzw. des RMfW, dass die Situation nicht schon vor der Ruhrkrise 1923 eskalierte.

Überhaupt diente das RMfW der Annäherung an die ehemaligen Kriegsgegner. Das Wiesbadener Abkommen und dessen Folgeabkommen waren geeignet, die Sachreparationen auf eine neue Ebene politischer und wirtschaftlicher Zusammenarbeit zu heben. Nicht nur außenpolitisch war das RMfW innovativ. Die Umsetzung der Entschädigungsgesetzgebung im Rahmen des RMfW war ein wichtiger Schritt zur Durchsetzung des Sozialstaates. Die Akzeptanz zur Entschädigung von hunderttausenden von Menschen auf Kosten der Allgemeinheit war eine Voraussetzung für die Durchsetzung dieses Konzeptes in späterer Zeit. Das RMfW war an der Ausarbeitung dieser Gesetze federführend beteiligt und über die entsprechenden Reichsbehörden mit deren Umsetzung betraut. Die wegen der Hyperinflation weitgehend fehlgeschlagene Entschädigung der Auslands- und Kolonialdeutschen erschwerte deren Rückwanderung ins Ausland bzw. Integration in Deutschland. Das deutsche Auslandsnetzwerk degenerierte dadurch noch weiter, was die Rückkehr Deutschlands auf den Weltmarkt erschwerte. In Deutschland blieben die enttäuschten Geschädigten ein Reservoir für demokratiefeindliche Parteien wie die NSDAP, die jederzeit auf deren Stimmen vertrauen konnten. Ironischer Weise zählten die geprellten Geschädigten zu den ersten „Opfern“ nationalsozialistischer Politik nach dem Regierungsantritt von Adolf Hitler. Inwieweit der Lastenausgleich der Bundesrepublik Deutschland von der Weimarer Gesetzgebung inspiriert war, bleibt zukünftiger Forschung überlassen. Neu zu bewerten ist die Massenmigration nach Deutschland in Folge des Ersten Weltkrieges. Es ist davon auszugehen, dass das Zusammengehörigkeitsgefühl sowohl moralisch, als auch politisch davon beeinflusst worden sind. Die Definition der Deutschen als Ethnie wurde durch die Kriegsfolgen vorangetrieben.

Mit dem Wiederaufbau der Handelsflotte gelang der Erhalt des deutschen Schiffbaus und der damit verbundenen Logistik deutscher Reedereien während des kritischen Übergangs von der Kriegs- zur Friedenswirtschaft. Der Nutzen der erheblichen öffentlichen Investitionen kann zwar wegen der allgemein gesunkenen Preise für Neubauten diskutiert werden, die Sicherstellung zehntausender Arbeitsplätze diente der Stabilisierung der Weimarer Republik.

VI. Anhang

Unterscheidung von „Goldmark“ und „Papiermark“

Aufgrund der Inflation und der dadurch erheblich erschwerten Wertangaben in deutscher Währung wird zwischen Angaben in Goldmark und Papiermark unterschieden. Dem zu Grunde liegt das offizielle deutsche Prinzip von „Mark gleich Mark“. Bereits die Zeitgenossen haben diese Unterscheidung genutzt.[1368] Nach Ausbruch des Ersten Weltkrieges war am 4. August 1914 das Reichsbankgesetz geändert worden.[1369] Bis dahin war der Notenumlauf in Deutschland gekoppelt an die Entwicklung des Sozialprodukts. Jeder Inhaber von deutscher Währung hatte vor dem Ersten Weltkrieg das Recht, bei der deutschen Reichsbank Marknoten in den Gegenwert in Gold zu tauschen.

Nach der Reform des Reichsbankgesetzes wurde diese Umtauschmöglichkeit im Rahmen des „Goldstandards“ aufgehoben. Danach konnte die Reichsleitung über Reichsbankkredite die Geldmenge unbegrenzt erhöhen. In Deutschland wurde nun eine Papierwährung eingeführt, die faktisch aber die Illusion aufrechterhielt, dass eine Papiermark dem Wert einer Goldmark entsprechen würde. Aus der ständig wachsenden Geldmenge, dem sinkenden Sozialprodukt, dem Ausbleiben von notwendigen Steuererhöhungen und anderer Faktoren setzte in Deutschland eine inflationäre Entwicklung ein. Nach Kriegsende wurden notwendige Maßnahmen zur Währungsstabilisierung vernachlässigt.

Diese Entwicklungen führten dazu, dass am 20. November 1923 ein Dollar zwar 4,2 Billionen Papiermark oder nach der Börsennotierung vom Juli 1914 4,19 Goldmark wert war, aber diese 4,2 Billionen Papiermark nach offizieller Lesart der Reichsbank auch 4,2 Billionen Goldmark entsprachen.[1370] Für den überwiegenden Teil der deutschen Gesellschaft hatte diese

1368 Vgl. BArch R 3301–1803 o. Z. Reichsratsausschüsse XI, I, II, V, VI und VII vom 9. September 1922.

1369 Vgl. Knortz, S. 39–44, Feldman, Disorder, S. 26 und 32–51.

1370 Vgl. Knortz, S. 45.

Regelung kaum eine Bedeutung. Zu diesem Zeitpunkt hatte die deutsche Währung im Bargeldkreislauf jegliche Bedeutung eingebüßt.[1371]

Biografische Notizen

Die überlieferten Quellen ließen keine Analyse der Beamten- bzw. Belegschaft des RMfW oder der angeschlossenen Reichsbehörden bzw. Dienststellen zu. Fast alle Personalakten wurden vernichtet. Die dargestellten Ereignisse zum Kapp-Lüttwitz Putsch bieten eines der wenigen Zeugnisse persönlicher Handlungen und Meinungen einzelner Protagonisten zu einem bestimmten Kontext. Im Folgenden werden ausgewählte Lebensläufe wichtiger Akteure im RMfW und dessen angeschlossenen Reichsbehörden dargestellt:

Friedrich von **Boetticher**, * 14. Oktober 1881 in Berthelsdorf, † 28. September 1967 in Bielefeld; V: Walter von B., M: Isabella geb. Wippermann; °° 1) Olga Freiin von Wirsing (1882–1953), 2) Anna von Hahnke (1906–1971); K: 1 S, 2 T; 1891–1900 Gymnasium in Bautzen; danach Eintritt in die Sächsische Armee, 1901 Leutnant, 1905 Regimentsadjutant, 1910–13 Kriegsakademie in Berlin, 1914–18 Hauptmann bzw. Major im Generalstab; 1918–19 kurzzeitig Leiter der Unterkommission für Transportwesen der WaKo-Spa; 1919 Übertritt in die Reichswehr und Abteilungsleiter im RWehrM; 1924–26 Oberstleutnant, 1928 Oberst, 1931 Generalmajor und Kommandeur der Artillerieschule in Jüterborg, 1933 Generalleutnant und 1933–41 Militärattaché der deutschen Botschaft in Washington und 1938 zugleich auch in Mexiko-Stadt; 1940 General der Artillerie; 1942–45 Leiter der Wehrmacht-Zentral-Abteilung in Berlin. Literatur: Ernst Habisch, die Führer des Reichsheeres 1921 und 1931, 1931; Hermann A. L. Degener (Hrsg.), Wer ist's? Jg. 1935, S. 157; Erich Stockhorst, 5000 Köpfe. Wer war was im Dritten Reich? 1967, S. 68; Alfred Beck, Hitler's Ambivalent Attaché: Lt. Gen. Friedrich von Boetticher in America, 1933–1941, Dulles 2005. Gothaisches Taschenbuch der Briefadeligen Häuser, 13. Jg. 1919, S. 97 und 21. Jg. 1921, S. 90.

Alexander August Heinrich **Brill**, Dr. jur., * 21. Juli 1876 in München, † unbekannt; V: Prof. Dr. Alexander von B. (Mathematiker) (1842–1935),

1371 Vgl. Feldman, Disorder, S. 515–527.

M: Anna geb. Schleiermacher; °° 1908 Margarete geb. Plochmann; K: 1 S, 3 T; Gymnasium in Tübingen; Studium der Rechtswissenschaften in Tübingen, Lausanne und Berlin; 1900 Eintritt in den Justizdienst in Württemberg; 1903 Assessor ebd.; 1903 Dr. jur. in Tübingen; 1907 im Reichskolonialamt; 1908–11 kommissarischer Bezirksamtmann in Deutsch-Südwest Afrika; 1912 RR im Reichskolonialamt; 1914–18 Weltkriegsteilnehmer; 1918 GRR im Reichskolonialamt; 1919 MinR im RMfW, 1921 Leiter der Entschädigungsstelle der Kolonialzentralverwaltung ebd.; 1923–30 Präsident des RAA. Literatur: Wer ist's? Jg. 1935, S. 198.

Peter **Conze**, Dr. jur., * 15.9.1860 in Langenberg, ev., † 5.7.1939 in Spindelmühle; V: Gottfried C., Seidenfabrikant, M: Maria geb. Colsman; °° 1890 Berta geb. Schniewind; K: 3 S, 2 T; Rektoratsschule in Langenberg, Gymnasium in Gütersloh, Studium der Rechtswissenschaften in Berlin, Bonn, Leipzig und Tübingen; 1883 Gerichtsreferendar; 1885 Regierungsreferendar; 1889 Regierungsassessor in Düsseldorf; 1890 Hilfsarbeiter im Preuß. Finanzministerium; 1892 Landrat im Kreis Mülheim/Ruhr; 1899 GFR und 1902 GOFR im Preuß. Finanzministerium; 1906 kommissarischer Direktor, 1907 Direktor und 1911 UStS im Reichskolonialamt; 1909–14 ausgedehnte Reisen in den Kolonien; 1915 WGRR und Exzellenz; 1916–19 Vorsitzender im Reichsausschuss zur Ermittlung der Kriegsschäden; 1920–22 RKA; 1922–24 Reichskommissar bei der Reichsdarlehnskasse. Quellen: Wer ist's? Jg. 1935, S. 256; Heinz Kullnick, Berliner und Wahlberliner, Personen und Persönlichkeiten in Berlin von 1640 bis 1914, 1960; Keipert, Maria/Grupp, Peter (Hrsg.), Biographisches Handbuch des deutschen Auswärtigen Dienstes 1871–1945, Bd. 1, S. 384.

Hermann **Fellinger**, * 8. April 1884 in Duisburg, † 16. April 1957; °° Else geb. Neuhaus; K: 2 S, 2 T; 1902–1904 Studium der Rechtswissenschaften in Genf, Freiburg/Breisgau und Bonn; danach GerRef in Wesel; 1908–11 RegRef in Kassel; 1911 RegAss in Oppeln; 1912 in Asien; 1913–14 RegAss in Iserlohn und Aachen; 1914–18 Kriegsdienst; 1918 RR und 1919 GRR im Preußischen Ministerium für Handel und Gewerbe; 1921–23 Reichskommissar für Liquidation ausländischer Unternehmungen; 1923 Reichskommissar für Devisenerfassung; 1925 Abschied und danach Aufsichtsratsvorsitzender verschiedener Unternehmen: der Stettiner Chamottefabrik AG, Scheidhauer&Gießing AG Bonn, Stellawerk AG Berlin, Oberschlesische Chamotte Fabrik AG Gleiwitz, „Adolfshütte“ Kaolin- und

Chamottewerke AG, Thonwerk Biebrich AG, Möncheberger Gewerkschaft AG Kassel, Rudolph Karstadt AG Berlin; Aufsichtsratsmitglied verschiedener Unternehmen. Literatur: Robert Volz (Hrsg.), Reichshandbuch der deutschen Gesellschaft, Bd. 1, 1930, S. 430; Georg Wenzel, Deutscher Wirtschaftsführer, Hamburg 1929, S. 599; Stockhorst, S. 131.

Hans Erdmann von **Flotow**, * 23. August 1881 in Berlin, † 25. Oktober 1947 in Nürnberg; V: Gustav von F. (1844–1907), Beamter; M: Toni geb. Erdmann (1855-); °° 1911 Hildegard geb. Schlieder (1885-); K: 2 T, 3 S; Gymnasium in Münster; Studium der Rechtswissenschaften in Berlin, München, Leipzig und Halle; 1902 Dr. jur. in Leipzig; 1902 Gerichtsreferendar in Halle; 1908 Gerichtsassessor; 1908–11 Hilfsarbeiter im RJA; 1911 Amtsrichter in Quedlinburg; 1914–16 Ordonnanzoffizier; 1916 GRR und 1919 GORR im Preußischen Ministerium für Handel und Gewerbe (II. Abteilung); 1921 Abschied aus dem Staatsdienst; danach: Aufsichtsratsvorsitzender der Martini & Hünicke AG und stellvertretender Aufsichtsratsvorsitzender der Stettiner Chamottefabrik AG, Aufsichtsratsmitglied verschiedener Unternehmen. Literatur: Reichshandbuch, Bd. 1, S. 459; Wenzel, S. 628–629; Wer ist's? 10. Jg. 1935, S. 421; Gothaisches Taschenbuch der adeligen Häuser, Teil A, 39. Jg. 1940, S. 271.

Johannes Leopold August **Gerstmeyer**; * 27. September 1866 im Amt Lietzen (Kreis Lebus), † nach 1938; ev.; V: Amtsvorsteher August G.; M: Marie geb. Schlichting; °° 1923 Elisabeth geb. von Wichmann; Volksschule im Dorf Lietzen; 1876–79 Gymnasium in Frankfurt an der Oder; 1879–85 Gymnasium in Berlin; 1885–88 Studium der Rechtswissenschaften in Berlin; Gerichtsreferendar und Gerichtsassessor in Frankfurt an der Oder; 1894–1900 Magistratsassessor an den Stadtverwaltungen in Breslau und Kiel beschäftigt; 1901–02 unplanmäßiger und 1902–04 planmäßiger Hilfsarbeiter im Auswärtigen Amt; 1904–05 kommissarische Verwendung in Deutsch-Südwestafrika und Deutsch Ostafrika; 1906 Reisen durch Kamerun und Togo; 1907 WLR in der Kolonialabteilung des AA und anschließend im Reichskolonialamt; 1914–18 Kriegsteilnehmer als Bataillonschef; 1919 als Offizier in der Garde-Kavallerie Schützen Division an der Niederschlagung des Spartakusaufstandes beteiligt; 1920 Kolonialzentralverwaltung beim RMfW; 1924 bei Restverwaltung für Reichsaufgaben beim RFM; 1921–30 nebenamtlich Reichskommissar für Aufruhrschäden beim Reichswirtschaftsgericht; 1930- Rechtsanwalt in Berlin. Werke: Die deutsche Kolonialgesetzgebung, 1909; Das Schutzgebietsgesetz, 1910; Deutschlands weltwirtschaftliche Lage nach dem Friedensschluss, 1920; Auswanderung und Kolonialpolitik, 1924; Mitglied der NSDAP; Literatur: Wer ist's? Jg. 1935, S. 487; Theodor Adrian von Renteln (Hrsg.), Die wirtschaftswissenschaftlichen Hochschullehrer an den reichsdeutschen Hochschulen und an der TH Danzig, Werdegang und Veröffentlichungen, 1938.

Siegfried von **Grolmann**, * 22. Juni 1870 in Frankfurt/Oder, ev., † 20. September 1938 in Hohenwarte; V: Heinrich-Wilhelm von G. (1820–92), Landgerichtspräsident; M: Berta geb. von Berneck (1831–92), °° 1893 Elisabeth geb. Braun (1871-); K: 2 S, 1 T; 1907–09 Kreisdeputierter und 1909–17 Landrat des Kreises Militsch (Schlesien), 1918 Hilfsarbeiter und 1919 GRR im Preuß. Landwirtschaftsministerium; 1921 Übertritt in den Reichs- und Staatsdienst als Reichskommissar für oberschlesische Aufstandsschäden; zu einem späteren Zeitpunkt Übertritt in den preußischen Staatsdienst und um 1932 Generallandschaftsdirektor der Provinz Niederschlesien; Rittergutsbesitzer auf Zwornogoschütz, Literatur: Gothaisches Taschenbuch der Adeligen Häuser Teil B, 33. Jg. 1941, S. 195; Hubatsch, Grundriß, Bd. 4, S. 69; ARWR. Vgl. auch R 3301–2008 Blatt 168.

Emil **Guggenheimer**, * 21.01.1860 in München, † 27.06.1925 in Berlin; jüd./kath.; V: Joseph. G.; °° 1) geb. Nachbaur, 2) unbekannt; K: S 3 aus 1); Studium der Rechtswissenschaften in Leipzig, München und Würzburg; Rechtspraktikant in München; dritter Staatsanwalt am Landgericht I München; 1887 Richter am Amtsgericht ebd.; 1894 zweiter Staatsanwalt am Landgericht I München; 1896 Landgerichtsrat und 1899 Vorsitzender der II. Kammer für Handelssachen ebd.; 1903 freiwilliger Abschied nach gesellschaftlichem Ruin (Pistolenduell mit anschließender Haft von vier Monaten, dazu eine Scheidung); 1903 Syndikus in der Maschinenfabrik Augsburg Nürnberg (MAN); 1904 stellv. Direktor und 1907 Vorstandsmitglied ebd.; 1910–14 franz. Konsul in Augsburg (im Nebenamt); 1914 KR; 1923 GJR; 1918/19 Vorsitzender der Unterkommission für die Rückgabe von Maschinen und Material an Belgien und Nordfrankreich; 1920–21 Präsident der RRLK und zugleich Reichskommissar zur Ausführung von Aufbauarbeiten in den zerstörten Gebieten; 1920–22 zugleich Reichskommissar zur Ausführung des Friedensvertrages beim RWM; Literatur: Wolf Weigand, Emil Guggenheimer (1860–1925), Geheimer Justizrat, in: Manfred Treml/

Wolf Weigand (Hrsg.), Geschichte und Kultur der Juden in Bayern, 1988, S. 194–200.

Theodor **Gunzert**, * 19. Juli 1874 in Seckenheim/Baden, ev., † 26. Juli 1964 in Heidelberg; V: Theodor G., Kaufmann; M: Emilie geb. Vonck; °° 1913 Elisabeth geb. Wille; K: 2 S; -1892 Gymnasium in Mannheim; 1892–93 einjährig Freiwilliger und 1897 Leutnant der Reserve; 1892–96 Studium der Rechtwissenschaften in Berlin und Heidelberg; 1896 Eintritt in den badischen Justizdienst; 1899 Auslandsaufenthalte in Frankreich und Großbritannien; 1901 AA; 1902–04 Bezirksrichter, 1904–06 Bezirksamtmann in Deutsch-Ostafrika; 1907–13 in Deutsch-Ostafrika und beim AA in Berlin beschäftigt; 1914–16 Militärdienst in Deutsch-Ostafrika; 1916–19 in britischer Kriegsgefangenschaft; 1920–21 GRR und als Nachfolger von GBR Almaras stellv. Reichskommissar und 1922–23 Reichskommissar der Reichsrücklieferungskommission; 1923–24 beim RfR; 1924–39 AA; 1939–45 nach dem Ruhestand kommissarisch im AA Referat X beschäftigt. Literatur: Biographisches Handbuch des deutschen Auswärtigen Dienstes, Bd. 2, S. 137–139; Wer ist's? Jg. 1935, S. 560.

Eduard Johann Karl Emil **Haber**, * 1. Oktober 1866 in Risa, † 14. Januar 1947 in Tübingen; V: Carl H. (Berg- und Hüttenwerksdirektor), M: Elise geb. Meiring; °° 1) 1894 Constanze (-1906), 2) Antoinette geb. Gründgens; K: 3; -1884 Gymnasium in Brilon; -1888 Studium der Rechtswissenschaften in Freiburg/Breisgau, Bonn und der Technischen Hochschule Aachen; 1888 Bergreferendar; 1889–90 Reisen durch Mexiko und Peru; 1893 Bergassessor; 1894–96 Dozent für Verwaltungsrecht und Statistik an der Preußischen Bergakademie in Berlin; 1896–1900 für die Deutsche Bank in Australien, Kanada, Neuseeland und den USA tätig; 1900 Hilfsarbeiter, 1902 RR im AA (Kolonialabteilung); 1903 erster Referent beim Gouvernement von Deutsch-Ostafrika; 1906 GRR und 1910 GORR im Reichskolonialamt; 1914 Gouverneur von Deutsch Neu-Guinea; 1915–19 verschiedene Militärverwaltungsstellen; 1919 Leiter der Kohlenwirtschaft in Mecklenburg; 1920–23 Präsident des RAA; 1924–28 Dozent für öffentliches Recht, Volkswirtschaft und Arbeitsrecht an der Bergakademie in Clausthal; 1928–29 in der rheinischen Industrie tätig; 1930- Dozent für Kolonialpolitik und -recht in Tübingen. Literatur: Die wirtschaftswissenschaftlichen Hochschullehrer an den reichsdeutschen Hochschulen und an der TH Danzig, 1938, S. 607; Kürschners deutscher Gelehrten-Kalender

Jg. 6 1940/41, S. 378; Wer ist's? S. 503; Peter Ryan, Encyclopedia of Papua and New Guinea, Melbourne 1972.

Johannes Benjamin Friedrich **Hiekmann**, * 5. März 1874 in Berlin, † vor 1935; V: Friedrich Wilhelm Ludwig Hiekmann (Namensänderung von Hickmann), Rechnungsrat; M: Marie geb. Bannicke; °° 1903 Margarete Luise geb. Kabisch; K: 1 T; -1894 Gymnasium in Berlin; 1894–97 Studium der Rechts- und Staatswissenschaften in Berlin; 1897 Promotion in Erlangen; 1897 Referendar am Kreisgericht ebd.; 1897–98 Einjährig Freiwilliger, 1903 Leutnant der Reserve, Mai 1914 Hauptmann der Reserve, September 1914 dienstunfähig; 1903 Assessor; 1906–08 Amtsrichter in Wronke und Wollstein; 1908–13 Direktor des Amtsgefängnisses in Werl, Initiator der Verarbeitung von Altbeständen der preußischen Heeres- und Marineverwaltung in preußischen Gefängnissen; 1913 Studienreisen im Auftrag des Preußischen Justizministeriums nach England, Kanada und die USA; 1914 Hilfsarbeiter für Gefängniswesen im Preußischen Justizministerium, danach Direktor des Strafgerichts Plötzensee und bei Kriegsausbruch Direktor am Landgericht III in Berlin; 1914–20 Präsident der REK und GJR; 1921–22 Reichskommissar für die Regelung der kriegswirtschaftlichen Beziehungen mit den Nachfolgestaaten der Habsburger-Monarchie, Italiens und Rumäniens; seit 1923 als Rechtsanwalt und Notar tätig; Leiter der Groß- und Reichsverbände für Drogerie- und Chemikaliengroßhandel, Nahrungsmittel-Großhandel, Vereinigung der Kleiderstoff-Grossisten, Verein dt. Zuckergroßhändler; 1923- Mitglied des vorläufigen Reichswirtschaftsrats; 1916–18 Stadtverordneter in Berlin. Literatur: Wenzel, S. 954; Wer ist's? Jg. 1928, S. 658.

Karl **Hilgenstock**, * 17. September 1866 in Hörde/Westfalen, † 1937 in Hattingen/Ruhr; V: Daniel H., Direktor; °° ja; K: 3 S; Gymnasium; 1886 Ausbildung im Bergbau und Hüttenwesen; Studium in Berlin und Bonn; Promotion zum Dr. phil. in Berlin und Freiberg/Sachsen; -1890 Reisen in Belgien und 1893/94 in England; danach im Bergbau und Hüttenwesen beschäftigt; -1926 Aufsichtsratsmitglied der Deutschen Ammoniak Verkaufs Vereinigung in Bochum, des Benzolverbandes in Bochum, der Verkaufsvereinigung für Teererzeugnisse in Essen, des Stickstoff-Syndikats in Berlin; 1921 zugleich Vorsitzender der DKE; 1911–18 Stadtverordneter in Dortmund; -1928 Mitglied im Sachverständigenausschuss des Reichskohlenrats. Literatur: Taschenbuch der adeligen Häuser, Teil A, Jg. 1931, S. 118–119;

Wenzel, S. 958; Otto Gerlach, Kösener Corpslisten, Eine Zusammenstellung der Mitglieder der bestehenden und der nach dem Jahre 1892 suspendierten Corps mit Angabe von Farben, Zirkel, Jahrgang, Chargen und Personalien, Bochum 1961, S. 124.

Wilhelm Karl Arthur von **Jonquières,** * 23. Februar 1857 in Dannhorst/Celle, † 14. November 1931 in Berlin; V: Wilhelm Otto von J. (1819–91), Königlich Preuß. Forstmeister; M: Charlotte von Hinüber (1826–97); °° 1891 mit Elsa geb. Patow (1870–1931), K: 1 S; Literatur: Gothaisches genealogisches Taschenbuch der adeligen Häuser, Teil B, 32. Jg. 1940, S. 299.

Adalbert **Karpinski,** Dr. jur., * 1. Dezember 1873, † 20. Dezember 1944 in Wiesbaden; Studium der Rechtswissenschaften in Erlangen; 1898 Promotion ebd.; 1902–08 Gerichtsassessor beim Oberbergamt in Breslau; 1913–19 Oberbergrat beim Oberbergamt in Clausthal; 1914–19 zugleich stellv. Direktor beim Knappschaftsoberversicherungsamt ebd.; ab 1916 Mitglied der REK; 1918–1919 Dozent an der Bergakademie in Clausthal; 1920 Oberbergrat und Syndikus beim Oberbergamt Halle; 1922–30 Präsident der REAK. Vgl. BArch R 3301–3 Blatt 73.

Georg **Kautz,** * 21. September 1860 in Taubendorf/Kreis Neidenburg, † 13. Januar 1940 in Berlin; V: Leo K., Rittergutsbesitzer in Taubendorf, M: Amalie geb. Grumbach; °° Clara geb. Engler; -1877 Gymnasium in Hohenstein; 1877–81 Studium der Rechtswissenschaften in Königsberg, Heidelberg, Leipzig, Berlin; 1881 Gerichtsreferendar in Danzig; 1882 Dr. jur. in Leipzig; 1882–83 einjährig Freiwilliger in Königsberg; 1883 Regierungsreferendar in Königsberg; 1886 Regierungsassessor ebd. und anschließend in Danzig; 1887–90 Domänen-Departementsrat bei der Regierung in Danzig; 1890–94 Landrat in Konitz; 1894–99 RR, 1899–1902 ORR und Abt.-Dirigent im Polizeipräsidium Berlin; 1902–03 GRR und 1903–07 GORR im RAI (vertrat das Gesetz über die Erweiterung des Kaiser Wilhelm Kanals im Reichstag); 1907–15 Präsident des Kanalamtes in Kiel und Leiter des großen Erweiterungsbaus; 1914 WGORR; 1915–18 Abteilungsdirektor im RAI (Volksernährung); 1918–23 Präsident des Reichsauschusses für den Wiederaufbau der Handelsflotte; 1921–23 Leiter der Binnenschifffahrt-Friedensdelegation in Paris; nach 1923 Aufsichtsratsmitglied: Deutsche Schiffbau- und Maschinenbau AG, Habermann & Guckes-Liebold AG; Aufsichtsratsvorsitzender der Schiffswerft Neptun AG in Rostock; Werke: Das preußische System der direkten Steuern, 1889; Verwaltungszwangsverfahren wegen

Beitreibung von Geldbeträgen, 1896; Preußisches Kommunalbeamtenrecht, 1900; Literatur: Rudolf Vierhaus (Hrsg.), Deutsche Biographische Enzyklopädie, 2. Ausgabe, Bd. 5, München 2007, S. 548; Wenzel, S. 1105–1106; Reichshandbuch, Bd. 1 1930, S. 895–896.

Valentin **Koch,** * 9. März 1869 in Pöcking/Oberbayern, † 7. Februar 1956 in Regensburg; 1900 Abteilungsmaschineningenieur in der Zentralwerkstatt in München; 1902 Eisenbahnassessor, 1903 Direktionsassessor und 1907 Direktionsrat in der Generaldirektion der bayerischen Staatsbahn; 1910 RR, 1919 ORR und 1920 MinR im bayer. Verkehrsministerium; 1914–1918 Hauptmann der Landwehr; 1922/23 Vorsitzender der DKE; 1923–1933 Präsident der Reichsbahndirektionen Würzburg und Regensburg; 1933 Ruhestand. Literatur: Wenzel, S. 1190; ARWR (Biografien der Online Ausgabe).

Ernst Egon Adolf **Koenemann,** * 24. März 1888 in Arolsen (Waldeck), ev., † 22. Juni 1946 in Hohenschönhausen; V: Ernst K., Preuß. Major; M: Marie geb. Voigt; °° Martha geb. Borckenhagen; K: 2 S; Realgymnasium in Kassel; Maschinenbaustudium an den TH Berlin-Charlottenburg und München; Promotion zum Dr. Ing. in Berlin; Studienreisen nach Frankreich, Großbritannien, Italien und Russland; danach als Schiffsbauingenieur in Hamburg tätig; 1914–15 im Kriegsdienst; 1916 Referent im Kriegsamt, Preuß. Kriegsministerium; 1917–1918 Preuß. Beauftragter des Kriegsministeriums für Maschinenbau; 1919 RK für Eisen- und Metallverarbeitung; 1922 Leiter der Außenhandelsstelle für Eisenbahnwaggons; 1923- Vorsitzender der Gesellschaft für Drucktransformatoren in Berlin; Wer ist's? Jg. 1935, S. 851; Reichshandbuch, Bd. 1, S. 969.

Franz Friedrich (Fritz) **Lob,** * 30. März 1865 in Duisburg, kath., † 22. November 1946 in Herreth/Oberfranken; V: Mathias L.; M: Anna Maria geb. Michels; °° 1889 Johanna geb. Hubertina; K: 2 S; Realgymnasium in Duisburg; Kaufmännische Lehre in Duisburg; Einjährig Freiwilliger; 1888- bei der Hoesch AG angestellt; 1891 Bürovorsteher, 1892 Prokurist, 1894 kaufmännischer Direktor, 1898–1905 Vorstandsmitglied ebd.; 1905–12 Generaldirektor der Hohenlohe-Werke AG; 1915–18 Leiter der Kriegsorganisation zur Zinkbewirtschaftung; 1918–22 Rentier in München; 1922–1923 Reichskommissar zur Ausführung von Aufbauarbeiten in den zerstörten Gebieten bzw. ab 30. September Reichskommissar für Reparationslieferungen; 1924–27 Generaldirektor und Vorstandsvorsitzender der Preußischen

Bergwerks- und Hütten AG in Berlin; Literatur: Wer ist's? Jg. 1935, S. 984; Wenzel, S. 1371; Auskünfte des Familienforschers Bernhard Lob (Abdruck des Namens mit freundlicher Genehmigung vom 7. November 2012).

Friedrich Rudolf **Lohse**, * 21. Juni 1872 in Frankfurt am Main, † unbekannt; V: Louis Wilhelm L., M: Marie geb. Ackermann; °° Gertrud geb. Dietz; K: 1 S, 1 T; Gymnasium in Berlin; 1892–1896 Studium an der Technischen Hochschule Berlin; 1897 Regierungsbauführer und 1899 Regierungsbaumeister bei der Eisenbahndirektion Berlin; 1901–03 Bauinspektor bei der deutschen Militärintervention in China; danach im Preuß. Ministerium der öffentlichen Arbeiten; 1908 Vorsteher des Eisenbahnbetriebsamtes zwei in Halle; 1912 RR/BR und Mitglied der Eisenbahndirektion Hannover; 1914–18 Betriebschef der Linienkommandantur A; 1919 OberBR und Präsident der Eisenbahndirektion Köln und Leiter der Generalbetriebsleitung Ost; 1920 Präsident der Eisenbahndirektion Trier und ab 1924 Präsident der Reichsbahndirektion in Stettin. Literatur: Gerhard Schulze (Bearb.), Acta Borussica Neue Folge, 1. Reihe die Protokolle des Preußischen Staatsministeriums 1817–1934/38, Bd. 11/II, S. 638; Reichshandbuch Bd. 2, 1931, S. 1150; Wer ist's? Jg. 1935, S. 993; Das deutsche Führerlexikon 1934/35, S. 286–287; Wenzel, S. 1384.

Gustav **Müller**, * 19. Februar 1866 in Wasseralfingen, † 22. Januar 1929 in Hamburg; °° geb. Wagner; Lateinschule in Wasseralfingen; Gymnasium in Hall; Studium der Finanzwissenschaft in Tübingen; Referendar bei der württembergischen Finanz- und Zollverwaltung beim Hauptzollamt in Friedrichshafen und anschließend im Landesfinanzamt Stuttgart; 1895 kommissarischer Hilfsarbeiter, 1899 RR, 1900 GRR und 1905 GORR im RAI; 1913 Direktor der Handels- und Wirtschaftsabteilung im RAI; 1919 UStS, 1920 StS im RMfW; 1924 Ruhestand; 1924–29 Direktor der Seeberufsgenossenschaft in Hamburg; 1913–18 stellvertretender Bevollmächtigter zum Bundesrat; 1921 Ehrendoktorwürde der Ingenieurwissenschaften der Technischen Hochschule Stuttgart; Werke: Die chemische Industrie in der deutschen Zoll- und Handelsgesetzgebung des 19. Jahrhunderts, ein Beitrag zum Studium der deutschen Wirtschaftsgeschichte, Gärtner Verlag, Berlin 1902; Literatur: Schwäbischer Merkur Nr. 44, Nekrolog, Stuttgart 1929; Hugo Ott, Das Reichsministerium für Wiederaufbau in seiner wirtschaftspolitischen Funktion für der Arbeitsmarkt 1919/20, in: Hermann Kellenbenz (Hrsg.), Wirtschaftspolitik und Arbeitsmarkt, Bericht der 4. Arbeitstagung der Gesellschaft für Sozial- und Wirtschaftsgeschichte in Wien am 14. und 15. April 1971, München 1974, S. 290–291; BArch R 3301–22 o. Z. Personenbeschreibung.

Albert **Neuhaus**, * 9. Juli 1873 in Glasgow, † 29. April 1948 in Wuppertal-Elberfeld; V: Albert N., Fabrikant; M: Amalie geb. Hueck; °° Alleta geb. Finkler; K: 2 T; -1893 Gymnasium in Neuwied; -1896 Studium der Rechtswissenschaften in Heidelberg und Bonn; 1896 Dr. jur. in Erlangen; Gerichtsreferendar in Elberfeld und Köln; 1901 Gerichtsassessor und danach Volontär bei Albert de Bary&Co in Antwerpen; 1902 Regierungsassessor in Düsseldorf; 1903 Hilfsarbeiter, 1909 RR, 1910 GRR, 1914 GORR und 1918 WGRR und Ministerialdirektor im Preußischen Ministerium für Handel und Gewerbe (II. Abteilung); 1916- Reichskommissar für die Liquidation ausländischer Unternehmungen; 1920 Abschied; anschließend Tätigkeit in der Wirtschaft; 1925 Reichswirtschaftsminister. Literatur: Reichshandbuch Bd. 2, S. 1316; Wenzel, S. 1588; Deutsche Biographische Enzyklopädie, 2. Ausgabe, Bd. 7, S. 412.

Rudolf Kurt **Pasel**, * 20. Februar 1876 in Cöthen (Anhalt), ev., † Januar 1944; V: Eduard P. (Direktor der Zuckerfabrik in Cöthen); °° geb. Tillmanns; K: 1; 1883–86 Vorschule in Cöthen, 1886–91 Gymnasium in Cöthen, 1891–95 Matino Katharineum in Braunschweig, dort 1895 Abitur; 1895–96 Königl. Berginspektion Clausthal; 1896 Gesamtbergamt Obernkirchen; 1896–97 Einjährig Freiwilliger beim Pionierbataillon Nr. 15 in Straßburg Lt. d. R.; 1900 Bergreferendar in Clausthal nach mit Auszeichnung bestandener Prüfung am 30.11.1900; 1906 Bergreferendar in Südwestafrika; 1909 Bergassessor ebd.; 1910–12 im Diamantenbergbau beschäftigt; 1912 im Reichsdienst beim Reichskolonialamt; 1914 ständiger Hilfsarbeiter ebd.; 1914 Kriegsdienst als Oberleutnant der Landwehr; 1915 Hauptmann des 20. Pionierbataillons in Metz; 1915 weitgehend im Reichsdienst in Berlin tätig; 1919 GBergR und Vorsitzender des Büros der DKE; 1920- MinR im RMfW; 1924–26 MinR im RfR; 1929 Direktor im RAA; 1931 MinR im RWM; Literatur: BArch R 3301–1885 o. Z. Personalakte Kurt Pasel 1905–18; ARWR. Vgl. dazu auch die Unterlagen zu einer Reichstagsrede von Pasel in: BArch R 3301–1703 Blatt 281.

Maximilian Bruno Albert **Schulz-Briesen**, * 23. September 1868 in Köln, ev., † 18. Februar 1940 in Köln; V: Bruno Sch.-B. (1832–1919), Bergwerksdirektor; M: N. N. geb. Nobiling (-1903); °° 1902 Elisabeth geb.

Schulz-Briesen (1876-) (Vater: Eduard Schulz-Briesen); K: 3 T.; Gymnasium; Studium der Rechtswissenschaften; 1896 Bergassessor im Oberbergamtsbezirk Dortmund; 1927 Berghauptmann des Oberbergamts Halle; 1919–21 Vorsitzender der DKE; Vgl. NDB, Bd. 23, S. 719.

Paul **Stapf**, Dr. jur., * 1. Mai 1868 in Vieselbach bei Weimar, † unbekannt; °° ja; Gymnasium in Weimar; Studium der Rechtswissenschaften; 1895 GerAss; 1898 Staatseisenbahnverwaltung; 1899 RegAss; 1903 RR und Mitglied einer Eisenbahndirektion; 1912 GRR und 1916 GORR im Preuß. Ministerium der öffentlichen Arbeiten; 1919 Präsident der Eisenbahndirektion Frankfurt am Main. Literatur: Berlin-Brandenburgische Akademie der Wissenschaften (Hrsg.), Gerhard Schulze (Bearb.), Acta Borussica Neue Folge, 1. Reihe die Protokolle des Preußischen Staatsministeriums 1817–1934/38, Bd. 11/II, Hildesheim 2002, S. 704; Wenzel, S. 2190.

Schwanengesang des Reichsministeriums für Wiederaufbau vom 8. Mai 1924

„Leb' wohl nun Ministerium,
Wir scheiden mit Bedauern,
Manch ‚fleissig' Jahr ging uns herum
In deinen stillen Mauern.
Wir haben treue Pflicht geübt
Von Kummer ist der Blick getrübt.
O jerum, jerum, jerum,
O quae mutatio rerum.

Im Vaterland herrscht schwere Not,
Die Auslandsdeutschen klagen:
Nur Steine reicht man uns statt Brot
In diesen Unglückstagen.
Herrn Lothholz' Mühen waren umsunst,
Vergeblich war hier alle Kunst,
Und mit dem besten Willen
Der Jammer nicht zu stillen.

Die Vorkriegsforderungen, o Graus,
Sie schafften neue Sorgen,
Man glich sie stets auf's neue aus,
Vertröstete auf morgen.
Herr Fuchs schrieb sich die Finger wund,

Die Gläubiger kamen auf den Hund,
Erhielten kleinste Quoten
In kümmerlichen Noten.

Die Schutzgebiete groß und klein,
Sie wurden uns gestohlen,
Auch Propaganda scharf und fein
Konnt' sie nicht wiederholen.
Verloren ist das deutsche Land,
Fest hält es seiner Räuber Hand,
Es ist die gute Beute
Für „fortgeschritt'ne" Leute.

Und was wir schaffen früh und spat,
Es soll für uns nicht lohnen,
Dem Feinde reift die deutsche Saat,
Er scheffelt die Millionen,
Wo irgendwas noch existiert,
Es wird re- und substituiert.
Herr Cuntze muss sich fügen,
Macht's ihm auch kein Vergnügen.

So sah der Wiederaufbau aus,
Dem wir in schweren Zeiten,
Gedient mit Ernst im alten Haus,
Den Aufstieg zu bereiten.
Des Sparens Kommissar erscheint,
Er trennt jetzt die, die treu vereint,
Des Amtes Lasten trugen
Und schwere Schlachten schlugen.

Drum Freunde, reichet euch die Hand
Und schwöret sie auf's neue,
Dem tiefgebeugten Vaterland
Die alte deutsche Treue.
Stosst an und hebt die Gläser hoch,
Der Geist der Pflicht lebt immer noch,
Wir wollen ihn bewahren,
Erst recht in schlimmen Jahren."[1372]

1372 Vgl. BArch R 3301–1a Blatt 281. Die jeweils letzten beiden Zeilen jeder Strophe wurden als Refrain gesungen.

Verteilung der Arbeitsgruppen der MGD/Rückeis im ehemals feindlichen Ausland

Belgien:	Magru	Baugru	Agru
Brüssel	X	X	X
Antwerpen			X
Gent	X		
Mons	X	X	
Hasselt		X	
Arlon		X	
Lüttich	X	X	X
Namur	X	X	X
Charleroi		X	X
Frankreich:	Magru	Baugru	Agru
Valenciennes	X		
Charlesville	X	X	
Conflans		X	

Übersicht über die Verteilung (X) der Arbeitsgruppen nach Standorten.[1373]

Ziffern zum Ausgleichsverfahren

Zahlungen in Devisen und der Umrechnung in Goldmark:[1374]

1920

Großbritannien	8.823.449,00 £	180.951.292,09 GM
Frankreich	Keine Zahlungen	
Elsass-Lothringen	48.158.044,00 F	39.317.276,19 GM
Belgien	20.621,83 F	16.707,60 GM
Griechenland	Keine Zahlungen	
Siam	Keine Zahlungen	
Deutschland (direkt)	139.040.557,31 GM	139.040.557,31 GM
Gesamte Direktzahlungen im Ausgleichsverfahren		359.325.833,19 GM

1373 Vgl. BArch R 3301–2029 Blatt 80–83.

1374 Vgl. Reichstagsprotokolle, 1. Wahlperiode 1920/24, Bd. 375, Nr. 5304 Anlage 1, S. 5718.

1921

Großbritannien	9.323.311,00 £	191.202.461,99 GM
Frankreich	134.061.641,37 F	109.224.041,07 GM
Elsass-Lothringen	201.153.773,10 F	163.885.524,72 GM
Belgien	133.908.268,00 F	198.491.139,65 GM
Griechenland	73.614,00 D	79.154,93 GM
Siam	5.807,00 £	119.089,96 GM
Deutschland (direkt)	293.523.033,00 GM	293.523.033,00 GM
Gesamte Direktzahlungen im Ausgleichsverfahren		866.524.445,32 GM

1922

Großbritannien	4.168.159,00 £	85.480.604,77 GM
Frankreich	240.226.011,00 F	195.719.337,94 GM
Elsass-Lothringen	Keine Zahlungen	
Belgien	Keine Zahlungen	
Griechenland	405.527,00 D	436.051,00 GM
Siam	13.908,00 £	285.225,26 GM
Deutschland (direkt)	182.491.126,00 GM	182.491.126,00 GM
Gesamte Direktzahlungen im Ausgleichsverfahren		464.862.344,97 GM

VII. Quellenverzeichnis und Bibliographie

Quellen aus Archivbeständen

Bestandssignaturen des Bundesarchivs

R 2	(Reichsfinanzministerium)
R 43 I/II	(Reichskanzlei)
R 901	(Auswärtiges Amt)
R 904	(Waffenstillstandskommission)
R 2103	(Restverwaltung für Reichsaufgaben)
R 2201	(Reichsschatzministerium)
R 3101	(Reichswirtschaftsministerium)
R 3301	(Reichsministerium für Wiederaufbau)
R 3901	(Reichsarbeitsministerium)

Politisches Archiv des Auswärtigen Amtes

PA AA R 22361, 22423, 22483–22485, 22488, 22557, 22573, 22602–22604, 22666–22670, 22686–22689 und 22710.

Quellensammlungen

Butler, Rohan/Woodward, Ernest Llewellyn, Documents on British foreign policy, 1919–1939, First series, London 1919–84.

Department of State, Foreign Relations of the United States, Jg. 1921, Bd. 2, Washington 1936.

(Deutsches Reich) (Hrsg.), Aktenstücke zur Reparationsfrage vom 26. Dezember 1922 bis 7. Juni 1923, Berlin 1923.

(Deutsches Reich), Die Wiesbadener Protokolle vom 6. und 7. Oktober 1921, Berlin 1921.

Erbar, Ralph, Quellen zu den deutsch-französischen Beziehungen 1919–1963, Darmstadt 2003.

Fox, John P./Grupp, Peter/Bußmann, Walter (Hrsg.), Akten zur deutschen auswärtigen Politik, Serie A, 1918–1925, Göttingen 1982-.

Freytrag, Nils (Hrsg.), Quellen zur Innenpolitik der Weimarer Republik 1918–1933, Darmstadt 2010.

Historische Kommission bei der Bayerischen Akademie der Wissenschaften/Bundesarchiv (Hrsg.), Akten der Reichskanzlei, Weimarer Republik: http://www.bundesarchiv.de/aktenreichskanzlei/1919-1933/0000/index.html (letzter Zugriff 09. März 2015), 2005–2007.

Könnemann, Erwin/Schulze, Gerhard, Der Kapp-Lüttwitz-Ludendorff-Putsch, Dokumente, München 2002.

Marhefka, Edmund (Hrsg.), Der Waffenstillstand 1918–1919. Das Dokumenten-Material der Waffenstillstands-Verhandlungen von Compiègne, Spa, Trier und Brüssel. Notenwechsel, Verhandlungsprotokolle, Verträge, Gesamttätigkeitsbericht, Berlin 1928.

Martens, Fr. de/Triepel Heinrich, Nouveau Recueil Général de Traités et autres actes relatifs aux rapports de droit international, 11 Bde., Leipzig 1923.

Neugebauer, Wolfgang (Hrsg.), Die Protokolle des Preußischen Staatsministeriums 1817–1934/38, Hildesheim 2001.

Rathenau, Walther (Bearb.), Jaser, Alexander (Hrsg.), Walther-Rathenau-Gesamtausgabe, 5 Bde., Schriften des Bundesarchivs, Düsseldorf 2006.

Schulze, Gerhard/Kocka, Jürgen (Hrsg.), Acta Borussica. Die Protokolle des Preußischen Staatsministeriums 1817–1934/38, Neue Folge, Hildesheim 2005.

Schwabe, Klaus/Stieve, Tilman/Diegmann, Albert (Bearb.), Quellen zum Friedensschluss von Versailles, Ausgewählte Quellen zur deutschen Geschichte der Neuzeit, Bd. 30, Darmstadt 1997.

Verhandlungen des Deutschen Reichstags 1867–1942, webbasierte Quellen (letzter Zugriff am 12. März 2015): http://www.reichstagsprotokolle.de/index.html.

Woodward, Ernest Llewellyn, Documents on British foreign policy: 1919 – 1939, First series, 2. Aufl., London 1946-.

Bibliographie

Afflerbach, Holger, How fighting ends: a history of surrender, Oxford 2012.

Albert, Heinrich, Aufzeichnungen, Berlin 1956.

Altenhöner, Florian, Kommunikation und Kontrolle. Gerüchte und städtische Öffentlichkeiten in Berlin und London 1914/1918, Veröffentlichungen des Deutschen Historischen Instituts London, Bd. 62, München 2008.

Angell, James, Der Wiederaufbau Deutschlands. Von Versailles bis zum Young Plan, München 1930.

Armstrong, J. W. Scobell, War and treaty legislation. Affecting British property in Germany and Austria, and enemy property in the United Kingdom, London 1922.

Arns, Günter, Regierungsbildung und Koalitionspolitik in der Weimarer Republik 1919–1924, Claustahl-Zillerfeld 1971.

Ashworth, Tony, Trench warfare 1914–1918. The live and let live system, Houndsmills 1980.

Auswärtiges Amt (Hrsg.), Mitteilungen für den Geschäftsbereich des Reichsministeriums für Wiederaufbau. (Vorher: Mitteilungen der deutschen Waffenstillstandskommission), Berlin 1919–21.

Bänfer, Ludwig, Das amerikanische Freigabegesetz vom 10. März 1928. Die Rechtsverfolgung im internationalen Verkehr: Darstellung der Justizorganisation, des Civilprozessrechts, des Konkursrechts, der Erbschaftsregulierung und der Konsulargerichtsbarkeit in den europäischen und außereuropäischen Staaten: Die Beschlagnahme, Liquidation und Freigabe deutschen Vermögens im Auslande, unter Benutzung amtlichen Materials, Berlin 1929.

Bänfer, Ludwig, Die Beschlagnahme, Liquidation und Freigabe deutschen Vermögens in Großbritannien und Irland nebst Dominions, Kolonien und Protektoraten, in Frankreich und Elsaß-Lothringen, in Belgien, Italien, Rumänien, Jugoslawien, in der Tschechoslowakei, Polen, Rußland, den Randstaaten, Portugal, Siam, China, Japan, den süd- und mittelamerikanischen Staaten, in Liberia, den ehemals deutschen Kolonien, der Türkei und den ehemals türkischen Gebieten, in: Die Rechtsverfolgung im internationalen Verkehr: Darstellung der Justizorganisation, des Civilprozessrechts, des Konkursrechts, der Erbschaftsregulierung und der Konsulargerichtsbarkeit in den europäischen und außereuropäischen Staaten: Die Beschlagnahme, Liquidation und Freigabe deutschen Vermögens im Auslande, unter Benutzung amtlichen Materials, Berlin 1930.

Bartlett, Roger, A history of Russia, Houndmills 2005.

Batocki, Fried von/ Groeben, Klaus von der (1998): Adolf von Batocki. Ein Lebensbild im Einsatz für Ostpreussen und das Reich, Raisdorf 1998.

Bauerkämper, Arnd/Julien, Elise, Durchhalten! Krieg und Gesellschaft im Vergleich 1914–1918, Göttingen 2010.

Bayerische Akademie der Wissenschaften (Hrsg.), Neue deutsche Biographie, Berlin 2013.

Beaupré, Nicolas, Das Trauma des Großen Krieges, 1918–1932/33, Darmstadt 2009.

Beck, Alfred, Hitler's ambivalent attaché. Lt. Gen. Friedrich von Boetticher in America, 1933–1941, Washington DC 2006.

Beer, Mathias/Beyrau, Dietrich/Rauh, Cornelia, Deutschsein als Grenzerfahrung. Minderheitenpolitik in Europa zwischen 1914 und 1950, Essen 2009.

Benz, Wolfgang/Büttner, Ursula, Der Aufbruch in die Moderne – Das 20. Jahrhundert. Handbuch der deutschen Geschichte, Bd. 18, 10. Aufl., Stuttgart 2010.

Bergmann, Carl, Der Weg der Reparation. Von Versailles über den Dawesplan zum Ziel, Frankfurt am Main 1926.

Bernecker, Walther, Europa zwischen den Weltkriegen 1914–1945, 6 Tabellen, Stuttgart 2002.

Bilfinger, Karl, Der Reichssparkommissar, Beiträge zum ausländischen öffentlichen Recht und Völkerrecht, Bd. 7, Berlin 1928.

Bird, John, Control of Enemy Alien Civilians in Great Britain 1914–1918, New York 1986.

Boden, Ragna, Die Weimarer Nationalversammlung und die deutsche Außenpolitik. Waffenstillstand, Friedensverhandlungen und internationale Beziehungen in den Debatten von Februar bis August 1919, Europäische Hochschulschriften, Reihe III, Bd. 884, Frankfurt am Main 2000.

Boemeke, Manfred F./Feldman, Gerald D./Gläser, Elisabeth, The Treaty of Versailles. A reassessment after 75 years, Publications of the German Historical Institute, Washington DC 1998.

Bönisch, Monika, August 1914: ein Volk zieht in den Krieg, Berliner Geschichtswerkstatt, Bd. 7, Berlin 1989.

Bonn, Moritz (Hrsg.), Probleme der deutschen Zahlungsbilanz, Schriften des Vereins für Sozialpolitik, Bd. 167, München 1924.

Bonn, Moritz Julius, So macht man Geschichte. Bilanz eines Lebens, München 1953.

Borodziej, Włodzimierz, Geschichte Polens im 20. Jahrhundert, Europäische Geschichte im 20. Jahrhundert, München 2010.

Bracher, Karl Dietrich/Funke, Manfred, Die Weimarer Republik, 1918–1933. Politik, Wirtschaft, Gesellschaft, Schriftenreihe der Bundeszentrale für politische Bildung, Bd. 251, 3. Aufl., Bonn 1998.

Brandt, Susanne, Vom Kriegsschauplatz zum Gedächtnisraum. Die Westfront 1914–1940, Düsseldorfer kommunikations- und medienwissenschaftliche Studien, Bd. 5, Baden-Baden 2000.

Brüggemeier, Franz-Josef, Geschichte Großbritanniens im 20. Jahrhundert, Europäische Geschichte im 20. Jahrhundert, München 2010.

Bührer, Tanja, Die Kaiserliche Schutztruppe für Ostafrika. Koloniale Sicherheitspolitik und transkulturelle Kriegführung 1885 bis 1918, Beiträge zur Militärgeschichte, Bd. 70, München 2011.

Büttner, Ursula, Weimar. Die überforderte Republik 1918–1933. Leistung und Versagen in Staat, Gesellschaft, Wirtschaft und Kultur, Stuttgart 2008.

Bukofzer, Ernst, Die Beschlagnahme, Liquidation und Freigabe des deutschen Vermögens in Belgien. Die Rechtsverfolgung im internationalen Verkehr: Darstellung der Justizorganisation, des Civilprozessrechts, des Konkursrechts, der Erbschaftsregulierung und der Konsulargerichtsbarkeit in den europäischen und außereuropäischen Staaten: Die Beschlagnahme, Liquidation und Freigabe deutschen Vermögens im Auslande, unter Benutzung amtlichen Materials, Berlin 1927.

Burhop, Carsten, Wirtschaftsgeschichte des Kaiserreichs 1871–1918, Göttingen 2011.

Cabanes, Bruno/Duménil, Anne, Larousse de la Grande Guerre, Paris 2007.

Clout, Hugh, After the ruins. Restoring the countryside of Northern France after the Great War, Exeter 1996.

Clout, Hugh, The great reconstruction of towns and cities in France 1918–1935, in: Planning Perspectives, Jg. 2005, Heft 20, Planning perspectives, an international journal of history planning and the environment, London 1986-, S. 1–33.

Conrad, Sebastian, Globalisierung und Nation im Deutschen Kaiserreich. 2. Aufl., München 2010.

Conze, Eckart, Das Auswärtige Amt. Vom Kaiserreich bis zur Gegenwart, München 2013.

Cuno, Wilhelm, Der Friedensvertrag und die deutsche Schiffahrt, Deutschlands Wiederaufbau, Heft 5, Berlin 1920.

Cuntze, Albert, Das neue Sachleistungsverfahren nach dem Londoner Protokoll. Eine Erläuterung der am 1. Mai 1925 in Kraft getretenen Verfahrensvorschrift, Berlin 1925.

Das deutsche Führerlexikon 1934/1935, Berlin 1935.

Daunton, Martin, Wealth and welfare. An economic and social history of Britain, 1851–1951, Oxford 2007.

Degener, Herrmann/Habel Walter (Hrsg.): Wer ist wer? Das deutsche Who's who. Vormals: Degeners Wer ist's? 50 Bde., Lübeck 1905-.

Deutsche Waffenstillstandskommission (Hrsg.), Mitteilungen der Waffenstillstandskommission, Berlin 1919.

Deutsche Demokratische Republik (Hrsg.), Brachmann-Teubner, Elisabeth (Bearb.), Lexikon Archivwesen der DDR, 2. Aufl., Berlin 1977.

Deutsches Reich (Hrsg.), Bericht des Reichskohlenrates über die Kohlenwirtschaft, Berlin 1922.

(Deutsches Reich) / Reichskanzleramt/ Reichsamt des Innern / Reichsinnenministerium (Hrsg.), Handbuch für das Deutsche Reich, Berlin, 1874–1936.

Deutsches Reich (Hrsg.), Reichsgesetzblatt, 1867–1945.

Deutsches Reich (Hrsg.), Reichsministerialblatt, Zentralblatt für das Deutsche Reich, Berlin 1923–1945.

Dix, Arthur, Wirtschaftskrieg und Kriegswirtschaft. Zur Geschichte des deutschen Zusammenbruchs, Berlin 1920.

Doerries, Reinhard, Imperial challenge. Ambassador Count Bernstorff and German-American relations, 1908–1917, Chapel Hill 1989.

Dommach, Hermann, Der Reichssparkommissar Moritz Saemisch in der Weimarer Republik, Frankfurt am Main 2012.

Doss, Kurt, Das deutsche Auswärtige Amt im Übergang vom Kaiserreich zur Weimarer Republik. Die Schülersche Reform, Düsseldorf 1977.

Dowe, Christopher, Matthias Erzberger. Ein Leben für die Demokratie, Mensch-Zeit-Geschichte, Stuttgart 2011.

Dülffer, Jost, Regeln gegen den Krieg? Die Haager Friedenskonferenzen von 1899 und 1907 in der internationalen Politik, Frankfurt/Main 1981.

Duménil, Anne/Nivet, Philippe (Hrsg.), Les reconstructions en Picardie. Actes des colloques (Amiens, 27 mai 2000 & 12 mai 2001), Amiens 2003.

Ehlert, Hans Gotthard, Die wirtschaftliche Zentralbehörde des Deutschen Reiches 1914 bis 1919. Das Problem der „Gemeinwirtschaft“ in Krieg und Frieden, Wiesbaden 1982.

Einhorn, Karl, Die Nachentschädigung für Auslands-, Kolonial- u. Grenzlanddeutsche, Berlin 1925.

Elben, Wolfgang, Das Problem der Kontinuität in der deutschen Revolution. Die Politik der Staatssekretäre und der militärischen Führung vom November 1918 bis Februar 1919, Düsseldorf 1965.

Engler, Harald, Die Finanzierung der Reichshauptstadt. Untersuchungen zu den hauptstadtbedingten staatlichen Ausgaben Preussens und des Deutschen Reiches in Berlin vom Kaiserreich bis zum Dritten Reich (1871–1945), Berlin 2004.

Epstein, Klaus/Becker-Kutscher, Irmgard, Matthias Erzberger und das Dilemma der deutschen Demokratie, Berlin 1962.

Ernst Kabisch (Hrsg.), Die Führer des Reichsheeres 1921 und 1931. Zur Erinnerung an die 10 jährige Wiederkehr der Reichsheergründung vom 1. Januar 1921, Stuttgart 1931.

Eser, Ingo (2010): „Volk, Staat, Gott!“. Die deutsche Minderheit in Polen und ihr Schulwesen 1918–1939, Veröffentlichungen des Nordost-Instituts, Bd. 15, Wiesbaden 2010.

Facius, Friedrich, Wirtschaft und Staat. Die Entwicklung der staatlichen Wirtschaftsverwaltung in Deutschland vom 17. Jahrhundert bis 1945, Schriften des Bundesarchivs, Bd. 6, Boppard am Rhein 1959.

Feldman, Gerald D./Homburg, Heidrun, Industrie und Inflation. Studien und Dokumente zur Politik der deutschen Unternehmer 1916–1923, Hamburg 1977.

Feldman, Gerald D., Iron and Steel in the German Inflation, 1916–1923, Princeton 1977.

Feldman, Gerald D., Armee, Industrie und Arbeiterschaft in Deutschland, 1914 bis 1918, Berlin 1985.

Feldman, Gerald D., The great disorder. Politics, inflation, and society in the German inflation 1914–1924, New York 1997.

Feldman, Gerald D., Hugo Stinnes. Biographie eines Industriellen, 1870–1924, München 1998.

Feldman, Gerald D./Steinisch, Irmgard, Industrie und Gewerkschaften 1918–1924. Die überforderte Zentralarbeitsgemeinschaft, Stuttgart 1985.

Ferguson, Niall, Paper and iron. Hamburg business and German politics in the era in inflation, 1897–1927, Cambridge 1995.

Fiebig-von Hase, Ragnhild/Lehmkuhl, Ursula, Enemy images in American history, Providence 1997.

Fischer, Christopher, Alsace to the Alsatians? Visions and Divisions of Alsatian Regionalism, 1870–1939, Studies in Contemporary History, Bd. 5, New York 2010.

Fischer, Conan, The Ruhr crisis, 1923–1924, New York 2003.

Fischer, Hans-Jörg, Die deutschen Kolonien. Die koloniale Rechtsordnung und ihre Entwicklung nach dem ersten Weltkrieg, Berlin 2001.

Fritzsche, Carl Hellmut/Heise, Fritz/Herbst, Friedrich, Lehrbuch der Bergbaukunde. Mit besonderer Berücksichtigung des Steinkohlenbergbaus, 2 Bde., Berlin 1962.

Fuchs, Richard (1927): Die Grundsätze des Versailler Vertrags über die Liquidation und Beschlagnahme deutschen Privatvermögens im Auslande, in: Die Rechtsverfolgung im internationalen Verkehr. Darstellung der Justizorganisation, des Civilprozessrechts, des Konkursrechts, der Erbschaftsregulierung und der Konsulargerichtsbarkeit in den europäischen und außereuropäischen Staaten. Die Beschlagnahme, Liquidation und Freigabe deutschen Vermögens im Auslande, unter Benutzung amtlichen Materials, Berlin, 1927.

Gall, Lothar, Walther Rathenau. Portrait einer Epoche, München 2009.

Gause, Fritz, Die Russen in Ostpreußen 1914/15, Königsberg 1931.

Gebhardt, Gerhard, Ruhrbergbau. Geschichte, Aufbau und Verflechtung seiner Gesellschaften und Organisationen, Essen 1957.

Generalquartiermeister (Hrsg.), Die Industrie im besetzten Frankreich, München 1916.

Gerlach, Otto, Kösener Corpslisten. Eine Zusammenstellung der Mitglieder der bestehenden und der nach dem Jahre 1892 suspendierten Corps mit Angabe von Farben, Zirkel, Jahrgang, Chargen und Personalien, Bochum 1961.

Gomes, Leonard, German reparations, 1919–1932. A historical survey, New York 2010.

Graebner, Norman A./Bennett, Edward M., The Versailles Treaty and its legacy. The failure of the Wilsonian vision, New York 2011.

Graichen, Gisela/Gründer, Horst, Deutsche Kolonien. Traum und Trauma, 4. Aufl., Berlin 2005.

Groebner, Valentin/Guex, Sébastien/ Tanner, Jakob, Kriegswirtschaft und Wirtschaftskriege. Economie de guerre et guerres économiques, Schweizerische Gesellschaft für Wirtschafts- und Sozialgeschichte, Bd. 23, Zürich 2008.

Gross, Gerhard Paul (Hrsg.), Die vergessene Front – der Osten 1914/15. Ereignis, Wirkung, Nachwirkung, Paderborn 2006.

Grossmann, Carl G. (1930): Das Recht der Vereinigten Staaten von Amerika. Erbrecht und Nachlaßbehandlung, Berlin 1930.

Grupp, Peter, Deutsche Außenpolitik im Schatten von Versailles, 1918–1920. Zur Politik des Auswärtigen Amts vom Ende des Ersten Weltkriegs und der Novemberrevolution bis zum Inkrafttreten des Versailler Vertrags, Paderborn 1988.

Hagen, Antje, Deutsche Direktinvestitionen in Großbritannien, 1871–1918, Stuttgart 1997.

Hailbronner, Kay/Renner, Günter/Maassen, Hans-Georg, Staatsangehörigkeitsrecht, 5. Aufl., München 2010.

Hanslok, Andreas, Museologie und Archivwissenschaft in der DDR. Abgrenzung und Annäherung zweier Nachbarwissenschaften, Marburg 2008.

Hardach, Karl, Wirtschaftsgeschichte Deutschlands im 20. Jahrhundert, 2. Aufl., Göttingen 1979.

Hattenhauer, Hans, Geschichte des deutschen Beamtentums, 2. Aufl., Handbuch des öffentlichen Dienstes Bd. 1, Köln 1993.

Hauff, Reinhard (Bearb.), Arnold, Udo/Biewer, Ludwig (Hrsg.), Zwischen den Weltkriegen. Politik im Zeichen von Parteien, Wirtschaft und Verwaltung im Preußenland der Jahre 1918–1939, Teil 1, Lüneburg 1986.

Haupts, Leo, Deutsche Friedenspolitik, 1918–19. Eine Alternative zur Machtpolitik des Ersten Weltkrieges, Düsseldorf 1976.

Hauschild, Harry, Der vorläufige Reichswirtschaftsrat 1920–1926, Berlin 1926.

Heideking, Jürgen, Aeropag der Diplomaten. Die Pariser Botschafterkonferenz der alliierten Hauptmächte und die Probleme der europäischen Politik 1920–1931, Historische Studien, Bd. 436, Husum 1979.

Heydebrand, Wolf, The network metaphor as key to the analysis of complex production and service relations in a global economy, Arbeitsbericht der Akademie für Technikfolgenabschätzung in Baden-Württemberg, Bd. 149, Stuttgart 1999.

Hillgruber, Andreas, Die Last der Nation. Fünf Beiträge über Deutschland und die Deutschen, Düsseldorf 1984.

Hintze, Otto/Krüger, Kersten, Beamtentum und Bürokratie, Kleine Vandenhoeck-Reihe, Bd. 1473, Göttingen 1981.

Hirschfeld, Gerhard/Krumeich, Gerd/Renz, Irina, Die Deutschen an der Somme 1914–1918. Krieg, Besatzung, verbrannte Erde, Essen 2006.

Hirschfeld, Gerhard/Krumeich, Gerd/Renz, Irina, Enzyklopädie Erster Weltkrieg. Aktualisierte und erweiterte Studienausgabe, Paderborn 2008.

Hirschfeld, Gerhard/Krumeich, Gerd/Renz, Irina, Deutschland im Ersten Weltkrieg, Frankfurt am Main 2013.

Hoff, Wilhelm/Kumbier, Max/Anger, Richard (Bearb.), Das deutsche Eisenbahnwesen der Gegenwart, 2 Bde., Berlin 1923.

Holtfrerich, Carl-Ludwig, Die deutsche Inflation 1914–1923. Ursachen und Folgen in internationaler Perspektive, Berlin 1980.

Horne, John, A companion to World War I, Chichester 2010.

Horne, John/Kramer, Alan, German atrocities, 1914. A history of denial, New Haven 2001.

Hubatsch, Walther, Entstehung und Entwicklung des Reichswirtschaftsministeriums, 1880–1933. Ein Beitrag zur Verwaltungsgeschichte der Reichsministerien: Darstellung und Dokumentation, Berlin 1978.

Hubatsch, Walther/Stüttgen, Dieter/Vogel, Werner/Klein, Thomas/Schütz, Rüdiger/Friedland, Klaus (Bearb.), Grundriß zur deutschen Verwaltungsgeschichte, 1815–1945, Marburg/Lahn 1983.

Jähnicke, Burkhard, Washington und Berlin zwischen den Kriegen. Die Mixed Claims Commission in den transatlantischen Beziehungen, Baden-Baden 2003.

Jeserich, Kurt G./Neuhaus, Helmut (Hrsg.), Persönlichkeiten der Verwaltung. Biographien zur deutschen Verwaltungsgeschichte 1648–1945, Stuttgart 1991.

Jeserich, Kurt G./Pohl, Hans, Deutsche Verwaltungsgeschichte, 5 Bde., Stuttgart 1983–1988.

Jones, Heather, The German Spring Reprisals of 1917. Prisoners of War and the Violence of the Western Front, in: German History, Bd. 26, Heft 3, Jg. 2008, S. 335–356.

Jones, Heather, Gefangen im Großen Krieg. Kriegsgefangenschaft in Deutschland, 1914–1921, in: German History, Bd. 27, Heft 4, Jg. 2009, S. 615–616.

Kabisch, Thomas R., Deutsches Kapital in den USA. Von der Reichsgründung bis zur Sequestrierung (1917) und Freigabe, Beiträge zur Wirtschaftsgeschichte, Bd. 17, Stuttgart 1982.

Kahl, Friedrich, Die Pariser Wirtschaftskonferenz vom 14. Juli bis 17. Juni 1916 und die ihr vorausgegangenen Beratungen der Ententestaaten über den Wirtschaftskrieg gegen die Mittelmächte, Jena 1917.

Kahle, Eberhard (Hrsg.), Lauta-Stadt, Werk. Vom Heidedorf zur Industriestadt, ein Rückblick, Bautzen 1997.

Kaiserová, Kristina/Myeshkov, Dmytro/Ruchniewicz, Krzysztof (Hrsg.), Lexikon der Vertreibungen. Deportation, Zwangsaussiedlung und ethnische Säuberung im Europa des 20. Jahrhunderts, Wien 2009.

Kameke, Claus von, Einblicke. Das Auswärtige Amt zwischen 1871 und 2001, 3 Bde., Bonn 2003.

Kapellmann, Klaus Dieter, Schlüsselfertiges Bauen. Rechtsbeziehungen zwischen Auftraggeber, Generalunternehmer, Nachunternehmer, 2. Aufl., Düsseldorf 2004.

Karpinski, Adalbert, Denkschrift über das Verfahren der Reichsentschädigungskommission zur Bewertung der in Frankreich und Belgien planmäßig niedergelegten industriellen Anlagen und über das Ergebnis der Ermittlungen, Berlin 1919.

Katholieke Universiteit Leuven, L'Université de Louvain. 1425–1975, éd. à l'occasion du 550. anniversaire de la création de l'Université Catholique de Louvain, Louvain-la-Neuve 1976.

Keipert, Maria/Grupp, Peter/Keiper, Gerhard/Kröger, Martin (Hrsg.), Biographisches Handbuch des deutschen Auswärtigen Dienstes, 1871–1945, 5 Bde., Paderborn 2000–2014.

Kellenbenz, Hermann (Hrsg.), Wirtschaftspolitik und Arbeitsmarkt. Bericht über die 4. Arbeitstagung der Gesellschaft für Sozial- und Wirtschaftsgeschichte in Wien am 14. und 15. April 1971, München 1974.

Kennan, George Frost, The decline of Bismarck' s European order. Franco-Russian relation, 1875–1890, Princeton 1980.

Kennan, George Frost, Bismarcks europäische System in der Auflösung. Die französisch-russische Annäherung, 1875–1890, Frankfurt am Main 1981.

Kent, Bruce, The spoils of war. The politics, economics, and diplomacy of reparations, 1918–1932, Oxford 1989.

Kerstingjohänner, Helmut, Die deutsche Inflation 1919–1923. Politik und Ökonomie. Europäische Hochschulschriften, Reihe III, Geschichte und ihre Hilfswissenschaften, Bd. 988, Frankfurt am Main 2004.

Knortz, Heike, Wirtschaftsgeschichte der Weimarer Republik. Eine Einführung in die Ökonomie und Gesellschaft der ersten Deutschen Republik, Göttingen 2010.

Kolb, Eberhard, Der Frieden von Versailles, 2. Aufl., München 2011.

Kolb, Eberhard/Schumann, Dirk, Die Weimarer Republik, in: Lothar Gall/Karl Joachim Hölkeskamp/Steffen Patzold (Hrsg.), Oldenbourg Grundriss der Geschichte, Bd. 16, 8. Aufl., München 2013.

Kossert, Andreas, Ostpreußen, Geschichte und Mythos, 3. Aufl., München 2005.

Kramer, Alan, Dynamic of destruction. Culture and mass killing in the First World War, Oxford 2008.

Kraus, Hans-Christof, Versailles und die Folgen. Außenpolitik zwischen Revisionismus und Verständigung 1919–1933, Deutsche Geschichte im 20. Jahrhundert, Bd. 4, Berlin 2013.

Krause, Ferdinand, Die hergebrachten Grundsätze des Berufsbeamtentums. Eine rechtshistorische Analyse, Frankfurt am Main 2008.

Krüger, Peter, Deutschland und die Reparationen 1918/19. Die Genesis des Reparationsproblems in Deutschland zwischen Waffenstillstand und Versailler Friedensvertrag, Schriftenreihe der VfZG, Bd. 25, Stuttgart 1973.

Krüger, Peter, Die Außenpolitik der Republik von Weimar, Darmstadt 1985.

Krumeich, Gerd/Fehlemann, Silke, Versailles 1919. Ziele, Wirkung, Wahrnehmung, Essen 2001.

Küppers, Heinrich, Zwischen Londoner Ultimatum und Rapallo. Joseph Wirth und die deutsche Außenpolitik 1921/22, in: Historische Mitteilungen, 13. Jg., Stuttgart 2000, S. 150–173.

Kullnick, Heinz, Berliner und Wahlberliner. Personen und Persönlichkeiten in Berlin von 1640–1914, Berlin 1961.

Lassar, Gerhard, Reichseigene Verwaltung unter der Weimarer Verfassung. Zwei Studien, in: Jahrbuch des öffentlichen Rechts der Gegenwart, Jg. 1926, Tübingen 1907-.

Lendvai, Paul, Die Ungarn. Eine tausendjährige Geschichte, München 2001.

Lenz, Friedrich/Schmidt, Eberhard (Hrsg.), Die deutschen Vergeltungsmaßnahmen im Wirtschaftskrieg. Nebst einer Gesamtbilanz des Wirtschaftskrieges 1914–1918, Bonn 1924.

Leonhard, Jörn, Die Büchse der Pandora. Geschichte des Ersten Weltkriegs, München 2014.

Levy, Carl/Roseman, Mark, Three postwar eras in comparison. Western Europe 1918--1945--1989, New York 2002.

Linke, Horst Günther, Der Weg nach Rapallo, Strategie und Taktik der deutschen und sowjetischen Außenpolitik, in: Historische Zeitschrift, Heft 264, 1997, S. 55–109.

Lipkes, Jeff, Rehearsals. The German army in Belgium, August 1914, Leuven 2007.

Liulevicius, Vejas Gabriel, Kriegsland im Osten. Eroberung, Kolonialisierung und Militärherrschaft im Ersten Weltkrieg, Hamburg 2002.

Lloyd George, David, Die Wahrheit über die Reparationen und Kriegsschulden, Berlin 1932.

Loewenfeld, Erwin, Die Rechtsverfolgung im internationalen Verkehr. Darstellung der Justizorganisation, des Civilprozessrechts, des Konkursrechts, der Erbschaftsregulierung und der Konsulargerichtsbarkeit in den europäischen und außereuropäischen Staaten, Entscheidungen der gemischten Schiedsgerichte, Berlin 1923.

Loewenfeld, Erwin, Die Rechtsverfolgung im internationalen Verkehr. Darstellung der Justizorganisation, des Civilprozessrechts, des Konkursrechts, der Erbschaftsregulierung und der Konsulargerichtsbarkeit in den europäischen und außereuropäischen Staaten. Die Freigabe deutschen Vermögens in den bisher feindlichen Ländern, insbesondere in Großbritannien (England, Schottland und Irland) nebst Dominions, Protektoraten und Kolonien, Berlin 1924.

Loewenfeld, Erwin, Die Rechtsverfolgung im internationalen Verkehr. Darstellung der Justizorganisation, des Civilprozessrechts, des Konkursrechts, der Erbschaftsregulierung und der Konsulargerichtsbarkeit in den europäischen und außereuropäischen Staaten. Entscheidungen der gemischten Schiedsgerichte, Berlin 1925.

Loewenfeld, Erwin, Die Rechtsverfolgung im internationalen Verkehr. Darstellung der Justizorganisation, des Civilprozessrechts, des Konkursrechts, der Erbschaftsregulierung und der Konsulargerichtsbarkeit in den europäischen und außereuropäischen Staaten. Die Freigabe deutschen Vermögens in den bisher feindlichen Ländern, insbesondere in Großbritannien (England, Schottland und Irland) nebst Dominions, Protektoraten und Kolonien, Berlin 1925.

Lorenz, Thomas, „Die Weltgeschichte ist das Weltgericht!“. Der Versailler Vertrag in Diskurs und Zeitgeist der Weimarer Republik, Frankfurt am Main 2008.

Luß, Inwieweit wird das Reichswirtschaftsgericht durch die Abrüstungs-Entschädigungs-Richtlinien gebunden? in: W. Beumer/O. Petersen, Stahl und Eisen, Zeitschrift für das deutsche Eisenhüttenwesen, 40. Jg., 1920, Nr. 49/50, S. 1664–1667.

Mai, Gunther, Kriegswirtschaft und Arbeiterbewegung in Württemberg 1914–1918, Stuttgart 1983.

Mayer, Karl, Die Weimarer Republik und das Problem der Sicherheit in den deutsch-französischen Beziehungen, 1918–1925, Europäische Hochschulschriften, Reihe III, Geschichte und ihre Hilfswissenschaften, Bd. 440, Frankfurt am Main 1990.

Mayerhofer, Lisa, Zwischen Freund und Feind – Deutsche Besatzung in Rumänien 1916–1918, München 2010.

McDougall, Walter, France's Rhineland diplomacy, 1914–1924. The last bid for a balance of power in Europe, Princeton 1978.

Megerle, Klaus, Deutsche Außenpolitik 1925. Ansatz zu aktivem Revisionismus, Europäische Hochschulschriften, Reihe III, Geschichte und ihre Hilfswissenschaften, Bd. 28, Frankfurt am Main 1974.

Meier, Ernst, Handbuch der deutschen Reparationen, Leipzig 1927.

Mertelsmann, Olaf, Zwischen Krieg, Revolution und Inflation. Die Werft Blohm & Voss 1914–1923, Schriftenreihe zur Zeitschrift für Unternehmensgeschichte, Bd. 11, München 2003.

Mertens, Peter, Zivil-militärische Zusammenarbeit während des Ersten Weltkrieges. Die „Nebenregierungen" der Militärbefehlshaber im Königreich Sachsen, Leipzig 2004.

Michalczyk, Andrzej, Heimat, Kirche und Nation. Deutsche und polnische Nationalisierungsprozesse im geteilten Oberschlesien (1922–1939), Köln 2010.

Michalka, Wolfgang/Scheidemann, Christiane, Walther Rathenau, Berlin 2006.

Militärgeschichtliches Forschungsamt (Hrsg.), Hackl, Othmar/Hans Meier-Welcker/Manfred Messerschmidt (Bearb.), Handbuch zur deutschen Militärgeschichte 1648–1939, München 1968.

Möllers, Heiner, Reichswehrminister Otto Geßler. Eine Studie zu „unpolitischer" Militärpolitik in der Weimarer Republik, Hochschulschriften, Reihe III, Geschichte und ihre Hilfswissenschaften, Bd. 794, Frankfurt am Main 1998.

Mommsen, Hans (Hrsg.), Industrielles System und politische Entwicklung in der Weimarer Republik, Kronberg 1977.

Mühlhausen, Walter, Friedrich Ebert 1871–1925. Reichspräsident der Weimarer Republik, Bonn 2006.

Müller, Tim, Demokratie und Wirtschaftspolitik in der Weimarer Republik, in: VfZG Bd. 62, Heft 4, Jg. 2014, S. 569–601.

Münch, Ingo von, Die deutsche Staatsangehörigkeit. Vergangenheit – Gegenwart – Zukunft, Berlin 2007.

Münkler, Herfried, Der Große Krieg. Die Welt 1914 bis 1918, 3. Aufl., Berlin 2013.

Nagler, Jörg, Nationale Minoritäten im Krieg, „feindliche Ausländer“ und die amerikanische Heimatfront während des Ersten Weltkriegs, Hamburg 2000.

Naimark, Norman, Flammender Haß. Ethnische Säuberung im 20. Jahrhundert, Schriftenreihe der Bundeszentrale für Politische Bildung, Bd. 781, Bonn 2009.

Neitzel, Sönke, Blut und Eisen. Deutschland im Ersten Weltkrieg, Zürich 2003.

Neitzert, Dieter, Das Amt zwischen Versailles und Rapallo. Rückschau des Staatssekretärs Ernst von Simson, in: VfZG Bd. 60, Heft 3, Jg. 2012, S. 443–490.

Niedhart, Gottfried, Die Außenpolitik der Weimarer Republik. Enzyklopädie deutscher Geschichte, Bd. 53, 3. Aufl., München 2013.

Nivet, Philippe, Les réfugiés français de la Grande Guerre (1914–1920). Les „boches du nord“, Paris 2004.

Oltmer, Jochen, Migration und Politik in der Weimarer Republik, Göttingen 2005.

Oltmer, Jochen, Kriegsgefangene im Europa des Ersten Weltkriegs, Paderborn, 2006.

Osborne, Sidney, The upper silesian question and Germany's coal problem, London 1920.

Padiou, Nicolas, Dispersi sunt lapides sanctuarii. La reconstruction des églises de Meurthe-et-Moselle après la Premiere Guerre Mondiale (1918–1933), Paris, 2010.

Panikos Panayi, The Enemy in our Midst. Germans in Britain during the First World War, Oxford 1988.

Parvus, Aufbau und Wiedergutmachung, Berlin 1921.

Parvus (Hrsg.), Der Wiederaufbau. Zeitschrift für Weltwirtschaft, Berlin 1922–1923.

Petersen, Klaus, Zensur in der Weimarer Republik, Stuttgart 1995.

Pieper, Helmut, Die Minderheitenfrage und das Deutsche Reich 1919–1933/34, Darstellungen zur auswärtigen Politik, Bd. 15, Hamburg 1974.

Pohl, Hans, Aufbruch der Weltwirtschaft. Geschichte der Weltwirtschaft von der Mitte des 19. Jahrhunderts bis zum Ersten Weltkrieg,

Wissenschaftliche Paperbacks, Sozial- und Wirtschaftsgeschichte, Bd. 24, Stuttgart 1989.

Pohl, Manfred, Deutscher Kapitalexport im 19. Jahrhundert. Emissionen, Banken, Anleger bis 1914, Erinnerungsgabe zum 25jährigen Bestehen der Börsenzeitung, Frankfurt am Main 1977.

Pope, Rex, The British economy since 1914. A study in decline? London 1998.

Preußen (Hrsg.), Armee-Verordnungsblatt, Berlin, Nr. 1.1914–2535.1919.

Priester, Hans, Der Wiederaufbau der deutschen Handelsschiffahrt, Berlin 1926.

Rathenau, Walter/Pogge von Strandmann/Hartmut Pogge von/Joll, James/ Fischer, Fritz (Hrsg.), Walther Rathenau. Tagebuch 1907 – 1922, Düsseldorf 1967.

Reichert, Jakob Wilhelm, Rathenaus Reparationspolitik. Eine kritische Studie, Berlin 1922.

Reichsarchiv (Hrsg.), Die militärischen Operationen zu Lande. Das deutsche Feldeisenbahnwesen. Die Eisenbahnen zu Kriegsbeginn, Berlin 1928.

Reichsentschädigungsamt für Kriegsschäden, Beförderungskosten auf dem Land- und Seewege, zum Zweck der Durchführung des §13 der Zuschlagsverordnung vom 31. März 1922, Berlin 1923.

Reichsentschädigungskommission (Hrsg.), Denkschrift über das Verfahren der Reichsentschädigungskommission zur Bewertung der in Frankreich und Belgien planmäßig niedergelegten industriellen Anlagen und über das Ergebnis der Ermittlungen, Berlin 1919.

Reichsentschädigungskommission, Nachweisung der Güter, welche in den Jahren 1914–1918 namens des Deutschen Reiches in Frankreich und Belgien beschlagnahmt worden sind, Berlin 1919.

Reiling, Johannes (1997): Deutschland, safe for democracy? Deutsch-amerikanische Beziehungen aus dem Tätigkeitsbereich Heinrich F. Alberts, kaiserlicher Geheimrat in Amerika, erster Staatssekretär der Reichskanzlei der Weimarer Republik, Reichsminister, Betreuer der Ford-Gesellschaften im Herrschaftsgebiet des Dritten Reiches 1914 bis 1945, Stuttgart 1997.

Renouvin, Pierre, L'Armistice de Rethondes, 11 Novembre 1918, Gallimard, Paris 1968.

Renteln, Theodor Adrian von (Hrsg.): Die wirtschaftswissenschaftlichen Hochschullehrer an den reichsdeutschen Hochschulen und an der TH Danzig. Werdegang und Veröffentlichungen, Stuttgart 1938.

Rheinisch-Westfälisches Kohlen-Syndikat, Bericht des Rheinisch-Westfälischen Kohlen-Syndikats. Ordentliche Generalversammlung am Donnerstag, dem 9. Juli 1925, Essen 1925.

Riesenberger, Dieter, Geschichte der Friedensbewegung in Deutschland. Von den Anfängen bis 1933, Göttingen 1985.

Rinke, Alexander, Rechtliche Aspekte der Reparationssachlieferungen Deutschlands nach dem Ersten Weltkrieg. Verdeutlicht am Beispiel einer Reparationslieferung des Unternehmens Carl Zeiss Jena, München 2013.

Ritschl, Albrecht, Deutschlands Krise und Konjunktur, 1924–1934. Binnenkonjunktur, Auslandsverschuldung und Reparationsproblem zwischen Dawes-Plan und Transfersperre, Berlin 2002.

Rohde, Horst/Reichsarchiv Potsdam, Der Weltkrieg 1914 bis 1918. Die militärischen Operationen zu Lande. Nachdruck von 1928, Hamburg 2009.

Rohlack, Momme, Kriegsgesellschaften (1914–1918). Arten, Rechtsformen und Funktionen in der Kriegswirtschaft des Ersten Weltkrieges, Frankfurt am Main 2001.

Romeyk, Horst/Bär, Max, Verwaltungs- und Behördengeschichte der Rheinprovinz 1914–1945, Publikationen der Gesellschaft für Rheinische Geschichtskunde, Bd. 63, Düsseldorf 1985.

Rosenberg, Emily S./Iriye Akira/Osterhammel, Jürgen (Hrsg.), 1870–1945. Weltmärkte und Weltkriege, Geschichte der Welt, Bd. 5, München 2012.

Rossfeld, Roman/Straumann, Tobias, Der vergessene Wirtschaftskrieg. Schweizer Unternehmen im Ersten Weltkrieg, Zürich 2008.

Rother, Rainer, Die letzten Tage der Menschheit. Bilder des Ersten Weltkrieges, eine Ausstellung des Deutschen Historischen Museums, Berlin, der Barbican Art Gallery, London, und der Staatlichen Museen zu Berlin-Preußischer Kulturbesitz in Verbindung mit dem Imperial War Museum, London, Berlin 1994.

Ruppel, Julius/Cuntze Albert, Die Reparationssachleistungen. Ein Kommentar zu dem Wiesbadener, dem Cuntze-Bemelmans und dem Ruppel-Gilet-Abkommen, Berlin 1922.

Salm, Jan, Ostpreußische Städte im Ersten Weltkrieg. Wiederaufbau und Neuerfindung, München 2012.

Sammartino, Annemarie, The Impossible Border: Germany and the East. 1914–1922, London 2010.

Sauvy, Alfred, Histoire économique de la France entre les deux guerres, Paris 1984.

Schempp, Otto, Frankreich und die deutschen Sachlieferungen. Beitrag zum Empfangsproblem der Reparationen, Karlsruhe 1932.

Scherer, André/Grunewald, Jacques, L'Allemagne et les problèmes de la paix pendant la première guerre mondiale. Documents extraits des archives de l'Office allemand des affaires étrangères, Publications de la Sorbonne, Série Documents, 24–27, Paris 1962–78.

Schivelbusch, Wolfgang, Eine Ruine im Krieg der Geister. Die Bibliothek von Löwen August 1914 bis Mai 1940, Frankfurt am Main 1993.

Schivelbusch, Wolfgang, Die Kultur der Niederlage. Der amerikanische Süden 1865, Frankreich 1871, Deutschland 1918, Berlin 2001.

Schloemer, Matthias, Das Reichsausgleichsamt, Köln 1924.

Schmale, Wolfgang, Geschichte Frankreichs, Stuttgart 2000.

Schmidt, Peter, Bellum iustum. Gerechter Krieg und Völkerrecht in Geschichte und Gegenwart, Frankfurt am Main 2010.

Schnee, Heinrich/Hans Draeger (Hrsg.), Zehn Jahre Versailles. Die politischen Folgen des Versailler Vertrages, 2 Bde., Berlin 1929.

Schölzel, Christian, Walther Rathenau. Eine Biographie, Paderborn 2006.

Schot, Bastiaan, Nation oder Staat? Deutschland und der Minderheitenschutz, zur Völkerbundspolitik der Stresemann-Ära, Historische und landeskundliche Ostmitteleuropa-Studien, Bd. 4, Marburg/Lahn 1988.

Schuker, Stephen A., The end of French predominance in Europe. The financial crisis of 1924 and the adoption of the Dawes plan, Chapel Hill 1976.

Schuker, Stephen A., American "reparations" to Germany, 1919–33. Implications for the Third-World debt crisis, Princeton studies in international finance, Bd. 61, Princeton 1988.

Schuker, Stephen A./Müller-Luckner, Elisabeth, Deutschland und Frankreich. Vom Konflikt zur Aussöhnung, die Gestaltung der westeuropäischen Sicherheit, 1914–1963, Schriften des Historischen Kollegs, Kolloquien, Bd. 46, München 2000.

Schulte-Varendorff, Uwe, Krieg in Kamerun. Die deutsche Kolonie im Ersten Weltkrieg, Berlin 2011.

Schultze-Rhonhof, Friedrich, Die Verkehrsströme der Kohle im Raum der Bundesrepublik Deutschland zwischen 1913 und 1957. Eine wirtschaftsgeographische Untersuchung, Forschungen zur deutschen Landeskunde, Bd. 146, Bad Godesberg 1964.

Schulz, Günther (Hrsg.), Vertriebene Eliten. Vertreibung und Verfolgung von Führungsschichten im 20. Jahrhundert, München 2001.

Schumacher, Martin, M.d.L., das Ende der Parlamente 1933 und die Abgeordneten der Landtage und Bürgerschaften der Weimarer Republik in der Zeit des Nationalsozialismus. Politische Verfolgung, Emigration und Ausbürgerung, 1933–1945, ein biographischer Index, Veröffentlichung der Kommission für Geschichte des Parlamentarismus und der politischen Parteien, Düsseldorf 1995.

Schwabe, Klaus, Das diplomatische Korps, 1871–1945, Deutsche Führungsschichten in der Neuzeit, Bd. 16, Boppard am Rhein 1985.

Seils, Ernst-Albert, Weltmachtstreben und Kampf für den Frieden. Der deutsche Reichstag im Ersten Weltkrieg, Frankfurt am Main 2011.

Semelin, Jacques, Säubern und Vernichten. Die Politik der Massaker und Völkermorde, Hamburg 2007.

Silverman, Dan P., Reconstructing Europe after the Great War, Cambridge 1982.

Simon, Hugo Ferdinand, Reparation und Wiederaufbau, Berlin 1925.

Sousa, David de, La reconstruction et sa mémoire dans les villages de la Somme (1918–1932), Woignarue 2001.

Sowerwine, Charles, France since 1870, Culture, society and the making of the republic, 2. Aufl., Basingstoke 2009.

Staatliche Archivverwaltung (Hrsg.), Archivar und Historiker, Studien zur Archiv- und Geschichtswissenschaft, Berlin 1956.

Steegmans, Christoph, Die finanziellen Folgen der Rheinland- und Ruhrbesetzung 1918–1930, Beiträge zur Wirtschafts- und Sozialgeschichte, Bd. 89, Stuttgart 1999.

Stevenson, David, 1914–1918. Der Erste Weltkrieg, Düsseldorf 2006.

Stockhorst, Erich, Fünftausend Köpfe. Wer war was im Dritten Reich, Kiel 1967.

Stone, Norman, The Eastern Front 1914–1917, London 1975.

Strachan, Hew, The First World War, Oxford 2001.

Strachan, Hew, Der Erste Weltkrieg. Eine illustrierte Geschichte, 2. Aufl., München 2006.

Strachan, Hew/Ettinger, Helmut, Der Erste Weltkrieg. Eine neue illustrierte Geschichte. 3. Aufl., München 2009.

Stresemann, Gustav/Hermann Müller (Bearb.), Zehn Jahre deutsche Geschichte, 1918–1928, 2. Aufl., Berlin 1928.

Süle, Tibor, Preußische Bürokratietradition. Zur Entwicklung von Verwaltung und Beamtenschaft in Deutschland 1871–1918, Göttingen 1988.

Sundhaussen, Holm, Geschichte Serbiens, 19.-21. Jahrhundert, Wien 2007.

Süss, Martin, Rheinhessen unter französischer Besatzung. Vom Waffenstillstand im November 1918 bis zum Ende der Separatistenunruhen im Februar 1924. Geschichtliche Landeskunde, Bd. 31, Stuttgart 1988.

Taylor, Fred, Inflation. Der Untergang des Geldes in der Weimarer Republik und die Geburt eines deutschen Traumas, München 2013.

Thiel, Jens, ‚Menschenbassin Belgien'. Anwerbung, Deportation und Zwangsarbeit im Ersten Weltkrieg, Essen 2007.

Torp, Cornelius, Die Herausforderung der Globalisierung. Wirtschaft und Politik in Deutschland 1860–1914, Kritische Studien zur Geschichtswissenschaft, Bd. 168, Göttingen 2005.

Trachtenberg, Marc, Reparation in world politics. France and European economic diplomacy, 1916–1923, New York 1980.

Treml, Manfred/Weigand, Wolf/Brockhoff, Evamaria (Bearb.), Geschichte und Kultur der Juden in Bayern. Lebensläufe, Veröffentlichungen zur bayerischen Geschichte und Kultur, Nr. 18/88, München 1988.

Tschirbs, Rudolf, Tarifpolitik im Ruhrbergbau, 1918–1933, Berlin 1986.

Vachon, Marius, Les Villes martyres de France et de Belgique, Paris 1915.

van Kerkhof, Stefanie de, Von der Friedens- zur Kriegswirtschaft. Unternehmensstrategien der deutschen Eisen- und Stahlindustrie vom Kaiserreich bis zum Ende des Ersten Weltkrieges, Essen 2006.

Verein Deutscher Eisenhüttenleute; Wirtschaftsvereinigung Stahl; Verein Deutscher Eisen- und Stahlindustrieller; Verband Oberer Angestellter der Eisen- und Stahlindustrie (Hrsg.), Stahl und Eisen. Zeitschrift für die Herstellung und Verarbeitung von Eisen und Stahl, Düsseldorf, 1.1881 – 65.1945 und 66/67.1947-.

Vierhaus, Rudolf, Deutsche Biographische Enzyklopädie, 2. Aufl., München 2005-.

Vogel, Adolf von, Der Wirtschaftskrieg. Zweite Abteilung Russland. Die Maßnahmen und Bestrebungen des feindlichen Auslandes zur Bekämpfung des deutschen Handels und zur Förderung des eigenen Wirtschaftslebens, Jena 1918.

Volkov, Shulamit, Walther Rathenau. Ein jüdisches Leben in Deutschland 1867–1922, München 2013.

Volz, Robert (Hrsg.), Reichshandbuch der deutschen Gesellschaft. Das Handbuch der Persönlichkeiten in Wort und Bild, 2 Bde., Berlin 1930–31.

Wachs, Friedrich-Carl, Das Verordnungswerk des Reichsdemobilmachungsamtes. Stabilisierender Faktor zu Beginn der Weimarer Republik, Frankfurt am Main 1991.

Weber, Petra, Gescheiterte Sozialpartnerschaft – gefährdete Republik? Industrielle Beziehungen, Arbeitskämpfe und der Sozialstaat, Deutschland und Frankreich im Vergleich (1918 – 1933/39), Quellen und Darstellungen zur Zeitgeschichte, Bd. 77, München 2010.

Wegner, Bernd/Hansen, Ernst Willi/Rehwinkel, Kerstin/Reiss, Matthias, Wie Kriege enden. Wege zum Frieden von der Antike bis zur Gegenwart, Krieg in der Geschichte, Bd. 14, Paderborn 2002.

Weiland, Hans (Hrsg.), In Feindeshand. Die Gefangenschaft im Weltkriege in Einzeldarstellungen, 2 Bde., Wien 1931.

Wenzel, Georg, Deutscher Wirtschaftsführer. Lebensgänge deutscher Wirtschafts-Persönlichkeiten. Ein Nachschlagebuch über 13000 Wirtschaftspersönlichkeiten unserer Zeit, Hamburg 1929.

Wette, Wolfram/Ueberschär, Gerd, Kriegsverbrechen im 20. Jahrhundert, Darmstadt 2001.

Wilderotter, Hans (Hrsg.), Die Extreme berühren sich. Walther Rathenau 1867–1922, Eine Ausstellung des Deutschen Historischen Museums, Berlin 1994.

Wilson, Keith M., Forging the collective memory. Government and international historians through two World Wars, Providence 1996.

Wimer, Kurt und Sarah, The Harding Administration, the League of Nations, and the Separate Peace Treaty, in: The Review of Politics, Volume 29, Heft 1, 1967, S. 13–24.

Winkler, Heinrich August, Weimar 1918 – 1933. Die Geschichte der ersten deutschen Demokratie, 4. Aufl., München 2005.

Wintzer, Joachim, Deutschland und der Völkerbund 1918–1926, Paderborn 2006.

Wischermann, Clemens/Nieberding, Anne, Die institutionelle Revolution. Eine Einführung in die deutsche Wirtschaftsgeschichte des 19. und frühen 20. Jahrhunderts, Stuttgart 2004.

Wolff-Rohé, Stephanie, Der Reichsverband der Deutschen Industrie, 1919–1924/25, Frankfurt am Main 2001.

Woller, Hans, Geschichte Italiens im 20. Jahrhundert. Schriftenreihe der Bundeszentrale für politische Bildung, Bd. 1180, Bonn 2011.

Wolz, Nicolas, „Und wir verrosten im Hafen". Deutschland, Großbritannien und der Krieg zur See, 1914–1918, München 2013.

Zengen, Hans Werner von, Das Vereinswesen im heutigen Deutschland. Ein Vademecum für Industrie-, Bank- und Handelskreise, Schriften der Vereinigung der Deutschen Arbeitgeberverbände e. V., Heft 2, Berlin 1922, S. 43–44.

Zilch, Reinhold/Koppatz, Jürgen, Okkupation und Währung im Ersten Weltkrieg. Die deutsche Besatzungspolitik in Belgien und Russisch-Polen 1914–1918, Goldbach 1994.

Namensregister

Zivilisationen & Geschichte / Civilizations & History / Civilisations & Histoire

Herausgegeben von / edited by / dirigée par Ina Ulrike Paul und / and / et Uwe Puschner

Bd. / Vol. 1 Ljiljana Heise: KZ-Aufseherinnen vor Gericht. Greta Bösel – „another of those brutal types of women"? 2009.

Bd. / Vol. 2 Ivonne Meybohm: Erziehung zum Zionismus. Der Jüdische Wanderbund Blau-Weiß als Versuch einer praktischen Umsetzung des Programms der Jüdischen Renaissance. 2009.

Bd. / Vol. 3 Tamara Or: Vorkämpferinnen und Mütter des Zionismus. Die deutsch-zionistischen Frauenorganisationen (1897-1938). 2009.

Bd. / Vol. 4 Sonja Knopp: „Wir lebten mitten im Tod". Das „Sonderkommando" in Auschwitz in schriftlichen und mündlichen Häftlingserinnerungen. 2010.

Bd. / Vol. 5 Vera Kallenberg: Von „liederlichen Land-Läuffern" zum „asiatischen Volk". Die Repräsentation der ‚Zigeuner' in deutschsprachigen Lexika und Enzyklopädien zwischen 1700 und 1850. Eine wissensgeschichtliche Untersuchung. 2010.

Bd. / Vol. 6 Stefan Gerbing: Afrodeutscher Aktivismus. Interventionen von Kolonisierten am Wendepunkt der Dekolonisierung Deutschlands 1919. 2010.

Bd. / Vol. 7 Karena Kalmbach: Tschernobyl und Frankreich. Die Debatte um die Auswirkungen des Reaktorunfalls im Kontext der französischen Atompolitik und Elitenkultur. 2011.

Bd. / Vol. 8 Monika Brockhaus: „Ein Ereignis von weltgeschichtlicher Bedeutung". Die Balfour-Deklaration in der veröffentlichten Meinung. 2011.

Bd. / Vol. 9 Klaus Geus (Hrsg.): Utopien, Zukunftsvorstellungen, Gedankenexperimente. Literarische Konzepte von einer „anderen" Welt im abendländischen Denken von der Antike bis zur Gegenwart. 2011.

Bd. / Vol. 10 Gregor Hufenreuter: Philipp Stauff. Zur Geschichte des Deutschvölkischen Schriftstellerverbandes, des Germanen-Ordens und der Guido-von-List-Gesellschaft. Ideologe, Agitator und Organisator im völkischen Netzwerk des Wilhelminischen Kaiserreichs. 2011.

Bd. / Vol. 11 Ghazal Ahmadi: Iran als Spielball der Mächte? Die internationalen Verflechtungen des Iran unter Reza Schah und die anglo-sowjetische Invasion 1941. 2011.

Bd. / Vol. 12 Thomas Brünner: Public Diplomacy im Westen. Die Presseagentur *Panorama DDR* informiert das Ausland. 2011.

Bd. / Vol. 13 Jonas Kleindienst: Die Wilden Cliquen Berlins. „Wild und frei" trotz Krieg und Krise. Geschichte einer Jugendkultur. 2011.

Bd. / Vol. 14 Anne Katherine Kohlrausch: Literarische Selbstverortung als historische Handlung. *The Travels of Dean Mahomet*, 1794. 2011.

Bd. / Vol. 15 Reinhard Blänkner: „Absolutismus". Eine begriffsgeschichtliche Studie zur politischen Theorie und zur Geschichtswissenschaft in Deutschland, 1830-1870. 2011.

Bd. / Vol. 16 Jens Flemming, Klaus Saul, Peter-Christian Witt (Hrsg.), unter Mitarbeit von Simona Lavaud: Lebenswelten im Ausnahmezustand. Die Deutschen, der Alltag und der Krieg, 1914-1918. 2011.

Bd. / Vol. 17 Philipp Küsgens: Horizonte nationaler Musik. Musiziergesellschaften in Süddeutschland und der Deutschschweiz 1847-1891. 2012.

Bd. / Vol. 18 Anette Dietrich / Ljiljana Heise (Hrsg.): Männlichkeitskonstruktionen im Nationalsozialismus. Formen, Funktionen und Wirkungsmacht von Geschlechterkonstruktionen im Nationalsozialismus und ihre Reflexion in der pädagogischen Praxis. 2013.

Bd. / Vol. 19 David Hamann: Gunther Ipsen in Leipzig. Die wissenschaftliche Biographie eines „Deutschen Soziologen" 1919-1933. 2013.

Bd. / Vol. 20 Richard Faber / Uwe Puschner (Hrsg.): Intellektuelle und Antiintellektuelle im 20. Jahrhundert. 2013.

Bd. / Vol. 21 Nicola Kristin Karcher / Anders G. Kjøstvedt (eds.): Movements and Ideas of the Extreme Right in Europe. Positions and Continuities. 2013.

Bd. / Vol. 22 Klaus Geus / Elisabeth Irwin / Thomas Poiss (Hrsg.): Herodots Wege des Erzählens. Logos und Topos in den *Historien*. 2013.

Bd. / Vol. 23 Alina Soroceanu: Niceta von Remesiana. Seelsorge und Kirchenpolitik im spätantiken unteren Donauraum. 2013.

Bd. / Vol. 24 Horst Junginger / Andreas Åkerlund (eds.): Nordic Ideology between Religion and Scholarship. 2013.

Bd. / Vol. 25 Richard Faber (Hrsg.): Totale Erziehung in europäischer und amerikanischer Literatur. 2013.

Bd. / Vol. 26 Silke Segler-Meßner / Isabella von Treskow (éd.): Génocide, enfance et adolescence dans la littérature, le dessin et au cinéma. 2014.

Bd./Vol. 27 Michael Meyer : Symbolarme Republik? Das politische Zeremoniell der Weimarer Republik in den Staatsbesuchen zwischen 1920 und 1933. 2014.

Bd./Vol. 28 Enno Schwanke: Die Landesheil- und Pflegeanstalt Tiegenhof. Die nationalsozialistische *Euthanasie* in Polen während des Zweiten Weltkrieges. 2014.

Bd./Vol. 29 Christina Stange-Fayos: Publizistik und Politisierung der Frauenbewegung in der wilhelminischen Epoche. Die Zeitschrift *Die Frau* (1893–1914). Diskurs und Rhetorik. 2014.

Bd./Vol. 30 Susanne Wein: Antisemitismus im Reichstag Judenfeindliche Sprache in Politik und Gesellschaft der Weimarer Republik. 2014.

Bd./Vol. 31 Uwe Puschner / Christina Stange-Fayos / Katja Wimmer (Hrsg.): Laboratorium der Moderne. Ideenzirkulation im Wilhelminischen Reich / Laboratoire de la modernité. Circulation des idées à l'ère wilhelminienne. 2015.

Bd./Vol. 32 Simona Lavaud: Gleichberechtigung und Gleichwertigkeit? Jüdische Wohlfahrt in der Weimarer Republik zwischen privaten Initiativen und öffentlichem Engagement am Beispiel der Berliner Gemeinde. 2015.

Bd./Vol. 33 Annika Haß: Der Verleger Johann Friedrich Cotta (1764-1832) als Kulturvermittler zwischen Deutschland und Frankreich. Frankreichbezüge, Koeditionen und Übersetzungen. Mit einem Vorwort von Hans-Jürgen Lüsebrink. 2015.

Bd./Vol. 34 Joris Corin Heyder / Christine Seidel (eds.): Re-Inventing Traditions. On the Transmission of Artistic Patterns in Late Medieval Manuscript Illumination. 2015.

Bd./Vol. 35 Tetyana Pavlush: Kirche nach Auschwitz zwischen Theologie und Vergangenheitspolitik. Die Auseinandersetzung der evangelischen Kirchen beider deutscher Staaten mit der Judenvernichtung im „Dritten Reich" im politisch-gesellschaftlichen Kontext. 2015.

Bd./Vol. 36 Luiz Estevam de Oliveira Fernandes / Luísa Rauter Pereira / Sérgio da Mata (eds.): Contributions to Theory and Comparative History of Historiography. German and Brazilian Perspectives. 2015.

Bd./Vol. 37 Alexandra Ludewig: Zwischen Korallenriff und Stacheldraht. Interniert auf Rottnest Island, 1914-1915. 2015.

Bd./Vol. 38 Michel Lefèvre/Katharina Mucha-Tummuseit/Rainer Hünecke (Hrsg.): Rhetorik und Kulturen 2016.

Bd./Vol. 39 Ursula Konnertz / Sibylle Mühleisen (Hrsg.): Bildung und Schlüsselqualifikationen. Zur Rolle der Schlüsselqualifikationen an den Universitäten. 2016.

Bd./Vol. 40 Ernst Baltrusch /Uwe Puschner (Hrsg.): Jüdische Lebenswelten. Von der Antike bis zur Gegenwart. 2016.

Bd./Vol. 41 Luitgard Sofie Löw: Gottessohn und Mutter Erde auf bronzezeitlichen Felsbildern. Herman Wirth und die völkische Symbolforschung. 2016.

Bd./Vol. 42 Johanna Heinen: Ein „jüdisches" Mäzenatentum für moderne französische Kunst? Das Fallbeispiel der Nationalgalerie im Berlin der wilhelminischen Ära (1882-1911). Eine kultur- und sozialhistorische Studie. 2016.

Bd./Vol. 43 Matthias Loeber: Völkische Bewegung zwischen Weser und Ems. Richard von Hoff und die Nordische Gesellschaft in Bremen und Nordwestdeutschland. 2016.

Bd./Vol. 44 Barbara von Hindenburg (Hrsg.): Die Abgeordneten des Preußischen Landtags. Biographie – Herkunft – Geschlecht. 2016.

Bd./Vol. 45 Barbara von Hindenburg (Hrsg.): Biographisches Handbuch der Abgeordneten des Preußischen Landtags. Verfassunggebende Preußische Landesversammlung und Preußischer Landtag 1919-1933. 2016.

Bd./Vol. 46 Dirk Hainbuch: Das Reichsministerium für Wiederaufbau. Die Abwicklung des Ersten Weltkrieges: Reparationen, Kriegsschäden-Beseitigung, Opferentschädigung und der Wiederaufbau der deutschen Handelsflotte 1919 bis 1924. 2016.

Bd./Vol. 47 Alexandra Esche: Hitlers «völkische Vorkämpfer»: Die Entwicklung nationalsozialistischer Kultur- und Rassenpolitik in der Baum-Frick- Regierung 1930-1931. 2017.